통번역 과정 연구 방법 및 전략

Methods and strategies of process research

존 벤자민스 통번역 총서 08
한 국 통 역 번 역 학 회

John Benjamins Series – 08

통번역 과정 연구 방법 및 전략

Methods and strategies of process research

세실리아 알브스타드·아델리나 힐드·엘리사벳 티셀리우스 편저 | 임향옥·이소희 옮김

HU:iNE

발간사

1960년대 캣포드(J. C. Catford)와 니다(E. Nida) 이후 통역학을 포괄하는 번역학은 현대적 본격 학문 분야로 부상하기 시작하였다. 캣포드의 '언어학적 접근'과 니다의 성서 번역을 위한 '소통 효과 중심'의 접근에 이어 '문화 전환'(cultural turn)과 '맥락 전환'(contextual turn)의 패러다임 전환을 거치면서 번역학은 학제적 성격(interdisciplinarity)을 더욱더 공고히 하게 되었다.

번역학이 대표적인 학제적 학문분야인 것은 연구대상인 문제와 현상의 설명을 위해 가져오는 이론 틀(frameworks)과 연구방법론(research methodology)의 다양성 때문이라 할 수 있다. 번역학은 번역 과정과 번역 결과물을 모두 연구 대상으로 삼는다. 번역사의 '블랙박스' 안에서 번역 행위를 둘러싸고 연속적으로 이루어지는 무수한 의사결정 과정과 그 과정에 작용하는 다양한 변수들을 설명하는 한편 이들 작용의 가시적 구현체로서의 번역결과물을 모두 다룬다. 이렇다 보니 번역사의 머릿속에서 이루어지는 과정을 들여다보기 위해 사고발화법(Think-Aloud Protocol), fMRI(functional Magnetic Resonance Imaging, 기능적 자기 공명 영상 기법), 통계처리를 포함하는 코퍼스 분석, 담화분석 및 기능문법 등 다양한 인접학문분야의 연구성과와 분석도구를 차용하기도 한다.

그러나 번역학이 언제까지나 학제성에 만족하고 있을 수만은 없다. 번역학의 학제성은 그동안 어쩌면 번역학의 일방적 '짝사랑'이었을 수도 있다는 문제의식이 필요한 시점에 와있다. 프랑스 번역학자 질(D. Gile)의 이야기는 이런 면에서 시사하는 바가 크다.

> [번역학이] 타 학문 분야와 맺은 파트너십은 균형을 이루지 못한 경우가 대부분 이어서, [우월한] 지위, 파워, 재정능력 및 실제 리서치 능력은 일반적으로 파트너 관계에 있는 학문분야에 있다. 뿐만 아니라 학제성이 패러다임의 확산을 도와 결과적으로 자율적인 학문분야로서의 통번역 연구의 지위를 약화시키고 있다.
>
> (질 2004: 29)

질의 이야기는 학제성을 장점으로 부각시켜온 번역학의 입장에서 다시 한 번 곱씹어볼 만하다. 핌(A. Pym) 역시 대표적 번역학 학술지의 하나인 『Target』의 역할을 돌아보면서, 번역학이 인접 학문분야의 연구 성과를 도입해오고 있는 반면, 정작 번역학의 연구 성과가 인접 학문분야로 전파되는 경우는 상대적으로 드물다는 점을 지적하고 있다. 그만큼 쌍방향의 균형 잡힌 호혜적 지적(知的) 파트너십은 아니었다는 이야기일 것이다.

이런 시점에서 번역학을 연구하는 우리가 해야 할 일은 번역학 자체의 고유 연구영역을 더 분명히 규정하는 한편, 학문적 엄격성(academic rigor)을 갖춘 연구방법론을 확립하는 일일 것이다. 이런 맥락에서 그동안 전 세계적으로 번역학의 다양한 연구 성과와 새롭게 개척되는 연구방법론을 선도적으로 꾸준히 소개해온 존 벤자민스(John

Benjamins) 출판사의 통번역 총서의 기여를 인정해야 할 것이다. 번역학 연구자라면 누구나 이 총서 가운데 최소한 한두 권 이상은 읽어보았을 정도로 번역학의 학문적 성과를 집대성하여 소개하였기 때문이다. 『존 벤자민스 통번역 총서』 번역 작업에 누구보다도 바쁘신 교수연구자들이 다수 자원하신 것은 바로 이 총서에 대한 지적 향수(知的 鄕愁) 같은 것이 작용한 때문은 아닐지.

국내 최초의 전문통번역학 연구단체인 한국통역번역학회(KSCI)가 이번에 『존 벤자민스 통번역 총서』 가운데 대표적인 업적들을 선별하여 번역 출간하게 된 것은 특별히 의미가 크다. 1998년 학회 창립 이래 국내 최초의 한국연구재단 등재지 『통역과 번역』, 국제전문학술지 『FORUM: International Journal of Interpretation and Translation』을 발행해오면서 국내외 통번역학의 발전과 소통에 이바지해온 본 학회의 통번역총서 번역 발간이 우리말로 쓰인 번역학 자료에 목말라해 온 연구자들에게 도움이 될 수 있기를 희망한다.

경기침체로 출판계 전망이 장밋빛이지만은 않은 상황에서, "뜻있는 기획출판일수록 대학 출판부에서 맡아야 한다."며 선뜻 『존 벤자민스 통번역 총서』 출판 추진에 합의해주신 한국외국어대학교, 특히 장지호 지식출판원장님과 신선호 팀장님께 고개 숙여 감사를 드린다. 학회를 대표하여 출간을 총괄해주신 김대진 서울과학기술대학교 교수님과 실무조정을 도와준 학회 교수님들께도 감사의 마음을 전한다.

2016년 3월 16일

한국외국어대학교 영어통번역학부 교수

존 벤자민스 통번역 총서 기획위원장

정호정

차례

제 3 부 통·번역 전문성에 대한 연구

프로세스 연구 방법론 및 전략 :
번역학 연구에서의 통합론적 접근

세실리아 알브스테드*, 아델리나 힐드#, 엘리사벳 힐드+ ++
*노르웨이, 오슬로 대학/ #미국, SUNY 빙햄턴/
+노르웨이, 베르겐 대학 / ++스웨덴, 스톡홀름 대학

본 논문집의 목적은 번역학의 프로세스 연구에 대한 혁신적인 접근법을 다양하게 보여주는 것이다. 이에 따라 본 논문집은 현재의 이론적, 방법론적 문제를 다루고, 광범위한 번역 및 통역 방법론에 관한 새로운 실증 연구를 제시한다.

프로세스 연구의 주요 목적은 "번역사 개개인에 초점을 두고, 번역 프로세스에서 나타나는 인지 프로세스의 본질을 이해하는 것이다"(엥겔룬드 디미트로바(Englund Dimitrova), 2010a, p. 406). 번역과 통역 프로세스는 일반적으로 이해, 두 언어 간의 전이 혹은 전환, 그리고 산출의 세 단계로 구분된다(디미트로바, 2010a). 이 단계를 직접 관찰할 수는 없기 때문에 연구자들은 통·번역 시 통역사와 번역사의 두뇌에서 어떠한 활동이 일어나는지 파악하기 위해 다양한 기법을 사용해왔다. 현재까지 프로세스 연구는 질문보다는 방법론 중심이었다고 할 수 있다. 연구자들은 사용 가능한 기법에 맞춰 연구 질문을 작성해야 하였다. 다른 학문 분야에서 일부 기법을 차용하기도 했지만, 연구 주제에 따라 연구자들이 추가 및 개발하기도 하였고, 이로 인해 실증 연구에 관한 방법론적 문제를 논의할 필요성이 제기되었다.

번역 프로세스 연구에서 외부 관찰과 산출물 분석에 전적으로 의존

하는 방식이 야기하는 어려움으로 인해, 번역 프로세스 연구의 선구자들은(크링스(Krings), 1986; 티르코넨-콩디(Tirkkonen-Condit), 1989; 로쉐(Lörscher), 1991; 야스켈라이넨(Jääskeläinen), 1999; 디미트로바, 2005 등) 인지심리학(에릭슨과 사이먼(Ericsson and Simon), 1984)에서 차용한 사고발화법(Think-aloud protocol, TAP)을 사용하였다. TAP는 피실험자들이 번역 과제를 수행하며 사고 프로세스를 구술하는 내성법이다(본 논문집에서). 노버그(Norberg)는 여러 학생 집단이 함께 번역하도록 하고, 이후 발화된 협력 프로세스를 연구하는 등 이 기법에 대한 혁신적인 접근법을 취하였다.

곧이어 통역 학자들은 다른 형태의 구두 보고인 회상적 기법을 사용하여 실시간으로 진행되는 통역의 시간적 제약조건을 극복하고자 했다. 회상적 기법을 사용하는 연구 참여자들은 통역과제를 마친 뒤 수행 프로세스를 회상하면서 구두로 표현해줄 것을 독려 받는다. 통역학에서 회상적 기법은 특히 전문성 연구에서 많이 사용되며, 이바노바(Ivanova, 1999, 2000), 빅-투오비넨(Vik-Tuovinen, 2002)과 본 논문집에서 티셀리우스(Tiselius)가 활용하였다. 방향성 연구와(바르틀로마이칙(Bartłomiejczyk), 2006; 창과 살럿(Chang and Schallert), 2007) 수화 통역에서의 생략에 관한 연구도 회상적 기법을 이용하였다(나피어(Napier), 2003; 번역과 번역사 훈련에 관한 연구에서의 회상적 기법은 한센(Hansen, 2006) 참조).

최근에는 번역과 통역의 인지 프로세스 연구를 위해 새롭고 또 기술적으로도 개선된 방법론적 도구가 개발되었는데 그 중 시표추적장치와 EEG가 대표적이며 혼합연구방법도 설계되었다. 본 논문집에서 아른 리케 야콥센(Arnt Lykke Jakobsen)은 시표추적장치가 키 스트로크 데이터와 통합되는 방법 등 혼합연구방법에 관해 설명한다. 또한 알렉산더 쿤질라이(Alexander Künzli)와 모린 에렌스버거-도우(Maureen Ehrensberger-Dow)는 시표추적과 회상적 질문을 결합한다.

통역 및 번역 프로세스 연구의 방법론적 가능성과 이론적 틀이 개선되었음에도 불구하고 프로세스 중심 통·번역 실험 연구 발표는 아직 소수에 불과하다. 그 중 2000년에 발표된 영향력 있는 논문집인 「Tapping and Mapping the Processes of Translation and Interpreting」(티르코넨-콩디, 야스켈라이넨 편집)과 「Triangulating Translation」(알브(Alves), 2003), 최근 발표된 유명 논문인 「Translation and Cognition」(슈리브와 안젤로네(Shreve and Angelone), 2010), 「Methodology, Technology and Innovation in Translation Process Research」(고프리히, 알브와 미스(Göpferich, Alves and Mees), 2010), 그리고 위에 언급한 디미트로바(2005)의 「Expertise and Explicitation in the Translation Process」에 특히 주목하고자 한다. 해당 문헌에 실린 연구 결과는 통·번역 연구의 정당성 확보에 크게 기여하였다.

새로운 기술로 인해 30년, 20년, 심지어 10년 전에 비해서도 프로세스에 관한 지식의 수월한 습득이 가능해졌지만, 통·번역 프로세스를 연구하는 주된 이유는 그것이 가능하기 때문이 아니라 중요하기 때문이다. 번역사와 통역사의 행동은 인지적 제약과(e.g. 할버슨(Halverson), 2010, 슈리브와 안젤로네, 2010) 문화적으로 습득된 규범(투리(Toury), 1995)에 의해 형성된다고 가정할 수 있다. 통·번역에서 인지적 반응을 유발하는 부분과 문화적으로 습득되는 부분을 알기 위해서는 연구의 보다 전통적인 대상, 즉 번역 텍스트와 문화적 맥락뿐 아니라 그 프로세스, 즉 통·번역이 어떻게 진행되는지에 주목해야 한다.

통·번역 프로세스에 대한 지식이 방대해지면서 사회에 직접적인 영향을 미치기도 한다. 프로세스, 통·번역사의 개인차 (즉, 통·번역 프로필), 훈련과 경험이 통·번역 프로세스에서 차지하는 역할에 대한 지식을 구축함으로써 보다 정교한 번역 도구와 훈련 프로세스를 개발할 수 있고, 이는 결국 통·번역 품질과 속도에 영향을 미칠 수 있다. 또한 통·번역은 "한 언어의 이해, 다른 언어로의 산출, 텍스트 산출, 보조자료 이용, 문제 해결, 의사 결정"(디미트로바, 2005, p. 6)과 관련된 극도로 힘든 인지적 작업이기 때문에 통·번역 프로세스에 관한 연구는 인간의 마음에 관한 일반적인 이해도 증진시킬 수 있다.

커스텐 맘크야어(Kirsten Malmkjær)는 번역학 분야가 자율성을 확립하고자 한다면, "번역학의 핵심 주제, 즉 번역 프로세스와 그 프로세스의 결과에 관한 방대한 연구를 하지 않고서는 번역학을 완성시킬 수 없다"(2000, p. 169)고 강력히 주장하였다. 번역 프로세스의 여러 측면이 아직 연구되지 않았으며, 티르코넨-콩디는 "프로세스 연구의 발달로 [⋯] 방법론도 비판적으로 검증할 필요가 있다"(2002, p. 13)고 주장하였다. 본 논문집은 이러한 공백을 채우기 위해 한 걸음 더 가까이 가려 한다.

본 논문집의 제1부는 문장구역에 대한 실험적 연구의 다양한 데이터 통합, 시표추적과 EVS 측정 신뢰도 평가, 통역에서의 관찰과 인지 연구 결합의 장점 등 통·번역학 프로세스 연구의 다양한 방법론적 문제를 다룬다.

본 논문집은 세실리아 바덴조(Cecilia Wadensjö)의 논문으로 시작한다. 바덴조는 개인적인 경험을 토대로, 연구자로서의 커리어와 밀접한 관계가 있는 통역학의 발전에 대한 개요로 논문을 시작한다. 또한 통역학의 동향을 점검함으로써 현재 통역학에 관한 학술적 논의에서 중요한 주제인 '통역학이 연구자와 실무자 간의 격차를 좁히려고 노력해야 하는가?'에 대해 탐구한다.

앤드류 체스터만(Andrew Chesterman)은 논문을 통해 가설을 다듬는다. 직역 가설을 살펴보고, 두 편의 상이한 연구를 기반으로 하여 가설의 의의를 평가한다. 이 논문은 직역 가설이 그 자체로 어떠한 의미가 있는지 논의할 뿐만 아니라 다른 연구자의 연구를 보다 새롭고 폭넓은 맥락에서 바라봄으로써 기존 연구를 발전시킬 수 있는 방법을 보여주는 훌륭한 예이다.

야콥센은 트랜스로그 프로젝트의 개요를 제시하고, 시표추적장치가 자동 키 스트로크 데이터와 어떻게 통합되어 Eye-to-IT 프로젝트로 이어졌는지 설명한다. 서론에서 두 프로젝트의 설계와 상호관련성에 대해 구체적으로 설명하고, 사례 연구를 통해 이 두 기법으로 도출한 데이터 해석의 어려움을 제시한다. 키 스트로크와 시표추적 데이터 분석을 통해 야콥센은 읽기, 타이핑, 모니터링을 포함한 여섯 단계가 반복되는 처리 패턴에 관한 가설을 제안한다.

브라이언 모섭(Brian Mossop)은 번역사가 번역을 하는 과정에서 인용, 조작, 추측, 혹은 명시화 등의 다양한 목표 언어 산출 방법을 활용한다고 말한다. 모섭에 의하면 번역사는 '추측' 혹은 '조작' 등 미리 정해놓은 용어를 본인의 번역에 표시(tag)하는 자기 분석을 통해 의도를 알릴수 있다. 이러한 표시를 사용하면 교강사가 학생들의 특정 해결책 이면의 의도를 파악할 수 있기 때문에 번역학습 상황에서 유용할 수 있으며 사고발화법과 회상적 기법을 보완하는 연구 기법으로도 사용될 수 있다고 설명하였다.

소니야 반데피트(Sonia Vandepitte)와 로버트 J. 하트수이커(Robert J. Hartsuiker)는 새로운 종류의 연구 방법을 제시하였는데, 바로 환유적 언어 사용을 학생의 번역 문제로 다루는 통제된 심리 언어학 실험이다. 번역학 연구에서 번역 문제가 큰 비중을 차지하며, 교차언어적 차이가 프로세스 문제를 어느 정도 유발하는지 거의 알지 못함에도 불구하고, 언어 능력 교과목이 번역사 훈련의 표준 구성요소라는 점에서 연구가 출발한다. 논문은 언어마다 다른 특정 환유적 언어 구성의 번역이 훈련된/훈련되지 않은 학생에게 야기하는 번역 프로세스 문제를 보여주는 실험의 설계방식에 대해 다룬다.

문장구역에서 나타나는 비유창성의 가장 큰 이유는 인지 노력이라는 주장을 그레고리 슈리브, 이사벨 라크루즈, 에릭 안젤로네(Gregory Shreve, Isabelle Lacruz, Erik Angelone)가 문장구역 연구에서 펼친다. 이 연구는 비유창성 분석, 특히 시표추적 등 다른 데이터 형태와의 다각화 분석이 번역에서의 어려움을 인식하고 수정을 통한 해결책을 제시하는 인지적 진행과정에 대한 우리의 해석에 기여할 수 있다는 사실을 보여주는 것을 목적으로 한다.

인지 부하에 관한 초기 연구에서는 가장 빈번히 사용되는 매트릭스인 '시차'를 번역학에 도입하였다. 이 매트릭스는 통·번역 프로세스 연구에서 꾸준히 개선 및 적용되고 있다. 시차 측정 기법에 주목한 사르카 티마로바, 바바라 드레그스테드, 잉게 곰 한센(Šárka Timarová, Barbara Dragsted, Inge Gorm Hansen)은 메타 분석, 그리고 인지 연구 측정법의 신뢰도 및 타당성에 대한 자체 연구 결과를 함께 제시한다. 이 논문은 매우 광범위하다. 시차를 측정하기 위해 과거 통·번역 연구에서 사용했던 기법을 유사 방식으로 비교하여 이전의 연구 결과와 유사한 결론을 도출하였으나, 여러 측정법 적용 시 일부 차이점이 나타나기도 하며 이는 보다 세부적인 실험 진행이 필요함을 보여준다고 결론짓는다. 학생-전문가 비교를 통해 진행한 번역의 eye-key span(EKS) 연구에서는 피실험자 내 변산도가 더 높게 나타났으나, 개개인의 전문성에 기반한 차이점에 대한 추가 연구의 가능성을 보여준다. 연구자들은 피실험자들의 타이핑 실력차이로 인한 영향을 고려하지 않았을 경우 발생하는 문제를 솔직하게 논의하고, 데이터의 품질과 신뢰도 개선을 위해 도구를 다듬을 필요가 있다는 점을 강조한다. 통역의 시차와 관련해서는 다양한 내외부적 요소(e.g. 연설의 일부분, 문장에서의 위치)의 영향을 받는 것으로 보이는 시차 패턴(décalage pattern)의 피실험자 간 및 피실험자 내 변산도를 제시하였다.

본 논문집 제2부는 통·번역 프로세스에 관한 실증 연구를 함께 보여주며, 은유 이해, 번역 문제에 대한 전문가와 숙달된 L2 사용자 간의 인식과 해결책 차이, 다양한 형태의 자막에 대한 시청자 인식, 그리고 번역 교육이 L2 독해와 메타언어적 인식에 미치는 영향을 주제로 다룬다.

미리엄 슐레징거(Miriam Shlesinger)와 루스 알목(Ruth Almog)은 이스라엘의 고등학교에서 진행한 2년짜리 번역 프로그램의 결과를 연구한다. 학교에서는 영어와 히브리어를 사용하지만, 연구에서는 번역 프로세스와 '번역을 배우는 고등학생들의 메타언어적 인식이 발달하는가?'라는 질문에 초점을 두었다. 이 프로그램은 90년대 초반부터 이어져오고 있다. 저자는 프로그램 전후에 설문과 자기 평가, 인터뷰를 수행하며, 학생들의 메타언어적 인식이 프로그램을 통해 상당히 향상되었다고 결론짓는다.

앙틴 푸그너 라이드닝(Antin Fougner Rydning)과 크리스티앙 라쇼(Christian Lachaud)는 심리언어학 실험을 통해 은유 이해의 인지 프로세스를 연구한다. 연구자들은 레이코프와 존슨(Lakoff and Johnson, 1999)의 1차 개념적 은유가 복합 개념적 은유보다 간단한 정보 처리 구조에 기반한다는 가설을 언급하면서, 1차 은유가 복합 은유보다 번역하기가 쉬운지에 관해 질문한다. 라이드닝과 라쇼의 연구 결과는 복합 은유 대비 1차 은유에 대한 피실험자의 개념적 명료성이 보다 뛰어나다는 사실을 보여줌으로써 레이코프와 존슨의 이론을 뒷받침한다. 이 연구 결과와 번역 연구의 관련성도 자세히 논의된다.

자막 업계 및 관련 문헌을 보면 자막이 한 줄 또는 두 줄이어야 하며, 최대 80자여야 한다는 일반적인 규범이 있다. 알렉산더 쿤질라이와 모린 에렌스버거-도우는 수용 능력을 평가하기 위한 시표추적과 회상적 화면 질문을 결합한 혁신적인 자막 및 상단 설명자막 연구를 통해 이 규범의 타당성을 검증한다. 결과에 따르면 상단 설명자막이 피실험자들의 수용 능력에 부정적인 영향을 주지 않았다. 즉, 영화 관람객은 일반적으로 추정하는 것보다 더 많은 양의 텍스트 정보를 처리할 수 있었다.

동시통역사가 인지적 포화상태에 근접해 일하기 때문에(줄타기 가설, Tightrope Hypothesis) 국지적 현상이 매우 중요하다는 가정(질(Gile), 2008) 하에 질은 오바마 대통령의 취임사를 불어, 독어, 일어로 동시통역한 통역사들의 통역 산출물을 마이크로 단위로 분석하였다. 연설문의 단순한 대목에 영향을 준 대부분의 오역과 생략(Errors and Omissions, EOs)의 분포는 줄타기 가설을 뒷받침한다. 아울러 일본어 산출물의 EO 개수가 훨씬 많았다는 점은 통역의 어려움이 언어조합과 관련이 있다는 주장을 뒷받침한다. 부적절한 표현에 대한 EO 비율은 통역사 간에 큰 차이를 보였고, 이는 형태나 내용에 대한 개인적 선호가 있을 수 있음을 보여준다.

울프 노버그는 지금까지 충분한 연구가 이루어지지 않은 영역인, 출발텍스트 장르가 번역 프로세스의 품질에 미치는 중요성에 초점을 둔다. 노버그는 번역 수업 학생들을 대상으로 진행한 번역 실험을 통해 이 문제에 접근한다. 세 개의 소규모 집단으로 구성된 학생들은 장르 고유의 번역 어려움이 있는 짧은 텍스트를 공동으로 번역하는 과제를 수행하였다. 도착어에 분명한 대응표현이 없는 대립적 언어유희를 번역해야 했기 때문에 번역이 어려웠다. 세 집단 모두 생각할 수 있는 모든 해결책을 논의했지만, 출발텍스트만큼 유머러스한 번역물을 산출한 집단은 없었다. 각 집단은 다양한 전략을 도입했는데, 가령 한 집단은 출발텍스트를 바꿔 쓰기하여 다른 전략보다 나은 결과를 도출하였다. 학생들 간의 토론을 살펴보면, 만족할만한 도착텍스트 산출물을 찾는 프로세스에서 발생한 문제점은 출발텍스트를 이해하지 못하거나 유머 요소의 언어학적 특성을 파악하지 못해서가 아니라, 이러한 이론적인 지식을 이용해 모국어에서 유사한 유머 텍스트를 산출해내지 못했기 때문에 나타난 것으로 볼 수 있다.

클로디아 안젤렐리(Claudia Angelelli)는 비판적 담화 분석의 관점에서 프로세스에 접근한다. 통역사가 중재하는 간호사와 환자의 만남을 자세히 연구함으로써 안젤렐리는 통역사가 어떻게 능력을 발휘해 의료 기관에서의 대면 역학 관계를 바꾸는지 보여준다. 또한 통역사와의 인터뷰를 통해, 설령 주도권을 잡고 질문을 중재하거나 추가적 질문을 해야 하는 한이 있더라도, 환자가 의료진의 질문을 이해하고 답하도록 하는 것이 본인의 일이라고 통역사가 생각한다는 점을 제시한다.

본 논문집의 제3부 역시 실증 연구로 구성되어있으며 통·번역 전문성의 본질에 관한 프로세스 중심 연구를 다룬다.

아델리나 힐드(Adelina Hild)는 심리언어학 및 교육 연구에 사용되는 다양한 언어적 복잡성 과학계량학 측정법에 대해 논의한다. 힐드는 (전문 및 초보) 통역사 두 집단에게 언어적 복잡성이 각각 다른 두 텍스트를 통역하도록 한다. 구문론적 복잡성 정도를 조작하여 동시통역에서의 인지 부하 영향을 탐구하고자 하는 힐드는 전문가의 동시통역 처리가 언어적 복잡성에 영향을 덜 받으며, 동시통역의 숙달된 수행에는 출발텍스트의 구문론적 특성 외 다른 요인이 더 크게 영향을 준다는 결론에 도달한다.

엘리사벳 티셀리우스와 가드 뷰엔 얀셋(Gard Buen Jenset)은 통역 전문성 연구를 진행하며 통역사 커리어를 초보통역사, 짧은 경력의 전문통역사(2년), 그리고 긴 경력의 전문통역사(평균 25년)의 세 단계로 나누었다. 연구는 산출물 분석(캐롤(Carroll)의 명료도와 정보성 척도를 사용한 통역 수행도 평가)과 프로세스 프로토콜(이바노바(1999)의 회상적 기법 사용)을 결합하였다. 연구 결과는 번역 문제와 전략 사용에 초점을 두었던 기존 연구 결과와 일치하였고, 더 나아가 연구자들이 전략 선호도와 문제 인식에 있어 경험이 많고 적음에 따른 영향의 세밀한 차이를 제시할 수 있는 토대를 마련하였다. 이러한 차이점을 명확하게 개괄하고, 연구 결과를 산출물 평가와 다각적으로 살펴봄으로써, 본 연구는 통역 전문성의 본질에 대한 이해를 증진할 수 있도록 해줄 새로운 연구 분야를 제시한다.

군-비올 빅-투오비넨(Gun-Viol Vik-Tuovinen)은 전문적 지식과 암묵적 지식, 그리고 두 종류의 지식이 통역이라는 직업에서 어떻게 계발되는지 연구한다. 암묵적 지식은 전문가들이 일하는 과정에서 함양되는 지식으로 정의되며 통역 전략과 관련이 있는데, 전략 및 암묵적 지식은 둘 다 통역에 필요하다. 설문과 공식 인터뷰를 통해 전략과 암묵적 지식을 탐구하였다. 연구 결과는 통역사로서 전문성을 구축하는 과정에서 중요한 요소인 상황적 측면, 지식, 그리고 규범을 강조한다.

PACTE 그룹의 새로운 연구 결과도 번역 전문성에 대한 연구이다. 지난 10년간 PACTE 그룹은 번역 능력에 관한 실증 연구를 진행해왔으며 번역 능력 다중 벡터 모형을 개발하였다. PACTE 연구의 변수 여섯 개 중 하나인 '번역 문제 발견과 해결책'이 본 논문집에서 제시된다. 데이터 분석을 통해 텍스트 번역 난이도에 대한 인지, 번역 문제 발견, 문제의 속성, 그리고 해결책에 대한 개인 만족도 등 4개 지표와 관련해 정방향 및 역방향 번역을 수행한 전문 번역사 35명과 언어 교사 24명의 설문 응답과 인터뷰 프로토콜을 비교하였다. 첫 번째 지표에 대한 연구 결과는 교사와 번역사의 차이를 보여주었다. 번역사에 비해 교사가 개인적으로 정방향 및 역방향 번역 텍스트를 더 어렵게 느끼는 것으로 나타났다. 다른 지표에 관한 결과를 보면, 번역 문제의 속성과 유형에 대한 피실험자의 인식과 이를 해소하기 위해 제시한 해결책에 대한 만족도 등 성격적 요인(자신감, 자아비판적 태도)의 중요성을 보여준다. 연구 결과에 따라 연구자들은 번역 문제를 설명하기 위해서는 특별한 종류의 메타 지식이 필요하다는 가설을 수립하였다.

앞서 언급된 모든 논문은 디미트로바 교수의 65번째 생일을 기념하기 위해 작성되었다. 본 논문집 말미에는 디미트로바 교수와의 인터뷰를 수록하였으며 마지막 장에서는 통·번역 프로세스 연구에 기여한 디미트로바 교수의 논문 목록을 제시하였다*(역자주 : 본 번역서에서는 지면 상의 이유로 디미트로바 교수의 논문목록은 싣지 않았다). 지난 25년간 상당수의 통·번역학 학자들이 주목한 프로세스 연구는 특히 디미트로바 교수의 관심분야였다. 따라서 디미트로바 교수가 활발하게 연구하고 영향력을 발휘해온 분야이면서 기대만큼 많은 논문이 출판되지 않았던 분야에 관한 논문집을 디미트로바 교수에게 헌정하는 일은 매우 적절하다. 모든 저자는 디미트로바 교수의 친구이자 동료이기 때문에 본 논문집은 저명한 통·번역 학자들의 논문을 취합해 보여줌과 동시에 젊은 번역학 연구자들이 의견을 제시할 수 있는 기회가 되었다. 디미트로바 교수는 스스로 이러한 논문집의 단점을 지적한바 있다. "헌정 논문집이 항상 미리 계획되거나 전체 주제가 제시되는 것이 아니고" 발행일이 정해져 "종종 저자와 편집자들이 빠듯한 마감일정을 맞춰야 하기" 때문에 "논문의 규모, 범위, 품질에 막대한 영향을 줄 수 있다"는 것이다(2010b, p. 249). 본 논문집을 준비하면서 저자들은 이러한 함정에 빠지지 않으려 노력했으며 본 논문집이 디미트로바 교수가 말하는 흥미롭고, 유익하고, 가급적 선구적인 논문으로 구성된 "학문의 요람(2010b, p. 257)"이 되기를 바란다.

본 논문집에 실린 논문은 저자들이 일반적으로 디미트로바 교수에게 했음직한 질문들을 던진다. 다른 동료들에게 물었을 때에도 대부분 "글쎄, 이 질문은 디미트로바 교수에게 해야지"라고 답을 했다. 동료들이 느끼는 디미트로바 교수의 너그러움과 따뜻함, 그리고 디미트로바 교수에 대한 존경심은 본 논문집을 발간하는데 귀중한 도움이 되었다. 디미트로바 교수의 이름만 언급해도 길이 쉽게 열렸다. 본 논문집에 논문을 게재한 저자들과 더불어 수많은 학자들이 본 논문집에 기여하였다.

특히 Ingrid Almqvist, Magdalena Bartłomiejczyk, Elisabeth Bladh, Chia-chien Chang, Agnieszka Chmiel, Helle Vrønning Dam, Ali Darwish, Jorge Díaz-Cintas, Peter Flynn, Emilia Iglesias Fernández, Yves Gambier, Riitta Jääskeläinen, Bente Jacobsen, Zuzana Jettmarová, Francis Jones, Donald Kiraly, Geoffrey Koby, Barbara Köpke, Pekka Kujamäki, Sigmund Kvam, Ritva Leppihalme, Yvonne Lindqvist, Minhua Liu, Ian Mason, Holly Mikkelson, Claudia Monacelli, Jeremy Munday, Presentación Padilla Benítez, Outi Paloposki, Jan Pedersen, Jonatan Pettersson, Franz Pöchhacker, Macarena Pradas Macías, Alessandra Riccardi, Hanna Risku, Andreas Romeborn, Anne Schjoldager, Candace Séguinot, Sonja Tirkkonen-Condit, 그리고 Jeroen Vanadele에게 감사를 표한다. 또한 Isja Conen, Sherida Deeprose, Stig Oppedal과 편집에 도움을 준 스톡홀름 대학교 통번역대학원(Institute for Interpreting and Translation Studies at Stockholm University) 측에 감사 드린다.

디미트로바 교수님, 교수님이 저희 모두와 번역학을 위해 해주신 모든 일에 감사를 표하며 이 논문집을 바칩니다.

John Benjamins Series

08 Methods and strategies of process research

제 1 부

개념적 · 방법론적 논의

통역의 이론과 실제 사이의 격차 의혹에 대한 고찰

세실리아 바덴조 Cecilia Wadensjö
스웨덴, 스톡홀롬 대학

통역학은 지난 수십 년간 상당히 발전하였다. 구어와 수화가 사용되는 다양한 환경에서 수행되는 여러 유형의 통역에 관한 연구를 요약 및 종합하고자 하는 여러 프로젝트도 있었다(e.g. 가르존와 비에찌(Garzone and Viezzi), 2002; 푀히하커와 슐레징거(Pöchhacker and Shlesinger), 2002; 헤르톡과 반 더 비어(Hertog and van der Veer), 2006). 본 논문의 목적은 양적 증가세에 있는 문헌에서 제시하는 결과를 보고하기보다는 경쟁적 관계로 간주될 수 있는 두 가지 추세 - 증거 기반 통역 실무 강조 vs. 개별적 학문으로서의 통역학에 주목, 즉 통역이 어떻게 이루어지는지 탐구하고 설명하고자 하는 연구 – 에 대해 논의하는데 있다. 이론과 실제 간에 존재하는 것으로 가정되는 격차를 좁혀야 한다는 지적에 대해, 본 연구는 이론과 실제 사이에 분명한 거리가 있어야 한다고 주장한다.

KEYWORDS

통역 연구, 증거기반 통역 실무, 상호작용하는 통역, 전문적 판단

1. 들어가기

지난 수십 년간 통역학은 전문 학술 분야로써 상당히 발전하였다. 그러나 명료한 방향성이 있는 발전이었다고 보기는 힘들며, 때로 저자는 본 학문이 나아가는 방향을 이해하는데 어려움을 겪곤 하였다. 본 논문에서 논의되는 발전이란 반복적으로 나타나는 특정 주제에 국한되었다. 문헌 대부분은 몇 가지 '끊임 없는' 질문을 되풀이하는 경향이 있는데, 바로 통역사의 올바른 역할과 통역의 정확성에 대한 것으로 유효한 표준을 수립하고자 하는 정책 입안자들의 요구에 대응하는 것이었다. 지금까지의 통역학 연구는 규범적 행동을 당연시하거나 확립된 표준을 통역사가 위반했음을 입증하고자 하는 등 규범적 관점을 적용하였다. 하지만 보다 최근 진행된 대부분의 연구는 통역학의 '문화적 전환'을 촉구했던 마이클 크로닌(Michael Cronin, 2002)의 유력한 주장, 그리고 각종 통역 데이터에 기반한 탄탄한 연구가 제시하는 구체적 사례를 토대로 비규범적 관점을 적용시켰다. 그러나 통역을 의사소통적, 상황 기반적, 문화적, 인지적 활동으로 탐구하는 기초연구를 다루는 문헌은 아직까지 많이 축적되지 못하였다.

물론, 통역 표준과 품질에 관한 논의는 전문 분야로써의 통역의 발전과 연관이 있다. 하지만 이런 논의가 학술 분야로써의 통역학의 발전과는 어떤 연관 관계를 갖는가? 본 연구는 바로 이 질문을 출발점으로 삼는다.

1.1 '실무연구자(Practisearcher)'의 장단점

통역을 연구하는 대부분의 동료들과 마찬가지로 저자는 현역 통역사로 활동한 바 있다. 다니엘 질(Daniel Gile, 2000)의 용어를 사용해 저자를 '실무연구자'로 칭할 수 있겠다. 1970년대 후반에 저자는 첫 인증시험을 치뤘고(스웨덴에서 자격증 유효기간은 5년이다), 자격증 취득 후 러시아어-스웨덴어 프리랜서 통역사로 수년간 활동하였다. 박사과정을 밟던 1980년대 후반에는 이민청문회와 환자 진료시 통역사 중재 의사소통에 관한 프로젝트를 연구할 기회를 가졌다(바덴조, 1992). 통역 분야 내부자인 저자는 다양한 연구 질문을 확보하고 강하게 동기부여가 되어있었으며 경험과 정보를 기꺼이 공유해줄 동료와 기타 이해관계자의 네트워크를 확보하고 있었다.

당연히 저자는 통역에 대한 어느 정도의 이해를 갖춘 상태에서 시작하였다. 의도적이든 그렇지 않든, 개인적으로는 다소 이론 위주라고 여긴 교육과정을 통해 저자는 통역에 대한 통념에 익숙해졌다. 즉, 통역은 2개 언어의 다소 어려운 단어와 구절로 구성되며, '발신자'에서 '수신자'로의 일방적인 의사소통 프로세스라는 관점을 토대로, 한 언어에서 다른 언어로 전달되는 일방향적, 비의인화된 행위라고 생각했다(레디(Reddy, 1979)의 도관 은유 참조). 그 결과, 저자가 가진 통역사의 이미지는 이미 만들어진 메시지를 (새로운 언어 형태로) 재발신 하는 사람이었다.

박사과정 프로젝트에 착수했을 당시 저자는 사회에서 소외되었지만 급증하는 통역이라는 현상을 알리고자 하는 큰 포부를 안고 있었다. 저자가 일상 생활에서 경험한 통역사라는 직업의 복잡성을 학계 내외에 알리고 싶었다. 독립 분야로써의 대화통역, 즉, 대면 통역의 연구와 더불어 통역사 지망생이 향후 수행해야 하는 전문적인 역할에 대해 이해하는 것을 포부로 삼았다. 그러나 이 두 가지 포부가 항상 조화를 이루지 못한다는 것을 시간이 지나서야 깨달았다.

저자는 언어, 소통, 마음의 일상적 이해를 토대로 하는 소위 일상적 통역이론을 출발점으로 삼았다. 개인 통역사가 아닌 상호작용하는 집단 – 추후 "의사소통적 파드트루아(pas-de-trois)" (1998, p. 12)라 명명 - 에 초점을 두는 등 자명해 보였던 것들에 대해 질문하기 시작한 이후에야 비로소 다른 관점에서 진정으로 통역을 이해하게 되었다. 저자는 '통역사는 반드시 ~해야 한다' 혹은 '절대 ~해서는 안 된다'는 식의 생각에서 벗어나 '통역이 보다 정확히 어떻게 수행되는지'를 탐구하기 시작하면서 다른 시각을 갖게 되었다.

신시아 로이(Cynthia Roy, 2000)가 '담화의 흐름 관리자로서의 통역사'라고 표현한 바 있는 통역에서의 조율 측면(바덴조, 1992, 1998)은 늘 존재해 왔다. 숙련된 통역사라면 전문통역사로 활동할 때 상호작용 능력이 근본적으로 중요하다는 사실을 적어도 직감적으로는 분명히 알고 있을 것이다. 하지만 저자가 아는 한, 이러한 능력에 대한 구체적인 연구는 1990년대 들어서야 시작되었다. 통역이 수반되는 담화에서의 말차례 주고받기를 심도 있게 연구한 최초의 통역 학자는 브리기타 엥겔룬드 디미트로바(Birgitta Englund Dimitrova, 1991, 1997)이다. 두 건의 환자진료 대화 영상을 상세히 탐구한 디미트로바는 "통역사가 말차례 주고받기 프로세스의 중심"이라는 결론에 도달하였다(1997, p. 161). 말차례 패턴에 관한 일부 시사점과 관련하여 디미트로바는 통역사의 책임으로 간주해야 하는 혹은 하지 말아야 하는 사항에 대한 연구 문제를 제기한다. 다시 말해, 디미트로바는 연구와 실제 간의 연결고리를 규명하고자 하였다. 이러한 연결고리에 대해 추가적으로 논의하기에 앞서, 저자는 다양한 통역 유형 간의 차이점에 대해 언급하겠다.

1.2 대화통역, 커뮤니티 통역, 회의통역

영어의 경우, 의료보건과 정신보건산업, 경찰서와 기타 법률기관, 사회보장과 출입국관리사무소 등에서의 통역을 흔히 커뮤니티 통역이라 칭한다. 영국에서는 공공부문 통역(public service interpreting)이라는 표현을 통상적으로 사용한다. 대화통역은 기타 사회적 상황에서 이루어지는 통역사 중재 상호작용을 지칭하며, 특히 대면 통역이 이루어지는 상황을 기반으로 하는, 의사소통 행위 통역의 사회적인 구조를 강조한다. 대화통역은 회의통역과 대조해 정의할 수 있다. 대화통역과 회의통역의 개념을 비교해보면, 회의통역의 주요 특징을 다음과 같이 요약할 수 있다(공유 활동으로써의 통역에 초점).

- 주요 연사는 사전에 준비된 (보통 미리 작성된) 연설문을 발표한다.
- 통역을 수행하는 통역사는 한 개 언어로 말하며, 두 개 언어로 말하는 경우는 드물다.
- 통역사는 분리된 부스에서 통역을 수행한다.
- 청중(보통 다언어 사용자)은 원어 연설 또는 헤드셋을 통해 통역사의 통역을 청취할 수 있다.

이에 상응하는 대화통역의 특징은 다음과 같다.

- 주요 연사는 즉흥적인 대화에 참여한다.
- 통역사는 두 개 언어로 말하며, 한 개 언어만을 사용하는 경우는 드물다.
- 통역사는 대면 상황에서 통역을 수행한다.
- 일반적으로 통역사는 대화에서 사용되는 두 언어 모두를 구사하고 이해하는 유일한 사람이다(메이슨(Mason), 2000, p. 216 참조).

1970년대 후반 저자가 참여한 통역사 양성 프로그램에서는 회의통역과 대화통역의 차이가 오늘날처럼 강조되지 않았다. 기본적으로는 (통역사 개개인에 초점을 두며) 순차통역과 동시통역만 구분하였다. 더욱이, 회의통역이 일반적인 통역 모형으로 간주되었으며 통역연구는 대개 (회의)통역사의 인지적 능력과 한계에 주안점을 두었다. 따라서 통역사 양성 프로그램에서 소개한 이론도 거의 인지언어학 중심이었다.

의사소통적 파드트루아로써의 통역사 중재 대화의 대안 모형은 다소 실용적인 이론에서 비롯되는데, 통역사를 공통 상호작용에 참여하는 집단의 능동적 당사자로 간주하는 이론이다. 또한, 동일한 언어를 구사하는 개인 간의 의사소통적 상호작용으로 알려진 행위, 즉, 유아기에서부터 손짓, 그리고 단어 등 기타 비언어적, 언어적 수단을 혼합해 말차례를 주고받는 방식으로 의사소통하는 법을 터득한 행위에 근간한다. 우리는 상대방이 시선, 손짓, 음질, 어휘 등으로 전달하는 내용을 해석하고, 그에 대응하는 법을 배운다. 이러한 능력이 인간 상호작용 능력의 기초가 된다는 주장은 반박하기 어렵다. 따라서 회의통역 연구에서의 상호작용적 접근은 대화통역 연구에서만큼이나 타당하다.

각종 모형 – 통역사 개인의 정보 처리로써의 통역, 통역이 수행되는 대화에서 개인 상호작용으로써의 통역 – 을 이용해 통역사의 통역 수행과 통역사 중재 상호작용의 본질에 대한 새로운 정보를 도출해왔다. 하지만 이러한 정보가 실전에는 어떻게 적용되는가?

2. 이론이 통역사에게 도움이 되는가?

(상호작용적, 제도적, 사회문화적 등) 다양한 맥락에서 자연스럽게 발생하는 통역 활동에 대한 연구 덕분에 회의통역과 대화통역에 대한 이미지가 지난 수십 년간 보다 구체화되고 뚜렷해졌다. 일부 연구자는 통역

사의 통역 수행과 상호작용뿐 아니라 바람직한 통역 수행에 관해 기술하고 탐구하고자 하였다. 가령 『커뮤니티 통역(Community Interpreting)』에서 산드라 헤일(Sandra Hale)은 "바람직한 통역사의 역할, 통역사의 역할이 상황, 참가자, 맥락에 따라 바뀌는지 여부, 그리고 특정 역할을 규정하게 된 이유에 대한 보다 심도 있는 연구가 필요하다"고 하였다(헤일, 2007, p. 127). 규범적 연구의 필요성을 주장하는 헤일은 통번역 연구의 오랜 전통을 따르는 한편 최근 들어 여러 학문에서 필요성이 제기된 증거기반 실무를 적용한다. 증거기반 실무는 비교적 새롭게 등장한 용어이지만 그 기원은 오래 되었으며, 이론과 실제 간의 격차를 좁히고자 하는 수많은 연구자들의 간절한 바람을 반영하고 있다.

통역사의 권리와 책임에 대한 논의는 모든 단계의 교육 과정에서 매우 중요하다는 것이 저자의 견해다. 그러나 통역이 수행되는 상호작용에 관한 연구에서 이러한 주제가 갖는 의미는 무엇인가? 통역 기준에 관한 질문이 학문으로써의 통역의 발전과 어떻게 연관되는가?

번역학에 보다 일반적으로 접근해 보면, 규범적 전통의 사례를 쉽게 찾을 수 있다. 가장 대표적인 예는 1980년대 초 발간된 피터 뉴마크(Peter Newmark)의 저서 『Approaches to Translation(번역에의 접근)』으로, 뉴마크는 "번역이론의 주요 관심사는 적절한 번역 방법을 찾는 것이다"(뉴마크, 1981, p. 141)라고 주장하였다. 해당 저서는 현직 번역사를 위한 유용한 조언을 담고 있으며, 지금도 번역사 교육에 사용된다. 하지만 새로운 지식을 생성하거나 번역학 외의 분야에 종사하는 연구자들을 참여시킬만한 새로운 연구질문을 제시하는지는 의문이다.

2002년 출간된 앤드류 체스터만과 엠마 와그너(Andrew Chesterman and Emma Wagner)의 공동저서 『Can Theory Help Translators?(번역이론이 번역사들에게 도움이 되는가?)』는 이러한 논의에 흥미로운 관점을 제시하였다. 부제 'A Dialogue Between the Ivory Tower and the Wordface(상아탑과 워드페이스 간의 대화)'가 시사하듯, 해당 저서는 '이론'

과 '실제'의 상호교류에 그 목적이 있다. 현직 번역사이자 룩셈부르크에 소재한 유럽위원회의 번역 책임자인 와그너는 번역이론이 무엇인지에 대한 질문으로 첫 장을 시작하며, 번역사 능력 증진과 전문인으로써의 자부심 함양에 이론이 도움이 되는지에 대한 의문을 표명한다. 한편 헬싱키 대학교 번역이론 교수인 체스터만은 해당 질문에 대한 기본 전제에는 공감하지만, 과연 번역 이론이 이러한 목적 자체를 가질 필요가 있는지에 대한 또 다른 질문을 제기하며 반박한다.

'이론'의 유용성에 대한 초기의 회의론에 이어 와그너는 번역사를 의사, 즉, 말라리아 등의 질병 치료법에 대한 지식 덕분에 대중의 존경을 받는다고 개인적으로 생각하는 전문인 집단과 비교한다. 처음에는 이러한 비교가 매력적으로 보일 수도 있지만 과연 번역사와 통역사의 업무를 말라리아 치료와 비교할 수 있을까? 모든 의료 종사자들은 궁극적으로 동일한 목표를 추구한다는 사실에 의사들이 모두 동의할 것이라는 점에서, 저자는 의사와 통번역사 사이에는 잠재적으로 중요한 차이점이 있다고 생각한다. 문자와 구두 의사소통의 경우 그 속성상 어느 정도의 모호성과 애매성, 다소 명시적이거나 암시적인 의도, 그리고 공통의, 상이한, 그리고 때로는 상충되는 목표와 가정을 수반하기 때문에 번역사와 통역사들은, 의사들과는 달리, 궁극적으로 동일한 목표를 추구한다고 단언할 수 없다.

2.1 의사소통으로써의 통역

대면 상황에서 일부 모호성과 애매성은 말차례 분배의 결과에서 비롯된다. 신시아 로이(Cynthia Roy, 2000, pp. 84-100)는 영어와 미국 수화가 제공되는 통역 상황을 면밀히 관찰하여 주요 참가자가 대립적 의사소통 임무를 동시다발적으로 수행하는 상황에서 통역사는 주의를 한곳에 집중하고 공통의 주제에 관한 대화를 진행한다고 주장하였다. 이를 위해 대화 참여자 어느 한 쪽의 말에 우선순위를 둔다고 한다.

이 문제는 대화통역이 제공된 토크쇼 인터뷰를 토대로 한 연구에서(바덴조, 2008) 보다 깊이 있게 탐구된 바 있다. 해당 논문에서는 통역사의 능률은 통역사의 말차례 구성에 대한 문법적, 실용적 특성을 예측하는 능력 및 영어와 러시아어 유창성, 그리고 토크쇼 출연자와 진행자의 의사소통적 행동 각각에 부분적으로 기인한다고 주장한다. 대화의 주요 참가자인 미하일 고르바초프와 클라이브 앤더슨은 대화 상대로 서로를 대하고 스튜디오 방청객과 시청자와 상호작용하는 한편, 통역사와는 대화 내용을 일부만 공유하기도 하고 전부 공유하기도 한다. 대화 참가자로써의 통역사의 모호한 역할은 오히려 통역사에게 재량권을 부여하며, 통역사인 파벨 팔라첸코(Pavel Palazchenko)를 비롯한 모든 참가자가 이러한 재량권을 의사소통적 자원으로 활용하였다. 고르바초프는 특수 상황인 삼자간 의사소통 방식에 적응하며 성공적으로 의사소통적 임무(일화 공유, 러시아 대통령으로써 보리스 옐친에 대한 견해 제공 등)를 수행한다. 통역사가 자신을 고르바초프와 동일시하며, 인터뷰 진행에 간혹 어려움을 보인 BBC 기자보다 고르바초프의 의사소통 임무를 도왔다는 결론을 내리고 싶겠지만 이는 추측에 불과할 것이다. 그러나 매 순간 대화의 진행을 면밀히 분석해보면 동시다발적으로 진행되는 양자간 의사소통적 행위에 대해 통역사가 직접적으로 대응했음을 알 수 있다.

이러한 관찰내용이 통역사가 따라야 하는 규정과 기준으로 바로 해석될 수 있는 것은 아니다. 물론 간접적으로는, 사회적 만남에서 통역사로서 혹은 비(非)통역사로서 개인이 참여 혹은 불참하는 것이 상호작용적인 행위라는 점을 인식한다면 도움이 될 것이다. 또한, 영향력 있고 말이 많은 사람이 타이밍 감각이 우수하고 신중히 경청하는 통역사의 도움을 받으면 외국어로 대화하는 상황에서도 유능한 대화 상대로 두각을 나타낼 확률이 높다는 점 또한 현직 통역사들에게 시사하는 바가 있을 것이다. 아울러 말수가 적은 사람일 경우, 동일한 자질의 통역사에 덜 의존적이기보다는 오히려 그 반대로 통역에의 의존도가 더 높을 것이다.

그렇다면 과연 통역 과정에 대한 연구가 현직 통역사에게 도움이 된다는 뜻일까? 물론 일각에서는 이러한 연구가 통역에 대한 인지도를 높이며, 통역사와 통역사의 도움을 받는 대화 참가자의 전문적인 판단을 돕는다고 주장할 것이다. 그러나 또 다른 일각에서는 통역 수행 방식에 대한 명확한 지침을 통역사에게 제시하지 못한다면 통역 이론은 무용지물이라고 반박할 것이다. 후자는 때로 통역 연구와 통역 실제 간의 '격차를 좁히기' 위해 보다 치밀한 연결고리가 필요하다는 주장을 동반한다.

3. 격차 해소?

기본적으로, 연구와 실제 간의 격차를 좁힌다는 생각은 좋은 것으로 여겨질 것이다. 통역에 대한 연구 결과와 통역사의 실전이 서로 무관한 것이라면 막대한 시간과 돈을 낭비한 것이 되기 때문이다. 그러나 저자는 번역학 전반에 대해 "다양한 종류의 연구를 허용하고, 전문가의 실전 또는 사회 전반과 관련된 질문 유형을 중요하게 여길 뿐 아니라, 당장 적용은 불가능한 이론적 관심분야에 대한 질문까지도 아우르는 모든 유형의 질문이 허용되어야 한다"(디미트로바, 2008, p. 5)고 주장한 디미트로바의 입장에 동의하는 바이다. 타 학문과 마찬가지로 통역 연구에서도 기초와 응용 연구를 구분할 수 있다. 원론적으로는, (각종 유형과 환경에서의) 통역 방식에 대한 연구가 실전에 간접적인 도움을 준다면, 클라이언트와 전문가(변호사, 기자, 회의 대표단, 간호사, 심리학자 등)가 통역이 지원되는 상황을 경험했던 소감과 통역사가 업무 환경에 대해 느끼는 소감을 다루는 연구는 변화를 계획 중이거나 새로운 표준을 정립하는 경우 등에 있어서 실전에 보다 즉각적으로 적용될 수 있을 것이다.

이와 관련해 증거기반 실무라는 개념 자체를 살펴볼 필요가 있다. 증거기반 실무 개념은 처음 의학 분야에 도입되어 적용 되었으며, 이후 교육 등의 기타 학문에도 도입되었다. 예를 들어 정치인들이 더 우수하고 효율적인 학교를 요구하면, 교육자들은 연구자에게 더 우수하고 효율적인 증거기반 교수법을 요구하곤 한다. 어떤 교수법이 수업에 적용되었을 때 효과가 있는지 혹은 없는지, 또 수학 등의 교과목에서 학생들의 성취도를 극대화 하려면 어떤 교수법을 적용해야 하는지를 교사들에게 알려줄 수 있도록 연구자들이 과학적 정보를 제공할 것이 기대되며, 이러한 기대가 합리적인 것인지에 대해 연구자들이 역으로 논의하기도 한다.

네덜란드 출신 교육학 교수인 드 브리스(De Vries, 1990)는 과연 연구를 통해 실무에 필요한 지식을 도출해낼 수 있는가에 대해 질문을 던진다. 드 브리스는 연구가 수행해야 한다고 생각하는 두 가지 역할을 기술적(technical) 역할과 문화적 역할로 구분하였다. 드 브리스에 따르면, 연구는 기술적, 수단적 지식을 생산하는 한편, 드 브리스가 문화적 지식이라 부르는 지식, 즉, 통역에 관한 다양한 해석과 이해를 제공함으로써 실무자에게도 중요한 역할을 한다. 드 브리스는 후자를 연구의 문화적 역할이라고 칭한다.

마찬가지로 교육학 교수인 비에스타(Biesta, 2007)도 드 브리스(1990)를 언급하며 연구가 기술적 지식을 생산할 수 있는지에 대한 질문을 제기하는 등 논의를 확대한다. 비에스타는 연구가 기술적 지식을 생산하는 것은 불가능하다는 간단한 결론을 내리며 "교육은 '밀고 당기는' 프로세스가 아니다. […] 교육의 효과는 인과적이거나 기계적인 방식으로 생산되지 않는다"(비에스타, 2007, p. 298)라고 밝혔다. 물론 교수법은 중요하지만 단순히 교사의 활동과 학습 사이의 인과관계에만 의존할 수 없다는 것이 비에스타의 주장이다.

증거기반 교육 실무에 대한 비에스타의 논리에 따라, 통역 실무에 대한 보다 많은 연구가 특정 (효과적/정확한) 통역을 규정 짓는 모든 요인을 발견해 궁극적으로 통제할 수 있도록 설정되어야 하는지에 대한 질문이 제기될 수 있겠다. 또한, 대면 혹은 회의 상황의 통역사 중재 대화에서 최적의 결과를 확실히 보장하는 모든 요인을 발견하고 통제하는 것이 과연 가능한가에 대한 의문도 있을 것이다. 교육과 마찬가지로 통역은 상징적인 활동이며, 교육 실무와 마찬가지로 통역 실무는 어떤 의미에서 봤을 때 매번 새로운 고유의 상황으로 구성된다.

3.1 이론과 실제 간의 가능하고 밀접한 연결고리

그렇다면 이론과 실제 간의 연결고리를 어디에서 구축하고 발전해야 할까? 바로 떠오르는 답으로는 컨퍼런스 등을 시켜 이론과 실제에 관한 연구결과를 공유하는 방식을 생각할 수 있다. 통역 분야에서 'Critical Link'는 고유의 플랫폼으로 구축된 컨퍼런스 시리즈로써, 공공, 의료, 법률 분야의 통역사와 이들과 함께 일하는 실무자 및 연구자 간의 만남의 장을 제공한다. 물론, 연구자, 통역 교육자, 통역 서비스 제공자, 통역사 간 의사소통은 다른 상황에서도 이루어질 수 있다. 통역 분야에 종사하는 연구자와 교사가 다른 전문업종의 교육 프로그램에 참석하는 경우, 또 그 반대의 경우에도 지식이 확산되고 교차육성될 수 있다. 또한, 오늘날에는 다수의 전문직 종사자가 서로 다른 문화와 언어를 넘나들며 일하기 때문에 공통 관심사를 찾기란 어렵지 않을 것이다.

통역에 관한 연구는 언제나, 어느 정도까지는 활동 중인 통역사 혹은 통역 교육자를 위한 연구일 것이다. 하지만 여기서의 문제는 이러한 점이 통역학에 시사하는 바이다. 통역학은 어떻게, 누구에 의해 구체화되어야 하는가? 표준 수립은 연구자의 몫인가? 현직 통역사이기도 한 저자는 통역 관련 전문적인 기준은 일차적으로 통역사 내부에서 논의해야 한다고 생각한다. 반면 연구활동은 통역사의 전문적 판단과 행동을 도울 수 있으며, 전문가의 인식을 제고하고 통역이라는 상호작용과 관련된 복잡성과 조건에 대한 이해 증진에 기여할 수 있다.

현직 통역사이자 통역사를 지도하는 교육자로서 저자는 통역에 필요한 역량의 종류와 관련된 전반적 인식을 제고해야 한다고 생각한다. 또한 현직 통역학 연구자로서 저자는 통역사, 통역 교육자, 통역 서비스 제공자 등의 이해관계자들이 통역사가 해야 할 일 및 해서는 안될 일과 관련하여 요청 및 요구하는 사항을 분석하고 진지하게 검토해야 한다고 생각한다. 나아가, 통역학 이외의 학문에서 관심대상이 될만한 부분에 대해 지적하는 것도 저자의 임무라고 생각하고 있다. 앞서 누군가가 언급하고, 그리고 사석에서 디미트로바가 인용했듯이, "튼튼한 학문은 타학문으로 번지는 학문이다"(디미트로바, 2010).

참고문헌

1. Biesta, G. 2007. "Bridging the gap between educational research and educational practice: The need for critical distance." *Educational Research and Evaluation* Vol. 13, No. 3, 295-301.

2. Chesterman, A. and Wagner, E. 2002. *Can Theory Help Translators? A Dialogue between the Ivory Tower and the Wordface.* Manchester: St. Jerome Publishing.

3. Cronin, M. 2002. "The Empire talks back: Orality, heteronomy and the cultural turn in interpreting studies." In *The Interpreting Studies Reader,* F. Pöchhacker and M. Shlesinger (eds), 387-397. London/New York: Routledge.

4. De Vries, G. H. 1990. *De ontwikkeling van wetenschap* [The development of science]. Groningen, The Netherlands: RUL/RUG.

5. Englund Dimitrova, B. 1991. *När två samtalar genom en tredje. Interaktion och icke-verbal kommunikation i medicinska möten med tolk.* Rapporter om tvåspråkighet, No 7. [Eng: Reports on bilingualism, No. 7] Stockholm: Stockholms Universitet, Centrum för Tvåspråkighets- forskning.

6. ______. 1997. "Degree of interpreter responsibility in the interaction process in community interpreting." In *The Critical Link: Interpreters in the Community,* S. E. R Carr, A. Roberts, Dufour and D. Steyn (eds), 147-164. Amsterdam/Philadelphia: John Benjamins.

7. ______. 2008. "Who am I - and does it matter? On the researcher in the research process in Translation Studies." (Unpublished manuscript).

8. ______. 2010. Personal communication.

9. Garzone, G. and Viezzi, M. (eds). 2002. *Interpreting in the 21st Century: Challenges and Opportunities.* Amsterdam/Philadelphia: John Benjamins.

10. Gile, D. 2000. "Issues in interdisciplinary research into conference interpreting." In *Language Processing and Simultaneous Interpreting.*

Interdisciplinary Perspectives, B. Englund Dimitrova and K. Hyltenstam (eds), 89-106. Amsterdam/Philadelphia: John Benjamins.

11. Hale, S. B. 2007. *Community Interpreting.* Basingstoke: Palgrave Macmillan.

12. Hertog, E. and van der Veer, B. (eds). 2006. *Taking Stock: Research and Methodology in Community Interpreting.* Linguistica Antverpiensia, New Series, 5/2006. Antwerp: Hoger Instituut voor Vertalers en Tolken, Hogeschool Antwerpen.

13. Mason, I. 2000. "Models and methods in dialogue interpreting research." In *Intercultural Faultlines. Research Models in Translation Studies I: Textual and Cognitive Aspects,* M. Olohan (ed.), 215-231. Manchester: St. Jerome Publishing.

14. Newmark, P. 1981. *Approaches to Translation.* Oxford: Pergamon.

15. Pöchhacker, F. and Shlesinger, M. (eds). *The Interpreting Studies Reader.* London/New York: Routledge.

16. Reddy, M. 1979. "The conduit metaphor: A case of frame conflict in our language about language." In *Metaphor and Thought,* A. Ortony (ed.), 284-324. Cambridge: Cambridge University Press.

17. Roy, C. B. 2000. *Interpreting as a Discourse Process.* New York/Oxford: Oxford University Press.

18. Wadensjö, C. 1992. "Interpreting as interaction: On dialogue interpreting in immigration hearings and medical encounters." (Doctoral dissertation, [Linköping Studies in Arts and Science No. 83] Linköping University, Sweden.)

19. ______. 1998. *Interpreting as Interaction.* London/New York: Longman.

20. ______. 2008. "In and off the show: Co-constructing 'invisibility' in an interpreter-mediated talk show interview." *META, Journal des traducteurs 53* (1): 184-203.

직역 가설에 관한 고찰

앤드류 체스터만 Andrew Chesterman
핀란드, 헬싱키 대학

본 논문에서는 잘 알려진 직역 가설을 검토하고, 이 가설이 번역 이론에서 갖는 의미를 논의한다. 직역 가설은 주어진 텍스트 뭉치를 처리하는 번역사가 도착텍스트의 직역에서 시작해 의역으로 이동하는 경향이 있다고 주장한다. 다수의 학자가 이 가설을 암묵적 혹은 명시적으로 연구하였고, 출처 또한 다양해 보인다.

개념에 관한 예비분석을 거쳐 최적의 가설 형성을 제시한 후, 본 논문은 여느 가설이 지닐 수 있는 보다 광범위한 의미 차원에서 직역 가설을 평가한다. 평가 기준은 테스트 용이성, 다른 가설과의 관계, 적용 가능성, 돌발 가치(surprise value), 설명력이다. 본 연구는 직역 가설을 다룬 엥겔룬드 디미트로바(Englund Dimitrova)의 연구(2005)에 대해 논의한다. 노드만(Nordman, 2009)이 진행한 다소 상이한 연구는 직역 가설의 보다 광범위한 상황화에 시사점이 크다.

KEYWORDS

직역, 가설, 수정, 연구 방법론

1. 들어가기

번역학의 연구 프로젝트는 대개 실험하고자 하는 가설로 시작하거나, 주장 또는 데이터 분석을 토대로 한 가설의 수립을 목적으로 한다. 이러한 가설 중 일부는 큰 주목을 받으며, 유사 데이터가 사용되는 반복 연구나 다른 상황에서의 연구 등 추가 실험을 거친다. 보통 이러한 가설은 영어의 경우 정관사를 붙여 'the X 가설' 등 인용이 쉬운 명칭이 부여된다. 가설이 입증되고 수정과 보완을 거치면 일반 번역 이론의 토대에 포함된다.

지난 20-30년간 번역 보편소를 찾기 위한 다수의 흥미로운 가설이 제안 및 실험되었다. 그 예로는 명시화 가설, 단순화 가설, 고유항목(unique items) 가설이 있다(모라넨과 쿠자마키(Mauranen and Kujamäki), 2004). 이들 가설은 텍스트 산출물로서의 번역의 일반적인 특성에 대한 주장을 펼치며 근본적인 인지 프로세스에 대한 시사점을 제시한다. 일부 가설은 번역 프로세스 자체를 다루는데, 본 논문에서 다루는 직역 가설이 대표적인 예다.

본 논문에서는 우선 직역 가설의 개념적 배경을 탐구하고 가설의 명시적 확립을 제안한다. 이후 저자는 몇 가지 기본 평가기준에 의거해 가설의 의미를 살펴보면서 평가기준항목 대부분에서 직역 가설이 중요하다고 주장한다. 일반적인 평가를 마친 뒤 새로운 연구 방향을 보여주기 위해 최근 발표된 두 편의 연구를 간단히 검토한다.

2. 개념적 배경

번역학에서 많은 용어가 그렇듯, '직역'은 사람마다 다른 의미를 갖는다(셔틀워스와 코위(Shuttleworth and Cowie), 1997, s.v. 참조). 일반적으로는 '의역'에 반대되는 모호한 개념으로 인식된다. 한 해석에 따르면 직역은 문법성의 요구에 부합하기 위해 최소한으로 조정된 문자 그대로의 번역이다(e.g. 캣포드(Catford), 1965, p. 25). 어떤 사람들은 직역이 문법에 어긋난다고 생각하며, 또 다른 사람들은 직역이 조금 어색하게 들리기는 해도 문법에 맞는다고 한다(비네와 다블네(Vinay and Darbelnet), 1958 참조). 후자의 경우 차용 혹은 모사와 더불어 '직접적인' 번역 전략을 적용하는 절차의 일부로 직역을 간주한다. 비네와 다블네와 같이, 번역사가 적절한 상황 하에서 텍스트 전체 혹은 특정 부분에서 사용할 수 있는 기법이나 절차로 직역을 바라보는 학자는 많다. 실제로 일각에서는(e.g. 뉴마크(Newmark), 1988, pp. 68-69) 어떤 이유에서건 직역이 불가능한 상황에서만 직역을 벗어나며, 그렇지 않은 경우에는 번역사의 디폴트 해결책이 직역이라고 설명한다. 우선 출발텍스트와 형태가 유사하지만 문법에 맞는 직역부터 살펴보도록 하자.

상기 언급된 여러 의견도 다음에 있어서는 쉽게 일치된다. 바로 번역 해결책에 적용 시, '직역'이라는 용어는 완성된 텍스트 혹은 텍스트 중 번역된 일부를 지칭할 수 있다는 주장이다. 이와 유사하게, 번역사의 의사 결정에 적용 시, 직역은 전반적 혹은 국소적 전략이 될 수 있다. 따라서 전반적으로 의역을 했다 해도 직역적인 요소를, 직역을 했다 해도 직역이 아닌 요소를 지닐 수 있다(디미트로바, 2005, pp. 51-52 참조).

직역은 또한 번역학과 대조 분석에서 사용되는 등가, 대응, 일치 등의 용어와도 밀접한 관련이 있다. 캣포드(1965, p. 32)는 (텍스트적 혹은 상황적) 등가와 형태적 대응을 구분한다. 후자는 두 언어의 '경계에서 최대한 거의 '동일한' 위치를 차지'할 경우 출발어와 도착어가 '범주'를 유지하는 행위로 규정된다(할리데이(Halliday)에 이어 캣포드는 범주를 단위, 구조, 단어 부류, 체계로 정의한다). 따라서 이 개념은 출발어와 도착어 간 동일성이 절대적이지 않다는 점에서 상대적이다.

캣포드가 제시하는 형태적 대응의 개념화도 문제가 없지는 않다. 형태적 근접성을 측정하는 방법이 다양하고 방법 간 우위를 정할 수 있는지도 불분명하기 때문이다. 또한 캣포드의 개념은 텍스트가 아닌 언어, 즉 언어 체계의 차원에서 정의 되었다는 점도 주지해야 한다. 그럼에도 불구하고 형태적 대응의 개념이 직역의 정의를 내리는데 있어서 기본틀을 제시할 수 있음을 추론할 수 있다. 즉, 직역은 (도착어 문법의 제약 내에서) 최대한의 형태적 대응을 보여주는 방법이라고 정의할 수 있다. 따라서 모든 출발텍스트 문장 혹은 문자열에 대응하는 도착어에서 '직역'이라 불릴 수 있는 번역은 단 하나, 형태적 대응이 가장 높은 번역이다. 하지만 이러한 제약은 오히려 결점으로 작용한다. 주어진 출발어 문자열에 대한 다양한 번역, 혹은 실제 번역 중 (어떤 구체화된 방법으로 직역의 정도를 측정했을 때) X가 '최대' 직역이지만, 다수의 직역이 있고 상대적으로 더 직역인 도착텍스트도 있을 수 있기 때문이다.

대조분석 분야에서도 등가와 대응, 일치의 개념 등을 사용한다. 번역 등가를 비롯한 다양한 등가가 알려져 있다(e.g. 크르제소우스키(Krzeszowski), 1990, p. 23f. 참조). '일치'는 일부 대조학자, 특히 생성적 틀을 사용하는 대조학자들이 의미적으로 동등하며, "동일한 수의 어휘로 구성되고, 동등한 문법 범주를 대표하고, 배치 순서가 같은"(크르제소우스키, 1990, p. 135) 두 언어의 문법적 문장을 언급할 때 사용한다. 하지만 이 개념도 매우 제한적이다. 출발어 문자열과 이에 대응하는 도착어 번역안을 몇 가지 생각해보면, 일부 번역이 다른 번역보다 직역에 가깝다고 말하고 싶어도 이러한 의미의 일치가 반드시 적용되는 것은 아니기 때문이다.

형태적 대응과 일치 모두 '형태적 유사성' 연속체의 한쪽 끝으로 현상을 정의한다. 문장 전체가 일치하지 않아도 문장 일부분이 형태적으로 대응할 수 있다는 측면에서, 개별 범주 간 형태적 대응은 문자열 간 혹은 문장 간 일치보다 높은 유사성을 나타내는 것으로 보인다. 이러한 사례 외에도 일치율이 보다 높은 경우도 있겠지만, 문법에는 어긋날 것이다.

그렇다면 연속체의 반대쪽 끝인 비(非)직역은 어떠할까. 물론 출발텍스트와 형태적 유사성이 전혀 없는 번역도 있다(물론 번역이라 불리기 위해서는 일부 유사성이 있어야 하겠지만 말이다). 상당수의 번역은 형태적 유사성이 지극히 제한적인데, 가령 도착 문자열이 출발 문자열의 문장으로서의 형태만 유지한 경우가 그렇다. 문장 단위의 유사성은 유지하였으나 그 외 다른 측면에서 비직역적일 가능성이 높다. 그렇다면 문단, 절, 장, 심지어 완성 텍스트 등 보다 높은 차원에서만 형태적 유사성을 가진 번역은 어떠할까? 실제 유용하게 활용할 수 있으려면 직역의 개념은 상대적이어야 한다고 저자는 결론을 내렸다. 따라서 주어진 상황에 따라 번역물 A가 번역물 B보다 '직역적' (즉, 제시된 기준에 따라 번역물 A가 출발텍스트와 형태적으로 더 유사)이라고 말할 수 있는 것이다. 물론 평가기준이 다양하고 서로 상충될 수 있기 때문에 각 경우마다 새롭게 규정되어야 할 것이다. 하지만 직역과 비직역 간의 분명한 경계는 없는 것으로 보이며, 둘은 별개가 아니다. 이 결론은 텍스트 전체를 놓고 보는 것과 일부만 놓고 보는 경우 모두에 적용된다. 따라서 저자의 초기 가정을 다소 수정할 필요가 있다. 즉 '직역'은 주어진 기준 하에 동일한 출발어 뭉치에 대한 번역안이 다른 번역안에 비해 출발텍스트에 형태적으로 더 '가까운' 번역이라고 정의할 수 있다(아래 사례 참조).

여러 종류의 형태적 유사성과 등가 간의 관계에 있어서 한 가지 더 개념적 복잡성이 있다. 켓포드는 형태적 대응을 (텍스트적) 등가로 보지 않는다. 하지만 크르제소우스키는 일치하는 문자열을 (번역 혹은 의미상) 등가 문자열의 하위 집합으로 간주한다. 등가의 개념에 대한 논쟁은 번역학에서 오래 지속되어 왔기 때문에 본 논문에서 반복하지는 않겠다(최근 조사는 핌(Pym), 2010 참조). 본 논문에서는 크르제소우스키가 제시한 '번역 연구는 등가의 생성과 다양한 형태, 그리고 이러한 형태가 미칠 수 있는 영향을 연구한다'는 일반적인 정의를 따르는 것으로 충분하다. 따라서 본 논문에서 등장하는 '등가'는 '적합한 유사성'으로 해석될 수 있겠다. 이러한 관점에서, 저자가 다루고자 하는 형태적 유사성의 종류를 번역적 등가성의 범위 내로 제한하는 것이 합당하며, 이에 따라 형태적 유사성이 일부 나타나지만 번역적 등가성이 발견되지 않는 데이터는 본 논문에 부적합하다(물론 언어 유형론자나 대소학사는 관심을 가질 수 있다).

3. 직역 가설과 그 의의

직역 가설은 번역 최종 산출물이나 해당 번역물 내의 일부분만을 공시적(共時的)으로 다루지 않고, 번역 프로세스 전반에 관해 통시적인 주장을 한다. 상기 논의의 관점에서는 '번역 프로세스에서 번역사들이 처음에는 많이 직역하다가 갈수록 적게 직역하는 경향이 있다'라고 설명할 수 있다. 번역 프로세스 초반에는 번역사의 인지 프로세스가 출발텍스트의 형태적 특성으로부터 영향을 받는다는 것이 이러한 주장의 토대를 형성하는 가정이다. 이 가설은 특히 특정 방향으로의 변화에 대해 논의하고 있다는 사실에 주목할 필요가 있다. 다만, 이러한 변화의 출발점으로 '직역'을 가정하지는 않는데, 그 이유는 두 가지다. 첫째, 앞서 논의한 바와 같이, 형태적 유사성을 지닌 가능 번역의 범위와 그렇지 않은 번역의 범위 사이에 경계선을 긋기 어렵고, 이처럼 분명한 구분점이 없을 경우에는 변화의 출발점이 어디인가를 찾기 보다는 변화의 방향 자체에 초점 맞추는 것이 용이하기 때문이다. 둘째, 보통 우리는 동일 텍스트의 다양한 번역안이 아닌 하나의 산출물만을 보게 되고, 고려 되었으나 사용하지 않은 '그림자' 번역은 일반적으로 고려하지 않기 때문이다('그림자 번역'이라는 용어는 마티센(Matthiessen), 2001, p. 83 참조). 즉, 번역물 A와 비교할만한 다른 번역물을 함께 보지 않는다는 뜻이다. 하지만 방향성에 중점을 두고 가설을 세우면, 비교점이 생긴다. 직역 가설은 초반(혹은 이전)에 작성한 초안 A가 후반에 산출한 번역물 B보다 출발텍스트에 형태적으로 가깝다고 주장한다. 대안으로 제시된 번역물이 이를 명시적으로 보여준다. 결국 우리는 사실상 '탈직역화(deliteralization) 가설', 즉 직역을 많이 하는 것으로부터 직역을 덜 하는 것으로 번역이 이루어진다는 가설을 말하고 있는 것이다.

핀란드어, 스웨덴어, 영어로 정보를 제공하는 Eniro 전화번호부를 간단한 예로 살펴보자. 핀란드어가 출발어인 것으로 가정된다.

[1] 핀란드어: Kotimaan kaukopuheluita voit soittaa usean eri verkon kautta.
[domestic long-distance calls you can call via several different networks(국내 장거리 통화 당신은 통화할 수 있다 통해서 여러 다른 네크워크를)]

[2] 스웨덴어: Du kan ringa inrikes fjärrsamtal via flera olika nät.
[you can ring domestic long-distance calls via several different networks(당신은 통화할 수 있다 장거리 전화 통해서 여러 다른 네트워크를)]

[3] 영어: Long-distance calls in Finland can be made over several different networks(장거리 통화 핀란드에서의 할 수 있다 통해서 여

러 다른 네크워크를).

번역 산출물로 채택되지 않은 그림자 영어 번역은 다음과 같았을 수 있다.

[3a] You can make domestic long-distance calls via several different networks(당신은 할 수 있다 국내 장거리 통화를 통해서 여러 다른 네트워크를).

[3a]에서 제시한 문장구조가 핀란드어와 동일한 구성 요소 순서를 가진 스웨덴어안(案)과 형태적으로 더 유사할 것이다. 전화번호부에 실제로 실린 영어안[3]은 'domestic'을 'in Finland'로 명료하게 고치고 능동형 동사를 수동형으로 바꿨지만, 'calls'로 시작하는 핀란드어의 의미역 순서는 유지하였다. 영어안 두 개를 비교해 보면, 의미역 순서 보존이라는 기준에서는 [3]이 핀란드어와 더 유사하지만, 동사구 형태 유지라는 측면에서는 [3a]가 더 유사하다. 직역 가설 하에서는 [3]에서 'in Finland'로의 번역 전환에 대해서, 번역사가 처음에는 [3a]처럼 'domestic'을 유지하는 방안을 떠올렸다가 이후 직역을 덜 한 [3]을 택했을 것이라고 주장할 수 있다. 따라서 명시적인 기준 하에서 상대적인 유사성을 판단하는 것은 어렵지 않다. 하지만 [3] 혹은 [3a]와 핀란드어의 '전반적'인 형태적 유사성을 평가하기 위해서는 기준항목의 우선순위를 정할 정당한 방법이 필요하다. 마찬가지로 직역 가설 하에서는, 구문 구조가 의미역 구조보다 우위에 있을 경우, 번역사가 출발텍스트와 구문론적으로 가까운 [3a]를 먼저 떠올린 후 'in Finland'로 교체하고 형태를 변환한 뒤 직역인 'via'에서 'over'로 변경하는 등의 수정을 거쳤을 것이라고 주장할 수 있다.

직역 가설 자체는 결코 새로운 개념이 아니다. 투리(Toury, 1995, p.

191)는 이비르(Ivir, 1981, p. 58)를 인용해 번역사가 형태적 대응을 나타내는 도착어 안에서 시작한 뒤 적합한 등가어를 찾기 위해 의역으로 이동한다고 하였다. 초기 직역안을 거부하는 행위는 일종의 인지적 모니터링 때문이라고 가정되며, 이를 설명하기 위해 일부 학자는 '모니터 모형(monitor model)'을 제안하였다(e.g. 티르코넨-콩디(Tirkkonen-Condit), 2005 참조).

최근의 실증적 증거를 살펴보기 전에 조금 다른 질문을 던져보고자 한다. 왜 직역 가설이 중요한가? 왜 의의가 있을까? 저자는 직역 가설이 어떤 측면에서 번역학 연구의 좋은 방법론적 모형이 될 수 있는지 몇 가지 이유를 제시하고자 한다.

첫째, 직역 가설은 실증적 평가가 가능하다. 상기 언급된 가설의 정의 중 'tend(경향이 있다)' 동사를 조작하면(e.g. '연구 사례 중 번역사 중 최소 x%는 번역 과정에서 적은 직역에서 많은 직역으로 번역하기 보다는 많은 직역에서 적은 직역으로 번역한다'로 조작), 가설이 뒤집어질 수 있다. 그렇기 때문에 직역 가설은 취약하고, 이는 장점으로 작용한다. 형태적 유사성의 정도 역시 관측되는 전환의 회수와 유형을 통해 조작 가능하다. 현재까지 제안된 전환 분석 모형 중에는 루벤-줘트(Leuven-Zwart, 1989/1990) 모형이 가장 복잡한데, 이보다 훨씬 단순한 모형을 활용해서도 필요한 분석이 가능하다.

둘째, 직역 가설은 다양한 방법으로 실험 가능하다. 이 역시 가설이 취약하다는 것을 의미하며, 이 또한 가설의 장점이 된다(특히 여러 검증을 통해 다각적 분석이 가능할 경우 더욱 의미있다). 가설이 다른 연구 틀과 관련이 있을 수 있다는 점을 시사할 뿐 아니라 일반적인 통찰력을 제시할 가능성도 있기 때문이다. 직역 가설을 실험할 수 있는 여러 방법으로는 다음의 예를 들 수 있다(대부분 디미트로바, 2005에서 사용 혹은 언급되었다).

- 사고발화법(TAP)시 번역사의 발화에서 보다 많은 직역에서 적은 직역으로의 이동이 보이는가?(e.g. 디미트로바, 2005 참조)
- 트랜스로그 데이터 등의 키 스트로크 기록 분석(e.g. 야콥센(Jakobsen, 1999))
- 임시 해결책 분석(초안 수정 프로세스에 관한 연구). 앞서 언급했던, 투리가 이비르를 인용한 내용.
- 동시통역에서의 수정 연구(티르코넨-콩디, 2005에서 언급된 사례 참조). 두 언어의 문자열 간 구문론적 유사성이 더 많을 때, 즉 처리가 더 쉬울 때, 통역사의 수정 횟수는 적은 것으로 나타난다.
- 여러 종류의 관용구 번역에 소요되는 시간에 관한 연구로, 일부 관용구는 도착어에 형태적으로 일치하는 표현이 있고 (따라서 더 빨리 번역되는 경향이 있고), 그렇지 않은 관용구도 있다(이 또한 티르코넨-콩디, 2005에서 논의).
- 일반적인 간섭에 대한 연구. 여기서 간섭이란 출발텍스트에서 도착텍스트로 넘어간, (일반적으로) 의도치 않은 유사성을 나타낸다.
- 초보번역사와 전문번역사 간의 차이점 연구. 전문번역사가 직역에서 의역으로 더 빠르게 이동하거나 처음부터 직역이 많지 않은 시점에서 시작한다는 것을 보여주며 가설의 타당성을 입증할 수 있다(e.g. 디미트로바, 2005).
- 시간 압박 상황의 번역 산출물에 대한 연구. 보통 처리 시간이 엄격히 제한될 경우 직역에 의존할 것이라 예상하지만, 현재까지 진행된 연구로는 결론을 도출하지 못하였다(e.g. 옌센과 야콥센(Jansen and Jakobsen), 2000).

위와 같은 실험을 다양한 언어조합과 번역 방향으로 진행하면, 다양한 언어 환경과 상황에서 직역의 정도가 각각 다르다는 결과를 도출할 수도 있을 것이다(머피(Murphy), 2003 간섭 환경 연구 참조).

셋째, 직역 가설은 '탈언어화 가설(de-verbalization hypothesis)'과 경쟁 구도에 있으며, 이에 정면으로 대립한다. 소위 파리 통역 학교(Paris school of interpreting)가 제안 및 가정한 (실증 연구를 거치지는 않은) 탈언어화 가설에서는 처리 과정에서 형태와 의미가 분리된다고 설명한다. 탈언어화 가설은 원래 통역용으로 제안되었지만, 번역에도 적용되고 있다(e.g. 셀레스코비치와 르데레르(Seleskovitch and Lederer), 1984). 니다(Nida)의 유명한 번역 도하(渡河) 모형(river-crossing model) (e.g. 1964)은 분석, 이동, 재구성의 세 단계로 탈언어화를 명시적으로 전제하고 있으며, 출발텍스트의 형태적 구조가 니다의 '근핵(near-kernel)' 수준의 추상적 개념으로 도착텍스트에서 재구성됨을 주장하였다. 하지만 니다의 모형에서 출발어의 표면 구조로부터의 최초 탈언어화는 도착어가 아닌 출발어 내에서 이루어진다. 직역 가설 하에서는 번역 프로세스 초반에 번역사가 분석없이 도착어로 이동한다는 증거가 제시되기도 하지만, 이는 니다의 모형과는 맞지 않는다. 도착어 내에서의 재구성 과정 중에 의역으로 이동한다는 증거가 발견될 수도 있다. 이러한 점들을 놓고 볼 때 니다의 모형은 명시적인 실증적 증거를 기반으로 제시된 것이 아니며, 탈언어화 개념이 그렇듯, 아마도 교육학적, 규범적 목적이 우선시 되었을 것으로 추정된다. 그럼에도 불구하고, 직역 가설이 경쟁 가설과 변증법적 관계에 있다는 사실은 직역 가설이 이론적으로 뚜렷한 연관성을 갖고 있음을 보여준다. 직역 가설은 또한, 디미트로바의 명시화 연구(2005)에서 그랬듯, 학자들이 이 문제에 대해 대립적인 논쟁을 통해 주장을 펼칠 수 있도록 하는 수사적 이점도 갖고 있다.

넷째, 직역 가설은 언어적 기술을 넘어 근본적인 인지 프로세스까지 다루기 때문에 다른 현존 가설을 뒷받침하며 그 설명력을 강화할 수 있다. 고유항목 가설(티르코넨-콩디, e.g. 2004; 체스터만, 2007)과 중력 가설(gravitational pull hypothesis, 할버슨(Halverson), e.g. 2003, 2007)이 대표적인 예다. 전자는 직역 가설보다 구체적이고, 후자는 더 일반적이다. 할버슨의 중력 개념은 도착어 범주 원형(原型)과 상위 개념 도식이 번역사의 선택에 영향을 주어 특정 항목이 과대표현 되는 것에 초점을 둔다. 할버슨은 이러한 인지 중력으로 인해 번역 보편소(translation universals)가 단순화, 표준화, 일반화 등으로 설명될 수 있다고 주장한다. 하지만 이 근간에는 출발텍스트의 두드러진 특징이 있을 경우 그 특징이 자체적으로 인지 중력을 가진다는 (즉, 어떤 형태로든 개입한다는) 전제가 깔려 있다. 고유항목 가설을 통해 할버슨은(e.g. 2003, p. 223) 이에 대한 명시적인 주장을 펼친다. 출발어와 도착어 구조 사이에 개념적 중복이 없는 경우에는 도착어의 독특한 형태가 과소표현 될 수 밖에 없다는 것을 짐작할 수 있다. 즉, 형태적으로 유사한 (따라서 도착어 항목 선택의 순간에 인지적으로 두드러지는) 도착어 구조와 그렇지 않은 구조 사이에서 선택을 해야한다면, 번역사는 형태적으로 유사한 항목을 선택함으로써 번역 시간과 노력을 아낄 수 있다. 할버슨은 또한 제2외국어 습득에 관한 연구에서도 유사한 영향이 나타났나는 중요한 사실을 인급한다. 이는 곧 소위 번역 보편소가 번역에만 국한된 것이 아니라, 특정 제약적 상황 하에서 일반적인 언어 사용과도 관련이 있다는 점을 시사한다.

다섯째, 직역 가설은 번역사의 개인 스타일 및 수정 절치의 최적화에 관한 기술 및 설명에 흥미롭게 적용될 수 있는 잠재력이 있다(e.g. 모섭(Mossop), 2000, 2007 참조). 번역사의 성향은 각기 다를 가능성이 높다. 가령 어떤 번역사는 (특정 작업 환경, 언어조합, 번역 방향, 텍스트 유형, 특정 성격 등에 따라) 직역에서 의역으로 이동하는 탈직역화 방향으로 작업할 수 있고, 또 다른 번역사는 의역에서 시작하더라도, 번역 혹은 수정과정을 거치며 점차 출발텍스트에 근접하는 방향(직역화)을 선택할 수도 있다.

한편으로는 직역 가설이 크게 유의해 보이지 않을 수 있다. 타당성이 매우 높기 때문에 대범한 가설이라기 보다는 매우 신중한 가설이라고 할 수 있는 것이다. 그런 만큼 직역 가설에 반하는 연구 결과가 나타난다면 매우 의외일 수 있다. 번역이 직역에서 의역으로 이동하는 구체적인 상황과 또 그렇지 않은 경우에 대해 더 많이 알게 되면, 더욱 대담하고, 잠재적으로 흥미로운 하위 가설이 등장할 수도 있을 것이다.

4. 최근 발표된 두 편의 연구

그렇다면 직역 가설을 뒷받침하거나 반증하는 어떤 실증적 증거가 있을까? 명시화 및 번역사의 전문성에 관한 디미트로바(2005)의 방대한 연구는 직역 가설과도 관련성이 높다. 디미트로바 연구의 피실험자는 언어 전공 학생, 번역 전공 학생, 그리고 번역 전문가 세 집단으로 구성되었으며 러시아어에서 스웨덴어로 작업하였다. 번역할 텍스트는 총 30 문장으로, 한 우크라이나 시인의 삶과 작품을 다룬 아트앨범에서 발췌한 여섯 단락의 짧은 텍스트였다. 물론 실제 번역의뢰가 아닌 실험 상황이었음을 주지할 필요가 있다.

TAP, 키 스트로크 기록 녹화, (임시 해결책에 대한) 수정사항 분석 등 다수의 연구 기법이 사용되었다. 수정사항 분석은 초벌 번역 단계에서 이루어진 수정과 번역 후에 이루어진 수정을 모두 포함하였다. 디미트로바는 본 논문에서 언급한 내용 중 여럿을 다루었으며, (본 연구에서 명시하지는 않지만) 연구 결과는 직역 가설을 확실히 뒷받침하고 탈언어화 가설과는 정면으로 대립한다.

직역 가설에 대한 디미트로바의 정의는 용어의 국지적 의미에서 출발한다. 즉, 직역은 "TL의 문법적 제약을 존중하면서 ST 단위의 구조와 의미를 본뜬 TT 단위"라고 말한다(2005, p. 53). 이 정의는 출발텍스트와 '최대한' 가까운 단 하나의 번역(즉, 직역)을 의미하는 것이 아니라, 각기 다른 정도와 방법으로 출발 단위를 '본떴다'고 할 수 있는 특정 단위에 대한 다양한 번역을 허용한다. 따라서 상기 언급된 경계와 관련된 어려움, 그리고 비교 대상이 없다는 어려움으로부터는 자유로운 듯 보인다. 하지만 디미트로바는 외연화에 중점을 두며, 디미트로바의 직역에 관한 조작적 정의에서는 외연화되지 않은 것을 직역으로 보고 있다(2005, p. 51). 이런 방법으로 디미트로바는 형태적 유사성 정도를 측정하는 분명한 기준 하나를 시사하는데, 바로 외연화된 번역은 비외연화된 번역에 비해 출발텍스트와 형태적 유사성이 적고, 비교 대상도 있다는 점이다. 다시 말해, 번역사가 초반에는 직역을 한다고 생각하며 번역을 시작하지만, 외연화 전환이 이루어지는가 아닌가에 따라 형태적 유사성 감소에 대한 조작화가 이루어진다는 것이다.

디미트로바의 정의는 의미적 유사성('구조와 의미를 본뜬') 개념도 포함한다. 의미가 어느 정도까지 형태에 의해 좌우되는지에 대해서는 이견이 있을 수 있지만, 디미트로바가 주장하는 '직역'의 범위는 본 저자의 범위보다 다소 넓어 보인다.

디미트로바는 "처음 선택된 안보다 ST 구조와 더 먼 구조에서 구문 수정을 하는 경향이 있다"는 사실을 발견하였다(2005, p. 121). 이러한 경향은 전문가 집단의 수정과정에서 특히 두드러졌다. TAP 데이터 역시 피실험자들이 직역에서 멀어져야 한다는 점을 인식하고 있음을 보여주었다. 전문번역사의 경우 결국 수정할 직역을 애초에 왜 하는지 디미트로바는 궁금해 하는데(2005, pp. 146, 232), 이는 어쩌면 단기 기억을 아끼는 방법일 수 있다(니다에게는 미안하지만, 전문가의 경우에도 별도의 분석없이 전환이 이루어질 수 있다). 디미트로바는 또한 직역안을 글로 옮기기에 앞서 먼저 구두로 발화한다고 하였다. 이는 직역안이 디폴트 해결책이라는 주장을 뒷받침한다. 디미트로바는 이러한 결론이 구문 구조 감수 분석에만 기반한 것이며 의미적, 화용적 변형은 고려하지 않았다고 인정한다. 하지만 앞서 언급했듯, 직역이라는 개념을 '형태적' 유사성에만 국한하고, (앞서 논의 되었던) 잠재적으로 상충하는 형태 기준의 우선순위를 정해야 한다는 문제를 제외하면, 이러한 제약으로 인한 문제 발생 소지는 적어진다.

디미트로바는 전문 번역 능력과 관련하여 번역 프로세스에서 직역을 가장 잘 활용할 수 있는 방법에 대해 인지하는 것이 중요하다고 강조하며 논문을 마무리한다. 디미트로바가 발견한 세 가지 원형적 패턴은 다음과 같다(2005, p. 234). ① 먼저 말로 직역을 구상하고, 글로 옮겨 쓰기 전에 구두로 수정을 거친다. ② 먼저 글로 직역을 써놓고 초안을 작성하는 과정에서 평가·수정을 거친다. ③ 임시해결책으로 직역을 제시한 뒤, 초안을 다듬는 과정에서 수정한다. 따라서 디미트로바는 전문가에게 직역은 '처리' 전략이라는 결론을 내린다. 당연히 직역의 빈도는 출발어와 도착어의 유형적 관계에 따라 달라진다.

짧은 여담을 덧붙이자면, 사람이 번역한 결과물을 취합한 방대한 번역 메모리를 사용하는 경우가 아니라면, 기계 번역도 일종의 직역을 제공할 수 있다(상기 ② 참조). 핌(Pym, 2009)은 번역 전공 학생이 초안을 빨리 작성하기 위한 방법으로 기계 번역을 사용한 사례에 대한 탐색적 연구를 진행하였다. 또 다른 연구에서는 전문 문학 번역사가 어느 가족의 회고록을 이탈리아어에서 영어로 번역하는 과정에서 "이탈리아어는 내 사용언어(working language)가 아니기 때문에 번역 프로세스를 두 단계로 나누어, 첫 번째 단계에서는 이탈리아어 원문을 시스트랜(Systran)이라는 상용 번역 소프트웨어를 통해 번역하였다"(윌슨(Wilson), 2009, p. 34)고 전하고 있다. 결과는 예상대로 직역에 매우 가까웠으며, "제대로 된 영어는 아니었지만, 큰 도움이 됐다"고 보고하였다. 이 번역사는 번역 소프트웨어를 통해 얻은 초벌 직역 번역본을 다듬어 산출물을 완성하였다.

디미트로바 연구의 타당성은 어느 정도인가? 이 연구는 편의상 아홉 명의 피실험자만 참여하였고 짧은 텍스트 한 편만 번역하였다. 디미트로바가 언급했듯, 이 연구는 탐색적 초기 연구로써, 직역보다는 다른 연구 질문에 비중을 둔 연구였다. 하지만 직역 가설과 관련하여 본 저자는 디미트로바의 연구 결과가 꽤 설득력 있다고 생각한다.

저자가 간략히 다루고자 하는 두 번째 연구는 상기 연구와 매우 다르며, 직접적으로 직역 가설을 실험한 연구는 아니다. 하지만 연구 결과 중 하나를 재해석해 직역 가설이 보다 광범위하게 적용될 수 있고, 새로운 관점을 제시할 수 있다는 사실을 보여주고자 한다. 노드만(2009)은 번역 감수를 주제로 쓴 박사 논문에서 핀란드 의회 법안을 스웨덴어로 번역할 때의 일반적인 감수 체제에 대해 연구하였다(핀란드는 이중언어국가이기 때문에 법안이 핀란드어로 최초 작성된 후 스웨덴어로 번역된다).

노드만의 연구에서 다루고 있는 법안 감수는 번역자 본인에 의한 수정이 아닌 타인에 의한 감수를 의미한다. 노드만은 각각 다른 부서(정부 번역 부서, 스웨덴 법무부 감수 부서, 핀란드 의회 내의 스웨덴 부)에 근무하는 전문번역사, 감수자, 법률 전문가로 구성된 시스템을 연구하였다. 이 시스템은 번역 초안이 조직 내 네 난계를 거치며 감수를 받는 제도적인 팀 번역 사례이다. 텍스트 감수 분석, 설문과 인터뷰로 진행된 연구는 번역 텍스트도 디미트로바의 연구에서와는 매우 다르고, 스코포스도 다르다. 이 연구는 법률 텍스트, 즉 제정될 법안 초안을 다루며, 감수도 실제 상황에서 이루어진다. 또한 연구에 참여한 번역사들은 평소대로 본인의 번역물이 감수될 것이라는 사실도 알고 있었다. 디미트로바와 노드만의 연구는 많은 차이가 있으나 저자는 노드만의 연구가 직역 가설에 대한 새로운 시각을 제시하고 있다고 생각한다.

노드만은 감수 데이터를 네 가지 규범에 따라 분석하는데, 바로 법률 용어의 적절성, 정확한 번역, 정확한 언어, 그리고 가독성이다. 이 중 '정확한 번역'은 출발텍스트와의 형태적, 의미적 유사성과 관련이 있다. 예를 들면 다음과 같다(2009, p. 158).

(1) 핀란드어 출발텍스트: (3) luoda edellytykset radiolaitteiden mahdollisimman vapaalle liikkuvuudelle […]
['to create conditions for the maximally free mobility of radio sets']

(조건을 만든다 최대한 자유로운 이동성 라디오 세트)

(2) 1차 번역안: (3) att skapa betingelser för att radioanläggningar ska fåröra sig så fritt som möjligt [⋯]

['⋯ so that radio sets can be moved as freely as possible']

(그래서 라디오 세트가 이동할 수 있도록 최대한 자유롭게)

(3) 수정안: (3) att skapa betingesler för att en så fri rörlighet för radioanläggningar som möjligt [⋯]

['⋯ a mobility⋯ that is as free as possible']

('⋯ 이동성⋯ 최대한 자유로운')

또 다른 세 가지 규범은 도착어, 장르, 그리고 누락된 쉼표의 추가나 리스트 내 서론 구조 표준화 등 공식적으로 권고된 스웨덴 법률 문서 작성법과의 일치와 연관이 있다. 노드만은 네 단계 감수를 거치며 각각 다른 규범에 따라 수정과 변화의 방법이 달라짐을 발견하였다. 첫 단계에서는 감수의 15%가 '정확한 번역' 규범에 따라 이루어졌는데, 여기서 저자가 강조하고 싶은 점은, 이후 세 단계에서도 이 비율은 감소하지 않았다는 것이다. 오히려 후반으로 갈수록 '정확한 번역' 규범에 의한 감수가 30% 정도까지 증가하였다(2009, p. 219).

이는 의외의 결과다. 일반적으로는 감수과정 초반에 적절한 등가어를 찾아 내고, 후반 감수는 니다의 재구성을 비롯한 도착어 요건과 관련이 더 많을 것이라고 예상했다. 즉, 수정 단계를 거치면서 탈직역(deliteralizing) 과정이 나타났을 것으로 생각했다. 하지만 이 연구에서는 오히려 '재직역화(reliteralization)'의 증거가 발견된다. 다시 말해, 후반 단계의 감수자는 출발텍스트와 도착텍스트 간 유사성 관계가 충분히 밀접하지 않다고 느껴 텍스트를 감수한 것이다. 상기 사례의 경우, 출발텍스트가 법안이 확정되는 과정에서 작은 수정사항이 계속 생기는 등, 최종본이 아니라는 점이 그 이유일 수 있다. 하지만 이러한 설명은 후반의 등가성 감수 과정 중 일부에만 해당될 뿐이다. 또 다른 이유로는, 감수 체제 전반의 구조적인 취약성을 들 수 있다. 사무실이 네 곳으로 나뉘어 협력이 항상 수월하지만은 않고, 중복과 의견 충돌도 있기 때문이다. 특히 상기 언급한 규범과 관련한 담당자의 '태도' 차이, 그리고 부분적으로는 개인의 선호도에 따라 우선 순위가 다르다는 문제도 있다.

5. 결론

본 논문에서 저자는 직역 가설이 중요하다고 주장하였다. 직역 가설은 형태와 의미 간의 인지적 관계에 대해 흥미로운 이론적 함의를 지니고, 다양한 방법으로 실험 가능하고, 설명력이 있어 다른 연구 결과와 연결되며, 일부 가설과는 대립하기도 하고, 새로운 연구 질문을 던진다. 감수라는 더 큰 맥락에서 볼 경우, 번역사 본인이 감수할 때에는 탈직역화가 나타나고, 제 3자가 감수할 때에는 재직역화가 나타나는 등의 패턴이 있는지 의문이 생길 수도 있다. 이 외에도 텍스트 종류에 따른 차이가 있는지, 한 기관의 감수 체제에 대한 번역사의 지식이 초안 번역에서의 선택과 전략에 어디까지 영향을 미치는지, 번역이 추후 감수될 것이라는 사실을 알고 있는 경우 번역 초안에서 위험을 더 감수하는지 등의 새로운 의문을 제기할 수 있으며 이는 흥미로운 가설로 이어질 수 있다.

(현재 보이는 바대로) 직역 가설이 실증적 증거에 의해 대부분 뒷받침된다고 가정해보자. 그렇다면 저자가 지금까지 여러 차례 제안했듯, 다음과 같은 질문을 던져볼 수 있겠다.

- 어떠한 상황에서 (텍스트적, 상황적, 심리적 등) 자기 감수가 탈직역화의 경향

을 보이는가? 어떠한 상황에서 재직역화 현상이 나타나는가?

- 타인 감수의 경우 어떠한 상황에서 이러한 경향이 나타나는가?
- 두 종류의 감수 프로세스에서 탈직역화와 재직역화에 영향을 주는 상황이 유사하다면, 각 경향의 원인에 대해 시사하는 바는 무엇인가?
- (무의식적) 인지 요인은 어느 정도 관련이 있고, (잠재적으로 의식적인) 태도 요인은 어느 정도 관련이 있는가?
- 그렇다면 번역품질 관리체계 최적화를 위해 이러한 정보를 가장 잘 활용할 수 있는 방법은 무엇인가?

이상의 질문을 통해 (인지적, 심리적) 번역 행위와 보다 광범위한 (상황적, 제도적, 사회학적) 번역 상황 간의 더 많은 연관성에 대한 시사점을 찾을 수 있을 것이다.

참고문헌

1. Catford, J. C. 1965. *A Linguistic Theory of Translation.* Oxford: OUP.

2. Chesterman, A. 2007. "What is a unique item?" In *Doubts and Directions in Translation Studies,* Y. Gambier, M. Schlesinger and R. Stolze (eds), 3-13. Amsterdam/Philadelphia: John Benjamins.

3. Englund Dimitrova, B. 2005. *Expertise and Explicitation in the Translation Process.* Amsterdam/ Philadelphia: John Benjamins.

4. Halverson, S. 2003. "The cognitive basis of translation universals." *Target* 15 (2): 197-241.

5. ______. 2007. "Investigating gravitational pull in translation: the case of the English progressive construction." In *Texts, Process and Corpora: Research Inspired by Sonja Tirkkonen-Condit,* R. Jääskeläinen, T. Puurtinen and H. Stotesbury (eds), 175-195. Joensuu: Publications of the Savonlinna School of Translation Studies 5.

6. Ivir, V. 1981. "Formal correspondence vs. translation equivalence revisited." In *Theory of Translation and Intercultural Relations* [Poetics Today 2:4], I. Even-Zohar and G. Toury (eds), 51-59. Tel Aviv: Porter Institute for Poetics and Semiotics, Tel Aviv University.

7. Jakobsen, A. L. 1999. "Logging target text production with Translog." In *Probing the Process in Translation: Methods and Results,* G. Hansen (ed.), 9-20. Copenhagen: Samfundslit- teratur.

8. Jansen, A. and Jakobsen. A. L. 2000. "Translating under time pressure." In *Translation in Context* A. Chesterman, N. Gallardo San Salvador and Y. Gambier (eds), 105-116. Amsterdam/Philadelphia: John Benjamins.

9. Krzeszowski, T. P. 1990. *Contrasting Languages. The Scope of Contrastive Linguistics.* Berlin : Mouton de Gruyter.

10. Leuven-Zwart, K. M. van. 1989/1990. "Translation and original. Similarities and dissimilarities, I and II." *Target* 1 (2): 151-181 and 2 (1): 69-95.

11. Matthiessen, C. M. I. M. 2001. "The environment of translation." In *Exploring Translation and Multilingual Text Production,* E. Steiner and C. Yallop (eds), 41-124. Berlin/New York: Mouton de Gruyter.

12. Mauranen, A. and Kujamäki, P. (eds). 2004. *Translation Universals. Do They Exist?* Amsterdam/ Philadelphia: John Benjamins.

13. Mossop, B. 2000. "The workplace procedure of professional translators." In *Translation in Context,* A. Chesterman, N. Gallardo San Salvador and Y. Gambier (eds), 39-48. Amsterdam/ Philadelphia: John Benjamins.

14. ______. 2007. *Revising and editing for translators* (Second edition). Manchester : St. Jerome Publishing.

15. Murphy, S. 2003. "Second language transfer during third language acquisition." *Teachers College, Columbia University Working Papers in TESOL & Applied Linguistics 3,* No. 2. http:// journals.tc-library.org/ index.php/tesol/issue/view/6. (Accessed January 7, 2007.)

16. Newmark, P. 1988. *A Textbook of Translation.* Hemel Hempstead: Prentice Hall.

17. Nida, E. A. 1964. *Toward a Science of Translating.* Leiden: Brill.

18. Nordman, L. 2009. *Lagöversdttning som process och produkt. Revideringar och institutioner vid lagöversattning till svenska i Finland.* Helsinki: Department of Scandinavian Languages and Scandinavian Literature.

19. Pym, A. 2009. "Using process studies in translator training. Self-discovery through lousy experiments." In *Methodology, Technology and Innovation in Translation Process Research,* S. Göpferich, F. Alves and I. M. Mees (eds), 135-156. Copenhagen: Samfundslitteratur.

20. ______. 2010. *Exploring Translation Theories.* London: Routledge.

21. Seleskovitch, D. and Lederer, M. 1984. *Interpréter pour traduire.* Paris: Didier.

22. Shuttleworth, M. and Cowie, M. 1997. *Dictionary of Translation Studies.* Manchester: St. Jerome Publishing.

23. Tirkkonen-Condit, S. 2004. "Unique items - over- or under-represented in translated language?" In *Translation Universals. Do They Exist?* A. Mauranen and P. Kujamäki (eds), 177-184. Amsterdam/Philadelphia: John Benjamins.

24. ______. 2005. "The monitor model revisited: Evidence from process research." *Meta* 50 (2): 405-414.

25. Toury, G. 1995. *Descriptive Translation Studies and Beyond.* Amsterdam/ Philadelphia: John Benjamins.

26. Vinay, J.-P. and Darbelnet, J. 1958. Stylistique comparée du francais et de l'anglais. Paris: Didier. Translated into English by J. Sager & M. J. Hamel, 1995; Comparative Stylistics of French and English. *A Methodology for Translation.* Amsterdam/Philadelphia: John Benjamins.

27. Wilson, A. 2009. *Translators on Translating. Inside the Invisible Art.* Vancouver: CCSP Press.

트랜스로그(Translog)를 이용한 번역사의 키 스트로크 및 시표 움직임 추적

아른 리케 야콥센 Arnt Lykke Jacobsen

덴마크, 코펜하겐 비즈니스 스쿨

키로깅을 통해 번역 프로세스 연구에 대한 새로운 가능성이 많이 열리고 있으나, 여기에 시표추적(eye tracking)이 추가됨으로써 번역 과정 중 번역사가 어떤 프로세스를 거치고 있는지를 우리가 알 수 있는 능력이 획기적으로 증가할 것이다. 본 논문에서는 어떻게 기술적으로 EU 내의 Eye-to-IT 프로젝트에서 키로깅과 시표추적이 통합될 수 있도록 재구성/재조정 되었는지를 기술하고, 시표 및 키 원천데이터가 어떻게 제시되는지 설명한다. 이어서 소규모 시표 및 키 원천데이터 샘플을 분석한 내용이 여섯 단계 프로세싱 마이크로 싸이클이 반복되는 공식을 통해 제시되며 '앵커' 단어라는 새로운 개념을 소개한다. 초보적이기는 하나 이러한 싸이클을 통해 번역에서 대규모로 취합되는 시표 및 키데이터를 컴퓨터로 분석하고 이를 기반으로 인간이 수행하는 번역을 컴퓨터 모델로 구성하는 데 핵심적인 데이터를 제공할 수 있을 것이라고 낙관적으로 제안하는 바이다.

KEYWORDS

번역 프로세스, 키로깅, 시표추적, 트랜스로그(Translog)

이름을 밝히지 않기로 한 두 명의 리뷰어와 에디터가 본 연구에 대해 많은 건설적 조언을 해주었음. 이에 대해 깊이 감사함.

1. 들어가는 말

트랜스로그 소프트웨어는 번역사의 키 스트로크(keystroke) 움직임을 실시간 기록하기 위해 개발되었다. 시간기록과 함께 제공되는 번역 프로세스 전체의 키 스트로크는 번역이 이루어지는 전체 타이핑 과정을 보여준다. 이러한 데이터 기록을 통해 우리는 휴지(休止)를 근간으로 의미덩어리짓기(chunking)와 같은 번역의 인지 현상을 연구할 수 있고 편집 및 교정과 같은 글쓰기와 관련된 행위를 연구할 수 있다. 산출물 데이터와 이에 관련된 이해 현상을 연결 지을 수 있는 경우도 있지만, 대부분의 경우에는 번역사가 해결책을 입력하기까지 어떠한 이해 과정을 거쳤는지를 보여주는 유일한 지표는 입력 전에 발생하는 휴지이고 나머지는 추측이 가능할 뿐이다. 시표추적 및 키로깅 정보가 추가됨으로써 번역사가 타이핑을 하지 않고 있을 때에 어떤 일들이 진행되는지에 대한 보다 풍부한 정보를 취합할 수 있다. 출발텍스트를 읽는 행위나 도착텍스트 읽기 및 모니터링, 출발텍스트와 도착텍스트 사이를 왕복하며 번역사가 어떻게 작업을 하는지 등의 정보가 취합되는 것이다. 이러한 정보를 통해 우리는 번역 산출물이 입력되기 이전의 이해 과정을 재구성 하는 데 도움을 받을 수 있을 뿐만 아니라, 이해와 산출 과정이 어떻게 연계되는지도 더 잘 알 수 있게 된다.

시표 움직임을 기록함으로써 우리는 인간의 눈, 그리고 이에 연결된 인간의 뇌가 글을 읽는 과정에서 얼마나 많은 일을 하고 있는지 인지하게 되었으며, 이는 이미 여러 연구를 통해 기술된 바 있으나(레이너와 폴라첵(Rayner & Pollatsek), 1989; 라닥, 케네디와 레이너(Radach, Kennedy and Rayner), 2004), 그러나 번역 과정의 일부로서 읽는 행위는 아직 연구된 바가 없다. 본 연구에서 우리는 외국어로 된 텍스트를 읽고 이해하는 집단과, 스크린 상에서 외국어 텍스트를 읽고 이를 동일한 스크린 상에서 번역하는 집단의 시표 움직임을 각각 기록한 뒤 비교하였다. 그 결과, 단순히 이해만을 위해 텍스트를 읽는 경우나 혹은 텍스트를 읽고 이를 구두로 통역하는 집단(야콥센과 옌센(Jakobsen and Jensen), 2008)보다 번역을 하는 집단이 훨씬 더 많은 시표 움직임을 보이며, 따라서 더 많은 노력을 요하는 행위를 수행하고 있음을 알 수 있었다. 시표 움직임을 관찰함으로써 우리는 번역 행위에 수반된 기계적 복잡성을 더 잘 이해할 수 있게 되었을 뿐만 아니라, 이를 통해 번역에서 발생하는 인지적 과제의 핵심에 한 걸음 더 접근할 수 있게 되었다. 본 연구에서 가장 핵심적인 전제는 '외부'에서 관찰 가능한 행위와 '내부'의 인지처리 사이에 상관관계가 존재한다는 것이다. 일명 '시표-사고(eye-mind) 가설'(저스트와 카펜터(Just and Carpenter), 1980)은 시선이 향하고 있는 곳, 우리의 눈이 바라보고 있는 곳이 결국 생각이 향하고 있는 곳이라는 가설이다. 글을 읽는 모든 과정에서 이러한 가설이 적용되는 것은 아닌 것으로 연구되었으나(횐나, 로쉬와 린크(Hyönä, Lorch and Rinck(2003), 시표 움직임 데이터를 통해 우리의 머릿속에서 어떤 과정이 전개되는지를 더 잘 이해할 수 있게 된다. 읽기 과정이 어떻게 진행되는지를 시각적으로 볼 수 있고 이 행위가 타이핑 행위와는 어떻게 연계되는지를 분석함으로써 번역 프로세스가 머리 속에서 어떻게 조율 되는지를 좀 더 잘 알 수 있게 되는 것이다.

2. 키 스트로크 데이터 분석

트랜스로그 소프트웨어는 번역 실험에서 활용되는 사고발화법 프로세스 데이터를 보완할 목적으로 개발되었다. 보다 구체적인 기계 기록을 병행하여 인간의 번역 프로세스의 증거로 분석하고자 한 것이다. 이러한 시도에 깔린 방법론적 전제는 정성적인 사고발화법 프로토콜과 정량적인 행동 데이터를 통합적으로 활용하게 되면, 번역 프로세스의 가설에 대한 중요한 근거를 확보할 수 있을 것이라는 믿음에 기반하고 있다.

최초의 트랜스로그 버전은 1995년 개발되었으며, 크게 세 가지 주요 기능을 갖고 있었다. ① 출발텍스트를 전체, 단락별, 문장별 혹은 연구자가 설정한 세그멘트 등으로 자동으로 보여주는 기능을 갖고 있었다. ② 당시 Writelog라고 불렸던 중앙 로깅 기능이 있어(야콥센과 슈(Jakobsen and Schou) 1999), 번역 과제를 완수 했을 때 마우스 클릭을 제외한 모든 움직임 및 삭제 키 스트로크를 시간과 함께 기록하여 로그 파일 형태로 데이터를 저장 할 수 있었다. ③ 로그 파일에 저장된 데이터는 다이내믹하게 재생될 수도 있고 키 스트로크의 선형 순서로 제시될 수도 있다.

재생 시에는 속도를 달리하여 들을 수 있어서, 연구자가 재생 속도를 정상 속도로 했을 때, 빠르게 혹은 느리게 했을 때에 따른 텍스트 산출의 시각적 양상을 관측할 수 있었다. 빠르게 재생하면 번역 텍스트 산출에서 의미단위로 끊는 의미덩어리짓기를 시각적으로 직접 볼 수 있었다. 느리게 재생하면 마치 확대경을 대고 보는 것처럼 현상을 세부적으로 관찰할 수 있도록 했다. 이러한 재생 기능을 활용하여 피실험자들이 회상적 기법을 수행할 때 기억을 되살리는 데 도움을 받을 수 있어서 결과적으로 더욱 풍부한 데이터를 확보하는 데 도움이 된다는 것을 확인하였다. 피실험자들이 인터뷰 도중 자신의 키 스트로크를 재생

해서 봄으로써, (즉각적이고 정확하게) 번역을 수행하던 시점에서 무슨 일이 있었고 어떤 생각을 했는지 등을 기억해 낼 수 있었던 것이다.[1] 비록 회상적 기법으로 보고된 정보가 키 스트로크 정보를 보면서 언급하는 내용만큼 신뢰할 수 있는 것인지의 여부는 아주 확실하지는 않지만, 이렇게 취합한 데이터는 신뢰할 수 있는 증거로 인정되었다. 전반적으로 매우 상세하고, 피실험자들이 강하게 확신을 갖고 보고하였으며, 언급 또한 즉각적으로 이루어졌기 때문이다.

회상적 기법 데이터의 큰 장점 중 하나는 일단 데이터가 풍부하고 정확한 정보를 담고 있을 뿐만 아니라, 적어도 표면적으로는 회상적 기법 데이터가 사후에 취합되기 때문에 어떤 식으로든 일차적인 데이터, 즉 키 스트로크 데이터에 영향을 줄 여지가 전혀 없다는 것이다. 에릭슨과 사이먼(Ericcson and Simon, 1984)은 만약 발화된 내용이 단기 메모리(STM)에 구어 형태로 남아 있다면 사고발화법을 동시에 진행하는 것은 일차적인 프로세싱에 영향을 주지 않는다고 주장하였다. 그러나 우리가 코펜하겐에서 이행한 실험의 결과는 이와 같은 에릭슨과 사이먼의 주장을 뒷받침하지 않았다. 동시에 진행하는 사고발화법은 프로세싱에 퇴행적인 영향을 주는 것으로 나타났다(야콥센, 2003). 이러한 이유로 점점 더 많은 실험이 동시에 진행하는 사고발화법 방식이 아닌, 특정 지점에서 회상적 기법을 수행하는 방식으로 진행되었던 것이다(한센(Hansen), 2005, 2006 참조).

1999년 말에 이르러 라세 슈(Lasse Schou)는 트랜스로그의 첫 윈도우즈 98 버전용 프로그래밍을 완성하여 '트랜스로그2000'이라고 명명했다. 이러한 새로운 시도의 초기 버전이 실험용으로 제공되어 CBS TRAP 프로젝트(1996-2000)에 사용되었다. 기본적인 세 가지 기능은 동일했다. 트랜스로그 서바이버 모듈(기존의 트랜스로그)에서 만들어진 트랜스로그 프로젝트가 트랜스로그 유저(기존의 Writelog)에 디스플레이 되며, 여기에서는 키와 시간 데이터를 로깅하여 바이너리 데이터를 로그 파일로 저장하였다. 이 파일은 수퍼바이저 모듈 하에서 재생되거나 선형적으로 제시될 수는 있지만, 다른 형태로 바로 활용될 수는 없었다. 당시 프로그램은 번역에 소요된 시간과 전체 키 스트로크 수를 계산하는 등의 간단한 통계 기능도 탑재하고 있었다.

이 버전의 트랜스로그의 두 가지 주된 응용 분야가 바로 번역 단계에 관한 연구와, 번역을 공부하는 학생들과 전문번역사들이 번역의 의미 덩어리(chunk)를 어떻게 타이핑 하는가를 연구하는 것이었다. 전문가 프로젝트[2] 의 맥락 하에서 몇 가지 실험이 행해졌고 이를 통해 전문가 혹은 프로페셔널 번역사들이, 이미 상당한 수준의 번역 산출물을 제시했음에도 불구하고, 번역을 공부하는 학생들에 비해 번역물을 확인하고 수정하는 데 더 많은 시간과 노력을 기울이고 있음을 알 수 있었다. 또한 전문번역사들은 학생들보다 더 긴 세그멘트로 나누어 처리하고 있었다. 이를 통해, 전문번역사들은 학생들에 비해 텍스트를 더 길게 나누어 검토함으로써 번역과제를 수행할 때 인지적으로 학생들과는 다른 방식을 채택하고 있음을 알 수 있었다. 번역의 초안 작성 단계 초기에 측정한 세그멘트 길이와 번역이 더 진행된 이후의 세그멘트 길이를 비교해 보면 촉진효과(facilitation effect) 가설[3]의 정량적 실증근거를 확인할 수 있다.

트랜스로그를 통해서 번역 과정의 모든 수정 행위가 기록되기 때문에 번역 편집에 관한 연구 진행에도 적합하며, 보다 구체적으로는 번역 초안 단계에서 행하는 '온라인' 수정과 최종 산출물에 대한 수정 사이의 분배라든가, 번역 수정에 대한 보다 정성적인 연구를 수행하는 데에도 도움이 될 수 있다. 트랜스로그 소프트웨어는 또한 번역 산출물 산출 과정에서 어떤 요소들이 번역사의 주의를 분산시키는지를 연구하는 데에도 도움을 줄 수 있다(한센, 2005).

키 스트로크 로깅을 통해 번역사들이 도착텍스트를 구성하는 의미 덩어리의 단위 크기와 구성을 파악하는 데 중요한 도움을 받을 수 있는 것은 사실이지만, 실제 의미덩어리와 의미덩어리 사이의 휴지에서 어떤 인지적 활동이 이루어지고 있는지, 왜 휴지의 길이가 이 정도인지, 혹은 왜 휴지가 발생했는지 등을 파악하는 것은 쉬운 일이 아니다. 본 연구에서 수행한 대부분의 녹음에서 보면, 의미덩어리는 상대적으로 길이가 짧고, 4-5개의 단어로 이루어졌으며, 의미덩어리와 의미덩어리 사이에는 2초 혹은 그 이상의 휴지가 발생했다. 이를 통해 보면 번역사들은 출발텍스트를 읽으며 이해하고 이를 머릿속에서 그려보는 과정과 실제 번역 산출물을 타이핑하는 과정 사이를 왕복하는 것으로 보인다. 그러나 일부 경우에는 기록된 의미덩어리가 너무 길어서 단기 메모리에 한 번에 기억해 둘 수 없는 정도여서(소위 피크 퍼포먼스라고 불리우는 경우. 야콥센, 2005 참조) 이해, 번역 산출물 구성 및 입력 순서로 설명할 수 없는 경우도 있었다. 이러한 상황이 발생하는 것은 일부 번역사의 경우는 단기 메모리에 끊임없이 새로운 정보를 입력하면서 동시에 번역 산출물을 입력할 수 있다는 것을 의미한다고 봐야 할 것이다. 이처럼 이해와 구성, 입력 활동이 동시에 진행되는 것은 병행 처리가 이루어지고 있음을 강하게 시사하는 것이라고 볼 수 있다.

그러나 보완적인 증거가 필요한 문제는 이 외에도 많았다. 근본적으로 휴지가 발생하는 환경을 토대로 왜 휴지가 발생했는지, 그리고 이와 어떤 과정이 연관이 있을지는 추론을 할 수 밖에 없었다. 번역 프로세스의 가장 마지막 단계에서 취합한 데이터는 여러 가지로 해석이 가능했다. 심지어 휴지의 발생이 번역 과제 이행과 늘 연관이 있는 것인지, 아니면 이와는 전혀 무관한 요인으로 인한 것인지 알 수 없었다. 이를 보완할 수 있는 증거를 확보하기 위한 방법으로 번역 과제를 이행하는 도중 번역사들의 시선이 어디에 머무르고 있는지를 파악하는 방법이 대두되었다.

3. 키 스트로크 데이터에 시선 데이터를 추가함으로써 얻을 수 있는 연구 상의 이점

EU의 Eye-to-IT 프로젝트(2006-2009)[4] 의 가장 기본적인 목표 중의 하나는 기존의 스크립트로그(Scriptlog), 인풋로그(Inputlog), 트랜스로그[5]와 같은 프로그램으로부터 취합한 글쓰기 데이터와 시표추적장치로부터 얻은 읽기 데이터('시선' 혹은 '시표' 데이터)를 통합할 수 있는 에플리케이션을 개발하는 것이었다. 이를 위해 시표추적장치가 취합한 정보를 번역사가 실제 읽어내는 단어와 어떻게 연결하여 정보를 읽어낼 것인지가 과제였다.

시표 데이터를 통해 출발텍스트를 읽는 과정을 그려냄으로써 번역 산출물 생성과는 별도로 출발텍스트 이해 과정을 연구할 수 있을 것이라는 전제를 세웠다. 그리고 이를 다시 번역 프로세스와 무관한 일반적인 글읽기 프로세스와 비교할 수 있다고 보았다. 시표 데이터를 통해, 번역이 수행되는 과정을 방해하지 않거나 혹은 방해를 하더라도 이를 최소화 하면서, 키 스트로크 활동에서 발생하는 휴지를 흥미로운 데이터로 채울 수 있을 것으로 예상했다.

또한 시표와 키 데이터를 통합함으로써, 번역사의 시표 움직임에 반영된 출발텍스트 이해와 번역사의 키 스트로크 및 시선 처리 등으로 나타나는 도착텍스트 산출 활동 사이의 연계를 연구하는 데 새로운 기회를 제공할 것이라는 전제도 가능했다.

아울러 글쓰기 프로세스에서 휴지의 분포를 통해 텍스트의 번역 난이도를 추론할 수 있듯이, 시선이 한 지점에 얼마나 머무는가를 나타내는 시선고정 또는 시선 움직임의 되돌아가기 등 어떤 패턴을 보이는가를 통해 출발텍스트 이해, 도착텍스트 산출 및 번역의 난이도를 연관지어 파악할 수 있다고 보았다.

마지막으로, 시표추적장치의 시선 데이터를 분석하여 실시간으로 시선이 화면 상의 어느 단어에 머물고 있는지, 즉 시선이 화면 상 어느 한 픽셀에 머무는지를 파악한 뒤 이를 정보로 전환하여 어느 단어를 보고 있는지를 알 수 있게 되므로, 번역사의 시선을 통해 번역 과정을 이해하는 실시간 매핑을 활용할 수 있게 될 것이라고 전제할 수 있었다.

3.1 Eye-to-IT 프로젝트에서 트랜스로그의 개발

연구를 시작하고 얼마 되지 않아, 트랜스로그2000을 업데이트하여 Eye-to-IT 프로젝트에서 달성하고자 한 산출물을 도출하는 것은 어렵겠다는 판단이 섰다. 따라서 라세 슈는 전체 프로그램을 C#로 완전히 다시 작성하기로 했다. 마이크로소프트 .NET 2.0 환경에서 (비라틴계 언어 입력을 가능토록 하기 위해) 유니코드 8을 사용하고 오픈 아웃풋 포맷으로 XML을 선택하였다. 그 결과 트랜스로그2006을 완성하였고 현재 이 버전은 학술용 버전으로 배포되고 있다. (배포된 버전에는 Eye-to-IT 프로젝트를 위해 베타버전으로 만들어진 시선 기록 요소는 포함되어 있지 않다.)[6)]

Eye-to-IT 프로젝트에서 가장 큰 기술적 과제는 키 스트로크와 시선 기록을 실시간으로 연동하여 실제 시표 및 키 데이터가 시간 흐름에 따라 완벽하게 매칭 되도록 하고, 실시간으로 시표추적장치에서 얻은 정보를 이용해 번역사가 어떤 어휘를 읽고 있는지를 알아내어 이를 매핑하는 방법을 찾는 것이었다. 이 두 가지 기술적 그리고 프로그래밍 상의 과제를 해결하기 위해 라세 슈와 올렉 스파코브(Oleg Špakov)가 힘을 모았고, EU의 Eye-to-IT 프로젝트(2006-2009)가 진행되는 동안 탐페레 대학[7)] 에서 개발한 시선-어휘 매핑 에플리케이션(GWM)이 성공적으로 트랜스로그의 테스트 버전에 통합되었다. Tobii 1750 시표추적장치에서 가져온 시선 샘플은 시선 잡아채기(saccade) 혹은 머무르기로 해석되었으며, GWM 모듈을 통해 자동으로 각 머무르기를 화면 상의 출발텍스트 혹은 도착텍스트의 특정 어휘로 매핑하였다. 약간의 미세 조정을 위해 대략적인 읽기 모형을 반영한 알고리즘을 활용하였다. 시선 데이터 원본은 별도의 파일로 저장하였고, 매핑되어 해석을 거친 데이터(구체적인 시간이 측정되고 특정 어휘에 매핑이 된 연속적인 머무르기)만이 트랜스로그에 기록되었다. 트랜스로그/GWM 애플리케이션 통합 모델을 통해 도출한 산출물은 모니터 상에서 어휘에 번역사의 시선이 머무는 것과 이어지는 키 스트로크 입력을 시간 흐름에 맞추어 완벽하게 매칭시켜 보여준다(<그림 2>, <그림 3>). 트랜스로그를 통해 데이터를 선형적으로 제시할 수도 있다. 트랜스로그에서는 모든 정보가 1/1000초 단위로 표시되며, 시선과 키 스트로크 이벤트 사이의 모든 일들을 보여준다. 데이터는 또한 트랜스로그 이전 버전에서 그랬듯이 키 스트로크가 다이내믹하게 보여지면서 재생될 수도 있다. 나만 업데이트된 버전에서는 이에 덧붙여 사용자가 출발텍스트 또는 도착텍스트의 어느 한 단어에 머무르게 되면 이를 기록해서 다이내믹하게 하이라이트 표시를 해서 보여줄 수도 있다(<그림 1> 참조).

이전 버전의 트랜스로그에서는 원천 데이터를 바이너리 코드로 저장했다. 그러나 트랜스로그2006에서는 모든 원천 데이터가 오픈 엑세스 XML 코드로 저장된다. <그림 2>와 <그림 3>에서는 <그림 1>에서 제시된 화면 상의 모습이 어떤 데이터를 기반으로 하고 있는지를 추출하여 보여준다. <그림 2>는 어떤 '이벤트' (머무르기 (7), 키 스트로크 (1), 연동 시그널 (6))가 로그 되었는지를 제시한다.

가치값 파라미터는 어떤 세부 유형의 이벤트(출발텍스트 머무르기 (1), 도착텍스트 머무르기 (2); 키 스트로크 스페이스바 (32), 'h (104)' 등)가 발생했는지를 보여준다. *커서*와 *블록* 파라미터는 특정 이벤트가 일련의 이벤트 가운데 어느 지점에서 발생했는지, 해당 이벤트로 인해 커서가 몇 칸 이동했는지를 보여준다. *시간* 파라미터를 통해서는 과제를 이행하기 시작한 시점으로부터 측정하여 이벤트가 발생한 시간을 (시간:분:초:

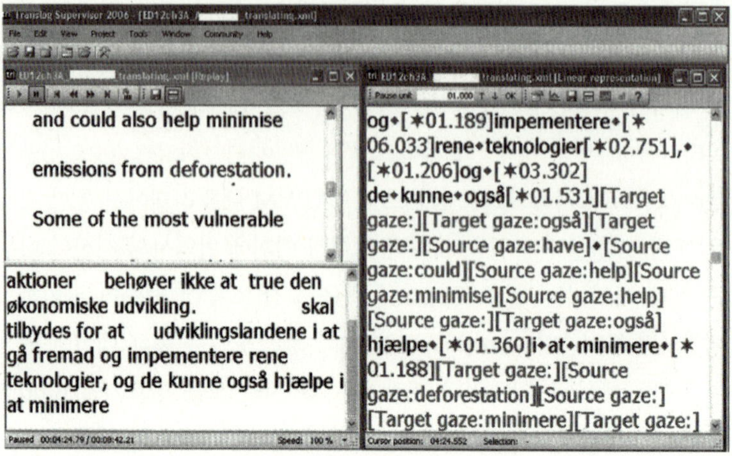

〈그림 1〉 트랜스로그2006 좌측 상단 창 출발텍스트 및 요약 제시

〈그림 1〉 트랜스로그2006에서 출발텍스트를 화면 좌측 상단에, 시선 및 키 스트로크 데이터를 선형으로 제시한 데이터의 요약본은 화면 우측 상단에 보여준다. 현재 커서의 위치는 (출발어 시선: deforestation) 뒤에 있음을 알 수 있다. 활성화되면 화면 좌측 하단 창에 연속적인 키 스트로크가 보여지면서 현재 시선이 머무르고 있는 출발텍스트의 어휘 ['deforestation']이 선택된 재생 속도 하에서 하이라이트 처리된다. 출발텍스트 그리고 도착텍스트에 시선이 머무르는 것을 때로는 [도착어 시선]으로 매핑하는 것에 실패할 수도 있다. 아무런 데이터가 기록되지 않으면서 1초 이상의 휴지가 발생하면(예, '*02.751), 이는 번역사가 화면에서 시선을 떼고 다른 곳을 쳐다보고 있었다는 것을 의미하며, 이는 대개 타이핑을 위해 키보드를 쳐다보고 있는 경우이다.

1/1000초) 알 수 있다.

<그림 2>의 첫 줄에 보면 <LogEvent Action="7" Value="2" ...Block="4"...> 라고 되어 있는데, 이는 LogEvent가 도착텍스트 창("2")의 시선 이벤트("7")이며, ["også"]라는 네 음절 단어(Block="4")에 시선을 두는 것이었음을 의미한다. 세 번째 줄의 <LogEvent Action=

```
<LogEvent Action="7" Value="2" Cursor="295" Block="4" Time="00:04:15:310" />
<LogEvent Action="7" Value="2" Cursor="-1" Block="0" Time="00:04:15:437" />
<LogEvent Action="7" Value="1" Cursor="438" Block="4" Time="00:04:15:542" />
<LogEvent Action="1" Value="32" Cursor="300" Block="0" Time="00:04:15:544" />
<LogEvent Action="7" Value="1" Cursor="332" Block="5" Time="00:04:15:762" />
<LogEvent Action="7" Value="1" Cursor="343" Block="4" Time="00:04:15:951" />
<LogEvent Action="7" Value="1" Cursor="348" Block="8" Time="00:04:16:136" />
<LogEvent Action="7" Value="1" Cursor="343" Block="4" Time="00:04:16:548" />
<LogEvent Action="7" Value="1" Cursor="-1" Block="0" Time="00:04:16:695" />
<LogEvent Action="7" Value="2" Cursor="295" Block="4" Time="00:04:17:100" />
<LogEvent Action="1" Value="104" Cursor="301" Block="0" Time="00:04:17:420" />
<LogEvent Action="1" Value="106" Cursor="302" Block="0" Time="00:04:17:815" />
<LogEvent Action="1" Value="230" Cursor="303" Block="0" Time="00:04:18:247" />
<LogEvent Action="1" Value="108" Cursor="304" Block="0" Time="00:04:18:447" />
<LogEvent Action="1" Value="112" Cursor="305" Block="0" Time="00:04:18:627" />
<LogEvent Action="1" Value="101" Cursor="306" Block="0" Time="00:04:18:715" />
<LogEvent Action="1" Value="32" Cursor="307" Block="0" Time="00:04:18:832" />
<LogEvent Action="6" Value="1" Cursor="0" Block="0" Time="00:04:20:192" />
```


〈그림 2〉 〈그림 1〉에서 제시된 화면의 원천 데이터 일부를 XML로 추출한 것

“7” Value=“1” ...>는 출발텍스트 4음절 단어 [“have”]에 시선을 고정시켰음을 의미한다. 네 번째 줄 <LogEvent Action=“1” Value=“32” ...>는 아스키/유니코드 32, [<스페이스>]바를 눌러서 표시된 시간의 300 위치에 스페이스가 입력되었음을 의미한다. 계속해서 다섯 개의 출발텍스트 단어 [“could”, “help”, “minimize”, “help”, Ø], 그리고 도착텍스트 단어 한 개 [“også”]에 시선고정이 이루어졌으며, 이어서 도착텍스트 단어 ‘hjælp’를 입력하기 위한 키 스트로크가 이어졌다.(로그 이벤트 6은 트랜스로그에서 내보낸 연동 시그널이다.)

시스템에 의해 자동적으로 시선고정이 매핑되는 단어는 별도로 XML 로그 파일 형태로 리스팅된다. 매핑이 성공적으로 완벽하게 이루어지면 이벤트가 기록된 시간에 번역사가 바라보고 있는 단어에 시선고정이 된 모든 경우가 매핑이 되었음을 의미한다. <그림 3>을 통해 이러한 리스트의 일부를 볼 수 있다.

```
<string>også</string>
<string xsi:nil="true" />
<string>have</string>
<string>could</string>
<string>help</string>
<string>minimise</string>
<string>help</string>
<string xsi:nil="true" />
<string>også</string>
<string xsi:nil="true" />
<string>deforestation</string>
<string xsi:nil="true" />
<string>minimere</string>
<string xsi:nil="true" />
<string>minimise</string>
<string>emissions</string>
```


〈그림 3〉 출발 및 도착텍스트에서 시선이 연속적으로 머무른 어휘를 자동으로 추출한 리스트. 다섯 건의 머무르기가 기록되었으나 워드 매핑은 실패하였음 (xsi:nil=“true”)

4. 분석 상의 도전: 일차적인 프로세스 관측

앞서 설명한 구조로 기록된 데이터를 정리하고 나서 우리는 새로운 분석과 관련한 도전에 직면했다. 번역사의 모든 시표-키 활동이 상세하게 관찰될 수는 있지만, 이러한 정보가 일관적으로 의미를 지니려면 세부사항들이 모형의 구성요소로서 해석이 가능해야 한다. <그림 1>, <그림 2> 및 <그림 3>에 등장하는 번역사는 타이핑을 하는 도중 상당 부분을 실제 키보드를 쳐다보고 있다. 따라서 10초 이상 아무런 시표 데이터 기록이 없는 부분들이 해당 녹화에서 발견된다. 이는 출발텍스트에 시각적 주의를 기울이지 않고 오직 타이핑만 하는 부분들이 발생한다는 것을 의미한다. 또한, 인지적으로 제 3의 텍스트라고 볼 수 있는 키보드를 바라보고 있는 시간이 늘어남에 따라 번역사가 다시 출발텍스트로 시선을 이동할 때에는 출발텍스트의 다음 세그멘트를 찾아가기 위해 어느 정도 다시 텍스트를 읽어야하는 경우가 발생했다.

시표 움직임 기록을 통해, 읽기 과정에서 인간의 눈과 뇌가 얼마만큼의 일을 하는지를 시각적으로 볼 수 있었다. 이와 관련하여 번역 프로세스 연구라는 관점에서 직면한 도전과제는[1], 번역 프로세스의 일부로서 읽기가 포함될 경우 일반적인 읽기 과정과 어떤 차이가 있는가 여부와[2] 번역 프로세스의 일부로서의 읽기가 번역 프로세스 중 다른 인지 프로세스와 어떻게 상호작용을 하는가의 여부였다. 2007년 연구에서 한 집단의 피실험자들에게는 외국어로 된 텍스트를 이해를 위해 읽도록 지시하고, 또 다른 집단의 피실험자들에게는 화면 상에서 외국어 텍스트를 읽고 동일 화면의 다른 창에 이에 대한 번역을 입력하도록 한 뒤 각 집단의 시표 움직임을 기록하는 실험을 진행하였다. 두 집단의 결과를 비교해 보니, 읽기의 목적이 무엇인가에 따라, 그리고 읽기 과제의 특성에 따라 이에 수반되는 시표 움직임에 차이가 있다는 것을 알 수 있었다(야부스(Yabus), 1967) 연구 참조). 이해를 목적으로 글을 읽거나 눈으로 읽고 소리내어 통역하는 것보다도 글로 된 번역을 하는 것이 훨씬 더 많은 시표 움직임을 필요로 하며 인지적으로도 더 힘이 드는 것으로 나타났다(야콥센과 옌센, 2008). 이는 말하기가 글쓰기보다 더 자동화 되어있기 때문이기도 하겠지만, 출발텍스트와 도착텍스트 사이의 단어를 계속 추적하며 작업할 수 있으려면 시표 움직임과 이를 지원하는 뇌의 활동이 필요하기 때문인 것으로 파악된다. 출발텍스트와 도착텍스트 사이를 계속해서 왕복하며 둘을 연결 지어야 하기 때문에 눈도 계속 움직여야 하는 것이다. 시표추적을 통해 번역사들이 매우 정확하게 텍스트 내의 공간을 기억한다는 것과 국지적인 텍스트 스트링에서 또 다른 곳으로 매우 정확하게 이동할 수 있다는 것을 알 수 있었다. 그러나 이렇게 움직임이 많게 되면 어쩔 수 없는 혼선이 빚어지고, 경우에 따라 텍스트 상에서 위치를 찾기 위해 앞뒤 부분을 다시 읽어봐야 하는 상황이 발생한다. 무작위로 발생하는 이와 같은 '노이즈'로 인해 행동 패턴을 파악하기가 어려워지기도 한다.

<그림 2>와 <그림 3>과 같은 리스트를 통해 출발텍스트와 도착텍

스트 사이에서 번역사의 주의가 이동하는 현상에 대해 일차적인 산출물을 도출할 수 있고, 어느 시점에서 텍스트 입력이 이루어졌는지도 재구성할 수 있다. 이러한 산출물을 통해 우리는 눈동자가 (a) 출발텍스트(ST) 읽기, (b) 도착텍스트(TT) 읽기, 그리고 (c) 키로깅 활동 및 그 산출물 모니터링과 같은 활동을 계속해서 하고 있다는 것을 알 수 있었다. 번역은 또한 다른 여러 가지 활동과 병행해서 진행된다는 것도 알 수 있었다. 그러나 이러한 활동에 대해 우리가 행동학적으로 제시할 수 있는 증거는 모두 간접적이다. <그림 1>에서 <그림 3>에 이르는 활동을 녹화하는 동안 번역사는 'og de kunne også (and could also 그리고 또한 ~ 할 수 있었다)'를 입력했다. <그림 3>에서 제시된 출발텍스트 부분은 'help minimise'라는 부분을 보여주고 있다. 좀 더 자세히 어떤 단어에 시선고정이 이루어졌는지 살펴봄으로써 다음의 내용을 관찰하고 해석을 하게 되었다.

① 가장 가까운 시점에서 입력한 단어('også')를 입력한 뒤 즉시 시선이 고정되었다. 이는 도착텍스트를 모니터하고 있음을 보여주는 예가 된다.

② 일반적인 읽기에서 관찰되는 행간 시표 움직임인 '언더슈팅' 현상이 나타나기도 한다. 이는 한 줄 아래에 있는 도착어 단어 'help'보다도 한 줄 더 아래의 단어인 'have'에 시선고정이 이루어지는 것을 통해 알 수 있다. 도착텍스트의 'også'에서 출발텍스트의 'help'까지의 거리로 인해 줄바꾸기에서와 같은 길이의 시선 잡아채기가 필요했고, 그러다보니 도착어의 단어 'help'에서는 시선고정이 일어나지 않았다. **그러나 번역사가 곁눈질로 단어를 인지했을 수도 있다.** 'have'에서 잠시 시선이 멈췄다가 바로 이미 번역을 완료한 'could'로 시선이 옮겨갔기 때문에 이런 해석을 해 볼 수 있다.

③ 'could'가 이미 번역이 완료된 시점에서 더 가까이 있는 새로운 출발어 단어인 'help'를 보지 않고 오히려 더 멀리 있는 단어를 번역사가 다시 읽은 이유는 출발텍스트의 다음 의미덩어리를 처리하기 위해 새롭게 어느 한 지점

에 닻을 내리는 행위를 한 것이라고 추정해 볼 수도 있다.

④ 이렇게 닻을 내리고 난 뒤에는 이어지는 두 개의 단어 'help'와 'minimise'에 연속적으로 시선고정을 할 준비가 되었다고 볼 수 있다.

⑤ 번역사가 다음 등장하는 단어에도 시선고정을 하고자 할 것으로 예상할 수 있겠지만 ('minimise'의 목적어인 'emissions'), 한참 더 뒤에 가서야 시선고정이 일어난다. 이 번역사가 출발텍스트를 아주 심도있게 구문분석 한 것은 아닐 수도 있다. 오히려 번역을 구상하면서 다시 'help', (그리고 어쩌면 'minimise')로 돌아가 시선고정한 것으로 볼 수 있다.

⑥ 번역을 입력하기 전에 해당 도착텍스트의 마지막 단어에 시선고정이 이루어졌다. 이를 통해 'help minimise'의 번역이 연결될 수 있는 도착텍스트에서의 닻을 찾은 것으로 볼 수 있다.

⑦ 이 모든 과정이 있은 뒤에 비로소 번역사는 (숙어적이지 않은) 'hjælpo i at minimere'라는 산출물을 스크린을 보지 않고 입력하였다.

⑧ 마지막으로, 시선고정 매핑은 없었으나, 새로운 도착텍스트 인풋을 모니터링하였다. 이렇게 일련의 행위를 이어가면서 번역사는 다음 의미덩어리인 'emissions from deforestation'을 번역할 준비가 되었다.

5. 반복되는 프로세싱 패턴

시표 움직임 관찰을 통해 번역에 수반되는 작업과정의 복잡함을 더 잘 이해할 수 있다. 그러나 여기에 시선 데이터가 추가됨으로써 번역의 인지 프로세스에 보다 더 근접할 수 있게 된다. 시표-사고 가설(저트스와 카펜터(Just and Carpenter), 1980)에서는 우리의 시선이 머무르고 있는 곳이 결국 우리가 주의를 기울이고 있는 곳이라고 설명하였다. 읽기 행위에서는 이 상관관계가 보편적으로 모든 경우에 적용될 수 있는 것은 아닌 것으로 증명되었으나(혼나, 로크 주니어와 린크, 2003), 비록 직접적인 상관관계가 성립되지 않을지라도 우리의 시선이 머무는 곳에 우리가 주의를 기울이고 있다는 기본 전제는 여전히 유효하다. 따라서 시표 움직임 데이터를 통해 우리는 번역사의 머리 속을 들여다 볼 수 있는 창을 갖게 되며, 읽기가 어떻게 이루어지는지, 또 읽는 것과 키보드 입력이 어떻게 상호작용하는지 등을 시각화함으로써 번역 프로세스가 머리 속에서 어떻게 조율되는지를 최대한 알 수 있게 된다.

번역사의 눈과 손이 어떤 활동을 하는지를 시간 흐름에 따라 재구성한 기록을 토대로 우리는 오래전부터 해오던 질문을 새로운 시각에서 다시 제기하고 잠정적인 답을 구할 수 있게 되었다.

먼저, 번역사들이 도착텍스트를 산출할 때 어떻게 세그멘트로 나누는가의 질문이 있었다. 텍스트 산출의 시간적 양상, 즉 휴지기와 산출기로 나누어 보던 시각에서 벗어나, 이제는 번역사의 시표 데이터 분석을 토대로 연구할 수 있게 된 것이다. 앞장에서 살펴보았듯이, 시표 데이터를 통해 특정 도착텍스트의 산출에 앞서 얼마만큼의 출발텍스트를 번역사가 읽었는지를 알 수 있게 되었다. 이를 통해 특정 도착텍스트를 입력하기 직전에 출발텍스트 어떤 부분을 읽었는지를 정확하게 알 수 있게 된다. 세그멘트 또는 번역 단위를, 타이핑에서 몇 초 이상의 휴지가 발생할 경우 등으로 기계적으로 정하는 것이 아니라, 세그멘트 앞뒤로 발생하는 휴지의 길이와는 상관없이, 정성적으로 보다 세밀하게 어떤 출발텍스트 부분을 읽고 나서 이를 어떻게 대응하는 도착텍스트로 입력했는지를 통해 파악할 수 있는 것이다.

또 하나 우리가 계속 갖고 있던 질문은 이해, 번역 그리고 구성 프로세스에 관한 것이다. 시선 데이터가 추가됨으로써 번역을 수행하는 동안 눈과 손 (그리고 뇌) 움직임의 상호작용과 연관된 행동 및 인지 복잡성을 더욱 잘 이해하게 되었다. 번역 프로세스에 관해 여전히 간접적으로밖에 알 수 없는 상황이기는 하지만, 번역사의 뇌 속에서 어떤 단계로 눈과 손가락의 움직임이 연결되면서 번역 행위의 산출물이 키보드 입력을 통해 구축되는지에 대해 더 강한 증거를 확보하게 되었다.

앞장에서 설명한 관측과 해석은 체계적으로 요약 정리할 수 있다. <표 1>에서 각 행위와 그에 따른 결과를 순서대로 볼 수 있도록 정리하였다.

〈표 1〉 출발텍스트와 도착텍스트 간 시각적 주의가 어떻게 이동하는지를 시선 데이터와 시선이 머문 단어 사이를 자동화된 매핑을 통해 제시함. TYP 항목은 번역사가 자판입력을 한 내용을 보여주고 있음. 두 번째 시선고정이 된 단어 'også'에 이어 'hjælpe I at minimere'가 입력되었음을 볼 수 있음. 괄호안 물음표 처리된 곳은 매핑이 되지 않은 시선고정임.

TT	ST	TT	TYP	TT	ST	TT	ST
	have could help minimise help (?)		 hjælpe i at minimere		deforestation (?)		Minimise emissions
også (?)		også		(?)		minimere (?)	

번역사가 수행한 행위들은 이제 간단한 가설을 통해 알고리듬으로 추상화 될 수 있다. 앞서 예로 든 데이터를 기반으로, 번역의 인지 및 동적 프로세스는 이해를 시작으로 하여 다음의 6단계로 정리될 수 있다.

① 새로운 출발텍스트의 의미덩어리를 읽기 위해 시선 이동 (및 그에 해당하는 번역 구성)

② 도착텍스트로 시선을 이동하여 입력할 위치를 찾고, 현 도착텍스트에서 닻의 역할을 해줄 단어를 찾음

③ 출발텍스트 의미덩어리에 해당하는 번역을 입력

④ 입력 프로세스 및 입력한 내용이 화면에 어떻게 나오는지를 모니터링

⑤ 다시 시선을 출발텍스트로 이동하여 읽던 곳을 찾아내고,

⑥ 현 출발텍스트에서 닻의 역할을 해주는 단어를 찾음

이들 단계는 그 자체가 또 하나의 마이크로 사이클이 되어 일부 단계 (혹은 그 중 또 일부가) 생략되거나 여러 차례 반복될 수 있다. 예를 들어, 2단계에서 시선이 도착텍스트로 이동할 것이기는 하지만 반드시 앵커 단어로 가지는 않는다. 또한 시선이 출발텍스트가 프로세싱 되는 2단계와 이에 대한 번역이 입력되는 3, 4단계 사이를 여러번 왕복하는 경우도 여러 차례 관찰할 수 있었다. 보다 상세한 모델을 위해서는 각 단계별 혹은 일부 단계에서 하부 단계를 두도록 하고, 번역사의 타이핑 실력에 따라 3, 4단계는 상당히 다르게 전개될 수도 있음을 명시해야 할 것이다. 텍스트가 타이핑 되면서 동시에 모니터링이 이루어지기도 하지만, (화면) 모니터링은 입력을 마친 이후에도 계속되는 경우가 많다. 이러한 세부사항이 없다고 해도, 앞서 제시한 모형을 통해 우리는 1단계에서 시작하여 2, 3단계가 이어질 것을 쉽게 예측할 수 있다.

출발텍스트에서 어떤 단어를 읽고 번역했는지, 어떤 단어가 도착텍스트의 단어와 연결될 수 있는지 혹은 이미 연결 되었는지, 그리고 어떤 도착텍스트 단어의 입력이 이루어졌는지 등과 관련해서 우리의 뇌가 이러한 것들을 놓치지 않고 이어갈 수 있도록 하기 위한 시각적 운동 노력은 상당하다. 두 언어 간 연계를 지어 배열하는 작업 ('수직' 배열)은 번역사의 뇌로 하여금 끊임없이 출발텍스트와 도착텍스트 사이를 옮겨 다니도록 지시한다. 어느 한쪽 언어 내에서 ('수평적') 통합적인 연결을 찾아 나갈 때에도, 시각적으로든 키로깅에 있어서든 새로운 텍스트가 기존의 텍스트에 더해 질 때 다시 읽기가 필요하다.

6. 샘플 데이터 분석

대규모의 구조화된 데이터가 확보되면, 소규모 데이터 샘플에서 관찰한 내용을 통계적 방법을 동원하여 확인하고자 하기 마련이다. 이를 위해서는 확보된 대규모 데이터가 완결성과 같은 기본적인 실증연구 기준을 충족하는지를 먼저 살펴야 한다. 제시된 샘플을 통해 알 수 있듯이(특히 <그림 3> 참조), 현재의 시스템으로는 모든 시선고정이 매핑 되지는 않는다. 따라서 시선고정을 찾아내는 것과 관련하여 보다 근본적인 문제를 해결해야 한다. 이것은 기술적인 문제인 동시에 이론적인 도전이다. 본 연구의 실험에서 활용한 시표추적장치는 50Hz 규격의 기계였고 20ms 간격으로 시선 샘플을 기록하였다. 이러한 장비로 전통적인 방식의 시선고정을 파악하는 것은, 이를테면 40 픽셀 이내의 정해진 구간에서 연속적으로 다섯 번의 샘플이 기록되었을 때 비로소 시선고정이 있었다고 보는 방식이다. 즉, 시선고정이 항상 최소 100ms의 길이를 갖는 것으로 기록된다는 것을 의미한다. 보다 정교하고 속도에 기반한 정의가 최근 지지를 얻고 있기는 하지만, 그렇다고 해서 시선고정을 정의하고 찾아내는 것이 어떤 장비를 사용했는가에 따라 크게 좌우될 수 밖에 없다는 점은 변함이 없다. 1000Hz 시표추적장치를 사용하면서, 전통적인 정의에 기반하여 시선고정이 짧게는 5ms 까지 가능하다고 주장하는 것은 말이 안된다. 그러나 동일한 조건에서 시선고정이 100ms 보다 더 짧을 수도 있다고 설명하는 것은 매우 타당하다. 또한 측정에서 고려해야할 상한선도 있을 것이다. 한 번의 시선고정을 어느 정도 길이까지 인정할 것인지, 어느 길이 이상일 때 여러 개의 시선고정으로 잘라야 하는 것인지를 고려해야 한다. 그 외에도 번역 실험에서 확보한 데이터를 제대로 읽어내기 위해 해결해야 하는 몇 가지 기술적인 과제들이 있다. 특히 번역 실험에서는 시각적으로 주의를 기울이는 것이 계속되는 왕복으로 인해 분산되고, 읽기 행위가 단절되는 상황이기 때문에 더욱 그렇다. 아울러 시선 데이터 기록은 여러 변수에 민감하다. 피실험자의 머리 움직임, 측정 눈금의 정확성, 피실험자의 속눈썹 모양이나 깜빡이는 정도 등에 따라서도 영향을 받는다. 데이터 품질이 나쁘면, 시선고정을 아무리 잘 정의해 놓더라도 실제로는 발견하지 못하는 수가 있다. 그리고 이처럼 시선고정을 발견하지 못하면 당연히 매핑할 것도 없는 것이다.

다양한 데이터 녹음에서 변수와 관련하여 어떤 어려움이 있는지를 설명하기 위해 <그림 4>에서 일련의 시선고정 (앞서 제시한 예문과 동일한 예문 활용)을 다른 소프트웨어 프로그램을 통해 제시해 보았다. <그림 4>는 Tobii사의 클리어뷰(ClearView) 소프트웨어를 이용하여 도출한 시선 플롯이다. 이 소프트웨어는 연속되는 시선고정과 시선 잡아채기를 기록하여, 화면에 무엇이 보여지는지를 별도의 조정없이 화면 상 계산된 대략적 위치에 플롯시키는 프로그램이다. 기록될 당시 화면에 제시되었던 텍스트 위로 시선 플롯을 겹쳐놓고 보면, 클리어뷰 상에서는 트랜스로그를 이용한 GWM 매핑(<그림 3> 참조)에서 찾아낸 11개의 시선고정보다 몇 개가 더 관측됨을 알 수 있다.

기록된 시선고정과 실제 번역사가 쳐다보고 읽은 것 사이를 연결짓는 것과 관련한 이론적, 기술적 문제를 <그림 4>를 통해 볼 수 있다. 이러한 문제들은 궁극적으로 시표-사고 간 관계의 핵심과도 연계된다. 장비를 통해 측정된 시선고정과 일련의 단어를 읽고 이를 처리하는 머릿속의 경험이 어떻게 연결될 수 있을까? 장비를 이용해서 물리적인 눈의 움직임을 따라갈 수는 있으나, 이렇게 기록된 내용이 실제 번역사가 보고 머릿속에서 처리하고 있는 내용과 연계가 되는지의 여부는 중요한 이슈이다. 많은 시선고정 건수가 특정 단어에 정확히 위치하기 보다는 단어의 아래나 위쪽을 바라보고 있는 경우도 많고 단어와 단어 사이, 혹은 단어의 끝자락에 위치하는 경우, 한 단어를 연달아 두 번 혹은 그 이상 바라보는 경우 등 여러 경우가 포착되었다. 이러한 데이터를 수작업으로 처리하면서 시선고정이라는 개념이 사실은 그렇게 잘 정의되어 있지도 않고 파악하기 쉬운 대상이 아니라는 것을 알게 되었다. 어느 정도 피실험자의 행위에 기반을 두었으나, 기본적으로는 기술과 이론에 근거한 추상적 개념인 것이다.

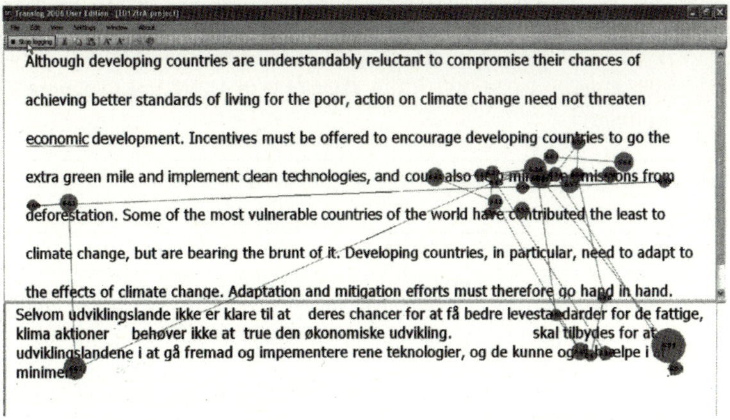

〈그림 4〉 클리어뷰 시선 플롯을 통해 시선고정을 제시한 예문 (635-664). 시선고정 640-664는 〈그림 2〉와 〈그림 3〉에서 기록한 것과 동일한 시간 범위에서 기록한 동일 이벤트의 기록이고, 시선고정 635-639는 보다 앞부분을 기록한 것임.

<그림 4>에서 제시한 시선 데이터를 이해하기 위한 하나의 방법은 그것을 읽기 모델로 이해하거나 아니면 읽기 행위를 포함한 번역의 프로세스 모델로 이해하는 것이다. 이러한 모델을 통해 실제 피실험자가 읽은 단어와 장치를 통해 기록된 시선고정 사이의 간극을 최대한 좁히고자 한다. <표 2>에서 이러한 프로세스의 산출물을 제시하였다. 시선고정 640에서 647까지는 별다른 문제없이 매핑이 되었다(트랜스로그/GWM에서는 640을 두 개의 별도 시선고정으로 해석하였으나 두 번째 것은 매핑하지 못했다. 646은 클리어뷰에서는 'hjælpe'에 시선고정 된 것으로 나타나지만, 시간표시를 보면 시선고정이 발생한 시점에서 아직 자판입력이 이루어지지 않은 것으로 나타난다. 따라서 매핑은 'også'에 되었다.) 시선고정 660-664 역시 거의 동일하게 매핑 되었다(트랜스로그/GWM에서는 660과 661이 겹쳐져서 하나의 시선고정으로 'deforestation'에 기록되었다.) 시선고정 663은 클리어뷰에서는 네 번째 줄의 'minimise'와 세 번째 줄의 'countries' 사이인

〈표 2〉 트랜스로그/GWM에서 자동으로 매핑한 시선고정과 클리어뷰를 이용해 수작업으로 매핑한 시선고정의 비교. 시선고정 647과 658 사이에는 2.013초의 휴지가 발생하였고 이 시간에 'hjælp'가 입력되었다. 시선고정 651과 654 사이에는 3.054 초의 휴지가 발생하였고 이 시간에 'i at minimere'가 입력되었다.

Fixated words	Time extract: 13 seconds, 509–521 seconds into task				
Translog	ClearView's record of fixations, manually mapped to words				
	fix	**ST word**	**TT word**	**Dur**	**Comment**
	635	Contributed		239	
	636	have		120	line below "help"
	637	help		179	
	638	minimise		239	
	639		levestandarder	100	on way down to TT "end"
også (+unmapped)	640		også	259	
have	641	have		199	line below "help"
could	642	could		299	
help	643	help		140	
minimise	644	minimise		399	
help	645	help		120	
(unmapped)	646		også	159	
også	647		også	120	
	648	hand		120	on way up to "emissions"
	649	emissions		179	first half of word fixated
	650	emissions		219	second half of word fixated
	651	minimise		319	
	652		at	698	
	653		at	179	
	654	minimise		179	
	655	countries		160	line above "emissions"
	656	emissions		140	first half of word fixated
	657	emissions		279	first half of word fixated
	658	minimise		139	
	659	from		140	
deforestation	660	defo(restation)		120	
	661	(defo)restation		279	
minimere	662	minimere		419	
minimise	663	minimise		199	
emissions	664	emissions		321	

것으로 표시된다. 근접성을 기준으로 한다면 시선고정은 'countries'에서 이루어져야 한다. 그러나 이 매핑은 앞서 설명한 6단계 모델과 충돌을 일으킨다. 6단계 모형에 따르면 도착어 산출물을 모니터링 하기 위한 시선고정(4단계) 다음에는 출발텍스트를 바라보는 시선 이동이 있고(5단계), 이어서 앵커 단어에 시선고정이 이루어져야 한다(6단계). 따라서 이 모형에 의한다면 예상되는 시선의 움직임은 'minimere'(도착어 산출물 모니터링)에서 출발어의 앵커 단어인 'minimise'가 되어야 하고, 시선상향을 잡기 위해 그 가까이에 있는 다음 도착 단어('emissions')를 잠깐 쳐다보는 정도여야 한다. 이와 같은 모델을 적용하여 'minimise'에 매핑하였고, 유사한 경우로 시선고정 664 역시 윗 줄의 'to go'가 아닌 'emissions'에 매핑하였다.

시선고정 640-647, 660-664의 경우에는 트랜스로그/GWM이 수행한 자동 매핑과 녹음된 데이터에 대해 시선 플롯을 보여주는 클리어뷰 수동 매핑이 거의 완벽하게 일치한다. 그러나 두 방식이 늘 일치하는 것은 아니다. 클리어뷰의 시선고정 648-659의 경우, 트랜스로그/GWM에서는 매핑이 되지 않았고 애당초 시선고정으로 기록되지도 못했다. 이는 시선고정 647과 648 사이에 2.013초의 휴지가 있었고 그 휴지 동안 번역사가 'hjælpe'를 입력하면서 키보드를 쳐다보았기 때문일 수 있다. 번역사가 다시 화면을 쳐다보았을 때 GWM은 클리어뷰에서만큼 빨리 번역사의 시선을 인식하지 못한 것이다. 기술적인 이유가 무엇이든지 간에 (어쩌면 클리어뷰와 GWM 사이에서 특정 번역사에게 적용한 인식 기준(calibration)이 불일치 했을 수도 있다) 데이터가 누락되는 것은 큰 문제이다. 그러나 이 경우에는, <그림 2>에서 했던 것처럼 수작업으로 클리어뷰에 기록된 시선고정을 매핑할 수 있으므로 간극을 메울 수 있다. 데이터를 통해 볼 수 있듯이, 본 연구에서 소개한 6단계 모형은 늘 순서대로 이행되지 않는다. 단계가 생략되기도 하고 여러 번 반복되기도 하며 때로는 단계별 진행이 적합한 산출물을 도출하지 못하면 이전 단계로 후퇴하기도 한다. 그러나 근본적으로는 GWM에서 누락된 데이터로 다시 구축해 보더라도 기본 프로세싱 사이클은 계속 작동하는 것을 알 수 있다. 결국 이는 데이터를 자동화해서 분석할 수 있고 이를 통해 인간이 번역을 하는 과정을 컴퓨터로 모델화 할 수 있다는 것을 의미한다. 시선고정(643-660)이 수작업으로 매핑된 시퀀스를 좀 더 자세히 살펴보도록 하자.

전체 시퀀스를 아주 조금 단순화시키면 (한 단어에 여러 차례 시선고정이 발생하는 경우는 하나로 처리하고, 'countries'에서 불규칙적으로 발생하는 시선고정은 무시하기로 한다) 다음의 시퀀스로 진행되는 시선고정을 찾아볼 수 있다. 'hand', 'emissions', 'minimise', 'emissions', 'minimise', 'from', 'deforestation'. 여기에 대해 모형을 적용해 보면 위의 시퀀스는 다음의 단계를 밟아가는 것으로 해석할 수 있다.

① 'help', 'minimise' 그리고 다시 'help'로 새로운 출발텍스트 단어에 연속적으로 시선고정이 발생한다(1단계, 시선고정 643-645).

② 시선이 도착텍스트로 이동하여 시선고정 646, 647이 도착텍스트의 앵커 단어인 'også'를 파악한 뒤 여기에 두 번의 (반복된) 시선고정이 발생하였다(2단계).

③ 이어서 643-645에서 본 새로운 두 단어 중 첫 번째 단어인 'hjælpe'를 번역하여 입력한다(3단계).

④ 이어지는 약 2초 동안에는 시선 데이터가 기록되지 않은 것으로 미루어 볼 때 번역사의 시각적 (모니터링) 주의는 입력 중인 키보드에만 집중되었던 것으로 보인다(4단계).

⑤ 뒤이어 시선은 다시 새로운 출발텍스트 부분으로 이동한다(5단계).

⑥ 다음으로 읽는 새로운 세그멘트('minimise emissions')가 이전 세그멘트('help minimise')와 겹쳐지는 부분이 있어서 'minimise'가 앵커(6단계) 역할을 하고 이어서 다음의 새로운 단계로 진행이 되었

다('minimise emissions', 새로운 1단계).

⑦ 다시 시선이 도착텍스트로 이동한다(2단계).

⑧ 이어서 키보드로 옮겨가서 나머지 'minimise emissions'의 번역이 입력되었다('i at minimere' 3단계).

⑨ 도착텍스트 앵커에 시선이 고정되지 않았고 두 번의 연속적인 출발텍스트 세그멘트가 겹친 것으로 볼 때, 'help minimise'는 하나의 번역 세그멘트로 처리된 것으로 보인다. 비록 'help'에 대한 번역이 입력된 뒤에서야 'emissions'에 시선이 고정되기는 했으나 이와 같이 해석할 수 있을 것이다

⑩ 'i at minimere'를 입력하는 데 3.054초가 걸렸는데 도중에 두 번의 시선고정이 'at'에서 기록되었다. 이는 번역사의 시선이 해당 부분의 번역을 입력하는 도중 약 1/3 정도의 시간(0.9초)을 할애하여 키보드에서 스크린으로 이동하였음을 의미한다(4단계 중).

⑪ 약간은 어색한 해결책을 두고 인지적으로 불확실성을 보이고 있는 것 같은 약 3초 간의 타이핑 시간이 지나고 나서 새로운 사이클이 시작되면서 출발텍스트(5단계)로 다시 시선이 이동한다.

⑫ 이어서 출발텍스트 앵커 단어인 'minimise'에 시선이 고정된다(6단계, 시선고정 654).

⑬ 그 다음, 새로운 출발텍스트('emissions from deforestation')를 읽었으나 이 덩어리가 한 번의 사이클로 처리하기에는 번역사에게 너무 큰 덩어리였는지, 앵커 단어 'minimise'와 이 동사의 목적어인 'emissions'에 시선이 다시 한 번 고정된다.

⑭ 그리고 나서야 번역사는 시선을 도착텍스트로 이동하여(2단계) 'emissions'에 대한 번역을 입력한다(3단계).

시선고정이 반복되고 때로는 되돌아오기도 하지만, 기본 프로세싱 모형은 충분히 알아볼 수 있는 형태로 반복되고 있다. 이러한 모형을

기반으로 하여 시선고정 매핑 시 문제점을 해결하고, 의미단위나 파싱을 진단하는 데에도 도움을 받을 수 있다. 새로운 출발텍스트 세그멘트를 번역사가 어떻게 읽는지를 컴퓨터로 기록하고, 출발텍스트 세그멘트를 읽고 이를 어떻게 번역하게 되는지를 자동으로 배열할 수 있게 됨에 따라 새로운 연구 기회가 제공될 수 있을 것이다.

7. 결론 및 관점: 인간 번역의 컴퓨터 모델을 향하여?

시표추적 데이터를 키로깅 데이터와 함께 활용함으로써, 지금까지의 연구 방법 중 가장 상세하게 특정 시점에서 번역사가 출발텍스트 혹은 도착텍스트의 어떤 부분을 처리하고 있는지 알 수 있게 되었다. 통합된 로깅을 통해 확보한 데이터는 번역사에게 요구되는 복잡한 프로세싱 활동에 대해 구체적인 증거를 제공한다. 본 논문에서 소개한 트랜스로그는 행동학적 증거를 기반으로, 번역 프로세싱의 특성은 무엇인지, 어떤 단계를 거치는지, 어떤 세그멘트가 읽히고 연계되는지, 그리고 이러한 전체 프로세스가 어떻게 모니터링 되는지 등에 관해 우리가 더 구체적으로 알아갈 수 있도록 하기 위해 개발되었다. 소규모 샘플이기는 하나 시표 및 키 데이터를 분석함으로써 현재의 기술 수준으로는 여전히 해결해야 할 과제가 남아있음을 확인하였다. 그러나 번역의 핵심에는 마이크로 사이클이 존재하며 이를 통해 각 단계가 처리되고 있음을 데이터 분석을 통해 확인하기도 하였다. 시표 및 키 데이터가 연속적으로 통합되는 과정을 분석함으로써 우리는 번역 프로세스가 6단계로 기술될 수 있음을 알아냈다.

현재 기술 수준을 고려했을 때, 아직은 선별적 수작업을 통해 소규모 데이터에서의 시표 움직임과 키 스트로크 데이터를 검토하는 것이 맞고 또 필요하다고 판단된다. 이는 시스템의 자동화된 매핑 성공률을 측정하고, 소규모 샘플을 통해 신중하게 확보한 클린 데이터에서 도출한 가설을 규모도 크고 더 변수가 많은 데이터에도 적용하기 위해서 필요한 작업이다. 보다 큰 규모의 데이터를 통해 번역사의 활동을 컴퓨터로 분석할 수 있는 가능성은 이제 곧 가능해질 것이다. 또한 전문번역사들이 어떻게 스킬을 발휘하여 번역을 수행하는지를 분석하여 컴퓨터 모델로 만드는 것도 곧 가능할 것으로 보인다. 이를 위해서는 결국 원천 데이터가 어느 정도 수준으로 기록되는지 그리고 데이터의 자동화된 해석을 위한 시스템의 안정성, 특히 시선고정을 파악하고 이를 매핑하는 알고리듬이 얼마나 확보되는지가 중요할 것이다. 기존의 번역에 대한 연구 산출물을 통해서도 번역 모형에 대한 이해가 가능하지만, 번역사의 손과 눈의 움직임을 통한 대규모 데이터에서 새로운 패턴과 규칙을 찾아냄으로써 우리의 이해와 지식이 더욱 풍부해질 수 있을 것이다.

미주

1. 엥겔룬드 디미트로바(Englund Dimitrova, 2005, p. 66)에서 이에 관해 상세하게 기술하고 있으며 디미트로바와 티셀리우스(Dimitrova and Tiselius, 2009)에서 회상적 기법을 연구 기법으로 활용하는 것에 대한 보다 상세한 논의가 이루어졌다.

2. 자세한 사항은 http://hf.uio.no/ilos/forskning/forskningsprosjekter/expertise를 참조할 것.

3. '촉진 효과'는 1960년대부터 L2 습득 및 이중언어 연구에서 사용되어온 개념으로, L1의 요소 중 L2의 습득을 용이하게 하는 요소를 의미한다. 번역 연구에서 이 용어는 번역사가 텍스트를 점차 파악해 나감에 따라 번역이 더 쉬워지고 빨라지는 현상을 의미한다. "번역 과제 수행 중 글쓰기 단계에서 있을 수 있는 촉진 효과도 연구할 것이다. 특히 번역의 글쓰기 단계 초반에서 후반으로 갈수록 세그먼트의 차이가 발생하는지, 세그멘트 내의 음절 수에 차이가 발생하는지 등을 함께 분석할 것이다" (디미트로바, 2009, p. 98).

4. http://cogs.nbu.bg/eye-to-it 참조할 것.

5. http://scriptlog.net/, http://webh01.ua.ac.be/mleijten/inputlog/, http://translog.dk. 참조할 것.

6. 키 스트로크, 시선, 오디오 녹음 및 실시간 시선-어휘 매핑 기능까지 갖춘 버전을 현재 테스트 중이며 2011년도 발표를 예상하고 있다.

7. 이 프로그램은 템페레 대학에서 개발한 iDict 프로젝트에서 영감을 받아 만들어졌다(히르스키카리, 마야란타, 알토넨과 라이아(Hyrskykari, Majaranta, Aaltonen and Räihä), 2000; 히르스키카리, 2006).

참고문헌

1. Englund Dimitrova, B. 2005. *Expertise and Explicitation in the Translation Process.* Amsterdam/ Philadelphia: John Benjamins.

2. Englund Dimitrova, B. and Tiselius, E. 2009. "Exploring retrospection as a research method for studying the translation process and the interpreting process." In *Methodology, Technology and Innovation in Translation Process Research,* I. Mees, F. Alves and S. Göpferich (eds), 109-134. Copenhagen: Samfundslitteratur.

3. Ericsson, K. A. and Simon, H. A. 1984. *Protocol Analysis. Verbal Reports as Data.* Cambridge, Mass.: MIT.

4. Hansen, G. 2005. *"Störquellen in Übersetzungsprozessen. Eine empirische Untersuchung von Zusammenhangen zwischen Profilen, Prozessen und Produkten."* (Habilitation thesis. Copenhagen: Copenhagen Business School).

5. ______. 2006. *Erfolgreich Übersetzen. Entdecken und Beheben von Störquellen.* Tübingen: Narr.

6. Hyönä, J., Lorch Jr., R. F. and Rinck, M. 2003. "Eye movement measures to study global text processing." In *The Mind's Eye: Cognitive and Applied Aspects of Eye Movement Research,* J. Hyönä, R. Radach and H. Deubel (eds), 313-334. Amsterdam: Elsevier.

7. Hyrskykari, A. 2006. *"Eyes in Attentive Interfaces: Experiences from Creating iDict, a Gaze-Aware Reading Aid."* (Doctoral dissertation. [Dissertations in Interactive Technology, Number 4] University of Tampere, Finland, http://acta.uta.fi/pdf/951-44-6643-8.pdf.)

8. Hyrskykari, A., Majaranta, P., Aaltonen, A. and Räihä, K.-J. 2000. "Design issues of iDICT: A gaze-assisted translation aid." In *Eye Tracking Research & Application. Proceedings of the 2000 Symposium on Eye Tracking Research & Applications,* 9-14. New York: ACM.

9. Jakobsen, A. L. 2003. "Effects of think aloud on translation speed, revision and segmentation." In *Triangulating Translation. Perspectives in Process Oriented Research,* F. Alves (ed.), 69- 95. Amsterdam/ Philadelphia: John Benjamins.

10. ______. 2005. "Investigating expert translators' processing knowledge." In *Knowledge Systems and Translation,* H. V. Dam, J. Engberg and H. Gerzymisch-Arbogast (eds), 173-189. Berlin/New York: De Gruyter.

11. Jakobsen, A. L. and Jensen, K. T. H. 2008. "Eye movement behaviour across four different types of reading task/' In *Looking at Eyes. Eye-Tracking Studies of Reading and Translation Processing,* S. Göpferich, A. L. Jakobsen and I. M. Mees (eds), 103-124. Copenhagen: Samfundslitteratur.

12. Jakobsen, A. L. and Schou, L. 1999. "Translog Documentation." In *Probing the Process in Trans-lation: Methods and Results,* G. Hansen (ed.), 151-186. Copenhagen : Samfundslitteratur.

13. Just, M. A. and Carpenter, P. A. 1980. "A theory of reading: from eye fixations to comprehension." *Psychological Review* 87: 329-354.

14. Radach, R., Kennedy, A. and Rayner, K. 2004. *Eye Movements and Information Processing During Reading.* Hove: Psychology Press.

15. Rayner, K. 1998. "Eye movements in reading and information processing: 20 years of research. *Psychological Bulletin* 124 (3): 372-422.

16. Rayner, K. and Pollatsek, A. 1989. *The Psychology of Reading.* Englewood Cliffs: Prentice Hall.

17. Yarbus, A. L. 1967. *Eye Movements and Vision.* New York : Plenum Press. (Translated from Russian by Basil Haigh. Original Russian edition published in Moscow in 1965.)

번역사의 머릿속에서 바라본 번역

브라이언 모섭 Brian Mossop

캐나다, 토론토 요크 번역대학

본 논문에서는 번역사들이 출발텍스트의 의미에 대해 갖는 생각과 이를 번역하면서 자신의 의도가 무엇이었는지를 스스로 설명하는 연구 방식을 소개한다. 외부에서는 관찰할 수 없는, 순간순간의 번역사 자신의 마음 상태를 일련의 어휘 가운데에서 선택을 하여 번역 과정 중에 이를 삽입표시하는 방식이다. 다음과 같은 어휘의 사용이 논의된다: 복화술, 인용, 뭉개기(fudging), 추측, 외연화, 픽션화, 조작(fabricating), 덮어쓰기(glossing).

KEYWORDS

자가분석(self-analysis), 의도, 첨가, 연결어, 불확실성

1. 들어가는 말

번역사가 언어를 산출하는 동안 실제로 어떤 일이 일어나는지를 이해하기 위해서는 외부에서 관찰을 통해 알게 되는 것보다 더 많은 정보가 필요하다. 20세기 초 스위스의 언어학자 찰스 발리(Charles Bally)가 지적한 바 있듯이, 자기 스스로의 행동에 대해 반추하는 것과 다른 사람의 반추의 대상이 되는 것 사이에는 상당한 차이가 있다.

> 타인이 우리를 볼 때에는 우리 존재가 외부로 표출 된 것을 보는 것이다. 즉, 우리의 내적 삶과 상징체계가 외부로 표출되는 여러 행위, 자발적 혹은 비자발적 동작, 사용하는 말 등의 형태로 표출된 것을 보는 것이다. 이러한 상징은 올바르게 또는 그릇되게 해석될 수 있으며, 올바르게 해석되었고 우리 삶의 속 모습을 보여준다 하더라도 결국은 그것의 한 변형에 지나지 않는다. 마치 어떤 행위에 대해 우리가 그 원인이 아닌 산출물만 갖고 평가를 하는 것이나 마찬가지다.
>
> (1925/1965, p. 59. 저자의 영문 번역본을 재번역함)

번역을 산출하는 사람들이 번역에 대해 직접 언급하는 것, 특히 산출물 뒤에 담긴 의도에 관한 설명은 주로 역자서문이나 번역사의 블로그 및 사고발화법 등을 통해 얻을 수도 있고 회상적 기법 인터뷰 및 전문가 개발 워크샵을 통해 확보할 수도 있다. 이런 언급은 번역 산출물을 산출한 뒤 어느 정도 시간이 지난 뒤에 행해질 수도 있고 (역자서문, 회상적 기법의 인터뷰, 블로그), 번역이 이루어지는 것과 거의 동시에 진행될 수도 있다(동시적 사고발화, 워크숍에서 팀별과제 수행 중). 본 논문에서는 세 번째 유형으로 번역을 수행함과 거의 동시에 코멘트를 하는 방식을 제안하고자 한다. 특히 번역사들이 출발텍스트에 대해 갖는 생각과 출발텍스트를 보고 도착텍스트를 입력하고자 할 때의 의도를 한 단어로 설명한 어휘 목록을 번역사들에게 제공하는 것을 제안한다.

이러한 어휘 목록을 사용함으로써 번역사들은 스스로 자가분석을 하게 된다. 번역사 스스로가 관찰의 대상이자 관찰자가 되고, 번역의 언어산출 과정을 진행하면서 어떤 생각을 하고 있는지를 기술하게 하는 것이다. 이렇게 함으로써 외부 관찰만으로는 알 수 없었던 번역의 측면을 보여줄 수 있게 될 것이라 생각한다.

본 연구에서 제안하는 방식과 기존의 유사한 동시적 사고발화법 혹은 회상적 기법 간 비교는 하지 않았다. 이는 제안된 방식 자체가 기존 방식들에 대한 대안 혹은 보완의 역할로서 제시된 것이 아니기 때문이다. (그러나 물론, 그렇게 대안으로 사용될 수는 있을 것이다. 논문 마지막 부분에서 설명하고 있는 어휘의 쓰임에 대한 내용을 참조하기 바란다.)

제시된 어휘를 사용하는 데 있어서 별도로 번역사들에게 교육을 하지는 않았으며, 연구자 스스로도 번역을 하면서 이 방법을 사용해 보지 않았다. 따라서 본 연구에서 제시하는 것은 하나의 제안사항일 뿐이다. 향후 번역사들 스스로가 자신의 번역 프로세스를 연구하는 연구자로서의 역할을 수행하는 것, 그리고 번역사가 어떻게 언어를 산출하는가에 관한 개념화를 추구하는 것을 위한 계기가 되기를 바랄 뿐이다.

제안된 어휘 목록에서 몇 개 어휘를 소개하기 위해 본 연구에서 사용하는 텍스트 단락들은 실제 문서들이며 (일부는 탐색을 용이하게 하기 위해 워딩을 조금 변형하기도 했다) 한 편을 제외한 나머지는 모두 저자가 번역사로서 일을 받아 직접 번역한 자료이다. 본 연구의 주제에 맞게 각 텍스트에 대한 논평을 한 것은 연구자 본인의 개인적 의견이며[1] 전달 자체도 1인칭, '나'라고 표기하고 현재 시제의 화법으로 전달하였다. 설명을 위해 때로는 특정 단락에 대해 다양한 관점에서 의견을 제시하기도 하였다.

2. 언어 산출의 방법

본 논문을 통해 나는 번역활동을 언어를 산출하는 여러 다양한 방법 중 하나로써 이해하는 것이 도움이 될 것이라는 점을 어휘 목록 중 일부를 예문과 함께 제시하면서 설명하고자 한다.

어휘 목록이 어떻게 활용될 수 있는지를 다음 예시를 통해 살펴보자. 번역할 자료는 환자를 추천해준 동료 의사에게 보내는 의료 서류이다. 이 자료를 번역하면서 기본적으로는 내 스타일을 유지하지만 어떤 곳에서는 의사가 작성한 서류로서의 권위를 나타내기 위해 의사의 어투를 흉내 내서 번역을 하기도 한다. 다시 말해, 언어를 산출하는 방식을 변경하는 것이다. 이러한 어투의 변화가 잇는 곳에서 나는 도착텍스트에 *복화술*(ventriloquising)이라고 입력한다.[2] 그러다가 다시 내 원래 말투로 돌아오는 부분에서는 *복화술 끝*이라고 입력한다. 제시된 어휘 목록에 포함된 *복화술*을 입력함으로써 '원래 내 스타일이 아닌 다른 스타일로 입력하고 있다'는 것을 기록하는 것이다.

내가 원래 구사하는 의학 관련 스타일에서 실제 의사의 스타일일 것으로 추정되는 말투로 전환하는 시점은 사실 내가 이렇게 흉내를 내겠다고 의도하는 시점이다. 진짜 의사의 말투를 완벽하게 익히지 못했기 때문에 의도와는 달리 실패할 수도 있다. 정작 외부에서 관찰하는 사람(독자, 번역 감수자, 연구자)은 의사 어투를 볼 수 없으나, 번역하고 있는 나는 여전히 원래의 의도대로 의사 어투를 복화술처럼 흉내 내고 있는 중일 수 있다. 물론 그 반대도 가능하다. 외부 관찰자는 번역 산출물에서 의사어투를 읽어 내었으나 정작 번역을 한 나는 그런 의도가 아니었을 수 있고, *복화술*을 사용하지 않은 채 내가 의학을 주제로 말을 하거나 글을 쓸 때 사용하는 원래의 어투를 사용하고 있는 것일 수 있다.

텍스트에 *복화술*이라는 어휘를 입력할 때 번역사인 나는 연구를 위한 데이터로서의 내 생각을 제공하고 있는 것은 아니다. 번역사가 번역을 하면서 동시에 *복화술*이라는 어휘를 떠올리지는 않을 것이기 때문이다. 이 때는 2차원적인 사고, 혹은 메타 사고를 하고 있는 셈이다. *복화술*이라는 어휘는 내가 번역 텍스트를 보고 작업을 하면서 어떤 생각을 하고 있는지를 분석하여 보여주는 장치이며, 이미 정해진 어휘 목록에서 뽑아온 하나의 어휘를 중심으로 이루어지는 분석임을 나타낸다. 앞서 단락에서도 설명했듯이 여기에서 중요한 것은 오직 번역사인 나 자신만이 지금 내가 *복화술*이라 명명된 행위를 수행하고 있는지 아닌지를 알 수 있다는 것이다. 여기에서 정의된 바대로 번역사의 의도를 나타내는 것이고 따라서 외부 관찰자는 알 수가 없다.[3)]

3. 추가에 관한 의도를 밝히기

외부 관찰자들이 출발텍스트와 도착텍스트를 비교할 때 가장 많이 발견하는 것 중 하나가 도착어에서 필요한 요소가 아님에도 불구하고 번역사가 추가한 부분이 있다는 것이다. 예를 들어 내가 근무하고 있는 정부 부처에서 직원들에게 보낼 내부 문건 하나를 번역하고 있다고 생각해보자. '지난 주 외빈 한 분이 본사를 방문하여' 라고 번역하면 그 의미는 문제없이 전달이 되겠지만, 전체 글이 그렇듯이, 너무나 지루한 번역이 될 가능성이 높다. 이 시점에서 번역사인 나는 다른 방식으로 번역을 하기로 한다. 좀더 재미있는 글을 산출하기 위해 앞서 입력했던 번역본을 지우고 다음과 같이 입력하는 것이다. '지난 주 본사를 방문했던 미스터리 인물이 누구인지 모두 궁금해 하고 있다'.

외부 관찰자가 출발텍스트와 도착텍스트를 비교해보면 번역사인 내가 의미를 추가했다는 것을 알 수 있을 것이다. 그러나 내가 이렇게 의미를 추가한 것이 출발텍스트의 원작성자가 의도한 바와 부합한다고 보아서인지 (아니면 어떤 식으로든 부합하지 않는다고 보았는지) 여부는 외부 관찰자로서는 알 수가 없다. 이렇게 추가된 부분이 출발텍스트의 취지에 부합하는가? 이는 출발텍스트에 대해 번역사가 어떻게 이해를 하고 있는가와 연결된 문제이자 도착텍스트에 어떤 표현을 사용할 것인지의 의도에 관한 문제이다. 번역사인 내가 출발텍스트가 어떠한 의미를 갖고 있는지를 이해하고, 도착어로 어떤 표현을 입력할 때 이것이 출발텍스트의 취지에 부합된다고 믿는다면 (위의 예에서 그러했듯이), 번역 산출물에 *소설화(fictionising)*라고 입력한다. 만약 내가 출발텍스트의 의미를 좋은 의도에서건 나쁜 의도에서건 일부러 바꾸게 된다면 도착텍스트에 *조작(fabricating)*[4] 이라고 입력한다.

추가와 관련해서는 두 가지 질문이 제기될 수 있다. 번역에서 추가가 이루어진 것이 의도적인가의 문제와, 만약 의도된 것이라면 번역사가 추가된 내용이 출발텍스트에 내포되어 있는 것이라고 판단하여 추가한 것인가의 문제이다. 다음과 같은 출발텍스트 예문을 생각해보자 (녹음된 CD와 함께 제공되는 텍스트(속지)이다).

① Prince Igor is a well known Russian opera. Several famous Russian composers wrote operas on historical themes. '이고르 왕자'는 널리 알려진 러시아 오페라 작품이다. 많은 유명 러시아 작곡가들이 역사적인 테마로 오페라를 작곡했다.

두 명의 다른 번역사가 있다고 가정해보자. 두 사람 모두 해당 문장이 '*Prince Igor* is a well known Russian historical opera'로 쓰인 것으로 이해하고 번역하려 하고 있다.

번역사 1. 이고르는 러시아 역사에 등장하는 인물이고 이 오페라는 이고르의 이야기이니까 역사 오페라의 예라고 할 수 있다. 그리고 이어지는 문장은 역사 오페라에 관한 내용을 담고 있으니 '역사적'이라는 개념이 문장 속에 내포되어 있다고 봐도 좋을 것이다.

번역사 2: 원글의 저자는 〈이고르 왕자〉가 오직 역사 오페라 카테고리 내에서만 유명하다고 언급함으로써 작곡가 보로딘의 성과를 축소시키고 싶지 않았을 것이다. 오히려 러시아 오페라 전체라는 더 큰 틀 속에서 인정받는 작품이라고 평가하고 싶었을 것이다. 그래서 글도 두 문장으로 나누어 표현했을 것이다. 첫 문장에서는 〈이고르 왕자〉에 대해 언급하고 이어서 두 번째 문장에서는 역사 오페라를 언급한 것이다. 따라서 '역사적'이라는 개념은 첫 문장에서는 내포되어 있지 않다. 만약 여기서 첫 번째 문장에 역사적이라는 개념이 내포된 것으로 보고 번역을 하게 된다면, 이는 원저자의 의도를 저어버리고 번역사인 내 해석으로 대체하는 것이 될 수 있다. 그럼에도 불구하고 나는 첫 번째 문장에 '역사'라는 표현을 넣을 것이다. 왜냐하면 이 글을 읽게 될 주독자층 사이에서 요즘 역사 오페라의 인기가 매우 높기 때문이다. 그래서 두 문장 모두에서 '역사'라는 표현을 반복해서 사용할 것이다.

사전이 미리 정의해 놓은 어휘를 활용하여 첫 번째 번역사는 도착텍스트에 *외연화*라고 입력할 것이다. 즉 '역사'라는 내포된 개념을 끌어내어 표현했기 때문이다. 두 번째 번역사는 *조작*이라고 입력할 것이다. 원문에 내포되어 있지 않고, 더 나아가 원저자가 의도하지도 않았을 것이라 판단하는 '역사'라는 개념을 임의로 첨가했기 때문이다. 만약 세 번째 번역사가 있고 그 역시 '역사'라는 표현이 마치 출발텍스트에 애초에 있었던 것처럼 생각을 했더라도 도착텍스트에는 별도로 어떤 어휘도 입력하지 않을 수 있다. 이상적으로는 이처럼 아무런 어휘도 별도 입력하지 않은 것이 특별한 언어 산출행위가 없었음을, 즉 어휘를 입력할 의도가 전혀 없음을 의미할 것이다. (물론 단순히 번역사가 자신의 의도를 반영한 어휘의 입력을 잊어버리고 지나가버린 경우도 생각할 수 있다.)

4. 불확실성에 직면해서 번역사의 의도를 밝히기

출발텍스트의 의미가 불확실할 경우에 번역사가 자신의 의도를 표출하기 위해 사용할 수 있는 어휘를 살펴보자.

특정 단락에서 어느 한 부분의 뜻이 모호한 상황에 직면하게 되면 나는 두 가지 뜻을 모두 내포하고 있는 표현으로 번역을 할 수도 있다. 이렇게 했을 경우 *뭉개기*(fudging)라고 입력하게 된다. 반면, 원저자가 무슨 말을 하고자 했는지 전혀 이해를 하지 못한 상황이라면, 일단 찍어서라도 번역을 하고 이 때에는 *추측*(guessing)이라고 입력을 한다. 두 경우 모두 외부 관찰자입장에서는 어떤 상황인지 알 수가 없었을 것이다. 그나마 내가 *추측하기*에서 해당 부분의 번역에 물음표를 달아 두었다면 모를까, 그렇지 않고서는 알 수가 없는 것이다. 경우에 따라서는 내가 번역한 부분의 모호성을 외부 관찰자는 눈치채지 못하고 넘어갈 수도 있으나, 나는 해당 부분이 두 가지 뜻으로 이해될 수 있다고 생각했다면, 그래서 모호성을 드러낼 것을 의도했다면, 이런 경우 나의 행위는 *뭉개기*가 될 수 있다. 반대로 내가 의도한 것은 아니지만 내 번역 산출물에서 외부 관찰자는 모호성을 발견할 수도 있다. 이런 경우는 *뭉개*

*기*가 아니다. *추측하기*에서도 유사한 예를 들 수 있을 것이다. *추측하기*와 *뭉개기*는 다음 장에서 더 설명하기로 한다.

출발텍스트의 의미에 대해서 불확실할 경우, 또 한 가지 방법은 *덮어쓰기*(glossing)를 하는 것이다. *덮어쓰기*란 출발텍스트 해당 부분의 가치를 도착어로 설명하는 것을 의미한다. 번역사들이 흔히 더 쉽게 사용하는 *인용하기*(quoting)와 대비된다. *인용하기*[5] 는 출발텍스트 의미를 번역사가 이해한 대로 거의 모두 온전하게 도착어 독자들에게 전달한다. *인용하기*를 입력함으로써 번역사는 메타텍스트적 행위를 수행하고 있음을 표시하는 것이다. 반면 *덮어쓰기*는 메타언어적 행위를 표시한다.

사과를 수확하는 과정에서 사과에 '*blessures mécanique* (*mechanical injuries*, 기계적 부상)'이 생기는 내용의 불어로 된 농업 텍스트를 생각해 보자. 예를 들어 네 명의 번역사가 번역을 하다가 텍스트에서 해당 부분에 도달했을 때 각자 어떤 논리를 통해 생각을 정리했을까라는 관점에서 설명을 정리해 보았다. 사고발화법을 통해 동일한 문제를 설명하는 것과 혼돈하지 말아야 할 것이다. 각 설명은 본 연구에서 미리 정의한 어휘 목록 중 한 두 가지를 포함하고 있고 괄호 안에 간략한 코멘트가 덧붙여져 있다.

번역사 1: 사과에 기계적 부상이 있다는 의미같다. 이렇게 해석하고 〈*인용하기*〉를 통해 [the problem of apples receiving] mechanical injuries (사과가 기계적 부상을 입는 문제)라고 번역하겠다. (번역사는 mechanical injuries라고 쓰는 것에 대해 이것이 문제가 된다고 생각하지 않으며, 그렇기 때문에 이 부분에서 더 고민하지도 않는다.)

번역사 2: 'blessures mécanique'가 무슨 뜻인지 전혀 모르겠다. 그러나 〈*추측하기*〉를 하고 싶지는 않다. 그래서 나는 〈*덮어쓰기*〉를 해서 [the problem of apples receiving] mechanical injuries (사과가 기계

적 부상을 입는 문제)라고 번역하겠다. (이 경우에는 번역사가 아직 뚜렷한 해석을 하지 못했다. 따라서 단순히 불어 단어의 뜻을 영어로 옮겨 썼다. 이러한 〈덮어쓰기〉에서 영어단어 'mechanical'과 'injuries'는 불어 단어 'mécanique'와 'blessures' 각각의 사전적 정의이다.)

번역사 3: 원문의 뜻이 무엇인지 정확히 알 것 같다. 이 문제로 상처난 사과의 모습을 떠올릴 수 있다. 여기에 해당하는 영어 표현이 있을 것 같은데 지금 생각나지는 않는다. 그래서 *〈덮어쓰기〉*를 하고 [the problem of apples receiving] injuries of mechanical nature rather than infectious nature (질병과 같은 것 보다는 물리적인 이유로 상처를 입은 사과의 문제).라고 쓰겠다. (번역사는 나름의 해석을 갖고 있다. 그러나 그 해석이 오직 시각적인 것이어서 출발텍스트의 의미가 무엇인지를 영어로 보고하지는 못하고 있다. 번역사는 *〈인용하기〉*를 할 입장이 아니며, 따라서 *〈덮어쓰기〉*를 통해 불어의 'mécanique' 한 단어만을 덮어쓰는 것이 아니라 그 단어로 인해 배제되는 의미는 무엇인지를 풀어서 설명하기로 하였다.)

번역사 4: 기계로 인한 손상이 있다는 의미인 것 같다. 그러나 특히 그 중에서도 특정 유형의 손상, 이를테면 멍 같은 것을 의미한다고 생각한다. 보통 불어로 상처는 'meurtrissures'를 사용하지만.
그래서 나는 *〈인용하기〉*를 통해 [the problem of apples] getting bruised 라고 보다 구체적인 해석으로 번역하겠다. (번역사 1과는 달리, 상당히 고민을 많이 하고 난 뒤에 비로소 *인용하기*를 한다.)

동일한 산출물이 번역사 1과 2에게서 도출되었다. 외부 관찰자는 번역사의 의도가 무엇인지 (해석을 *인용하기* 할 것인지 아니면 불어 단어를 *덮어쓰기* 한 것인지) 알 길이 없다. 만약 본 연구에서 제시한 어휘 목록를 사용하도록 교육을 받은 뒤라면 1과 2의 경우 (*인용하기* 대 *덮어쓰기*)를 구별할 수 있게 될 것이다. 그러나 1과 4(둘 다 *인용하기*가 되어버림), 2와 3(둘 다 *덮어쓰기*가 되어버림)은 구분할 수가 없다. 제안된 어휘들이 모든 사고 과정의 차이를 구별해 내지는 못하는 것이다.

5. 연결어에 대한 의도를 밝히기

문장과 문장을 연결하는 경우, 혹은 문장 내에서 각 부분을 연결하는 경우에 번역사의 의도를 알 수 있다면 흥미로울 것이다. 제대로 정성들여 쓴 글이 아니거나 전문가 사이에서만 공유하는 글에서 출발텍스트의 연결어가 모호한 경우가 종종 발생한다. 다음 예문은 전문가 사이에 사용되는 글의 예시이다. 한 환자의 담당의사가 환자의 보험사 소속 의사에게 보내는 글이다. 보험사 소속 의사는 글의 번역본을 보고 해당 환자가 일을 못하게 됨으로써 장애보험료를 받을 수 있을지를 결정해야 한다.

② The patient is taking cortisone injections for his lumbar pain. In principle I agree with the findings from the physiotherapist. Physiotherapy is more effective when pain symptoms are under control, and we have not really seen significant benefits with physiotherapy in this patient's case. (환자는 요추통증으로 인해 코티존 주사를 맞고 있음. 원칙적으로는 물리치료사의 의견에 동의함. 물리치료는 통증 증상이 관리될 때 더 효과적이며, 그리고 이 환자의 경우 물리치료가 특별히 효과를 보이지는 않고 있음)

번역사는 출발텍스트에서 언급된 물리치료사의 치료결과 의견을 볼 수 없다. 그리고 번역사의 클라이언트는 번역사가 환자의 의사에게 연락하여 내용을 확인하기를 원하지 않는다. 위 예문 ② 셋째 줄의 'and'에 대해 번역사들이 어떤 판단을 하고 조치를 취할 수 있을지 생각해 보았다.

번역사 1: 앞뒤 두 문장의 연결에 대해 몇 가지 가능한 안이 있기는 한데 어느 것이 옳은지를 모르겠다. 표현하고자 하는 도착어에서는 이 위치에 'and'를 넣을 수가 없기 때문에 뭔가 모호한 표현으로 번역해 놓고 독자들이 알아서 해석하도록 하겠다. 내가 번역해야하는 도착어에서는 연결어를 드러내는 것을 수사학적으로 선호하지만, 이 경우 가장 손쉬운 방법은 연결어를 없애고 그냥 두 개의 문장으로 처리하는 것이다. 이럴 땐 〈*뭉개기*〉를 선택하겠다.

번역사 2: 여기서는 연결어의 의미가 양보인 것 같다. 통증을 잡은 상태에서 물리치료가 더 효과적이기는 하지만 이 환자의 경우 아직 물리치료의 효과가 나타나고 있지는 않다는 의미로 해석된다. 그런데 이러한 해석은 코티존 주사로 통증이 관리되고 있다는 전제 하에서만 성립된다. 그래야지만, 담당의사가 언급했듯이, 물리치료가 더 효과적일 것이라는 예상이 성립되고, 그럼에도 불구하고 아직까지는 효과가 나타나지 않고 있다는 말로 이어질 수 있기 때문이다. 그러나 코티존 주사가 통증을 잡는데 효과가 있는지 여부는 여기서 알 수 없다. 도착어의 수사 규범에서는 이러한 내용의 연결이라면 이 위치에서는 'and'를 사용할 수 없다. 따라서 우선은 양보의 의미로 된 구조로 번역 하겠다. 좀더 글이 이어지면 더 명확해 질지도 모르겠다. 나는 〈*추측하기*〉를 선택하겠다.

번역사 3: 내가 번역하는 도착어 규범에서는 여기에 'and'라는 연결어가 놓일 수 있다. 그러나 여기에서의 의미는 양보인 것이 확실하다. 다른 것이 될 수가 없지 않나? 그래서 나는 출발텍스트를 〈*인용하기*〉로 한다. 독자들에게 내가 생각하는 대로 그 의미를 전달하되 앞뒤 문장의 연결은 'although'를 사용하겠다.

번역사 4: 나는 〈*뭉개기*〉를 좋아하지 않는다. 따라서 연결어 없이 두 개의 문장으로 처리하지 않겠다. 내가 번역해야 하는 도착어에서는 분명히 연결의 의미가 아닌 곳에 'and'를 쓸 수 없다. 그러니 두 문장을 연결할 수 있는 방법을 찾아야 한다. 코티존과 물리치료를 병행하는 치료를 나도 직접 받아본 경험이 있는데 이 비슷한 말을 내 의사도 했던 것 같다. 그 때 내 의사가 했던 말은 통증이 잡혀야 물리치료가 효과가 있는데 나같은 경우 코티존이 잘 안듣는다고 하면서 내가 물리치료의 효과를 잘 못보고 있다고 했었다. 나는 이 문장의 원문이 'therefore we have not really seen significant benefits'라고 된 것으로 보고 도착텍스트에서는 원인-결과 구조로 처리하겠다. 그러나 'therefore'라는 의미가 출발텍스트에 내포되어 있다고 생각하지는 않았다. 'and' 라는 단어의 뜻은 이 환자가 코티존 주사의 효과를 보고 있는가 여부에 달려 있는데 출발텍스트에서는 이를 파악할 수가 없다. 그래서 나는 내 경험에 근거하고 출발텍스트에 위배되지 않는다는 생각으로 번역하도록 한다. 나는 〈*소설화*〉를 선택한 것이다.

번역사 2와 3은 양보의 의미를 지닌 문장을 썼고, 번역사 1은 양보가 하나의 가능성이라고 생각했다. 그러나 산출물은 *추측하기*, *인용하기* 그리고 *뭉개기*로 각각 다르게 기록하였다. 번역사 4는 매우 다른 기제로 처리하고 있다. 번역사 4는 *인용하기*를 한 번역사 3처럼 확신을 갖고 있지도 않고, 그렇다고 *뭉개기*나 *추측하기*를 한 번역사 1, 2처럼 불확실하지도 않다. 번역사 4는 *소설화*를 통해 자신만의 해결책을 제시했다.

6. 제시된 어휘에 관한 세부사항

본 연구에서 나는 여덟 가지의 언어 산출 상황을 제시하였다: *외연화*, *복화술*, *소설화*, *뭉개기*, *추측하기*, *덮어쓰기*, *인용하기*, *조작하기* 등이었다. 각 상황은 특정한 믿음과 의도를 기초로 정의되었다. 따라서 내가 *뭉개기*를 하고 있다는 것은 출발텍스트가 두 개 (혹은 그 이상)의 의미로 해석될 수 있다고 생각한다는 것을 의미한다. 제시된 어휘 목록에 대해 추가적인 설명을 다음에서 제시하였다.

완결성. 제시된 어휘 목록의 행위들은 완전한 것이 아니다. 추가적인 행위로 생각할 수 있는 것으로는 *재구성하기*("출발텍스트의 오류라고 생각되는 것을 수정하고 있는 것이다") 혹은 *요약하기* 등이다. ("출발텍스트의 의미를 일부러 다 전달하지 않고 있다. 내포된 의미로 남겨두지도 않았다.") 어휘 목록에 들어갈 어휘의 숫자가 정해진 것은 아니다. 누구든 어휘를 추가할 수도 있고 이미 제시된 어휘를 통합할 수도 있다.[6)]

구조. 어휘 중에는 서로 연관된 것도 있다. *소설화*와 *조작하기*가 그런 예가 될 것이다. 그러나 제시된 어휘 목록은 어떤 자체적인 구조를 갖고 있지 않다. 따라서 주요 카테고리나 하부 카테고리도 없다.

행위의 동시성. 어떤 행위들은 상호 배타적이지만 다른 것들은 그렇지 않기도 하다. *인용하기*와 *요약하기*를 동시에 할 수는 없다. *인용하기* 자체가 출발텍스트에 있는 의미를 누락하지 않고 전달하는 것이기 때문이다. 그러나 *인용하기*와 *복화술*은 동시에 할 수 있다.

행위 전환. 어휘 목록의 단어들이 모두 의도를 나타내기 때문에 특정 단락에서 번역과 관련된 의도를 나타내기 위해 사용되는 어휘는 언제든지 바뀔 수 있다. 잠시 전에는 *인용하기*라고 생각했던 것이 갑자기 *요약하기*가 될 수도 있다. 도착어 문구가 출발어에서 담고 있는 내용을 충분히 반영하지 못하고 있다고 번역사가 생각하지만 수정할 생각은 없는 경우, 원래 *인용하기*였던 의도는 변경되어 *요약하기*가 되는 것이다.

포함되지 않은 행위들. 언어 산출행위 중 외부 관찰자에게 바로 관찰될 수 있는 것은 어휘 목록에 포함되지 않았다. 예를 들어, 언어 산출 행위 중 이전에 작업했던 번역물에서 동일한 부분을 생각해 내어 Translation Memory를 통해 문장을 통째로 복사해 와서 '붙이기(pasting)'할 수 있을 것이다. 이러한 행위는 외부 관찰자가 번역 세션을 관찰하면서 기록하는 과정에서 직접 관찰 할 수 있다. 이 행위는 믿음이나 의도와 연관되는 것이 아니므로 '붙이기'는 제시된 어휘 목록에 포함되지 않는다. 직원들에게 보낸 서한에 등장하는 'Mystery man from headquarters'라는 문구와 관련하여 번역사가 어떤 표현을 추가하여 번역할 경우, 이 역시 외부 관찰자가 식섭 보고 관측할 수 있는 사항이기 때문에 '추가하기(adding)'도 목록에 포함되지 않는다. 그러나 번역사가 어떤 내용을 추가할 때 *조작하기*의 의도를 갖고 했는지 아니면 *소설화*의 의도를 갖고 했는지는 관찰을 통해서는 알 수 없다. 마찬가지로 번역사가 초벌 번역을 수정했을 때, 이 행위 자체는 외부 관찰자에게 분명히 보여지지만 번역사가 *수정하기*를 하고 있는 것인지 *편집하기*를 하고 있는 것인지는 명확하게 알 수가 없다. *수정하기*는 번역사가 '처음에는 생각 못했던 출발텍스트의 내용에 대해 뒤늦게 이해를 했기 때문에 이를 번역에 반영하고자 수정'하는 것이다. 이에 반해 *편집하기*는 번역사가 '도착어의 언어적 특성이나 스타일, 구성과 관련된 것을 반영하고 있지 못해 번역을 바꾸는' 경우를 의미한다. 다시 말해 *수정하기*는 출발텍스트로부터 촉발된 행위이지만 *편집하기*는 초벌 번역으로부터 시작된 것이라는 이야기가 된다. 시표추적 데이터를 통해 외부 관찰자가 번역사가 수정하기 전 출발텍스트를 쳐다 보았다는 것을 알고 있다 하더라도, 텍스트에 변화를 가하는 행위 자체가 *편집하기*가 아닌 *수정하기*인지를 바로 알 수는 없다. 텍스트를 변형하는 행위 자체는 출발텍스트를 쳐다 보는 행위와 무관할 수도 있기 때문이다. 두 행위 중 실제 일어난 것이 어느 것인지는 번역사의 의도와 믿음에 따라 정해진다.

7. 어휘의 사용

본 논문의 앞부분에서 이러한 어휘 목록을 제시하는 기본적인 이유가 번역사들이 스스로의 행위를 분석할 수 있도록 하기 위해서라는 것을 밝힌 바 있다. 이렇게 함으로써 번역사들은 연구에 직접적으로 기여할 수 있게 된다. 목록에 있는 어휘를 활용하여 텍스트를 태깅함으로써 번역사는 *외연화*와 그 사용에 관한 논문을 쓸 수 있다. 그리고 그 논문에 필요한 데이터로는 자신이 번역하면서 직접 *외연화* 태그를 첨가한 자료를 활용할 수 있을 것이다. 번역 과정에서 외연화가 의식적으로 이루어진 부분과 추후 분석과정을 거치면서 비로소 외연화를 인지한 부분을 구분할 수 있기 때문에 이를 다룬 글은 매우 흥미로운 결과를 제시할 수 있을 것이다. 또한 동일한 태그 산출물을 놓고 번역사가 스스로 분석한 내용과 제 3자가 분석한 산출물을 비교하는 것도 매우 흥미로울 것이다.

본 연구의 연구방법은 구체적으로 외부 관찰자나 연구자들에게 번역사의 머릿속 처리과정에 대한 단초를 제공하기 위해 설계된 것은 아니다. 그러나 결과적으로는 그러한 목적으로 사용될 수 있다. 더 나아가 기존의 연구방식보다 더 나은 점들도 발견된다. 사고발화법 보다 더 체계적으로 번역사의 의도를 보고할 수 있으며, 실험참가자들이 동일한 어휘 목록을 활용하여 보고를 하기 때문에 일관성 확보가 용이하다. 아울러 사고발화법이나 회상적 기법의 인터뷰 방식보다 더 적은 데이터 규모로도 현상을 관측할 수 있다는 장점도 있다. 반면, 피실험자들이 각 행위에 해당하는 어휘를 기억해야 하고 사전에 정해진 개념틀에 맞추어 생각을 해야 하기 때문에, 결과적으로 외부 관찰자는 출발텍스트나 번역 산출물에 대해 번역사가 정말 개인적으로는 어떤 생각을 하면서 작업을 했는지에 대해서는 오히려 알 수 없게 될 수도 있다는 단점도 있다. 그럼에도 불구하고 외부 관찰자는 제시된 어휘 목록을 통해 번역사들이 표현하는 자가 분석을 활용할 수 있을 것이다. 예를 들어, 피실험자 여러 명에게 어떤 텍스트의 특정 부분을 번역하고 태깅하도록 한 뒤, 출발텍스트의 의미에 대해 불확실할 경우 선택되는 *소설화*, *뭉개기* 등에서 어떤 차이가 발생하는지를 비교할 수 있을 것이다.

번역을 가르치는 입장에서도 본 연구에서 제시한 어휘 목록을 활용할 수 있다. 새로 번역을 시작하는 학생들의 실력을 향상시키는 데 있어서 가장 큰 어려움 중 하나는 그들이 특정 번역 산출물을 제시했을 때 왜 그렇게 번역했는가를 알아내는 것이다. 대부분의 경우 학생들은 자신이 왜 그렇게 번역했는지 기억하지 못한다. 만약 *추측하기*라든가 *덮어쓰기* 등 정해진 어휘를 활용해서 텍스트 태깅을 하게 하면 번역을 가르치는 입장에서 학생들의 의도에 대해 더 잘 이해할 수 있게 되고 이를 기반으로 학습에서의 문제점이 무엇인지를 더 잘 밝혀낼 수 있을 것이다.

마지막으로, 정해진 목록에서 어휘를 선택해서 입력하는 방식을 연구 목적에 따라 더 확대하여 활용할 수 있을 것이다. 이를테면, 번역사들이 번역 중인 텍스트의 내용에 대해 어떻게 생각하는지 (텍스트 내용에 동의하지 않음, 흥미로움 등), 또는 일을 하는 입장에서 어떤 느낌인지 (지루함, 피곤함 등) 등을 알려주는 어휘를 포함한 목록을 활용하게 하는 것이다. 이를 통해 번역과 관련된 보다 다양한 경험을 고려할 수 있게 된다.

본 연구에서 제시한 방법은 번역사들이 출발텍스트의 의미에 대해 어떤 생각을 갖고 있는지를 번역을 하는 과정과 병행해서 스스로 언급하게 함으로써 번역행위를 스스로 분석할 수 있게 한다. 본 방법을 제시하면서 새로운 아이디어 두 가지를 함께 언급하였다. 첫째, 번역사가 번역하는 텍스트를 처리해 나가면서 서로 다른 두 가지 언어 산출 방식 사이를 왕래하는 것은 지금까지 시도된 바 없는 새로운 방식으로 판단된다. 둘째, 이 논문에서는 객관성을 제대로 확보하지 못한 기존의 방법보다 더 현실적으로 번역사의 직업에 대해 기술하고 있다. *인용하기*라고 명명한 경우, 보통 번역사가 출발텍스트에 있는 표현을 '모두 그리고 오직 그것만' 전달하는 것이라고 설명된다. 그러나 여기서 누구의 기준에 의한 '모두 그리고 오직 그것만'인지를 생각해 볼 수 있다. 전지전능한 리뷰어와 번역 교사를 기준으로 한 것인가? 번역을 하고 있는 순간에 중요한 것은 오로지 번역사의 믿음과 의도뿐이라는 점을 우리는 기억해야 한다.

미주

1. 일부 생각들은 내가 번역을 하면서 내 자신에게 이메일로 보낸 내용들이며, 또 일부는 본 원고를 쓰는 도중에 떠오른 것들이다. 이들 사이에 시간 편차가 있다는 것은 문제가 되지 않는다. 본 연구가 제안된 방식을 실제 적용하기 위한 의도로 작성 보고하는 것은 아니기 때문이다.

2. 이런 입력은 마이크로소프트 워드 프로그램의 AutoCorrect 기능을 활용하여 쉽고 빠르게 처리할 수 있다. 'v-'라고만 입력하면 스크린 상에는 'ventriloquising'이 뜨고 원한다면 하이라이트 기능도 적용할 수 있다. 아울러 번역사가 필요한 어휘를 목록에서 찾아 입력할 것을 상기시키는 프롬터 기능을 활용할 수도 있다.

3. 동시적 사고발화법을 통해서도 번역사가 의사 어투를 흉내 낼 것이라는 것을 미리 예고할 수 있기는 하다. 그러나 산출물이 실제 의사 어투를 따라하는 데 성공하여 문제를 어느 정도 해결했나고 번역사 스스로가 판단하는 경우에 한해서 언급이 이루어질 가능성이 높다. 본 연구에서 제안하는 방식에 따르면 번역사들은 해당 부분이 문제가 되든 안되든 상관없이 *복화술*과 같은 기법을 적용하려고 생각할 때 마다 매번 입력을 하도록 하고 있다.

4. 조작이라든가 *소설화*의 소설(fiction) 같은 어휘에 독자들은 너무 큰 의미를 부여하지 말기를 바란다. 'Farbrication'이나 'fiction' 같은 영어 어휘는 매우 부정적인 의미로 사용되는 경우가 많지만 이 논문에서는 부정적 의미로 사용되지 않는다. 기존의 의미나 일반적인 의미보다는 본 논문에서 별도 정의하여 사용하는 뜻으로만 이해하기 바란다.

5. 보통 '직역'이라고 부르는 번역 방식이라고 생각하면 되겠다.

6. *외연화*를 *인용하기*의 변형으로 생각할 수도 있다. 특히 *인용하기*가 번역사가 출발어에서 파악한 의미를 전부 전달하는 것이라고 정의한다면, 출발어에서 내포된 것으로 이해되고, 이 내포된 내용을 번역사가 *외연화*할 경우, 이는 *인용하기*의 일환으로 볼 수 있는 것이다.

참고문헌

1. Bally, C. 1925/1965. *Le Langage et la vie,* 3rd edition. Geneva: Droz.

학생이 겪는 번역 문제로서의 환유적 언어의 사용

통제된 심리언어학 연구 방향 제시

소니아 반데피트 Sonia Vandepitte*,#, **로버트 J. 하트수이커**Robert J. Hartsuiker#
* 벨기에, 유니버시티 칼리지 겐트/ #겐트 대학

번역 문제의 개념은 번역 프로세스와 번역 산출물 연구에서 필수적인 역할을 수행하며 동시에 언어 본질의 문제 등 다양한 문제를 아우른다. 언어 능력 모듈이 번역사에게 요구되는 능력 중 하나라는 점에 관해서는 번역학 내 의견이 일치하지만 번역을 공부하는 학생들에게 교차언어적 차이가 어느 정도의 문제를 제기하는지, 따라서 번역사 양성 커리큘럼에 포함되어야 하는지 여부는 불분명하다. 본 연구는 교차언어적으로 상이한 언어적 구문의 번역이 번역 프로세스에서 문제를 제기하는 정도를 살펴본다. 이러한 번역 문제로 인한 제약 (혹은 교차언어적 차이를 반영하지 않은 번역 도구)을 인식하지 못하는 번역사들은 도착어 관용구에 부합하지 않는 번역 산출물을 제시할 수 있다. 반면, 제약을 인식하는 번역사들은 번역 상황에 맞는 대체어구를 찾아 여러 가능성 중 최선의 번역을 선택한다. 본 논문에서는 언어학, 심리언어학, 그리고 번역학의 접근법을 결합한 새로운 탐구 방법을 논의한다.

KEYWORDS

번역 문제, 환유, 원형 행위주체, 영어-네덜란드어, 반응 대기시간

1. 번역 문제

번역을 하다 보면 해결해야 하는 다양한 문제가 발생한다. 이러한 번역 문제는 번역 프로세스 연구뿐만 아니라 번역 산출물 연구에서도 중요하게 다뤄지는 주제이다(노드(Nord), 1991; 체스터만(Chesterman), 1997; 괴프리히(Göpferich), 2000, 2008; 디미트로바(Dimitrova), 2005; 강비에(Gambier) 2008). 번역 문제를 분류한 톰(Thome, 2004)의 관찰에 의하면 이러한 문제는 다양한 사건이나 상태에 속할 수 있으므로, 각각의 언어 조합과 번역 방향에 따라 여러 유형의 번역 문제 레퍼토리 – 어휘적, 구문적, 화용적, 텍스트 언어적, 문화 특수적, 창의력이 요구되는 이해력과 연관된 문제 - 를 설정할 수 있다(괴프리히, 2009). PACTE 그룹에 따르면 이러한 문제들은 소위 '리치 포인트(Rich Points, RP)'를 구성한다(e.g. PACTE 2009). 물론 번역사에게 요구되는 여섯 가지 기본 능력 중 하나가 언어 능력이라는 사실에는 번역학자들이 동의하지만(PACTE 2000; 괴프리히, 2008, p. 155), 대다수의 번역학과 신입생에게 교차언어적 차이가 어느 정도로 문제가 되는지, 따라서 번역사 양성 커리큘럼에 관련 내용을 포함해야 하는지 여부는 불명확하다. 이러한 RP의 잠재적 예로 특정 구문에서 환유적, 비환유적 항목 사용의 분포 패턴에 따른 언어 차이를 들 수 있다. 대표적인 사례가 비원형 행위주체(non-prototypical agent)[1)]가 원형 행위주체(prototypical agent)를 필요로 하는 술어와 결합하여 나타나는 경우이다(Non-prototypical agent with a prototypical agent requiring predicate. 본 연구에서는 NPAPARP로 축약하여 표기하기로 한다). NPAPARP란, 술어로 표현된 행위를 유발하거나 유발을 돕는 추상 혹은 비인간 명사와, 주로 인간 행위주체를 필요로 하는 술어의 결합을 뜻한다. NPAPARP를 허용하는 출발어에서 NPAPARP가 발생했는데, 도착어에서는 NPAPARP를 허용하지 않는 경우 잠재적인 번역 문제가 야기된다. 비환유적인 경우, 영어 출발텍스트 구조는 ①과 같은 네덜란드어 도착 구조로 복제 가능하다. 하지만 ②와 ③에서 볼 수 있듯, 환유적 표현은 복제가 허용되지 않는다.

① 영어 원문: This man might hurt the entire population of the City of London.
네덜란드어 번역: Deze man zou de hele bevolking van de Londense City kunnen kwetsen.
(주석 번역: This man would the entire population of the City of London be capable of hurting. 이 남자 할 것이다 전체 인구 런던 시의 다치게 할 수 있는)

② 영어 원문: Money buys action and influence.
네덜란드어 번역 1: ? Geld koopt actie en invloed.
(주석 번역 1: ? Money buys action and influence. 돈 산다 행동과 영향)
네덜란드어 번역 2: Met geld koop je actie en invloed
(주석 번역 2: With money buy you action and influence. 돈으로 산다 너는 행동과 영향)

③ 영어 원문: An EU savings-tax directive [⋯] might hurt the City of London.

네덜란드어 번역 1: ? Een EU-richtlijn met betrekking tot belasting op spaartegoeden zou de Londense City kwetsen.
(주석 번역 1: ? An EU savings-tax directive [...] might hurt the City of London. EU 저축세 법령 [...] 피해를 줄 수도 있다 런던시)
네덜란드어 번역 2: De Londense City zou lijden onder een EU-richtlijn met betrekking tot belasting op spaartegoeden [...]
(주석 번역 2: The City of London would suffer from an EU directive with respect to tax on savings. 런던시는 피해를 입을 것이다 ~로부터 EU법령 ~에 관한 저축에 대한 세금)

프로세스 번역학은 사고발화법, 설문지, 로깅, 시표추적 등을 통해 발견되는 휴지, 주저함, 문제 해결 신호 등에 초점을 두고, 산출물 번역학은 품질에 초점을 두어 번역 문제를 다루어 왔지만, (상기 언급한 NPAPARP 등) 특정 통사적-의미론적 구조에 대한 연구는 여전히 부재하다. 게다가 번역학뿐만 아니라 심리언어학에서도 이러한 연구가 없기 때문에 번역 행위를 통해 '진짜' 번역 문제의 발생을 입증하는지 여부에 관한 근본적인 질문은 여전히 남는다. 이에 따라 번역사 양성 과정에 통사적-의미론적 비교 구조에 관한 훈련을 포함해야 하는지 여부를 결정해야 하는 교·강사는 혼란스러운 상황이다. 다시 말해 통제된 심리언어학적 조사가 필요한 상황이라고 볼 수 있다. 본 장에서는 이런 환유적 언어를 사용하는 번역에 관해 현재 진행 중인 실험연구를 살펴보면서, 원형 행위주체가 필요한 환경에서의 비원형 행위주체의 영어 환유적 언어 사용이 발생할 때 유사한 상황에 있는 원형 행위주체 대비 높은 번역 처리 비용, 즉, 긴 번역 시간으로 이어지는 경우를 알아본다. 또한 번역학과 신입생과 경험이 더 많은 학생들의 결과도 비교한다.

이러한 목적을 놓고 볼 때, 본 연구는 번역 간섭을 다루는 연구와 맥을 같이 한다. 20세기 후반에 등장한 번역 간섭 관련 연구는 관찰자가 제1언어(L1) 번역에서 제2언어(L2)의 특징을 발견하는 '산출물' 중심의 연구이다. 초창기에는 일화적인 증거가 제시되었으나(니다(Nida), 1964; 캣포드(Catford), 1965), 추후에는 일반적인 경향(투리(Toury)의 언어 간섭의 원칙, 1995)을 살펴보기 시작하면서 대규모 번역 코퍼스에서 번역어투 특성을 연구하였다(e.g. 모라넨과 쿠자마카이(Mauranen and Kujamäki), 2004). 하지만 이중언어 구사자의 L1이 L2 처리에 미치는 영향, 혹은 그 반대의 경우에 대해 심리언어학에서 연구하기 시작한 것은 지난 20년에 불과하다. 이러한 연구를 통해 읽기에서의 시각적 단어 인식(e.g. 디직스트라, 팀머만과 슈라이퍼(Dijkstra, Timmermans and Schriefers), 2000; 반 아쉬, 듀익, 하트수이커와 디펜데일(Van Assche, Duyck, Hartsuiker and Diependaele), 2009), 듣기에서의 청각적 단어 인식(e.g. 웨버와 커틀러(Weber and Cutler), 2004), 말하기에서의 통사적 처리(e.g. 하트수이커, 피커링과 벨트캠(Hartsuiker, Pikering and Veltkamp), 2004) 등의 프로세스가 형태 또는 의미 차원에서 교차언어적 중첩의 영향을 받는다는 사실을 발견하였다. 가령 읽기에 대한 연구를 통해 어원이 같은 동족어(영어 film - 네덜란드어 film)가 대조군에서 짝지워진 비동족어보다 더 빨리 인식될 수 있다는 점을 발견하였다(e.g. 카라마짜와 브론즈(Caramazza and Brones), 1979; 듀익, 반 아쉬, 드리게와 하트수이커(Duyck, Van Assche, Drieghe and Hartsuiker), 2007). 이러한 결과는 피실험자들이 L1으로 읽거나 (반 헬(van Hell), 2002), 동족어가 문장에 삽입된 경우에도 (반 아쉬, 듀익, 하트수이커와 디펜데일, 2009) 동일하게 나타났다. 이러한 연구 중 대다수는 제시되는 어휘가 단어인지 아닌지를 결정하는(어휘 결정) 시간을 측정해 읽기 시간을 파악하지만, 점차 많은 연구가 (논란의 여지는 있지만 생태학적 타당성이 보다 뛰어난) 읽기 중 시표추적 기록 방식을 채택하고 있다(듀익, 반 아쉬, 드리게와 하트수이커, 2007; 리벤과 티토네(Libben and Titone), 2009; 반 아쉬, 듀익, 하트수이커와 디펜데일, 2009). 이와 유사하게 듣기에 관한 연구는 단어 소리의 교차언어적 중첩이 이중언어 구사자가 어떤 사물을 쳐다보는지에 영향을 준다는 사실을 증명하였다. 실제로 웨버와 커틀러(2004)가 영어가 L2인 네덜란드 학생들에게 'desk'라는 단어를 들려주자, 관련 없는 다른 사물 대신 네덜란드어로 'deksel'인 뚜껑 그림을 더 많은 학생들이 쳐다보았다. 본 연구와 관련하여, 언어 산출에 관한 연구에 따르면 화자는 한 번 선택한 통사적 구조를 '다른 언어'에서도 유지하는 경향이 있다는 사실에 주목할 필요가 있다. 하트수이커, 피커링과 벨트켐(2004)은 스페인어-영어 이중언어 구사자들이 스페인어 수동형 문장을 먼저 들은 후 어떤 그림을 영어로 묘사하는 과제를 수행할 때, 스페인어 능동형 문장을 들은 경우에 비해 영어에서도 수동형을 사용할 확률이 높다고 밝혔다. 이와 유사한 교차언어적 '구문 점화(structural priming)' 현상이 여격(與格)교체 (숀베르트, 하트수이커와 피커링(Schoonbaert, Hartsuiker and Pickering), 2007), 그리고 'the shark that is blue vs. the blue shark' 등과 같은 명사 수식어에서도 확인되었다(베르놀레, 하트수이커와 피커링(Bernolet, Hartsuiker and Pickering), 2007). 이러한 실험연구를 통해 얻은 일화적 증거를 보면, 화자가 도착어에서 통사적으로 수용 가능한 옵션을 선택하도록 구문 점화가 선입견을 갖게 할 뿐만 아니라 (도착어에서는 수용불가능한) 특정 구문을 그대로 사용하게 하기도 한다는 점을 알 수 있다. 따라서 베르놀레의 한 실험에서 이중언어 피실험자들은 영어로 'the cowboy's hat' 대신 'the cowboy his hat' 등의 도착어 문장을 산출하곤 했는데, 이는 피실험자들이 'de cowboy zijn hoed'라는 출발어인 네덜란드어 구조에 이미 점화되었기 때문이라고 유추할 수 있다.

이러한 내용을 다룬 소수의 심리언어학 논문(크리스토플, 드 그룻와 크롤(Christoffels, de Groot and Kroll), 2006; 뤼즈(Ruiz), 파레데스, 마씨조와 바조(Paredes, Macizo and Bajo), 2008; 반 헬과 드 그룻, 2008)에서는 단어 또는 번역과제를 활용하였다(일부의 경우에는 전문번역사 혹은 통역사를 대상으로 실험을 진행하였다). 본 연구 역시 출발어의 특성이 도착어 산출 시간과 형태에 영향을 주는지 파악하고자 피실험자에게 단어 번역과제(사전 실험)와 문장 번역과제(본 실험)를 수행하게 하였다. 물론 단어와 문장을 번역하는 과제는 '생태학적 타당성' 부족으로 인해 번역학에서 논란의 여지가 많을 수 있다(생태학적 타당성의 중요성에 대해서는 슐레징거(Schlesinger), 1998, pp. 489-490 참조). 그러나 단어, 문장에 비해 상대적으로 긴 텍스트를 번역하는 것은 복잡한 문맥으로 인해 영향을 받기 때문에 원하는 수준으로 결과를 해석할 수 없는 단점이 있다. 따라서 단어와 문장번역 과제를 선호하게 된다.

2. NPAPARP

NPAPARP는 교차언어적으로 수용성이 다른 구문으로, 문장 부분 간의 관계 조건이 언어마다 정해져 있음을 보여준다. 가령 ②의 두 번째 번역에서 볼 수 있듯, 명사구 'je'는 특정 위치와 형태('je'의 문법적 기능은 주어이다), 문장 내 의미와 주제 역할('je'는 행위주체이다)을 지정하는 문장 내 다른 부분과의 관계에 의해 결정된다. 모든 언어에서 주어와 행위주체는 특혜 관계에 있는 것으로 알려져 있다. 다우티(Dowty, 1991)는 논항 선택 원칙(Argument Selection Principle)을 통해 주어와 목적어 둘 다 갖는 술어는 아래의 원형 행위주체 특성 대부분을 수행하는 주어가 있다고 주장한다.

a. 의지(volition)
b. 감각과 또는 지각(sentience and/or perception)
c. 인과(causation)
d. 움직임(movement)
e. 독립적 존재(independent existence)

명사구가 원형 행위주체 특성을 더 많이 지닐수록 주어 위치를 차지할 가능성이 높다. 즉, 계층이 존재하며, 전형적으로 행위주체 특성을 가진 '인간' 명사(e.g. ②의 'je')가 특혜 후보(privileged candidates) 중 최상단에 위치함을 시사한다. 또한 원형 행위주체 특성이 상대적으로 약한 경우(e.g. ①의 'money') 주어 위치에 등장할 가능성이 상대적으로 적다는 점도 함의한다(e.g. ①의 'geld'). 하지만 이러한 현상에 대한 용인 정도는 언어마다 다르다. 가령 ②와 ③이 보여주듯, 영어는 유연한 편이며 원형 행위주체의 특성이 약하거나 전혀 나타나지 않는 비인간 명사를 쉽게 수용한다. 하지만 반테피트(2007)가 지적했듯, 네덜란드어에서는 비원형 행위주체 주어에 대한 수용성이 낮고, 대부분의 경우 화자는 두 번째 번역(②와 ③)[2] 처럼 다른 문장구조를 선택하기 때문에, 이런 구조는 유표성을 띤다. 이런 환유적 언어는 다른 언어에서도 유표성을 나타내는데, 독일어(호킨스(Hawkins), 1986, p. 175; 반스(Bahns), 1993; 괴프리히, 2004; 바움가르텐(Baumgarten), 2005), 스페인어(슬라바코바와 몬트륄(Slabakova and Montrul), 2002), 그리고 아시아권의 언어(마스터(Master), 1991; 이(Lee), 2001) 또한 비원형 행위주체 주어에 대한 수용성이 낮다. 다시 말해, 주어 위치에 비원형 행위주체 명사를 사용할 경우 적용되는 제한사항 및 해당 명사가 문장 구조에 통합되는 방식이 언어마다 다르다는 것이다. 또한 일부 문맥에서는 직역의 환유적 사용이 수용되는 등 언어별 제한은 단계적 상충을 나타내기도 한다.

본 장은 ②와 ③의 예에서 제시된 번역이, 도착어 규범을 준수해야 하고 비원형 행위주체 주어를 도착어에서 유사한 비원형 행위주체 주어로 번역할 수 없는 영어→네덜란드어 번역사에게 문제가 되는지 즉, 번역사가 언어학적으로 관찰 가능한 도착어 관련 의미론적-문체론적 번역 문제를 경험하는지에 관해 현재 진행 중인 연구의 결과를 제시한다(톰의 분류법 2004).

3. 연구 질문 및 가설

영어 교사와 번역사들은 NPAPARP로 인한 문제를 인식하고 있을지 모르겠지만 아직 번역사 행위로 입증되지는 않았다. 실제로 학생번역사들이 이러한 구조로 인해 번역에 어려움을 겪는지 보여주는 프로세스 연구는 현재까지 부재하다. 심리언어학 용어를 사용하여 다음과 같이 질문할 수 있다. 학생의 번역은 점화의 영향을 받는지를 알아보기 위해 번역이 산출되기까지의 반응시간('대기시간')을 조작하여 연구할 수 있는가? 원형 행위주체를 요하는 환경에서 영어 비원형 행위주체에 의한 점화가 실제로 발생하는가? 이 외에도 학생의 번역 능력에 훈련이 중요한 역할을 차지한다는 점을 고려해, 훈련을 받은 학생들과 받지 않은 학생들을 관찰하여 원형 행위주체를 요하는 환경에서 영어 비원형 행위주체에 의한 점화가 발생하는지 질문할 수도 있겠다 (아래 Q1과 Q2).

Q1. 훈련을 받지 않은 학생들이 네덜란드어로의 번역을 수행할 때 영어의 원형 행위주체를 요하는 환경에서 등장한 비원형 행위주체로 인한 점화가 관찰되는가?

Q2. 훈련을 받은 학생들이 네덜란드어로의 번역을 수행할 때 영어의 원형 행위주체를 요하는 환경에서 등장한 비원형 행위주체로 인한 점화가 관찰되는가?

비원형 행위주체는 보통 추상명사이다. 기존의 심리언어학 연구를 통해 추상적인 항목에 비해 구체적인 항목이 언어 간 점화 현상이 발생하는 경향이 더 강하다는 사실을 알고 있다(숀베르트, 듀익, 브라이스베르트(Brysbaert)와 하트수이커, 2009, p. 573). 본 연구에서 보다 중요한 점은 구체적인 단어의 높은 점화효과가 단독 단어 번역 과제에서도 나타난다는 것이다(반 헬과 드 그룻, 2008). 본 연구에서 살펴본 두 가지 유형의 행위주체 간의 추상성 정도에 차이가 있음을 고려했을 때, 단독 원형 행위주체의 번역 대비 단독 비원형 행위주체의 번역에서의 반응시간이 더 길다는 가설을 수립할 수 있다. 반 헬과 드 그룻의 연구는 번역한 항목의 문맥이 점화의 본질이 아닌 정도에 어떻게 영향을 미치는지 보여주었다. 즉 나머지 문장으로부터 쉽게 예측되는 단어에 대한 번역 과제를 수행할 때보다 (e.g. After some hesitation my father told **the truth**) 나머지 문장으로부터 쉽게 예측되지 '않는' 항목에 대한 번역 과제를 수행할 때 (e.g. Many researchers are still looking for **the truth**) 구체적 항목과 추상적 항목 사이에서 관찰되는 점화 효과 차이가 더 크다는 것이다. 본 연구에서 다루는 행위주체의 문맥은 행위주체 뒤에 등장하기 때문에 문맥으로 인한 점화 효과에 현저한 영향이 없다고 전제하더라도, (비)원형 행위주체가 원형 행위주체를 필요로 하는 술어와 결합하여 등장한 구문을 번역하는 데에 앞서 기술한 가설이 적용 가능할 것이라고 보았다. 요약하자면, 원형 행위주체가 포함된 문장 대비 비원형 행위주체가 포함된 문장 번역의 번역사 한 사람당 평균 반응시간이 더 길 것이라고 저자는 가정하는 바이다.

본 연구의 핵심 질문은 과연 NPAPARP가 훈련을 받은 학생들과 받지 않은 학생들 모두에게 있어서 번역 문제를 야기하는지 여부이다. 이 질문에 답하기 위해 두 집단의 반응시간을 살펴보았다. 이상적인 교육 상황에서는 훈련을 받은 학생들이 훈련을 받지 않은 학생들보다 주어진 번역 과제를 덜 어려워하고, 반응시간도 짧으며, 직역보다는 다양한 대안 구조를 제시할 것으로 예상하였다.

4. 실험 설계

질문에 대한 답을 찾기 위해서는 대기시간의 차이가 비원형 행위주체와 원형 행위주체의 잠재적 차이가 아닌 NPAPARP 구조 때문에 발생한다는 확신이 있어야 한다. 이런 이유로 '단독 비원형' 행위주체 명사가 번역되는 프로세스와 '단독 원형' 행위주체 명사가 번역되는 프로세스를 살펴보며 차이의 정도를 확인하는 통제된 사전 실험을 실시하였다(아래 5.2 참조).

본 실험의 피실험자들은 76개의 문장을 번역하였다. 피실험자간 2x2 요인 설계(비원형 행위주체/ 원형 행위주체, 훈련 받은 학생/ 훈련 받지 않은 학생)로 진행된 본 실험은 피실험자에게 각 조건의 제시문을 무작위로 제시함으로써 앞 예문에서 학습한 내용이 번역 프로세스에 영향을 주지 못하도록 하였다.

5. 실험

5.1 목적 및 기대

실험의 목적은 훈련을 받은 학생과 그렇지 않은 학생들의 NPAPARP와 PAPARP 번역 시간을 파악하는 것이다. 피실험자들에게 출발어 표현을 제시하고, 이들이 번역을 시작하기까지의 반응시간을 측정하였다. 번역해야 하는 텍스트와 관계없이 특정 번역 구조는 특정 반응시간을 요한다는 가능성을 제외하기 위해 반응시간을 번역된 구조와 비교할 것이다. 따라서 번역을 시작하기까지의 시간과 번역 구조를 두 측정 변수로 하였고, 이를 학생 유형 변수(훈련 유무)와 연관지어 분석할 것이다.

점화 효과는 두 집단 모두에서 나타날 것이라고 예측하였다. 즉, 두 집단 모두 PAPARP 구조보다 NPAPARP 구조 번역 시간이 더 길 것이다(훈련을 받지 않은 학생들은 훈련을 받은 학생들보다도 더 많은 시간이 소요될 것이다). 또한 두 집단 모두 네덜란드어 PAPARP보다 네덜란드어 NPAPARP 산출에 더 많은 시간을 소요할 것으로 예상하였다.

5.2 자료

실제 전문 번역 자료나 번역 코퍼스(반데피트의 파일럿 코퍼스 2007 참조)에서 실험 자료를 얻는 것이 이상적이겠지만, 데이터가 제각기 달라 변수를 최소화하고자 하는 실험 요건을 만족시키지 못하였다. 심리언어학 연구를 통해, 시각적 단어 인식 속도에 영향을 주는 주요 요인으로는 단어 빈도(웨일리(Whaley), 1978)와 단어 길이(멕클리랜드와 러멜하트(McClelland and Rumelhart), 1981)가 파악되었다.

이러한 이유로 매우 구체적인 명사가 포함된 38개의 NPAPARP 구조(예문 ④)와 38개의 PAPARP 구조 (예문 ⑤)쌍을 사용하기로 결정하였다(전체 목록은 부록 E 참조).

④ Music took him around the world.

⑤ Mother took him around the world.

본 실험의 '명사 주어'와 번역 산출물의 적합성은 사전 실험을 통해 검사하였으며, 이에 대한 상세한 설명은 본 논문에서 다루지 않기로 한다. 주지할만한 점은 38개의 비원형 행위주체(핵심단어)와 38개의 원형 행위주체(대조단어)를 셀렉스(Celex) 데이터베이스의 COBUILD 코퍼스에서 추출했다는 사실이다(바이얀, 피펜브룩과 반 린(Baayen, Pipenbrock and van Rijn), 1993). 저자는 모든 단어의 합산 바이그램 빈도 수치, 즉 특정 언어 단어의 모든 두 글자열 빈도의 합계를 산출하는 (러멜하트와 멕클리랜드, 1985) 듀익, 데스메(Desmet), 베르베케(Verbeke), 브라이스베르트의 워드겐(Wordgen) 도구(2004)를 사용하였다. 핵심단어와 대조단어는 네덜란드어로 번역할 때 난이도가 유사하고(네덜란드어 단어와 거의 동일한 근(近)동족어로(e.g. father-vader)를 사용했고, 완전한 동족어(e.g. film-film)는 제외하였다), 모호성과 다의성에 대한 잠재력이 유사하며 (대부분은 동음이의어 동사나 형용사가 존재하지 않는다. 슌터만과 슈워츠(Sunderman and Schwartz)에서 토코위츠(Tokowitz) 참조 (2008, p. 529) - 토코위츠는 다의성이 번역 프로세스를 늦출 수 있다는 점을 발견하였다), 가산 명사이고 단수 형태에서 술어를 필요로 하는 단수 형태(따라서 본 연구에서 'police'와 같은 단어는 제외되었다)라는 동일 특성을 지녔다. 학생 피실험자들이 영국식 영어를 배웠기 때문에 단어 목록에서 미국식 철자법을 따르는 단어(center, color 등)는 제외되었다. 하지만 무엇보다도 단어 빈도가 매우 높고(빈도 상위 5%에 속하는 단어), 글자소 길이가 비슷하며(5~8 글자), 음운단어 길이가 유사하고(1~3 음절), 합산 바이그램 빈도가 유사하다[3]는 점이 유의하다. 핵심단어와 대조단어의 단어 길이, 빈도, 합산 바이그램 빈도에 대한 독립표본 t검정에서도 차이가 나타나지 않았다 (모두 $t < 1, p < .05$). 이와 유사하게, 핵심단어와 네덜란드어 근동족어 번역 역시 단어 길이, 빈도, 합산 바이그램 빈도에서 차이를 보이지 않았다 (모두 $t < 1, p < .05$). 대부분의 원형 행위주체는 인간을 지칭하는 개인명사 (*brother, daughter, swimmer* 등)를 나타내는 단어였고, 비원형 행위주체는 추상명사 (*project, music, summer* 등)였다. 회사나 기타 사람들의 집단을 나타내는 단어도 배제되었다. 수량을 나타내는 단어(amount, series 등)도 배제되었는데 의미론적으로 직접적인(비원형) 행위 주체가 될 수 없기 때문이다(이들이 수량화하는 대상이 행위주체이다). 사전실험에서 번역을 시작하기까지의 평균시간은 원형 행위주체(인간) 집단과 비원형 행위주체(추상) 집단 간 1.198초로 유의한 차이를 보이지 않았다. 다

시 말해 이런 단어를 포함하는 문장의 번역 시작까지의 시간이 차이를 보인다면, 그 이유는 단어 자체 때문이 아니라 주변 문맥, 특히 원형성 여부가 영향을 준다고 추론하는 바이다. 실험에 사용된 모든 단어는 <부록 B>에서, 단어 길이, 빈도, 합산 바이그램은 <부록 D1>과 <부록 D2>에서 확인 가능하다.

핵심 문장(영어 NPAPARP)은 문장 내 정보 분포 패턴뿐만 아니라 행위주체에 대한 한정사와 전치 수식어도 짝지어진 문장과 유사하도록 구성되었다(*Mother/Music, His career/His sister, Most of the tourists/Most of the action* 등, *plague/criminal, essence/speaker* 두 경우만 제외). 술어의 종류('*The prayer flags and prayer wheels dot the landscape*'와 같은 문장에서처럼 복수의 주어를 필요로 하는 술어는 제외되었다)와 주로 나타나는 어역의 종류(NPAPARP는 '*Climate change favors coffee pest*'와 같은 기사 헤드라인에서 특히 자주 등장한다)에도 각별한 주의를 기울였다.

피실험자 모두 핵심단어와 대조단어가 동일하게 섞여있으나 무작위 순서로 제시되고 개별 암호화된 번역과제물 파일을 받았다. 따라서 과제 후반부로 갈수록, 혹은 다른 두 행위주체 쌍(원형 vs. 비원형)을 번역하며 단어 번역이 개선되는 효과를 배제할 수 있다.

5.3 피실험자

사전실험에 참가했던 유니버시티 칼리지 겐트의 번역학과 학생 61명을 대상으로 E-learn 플랫폼을 통한 이메일과 수업시간의 직접 문의를 통해 본 실험 참가희망자를 모집하였다. 자원하는 학생들은 부활절 방학 전 (사전실험)과 여름 시험 후 (본 실험) 등 총 두 차례 실험에 참가해 줄 것을 이메일로 공지 받았다. 40명의 학생이 자원했지만 온전하게 비교 가능한 산출물을 제출한 학생은 24명뿐이었다. 이 중 10명은 훈련을 받지 않았고 (응용 언어학 1학년 학부생) 14명은 훈련을 받은 학생들이었다(번역학 석사과정 학생).

겐트는 벨기에의 네덜란드어 사용지역인 플랑드르에 위치하고 있으며, 피실험자 전원의 모국어는 도착어인 네덜란드어였다. 본 실험 후 학생들에게 영화표로 사례하였고, 동료 학생 대비 상대적인 번역 속도와 적절성 등 수행도에 대한 개별적인 피드백을 제공하였다. 실험은 훈련받은 학생들에게는 익숙한 번역 환경인 모레(Morae) 소프트웨어가 설치된 PC가 있는 언어 실습실에서 이루어졌다. 하지만 훈련을 받지 않은 학생들의 경우, 해당 실습실에서의 번역 경험이 한 두 차례에 불과하였다.

학생들에게 설명과 지시사항은 네덜란드어로 전달하였다. 학생들은 본인의 모국어, 영어를 공부한 연수, 영어를 배우기 시작한 나이, 영어권 국가에서 거주한 기간, 구사하는 기타 언어, 집에서 사용하는 언어나 사투리, 그리고 본인의 영어 읽기, 쓰기, 말하기, 듣기능력과 영어에서 네덜란드어로의 번역능력에 대한 자기 평가, 컴퓨터 타자 경력 및 속도, 실명(失明) 여부, 키보드와 시력에 대해 묻는 개인 언어 배경에 관한 간단한 설문지 (<부록 A>)를 작성하도록 요청 받았으며, 의견란에 실험에 대한 피드백도 제시할 수 있었다. 학생에게 문맥과 무관하게 단어(사전실험)와 문장(본 실험)을 번역하는 번역 과제를 한 시간 반 동안 실시할 예정이라는 지시사항도 전달하였다. 실험에 참여할 수 있는 다양한 시간대를 제시했으며, 대부분 점심시간에 참가하였다. 익명성은 보장되었고 학생들에게 밝힌 유일한 실험 목적은 번역 수업의 질 향상이었다.

실험 시작 직전에 학생들은 동의서에 서명하고 설문지를 작성하였다. 이후 학생들은 유인물에 적힌 지시사항에 따라 모레 프로그램 기록과 워드문서 번역을 시작하였으며, 실험 주최측이 제공한 USB에 두 파일을 직접 저장하였다. 워드 문서에서 문장 번역과제를 시작하기 위해서는 화면에 보이는 문장을 읽고 'End' 와 'Enter'키를 눌러 다음 줄로 이동한 뒤 최대한 빨리 해당 문장의 번역을 입력해야 한다고 학생들에게 공지했다. 이후 'PgDn' 키를 두 번 연속 누르면 번역해야 하는 다음 문장이 나타나고, 이 과정이 계속 반복되었다. 특히, 마치 번역을 마치는 즉시 대기 중이던 고객이 번역된 문장을 가져가는 상황이라 가정하여 과제에 집중하고 주의를 유지하는 한편, 쉬지 말라는 지시사항을 학생들에게 전달하였다.[4] 가장 즉흥적인 번역만 필요했기 때문에 번역 '초안'을 타이핑 할 것을 요청하였고, 이전 단어로 되돌아가거나 글자, 'PgDn', 'End', 'Enter'를 제외한 다른 키(스페이스바 키 포함)를 눌러서는 안 된다는 지침을 주었다. 실험 시작과 동시에 학생들이 타자, 번역, 그리고 다음 문장으로 넘어가는 연습을 할 수 있도록 파란색 글자로 쓰여진 문장 다섯 개를 제시하였으며, 이때 사용된 문장은 실험에 재등장하지 않았다.

5.4 분석 및 점수

모든 학생들의 모레 프로그램 기록을 분석하여, 번역의 적절성 여부와는 무관하게 번역 문장의 첫 번째 글자가 타이핑 된 시간에서 'PgDn' 키를 두 번째로 누른 시간을 차감하여 각 문장의 번역 반응시간을 계산하였다. 학생들이 'End'와 'Enter'를 누른 후 'PgDn' 키를 두 번 누르지 않은 경우에는 뒤이은 해당 단어의 번역 개시 시간을 다른 자료와 비교할 수 없기 때문에 데이터에서 제외하였다.

번역 점수는 원형 행위 주체가 있는 경우(예문 ⑥), 비원형 행위 주체가 있는 경우(예문 ⑦), 행위 주체가 없는 경우(예문 ⑧), 비원형 행위 주체를 제외한 다른 명시적 행위 주체가 없는 경우(예문 ⑨) 등으로 항목을 정해 구분하였다.

⑥ 영어 원문: His career focussed on economics.

네덜란드어 번역: In zijn carrière legt hij zichzelf vooral toe op

economie.

(주석 번역: In his career applies he himself especially to economics.)

⑦ 영어 원문: His career focussed on economics.

네덜란드어 번역: Zin carrière focuste op economie.

(주석 번역: His career focussed on economics.)

⑧ 영어 원문: The best practice combined two approaches.

네덜란드어 번역: De beste praktijk was de combinatie van twee aanpakken.

(주석 번역: The best practice was the combination of two approaches.)

⑨ 영어 원문: That period put much emphasis on metaphors.

네덜란드어 번역: In die periode werd er veel nadruck gelegd op metaforen.

(주석 번역: In that period was there much emphasis put on metaphors.)

5.5 결과

실험에서 생성된 1766개의 번역 중 918개(52.0%)는 원형 행위주체, 696개(39.4%)는 비원형 행위주체, 66개(3.7%)는 행위주체 없음, 3개(0.2%)는 명시적 행위주체 없음으로 구분할 수 있었고, 83개(4.7%)는 번역이 되지 않았다. <표 1>은 집단 및 조건 함수로 나타난 번역의 분포를 보여준다(본 실험에서 거의 나타나지 않은 '명시적 행위주체 없음'은 '행위주체 없음'과 합쳐서 표시하였다).

〈표 1〉 집단 및 출발어 행위주체의 원형성 함수로 나타난 카테고리별 번역 비율

	N	P	NA	No translation
Untrained group				
Non-prototypical ST agent	83.3	8.4	4.4	3.9
Prototypical ST agent	1.3	90.7	0.8	7.2
Trained group				
Non-prototypical ST agent	72.7	15.2	8.0	4.0
Prototypical ST agent	1.8	92.3	1.8	4.1

참고. N=비원형 TT 행위주체, P=원형 TT 행위주체, NA=TT 행위주체 없음

<표 1>은 두 집단 모두 출발텍스트에 비원형 행위주체가 있는 경우 비원형 행위주체가 포함된 번역을 산출하는 경향이 매우 강하다는 사실을 보여준다. 하지만 이러한 경향은 훈련을 받은 집단(72.7%)보다는 받지 않은 집단(83.3%)에서 두드러졌다. (명시적) 행위주체가 없는 번역은 생성 수가 너무 적어 적절한 통계분석이 불가능했지만, 적어도 기술적으로는 훈련을 받지 않은 학생 집단에 비해 훈련 받은 학생 집단의 비원형 행위주체 번역에서 더 자주 나타났다. 조건별로 각 집단의 비원형 행위주체와 원형 행위주체 번역 결과의 분포를 알아보는 카이제곱 검정이 시행되었다. 출발텍스트에서 비원형 행위주체가 등장하는 조건의 경우, 훈련을 받은 학생 집단에 비해 훈련을 받지 않은 학생들이 비원형 행위주체가 포함된 번역을 더 많이 산출하였다($x^{2(1)} = 10.4$, $p < .001$). 반대로, 원형 행위주체가 제시된 조건에서는 두 집단 모두 거의 원형 행위주체가 포함된 산출물만 산출하였으며, 집단 간에 차이가 없었다($x^{2(1)} = .047$, $p = .83$). 요약하자면 두 집단 모두 비원형 행위주체가 등장하는 구조의 경우 비원형 행위주체가 포함된 유사한 구조로 번역하는 경향이 강하다. 하지만 보다 발전된 학생들은 번역 문제(e.g. 원형 행위주체가 있거나 행위주체가 없는 문장)에 봉착했을 때 대안 해결책을 찾고자 하기 때문에 이러한 경향이 상대적으로 낮게 나타났다.

본 연구에서는 번역 반응시간도 분석하였다. 반응시간 분석은 비

〈표 2〉 번역 반응시간

	Translation time	
	Mean	Standard deviation
Untrained group		
Non-prototypical agent	5.22	.94
Prototypical agent	4.59	.66
Trained group		
Non-prototypical agent	5.33	1.39
Prototypical agent	4.58	1.01

원형 행위주체 혹은 원형 행위주체가 있는 번역에 한해 시행되었는데 (152개 응답은 분석에서 제외되었다), 176개의 반응시간은 제대로 기록되지 않았다. 남은 1438개의 결과 중 28개(1.9%)는 전체 평균에서 표준편차 3을 초과하였으므로 이상치로 분류되어 제외하였다. 최종적으로 남은 1410개 결과의 평균값은 4.93초(표준편차 = 2.11)였다. <표 2>는 집단과 조건 함수로 나타난 번역 반응시간을 보여준다.

집단(훈련을 받은 학생 vs. 훈련을 받지 않은 학생)을 피험자간 변수로, 출발 문장의 행위주체 원형성(원형 행위주체 vs. 비원형 행위주체)을 피험자내 변수로 설정한 분산분석 결과, 원형 행위주체를 포함한 문장 대비 비원형 행위주체를 포함한 문장의 번역 되기까지 반응시간이 현저히 오래 걸렸다 ($F(1,21) = 27.7$, $p < .001$). 훈련에 따른 효과는 없었으며($F < 1$), 훈련은 행위주체의 원형성에도 영향을 주지 않았다 ($F < 1$).

마지막으로, (적어도) 기술적으로는, 출발텍스트 문장에 비원형 행위주체가 있는 경우($M = 6.15$, $SD = 2.86$, $N = 96$)보다는 원형 행위주체가 있는 경우 ($M = 4.59$, $SD = 1.84$, $N = 709$) 원형 행위주체가 포함된 도착텍스트 번역도 훨씬 빨리 산출되었다. 하지만 안타깝게도 비원형 행위주체가 포함된 번역 수가 너무 적어 이 차이를 통계적으로 분석할 수는 없었다.

6. 결론

요약하자면, 영어에서 원형 행위주체를 요하는 상황에서의 비원형 행위주체의 발생은 훈련을 받은 학생과 훈련을 받지 않은 학생 모두에 있어서 네덜란드어로의 번역시 점화를 유발하였다. 두 집단 모두 PAPARP 번역에 더 많은 시간을 필요로 했을 뿐만 아니라, 출발텍스트 문장에 원형 행위주체가 포함되어 있을 때보다 NPAPARP일 경우에 원형 행위주체 구조 생성에 더 많은 시간을 할애했다. 다시 말하면 NPAPARP는 훈련을 받은 학생과 받지 않은 학생 모두에게 분명한 문제가 되고 있으며, 이렇듯 교차언어적으로 다른 언어 구조가 번역 프로세스에서 문제가 된다는 결론에 도달할 수 있다. 또한 훈련을 받은 학생들의 직역 비율(70% 이상)이 높았다는 점과 훈련을 받은 학생과 받지 않은 학생들 간의 상대적으로 작은 차이는 번역 훈련에 개선 여지가 있음을 시사한다.

7. 방법론적 논의

실험에서 사용했던 기법을 보다 자세히 살펴보면서 잠재적인 대안을 생각해보기로 한다.

7.1 사전실험

우선 사전실험의 문제 개수 (40 + 40)가 더 많았다면 이상적이었을 것이다. 결과에서도 이상치의 비율이 높았으며 (> 2%), 이는 당초 예상보다 변산도가 높은 데이터 세트를 산출하였다. 표준편차 2.5 이상 혹은 이하의 피실험자 평균 번역 반응시간은 이상치로 간주하지 않았고, 따라서 분석 데이터에서 제외되지 않았다(이는 동일수치 데이터를 제외한 선더만과 슈워츠(2008)와 대조된다). 그리고 이 시점에서는 어느 선에서 데이터의 수용 여부를 결정해야 할지 명확하지 않았다. 하지만 5.2장에서 명시한 조건에 부합하는 언어 항목의 수가 유한했고, 대조단어 및 가능한 번역 산출물과 짝을 이룰 수 있는 핵심단어를 찾는 작업은 상당한 수준의 섬세함을 요구하였다. 한편, 본 실험의 경우 학생 대부분이 가장 어려워 한 항목 두 개를 제외하였는데, 'clerk'과 'revolt' 번역을 3초 이내에 시작한 학생은 37명(전체 참가자 67%)에 불과하였다. 이 두 항목을 제외했을 때 네덜란드어 핵심단어와 대조단어 두 쌍의 t값은 유의한 영향을 받지 않았다. 하지만 t값이 1 이하이기는 해도, 영어 핵심단어와 대조단어 두 쌍의 출현 빈도에 따른 일치율은 네덜란드어에 비해 낮았다. 이는 주목할 만한 결과이다. 학생들이 해당 단어의 번역에 어려움을 겪은 것은 단어가 충분히 익숙하지 않았기 때문에 의미가 통하는 문맥 없이는 단어의 의미를 유추하기 힘들었기 때문이고, 두 단어 모두 55명의 학생 전원에게 낯설었다. 그러나 두 단어의 빈도는 t값에 영향을 줄 정도로 차이가 있었다.

이러한 결과는 연구를 위해 선택된 코퍼스와 빈도 데이터, 그리고 피실험자와 관련한 방법론적 문제를 제기한다. 15년 전쯤 구축된 COBUILD 데이터베이스는 원어민의 미국 영어로 구성되어있다. 한편, 본 연구의 피실험자들은 COBUILD 데이터베이스에 포함된 원어민보다 훨씬 어리고, 네덜란드어가 모국어이며 영어 능숙도를 높이는 과정에 있다. 기존 단어 인식 모형이 불균형 이중언어구사에까지 확대 적용될 수는 없다는 점을 듀익, 반 아쉬, 드리게와 하트수이커(2007)가 이미 지적한 바 있다. 브라이스베르트의 연구팀(킬러, 브라이스베르트와 뉴(Keuleers, Brysbaert and New), 개정 중) 역시 이 문제를 연구 중으로, 현재 대규모의 텔레비전 자막 코퍼스에서 빈도값을 수집 중이며, 수집된 결과물이 브라운 코퍼스(큐세라와 프란시스(Kucera and Francis), 1967)나

Celex보다 어휘 결정 시간을 더 정확하게 예측할 수 있을 것이라고 주장한다.

7.2 실험

학생 또는 행위주체 유형 외에도 반응시간의 차이에 기여하는 다른 요인이 있을 수 있지만(일반적인 개인 반응속도는 동일 유형의 학생 간 차이, 개인별 바이그램 빈도, 혹은 단어의 첫 글자 위치와 특히 키보드 상에서의 첫 글자 키 위치에 따라 설명 가능하다), 도착시간과 구조 선택의 종합 분석을 통해 저자는 NPAPARP이 번역 문제를 야기하며, 따라서 번역사 양성 과정에 이에 관한 논의를 포함하는 것이 좋겠다는 결론에 도달하였다. 하지만 번역사 양성과정에 이를 어떻게 도입하는 것이 가장 이상적일지에 대한 해답은 아직 찾지 못하였다. 가령, 본 연구의 실험과 유사하게, 적정하고 수용 가능한 번역 산출물을 제시하는 디지털 연습이 유연한 자가학습 해결책이 될 것인지, 아니면 이러한 디지털 연습이 오히려 학생 스스로가 텍스트에 집중하고 텍스트의 의미를 도출하도록 훈련하는 번역 훈련 자체의 목적을 방해할 것인지는 미지수다. 또한 훈련 받은 학생 집단은 이미 번역 과정을 이수 중인 학생 중에서 선별한 반면, 훈련 받지 않은 학생 집단은 그렇지 않기 때문에 표본 추출 과정에서 편중이 발생했을 수 있고, 따라서 훈련 받은 학생과 훈련 받지 않은 학생 집단 간 관찰된 미미한 차이가 훈련에 기인한다고 단정지을 수도 없다. 이 외에도 아직 마무리 되지 않은 언어 배경에 관한 설문지 데이터를 분석을 완료하여 집단의 평균 프로파일을 작성하고 훈련에 영향을 미칠만한 다른 요소를 발견할 수 있을 것이다. 마지막으로, NPAPARP 구조가 다른 언어 조합 번역에서도 문제가 되는지 아직 알지 못한다. 개인의 언어 능력에 관한 본 연구의 결과는 영어가 '사회적'으로 지배적인 언어라는 사실에 영향을 받았을 수 있다. 실제로 플랑더스 지역 내 영어에 대한 압력은 상당한데, 학생들 사이에서는 네덜란드어보다 권위가 더 높다 해도 과언이 아닐 것이다. 따라서 본 실험결과를 일반화하기 위해서는 사회적으로 덜 지배적인 프랑스어나 독일어로 유사한 실험이 진행되어야 할 것이다.

또한, 본 연구에서 채택한 문장 번역과제의 생태학적 타당성에 관한 논란이 번역학 내에서 계속 되고 있다는 점도 인정해야 한다. 본 실험이 문맥 정보를 일부 제공하기는 했지만, 실제 번역 시장에서 고객이 문장 번역만 요구하는 것은 매우 드문 상황이기는 하다. 그렇다면 본 실험 결과를 자연스러운 학생 번역 환경에 적용시킬 수 있을까? 학생들은 더 긴 텍스트에서도 NPAPARP 번역에 어려움을 느낄 것인가?

그럼에도 불구하고, 본 연구는 번역에 관한 지식 구축에 있어 필수적인 단계라고 저자는 생각한다. 본 실험을 통해 다수의 NPAPARP 번역 번웅시간이 유사함을 알게 되었는데, 이는 더 긴 텍스트를 단일 번역하는 소규모 연구로는 절대 얻을 수 없는 정보이다. 본 연구는 단절된 단어의 번역 프로세스 연구가 축적되어 단일 문장에 대한 번역 프로세스 연구를 촉진하고, 이 결과가 또 축적되어 특정 텍스트 문맥에서의 문장의 번역 프로세스 연구에 관한 정보를 제공한다고 가정하는 상향식 접근법을 취한다. 향후 본 연구 데이터를 응용한 피실험자내 설계로 단독 단어와 문장 번역에 대한 번역사별 반응시간을 비교함으로써 본 연구에서 가정한 내용의 첫 부분을 실험할 수 있을 것이다.

상기 연구가 긍정적인 결과를 산출하게 되면 더 긴 텍스트에서의 NPAPARP 번역을 연구할 수 있는 기법을 조사하고 다음 실험 단계로 이동할 수 있을 것이다. 이 단계에서 어려운 질문이 제기될 것인데, 가령 향후 문맥이 내재된 번역 프로세스를 실험할 수 있는지, 유사 또는 상이한 문맥에서 실험군과 대조군을 사용한 실험 문장이 일부 포함된 텍스트를 생성할 수 있는지, 의미론적 특성과 특정 구조가 혼합된 이런 점화 유형을 구조 점화라 부를 수 있는지, 심리언어학적 이중언어 모형의 결과가 무엇인지 등이 대표적으로 제시될 수 있는 질문이다. 또한 번역 시간 기록에 대한 거대 코퍼스를 이용해 NPAPARP 번역 반응시간을 탐구해 볼 수 있는데, 이 연구 과정 역시 길고 힘든 여정이 될 것이다.

무엇보다도, 다음 연구 단계로 나아가기에 앞서, 번역과제의 인위성이 피실험자로 하여금 비원형 행위주체와 관련된 문제들을 인식하게 했는지를 다시 검토해 보아야 한다. 이 질문에 답하기 위해 번역에 대한 전반적인 인상, 힘들었던 점, 특수 번역이나 시간 지체에 대한 부연설명 필요성 등을 탐문하는 실험 후 구두 설문조사를 현재 진행 중이다. 예비 조사결과에 따르면 학생들은 본인의 번역 산출물이 그다지 우수하지는 않으나 실험 당시 최선의 절충안이라고 여겼다는 것을 알 수 있었다. 즉, 도착어에서 더 좋은 해결책을 찾기보다는 시간을 절약하기로 결정했으며, 시간 내 제시한 번역물의 적절성이 도착어에서의 낮은 수용성을 만회해 줄 것이라 생각한 것이다. 따라서 향후 연구는 품질 문제를 면밀히 살피고, 번역 반응시간과 적절성/수용가능성의 연관성 정도를 조사할 것이다. 실제로 점화 효과를 보여주는 특성으로 PAPARP 번역 대비 긴 NPAPARP 번역의 반응시간만 있는 것은 아니다. 반응시간 외에도 연구 질문에서 조작화 할 수 있는 요인이 있는데, 바로 품질이다. 본 연구에서는 번역 '개시'까지의 반응시간만을 관찰했지만 피실험자들의 글자 및 단어 삭제, '완전한 문장' 번역에 소요된 번역 시간, 그리고 번역 품질과의 연관성을 자세히 살펴보면 자기점검 프로세스 및 해당 프로세스가 번역의 품질/시간 비율에 어떤 영향을 주는지를 이해할 수 있을 것이다.

이 외에도, 두 학생 집단의 실험 환경과 실제 현장의 전문 번역 환경 간에 관련성이 있는지, 또 본 연구 데이터가 코퍼스 결과와 비교 가능한지 등의 전혀 다른 질문도 제기할 수 있다. 이 질문과 앞서 언급한 질문에 대한 답은 번역 교육뿐만 아니라 이중언어의 심리언어학적 모형

설계에도 도움이 될 것이다. 통사론적 특징뿐 아니라 의미론적 특징의 제약을 받는 번역 구조에서의 점화를 살펴봄으로써 심리언어학적 연구의 잠재적 확대기반을 마련할 수 있기 때문이다. 또한 수집된 데이터는 번역사의 자기점검 프로세스, 즉 번역을 구성하는 복잡한 프로세스의 또 다른 단계/활동에 관한 정보를 제공할 것이다. 달리 말해, 해당 데이터는 통사구조 선택 시 상충되는 특성에 대처하기 위해 번역사가 사용하는 인지 메커니즘의 이해를 돕고 "언어적 문맥이 이중언어 단어 인식에 미치는 영향"(반 헬과 드 그룻, 2008, p. 432)에 대한 통찰력을 강화할 것이다.

미주

1. 행위주체는 술부가 서술하는 행위를 수행하는 사람과 행위 수행을 돕는 목적어를 광의적으로 포함한다. 'The City of London was hurt by this man'에서처럼 행위주체('this man')가 반드시 문장의 주어('The City of London')인 것은 아니다.

2. 예문의 NPAPARP는 'Now I assume that Mother Nature will age me along with everyone else' (BNC, ACP 1327) 등 주어의 대문자 표기, (그리고 보통 Mother와 같은 사람을 표시하는 추가 명사의 사용)을 통해 고유의 특성을 모두 지닌 원형 행위주체로 주어를 간주해야 한다는 사실을 분명히 나타내는 명백한 의인화 예문과는 구분될 필요가 있다.

3. 두 형태의 영어 모두 동일한 철자법을 사용하는 영국 영어 단어의 합산 바이그램 빈도와 미국 영어가 상당히 유사하다고 가정하였다.

4. 이런 유형의 '번역' 과제가 흔하지는 않지만, 고객이 자료에 관한 텍스트 내적 혹은 외적 문맥 정보를 제공하지 않고 번역을 요청하는 경우는 안타깝게도 종종 있다.

참고문헌

1. Abdallah, K. 2010. "Translators' agency in production networks." In *Translators' Agency. Tampere Studies in Language,* Translation and Culture, T. Kinnunen and K. Koskinen (eds), 11-46. Tampere: Tampere University Press.

2. Baayen, R. H., Piepenbrock, R. and van Rijn, H. 1993. The CELEX Lexical Database (Release 1) [CDROM]. Philadelphia: University of Pennsylvania Linguistic Data Consortium.

3. Bahns, J. 1993. "Lexical collocations: a contrastive view." *ELT Journal* 47 (1): 56-63.

4. Baumgarten, N. 2005. "The Secret Agent: Film dubbing and the influence of the English language on German communicative preferences. Towards a model for the analysis of language use in visual media." (Doctoral dissertation, University of Hamburg, Germany.)

5. Bernolet, S., Hartsuiker, R. J. and Pickering, M. J. 2007. "Shared syntactic representations in bilinguals: Evidence for the role of word-order repetition." *Journal of Experimental Psychology. Learning, Memory, and Cognition* 33 (5): 931.

6. Caramazza, A. and Brones, I. 1979. "Lexical access in bilinguals." *Bulletin of the Psychonomic Society* 13:212-214.

7. Catford, J. C. 1965. *A Linguistic Theory of Translation.* Oxford: Oxford University Press.

8. Chesterman, A. 1997. *Memes of Translation.* Amsterdam/Philadelphia: John Benjamins.

9. Christoffels, I. K., de Groot, A. M. B. and Kroll, J. F. 2006. "Memory and language skills in simultaneous interpreters: The role of expertise and language proficiency." *Journal of Memory and Language* 54 (3): 324-345.

10. Dijkstra, T., Timmermans, M. and Schriefers, H. 2000. "On being blinded by your other language: Effects of task demands on interlingual homograph recognition." *Journal of Memory and Language* 42 (4): 445-464.

11. Dowty, D. 1991. "Thematic proto-roles and argument selection." *Language* 67: 547-619.

12. Duyck, W., Desmet, T., Verbeke, L. P. C. and Brysbaert, M. 2004. "WordGen: A tool for word selection and nonword generation in Dutch, English, German, and French." *Behavior Research Methods, Instruments, & Computers* 36 (3): 488-499.

13. Duyck, W., Van Assche, E., Drieghe, D. and Hartsuiker, R. J. 2007. "Visual word recognition by bilinguals in a sentence context: Evidence for nonselective lexical access." *Journal of Experimental Psychology. Learning, Memory, and Cognition* 33 (4): 663.

14. Englund Dimitrova, B. 2005. *Expertise and Explicitation in the Translation Process.* Amsterdam/ Philadelphia: John Benjamins.

15. Gambier, Y. 2008. "Stratégies et tactiques en traduction et interprétation." In *Efforts and Models in Interpreting attd Translation Research. A tribute to Daniel Gile,* G. Hansen, A. Chesterman and H. Gerzymisch-Arbogast (eds), 63-82. Amsterdam/Philadelphia: John Benjamins.

16. Göpferich, S. 2000. "Textkritik als Mittel zur Verbesserung der Textproduktionskompetenz angehender Technischer Redakteure, vorgeführt am Beispiel einer Kundeninformationsbro- schüre der Volkswagen AG." *Fachsprache/International Journal of LSP* 3 (4): 106-132.

17. ______. 2004. "Sprachwissenschaftliche Übersetzungsanalysen und Übersetzungsvergleiche am Beispiel von technischen Texte." In *Übersetzung. Translation. Traduction. Ein internationales Handbuch zur*

Übersetzungsforschung. An International Encyclopedia of Translation Studies. Encyclopédie internationale de la recherche sur la traduction. [Handbücher zur Sprach- und Kommunikationswissenschaft 26.1], H. Kittel, A. P. Frank, N. Greiner, T. Hermans, W. Koller, J. Lambert and F. Paul (eds), 719-727. Berlin/New York: Walter de Gruyter.

18. ______. 2008. *Translationsprozessforschung. Stand - Methoden - Perspektiven [Translationswissenschaft 4].* Tübingen: Gunter Narr.

19. ______. 2009. "Towards a model of translation competence and its acquisition: The longitudinal study TransComp." In *Behind the Mind. Methods, Models and Results in Translation Process Research* [CBS in Language 37], S. Göpferich, A. L. Jakobsen and I. Mees (eds), 11-38. Copenhagen: Samfundslitteratur.

20. Hartsuiker, R. J., Pickering, M. J. and Veltkamp, E. 2004. "Is syntax separate or shared between languages? Cross-linguistic syntactic priming in Spanish-English bilinguals." *Psychological Science* 15 (6): 409-414.

21. Hawkins, J. A. 1986. *A comparative typology of English and German.* London/Sydney: Croom Helm.

22. Keuleers, E., Brysbaert, M. and New, B. (under revision). "Subtlex-nl: A new frequency measure for Dutch words based on film subtitles." *Behavior Research Methods.*

23. Kucera, H. and Francis, W. N. 1967. *Computational Analysis of Present-Day American English.* Providence, R.I.: Brown University Press.

24. Lee, Y.-O. 2001. "Musayngmul cwue thatongsakwumunuy yenghanpenyek. [English-Korean translation of non-human subject-transitive verb constructions]." *Journal of Translation Studies* 2 (1): 53-76.

25. Libben, M. R. and Titone, D. A. 2009. "Bilingual lexical access in context:

Evidence from eye movements during reading." *Journal of Experimental Psychology: Learning, Memory and Cognition* 35 (2): 381-391.

26. Master, P. 1991. "Active verbs with inanimate subjects in scientific prose." *English for Specific Purposes* 10:15-33.

27. Mauranen, A. and Kujamaki, P. (eds). 2004. *Translation Universals: Do They Exist?* Amsterdam/ Philadelphia: John Benjamins.

28. McClelland, J. L. and Rumelhart, D. E. 1981. "An interactive activation model of the effect of context in perception. Part I: An account of basic findings." *Psychological Review* 88: 375-407.

29. Nida, E. A. 1964. *Toward a Science of Translating: With Special Reference to Principles and Procedures Involved in Bible Translating.* Leiden: E. J. Brill.

30. Nord, C. 1991. *Text Analysis in Translation. Theory, Method, and Didactic Application of a Model for Translation-Oriented Text Analysis.* Amsterdam/Atlanta, Ga.: Rodopi.

31. PACTE Group. 2000. "Acquiring translation competence: Hypotheses and methodological problems of a research project." In *Investigating Translation: Selected Papers from the 4th International Congress on Translation, Barcelona 1998,* A. Beeby, D. Ensinger and M. Presas (eds), 99-106. Amsterdam/Philadelphia: John Benjamins.

32. ______. 2009. "Applying the scientific method to translation studies: problems and solutions in research into translation competence." Paper presented at the International Research Workshop Methodology in Translation Process Research, University of Graz, April 2009, 6-8.

33. Ruiz, C, Paredes, N., Macizo, P. and Bajo, M. T. 2008. "Activation of lexical and syntactic target language properties in translation." *Acta*

Psychologica 128 (3): 490-500.

34. Rumelhart, D. E. and McClelland, J. L. 1985. "Levels indeed! A response to Broadbent." *Journal of Experimental Psychology: General* 114 (2): 193-197.

35. Schoonbaert, S., Hartsuiker, R. J. and Pickering, M. J. 2007. "The representation of lexical and syntactic information in bilinguals. Evidence from syntactic priming." *Journal of Memory and Language* 56: 153-171.

36. Schoonbaert, S., Duyck, W., Brysbaert, M. and Hartsuiker, R. J. 2009. "Semantic and translation priming from a first language to a second and back: Making sense of the findings." *Memory & Cognition* 37 (5): 569-586.

37. Shlesinger, M. 1998. "Corpus-based interpreting studies as an offshoot of corpus-based translation studies." *Meta* XLIII (4): 468-493.

38. Slabakova, R. and Montrul, S. 2002. "On aspectual shifts in L2 Spanish." In *Proceedings of the Boston University Conference on Language Development*" B. Skarabela, S. Fish and A.-H. Do (eds), 631-642. Somerville, Mass.: Cascadilla Press.

39. Sunderman, G. and Schwartz, A. I. 2008. "Using cognates to investigate cross-language competition in second language processing." *TESOL Quarterly* 42: 527-536.

40. Thome, G. 2004. "Typologie der Übersetzungsschwierigkeiten aus sprachwissenschaftlicher Sicht." In *Übersetzung. Translation. Traduction. Ein internationales Handbuch zur Übersetzungsforschung. An International Encyclopedia of Translation Studies. Encyclopédie internationale de la recherche sur la traduction [Handbücher zur Sprach- und Kommunikationsmssenschaft 26.1]*, H. F. Kittel, Armin Paul/Greiner, Norbert/Hermans, Theo/Koller, Werner/Lambert, José/Paul, Fritz (eds),

436-446. Berlin/New York: de Gruyter.

41. Toury, G. 1995. *Descriptive Translation Studies - and Beyond* [Benjamins Translation Library 4]. Amsterdam/Philadelphia: John Benjamins.

42. Van Assche, E., Duyck, W., Hartsuiker, R. J. and Diependaele, K. 2009. "Does bilingualism change native-language reading? Cognate effects in a sentence context." *Psychological Science* 20 (8): 923-927.

43. Vandepitte, S. 2007. "Semantic and pragmatic meanings in translation." Belgian Journal of Linguistics. *The Study of Language and Translation* 21: 185-200.

44. van Hell, J. G. 2002. "Bilingual word recognition beyond orthography: On meaning, linguistic context and individual differences." *Bilingualism* 5 (3): 175-224.

45. van Hell, J. G. and de Groot, A. M. B. 2008. "Sentence context modulates visual word recognition and translation in bilinguals." *Acta Psychologica* 128 (3): 431-451.

46. Weber, A. and Cutler, A. 2004. "Lexical competition in non-native spoken-word recognition." *Journal of Memory and Language* 50 (1): 1-25.

47. Whaley, C. P. 1978. "Word-nonword classification time." *Journal of Verbal Learning and Verbal Behavior* 17: 143-154.

부록

부록 A. 설문지 (네덜란드어에서 번역)

다음을 읽고 최대한 정직하게 대답해 주십시오.
답은 귀하의 현 상황을 파악하기 위한 것으로 정답이나 오답은 존재하지 않습니다.

1. 모국어가 무엇입니까?
2. 영어를 몇 년간 공부했습니까? (주당 최소 2시간)
3. 영어를 몇 세에 배우기 시작했습니까?
4. 영어권 국가에서 얼마나 거주했습니까?
5. 구사하는 다른 언어가 있습니까?
6. 집에서 사용하는 언어에 밑줄을 그어주십시오.: 사투리, 표준 사투리 ('tussentaal'), 표준어
7. 이 외 집에서 사용하는 언어가 있다면 무엇입니까?
8. 개인적으로 본인의 영어 수준이 어느 정도라고 평가하십니까? 해당 칸에 표시해 주십시오.

	보통	잘함	매우 잘함
듣기			
읽기			
말하기			
쓰기			
네덜란드어로 번역			

9. 컴퓨터 타자는 몇 년간 쳤습니까?
10. 자판을 보지 않고 타자를 칩니까?
11. 타자 속도가 어떻게 됩니까?
12. 지금 앞에 있는 키보드가 평소에 사용하던 것과 같습니까?
13. 귀하의 시력에 해당되는 칸에 표시해 주십시오.
    정상 (　　), 교정후 정상(안경이나 렌즈 착용) (　　), 약시 (　　)
14. 이 실험에 대해 질문이 있으시면 기술해 주십시오.

부록 B. 실험어휘

	EN	NL targets	EN	NL targets
1	action	actie	actor	acteur
2	address	adres	actress	actrice
3	advice	advies	angel	engel
4	barrier	barrière	athlete	atleet
5	career	carrière	author	auteur
6	climate	klimaat	banker	bankier
7	culture	cultuur	bishop	bisschop
8	debate	debat	brother	broer
9	defence	defensie	captain	kapitein
10	essence	essentie	champion	kampioen
11	function	functie	clerk	klerk
12	harmony	harmonie	client	klant
13	ideal	ideaal	comrade	kameraad
14	justice	justitie	couple	koppel
15	manner	manier	cousin	kozijn
16	minute	minuut	criminal	crimineel
17	mission	missie	dancer	danser
18	music	muziek	daughter	dochter
19	mystery	mysterie	doctor	dokter
20	nature	natuur	father	vader
21	number	nummer	friend	vriend
22	passion	passie	governor	gouverneur
23	pattern	patroon	guest	gast
24	pension	pensioen	leader	leider
25	period	periode	master	meester
26	plague	plaag	mother	moeder
27	practice	praktijk	musician	muzikant
28	process	proces	officer	officier
29	profit	profijt	patient	patiënt
30	revolt	revolte	person	persoon
31	season	seizoen	priest	priester
32	section	sectie	public	publiek
33	standard	standaard	sister	zuster
34	success	succes	slave	slaaf
35	summer	zomer	soldier	soldaat
36	symptom	symptoom	speaker	spreker
37	theory	theorie	thief	dief
38	triumph	triomf	tourist	toerist
39	version	versie	winner	winnaar
40	vision	visie	worker	werker

부록 C. 사전 테스트 단어번역 반응시간

Non-proto-typical agent / proto-typical agent		Untrained students			Trained students			All students		
		Total onset time / word	Mean onset time / word	No	Total onset time / word	Mean onset time / word	No	Total onset time / word	Mean onset time / word	No
N	ation	27.22	1.05	26	24.99	0.93	27	52.21	0.99	53
N	address	31.69	1.13	28	31.82	1.18	27	63.51	1.15	55
N	advice	33.81	1.21	28	28.37	1.05	27	62.18	1.13	55
N	barrier	30.32	1.44	21	29.43	1.34	22	59.75	1.39	43
N	career	33.7	1.25	27	27.89	1.07	26	61.59	1.16	53
N	climate	33.49	1.2	28	28.17	1.04	27	61.66	1.12	55
N	culture	30.34	1.12	27	27.48	1.02	27	57.82	1.07	54
N	debate	33.33	1.23	27	25.77	0.95	27	59.1	1.09	54
N	defence	41.37	1.65	25	34.5	1.38	25	75.87	1.52	50
N	essence	35.19	1.41	25	31.49	1.31	24	66.68	1.36	49
N	function	27.37	1.05	26	25.64	0.95	27	53.01	1	53
N	harmony	33.99	1.26	27	31.43	1.16	27	65.42	1.21	54
N	ideal	29.99	1.25	24	31.81	1.33	24	61.8	1.29	48
N	justice	37.65	1.71	22	42.07	1.75	24	79.72	1.73	46
N	manner	31.5	1.31	24	34.09	1.31	26	65.59	1.31	50
N	minute	30.38	1.22	25	25.52	1.02	25	55.9	1.12	50
N	mission	28.63	1.1	26	27.96	1.04	27	56.59	1.07	53
N	music	28.24	1.05	27	26.32	1.01	26	54.56	1.03	53
N	mystery	28.89	1.11	26	29.83	1.15	26	58.72	1.13	52
N	nature	30.12	1.16	26	26.42	1.02	26	56.54	1.09	52
N	number	28.33	1.18	24	29.22	1.08	27	57.55	1.13	51
N	passion	29.17	1.08	27	25.76	0.95	27	54.93	1.02	54
N	pattern	35.8	1.38	26	29.68	1.1	27	65.48	1.24	53
N	pension	25.02	1.32	19	29.46	1.34	22	54.48	1.33	41
N	period	33.46	1.24	27	26.29	1.05	25	59.75	1.15	52
N	plague	31.14	1.42	22	30.25	1.12	27	61.39	1.25	49
N	practice	40.48	1.69	24	29.14	1.21	24	69.62	1.45	48
N	process	30.25	1.16	26	24.58	0.98	25	54.83	1.08	51
N	profit	40.68	1.56	26	34.81	1.34	26	75.49	1.45	52
N	revolt	29.15	1.82	16	39.1	1.86	21	68.25	1.84	37
N	season	32.6	1.16	28	25.82	1.03	25	58.42	1.1	53
N	section	32.51	1.2	27	27.63	1.11	25	60.14	1.16	52
N	standard	30	1.15	26	26.84	1.03	26	56.84	1.09	52
N	success	27.59	0.99	28	22.36	0.86	26	49.95	0.93	54
N	summer	32.39	1.2	27	25.56	1.02	25	57.95	1.11	52
N	symptom	33.57	1.2	28	21.15	0.88	24	54.72	1.05	52
N	theory	31.03	1.11	28	23.2	0.86	27	54.23	0.99	55
N	triumph	33.14	1.33	25	31.4	1.16	27	64.54	1.24	52
N	version	32.1	1.19	27	22.6	0.9	25	54.7	1.05	52
N	vision	33.05	1.27	26	32.09	1.34	24	65.14	1.3	50

Non-proto-typical agent / proto-typical agent		Untrained students			Trained students			All students		
		Total onset time / word	Mean onset time / word	No	Total onset time / word	Mean onset time / word	No	Total onset time / word	Mean onset time / word	No
P	actor	28.46	1.02	28	23.79	0.88	27	52.25	0.95	55
P	actress	35.08	1.25	28	26.43	1.02	26	61.51	1.14	54
P	angel	32.6	1.21	27	29.15	1.12	26	61.75	1.17	53
P	athlete	33.48	1.2	28	27.96	1.04	27	61.44	1.12	55
P	author	33.2	1.23	27	26.27	1.01	26	59.47	1.12	53
P	banker	42.3	1.63	26	35.21	1.3	27	77.51	1.46	53
P	bishop	33.57	1.34	25	26.5	1.02	26	60.07	1.18	51
P	brother	30.13	1.12	27	27.11	1	27	57.24	1.06	54
P	captain	34.44	1.23	28	26.42	1.02	26	60.86	1.13	54
P	champion	33.31	1.28	26	32.58	1.21	27	65.89	1.24	53
P	clerk	31.81	1.99	16	33.43	1.59	21	65.24	1.76	37
P	client	35.39	1.36	26	34.01	1.31	26	69.4	1.33	52
P	comrade	30.47	1.45	21	35.5	1.48	24	65.97	1.47	45
P	couple	37.67	1.35	28	29.41	1.23	24	67.08	1.29	52
P	cousin	38.81	1.62	24	35.08	1.46	24	73.89	1.54	48
P	criminal	36.61	1.41	26	27.72	1.11	25	64.33	1.26	51
P	dancer	34.21	1.22	28	27.55	1.06	26	61.76	1.14	54
P	daughter	28.37	1.05	27	24.56	0.91	27	52.93	0.98	54
P	doctor	29.89	1.11	27	28.06	1.04	27	57.95	1.07	54
P	father	33.71	1.2	28	26.39	1.02	26	60.1	1.11	54
P	friend	28.3	1.01	28	26.02	1	26	54.32	1.01	54
P	governor	38.54	1.48	26	28.03	1.12	25	66.57	1.31	51
P	guest	29.35	1.13	26	27.37	1.01	27	56.72	1.07	53
P	leader	31.29	1.16	27	26.6	0.99	27	57.89	1.07	54
P	master	40.68	1.63	25	26.17	1.25	21	66.85	1.45	46
P	mother	32.98	1.18	28	22.27	0.86	26	55.25	1.02	54
P	musician	36.56	1.31	28	27.22	1.09	25	63.78	1.2	53
P	officer	34.12	1.36	25	28.28	1.35	21	62.4	1.36	46
P	patient	36.6	1.31	28	28.02	1.04	27	64.62	1.17	55
P	person	28.91	1.07	27	29.9	1.15	26	58.81	1.11	53
P	priest	37.19	1.43	26	29.25	1.13	26	66.44	1.28	52
P	public	32.87	1.22	27	32.12	1.24	26	64.99	1.23	53
P	sister	32.08	1.23	26	29.3	1.13	26	61.38	1.18	52
P	slave	27.92	1	28	25.13	0.97	26	53.05	0.98	54
P	soldier	29.24	1.12	26	26.85	1.03	26	56.09	1.08	52
P	speaker	36.73	1.47	25	30.54	1.27	24	67.27	1.37	49
P	thief	30.08	1.11	27	22.43	0.93	24	52.51	1.03	51
P	tourist	26.76	0.99	27	25.78	0.95	27	52.54	0.97	54
P	winner	28.83	1.11	26	27.71	1.03	27	56.54	1.07	53
P	worker	39.59	1.47	27	34.68	1.39	25	74.27	1.43	52
	Grand Total	2551.9	1.27	28	2227.94	1.13	27	4779.84	1.2	55

부록 D1. 영어 핵심단어 vs 대조단어(사전테스트)

Critical words	Length	Frequency	Summated bigram	Control words	Length	Frequency	Summated bigram
action	6	2.3802	16298	actor	5	1.9345	8321
summer	6	2.1072	11382	actress	7	1.2788	16632
pension	7	1.7324	17627	angel	5	1.3802	11298
mission	7	1.5563	18139	athlete	7	1.2553	17295
career	6	1.8573	19726	author	6	1.6128	8846
profit	6	1.8865	8936	banker	6	1.1761	14096
ideal	5	1.7782	10363	bishop	6	1.5185	8705
period	6	2.3201	15998	brother	7	2.1614	15744
season	6	1.8451	13247	captain	7	1.8692	14436
vision	6	1.7404	14526	champion	8	1.2788	14809
defence	7	2.0934	12087	clerk	6	1.5185	12517
manner	6	1.9031	17661	client	6	1.415	12586
nature	6	2.2856	13586	comrade	7	1.2304	12053
function	8	1.9731	18671	couple	6	2.1335	12102
barrier	7	1.4771	17199	cousin	6	1.5315	17387
version	7	1.6812	20549	criminal	8	1.6232	19551
music	5	2.1139	7717	dancer	6	1.1761	15884
culture	7	1.9191	9781	daughter	8	2.1271	14888
symptom	7	1.3979	5141	doctor	6	2.2765	8212
advice	6	1.8573	7325	father	6	2.5786	16324
justice	7	1.7482	16847	friend	6	2.5635	11467
theory	6	2.1553	8372	governor	8	1.415	15804
success	7	2.0607	10542	guest	6	1.7993	8971
triumph	7	1.5441	7766	leader	6	2.1584	17925
minute	6	2.4829	15074	master	6	1.8808	19932
pattern	7	2.0969	19436	mother	6	2.7168	13345
plague	6	1.1139	5239	musician	8	1.1761	13594
debate	6	1.7559	13483	officer	7	2.1614	14874
number	6	2.6021	9984	patient	7	1.8808	20129
process	7	2.3054	14150	person	6	2.4065	16274
passion	7	1.6128	16368	priest	6	1.7076	13862
address	7	1.9345	13738	public	6	2.5527	8976
climate	7	1.5315	16186	sister	6	2.0719	21512
practice	8	2.2122	18403	slave	5	1.5682	6153
section	7	2.0792	18608	soldier	7	1.9494	10000
revolt	6	1.1761	7657	speaker	7	1.415	14050
mystery	7	1.5051	17319	thief	5	1.0792	4648
essence	7	1.2788	17705	tourist	7	1.5682	17631
standard	8	2.1173	18670	winner	6	1.1761	19074
harmony	7	1.1761	12891	worker	6	2.3284	12546
Sum	**263**	**74.3944**			**256**	**70.6513**	
Variance	**1604.2**	**0.1332**	**19081709**		**0.708**	**0.2164029**	**16126820.5**

***t*-value length** 0.3185 ***t*-value freq** 0.3202 ***t*-value bigram** 0.9588

부록 D2. 네덜란드어 핵심단어 vs 대조단어 근동족어 번역(사전테스트)

Critical words	Length	Frequency	Summated bigram	Control words	Length	Frequency	Summated bigram
actie	5	1.8062	35569	gast	4	1.7482	25703
zomer	5	1.9085	54129	dief	4	1.1139	25502
visie	5	1.7243	31379	broer	5	2.1072	61156
plaag	5	0.4771	30906	engel	5	1.415	82881
triomf	6	1.0792	24295	klant	5	1.699	34332
debat	5	1.1761	27793	vader	5	2.7604	59919
adres	5	1.6990	27877	slaaf	5	1.6435	30002
missie	6	1.0792	36336	vriend	6	2.4533	76260
ideaal	6	1.8195	43619	klerk	5	0.4771	56926
muziek	6	2.0607	27934	acteur	6	1.2553	33821
natuur	6	1.9685	21684	atleet	6	0.6021	37303
manier	6	2.5740	82994	auteur	6	1.7709	31088
minuut	6	2.2405	27937	danser	6	0.6021	68933
nummer	6	1.8573	52055	dokter	6	2.1614	65421
proces	6	2.2122	23812	koppel	6	0.699	36285
passie	6	0.8451	32333	kozijn	6	0.4771	19001
succes	6	1.9685	11822	leider	6	1.8513	79738
sectie	6	1.1461	40019	moeder	6	2.7752	71463
advies	6	1.6990	31120	werker	6	1.6021	98137
versie	6	1.3222	77207	zuster	6	2.017	81462
profijt	7	0.6021	28037	actrice	7	0.8451	29494
periode	7	2.1271	76695	bankier	7	1.0414	81173
cultuur	7	1.9956	13379	dochter	7	2.0792	84476
seizoen	7	1.3010	59549	meester	7	1.8865	104107
functie	7	2.1987	34980	patiënt	7	2.1072	84237
patroon	7	1.6721	49266	persoon	7	2.29	76147
revolte	7	0.3010	47040	publiek	7	2.017	38702
theorie	7	2.0864	49813	soldaat	7	2.0531	35979
klimaat	7	1.4624	44638	spreker	7	1.1761	78025
carrière	8	1.3222	97976	toerist	7	1.3424	95254
symptoom	8	1.4150	23608	winnaar	7	0.6021	54322
pensioen	8	1.1139	94702	bisschop	8	1.5315	47644
barrière	8	0.9542	97976	kameraad	8	1.5682	84631
mysterie	8	1.1761	108776	kampioen	8	0.6021	56846
essentie	8	1.0000	88336	kapitein	8	1.9956	63348
defensie	8	1.0414	78351	officier	8	1.8451	66905
justitie	8	1.3617	68900	priester	8	1.6628	119673
harmonie	8	1.3423	55893	muzikant	8	0.7782	32365
praktijk	8	2.0086	44806	crimineel	9	0.699	74984
standaard	9	0.9542	83004	gouverneur	10	1.2788	72537
Sum	**266.0000**	**60.0992**	**1986545**		**262**	**60.6325**	**2456182**
Variance	**1.2077**	**0.2849**	**685854666**		**1.6897**	**0.4133204**	**625807469**

t-test length 0.711259 ***t-test freq*** 0.919886 ***t-test bigram*** 0.043693

부록 E. 본 실험 사용 예문

This success raised expectations for the new performance.
This actor raised expectations for the new performance.

His theory contradicted what I suspected.
His daughter contradicted what I suspected.

Most of the action came before Friday afternoon.
Most of the tourists came before Friday afternoon.

That function worked for me.
That slave worked for me.

His passion found home in our house.
His friend found home in our house.

Music took him around the world.
Mother took him around the world.

The symptom took care of itself.
The thief took care of himself.

My version of the test obtained the teacher's reactions to the pupils.
My brother obtained the teacher's reactions to the pupils.

This culture changed the city.
This doctor changed the city.

The mission developed a new strategy.
The guest developed a new strategy.

The process determined the number of people.
The leader determined the number of people.

Such a nature rendered the neighbourhood safe.
Such a soldier rendered the neighbourhood safe.

This debate affected the country.
The winner affected the country.

Such a standard saved a lot of money.
Such a father saved a lot of money.

The first season put us in the most difficult group.
The first person put us in the most difficult group.

That summer took us to Texas.
That athlete took us to Texas.

This climate placed many people under stress.
This author placed many people under stress.

That minute inspired many people.
That captain inspired many people.

Their advice raised a difficult matter.
Their actress raised a difficult matter.

Mysteries surrounded him.
Dancers surrounded him.

The license number told me he was from France originally.
The angel told me he was from France originally.

That period put much emphasis on metaphors.
That bishop put much emphasis on metaphors.

His address changed nothing.
His patient changed nothing.

That section described the different parts of the violin.
That musician described the different parts of the violin.

His career focussed on economics.
His sister focussed on economics.

This harmony brought them peace.
This public brought them peace.

This pattern has now returned for the first time.
This champion has now returned for the first time.

This triumph brought the two together.
This priest brought the two together.

This ideal carried the company forward.
This couple carried the company forward.

This vision wove together political and economic matters.
This governor wove together political and economic matters.

These manners earned her respect.
These clients earned her respect.

This pension only bought cheap things.
This officer only bought cheap things.

These barriers protected us against enemies.
These workers protected us against enemies.

The best practice combined two approaches.
The best master combined two approaches.

This profit undermined customers' trust.
This banker undermined customers' trust.

His defence put me off a little.
His comrade put me off a little.

Plague visited the area.
The criminal visited the area.

Man's essence tells us how little we know.
The speaker tells us how little we know.

문장구역과 발화비유창성

퍼포먼스 분석을 통한 인지 번역 프로세스 고찰

그레고리 M. 슈리브 Gregory M. Sureve, **이사벨 라쿠르즈**Isabel Lacruz, **에릭 안젤로네**Erik Angelone
미국, 켄트주립대학교

문장구역과 번역은 글로 된 텍스트를 기반으로 이해한다는 점에서 공통분모를 갖는다. 문장구역은 산출물이 시간적 제약을 안고 있기 때문에 단위 시간당 인지노력 부하가 번역에서보다 크다. 문장구역에서는 이해를 한 뒤 이를 전달하여 발화하기까지가 훨씬 더 짧은 시간 동안에 진행이 된다. 이처럼 정보 처리과정이 압축됨으로써 문장구역에서의 산출물에는 두드러진 특징이 나타나게 된다. 문장구역 과정에서 직면하게 되는 번역 문제는 일반적인 번역 프로세스에서보다 더 발화에 방해요소로 작용하게 된다. 간섭의 결과는 단순한 번역오류나 발화 상에서의 결함뿐만 아니라 발화 자체에서의 비유창성(speech disfluencies)으로도 나타난다. 본 논문에서는 문장구역 중 발생하는 발화비유창성이 문장구역과 관련된 인지활동, 이를 테면 시각적 간섭(visual interference)을 비롯하여 어휘, 통사 및 전략적인 번역 문제와 연관된 인지활동 등에 대해 유의미한 정보를 제공하고 있음을 제안한다.

KEYWORDS

문장구역, 발화비유창성, 인지적 노력, 시각적 간섭, 번역 문제 해결

1. 들어가는 말

번역과 문장구역은 문서화된 텍스트를 중심으로 이해를 한다는 공통점을 지닌다. 그러나 문장구역은 실시간 이루어지는 퍼포먼스이고 눈으로 보면서 동시에 발화해야 한다는 제약이 있고, 번역에 비해 이해와 전환을 위한 노력에 더 많은 시간을 투입해서 이루어진다. 읽고 이해하고 전환 및 발화하는 행위가 문장구역에서는 더 제한된 짧은 시간 내에 이루어져야 하며 이러한 정보 처리과정의 압축은 산출물에는 분명한 가시적인 영향을 미치게 된다. 문장구역 과정에서 직면하는 번역 문제는 번역 프로세스에 더 큰 간섭으로 작용하고, 결과적으로 산출물의 품질에 있어서도 일반적인 번역에서보다 더 많은 영향을 준다. 문장구역의 산출물은 반드시 구어로 발화되어야 하기 때문에 간섭으로 인한 현상들이 단순한 오류나 결함뿐만이 아니라 말로 전달하는 과정에서 연설의 비유창성으로도 나타난다. 본 연구에서는 문장구역의 시간적, 구어적 제약에서 비롯되는 발화비유창성을 분류하고 분석함으로써 통역과정의 기저에 있는 인지 처리에 대한 중요한 정보를 얻을 수 있을 것이라 주장한다.

글로 이루어지는 번역에 비해 시간적 제약이 있는 문장구역에서는 도착텍스트를 발화하기까지 필요한 시간이 충분히 주어지지 않는다. 글로 이루어지는 번역에서 번역사는 이해, 전환 및 도착텍스트 산출에 이르는 처리과정에 필요한 인지적 자원을 적절히 배분할 수 있다. 이를 통해 번역에 필요한 노력을 보다 긴 시간에 걸쳐 전략적으로 분배하고, 출발텍스트를 분석하면서 시각적 영향으로 인해 비롯된 어려움 등을 축소시킬 수 있다. 도착어에서 찾을 수 있는 번역의 힌트를 활용하기, 번역 문제 인지 및 평가하기, 해결책 제시하기, 문제 해결하기 위한 여러 대안 검토하기, 번역사가 갖고 있는 어휘 메모리를 활용하거나 구문상의 변형을 시도하여 번역문 만들어 내기 등 번역 프로세스에서 필요한 여러 요소들을 위한 검토 시간을 더 많이 확보할 수 있는 것이다. 그러나 문장구역을 할 때의 시간제약은 발화 오류와 간섭을 표면화시킴으로써, 번역에서는 상대적으로 덜 부각되는 기저의 인지적 상황이나 현상들까지 더 강조되어 드러나기도 한다.

문장구역에서 시간제약으로 인해 최소한 두 가지 이상의 결과를 볼 수 있다. 첫 번째로, 번역에 비해 문장구역에서는 감지되는 오류의 개수와 변환(shifts)이 증가함을 알 수 있다. 문장구역과 번역에서 발생하는 오류의 유형과 그 발생 위치, 분포, 빈도 등의 차이를 비교분석해 보면 그 기저의 인지 프로세스의 상세한 측면들이 더 분명하게 드러난다. 이는 번역 프로세스에서는 가능한 수정과 검토작업의 효과가 문장구역에서는 발현될 수 없기 때문이다. 이 첫 번째 결과에 대해서는 본 논문에서 논의하지 않기로 한다.

두 번째이자 어쩌면 매우 흥미로운 결과라고 볼 수 있는 것은 문장구역에 대한 실험을 하면서 피실험자들의 문장구역 산출물에 상세한 분석 프로토콜을 적용하여 면밀하게 검토하는 과정에서 발견한 현상들이다. 오류 패턴이 중요하기는 하지만 문장구역 발화를 녹음한 자료에서 발견되는 흥미로운 현상들은 오류 외에도 더 있었으며, 발화비유창성(speech disfluencies, SD)으로 볼 수 있는 현상들이 대거 관측되었다. 발화비유창성은 '자연스러운 발화를 간섭하는, 의도되지 않은 현상으로서 발화의 의미를 증진하지도 않는다'(고시(Gosy), 2007, p. 93)고 정의할 수 있다.

비유창성은 설령 의도된 것이 아니라 하더라도 무작위로 발생하는 현상이 아니다. 심리언어학의 비유창성 관련 문헌을 보면 비유창성을 기저의 인지 상태 또는 과정과 연관지어 설명하고 있다. 발화비유창성이 발생하는 주요 이유는 화자가 언어를 발화하는데 어떤 문제가 발생했기 때문이라고 설명한다(클라크와 와소(Clark and Wasow), 1998). 콜리와 스튜어트(Corley and Stewart, 2008)는 언어 생성에서 비유창성이 인지적으로 어떤 함의를 갖는지 보여주면서 이를 인지적 노력이 증가한 상황(바(Barr), 2001; 보트필드, 블룸, 셔버와 브렌넌(Bortfeld, Bloom, Schober and Brennen), 2001; 멜로와 만수르(Merlor and Mansur), 2004), 그리고 이어지는 발화를 어떻게 처리할 것인지가 불확실한 상황일 경우, 이를 테면 어떤 어휘를 선택할 것인지 고민이 되는 상황(베티와 버터워스(Beattie and Butterworth), 1979; 샤슈터, 크리스텐펠드, 라비나와 빌루스(Schachter, Christenfeld, Ravina and Bilous), 1991) 등과 연계하여 설명하였다. 인지적 노력은 여러 기저 상황에서부터 비롯될 수 있다. 예를 들어 폭스 트리와 클라크(Fox Tree and Clark, 1997) 및 샤아트와 콜리(Schaadt and Corley, 2006)는 발화를 계획하는 데 문제가 있을 경우(의미론적 기획, 구문적 기획, 어휘적 기획)와 발화비유창성을 연계한 바 있다. 또 다른 연구에서는 어휘 추출, 접근 및 선택에서 불확실성 등과 관련하여 비유창성을 연구하였다(르벨트(Levelt), 1983; 샤슈터, 크리스텐펠드, 라비나와 빌루스, 1991).

심리언어학 문헌에서 발화비유창성이 어휘, 구문 상의 불확실성, 기획 및 산출의 문제로 인한 어려움에서 비롯한 인지적 노력을 보여주는 예측지표라고 설명되어왔기 때문에, 본 논문에서는 이러한 발화현상을 분석함으로써 구어발화로 이루어지는 문장구역을 통해 직접적으로 기저의 인지 프로세싱 과정을 분석하는 기회로 삼을 수 있을 것이라 생각하였다. 발화비유창성이 번역 문제를 인식하고 해결책을 제시하는 것과 관련하여 상대적으로 강력한 인지 노력의 지표라고 본 것이다. 언어 중개 과정에서 관측되는 발화비유창성에 관한 연구가 완전히 새로운 연구분야는 아니다. 동시통역을 연구하는 학자들도 이와 같은 발화비유창성에 관해 연구해왔다(푀히하커(Pöchhacker), 1995 참조). 다만 본 연구는 문장구역에서의 발화비유창성에 관한 첫 연구논문으로써, 비유창성에 관한 데이터와 시표추적과 같은 제3의 데이터를 함께 활용하여 다각적 분석이 이루어질 경우 문장구역에서 문제점을 어떻게 인지하고 해결하는가에 대한 이해를 더욱 깊이 하는 데 도움을 주는 것을 목표로 한다.

2. 연구방법: 문장구역 프로토콜에서의 발화비유창성 분석

본 연구에서는 두 개의 단락으로 이루어진 복수의 텍스트를 선별한 뒤 구문 조작을 통해 A유형과 B유형으로 가공하였다. A유형은 첫 단락에 구문이 복잡하지 않은 관심구역(Area of interest, AOI)을 두고 둘째 단락에 복잡한 AOI를 두었다. B유형은 첫 단락에 구문이 복잡한 AOI를 배치하고 둘째 단락에는 복잡하지 않은 AOI를 두었다. 아울러 구문 조작은 시표추적 효과도 함께 측정할 수 있는 방식으로 하였고 이로 인해 오류 및 발화비유창성 등 인지노력을 요하는 지표를 도출할 수 있을 것으로 예상하였다. 피실험자들은 A유형과 B유형의 텍스트 한 개씩을 문장구역 하고 난 뒤, 역시 A유형과 B유형으로 준비한 또 다른 텍스트 한 개씩을 글로 번역하였다. 각 피실험자는 각기 다른 텍스트를 대상으로 문장구역과 번역 두 가지 모두를 수행한 것이다. 실험 설계에서 독립변수는 각 텍스트에 가공해 넣은 구문적 복잡성의 유무이고 종속변수는 시표추적, 문장구역 산출물에서의 오류 및 비유창성, 번역 산출물에서 발견되는 키 스트로크 로그 패턴, 휴지(休止), 오류 등이다.

연구가설은 다음과 같이 설정하였다.

> 문장구역에서는 텍스트의 구문이 복잡해질수록 이해, 전환 및 발화가 더 간섭받게 될 것이며 이러한 간섭은 산출물의 오류 (비유창성 현상 포함) 및 시표추적에서 시선고정 횟수, 각 시선고정의 길이 및 되돌아보기 등이 모두 증가하는 것으로 측정 가능할 것이다.
> 번역에서는 텍스트의 구문이 복잡해지더라도, 더 긴 시간을 투입해 전체적인 노력을 재배치할 수 있고 출발텍스트로부터 간섭을 받는 정도가 약해지기 때문에, 키 스트로크 로그(휴지, 휴지 길이, 커서 움직임 등) 및 도착텍스트에서 발견되는 오류 등을 통해 측정할 수 있는 이해와 발화 노력이 방해를 덜 받게 된다.

시표추적 관련 연구의 세부사항 및 문장구역과 번역 사이에서 시표추적을 비교한 결과는 슈리브, 라쿠르즈와 안젤로네(Shreve, Lacurz and Angelone, 2010)를 참고하기 바란다. 본 논문에서는 위에서 제시한 첫 번째 가설과 관련하여 문장구역에서의 비유창성 결과에 관해 논의하기로 한다.

2.1 실험 절차

모든 피실험자(2.3 참고)는 개별적으로 실험을 실시하였다. 컴퓨터 앞에 앉아 설명을 듣고 눈동자 움직임을 기록하는 장치(Tobii© 1750)를 장착한 뒤 실험을 진행하였다. 먼저 실험용 텍스트와 유사한 주제, 길이 및 난이도를 가진 연습용 스페인어 텍스트 하나를 읽고 난 뒤 본격적인 실험을 시작한다. 각 피실험자는 두 개의 일반적인 언어로 된 스페인어 텍스트를 문장구역하게 되며, A유형이 먼저 컴퓨터 스크린에 제시되어 문장구역하고 잠시 쉬었다가 B유형 텍스트를 문장구역한다. 즉, 모든 피실험자는 두 개의 다른 텍스트를 문장구역하되, 하나는 A유형으로, 또 다른 텍스트는 B유형으로 가공된 것을 문장구역한다. 종합적으로는, 구문적으로 복잡한 단락 두 개, 복잡하지 않은 단락 두 개를 문장구역하게 되는 것이다. 실제 문장구역을 수행한 시간은 측정하지 않았으며 평균 30분이 소요되었다.

2.2 실험 텍스트

문장구역 및 번역 실험을 위해 일반적인 언어수준의 스페인어 텍스트 네 개를 사용하였다. 네 개의 텍스트는 모두 미국번역협회 인증시험용 텍스트에서 선별하였으며 주제는 모두 '관광'이고 평균 167개 단어(159-171개)로 이루어졌다. 각 텍스트는 유사한 길이의 두 단락으로 구성되었다.

앞서 설명하였듯이, 각 텍스트별로 두 개 단락 중 한 개 단락은 구문을 변형하여 각각 A유형과 B유형으로 가공하였다. 두 유형은 그 길이와 사용된 어휘, 의미는 동일하게 하되 AOI에서 구문을 조작하여 차별을 두었다. AOI 역시 길이는 약 36개 단어로 유사하게 유지하였다. 구문적으로 복잡하지 않은 AOI는 짧고 간단한 문장으로 구성하였다. 복잡한 AOI는 여러 개의 절을 안은 구문으로 가공하였다. '구문적으로 복잡하다', '구문적으로 복잡하지 않다'라고 하는 것의 조작적 정의는 공식적인 것은 아니다. <그림 1>에서 실험용 텍스트 한 세트를 예시로 제시하였다. 각 단락에서 박스 처리 된 부분이 각각 복잡하지 않은, 혹은 복잡한 AOI를 표시한 것이다.

A-TEXT
NC

El 12 de junio de 1926 parecía que la mitad de Barcelona estaba guardando luto. Había un cortejo fúnebre de aproximadamente un kilómetro. Este cortejo se dirigía con lentitud desde el hospital de Santa Cruz, en la ciudad antigua, hacia la famosa Sagrada Familia. Millares de personas se detenían en las calles para rendirle el último honor a Antoni Gaudí. El pintor uruguayo Joaquín Torres García le llamó « el arquitecto más genial, el más catalán entre los catalanes ». Casi todos los altos dignatarios de la región tomaron parte en el cortejo fúnebre.

C

Como Gaudí se había convertido desde hacia tiempo en uno de los héroes populares, el gobierno que había obtenido permiso del Papa que no pudo asistir personalmente, ordenó que su cadáver fuera depositado en la iglesia inconclusa. Gaudí encontró el último reposo en el lugar donde había trabajado 43 años de su vida y al que había dedicado sus 12 últimos años en exclusiva. Había creado su propio espacio personal donde se le dedicó un glorioso sepulcro.

B-TEXT
C

El 12 de junio de 1926 parecía que la mitad de Barcelona estaba guardando luto. Había un cortejo fúnebre de aproximadamente un kilómetro. Este cortejo, el cual estaba rodeado de millares de personas detenidas en las calles para rendirle el último honor a Antoni Gaudí, se dirigía desde el hospital de Santa Cruz, en la ciudad antigua, hacia la Sagrada Familia. El pintor uruguayo Joaquín Torres García le llamo « el arquitecto mas genial, el mas catalán entre los catalanes ». Casi todos los altos dignatarios de la región tomaron parte en el cortejo fúnebre.

NC

Gaudí se había convertido desde hacia tiempo en un héroe popular. El gobierno había pedido permiso para que su cadáver fuera depositado en la iglesia inconclusa. El Papa dio su conformidad pero no pudo asistir al entierro. Gaudí encontró el ultimo reposo en el lugar donde había trabajado 43 años de su vida y al que había dedicado sus 12 últimos años en exclusiva. Había creado su propio espacio personal donde se le dedicó un glorioso sepulcro.

〈그림 1〉 실험용 텍스트

2.3 참가자들

본 실험에는 켄트 주립대학 번역석사 프로그램 재학생 11명이 참여하였다. 모두 스페인어-영어 트랙에 재학 중이며 7명은 2학기, 4명은 4학기에 재학 중이다. 한 명은 박사과정생이기도 하다. 이 중 5명은 전문 번역사로 일한 경험이 있으나 모두 2년 미만의 경력이었다. 성별로는 여자 4명 남자 7명이고 이들의 평균 연령은 26세이다. 10명은 모국어가 영어이고 한 명은 모국어가 스페인어이다. 모국어가 영어인 10명은 평균 8년 동안 제도권 교육으로 스페인어를 습득했으며 스페인어가 모국어인 한 명은 10년 동안 제도권 교육으로 영어를 습득했다.

2.4 시표추적 측정지표

시표추적 메트릭스에서는 시선고정이 몇 군데에서 이루어지는가, 시선고정 시간은 어떻게 되는가, 그리고 되돌아보기는 몇 번이나 발생하는가 등의 지표가 문장 처리과정에 영향을 주는 구문, 의미 및 화용적 요소에 민감한 것으로 보고되었다(레이너, 세레노, 모리스, 슈마우더와 클리프톤(Rayner, Sereno, Morris, Schmauder and Clifton), 1989; 레이너, 1998; 트락슬러, 모리스와 실리(Traxler, Morris and Seely), 2002). 또한 크로우와 켐트(Crow and Kemtes, 2004)를 비롯한 여러 학자들이 되돌아보기의 빈도 및 시간 증가는 문장 파싱의 어려움과 연관이 있다고 보고한 바 있다. 따라서 본 논문에서는 눈동자의 움직임을 통해 드러나는 구문 분석에의 영향이 인지적 노력의 증가와 연계될 수 있다는 이론적 토대를 확보하였다고 판단하였다.

2.5 비유창성 측정지표

본 논문의 목적을 위해 우리는 고시의 분류기준에서 시작해서 문장구역에서 많이 등장하는 발화비유창성의 네 가지 측정지표를 선택하여 분석하였다. 심리언어학 문헌에서 정의하고 있는 비유창성에 대한 용어 및 분류에는 몇 가지 접근방식이 있다(이에 관한 논의는 스쥐버그(Shriberg, 1994)를 참고할 것). 이러한 접근방식을 토대로 본 논문의 분석대상인 20개의 문장구역 전사 코퍼스에서 관찰된 현상을 아우를 수 있는 체계를 개발하였다. 모든 가능한 비유창성 분류를 정의하지는 않고, 본 연구의 분석대상 코퍼스에서 빈번하게 발생한 것으로만 제한하였다. 다음의 예문들은 문장구역 산출물에서 가져온 것이다.

2.6 침묵 휴지(Unfilled Pause)

침묵 휴지는 음성적 내용이 없는 휴지이다. 이에 관한 자세한 논의는 골드만-아이슬러(Goldman-Eisler, 1968)와 스뤼버그(1994)를 참고하기 바란다. 침묵 휴지는 의도적 혹은 자동적으로 발화를 지연시키기 위해 사용되는 것으로 추정된다. 본 연구에서는 침묵 휴지를 1초 이상 유지되는 휴지로 정의하였다. 이는 향후 문장구역의 휴지 데이터와 1초를 디폴트 휴지 길이로 잡고 있는 트랜스로그 키 스트로크 로거의 휴지 길이를 비교할 수 있도록 하기 위한 것이며, 이미 다른 번역 키 스트로크 로깅 연구에서도 1초를 기준으로 삼고 있기 때문이다. 텍스트 산출 프로세스에서 어느 정도의 길이를 휴지로 인정할 수 있는지에 관한 논의 및 그 길이를 1초로 정한 논거에 대해서는 알브와 베일(Alves and Vale, 2009)을 참고하기 바란다.

2.7 필러 휴지(Filled Pause)

필러 휴지는 아, 어, 음 등의 음성적 발화가 있는 휴지이다. 이에 관한 세부적인 논의는 골드만-아이슬러(1961), 로체스터(Rochester, 1973), 스뤼버그(1994) 등의 연구를 참고하기 바란다. 필러 휴지는 앞에서 설명한 침묵 휴지와 마찬가지로 발화지연, 즉 다음 발화할 단어를 생각하거나 구문상의 변환을 준비할 시간을 버는 장치이다(베티와 브래드베리(Beattie and Bradbury), 1979). 다음 예문에서는 총 1.16초 길이로 '엄(uhm)'이라는 필러가 들어간 휴지가 관측된다.

① Santa Fe de Bogota also offers *uhm* everything that characterizes a big city.

2.8 반복(Repetition)

반복은 화자가 발화의 일부를 되풀이 할 때 발생한다(폭스 트리, 1995). 반복 부분은 반드시 동일한 혹은 거의 동일한 형태로 반복되어야 한다. 본 연구에서는 어휘의 일부분만 재발화한 경우에도 한 번 반복한 것으로 인정하였다. 반복은 발화 계획이 완전하지 못할 때 발생한다(클라크와 클라크(Clark and Clark), 1977). 다음의 예문에서는 'dedicated'라는 어휘가 세 번 반복되며 이 중 두 번째 것은 불완전한 반복이다.

⑦ ...to which he had *dedicated ded dedicated* the last 12 years of his life exclusively.

2.9 수정/고침(Repair/Revision)

화자가 특정 부분을 반복하되 일부는 유지하고 일부는 변형을 주는 경우 (다른 표현으로 대체하거나 특정 표현을 누락하거나 새로운 어휘를 추가하는 등) 이를 수정/고침으로 보았다(스뤼버그, 1994). 스뤼버그는 처음 발화했던 부분은 'reparandum (RM)'으로, 이후 수정/고침한 부분은 'reparans (RS)'로 표기하였다. 다음 예문에서 RM인 'significant section' 은 RS 'significant number'로 수정/고침 되었다. 다른 문헌에서는 수정/고침과 거의 유사한 의미로 재시작(restart)이라는 표현을 사용하기도 하지만 본 논문에서는 재시작이라는 표현을 지양하고 수정/고침으로 통일하였다.

③ Spanish language is considered a symbol of national identity for a *significant section significant number* of the Venezuelan population.

2.10 주석첨가 프로토콜(Annotated Protocol)

발화비유창성의 사례를 코딩할 수 있도록 본 연구에서는 주석첨가된 프로토콜을 채택하였다. 오류 뿐만 아니라 모든 발화비유창성에 대해 상세하게 주석을 달아 전사한 산출물을 담은 문장구역 전사본을 확보함으로써 마치 구어로 된 프로토콜을 듣는 것처럼 활용할 수 있다고 보았기 때문이다. 실시간 (사고발화법) 또는 회상적 기법의 프로코톨과 마찬가지로, 본 논문에서 활용한 주석첨가 프로토콜을 통해 문장구역, 구어로 요약하기(글로 된 텍스트를 말로 요약하기) 및 통역과 같이 구어 산출물로 이루어지는 언어간 중재를 연구하는 연구자들에게 많은 정보를 제공할 수 있을 것으로 보았다. 연구에서 번역 산출물, 키 스트로크 로그 등과 함께 활용하여 분석하게 되면 주석첨가 프로토콜을 통해 다양한 방식을 통한 언어 중재 정보처리 과정의 차이점을 밝혀낼 수 있을 것이다.

주석첨가된 전사본에서는 분석된 출발텍스트 발화 내용과 번역품질 데이터를 한 눈에 볼 수 있도록 하는 방법을 채택하였다. 이 방법을 통해서 연설의 퍼포먼스 특성과 퍼포먼스 이벤트를 기술할 수 있게 했다. 연설의 퍼포먼스 특성은 위치, 시간표시, 길이측정 등을 포함하고, 퍼포먼스 이벤트는 휴지, 연설에 대한 통역 아닌 발화내용에 대한 코멘트(피실험자의 코멘트 또는 연구자의 코멘트), 출발텍스트 일부의 반복, 도착어 발화의 수정, 도착텍스트의 어휘 혹은 표현, 불완전한 어휘 및 기타 연설요소의 반복 등을 포함하였다.

본 연구의 피실험자들은 각각 Tobii의 클리어뷰 소프트웨어를 사용하여 문장구역의 비디오 전사본을 AVI 파일 형태로 저장하였다. 이어 Sound Forge© 프로그램을 활용하여 비디오 데이터와 음성 데이터를 분리한 뒤, 오디오만 WAV 파일로 저장하였다. 피실험자의 문장구역 결과는 오디오 처리 소프트웨어를 사용하여 웨이브폼으로 표시하였다. 프로그램의 디스플레이 창을 1:256 축소 비율로 놓고 발화비유창성 및 휴지와 같은 퍼포먼스 이벤트를 찾아 낼 수 있다. 또한 프로그램의 타임라인 및 편집 기능을 활용하여 각 이벤트의 발생 시간과 그 길이를 측정, 표시할 수 있다. 예를 들어 <그림 2>에서 볼 수 있듯이, 시간표시 2.250에서 휴지가 시작되는 것을 관찰할 수 있고 그 휴지의 길이는 0.288 ms라는 것도 측정할 수 있다.

오디오 파일을 들으며 전사작업을 한 뒤, 프로그램에서 제공하는 타임라인 정보를 이용하여 시간 및 길이 정보를 주석으로 첨가한다. 주석은 정해진 약속에 따라 다음과 같이 표시하기로 하였다({시간 스탬프}, /침묵 휴지/, [필러 휴지], 미완성 어휘!, &반복&, £수정£, *평가자/rater 등에 의한 품질평가 대상이 되는 부분*).

이상의 주석첨가 표시는 데이터 해당 부분의 앞뒤에 첨가된다. 예문 ⑤에서 &indi! indigenious&로 표시된 것은 반복을 의미한다. 원하는 주석표시는 어떤 것이든 사용할 수 있으며 본 논문에서 제시한 표시방식은 쉽게 XML 포맷으로 일반적인 표현 파서(parser)를 통해 전환될 수 있다

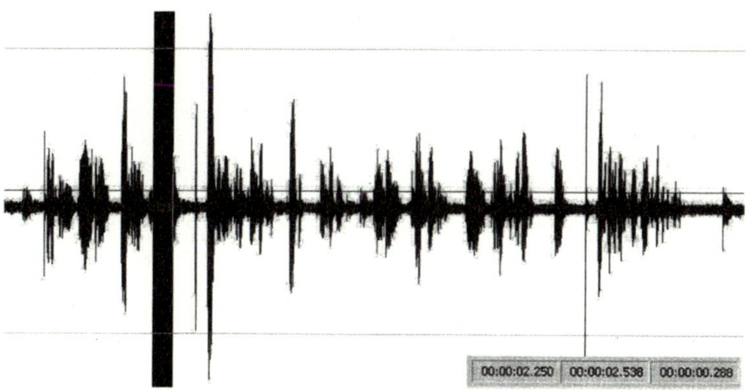

〈그림 2〉 오디오 전사 일부의 웨이브폼 보기

④ 전사본: Also, too, there are oral traditions, uhm tsk valuable oral traditions, in other languages like, for example, the indi! indigenous languages, these traditions are not uhm part of the understanding of all of the inhabitants of the country.

⑤ 주석첨가 프로토콜: *Also, too*, there are *#oral traditions, [UHM TSK = 1.717] {1:45.290} valuable oral traditions#*, in other languages like, for example, the &indi! indigenous& languages, there traditions are not [UHM TSK = 2.077] {1:57.609} *part of the understanding* of all of the inhabitants of the country.

예문 ⑤를 통해 다음의 내용을 볼 수 있다.

(1) 문장내 1초 이상(주요 휴지) 침묵 휴지의 위치와 그 길이
(2) 문장의 시작과 끝을 표시하는 시간스탬프 및 모든 주요 비명제성(non-propositional) 비유창성 및 주요 휴지
(3) 모든 문장 간 휴지 지속시간
(4) 모든 필러 휴지의 위치와 지속시간
(5) 미완성 어휘, 반복 및 수정/고침 등의 위치
(6) 평가자의 평가 대상이 되는 범위

시간 스탬프는 주요 휴지 또는 비유창성과 같은 특정 퍼포먼스 이벤트와 시표추적 소프트웨어를 이용해 파악한 시선고정 또는 되돌아보기 등 이벤트를 상호 교차 확인할 수 있도록 하기 때문에 특히 유용하다.

전사작업은 크게 세 단계로 나누어 이루어졌다. 먼저 연구팀의 연구자 한 명이 직접 문장마다 번호를 달아 오디오 파일의 모든 소리 데이터를 문서화하였다. 이 전사본에는 모든 소리와 발화가 담겨져 있으나 시

간 스탬프, 휴지 표시 및 기타 주석표시는 되어 있지 않다. 이렇게 준비된 전사본을 스페인어가 모국어이고 번역강사로 일하고 있는 연구팀의 다른 연구원 한 명이 단독 평가자로서 번역의 품질, 특히 전사 산출물의 언어적 품질에 대해 평가하였다. 이어서 사전에 연구팀에서 논의 정리한 코드북을 참고하여 또 다른 연구자가 모든 비유창성 표지를 전사 검토본에 입력하였다. 여기에는 시간 스탬프와 휴지의 길이 등이 모두 포함되었으며, 이 단계 역시 단독 수행하였다. 본 논문에서 사용한 주석표시는 초기적인 것으로, 향후 후속 연구에서 이들 프로토콜을 적용하고자 한다면 복수의 평가자와 주석 첨가 작업자가 있어야 하고, 품질 평가와 주석첨가의 일관성을 확보하 수 있는 장치 및 평가자/주석첨가자 간 신뢰도를 확보할 수 있는 방법이 마련되어야 할 것이다.

3. 결과

A유형과 B유형으로 이루어진 네 개의 각기 다른 텍스트를 문장구역 및 번역하고 문장구역에 대해서는 총 20개의 전사본에 대해 주석첨가 프로토콜을 적용하여 분석을 실시하였다. 10명의 피실험자들은 각자 네 개의 실험용 텍스트 중 한 가지 텍스트의 A유형과 또 다른 텍스트의 B유형을 문장구역 하였다. 각 텍스트별 단어와 문장의 수는 <표 1>에 제시되어 있다. 출발텍스트를 바탕으로 단어별, 문장별 비유창성 비율을 계산하였다.

3.1 비유창성 지표의 등장 빈도 및 길이

총 네 개의 실험용 텍스트에서 관측된 여러 비유창성 지표의 빈도는 <표 2>에서 제시하였다. 필러 휴지가 압도적으로 많은 빈도를 보였

〈표 1〉 출발텍스트 코퍼스

Source text	Words	Sentences	Participants	Total words by participants	Total sentences by participants
1A	167	10	3	501	30
1B	167	10	2	334	20
2A	171	9	2	342	18
2B	172	10	3	516	30
3A	170	7	3	510	21
3B	170	7	2	340	14
4A	159	7	2	318	14
4B	162	9	3	486	27
TOTAL	1338	69	20	3347	174

으며 수정 및 침묵 휴지의 발생 빈도가 뒤를 이었다. 출발텍스트의 단어별, 문장별 비유창성 발생 빈도(피실험자들이 각각 처리한 단어 및 문장의 수)도 함께 제시하였다. 폭스 트리(1995)는 일반적인 즉흥발화의 비유창성 발생 빈도를 100개 단어 당 6개로 측정한 바 있다. 문장구역이 일반적인 즉흥발화와 유사하다고 전제한다면, 폭스 트리의 주장에 따라 전체 3347개의 단어로 이루어진 문장구역에서 약 200개의 비유창성 지표가 발생할 것으로 추정할 수 있다. 그러나 <표 2>에서 알 수 있듯이, 추정치보다 훨씬 많은 679개의 비유창성 지표가 관측되었다. 문헌에서 설명하고 있듯이 비유창성이 인지적 노력을 나타내는 지표라고 한다면, 일반적인 즉흥발화에 비해 문장구역이 더 많은 노력을 요하는 행위인 것으로 보인다.

<표 3>에서는 침묵 휴지, 필러 휴지 및 문장간 휴지가 각 네 개의 출발텍스트에서 상대적으로 얼마나 오랜 시간동안 지속되었는지, 그리고 몇 번이나 발생하였는지를 관찰하여 제시하였다. 다만, 본 논문에서의 제시를 단순화 하고 또 각 휴지의 유형과 발생빈도 비교를 더욱 용이하게 하기 위해 A유형과 B유형을 합산하여 제시하였다. 필러 휴지가 침묵 휴지보다 더 많이 발생하였을 뿐만 아니라 그 길이, 즉 지속시간에 있어서도 약 31% 더 길게 등장하였음을 알 수 있다. 문장간 휴지는 그

〈표 2〉 문장구역 전사물에서 나타나는 비유창성 유형의 발생 빈도 및 비율

Disfluency type	Frequency	DF count	Rate ST word	Rate ST sentence
Unfilled pause	17.38%	118	0.04	0.68
Filled pause	47.28%	321	0.10	1.84
Repetition	13.25%	90	0.03	0.52
Repair (restart)	22.09%	150	0.04	0.86
Total	100%	679	0.20	3.90

〈표 3〉 침묵 휴지(UFP), 필러 휴지(FP), 문장내 휴지(ISP) 길이

Text	UFP duration	Count	Average	FP duration	Count	Average	ISP duration	Average
ID	31.352	14	2.2394286	223.414	81	2.758198	129.931	2.887356
1	44.195	29	1.5239655	113.788	59	1.92861	62.658	1.457163
2	51.253	32	1.6016563	139.26	74	1.881892	47.628	1.5876
3	90.194	43	2.0975349	302.72	107	2.829159	96.362	2.676722
4	216.994	118	1.8389322	779.182	321	2.427358	336.579	2.185578

길이에 있어서 필러 휴지보다 약간 더 짧은 것으로 측정되었다.

3.2 시각적 간섭으로 인한 비유창성 증거

시표추적 메트릭스를 이용하여 측정한 결과를 보면, 복잡하지 않은 구문을 먼저 배치하고 복잡한 구문을 두 번째 단락에 배치한 A유형의 문장구역에서 예상했던 대로 구문상의 복잡성으로 인한 영향이 관측되었다. 복잡한 구문과 복잡하지 않은 구문의 문장구역 결과에서 유의미한 차이를 볼 수 있었으며, 복잡한 구문을 갖고 있는 단락이 복잡하지 않은 구문의 단락보다 더 많은 노력을 투입해서 처리되고 있음을 알 수 있었다. 그러나 복잡한 구문의 단락이 먼저 제시되고 복잡하지 않은 구문이 뒤에 제시된 B유형의 텍스트의 문장구역 결과에서는 동일한 영향을 관측할 수 없었다. 이를 설명하기 위해 A유형의 텍스트의 첫 번째 단락과 B유형의 첫 번째 단락을 자세하게 통계 분석해 보았다. 그 결과, 복잡한 구문으로 인한 영향이 있었음을 확인하였다.

B유형 텍스트에서의 문장구역 결과에서는 일찍이 질(Gile, 1997) 및 아지포글리오(Agifoglio, 2004)가 문장구역과 관련하여 밝혀낸 바 있는 시각적 간섭현상 때문에 복잡한 구문으로 인한 영향이 가려진다고 설명할 수 있다. 시각적 간섭현상은 문장구역을 수행하는 내내 글로 된 출발텍스트가 시각적 자극으로 남아 계속 간섭을 하기 때문에 발생하는 것으로 설명하였다. 이같은 시각적 간섭현상은 문장구역을 진행할수록 더 증가하는 것으로 나타나, 시간과도 연관이 있는 것으로 보인다. 즉, 모든 텍스트에서 두 번째 단락을 문장구역하는 것이 첫 번째 단락에서 보다 더 많은 노력을 요하는 것이다. 글로 된 번역에서는 이와 같은 현상이 나타난다는 증거가 없는 것으로 볼 때, 이러한 현상은 오직 문장구역에서만 나타난다고 할 수 있다. 보다 상세한 시표추적 메트릭스에 관한 논의 및 시각적 간섭현상의 증거에 관해서는 슈리브, 라쿠르즈와 안젤로네(2010)를 참고하기 바란다.

초기 연구의 결과를 토대로, 본 연구에서는 비유창성이 발현되는 것이 문장구역에서의 시각적 간섭으로 인해 필연적으로 발생하는 것인지를 추정해 보고자 하였다. 각 피실험자들의 프로토콜에서 출발텍스트의 중간지점을 파악한 뒤, 이를 기점으로 전후의 비유창성의 발현 빈도와 길이를 측정하였다. 시표추적 메트릭스에서 확연히 드러나는 시각적 간섭이 문장구역이 진행됨에 따라 증가되는 인지적 노력과 연관되어 있다면, 노력과 연관 지어질 수 있는 다른 행위들, 이를테면 발화비유창성도 시각적 간섭과 연관 지을 수 있다는 가정을 세웠다. 그렇다면 출발텍스트의 중간지점 이후와 이전을 비교했을 때 중간지점 이후에 발화비유창성이 더 많이 관측되어야 한다.

<표 4>에서 제시된 결과는 어떠한 종류이든 시각적 간섭으로 인한 영향이 있다는 것을 강하게 뒷받침한다. 네 개 텍스트 모두 두 번째 단락에서 더 많은 비유창성 현상이 관측되고 있으며 필러 휴지 및 침묵 휴지에 더 많은 시간이 소요되고 있음을 볼 수 있다. A유형과 B유형

〈표 4〉 출발텍스트 중간지점을 기점으로 나누어 본 발화비유창성

Midpoint	Measure	Text 1	Text 2	Text 3	Text 4	Total
Before	DF count	59	65	73	81	278
	UFP/FP duration	93.747	74.85	83.166	124.484	376.247
After	DF count	76	83	93	144	396
	UFP/FP duration	161.019	83.133	107.347	268.43	619.929

각각에서 중간기점 전후에서 측정한 비유창성 지표의 횟수를 합산하였다. 이는 시각적 간섭으로 인한 영향이 있을 것이라는 가정 자체가, 첫 단락에 복잡한 구문이 있든 복잡하지 않은 구문이 있든 상관없이, 두 번째 단락에서 발화비유창성 표지가 더 많이, 더 길게 관측될 것이라고 보았기 때문이다. 비유창성 자료를 보면, 텍스트의 두 번째 단락에서 더 많은 인지 노력(시선 고정하기의 횟수, 그 길이, 그리고 되돌아보기의 증가 등)이 측정되는 시표추적 데이터에서의 관측결과와 매우 유사하게 진행됨을 볼 수 있다.

3.3. 구문 조작의 영향에 따른 비유창성 증거

본 연구에서는 복잡한 구문으로 이루어진 AOI 및 복잡하지 않은 구문으로 이루어진 AOI에서 비유창성 패턴이 시표추적 패턴과 동일한 패턴으로 나타나는지 알아봄으로써 구문 조작에 의한 영향도 살펴보고자 했다.

복잡한 AOI는 해당 텍스트에서 가장 복잡한 구문 구성을 갖고 있는 부분이다. 이러한 복잡한 구문을 처리하기 위해 인지 노력이 필요하다면 해당 부분에서 비유창성이 관측될 것으로 예상하였다. <표 5>에서는 비유창성 발생 빈도 및 필러 휴지와 침묵 휴지의 길이가 각각 복잡한 구문과 복잡하지 않은 구문에서 어떻게 나타나는지를 A유형과 B유형을 통합한 결과로 제시하였다. 복잡한 AOI와 복잡하지 않은 AOI

〈표 5〉 비유창성 발생 빈도 및 길이 AOI별 누적

AOI	Measure	Text 1	Text 2	Text 3	Text 4	Total
Non complex	DF count	18	35	45	54	152
	UFP/FP duration	31.29	37.308	55.556	94.377	218.531
Complex	DF count	22	49	39	60	170
	UFP/FP duration	30.272	41.051	45.123	113.251	229.697

사이에 어느 정도 차이가 있으며, 복잡한 구문에서 비유창성의 발생빈도가 11% 더 많다는 것과 그 길이도 5% 더 길다는 것을 확인할 수 있다. 그러나 시각적 간섭이 원인이라는 것이 성립될 경우, 구문의 복잡성으로 인한 결과는 피실험자가 텍스트의 중간지점을 지나면서부터는 정확하게 측정되지 못할 수도 있다.

비유창성의 발생 빈도와 길이를 좀 더 자세히 살펴보면 조금 다른 해석도 가능하다. <표 6>에서는 비유창성의 발생 빈도 및 길이를 AOI의 위치에 따라 더 세분화 하여 보여주고 있다. 세 가지 비교를 해볼 수 있다.

- A유형 텍스트의 복잡하지 않은 첫 번째 단락과 B유형 텍스트의 복잡한 첫 번째 단락을 비교해 보면 강한 상관관계를 볼 수 있다. 비유창성 발생 빈도는 34% (82/61) 증가하며 길이는 22% (96.233/78.855) 증가한다.
- 유사한 맥락에서, A유형 텍스트의 복잡하지 않은 첫 번째 단락과 동일한 텍스트의 복잡한 두 번째 단락을 비교해 보면 역시 강한 상관관계를 볼 수 있다. 비유창성의 발생빈도는 44%(88/61) 증가하고 길이는 70% (133.554/78.855) 증가한다.
- 그러나, B유형 텍스트에서 두 번째 단락에 복잡한 구문의 AOI가 있는 경우에는 앞서 관찰된 상관관계는 나타나지 않는 것으로 보인다. 첫 번째 단락에 복잡한 AOI가 있고 두 번째 단락에 복잡하지 않은 구문의 AOI가 있는 경우를 보면, 복잡하지 않은 구문의 AOI가 있는 두 번째 단락에서 11% 더 많

〈표 6〉 AOI 위치에 따른 비유창성 발생 빈도 및 길이 통합 수치

AOI position	Type	Measure	Text 1	Text 2	Text 3	Text 4	Total
			Case 1				
			1A	2A	3A	4A	
1st Paragraph (A-Text)	NC	Count	6	15	27	13	61
		Duration	8.786	12.369	33.647	24.053	78.855
			1B	2B	3B	4B	
1st Paragraph (B-Text)	C	Count	10	26	16	30	82
		Duration	17.712	24.773	15.191	38.557	96.233
			Case 2				
			1A	2A	3A	4A	
1st Paragraph (A-Text)	NC	Count	6	15	27	13	61
		Duration	8.786	12.369	33.647	24.053	78.855
			1A	2A	3A	4A	
2nd Paragraph (A-Text)	C	Count	12	23	23	30	88
		Duration	12.65	16.278	29.932	74.694	133.554
			Case 3				
			1B	2B	3B	4B	
1st Paragraph (B-Text)	C	Count	10	26	16	30	82
		Duration	17.712	24.773	15.191	38.557	96.233
			1B	2B	3B	4B	
2nd Paragraph (B-Text)	NC	Count	12	20	18	41	91
		Duration	22.504	24.939	21.909	70.324	139.676

은 비유창성 지표가 발생하며 (91/82) 그 길이도 45% 더 긴 것으로 관찰된다 (139.676/96.233). 이러한 비유창성 지표의 관측결과는 놀라울 정도로 시표추적 데이터 결과와도 부합한다. 따라서 시각적 간섭효과가 구문의 복잡성으로 인한 결과를 가릴 수 있다는 짐을 뒷받침 하는 것으로 보인다. 물론 시표추적 메트릭스에서도 마찬가지이지만, 두 번째 경우의 결과에 대해 어느 만큼이 시각적 간섭으로 인한 것이고 어느 만큼이 복잡한 구문으로 인한 인지 노력과 관련된 것인지에 대해서는 질문을 해보아야 할 것이다.

3.4 인지 과정의 증거로서의 개별적 프로토콜의 의미

앞서 보고한 통합 데이터 외에도 본 연구에서 적용한 분석기법을 활

용하여 코퍼스 내의 여러 문장에서 개별적인 비유창성의 주요 특징들과 발생 위치를 파악할 수 있었다. 이러한 역량은 연구 방법론 측면에서 매우 중요한 시사점을 갖는다. 상세한 프로토콜을 활용함으로써 연구자는 번역 산출물로부터 제공되는 정보와 번역 퍼포먼스를 통해 제공되는 정보를 구별할 수 있게 된다. 산출물과 퍼포먼스를 구별하는 것은 키 스트로크 로깅과 같은 다른 데이터 취합 방법에서도 제시된 바 있다. 트랜스로그와 같은 키 스트로크 로깅 프로그램도 주석달기 시스템을 활용하여 퍼포먼스 데이터를 포착하였다. 본 연구에서 활용한 퍼포먼스 프로토콜은 구어 발화와 동일한 기능을 갖는다고 볼 수 있다. 키 로그와 마찬가지로, 번역 산출, 번역이 실시간 진행되는 모습을 통해 쉽게 관찰하기 어려운 측면까지 세세한 관측을 가능하게 한다. 이처럼 퍼포먼스를 집중적으로 분석할 수 있도록 하는 것은 정보처리가 이루어지는 기저의 증거들을 취합할 수 있기 때문에 매우 중요하다.

이 주장을 뒷받침하기 위해 다음 예문을 살펴보도록 하자. 예문 ⑥에서 제시된 스페인어로 된 출발텍스트를 보고 통역사가 문장구역을 하여 나온 산출물이 ⑦에 제시되어 있다. 이는 우리가 들은 것을 보여주는 것이 아니라 청자로서 귀를 기울이고 기억한 내용을 보여주고 있다. 이 산출물은 글로 된 번역 산출물과 같다. 따라서 작업과정에서의 주저함, 다시 시작하기, 휴지, 수정 등의 행위가 키 스트로크 로거에 의해 기록되지 않는 한, 독자에게 전달되는 최종본에는 누락된다. 연설 퍼포먼스에서 청자는 아주 크게 두드러지는 발화비유창성이 아니라면 대부분의 비유창성은 크게 인지하지 않는다. 사실 연사 본인들도 자신의 발화에서 비유창성 부분은 기억하지 못한다. 예시 ⑧에서는 실제 통역된 부분이 들리는 그대로 제시되어 있다. 들리는 그대로를 모두 제시한 자료에는 번역 프로세스를 연구하는 데 활용될 수 있는 귀한 정보가 많이 담겨있다. 예시 ⑨에서는 발화비유창성 이벤트를 모두 표시하여 주석처리 하고 문제가 되는 부분을 평가자가 별표 사이 **굵은 글**

씨체로 표시하였다.

⑥ 출발텍스트: Si bien hay tradiciones orales valiosas en otras lenguas como, por ejemplo, en las lenguas indígenas, estas tradiciones no son del dominio de todos los habitantes del país.

⑦ 문장구역 산출물: Also, too, there are valuable oral traditions in other languages like, for example, the indigenous languages; these traditions are not part of the understanding of all of the inhabitants of the country.(또한, 다른 언어, 이를테면 도착언어에 보면 귀중한 구어으 전통이 있다: 이러한 전통은 그 나라에 사는 모든 사람들이 이해하고 있는 것은 아니다.)

⑧ 문장구역 과정물: Also, too, there are *oral traditions, uhn tsk* valuable oral traditions, in other languages like, for example, the *indi!* indigenous languages; these traditions are not *uhm* part of the understanding of all of the inhabitants of the country.

⑨ 문장구역 프로토콜: {1.40.078} * Also, too*, there are *#oral traditions, [UHMTSK=1.95] {1:45.290} valuable oral traditions#*, in other languages like, for example, the &indi! indigenous& languages, these traditions are not [UHMTSK=2.077] {1:57.609}* part of the understanding of all of the inhabitants of the country.

위의 주석첨가 프로토콜에서 발견할 수 있는 것은 무엇인가? 우선, 거의 2초에 달하는 필러 휴지가 두 곳에서 발생하였음을 알 수 있다. 두 개의 긴 필러 휴지 중 첫 번째 것은 '*oral tradition*' 이라는 수정 전의 표현 뒤, 그리고 '*valuable oral tradition*'이라는 수정 후 표현 앞에서 등장하였다. 이 부분은 번역 평가자에 의해 표시되었다. 두 번째 필러 휴지는 '*part of the understanding*' 이라는 표현 앞에 등장하고 역시 번역 평가자에 의해 표시되었다.

이같은 긴 휴지는, 이들이 만일 (비유창성 관련 문헌에서 언급하고 있듯이) 인지적 노력을 나타내는 것이라고 한다면, 시선고정과 함께 연계되어야 한다. <그림 3>에서 제시된 클리어뷰 소프트웨어 이미지에서 보여지는 핫스팟을 통해 이러한 연계를 확인할 수 있다. 스페인어 'tradiciones'이라는 단어가 처음 등장하는 여섯 번째 줄을 중심으로 시선고정이 집중적으로 배치되어 있음을 확인할 수 있다. 이러한 핫스팟은, 색이 더 밝은 부분으로 표시되어 있는데, 시선고정이 더 많이 발생하고 있는 곳을 의미한다. 이러한 현상이 더욱 분명하게 드러나는 곳은 '*estas tradiciaoines no son del dominio de todos*' (일곱 번째 줄)이라는 표현이 등장하는 곳이며 여기에 2초 가까운 필러 휴지가 등장한다. 'indigenous'라는 단어의 반복도 일곱 번째 줄의 '*las lenguas indigenas*'에서의 시선고정과 연관되어 있다.

본 논문에서는 시표추적과 비유창성 데이터 간의 구체적인 상관관계를 상세하게 논의하지 않는다. 본래 연구의 설계가 이들 간의 관계를

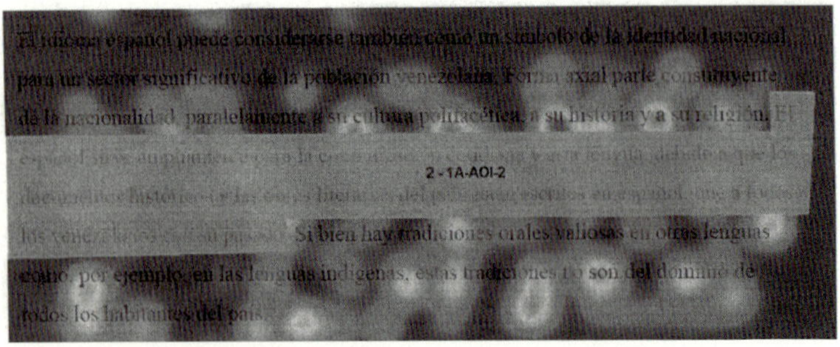

〈그림 3〉 핫스팟에서의 시표추적 플롯

밝혀내는 증거를 찾기 위한 것은 아니었기 때문이다. 그러나 (본 논문의) 소규모 코퍼스에서 측정한 시표추적 데이터와 비유창성 간의 명확한 상관관계는 충분히 암시하는 바가 있다.

방법론적인 측면에서, 시선고정이나 되돌아보기와 같은 시표 움직임 현상이 번역 퍼포먼스의 일부라는 점은 강조할 필요가 있다. 상세하게 주석이 첨가된 프로토콜을 활용하여 하나의 퍼포먼스 데이터와 또 다른 퍼포먼스 데이터를 연계해서 분석할 수 있다면 기저의 인지 특성과 진행을 해석하는 데 더욱 풍부한 자료를 확보할 수 있게 될 것이다.

비유창성 데이터로부터 우리는 또 어떤 것들을 알아낼 수 있을까? 필러 휴지와 시선고정 간의 명백한 상관관계를 보면 문장을 처리하는 인지과정에서 어떤 간섭이 발생했음을 알 수 있다. 문장 내 휴지의 위치가 어디인가 하는 것이 잠재적으로 큰 의미를 갖는 것이다. 많은 발화비유창성의 경우 향후 전개될 구문적 혹은 어휘상의 어려움을 미리 알려주는 역할을 한다(벨, 쥐라프스키, 포슬러-루시어, 쥐랑과 길데(Bell, Jurafsky, Fosler-Lussier, Girand and Gildea), 1999). 예문 ⑨에서 피실험자가 구문상의 어려움에 봉착했음을 알 수 있다. 피실험자는 'oral traditions' 부분을 매우 빠르게 발화하고 (이는 다시 말해, 이어질 부분을 살펴보는 것에는 실패했음을 드러내는 것일 수도 있다) 이어서 휴지가 발생한다. 피실험자는 (거의 자동적으로) 먼저 발화하게 한 출발어의 문구인 '*tradiciones orales*'가 사실은 '*tradiciones orales valiosas*' 임을 인지하였다. 피실험자는 이에 대해 영어와 스페인어의 상이한 어순을 감안하여 자신의 발화를 수정할 필요를 인지하고, 형용사 '*valuable*'을 삽입하여 수정된 '*valuable oral traditions*'를 발화한다. 여기서 발생하는 비유창성(침묵 휴지와 수정)은 필요한 구문상의 위치 조정을 인지하고 이를 기획하는 과정과 연결지을 수 있다.

비유창성의 위치를 분석하고 이에 대한 평가자의 코멘트를 함께 검토함으로써, 본 연구에서는 처리과정에서의 어려움을 유발하는 원인과 비유창성을 연계하여 살펴볼 수 있었다. 20개의 전사본을 분석한 코퍼스에서 관측된 수많은 비유창성 지표 중 상당수는 구문 혹은 어휘와 연관되어 있었다. 그러나 일부 비유창성 지표들은 어떤 번역 전략을 선택하는가의 문제와 연관되어 발생한 것으로 보이기도 하였다.

3.5 구문 전환 비유창성

구문 기획 및 발화와 관련하여 드러난 비유창성 지표의 예는 본 연구의 소규모 코퍼스에서 많이 관측되었다. 앞서 살펴본 동일한 텍스트에서 피실험자는 몇 건의 구문 수정을 하였다. 이는 필러 휴지로 발현되지는 않았으나 분명한 발화상의 어려움을 감지하였으며 이를 해결하기 위해 구문 변환을 시도하였음을 관찰할 수 있다.

⑩ ... paralelamente a su cultura polifacética...

⑪ ... parallel to its *#culture, multi-faceted culture#*...

⑫ ... debido a que los documentos históricos...

⑬ ... according to *#documents, historical documents#*...

이와 같은 수정은 어느 한 피실험자에게서만 관측되는 특이한 것이 아니다. 또 다른 피실험자의 발화에서도 동일한 지점에서 구문 수정을 가하는 것을 관찰할 수 있다.

⑭ Si bien hay tradiciones orales valisosas...

⑮ ...there are *#oral traditions, valuable oral traditions#* in other languages...

또 다른 피실험자의 경우에도 동일한 구문 재구성을 하였으며, 동시에 침묵 휴지도 함께 발현되었다. 이는 'tradiciones'의 대응어를 찾기 위한 노력과 연관 있는 것으로 보이며 필러 휴지가 바로 뒤이어 등장한다. 필러 휴지는 'traditional'을 'traditions'로 수정하는 것과 구문 전환과 연관 있는 것이다.

⑯ There are even* /3.320/ {4:10.705} *#traditional / UHH=1.555/ {4:13.004} oral traditions valued oral traditions#*

또 다른 피실험자의 예시에서는 매우 복잡한 구문의 실패한 수정을 볼 수 있다. 출발어의 'valiosas'가 'good'로 처리되었다가 형용사 'oral'이 등장하고 이어서 'good'을 수정하여 'valuable' 로 처리하였다.

⑰ there are *#good traditions, oral traditions# valuable*

해당 텍스트는 다섯 명의 피실험자가 문장구역 하였다. 흥미로운 것은 대조구문과 연관 있는 발화 어려움이 수정 비유창성 지표로 발현된 경우가 다섯 명의 사례 중 네 명의 발화에서 관측되었다는 점이다.

복잡한 구문 구성을 문장구역 하면 많은 비유창성 지표가 관측될 것으로 예상할 수 있다. 여기에서는 1.822초의 침묵 휴지와 짧은 반복이 먼저 등장하고 이어서 복잡한 구문에 대한 전환이 이루어진다. 휴지가 있고 나서 피실험자는 '*historical and touristic site, places, interest*'를 발화한다. 그리고 다시 1초 휴지에 이어 '*historical and cultur and tour touristic touristic places of interest*'라고 수정을 시도한다. 그러나 마땅한 해결책이 제시되지는 못하였다. 각 어휘는 상대적으로 쉬운 단어이고 큰 문제가 되지 않을 것으로 보이지만, 피실험자는 출발텍스트에서 등장한 '*sitios*'라는 어휘가 명사이고 뒤이어 등장하는 두 번째 단어인 '*interés*'가 이를 수식하는 형용사일 것으로 예상했기 때문에 헷갈리게 된다. 그러나 '*interés*'는 뒤이어 등장하는 두 개의 새로운 형용사 '*histórico*와 *turístico*'로 수식되는 새로운 명사였다. 해당 부분의 스페인어 구성은 [명사+(명사+형용사+형용사)]였기 때문에 영어로 옮기자면 '*as place of historical and touristic interest*'로 되어야 한다.

⑱ Además de los sitios de interés históirco y turístico, Santa Fe de Bogotá también ofrece todo lo que caracteriza a una gran metrópolis.

⑲ *#Besides &the /1.822/ {1:40.728} the& historical and touristic #site, plces#, interest /UHM=0.951/ {1:46.068} besides the historical and cultur! and &tour! touristic touristic& {1:49.58} places of interest#*, Santa Fe de Bogota also offers... everything that characterizes a big city...

많은 문장이 복합적인 구문으로 인한 영향을 보여주고 있다. 다음 예문에서는 1.637초의 필러 휴지에 이어 구문 재구성을 통해 형용사 '*pre-Cloumbian*'을 처리하고자 하였다. 이어서 1.021초의 두 번째 침묵 휴지가 등장하여 관계대명사를 발화하는 데 어려움이 있음을 보여준다. 출발텍스트에는 '*cuyo*'로 시작하는 내포된 관계절이 있다. 이 어휘는 영어에서는 문맥에 따라 '*whose*' 또는 '*which*'로 번역될 수 있다. 피실험자는 'who'로 시작해서 이를 '*which*' (불완전한 단어이기는 하지만)로 발화했다가 결국에는 관계대명사를 무시하고 이를 누락시키기로 한다. 이 누락은 OMIT로 표기 되었다.

⑳ ...el cual alberga una colección de más de 36.000 peizas de orfebrería precolombina, algunas de las cuales son extraordinarias, cuyo género es único en dl mundo.

㉑ ...it's home to a collection of more than 36,000 /1.637/ {1:25.379} pieces of *#goldwork, pre-Columbian goldwork#*, some of which are quite extraordinary and /1.021/ {1:2.461} *#who whi!* OMIT and# are unique throughout the world.

3.6 어휘 전환 비유창성

대조 혹은 복잡한 구문으로 인한 발화상의 어려움 외에도 다른 여러 가지 원인으로 인한 비유창성 지표를 관측할 수 있었다. 비유창성 관련 문헌에서도 설명하고 있듯이, 어휘 접근 및 선택과 관련해서도 비유창성이 발생할 수 있다. 문장구역 과제를 수행할 때 어휘 전환이 상당한 인지 노력을 요할 것이라고 예측할 수 있다. 특히 사용빈도가 낮은 출발텍스트 어휘나 추상적인 어휘, 도착어에서 직접적인 대응어가 존재하지 않는 어휘, 혹은 복수의 대응어가 존재하는 어휘 등이 등장했을 때 더 많은 인지 노력이 필요할 수 있다.

다음 예문에서 보면 적합한 대응어를 찾는 데 문제가 발생한다. 출발텍스트에서 '*muestra*', '*huellas*', '*vestigios*'가 어려움을 유발하고 있다. 이중언어 메모리에서 이들 어휘에 접근하고 적합한 대응어를 찾아내는 과정에서 아주 복잡한 비유창성 지표들이 발현된다. 이 세 단어를 문장구역하기에 앞서 무려 11초에 달하는 필러 휴지가 등장한다. 대응어를 찾을 수가 없자 피실험자는 '*we still find*'라는 말과 관사 'a'를 반복한다. '*muestra*' 의 대응어로 '*sample*'을 시도해 보지만 만족스럽지 못했는지 3.482초에 달하는 또 한 번의 휴지가 등장하고 '*examples*'라는 어휘로 수정을 시도한다. 나머지 두 개의 스페인어 어휘 (*huellas*와 *vestigios*)는 끝내 도착어로 발화하지 못하였다.

㉒ Allí aún nos encontramos con una nuestra de huellas y vestigios de un pasado gloriso.

㉓ There...&we still find /UHN-TSK-SUBVOCAL]=11.435/ {0:34.806} *we still find& &a a& #sample of /UHM=3.482/ {0:42.120} examples* of#OMIT the glorious past.

또다른 피실험자 역시 동일한 텍스트를 문장구역하며 동일한 위치에서 유사한 어려움에 봉착하는데, '*muestra*'의 대응어를 찾는 과정에서 5.607초에 달하는 긴 휴지가 발생하고 대응어로 '*demonstration*'을 시도해 본다. 이 해결책에 만족한 피실험자는 (비록 '*sample*'이라는 보다 정확한 대응어가 있음에도 불구하고) 바로 뒤이어 등장하는 '*huellas*'의 처리에서 또 어려움에 직면한다. 여기에서 피실험자는 흥미로운 필러 휴지를 발생시킨다. 스페인어 어휘를 반복하다가 작은 목소리로 '아... 이 단어 아는 것인데'라고 말해버리는 것이다. 그리고 나서는 문제의 '*huellas*'는 누락시키고 '*vestigios*'의 어원이 같은 '*vistiges*'를 이용하여 대응어를 찾아 진행한다.

㉔ There *even* we find with /UHM=5.607/ {0:27.736} *demonstration* of the [SPAN: huellas I KNOW THAT WORD] = 1.369 OMIT even vestiges of glorious past.

코퍼스 전사본에는 어휘 전환과 관련된 비유창성 사례가 많이 발견된다. 동일한 피실험자의 텍스트 전사본에서 더 뒤로 가면 '*aridez*'의 대응어를 찾으려고 노력하는 부분이 있다. 이 어휘는 영어 동족어로 '*aridity*'가 있다. 그러나 이 동족어를 사용하는 대신 피실험자는 유사 어휘를 하나 만들어낸다. 아마 사전에는 없을 '*aridation*'이라는 어휘를 만들어 내는 것이다. 이어지는 필러 휴지에서 피실험자가 웃는 것으로 볼 때, 이러한 선택을 한 것에 대한 불확실성이 표현됨과 더불어 안젤로네(2000)가 언급한 바 있는 해결책에 대한 평가가 이루어진 것으로 볼 수 있다.

㉕ Al mirar la aridez de la tierra...

㉖ Upon seeing the *#aridation like [LAUGH=0.336] {2:13.607} aridation#* of the land...

본 연구의 코퍼스 전사본에서 관측되는 어휘 전환에서 발생하는 많은 비유창성들이 대응어를 찾는 과정에서 발생하기는 하지만 그것 말고도 어휘 관련한 현상을 관찰할 수 있었다. 예를 들어 다음 예문에서 또 다른 상황을 볼 수 있다. 피실험자는 '*microcosmos*'에 맞는 대응어를 찾아 발화하였으나 이를 단수 처리할 것인지 복수 처리할 것인지를 놓고 고민에 빠진다. 피실험자는 주저하다가 '*type of microcosm*' 이라고 올바르게 단수로 처리한다. 그러나 출발텍스트에서 해당 어휘가 –s로 끝나는 것을 염두에 두고는 1.822초의 침묵 휴지 뒤에 다시 '*a collection of microcosms*'라고 복수로 수정한다. 이 경우에는 대응어의 문제가 아니라 숫자와 연관된 부분을 어떻게 처리하는가의 문제가 되는 것이다.

㉗ Esto convierte a Santa Fe de Bogotá en una especie de microcosmos.

㉘ This has made Santa Fe de Bogota *one /ERR=0.603/ {0:30.859} #a type of microcosm or, /1.822/ {0:34.249} a collection of microcosms#*.

마지막 예문에서는 레지스터와 관련된 비유창성이 제시된다. 본 연구의 소규모 코퍼스에서 레지스터 관련 비유창성은 많이 발견되지는 않았다. 그러나 이는 매우 흥미로운 시안이며, 다른 전문 통역사들의 퍼포먼스(또는 보다 숙련된 구어 퍼포먼스의 경우)에서는 더 많이 관측될 수 있을 것으로 생각한다. 다음 예문에서 피실험자는 처음에는 '*encontro*'를 '*found*'로 처리했다가 이를 동족어면서 보다 레지스터가 높다고 볼 수 있는 '*encountered*'로 수정했다. 그러나 흥미롭게도 피실험자는 동족어를 사용하지 않으려는 듯 다시 '*found*'로 재차 수정을 한다. 문장의 뒷부문에 가서는 'ultimo reposo'를 'ultimate rest'로 처리했는데, 이것이 수용가능한 것임에도 불구하고 다시 더 높은 레지스터의 'ultimate repose'로 발화를 수정한다. 왜 처음부터 'repose'라고 하지 않았는지는 분명하지 않다. 이처럼 동족어를 사용하지 않으려는 것에 대한 전략적 설명은 다음 장에서 다루도록 한다.

㉙ Gaudí encontró el últimooo reposo en el lugar donde había trabajado 43 años de su vida y al que había dedicado sus 12 últimos años en exclusiva.

㉚ Gaudi /1.056/ {1:54.671} #found, encountered*, his *found* #his ultimate* rest, his ultimate repose#*, in the place where he had worked for 43 years of his life /1.137/ {2:05.817} and to which he had dedicated his last 12 years exclusively.

3.7 번역전략과 비유창성

대부분의 비유창성 지표들은 앞서 설명한 바와 같이 구문 및 어휘상의 발화 어려움과 연관되어 있지만, 이 두 가지 중 하나로 분류되지 않는 경우도 있었다. 어떤 비유창성 지표들은 피실험자가 의식적으로 텍스트 산출물에 대해 심사숙고 하여 결정을 내리는 의사결정, 즉 번역 전략과 상관이 있음을 주장하고자 한다. 예를 들어, 아래 예문의 출발텍스트 문장은 상대적으로 단순하고 문제가 될만한 어휘나 구문 구조를 갖고 있지 않아 직역전략으로도 충분히 성공적으로 번역할 수 있는 예문이다. 출발텍스트 문장을 봤을 때에는 이를 문장구역한 산출물에서 등장하는 긴 휴지를 유발할 만한 어휘나 구문이 없다. 그러나 피실험자는 문장을 재구성하려고 한 듯 하다. 3.644초의 필러 휴지에 이어 상대적으로 별다른 차이가 없는 수정을 했다. 이어서 총 세 번의 휴지가 발생하는데 두 번은 필러 휴지이고 한 번은 침묵 휴지이다. 이 역시 불필요해 보이는 문장 재구성을 위한 것으로 보인다. 피실험자는 마치 직역을 하는 것은 올바른 전략적 선택이 될 수 없다고 생각해 무슨 수를 써서라도 문장을 재구성하려고 하는 것으로 보인다. 결과적으로 피실험자의 산출물은 일종의 하이브리드 버전으로 나오게 된다. 출발텍스트에서는 *'is used in the communication'*이라고 말하고 있고 이를 문장구역한 산출물에서는 *'is used as communication'*라고 말하고 있다.

㉛ El español también se usa en la communicación del país con otras naciones.

㉜ Spanish #is also used in /UHM-TSK-AHH=3.644/ {1:27.992} *#is used# /UHM=1.252/ {1:29.652} between /1.729/ {1.32.090} the country and other nations is used as communication* between /UHM=0.649/ {1:37.071} country and other nations#.

심리언어학 및 통역학 문헌에서 대부분의 연사들은 자신의 발화비유창성을 인지하지 못하거나 그 발생 원인을 기억해 낼 수 없다고 설명한다. 그러나 통역 발화를 녹음한 것을 다시 들려주거나 통역 내용을 전사하여 보여주면서 회상적 기법 프로토콜을 활용하며 분석을 한다면 위의 예문에서 볼 수 있는 전략적 비유창성에 대해 좀더 알 수 있게 될지도 모른다. 더 나아가, 이러한 분석 내용과 (본 연구에서처럼) 시표추적 데이터 또는 다른 프로세싱 데이터를 함께 연결해 활용할 수도 있을 것이다. 엥글룬드와 티셀리우스(Englund and Tiselius, 2009, p. 129)는 이러한 방식의 효용성에 대해 "회상적 기법 데이터 단독으로는 인지적 처리과정이나 전략 활용에 대한 근거를 제시할 수 없다. 그러나 다른 연구방법과 연계하거나 연구방법의 다각화를 통하면 흥미로운 결과를 얻을 수도 있다"고 기술하였다.

또 다른 전략적 비유창성의 사례를 동족어 처리 방법에서 찾을 수 있다. 앞서 레지스터에 관한 설명을 통해 이러한 사례를 두 가지 소개한 바 있다. 다음 예문에서는 1.323초의 휴지가 있고 이어서 '*symbol*'이라는 어휘를 처리하는 부분이 나온다. 스페인어의 '*símbolo*'와 영어의 '*symbol*'은 동족어로써 휴지가 발생할 이유가 없어 보인다. 피실험자는 이 두 어휘가 동족어라는 것을 알고 있는 상황에서 이를 그대로 활용하는 번역전략을 사용해도 좋을지를 가늠하고 있는 것으로 보인다. 첫 번째 사례에서는 '*for a significant*'라는 표현에 앞서서 4.968초의 긴 휴지가 등장하고 '*section*'이라는 발화 앞에서도 3.529초의 긴 침묵 휴지가 등장한다. 이 경우 출발텍스트의 어휘 '*sector*'는 직접 연결될 수 있는 영어 동족어가 있으나 피실험자는 이를 사용하지 않았으며 대신 몇 가지 가능한 유사 동의어를 제시하였다.

㉝ El idioma español puede considerarse también como un símbolo de la identidad nacional para un sector significativo de la población venezolana.

㉞ *Spanish langauge* /1.021/ {1:42.295} is considered /UHH=1.323/ {1:45.571} * a symbol* of national indentity /UHM=4.968/ {1:51.943} *for a #significant /3.529/ {1:57.516} section sginificant number#* /

UHH=3.389/ {2:03.646} of the Venezuelan population.

이와 같이 동족어 회피 전략은 위 예문을 발화한 피실험자에게서만 관측된 전략은 아니며 다른 피실험자들의 사례에서도 관측되었다. 다른 피실험자의 전사본에서는 동족어인 'symbol'을 사용하는 것에 대한 불확실성을 반복을 통해 표현하는 경우를 볼 수 있었다.

또한 '*significant sector*'라는 표현을 사용하기에 앞서 0.5초의 휴지가 있는 것을 볼 수 있는데, 이 또한 동족어 회피를 위한 전략적 비유창성으로 볼 수 있다. 해당 사례에서는 피실험자가 동족어를 사용하는 것으로 결정하였다.

㉟ The Spanish language can also be considered as a*&sy! symbol&* of the national identity /UHM=0.545/ {1:4.806} for a significant sector of the Venezuelan population.

슐레징거와 말키엘(Shlesinger and Malkiel, 2005)은 전문통역사들이 동족어를 통역과 번역 상황에서 각각 어떻게 처리하는가를 연구한 바 있다. 연구 결과를 보면 동족어가 아닌 유의어를 사용하는 빈도가 통역에서보다 번역에서 더 많이 관찰되었으며, 동족어를 잘못 사용한 경우는 번역에서 더 적게 관찰되었다. 글로 된 번역을 할 때에는 문제 해결 시간이 더 많이 주어지기 때문에 번역사가 동족어를 사용해 직역을 하지 않고 다른 대안을 찾아볼 수 있었고, 아울러 잘못된 동족어의 여지도 더 줄일 수 있음을 알 수 있다. 문장구역과 번역 산출물을 비교해도 유사한 결과를 얻을 수 있을 것이다. 아울러 통역사들도 동족어 회피 경향이 있는지 살펴보는 것도 좋은 연구 분야가 될 것이다. 통역에서의 동족어 회피는 모달리티의 차이 및 이와 연관된 시간적 제약에서 기인한 것일 수 있다. 그러나 이는 또한 피실험자들이 아직 학생이라는 점에서, 이들이 전문통역사들보다 직접적인 동족어 사용에 대해 자신감을 갖지 못하고 있다는 점에서도 원인을 찾을 수 있을 것이다.

전략적 비유창성의 또 다른 사례는 숙어표현의 처리에서 발견할 수 있다. '*hacia tempo*'라는 숙어표현은 일반적으로 '*time ago*'라고 번역되지만 해당 문장의 문맥에는 맞지 않는다. 피실험자는 1.462초에 달하는 침묵 휴지를 두고 그 시간 동안 전략적 대안을 숙고한 뒤 아주 좋은 표현인 '*in his time*'으로 해당 표현을 처리하였다. 흥미로운 점은 이렇게 해당 표현을 번역하고 나서 비슷한 길이인 1.567초간의 침묵 휴지가 또 한 번 있다는 것이다. 이 휴지는 이어지는 구문과는 상관이 없는 것으로 보인다. 이 휴지가 흥미로운 것은 숙어표현의 번역과 연관된 비유창성을 보여주기 때문이기도 하지만 해당 표현을 발화한 뒤 등장하는 휴지가 안젤로네(2010)가 주장한 해결책 평가를 보여주는 것이기 때문이기도 하다. 해결책 평가 단계는 제 1단계 문제 인지, 제 2단계 해결책 제시에 이어 나타나는, 번역 문제해결 과정 3단계 중 마지막 단계이다. 해결책 평가 단계에서 피실험자는 제시된 해결책을 수용하거나 아니면 또 다른 해결책을 제시한다. 본 연구의 코퍼스 전사본에서 관찰된 많은 비유창성 지표들이 안젤로네의 문제 해결틀 설명에 부합하는 것을 확인할 수 있었다.

㊱ Gaudí se había convertido desde hacia tiempo en un héroe popular.

㊲ Gaudi had /1.462/ {1:28.108} *become in his time* /1.567/ {1:31.231} a popular hero.

다음의 예문에서 우리는 여러 문장에 걸쳐서 적용되는 번역의 전략적 운영에 대한 매우 흥미로운 현상을 볼 수 있다. 예문 ㊴에서 '*un cortejo fúnebre*' 는 '*a short funeral*'로 통역된 것을 볼 수 있다. 이는 피실험자가 '행렬'이라는 뜻의 '*cortejo*'를 '짧다'는 뜻의 '*corto*'로 잘못 해석했기 때문에 나온 발화일 것으로 추정할 수 있다. 어미의 'ejo'를 어떤 기능(비형식성)을 지닌 것으로 이해했을 수도 있는 것이다. 그러나 '*cortejo*'는 스페인어에서 '*corto*'의 변형어가 아니다. 이와 같은 오류가 있음에도 비유창성이 발현되지 않았으므로 별도로 표시가 되지 않았다. 네 문장이 더 진행 된 후 'cortejo'가 다시 등장한다. 여기에서는 피실험자가 수정을 해서 '*procession, funeral procession*'이라고 발화하였고 이번에는 오역이 발생하지 않는다. 이는 지연된 수정이라고 볼 수 있다. 앞선 발화가 오류임을 인지하였으나 이를 수정할 수 있는 기회가 지나가버린 뒤라서 몇 개의 문장을 더 처리한 뒤에야 오류를 수정할 수 있었던 것이다. 해당 부분에 대한 수정된 발화가 등장하지는 못하였으나 수정해야할 내용은 머릿속에 기억되었다가 차후 다른 곳에서 적용되었다. 이러한 패턴은 머릿속에서 계속 진행되는 번역 과정을 보여주는 증거로 볼 수 있기 때문에 매우 흥미롭다. 어떤 비유창성 지표들은 몇 개의 문장이 진행되는 동안 지연되었다가 후에 적용되는 전략적 행위를 보여주는 것이 될 수도 있다.

㊳ Había un cortejo fúnebre de aproximadamente un kilómetro.

㊴ *There had been* *a short funeral* of approximately one kilometer.

㊵ Casi todos los altos dignatarios de la región tomaron parte en el cortejo fúnebre.

㊶ Almost all of the higher figures of the region took part in this *#procession, funeral procession#*.

위 예문에서 비유창성은 지연된 수정을 나타내는 표지가 된다. 물론 수정은 비유창성 지표 없이도 이루어질 수 있다. 다음 예문은 서로 다른 피실험자 두 명이 동일한 텍스트를 문장구역 하는 것을 통해 비유창성 지표 없이 수정이 이루어지는 경우를 보여준다. 피실험자는 근접한 두 개의 문장에서 두 번 모두 'cortejo'를 오역한다. 그러나 이후 세 문장을 더 처리하고 나서 앞서서의 오류를 정정한다. 비유창성 지표가 등장하지 않는다는 점은 비유창성이 인지적 노력과 발화 문제를 표시하는 지표로서의 가능성이 있다는 것이지, 모든 발화상의 어려움을 표지하지는 않는다는 것을 의미한다. 그렇기 때문에 수정과 같은 현상을 해석할 때에는 다각적인 검토가 필요하다고 보는 것이다.

〈그림 4〉 cortejo가 있는 단락의 시선고정 플롯

<그림 4>의 시표추적 데이터를 보면, 단락 내 시선 플롯을 통해 사각형 안에 표시되어 있는 두 번째 줄 'cortejo fúnebre'가 처음 등장한 곳에 시선이 일곱 번 고정되었던 것을 확인할 수 있다. 'Cortejo'가 두 번째 줄에서 재차 등장할 때에는 한 두 번 더 시선이 갈 뿐이다. 그러다가 마지막 줄에서 세 번째로 'cortejo fúnebre'가 등장한 곳에서는 시선고정이 여덟 번 정도 발생한다. 이렇게 시선이 여러 번 고정되는 것은 비유창성 지표가 등장하지 않은 상황에서 지연된 수정 전략이 활용되었음을 보여주는 것이다.

㊷ There was a *short* funeral march &of, of& approximately one kilometer.

㊸ This *short* march, #which *was /1.695/ {0::34.098} surrounded...

㊹ Almost all of the high dignitaries of the region took part *in the funeral march*.

4. 논의

일반적으로 비유창성 패턴은 구문 조작과 관련해서 슈리브, 라크루즈 및 안젤로네(2010)가 보고한 시표추적 결과를 뒷받침한다. 또한, 시표추적 데이터가 그러했듯이, 시각적 간섭이 문장구역에서 중요한 인시 요소가 된다는 점을 보여준다. 비유창성 데이터만으로는 문장구역이 진행됨에 따라 시각적 간섭으로 인해 인지적 노력이 증가하는 것과 복잡한 구문 등 다른 요소들로 인해 인지적 노력이 증가하는 것 사이의 복잡한 관계를 설명하지 못한다. 시각적 간섭의 영향을 설명할 수 있는 새로운 실험 설계가 개발되고 구문 조작뿐만 아니라 어휘, 전치사 및 텍스트 조작으로 인한 문장구역에서의 영향을 측정할 수 있는 실험을 진행할 수 있기를 바란다.

어쩌면 비유창성에 대한 분석연구가 가장 크게 기여한 바는 연구 방법론적 측면에서 찾을 수 있을 것이다. 시표추적 결과와 비유창성 지표 분석 간의 결과가 서로를 뒷받침한다는 사실을 놓고 볼 때, 비유창성 분석을 시표추적 등의 방법과 함께 효과적으로 사용하여 실험결과를 다각적으로 분석하는 데 도움을 받을 수 있을 것으로 보인다. 또한 주석첨가된 프로토콜을 이용한 비유창성 분석은 녹음된 데이터에서 오디오 부분을 더욱 잘 활용할 수 있도록 하는 중요한 방법론이기도 하므로, 향후 프로세스 연구에서 유용한 데이터를 추출하는 기법으로 사용될 수 있을 것이다.

발화비유창성은 자연스러운 발화의 일부분으로써 별다른 의미론적 가치 혹은 의사소통을 위한 기능을 갖지 않는 것으로 인식되어 왔다. 그러나 이러한 정의에 대해 일부 학자들은 필러 휴지와 같은 비유창성은 대인 커뮤니케이션 기능이 있다고 설명하기도 하였다(클라크와 폭스 트리, 2002). 클라크(2002)는 필러 휴지가 일차적인 메시지의 명제적 내용과는 연관된 바가 없으나 총체적인 메시지의 일부로서 연사가 의도적으로 메시지와 연관된 정보(이를테면 불확실성의 정도)를 대화 참여자에게 제공하는 것이라고 보았다. 반면, 콜리와 스튜어트(Corley and Stewart, 2008)는 비유창성이 의도적으로 발현된 것이라고 주장하기에는 근거가 부족하다고 보았다.

문장구역에서 휴지 및 다른 비유창성이 의사소통을 위한 의도적 기능을 갖추고 있다고 보기는 그 가능성이 매우 낮다. 다만 피실험자가 듣고 있는 연구자를 가상의 대화 상대자로 인식하고 있다고 주장하는 경우라면 예외일 수 있을 것이다. 문장구역 데이터에서 관측되는 비유창성의 빈도와 위치, 그리고 비유창성이 구문, 어휘, 번역 전략적 문제들과 명백한 연관성을 갖는다는 점 등을 고려할 때 이러한 비유창성이 구어로 이루어지는 번역 과정의 인지적, 언어적 처리와 일차적으로 연관이 있다고 주장할 수 있다. 심리언어학 문헌 자료에서도 일치되게 설명하고 있는 비유창성의 일차적 원인은 번역 과제를 이행하는 데 있어서 특정한 발화 문제, 이를테면 어휘 차원의 전환, 구문 전이, 번역-전략적 전이 등의 문제에 봉착했을 때 이와 연관된 인지적 노력으로 인한 것으로 보인다.

이와 같은 결과는 동시통역에서의 비유창성 연구 결과와 특히 부합되는 면이 많다. 통역에서는 연사 발화의 비유창성 패턴이 통역사의 발화 패턴에도 어느 정도 영향을 주는 것으로 보고되고 있다. 티씨(Tissi, 2000, p. 121)는 통역에서 출발텍스트와 도착텍스트 간의 비유창성 패턴 사이에 체계적인 차이가 있다는 것을 인정하기를 주저하면서도, 출발텍스트와 도착텍스트 사이 비유창성 지표의 분포에서 흥미로운 차이점을 발견하여 보고하고 있다. 이를테면 휴지의 길이를 예로 들고 있다.

"원래의 출발텍스트에서와는 달리 도착텍스트에는 2.5초에서 5초 사이, 그리고 5초 이상의 길이를 갖는 휴지가 많은데 이러한 휴지는 출발텍스트에서는 아예 존재하지 않는 것들이다." 만약 긴 휴지가 언어 간 중개작업에서 필요한 노력이 증가했음을 보여주는 것과 연관이 있다고 한다면, 통역에서 이러한 긴 휴지가 등장하는 것은 예상할 수 있는 것이며 본 연구에서 검토한 문장구역 코퍼스에서도 유사한 긴 휴지가 관측된다.

박티(Bakti, 2009)는 동시통역의 비유창성에 관한 연구에서 오류 유형 비유창성(e.g. 문법 오류, 오역, 잘못된 어휘 활성화, 혀끝에서 맴도는 말 현상, 변화, 어휘 순서 문제 및 말실수)과 주저 혹은 불확실성 유형 비유창성(e.g. 필러, 반복, 다시 시작하기, 어휘 내의 휴지)을 구별하였다. 박티의 연구는 기본적으로 오류 유형 비유창성에 초점을 두고 진행되었지만 동시통역에서 다시 시작하기(혹은 수정)의 빈도에 대한 흥미로운 결과도 보고하고 있다. 학생통역사와 전문통역사 집단 모두에서 다시 시작하기(본 연구에서는 수정/고침으로 분류하였음)가 가장 흔하게 등장하는 비유창성 유형임을 밝혀냈다. 학생통역사에서 관찰된 전체 비유창성 중 26.5%, 전문통역사들에서 관찰된 전체 비유창성 중 36.5%가 다시 시작하기였다. 본 연구 데이터에서는 가장 흔하게 관측되는 비유창성이 수정이 아니었다. 1위인 필러 휴지에 이어 상당한 차이를 두고 2위로 수정이 관측되었다. 따라서 통역에서의 비유창성 관측 결과는 본 연구에서 관찰한 문장구역에서의 결과를 어느 정도는 뒷받침하고 더 잘 알게 해줄 수는 있으나, 동시통역과 문장구역에서 요구되는 인지적 노력은 상당히 차이가 있고 서로 다르며 결과적으로도 다른 비유창성으로 나타날 수 있음을 알 수 있다. 이는 물론 향후 더 많은 연구를 통해 더 분석되어야 할 것이다.

문장구역에 비해 동시통역은 현장의 대화 상대자들의 존재와 더 긴밀하게 엮여있다. 연사의 발화 속도, 운율, 억양 및 비유창성 패턴이 통역사의 발화에 영향을 미친다. (실험실 상황이 아닌 현장에서) 통역사의 발화를 듣는 청중 또한 통역사의 발화에 영향을 미친다. 이를테면 통역발화에서 적당한 속도를 유지하는 것 등을 들 수 있다. 이러한 퍼포먼스 요소들을 생각해 보면 언어 중재에서 필요로 하는 여러 사항들이 있고, 티시, 박티 및 다른 연구자들(특히 푀히하커, 1995 등)이 보고한 바대로 이러한 사항들로 인해 연사 퍼포먼스와 통역사 퍼포먼스에서 차이가 발견되는 것으로 보인다.

문장구역에서는, 발화 결과를 듣고 있어서 발화 속도에 어느 정도 영향을 줄 수 있는 청중은 있을 수 있으나 언어 중재의 속도를 정해주는 연사는 존재하지 않는다. 본 연구의 실험 조건에서는 그나마 피실험자의 발화를 듣고 있는 청중도 존재하지 않았기 때문에 피실험자들이 정상적인 발화 속도를 염두에 두도록 촉구할 만한 어떤 동기도 부여되지 않았다. 그 결과, 대부분의 피실험자는 일반적인 대화 속도 혹은 통역 속도로 말하지 않았다. 이는 다시 말해 시각적 간섭이 존재하고 구어 발화와 문서로 제시된 출발텍스트 간에 구문, 문법, 레지스터 등의 차이가 있다는 문장구역의 특징과 더불어 무엇보다도 문장구역이라는 과제 자체가 생소했기 때문에 본 연구에서 관측된 비유창성 결과가 나왔을 수 있다고 유추해 볼 수 있다. 문장구역에서의 비유창성에 관한 후속 연구에서는 학생이 아닌 실제 통역사들을 피실험자로 참여하게 함으로써, 구어로 발화하는 경험이 있다는 것이 필러 휴지와 수정 등에 영향을 미치는가를 살펴보아야 할 것이다. 본 연구에서 관측된 비유창성 중 일부는 과제 자체가 생소해서 발생한 것일 수도 있다.

본 연구에서 예문을 통해 보고되고 설명된 수정 사례들은 비유창성과 연관이 있음이 관측되었기 때문에 매우 흥미롭다. 문장구역을 할 때 어휘 전환 또는 구문 변환 등에서 어려움을 겪는다는 사실이나 잘못된 발화를 수정하기 위한 노력을 하는 것은 놀라운 것은 아니다. 본 논문에서는 비유창성 분석이, 특히 시표추적과 같은 다른 형태의 데이터와 함께 다각적으로 분석될 때, 어려움을 인지하고 오류를 수정하기 위한 노력이 인지적으로 어떻게 전개되는가를 해석하는 데 기여할 수 있다고 보았다. 본 연구에서는 문제해결을 위한 전략이 언제 어떻게 사용되고 있는지를 비유창성 지표를 통해 제시하였다. 향후 실험에서는 이러한 비유창성 패턴이 안젤로네(2010)가 제시한 문제 인지, 해결책 제시 및 해결책 평가로 이어지는 문제 해결 순서와 연계될 수 있는지 검토해 보는 것도 유용할 것이다. 또한 수정 단계가 어떻게 진행되는지를 해결책 제시 및 해결책 평가단계에서 살펴보고, 이와 연관된 휴지를 문제 인지(선행 휴지)과 해결책 평가(후행 휴지)의 관점에서 해석해 보는 것도 도움이 될 것이다. 아울러, 문제해결은 메타 인지와 연관성이 높으므로 비유창성 분석을 회상적 기법의 구어 프로토콜과 연계해서 다각도로 분석함으로써 비유창성이 메타 인지, 특히 모니터 및 관리와 연관이 있는지를 살펴보는 것도 매우 유용한 연구가 될 것이다.

마지막으로, 본 연구에서는 비유창성 분석을 통해 문장구역을 하는 피실험자들의 전략적 의사결정에 관한 증거를 발견하고 기록할 수 있음을 보이고자 하였다. 일례로, 본 연구에서는 '지연된 수정'이라고 명명할 수 있는 현상의 증거를 관찰할 수 있었다. 오류 발생 후 통역사가 이를 인지하였으나 즉각적으로 수정발화는 하지 못한 채 해결책을 제안하여 평가한 뒤, 몇 문장을 더 발화하고 난 뒤에 비로소 앞에서 발생했던 오류를 수정하게 되는 현상이다. 해결책을 적용하는 매우 복잡한 인지적 시퀀스를 보여주고 있기 때문에 잠재적으로 매우 흥미로운 연구 분야가 될 수 있다. 또 하나 흥미로운 현상으로 피실험자 여러 명에게서 관찰된 사항은 동족어 회피 전략을 둘 수 있다. 이러한 동족어 회피 전략이 의미하는 바는 무엇일까? 이 현상은 어휘 전환이나 구문 변환과는 직접적인 연관이 없다. 피실험자가 어떤 전략을 사용하려고 생각 중일 때 그 전략이 맞는 전략인지 혹은 가장 효과적인 전략인지를 평가하는 과정을 보여준다. 동족어 회피는 피실험자들이 도착텍스트 발화에 대한 언어적 메카니즘 뿐만 아니라 번역 과정에 대한 자신의 지식이 충분한가의 여부에도 신경을 쓰고 있다는 것을 보여준다. 휴지가 발생하고 반복과 수정이 생기는 것도 특정 부분에 대한 번역을 수행하면서 피실험자 본인들이 아는 것과 알지 못하는 것을 계속 가늠하면서 진행하고 있기 때문이다. 바로 이러한 점에서 비유창성 분석은 번역의 전문성에 대한 문제와 어....그러니까... 음.. 직결된다고 볼 수 있을 것이다.

참고문헌

1. Agrifoglio, M. 2004. "Sight translation and interpreting: A comparative analysis of constraints and failures." *Interpreting* 6 (1): 43-67.

2. Alves, F. and Vale, D. 2009. "Probing the unit of translation in time: aspects of the design and development of a web application for storing, annotating, and querying translation process data." *Across Languages and Cultures* 10 (2): 251-273.

3. Angelone, E. 2010. "Uncertainty, uncertainty management and metacognitive problem solving in the translation task." In *Translation and Cognition,* G. Shreve and E. Angelone (eds), 17-40. Amsterdam/Philadelphia: John Benjamins.

4. *Bakti, M.* 2009. "Speech disfluencies in simultaneous interpretation." In *Translation and the (Trans)formation of Identities: Selected Papers of the CETRA Research Seminar in Translation Studies,* D. De Crom (ed.), 1-18. Leuven: CETRA.

5. Barr, D. 2001. "Trouble in mind: Paralinguistic indices of effort and uncertainty in communica- tion." In *Oralite etgestualite: Interactions et comportements multimodaux dans la communication,* C. Cave, I. Guaitella and S. Santi (eds), 597-600. Paris: L'Harmattan.

6. Beattie, G. W. and Bradbury, R. J. 1979. "An experimental investigation of the modifiability of the temporal structure of spontaneous speech." *Journal of Psycholinguistic Research* 8 (2): 225-248.

7. Beattie, G. and Butterworth, B. 1979. "Contextual probability and word frequency as determinants of pauses and errors in spontaneous speech." *Language and Speech* 22: 201-211.

8. Bell, A. Jurafsky, D. Fosler-Lussier, E., Girand, C. and Gildea, D. 1999. "Forms of English function words: Effects of disfluencies, turn position, age and sex, and predictability." In *Proceedings of the International*

Congress of Phonetic Sciences, J. Esling (ed.), 395-398. Berkeley, Calif.: IPA.

9. Bortfeld, H., Leon, S., Bloom, J., Schober, M. and Brennan, S. 2001. "Disfluency rates in conversation, age effects, relationship, topic, role and gender." *Language and Speech* 44 (2): 123-147.

10. Clark, H. 2002. "Speaking in time." *Speech Communication* 36: 5-13.

11. Clark, H.. and Clark, E. V. 1977. *Psychology and Language: An Introduction to Psycholinguistics.* New York: Harcourt Brace Jovanovich.

12. Clark, H. and Fox Tree, J. 2002. "Using 'uh' and 'um' in spontaneous speaking." *Cognition* 84: 73-111.

13. Clark, H. and Wasow, T. 1998. "Repeating words in spontaneous speech." *Cognitive Psychology* 37: 201-242.

14. Corley, M. and Stewart, O. 2008. "Hesitation disfluencies in spontaneous speech: The meaning of 'um.'" *Language and Linguistics Compass* 2/4: 589-602.

15. Englund Dimitrova, B. and Tiselius, E. 2009. "Exploring retrospection as a research method for studying the translation process and the interpreting process." In *Methodology, Technology and Innovation in Translation Process Research* [Copenhagen Studies in Language 38], F. Alves, S. Göpferich and I. Mees (eds), 109-134. Copenhagen : Samfundslitteratur.

16. Fox Tree, J. 1995. "The effects of false starts and repetitions on the processing of subsequent words in spontaneous speech." *Journal of Memory and Language* 34: 709-738.

17. Fox Tree, J. and Clark, H. 1997. "Pronouncing 'the' as 'thee' to signal problems in speaking." *Cognition* 62: 151-167.

18. Gile, D. 1997. "Conference interpreting as a cognitive management problem." In *Cognitive Processes in Translation and Interpreting,* J. Danks, G. Shreve, S. Fountain and M. McBeath (eds), 196-214. Thousand Oaks, Calif.: Sage Press.

19. Goldman-Eisler, F. 1968. *Psycholinguistics: Experiments in Spontaneous Speech.* New York: Academic Press.

20. Gósy, M. 2007. "Disfluencies and self-monitoring." *Govor* 26: 91-110.

21. Kemper S., Crow A. and Kemtes, K. 2004. "Eye-fixation patterns of high- and low-span young and older adults: Down the garden path and back again." *Psychology and Aging* 19: 157- 170.

22. Levelt, W. 1983. "Monitoring and self-repair in speech." *Cognition* 14: 41-104.

23. Merlo, S. and Mansur, L. 2004. "Descriptive discourse: Topic familiarity and disfluencies." *Journal of Communication Disorders* 37: 489-503.

24. Pöchhacker, F. 1995. "Slips and shifts in simultaneous interpreting." In *Topics in Interpreting Research,* J. Tommola (ed.), 73-90. Turku: The University of Turku, Centre for Translation and Interpreting.

25. Rayner, K. 1998. "Eye movements in reading and information processing: 20 years of research." *Psychological Bulletin* 124: 372-422.

26. Rayner, K., Sereno, S. C., Morris, R. K., Schmauder, A. R. and Clifton, C. 1989. "Eye movements and on-line language comprehension processes." *Language and Cognition Processes* 4 (3/4): 21-49.

27. Rochester, S. R. 1973. "The significance of pauses in spontaneous speech." *Journal of Psycholin- guistic Research* 2(1): 51-81.

28. Schachter, S., Christenfeld, N., Ravina, B. and Bilous, F. 1991. "Speech

disfluency and the structure of knowledge." *Journal of Personality and Social Psychology* 60: 362-367.

29. Schnadt, M. and Corley, M. 2006. "The influence of lexical, conceptual and planning based factors on disfluency production." In *Proceedings of the Twenty-eighth Meeting of the Cognitive Science Society,* R. Sun and N. Miyake (eds), 750-755. Mahwah, N.J.: Lawrence Erlbaum Associates.

30. Shlesinger, M. and Malkiel, B. 2005. "Comparing modalities: Cognates as a case in point." *Across Language and Cultures* 6 (2): 173-193.

31. Shreve G. M., Lacruz, I. and Angelone, E. 2010. "Cognitive effort, syntactic disruption, and visual interference in a sight translation task." In *Translation and Cognition,* G. Shreve and E. Angelone (eds), 63-84. Amsterdam/Philadelphia: John Benjamins.

32. Shriberg, E. 1994. "Preliminaries to a theory of speech disfluencies." (Doctoral dissertation, University of California, Berkeley.)

33. Tissi, B. 2000. "Silent pauses and disfluencies in simultaneous interpretation: A descriptive analysis." *The Interpreter's Newsletter* 10: 103-127.

34. Traxler, M. J., Morris, Robin K. and Seely, R. E. 2002. "Processing subject and object relative clauses: Evidence from eye movements." *Journal of Memory and Language* 47: 69-90.

번역과 통역에서의 시간차

S. 티마로바*, B. 드라그스테드#, I. 한센# Šárka Timarová, Barbara Dragsted and Inge Gorm Hansen

* 벨기에, 레시우스 대학교 / K.U. 루벤, # 덴마크, 코펜하겐 비즈니스 스쿨

출발텍스트 입력과 통역사의 도착텍스트 발화 사이의 시간차는 청성시차(ear-voice span, EVS) 또는 데칼라지(décalage)로 알려져있다. 최근 시간차는 번역에서도 시표추적(eye-tracking)이나 키 로깅(key-logging) 등의 방법을 통해 측정되어 시표시차(eye-key span)이라고 명명되었다. 시간차 연구를 통해 동시통역의 시간적 특징, 번역의 속도 및 통역/번역 과정에서의 인지적 처리와 인지 부하량에 대해 알 수 있게 되었다. Ear-voice span/eye-key span(EVS/EKS)는 번역/통역 과정을 연구하는 데에 매우 유용한 측정지표가 될 잠재력을 지니고 있으나, 각각의 특징과 이를 통해 어떤 정보를 얻을 수 있는지 더 알아내야 한다. 이와 관련하여 기존 연구에서 활용한 방법을 비교하고 피실험자를 대상으로 EVS/EKS의 변동성은 어떤지, 개별 피실험자의 퍼포먼스가 진행됨에 따라 EVS/EKS가 얼마나 안정적으로 유지되는지, 각기 다른 시점에서 측정하거나 동일한 피실험자가 각기 다른 과제를 수행했을 때 측정한 EVS/EKS의 안정성은 어떠한지 등에 대한 답을 구하기 위해 본 연구에서는 몇 가지 실험적 분석을 수행하였다. 결과를 통해 우리는 EVS/EKS가 매우 민감한 측정치로서 과정을 연구하는 데에 유용한 방법임을 확인하였다. 아울러 번역과 통역 과정 모두에 적용될 수 있는 일부 방법론적 과제 및 절차에 대해서도 논의하였다.

KEYWORDS

시간차, 청성시차(ear-voice span), 시표시차(eye-key span), 인지처리, 프로세스 연구

I. 들어가는 말

통역과 번역에서의 시차는 출발텍스트 입력과 도착텍스트 발화 사이의 시간적 지연을 의미하며, 인지처리의 시간적 양상(푀히하커(Pöchhacker), 2004, p. 17)과 인지 부하량을 반영하는 변수(트라이스만(Treisman), 1965; 슐레징거(Shlesinger), 1998)로서 제시되었다. 번역 프로세스에 대한 연구에서 시간차는 출발텍스트를 눈으로 읽고 도착텍스트를 산출하기까지의 시간차이를 의미하며 상대적으로 관련 연구가 많이 진행되지 않은 새로운 측정 기법이다. 반면, 동시통역에서는 연사의 발화가 입력되고 이에 대한 통역사의 발화가 이루어지는 시간차이를 측정하는 연구가 이미 오랫동안 진행되어 왔다. 동시통역의 첫 연구는 1950년대에 이루어졌다(파네스(Paneth), 1957). 시간차는 통역의 동시성을 특징짓는 요소로 인식되었으며 이를 연구함으로서 출발어 연설이 도착어 발화로 시간적으로 어떻게 진행이 되는지에 대한 이해를 제공하였다. 동시통역에서의 시간차는 대략 2-5초 사이라는 것에 어느 정도 합의가 이루어진 것으로 보이며, 통역의 정확도가 크게 떨어진다는 단점이 있기는 하지만 시간차가 10초까지도 발생하는 것으로 관측되었다(이태형(Lee), 2002). 이러한 사실은 다양한 통역 텍스트, 서로 다른 통역사 및 다양한 언어(수화통역 포함) 조합에서도 유효한 것으로 보인다(푀히하커, 2004). 지금까지 연구자들은 시간차를 측정하여 기본적인 시간차 범위를 찾고 통역사가 출발텍스트 입력을 처리할 수 있는 시간차의 상한선과 하한선을 찾고자 하였다. 이러한 기술적 연구는 중요하며 이에 대해 더욱 깊이 있는 연구를 진행할 필요가 있다. 시간차를 측정한 결과에서 변동폭이 크다는 것은 이 시간차가 인지적 처리과정을 반영한다는 것을 보여준다. 그러나 구체적으로 시간차에 반영된 과정을 밝혀내는 연구는 진행된 바 없다. 일부 연구에서는 화자의 발화 속도(바릭(Barik), 1973; 이태형, 2002)나 텍스트 유형(람버거-펠버(Lamberger-Felber), 2001; 포드하슈카(Podhajská), 2008) 등 몇 가지 외부 변수가 시간차에 영향을 미치는 것으로 보고 검토하였다. 시간차는 또한 전략(질(Gile), 1997)이나 입력을 분절하는 것(골드만-아이슬러(Goldman-Eisler), 1972) 등 몇 가지 내적 (처리) 요인에 의해 결정되는 것으로 추정되기도 하였으나 이에 대한 구체적인 근거가 제시되지는 못하였다.

본 연구에서는 시간차가 통역과 번역 프로세스 연구에서 시간변수로 사용될 수 있는 잠재력을 갖고 있다고 보았다. 인지과정 연구는 일반적으로 속도와 정확성이라는 두 가지 기본변수에 기반하고 있다. 통번역 프로세스 연구에서는 오랫동안 정확성을 종속변수로 활용해 왔으나, 통번역 처리 속도에 대한 측정방법으로는 마땅히 활용할 수 있는 것이 없었다. 우리는 시간차가 이러한 속도측정의 한 기법으로써 활용될 수 있는 가능성을 연구하고자 한다. 통역연구에서는 서로 다른 입력 발화속도(거버(Gerver), 1969/2002), 상이한 과제(이를테면 텍스트가 있는 통역과 없는 통역) 및 통역사 (람버거-펠버, 2001) 등 변수가 달라질 경우 시간차 측정결과도 달라진다고 주장해 왔다. 그리고 번역에 있어서도 최근 유사한 결과가 관측된 바 있다(드라그스테드(Dragsted), 2010). 이러한 결과를 놓고 볼 때 시간차는 통역사와 번역사의 인지 처리과정을 반영하는 매우 민감한 변수임을 확인할 수 있다. 또한 시간차가 관측 가능하고 상당히 객관적인 변수라는 점도 매우 중요하다. 이처럼 객관적이고 해석 가능한 변수를 통해 서로 다른 연구간 비교를 가능하게 하고 후속 연구도 가능토록 하는 것은 통번역 프로세스 연구에서 매우 필요하다. 어떤 변수가 실제 연구에서 활용되기 위해서는 그 측정기법에 대한 분명한 방법론이 개발되어야 한다. 본 연구논문의 목표가 바로 여기에 있다.

이어지는 장에서 우리는 시간차 측정에 대한 기존의 문헌을 살펴보고 그 방법론을 정리할 것이다. 이어서 시간차 데이터에 관한 자체적인 분석 결과를 제시하며 측정 도구, 측정 절차, 측정 위치 및 정성분석에 대한 논의를 전개할 것이다. 본 연구의 목표는 다른 연구자들이 프로세스 연구를 진행함에 있어서 종속변수로서 시간차를 활용할 것인지 결정을 돕고, 이와 관련된 방법론상의 어려움과 내재된 장애요소에 대한 인식을 재고하며, 여러 연구간 결과를 상호 비교할 수 있도록 하고, 궁극적으로 통역 번역 프로세스 연구의 광범위한 연구 설계에서 시간차를 활용 가능한 변수로 자리매김 하도록 하는 것이다.

2. 번역과 통역 선행 연구에서 시간차 측정

번역에서의 시간차는 전통적으로 휴지를 파악하여 분석해왔다. 휴지는 인지과정의 일차적인 표지로 활용되었으며 텍스트 발화 단위, 번역에서의 번역 단위 또는 세그멘트 사이의 주저함이나 경계를 표시하는 표지로 인식되어 왔다(버터워스(Butterworth). 1980; 스킬페루(Schilperoord), 1996, p. 11; 야콥센(Jacobsen), 1998; 드라그스테드, 2005). 최근 번역학에 시표추적 관련 기술이 접목되면서, 통역연구의 청성시차 개념이 번역 프로세스 연구에서도 유사한 방식의 측정방법에 영향을 주고 있다. 시표시차(Eye-key span(EKS))는 출발텍스트에 번역사의 시선이 고정된 시점에서부터 해당하는 도착텍스트가 입력되는 시점까지의 시간으로 정의한다(드라그스테드와 한센, 2008; 드라그스테드, 2010). EKS

〈표 1〉 기준의 시간차이 연구 방법론 개요

Author	Year	Unit	Point of measurement	Replicable?*
Treisman	1965	words converted to seconds	every 5 seconds	yes
Oléron and Nanpon	1965	seconds	words with literal translation	yes
Gerver	1969	words	every 5th word of source text	yes
Goldman-Eisler	1972	syntactical units	unclear	no – insufficient detail of method
Barik	1973	seconds	every 5 seconds	yes
Anderson	1994	seconds		no**
Lamberger-Felber	2001	seconds	beginning of segments where at least one interpreter omitted more than 15 words	yes**
Lee	2002	seconds	beginning of sentence	yes
Kim	2005	seconds	beginning of sentence	yes
Podhajská	2008	seconds	unit of meaning (after Lederer 2002)	yes

* This column refers to whether the available study contains sufficiently detailed method section to allow replication.
** Reference to the author's (unpublished, possibly not available in English) thesis with further details of procedure.

는 매우 최근에 등장한 변수로 선행연구가 많지 않으므로 본 장에서는 통역에서의 시간차 측정과 관련한 방법론 측면에 초점을 맞추도록 한다.

통역에서 시차는 청성시차(EVS) 또는 데칼라지(décalage)로 불리며 1950년대에 처음 측정된 이래 (파네스, 1957/2002) 몇몇 다른 연구에서 시간차를 측정하여 분석한 결과가 보고되었다. 본 장에서는 기존 연구를 검토하고 시간차를 측정하는 방법론을 비교한다. 본 장에서 검토한 연구로는 트라이스만(1965), 올레온과 난폰(Oléon and Nanpon, 1965), 거버(1969), 골드만-아이슬러(172), 바릭(1973), 앤더슨(Anderson, 1994), 람버거-펠버(2001), 이태형(2002), 김혜림(2005) 및 포드하슈카(2008) 등의 연구가 있다. 방법론상의 비교를 위해 먼저 측정 단위와 측정 위치를 검토하였고 소개된 방법을 재현할 수 있는지, 즉 다른 연구자들이 동일한 방법을 재현하여 활용할 수 있을지를 검토하였다. 검토 결과는 <표 1>에서 요약하여 제시하였다.

시간차를 측정하는 초기 연구에서는 먼저 연사 발화를 기준으로 몇 단어 뒤에 통역사가 해당 부분의 발화를 시작하는지를 보았다. 그러다 점차 시간단위로 측정하게 되면서 서로 다른 연구결과 간 비교가 가능해졌다. 시간차를 어느 시점에서 측정하는가의 문제에 있어서는 합의가 덜 이루어진 상태이다. <표 1>에서 볼 수 있듯이 시간차를 어느 시점에서 측정할 것인가의 선택폭은 상대적으로 매우 넓다. 방법론적인 측면에서 봤을 때 이는 매우 납득할 수 있는 결과이다. 왜냐하면 통역에서 출발텍스트와 도착텍스트를 비교하여 해당 부분을 맞추어 가는 작업이 결코 만만한 것이 아니기 때문이다. 원연설은 통역 발화 과정을 거치면서 도착텍스트 언어의 여러 제약조건 (e.g. 문법이나 통사적 구조 등), 전략적 선택(e.g. 여러 개의 구체적인 요소들을 보다 일반적인 하나의 어휘로 대체하기; 거시전략의 적용에 관해 맥킨토시(Mackintosh, 1985) 참조), 또는 단순한 오류, 누락 및 첨가 등의 언어적 재구성을 거치면서 극적인 변화를 겪는다. 이러한 내재된 어려움을 극복하기 위해 연구자들은 출발텍스트와 도착텍스트를 매칭시키기 위한 전략을 정해야 한다. 예를 들어, 올레온과 난폰(1965)은 번역 산출물에 특정 어휘의 직역이 등장하는 것을 기준으로 둘 사이의 매칭을 시도했고, 바릭(1973, p. 246)은 "단순한 어휘상의 대응어가 아닌 콘텐츠에 기반한... 대응"이 있을 때 해당 세그멘트를 매칭시켜 전체 문맥을 고려한 정의를 제시하였다. 통역사에게 문제로 인식되는 세그멘트를 측정한다든가(람버거-펠버, 2001), 의미단위로 나뉘는 세그멘트를 측정하는(포드하슈카, 2008) 등 다른 연구자들은 개별 연구에 따라 측정 위치를 정하기도 하였다. 다만, 시간차를 측정하는 방법이 다르면 이를 통해 얻어지는 결론도 달라지는가 하는 것이 방법론적 측면에서 중요한 이슈이다. 우리는 이어지는 분석을 통해 이 질문에 대한 답을 구하고자 하였다.

2.1 분석 1: 동시통역에서 시간차를 측정한 기존 연구 방법론 비교

기존 연구에서 사용된 시간차 측정방법을 선별하여 시간차 분포 결과를 비교하였다. 비교를 위해 트라이스만(1965), 바릭(1973) 및 이태형(2002)의 연구에서 소개된 측정방법을 활용하였다. 이들 세 연구의 측정 방법은 상세하게 제시되어 있고 소규모 데이터로 재현할 수 있었다.

2.1.1 방법

영어로 발화된 18분 길이의 텍스트를 체코어가 모국어이고 6년의 통역경력을 갖고 있는 통역사가 실험실 상황에서 통역하였다. 원연설은 인권 관련 기업 행위에 관한 것으로 영어 원어민이 원연설을 읽었으며 이를 체코어로 동시통역하였다. 연설 중간 5분에 해당하는 세그멘트를 분석하였고 해당 부분의 출발텍스트와 도착텍스트를 각각 전사하였다. 목소리의 주저함, 발음을 길게 끄는 행위, 억양 및 필러 휴지와 같은 사항들은 별도로 전사하지 않았다. 원연설과 통역은 각각 투트랙 디지털 녹음기로 녹음하고 디지털 오디오 편집 소프트웨어인 Adobe Audition 1.0[1]를 활용하여 분석하였다. (이 소프트웨어에 대한 자세한 설명은 분고 후반부 방법론적 관찰에 제시된다.)

통역된 연설에 대해 세 가지 다른 방법의 시간차 측정방법을 적용하였다. 트라이스만과 바릭은 5초 단위로 끊어서 시간차를 측정하였고 이태형은 문장 앞머리에서 시간차를 측정하였다. 트라이스만은 통역사가 연사 발화를 몇 단어 뒤에서 따라가는지를 세었고, 바릭과 이태형은 초단위로 시간차를 측정했다.

(A) 트라이스만 (1965)

투트랙으로 녹음된 녹음본에 5초 단위로 표지를 삽입하고 출발텍스트, 도착텍스트의 전사본에도 5초 단위 표지의 위치를 표시한 뒤, 도착텍스트에 표지가 위치한 곳의 단어를 역으로 출발텍스트에서 찾아 표시하였다. 이 때 단어간 대응은 정확한 직역보다는 의미상의 대응을 찾도록 했다. 예를 들어, 도착텍스트에서 표지가 표시한 곳의 통역된 단어가 'základem (basis)'이었다면, 이에 대응하는 출발텍스트의 표현으로는 'in the heart of'를 찾고, 체코어는 성별, 시제, 격 등의 문법적 기능 표지가 의미어에 포함되는 경우가 많기 때문에 다른 문법적 기능을 지닌 어휘들은 제외하고 'heart'라는 단어에 대응 표시하였다. 이러한 접근은 여러 차례 발견된다. 이어서 출발텍스트와 도착텍스트의 각 해당 표지 간 단어수를 세어서 기록하였다. <그림 1>의 예문을 보면 5초 표지가 출발텍스트와 도착텍스트 가운데 가로선으로 표시되어 있다. 도착텍스트에서 표지가 위치한 단어는 굵은 글씨로 표시된 'V (전치사 in)'였다. 여기에 대응하는 출발텍스트 단어를 역추적해서 역시 굵은 글씨로 표시하였다. 도착텍스트에서 5초 표시(가로줄)가 있는 시점이 바로 통역사가 'in' 이라는 의미의 도착어 어휘를 발화한 시점이다. 이 시점에서 역추적하여 찾아낸 출발텍스트 표현 ('in') 사이에 몇 개의 단어가 발화되었는지를 측정하였다. 이 경우 'in'을 포함하여 출발텍스트 단어 10개가 발화되었다. 트라이스만의 연구에서와 마찬가지로 본 연구에서도 표지 단어간 거리를 출발텍스트의 발화 속도를 기준으로 시간거리로 환산하였다. <그림 1>의 예문에서 보면 출발텍스트 발화 속도는 분당 116 단어였다. 따라서 10개 단어의 길이는 5.2초의 시간차로 환산할 수

ST	**In** some cases, criminal or civil liability may be clear.	For instance on complicity in war crimes …
TT	… zemí však k tomuto nepřihlíží. *[… countries, however, do not take this into consideration.]*	**V** některém případě je jasné, že existuje občansko či trestněprávní odpovědnost. *[**In** some case it is clear that there exists civil or criminal liability.]*

〈그림 1〉 트라이스만(1965)의 시간차 측정 방법 예시

있다. 만약 도착텍스트에서 5초 표지가 되었으나 이에 해당하는 대응어를 출발텍스트에서 찾을 수 없는 경우에는 입력 누락으로 표시하였다.

(B) 바릭 (1973)

출발텍스트에 5초 단위로도 표지를 넣고 도착텍스트 전사본에도 표시한 트라이스만의 녹음 및 전사본 방식이 바릭의 연구에도 활용되었다. 출발텍스트와 도착텍스트에서 일치하는 부분을 녹음에서 찾고 두 개의 표지를 이들 지점에 표시한 뒤 두 개의 표지 간 시간을 측정하였다. 만약 도착텍스트에서 표지가 되었으나 이에 해당하는 대응어를 출발텍스트에서 찾을 수 없는 경우에는 입력 누락으로 표시하였다.

(C) 이태형 (2002)

투트랙 녹음에서 출발텍스트 각 문장의 앞머리를 찾아 표지를 표시하였다. 두 번째 표지는 출발텍스트 문장에 대응하는 도착텍스트 문장이 시작되는 곳에 표시되었다. 문장을 하나의 단위로 처리하였고 통역에서 문장의 일부만 통역된 경우에도 표지를 삽입하였다. 따라서 문장 전체가 통역에서 누락된 경우만 입력 누락으로 표시되었다.

2.1.2 결과 및 논의

평균, 중간값 및 각 지표의 범위를 <표 2>에서 설명하였다. 각기 다른 측정 방법간 평균 및 중간값은 통계적으로 유의한 차이를 보이지 않

〈표 2〉 트라이스만, 바릭 및 이태형의 시간차 측정 방법에 따른 기술통계 결과

Author	Items	Valid items	Missing values	Mean time lag (seconds)	Median time lag (seconds)	Range (seconds)
Treisman	59	49	10	4.66	4.65	0.0–9.6
Barik	59	49	10	4.78	4.37	0.2–11.1
Lee	38	31	7	4.60	4.74	2.2–9.5

았다. 이는 다양한 방법으로 시간차를 측정하더라도 결과가 비교 가능하며 어떤 측정 방법 – 측정 단위이든 측정 위치이든-을 선택하든지 결과에 크게 영향을 미치지 않음을 의미한다. 그러나 최소측정값이 2초까지 차이가 나고 최대측정값이 1.5초까지 차이가 난다는 점은 감안할 필요가 있다. 평균값과 중간값은 비교 가능했으나 구체적인 각 항목별 연구에는 어떤 방법으로 측정을 했는가에 따라 결과가 달라질 수도 있다. 따라서 시간차 측정방법 각각의 특성을 더 상세히 검토하고 향후 통역 프로세스 연구에서 시간차가 어떤 잠재력을 갖는지를 살펴볼 필요가 있다.

3. 시간차 측정에 대한 방법론적 탐색

통·번역에서 시간차는 프로세스의 시간적 측면을 측정하는 데 사용되었으나 인지적 처리를 보여주는 종속변수로서는 크게 검토되지 못하였다. 시간차가 통·번역 프로세스 연구에서 신뢰할 수 있는 종속변수가 될 수 있는지 알아보기 위해 다양한 문맥상황에서의 시간차 패턴을 더 상세히 고려할 필요가 있다. 이어지는 장에서 보다 다양한 조건 하의 통·번역 상황에서 시간차를 분석하고 분석결과를 번역과 통역 각각으로 나누어 제시하였다. 통역과 번역 각각 몇 개의 구체적인 방법론적 이슈가 제시되었다. 각 세트별 분석은 다음 네 개의 질문에 답하고자 하였다. ① 개별 통번역사의 퍼포먼스가 진행됨에 따라 시간차는 변하는가 아니면 과제를 이행하는 동안 일정하게 유지되는가? ② 개별 통번역사별로 시간차가 다르게 나타나는가 아니면 공통 패턴이 존재하는가? ③ 단일 과제 내에서 특정 시점마다 시간차가 다르게 측정되는가? ④ 과제가 달라지면 시간차도 달라지는가? 위 네 가지 질문에 답함으로써 우리는 출발텍스트를 도착텍스트로 전환하는 것과 관련된 인지 노력에 대해 보다 깊이 있게 이해하고 동시에 이러한 노력들이 주어진 과제 내에서, 또는 서로 다른 과제 간 그리고 서로 다른 통번역사간 어떤 양상으로 달라지는지를 알아보고자 하였다. 보다 넓은 관점에서 통역 및 번역에서의 시간차를 비교, 대조해 봄으로써 통역과 번역 과정을 이해하는 데 핵심적인 여러 노력 간 조화 및 전환 프로세스에 대해 보다 깊이 있게 이해하고자 하였다.

4. 번역에서의 시간차 측정

4.1 번역에서의 시간차 측정에 관한 일반적 방법론

본 장에서 보고하는 모든 번역 실험에서는 공통적으로 시표추적 및 키 스트로크 로깅 기법을 모두 사용하여 데이터를 취합하였다. 시표추적은 원격조정이 가능하고 머리를 자유롭게 움직이면서 시표 움직임을 기록할 수 있는 Tobii 1750 원격조정 시표추적장치를 활용하였다. 50Hz의 샘플링 레이트로 작동하며 양쪽 시표추적이 가능하다.[2] 실험용 텍스트는 해상도 1280x1024의 TFT 디스플레이로 제시되었다. 피실험자들은 표준 9-포인트 그리드 표시가 된 스크린에서 60cm의 거리를 두고 앉아 실험을 진행했다. 피실험자들의 키 로깅은 트랜스로그(야콥센과 슈(Jacobsen and Schou) 1999)를 이용하였다. 전체 화면 중 상단 창에는 출발텍스트가 뜨고 피실험자가 하단 창에 도착텍스트를 입력하는 시스템이다. 그리고 이 과정에서 모든 자판 입력과 마우스 움직임 및 휴지가 기록된다.

시표추적장치에서 취합한 데이터는 시표 움직임을 분석하는 프로그램인 클리어뷰를 이용하여 분석하였다. 아울러 출발텍스트가 떠있는 상단 창에 시선이 고정되면 Eye-to-IT 프로젝트의 일환으로 개발된 시선-어휘 매핑(GWM)도구[3] 를 이용하여 자동으로 해당 어휘가 매핑되었다. 드라그스테드와 한센(2008)은 GWM을 이용한 매핑이 불확실성이 상당히 높으며 감지율(시선고정이 정확하게 어휘와 일치되는 비율)이 약 80% 임을 보고한 바 있다. 옌센(Jensen, 2008)도 감지율을 65%와 75% 선에서 보고하고 있다. 효과적이고 체계적으로 시표와 키입력 사이의 시표 시차(eye-key span, EKS)를 분석하기 위해서 시표-키 관리기를 개발하여 시표추적과 키 스트로크 로깅을 함께 활용하는 기법을 보안하기 위한 추가적인 스크립트[4] 로 활용하였다. 이를 활용하여 출발텍스트에서의 시선고정과 도착텍스트 입력 단위에서 해당 부분을 연결하고 필요한 EKS 값을 측정할 수 있었다.

GWM이 완전히 안정적이지는 않기 때문에 아래에서 설명하고 있는 EKS 값은 안정적인 GWM 데이터 값을 보인 각 피실험자들의 출발텍스트와 도착텍스트에서 찾은 서른 개의 어휘 조합을 기반으로 계산되었다. 안정적인 GWM 값을 보이는 지점을 찾는 것이 목표였기 때문에 서른 개의 데이터 포인트는 피실험자마다 상이했다. 이처럼 무작위적인 선별과정으로 인해 결과적으로는 연설의 곳곳에서 데이터 포인트가 선택되었으며 어휘단어가 강세를 보였다. 클리프턴, 스타우브와 레이너가 말했듯이 "독자가 어떤 단어를 얼마나 오랫동안 쳐다보는가 하는 것은 그 단어의 의미를 파악하는 것이 얼마나 쉬운가 혹은 어려운가와 연관이 있다"(클리프턴, 스타우브와 레이너, 2007, p. 248)는 점을 고려하면, 번역에서도 어려운 어휘에 시선이 더 오래 머무를 것으로 예상할 수 있고 자연히 그런 곳에서 데이터값이 활발하게 측정될 것으로 예측할 수 있다(샤민, 스파코브, 라이하와 야콥센(Sharmin, Špakov, Räihä and Jakobsen, 2008, p. 43). 그러나 본 연구에서 각 집단별로 안정적인 시선 매핑을 보인 네 명의 피실험자의 데이터에서 여덟 개의 단어들을 무작위로 선별하여 분석한 결과, 적어도 세 개의 단어는 주관적인 관점(이 단어를 번역하기가 어려운가) 및 객관적인 관점(평균보다 긴 시선고정을 보이는가, 더 많은 되돌아보기가 발생하는가, 더 긴 EKS를 보이는가)에서 볼 때 특별한 어려움을 보이지 않는 단어들이었다. 따라서 무작위 선별된 30개의 단어 조합은 특별히 어려운 어휘들이라고 볼 수 없다.

각 단어 조합에 대해 출발텍스트 단어에 시선이 머무르는 시점에서부터 도착텍스트로 해당 어휘의 입력이 이루어지는 시점까지의 시간을 1/1000 초(ms) 단위로 측정한 시간 스탬프로 계산하여 기록하였다. 예를 들어 출발텍스트에서 '*better*'의 시간 스탬프가 10,000ms이고 이에 해당하는 도착텍스트에서 '*bedre*'의 시간 스탬프가 10,800ms라면 두 어휘 조합의 EKS는 800ms가 된다. 출발텍스트의 어휘는 대개의 경우 여러 차례 시선 되돌아보기를 보였다. 따라서 EKS 값은 해당 어휘에 처음으로 시선이 머무르는 시점(첫 시선고정으로부터 측정한 EKS)의 시간 스탬프 값으로부터 시간차를 측정하거나 아니면 도착텍스트 입력이 있기 직전 출발텍스트 단어에 마지막으로 시선고정이 되는 시점(마지막 시선고정으로부터 측정한 EKS)의 시간 스탬프 값으로부터 측정하거나, 아니면 다음의 설명에서 볼 수 있듯이 원칙을 정하고 이 두 값 사이의 어느 한 시점의 값을 활용하여 측정하였다.

다음에서 소개하는 EKS 분석은 번역을 배우고 있는 학생 및 전문번역사들이 코펜하겐 비즈니스 스쿨(CBS)의 CRITT[5] 센터에서 수행한 번역 과정 연구과제 몇 편의 결과를 정리한 것으로, 본 장에서 설명한 방법을 활용하였다. 번역에서의 EKS 분석을 실시한 실험의 예문을 통해 몇 가지 방법론적 이슈를 제기하고자 한다. 도전과제에 대한 설명과 함께 우리는 본 실험 설계의 장단점을 제시하고 방법론상의 오류를 보완할 수 있는 방법에 대해 제안하고자 한다.

4.2 분석 2: 개별 EKS 변동성(피실험자간 분석)

네 명의 학생과 네 명의 전문번역사가 100개 단어 길이의 동일한 텍스트를 번역한 데이터에서 각각의 EKS 패턴을 측정하여 텍스트를 번역해 나감에 따라 어떻게 달라지는가를 관측하였다. 분석 결과 ① 개별 피실험자간 변동폭은 학생 집단과 전문번역사 두 집단 간 차이가 있었다는 점과 ② 처음 시선고정을 기준으로 측정한 EKS가 마지막 시선고정을 기준으로 측정한 값보다 변동성이 더 높았다는 점을 알 수 있었다.

<그림 2>의 예문에서 전문번역사의 EKS 패턴은 학생들의 패턴에 비해 번역을 진행하는 동안 내내 안정적으로 유지되었으며, 이러한 현상은 처음 시선고정을 기준으로 한 경우에서나 마지막 시선고정을 기준으로 한 경우에서나 동일하게 유지되었다.[6] 마지막 시선고정을 기준으로 측정한 EKS 값은 전문번역사 집단은 일관되게 5초 이하를 기록하였으나 학생 집단에서는 <그림 3>에서도 볼 수 있듯이 40초까지 큰 변동폭을 보였다.

10번 어휘에서 40초까지 증가하는 경우, 피실험자가 출발텍스트의 단어를 40초 동안 수행기억에 저장하고 있었다기보다는 데이터 값이 유실된 것일 가능성이 높다. 수행기억의 특성 상 40초씩이나 저장하고 있는 것은 어렵기 때문이다. 다시 말해 10번 어휘에 대한 대응어의 발화에 앞서 한번 더 해당 출발텍스트 어휘에 시선이 되돌아보기하고 있었다고 추정할 근거가 있다는 것이며, 다만 이 행위가 시표추적장치에 의해 기록되지 못했거나 GWM 도구에 의해 정확하게 매핑되지 못했을 가능성이 높다는 것이다. 이들 도구가 부정확할 때도 있기 때문이다(옌센, 2008). 일반적으로 마지막 시선고정에서 측정한 EKS의 아웃라이어 값에 대해서는 주의를 기울일 필요가 있다. 이들 값을 평균값 계산에서 제외시켜야 할 수도 있는 것이다. 수행기억 제약으로 인해 이

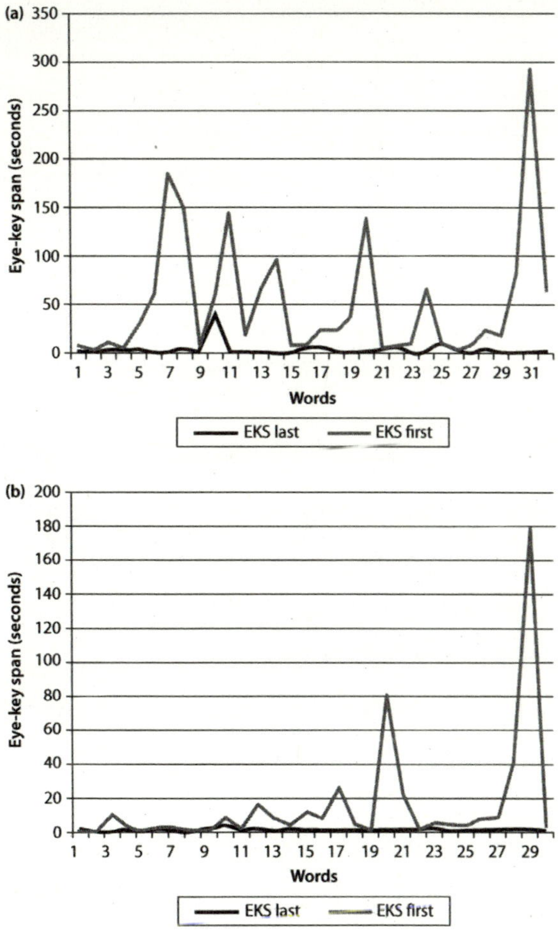

〈그림 2〉 개별 피실험자들의 EKS 패턴 (a) 학생, (b) 전문번역사

측정값에서는 이렇게 큰 변동폭이 있을 수가 없다. (두 집단간 차이는 아래 그림을 참고하기 바란다.)

그러나, 처음 시선고정에서 측정한 EKS 수치는 큰 폭의 차이가 발생할 수 있다. 본 연구의 두 집단에 속한 피실험자들은 출발텍스트 어휘

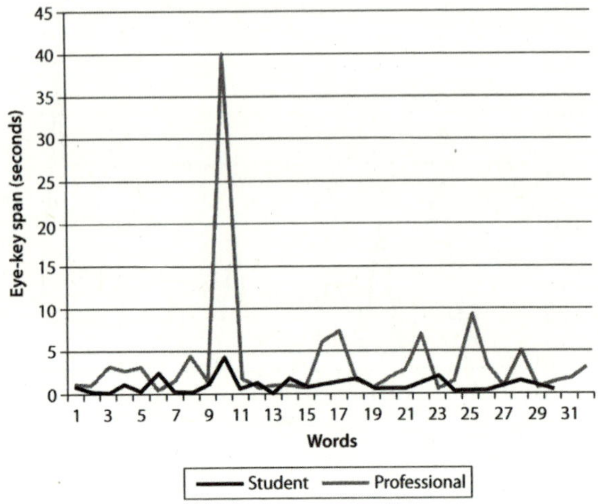

〈그림 3〉 마지막 시선고정에서 측정한 EKS

를 보고 이에 해당하는 도착텍스트 대응어를 입력하기까지 길게는 1분 30초까지 시선을 두기도 하였다.

기존 연구를 보면 은유적인 표현과 같은 어려운 어휘들은 번역자의 주의를 끌게 되고 따라서 실제 번역 산출물이 나오기까지 번역자의 시선이 오래 머무는 것으로 보고된 바 있다(드라그스테드와 핸슨, 2008, p. 12). 반대로, 어떤 단어에 처음 시선고정이 있고 난 뒤 바로 이어서 산출물 입력이 이루어질 수도 있으며, 이런 경우에는 처음 시선고정에서 측정한 EKS와 마지막 시선고정에서 측정한 EKS가 일치할 수도 있다. 결과적으로 두 집단 모두에서 피실험자간 편차가 매우 크다는 것을 확인할 수 있으며, 전문번역사 집단보다 학생 집단이 보다 큰 편차를 보였다. EKS를 계속 더 연구하여 출발텍스트 어휘 중 어떤 어휘가 더 길거나 짧은 EKS를 유발하는지를 출발텍스트와 도착텍스트의 통사적, 의미론적 주석달기를 통해 더 검토할 필요가 있을 것이다. 현재 코펜하겐 비즈니스 스쿨에서는 시표추적 및 키 로깅 데이터를 보다 잘 활용할 수 있는 방법을 연구하고 있다.

4.3 분석 3: 개별 피실험자들 각각의 EKS 패턴

코펜하겐 비즈니스 스쿨의 통역번역 프로그램에 재학 중인 여덟 명의 번역 전공 석사과정생들과 최소 10년 이상의 실제 번역 경력을 갖고 있으며 번역 전문가로 인정될 수 있는 여덟 명의 전문번역사들을 비교하여 개별 피실험자들의 EKS를 분석하였다(에릭슨(Ericsson), 2000/2001, p. 213). 모든 피실험자들은 덴마크어를 모국어로, 영어를 제1 외국어로 사용하고 있었다.

실제 번역과제를 이행하기에 앞서 모든 피실험자들은 출발텍스트를 읽어보았다. 이처럼 번역 이전 단계를 별도로 분리하여 제공하는 것은, 이렇게 하지 않을 경우, 번역사가 번역을 시작하기 전에 전체 출발텍스트를 미리 읽어보는 방식을 취하는가 그렇지 않은가에 따라 처음 시선고정에서 측정한 EKS가 너무 큰 편차를 보일 수 있기 때문이다. 즉, 텍스트를 전체적으로 한 번 읽고 시작한 경우와 그렇지 않은 경우 간에 편차가 너무 크게 나타날 수 있어 결과가 왜곡될 수 있다.

<표 3>에서는 전문번역사와 학생 집단 간 처음 시선고정에서 측정한 EKS 값과 마지막 시선고정에서 측정한 EKS 값이 제시되어 있다. 학생들의 마지막 시선고정에서 측정한 EKS 값이 평균 7초 이상이었다는 것은 출발텍스트를 기반으로 의미를 구축하고 도착텍스트 입력을 시작하기 위해 모든 전환을 마치기까지 학생들이 더 많은 시간과 노력

〈표 3〉 전문번역사와 번역을 배우는 학생 집단 간 EKS 측정 기술통계

	Professionals	Students
Mean/median EKS from last fixation (seconds)	2.8/2.8 (SD 1.1)	7.2/6.4 (SD 3.9)
Mean/median EKS from first fixation (seconds)	19.7/18.6 (SD 9.9)	58.6/52.0 (SD 12.2)
Fixations per ST word (mean)	3	6

을 기울이고 있다는 것을 의미한다. 여기에는 자판을 찾는 노력도 포함된다. 이 연구를 비롯하여 다른 선행 연구(드라그스테드와 한센, 2008; 드라그스테드, 2010)에서도 우리는 집단 간 또는 동일 집단 내에서도 타이핑 속도가 큰 차이를 보였음에 주목한 바 있다. 타이핑 속도가 얼마나 빠른가 하는 것은 EKS에 영향을 줄 수 있고, 따라서 연구 설계시 고려되어야 한다. 본 논문의 4, 5장 '번역에서의 EKS와 그대로 입력하기 과제 비교'에서 우리는 이러한 변수를 분석에 반영하는 시도를 최초로 진행했다. 출발텍스트 어휘에서 시선고정이 된 시점과 해당 어휘를 (출발텍스트와 동일한 언어로) 다시 입력하는 시점 사이의 시간차를 측정하였다. 이를 통해 타이핑 속도를 어느 정도 짐작할 수 있고 타이핑 스킬과 EKS 간의 관계에 대해서도 알 수 있게 될 것이다.

일부 경우에는 번역 산출물 단위 직전에 휴지가 포함되어 EKS가 측정되는 경우도 있었다. 학생들은 번역해야 하는 출발텍스트 어휘에서 마지막 시선고정이 있은 뒤 실제 대응어를 입력하기 전까지의 시간차 동안 해당 단어가 아닌 다른 출발텍스트 어휘로 시선을 이동시키는 경향도 관측되었다. 이 현상을 보다 깊이 있게 분석함으로써 단기기억 용량에 대한 흥미로운 점들을 더 알게 될 수도 있을 것이다. 또한 번역사가 번역 중인 단어보다 어느 정도까지 앞서 나가며 읽기를 시도하는지, 통역사와 번역사의 작업 패턴은 어떻게 다른지 등 피실험자의 예측 과정이나 패턴을 이해하는 데에도 도움을 줄 수 있다.

처음 시선고정에서 측정한 EKS는 실제 번역과제를 시작하기 전에 한 번 전체 텍스트를 읽어보았을 때의 시선고정은 포함하고 있지 않다. 이렇게 사전에 전체 텍스트를 미리 읽고 시작하는 행위는 앞서 언급한 것처럼 번역 이전 단계로 따로 분리하였다. 따라서 특히 학생 집단에서 관측되는 처음 시선고정에서 측정한 EKS 값이 몇 분까지 길어지는 현상은 도착텍스트를 입력할 수 있기 위해서 출발텍스트를 먼저 이해하고자 하는 피실험자의 노력을 보여준다고 하겠다. 출발텍스트 어휘에 처음 시선고정의 되는 시점에서부터 실제 이에 대응하는 도착텍스트를 입력하기까지의 시간차가 길어질수록 학생 집단에서는 되돌아보기와 연계되어 있었다(<표 3>에서 볼 수 있듯이 평균 6번 정도). 전문번역사들의 경우에는 출발텍스트 어휘에 시선이 고정되면 곧바로 도착텍스트 입력으로 이어지는 경우가 주를 이루었다.

학생 집단에서 EKS 값이 더 크게 측정되는 것은 학생들이 출발텍스트를 기반으로 의미를 파악하고 모드를 전환해서 도착텍스트 입력을 시작하기까지 필요한 시간을 나타내는 것으로 볼 수 있다. 선행 연구에서는 읽기와 쓰기 과정을 조율하는 것이 전문번역사에서보다 학생들에서는 더 선형적으로 이루어진다고 보고하였다(드라그스테드, 2010). 학생들은 출발텍스트에서 긴 세그멘트를 읽고 난 뒤에 모드를 바꿔서 해당하는 도착텍스트 세그멘트를 입력하기 시작한다. (이는 순차통역에서 연사 발화부분을 듣고 이어서 순차통역을 제시하는 것과 유사하다.) 따라서 출발텍스트를 읽는 시점과 도착텍스트를 입력하는 시점 사이의 시간차가 상대적으로 길다. 반면, 전문번역사들은 출발텍스트와 도착텍스트 사이를 계속해서 왕복하며 작업한다. 따라서 조율 및 전환이 즉각적이며 출발텍스트를 읽고 도착텍스트를 입력하기까지 시간차는 상대적으로 짧다. 전문번역사들이 출발텍스트를 읽고 도착텍스트를 입력하는 작업이, 마치 동시통역사들이 동시에 들으면서 말을 하는 것과 같이, 거의 동시에 이루어지는 현상에 대해 *통합된* 조율이라는 표현이 제시되기도 하였다(드라그스테드, 2010).

4.4 분석 4: 연설 일부 및 문장 위치에 대한 상대적 EKS

GWM에서 확보할 수 있는 신뢰할 만한 데이터 값이 많지 않고 GWM 품질이 높은 단어조합에서만 EKS 측정치를 활용할 수 있다는 방법론적 제약으로 인해, 본 연구에서는 연설의 특정 부분과 EKS 측정치 사이의 관계를 심도있게 분석하지 못하였다. 선별된 EKS 측정치만으로는 평균보다 길거나 짧은 EKS(처음 시선고정에서 측정했는지 마지막 시선고정에서 측정했는지와는 무관)와 연설의 특정 부분과의 상관관계를 증명할 수가 없었다. 평균 이상 또는 이하인 EKS는 연설에서 여러 다양한 품사(동사, 명사, 형용사 및 부사)[7]에 분포해 있었고 텍스트 전체를 놓고 보아도 무작위로 분포되어 있었다. 이미 언급했듯이, 이와 같은 데이터의 품질을 향상시키기 위한 노력이 진행되고 있으며 산출물에 대한 구문 및 의미론적 주석달기를 가능하게 하여 데이타를 처리할 수 있도록 하는 작업이 진행 중이다(칼과 야콥센 (Carl and Jacobsen), 2009).

두 집단 모두 처음 시선고정에서 측정한 EKS가 과제 후반부로 갈수록 길어지는 경향을 보였다. 그러나 이는 과제가 진행될수록 도착텍스트 입력 전에 특정 어휘에 시선이 오래 머무를 수 있는 가능성이 높아질 수 밖에 없기 때문에 그리 놀라운 것은 아니다. 또한 특히 학생 집단에서 처음 시선고정에서 측정한 EKS 측정치가 모든 피실험자들에서 공통적으로 특정 단어에서 더 긴 값을 보이는 경향이, 약하지만 나타나기도 했다. 예를 들어 형용사 'economic' (평균 EKS 18.3초)이나 동사 'offered' (평균 EKS 15.7초) 등의 경우 마지막 시선고정에서 측정한 EKS 평균값에 비해 더 길게 측정되었다. 이 어휘들이 피실험자에게 어려움을 유발하지 않았나 추정해 볼 수 있으나, 이와 관련한 데이터량이 제한적이라 추론만 가능할 뿐이므로 이에 대해 더 심도있는 분석은 하지 않았다.

4.5 분석 5: 번역과 그대로 입력하기 과제에서의 EKS 비교

타이핑에 들어가는 노력의 양을 제외하고 오직 도착어에서 출발어로의 전환에 들어가는 노력의 영향만을 측정하기 위해 번역 과제에서의 EKS와 그대로 입력하기 과제에서의 EKS를 비교해 보았다. 여섯 명의

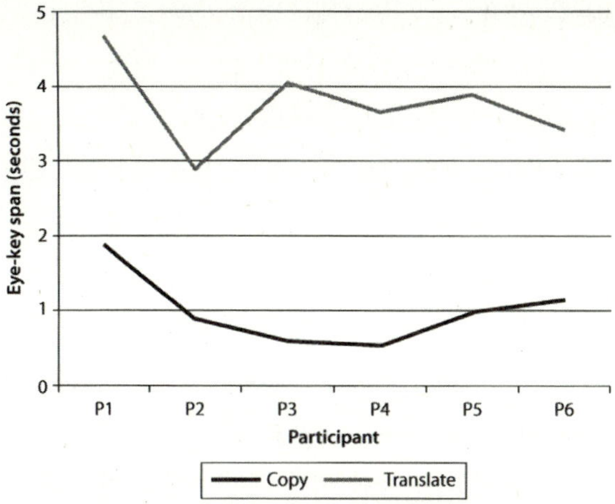

〈그림 4〉 그대로 입력하기 과제와 번역 과제를 수행한 개별 피실험자의 EKS

전문번역사들이 제1외국어인 영어로 된 텍스트를 그대로 입력하도록 하였고 유사한 영어 텍스트를 덴마크어로 번역도 하였다.

<그림 4>에서 볼 수 있듯이 곡선이 병행하여 나타나지는 않으나 두 과제에서 측정한 EKS 사이에 어떤 상관관계가 있을 수도 있음을 시사한다. 두 곡선 간의 거리는 번역에 드는 노력을 나타내는 것으로 해석할 수 있다.

앞서 언급했듯이 피실험자 개인의 타이핑 실력도 EKS에 영향을 줄 수 있다. 이러한 차이를 보완하기 위해 향후 EKS 관련 실험에서는 그대로 입력하기 과제를 포함해서 설계하거나, 혹은 키보드를 보지 않고 타이핑 할 수 있는 사람을 기본으로 하여 타이핑 실력을 바탕으로 피실험자를 선발하는 방법을 생각해 볼 수 있을 것이다. 키보드를 보지 않고 타이핑하는 경우 모니터 화면에서 눈을 떼지 않아도 되기 때문에 보다 높은 퀄리티의 시선 데이터값을 얻을 수 있다는 긍정적인 부수효과를 기대할 수 있다. 그러나 학생들을 피실험자로 선발할 때 이러한 기준을 적용하면 자격을 갖춘 피실험자수가 급격히 감소할 수도 있다.

4.6 방법론적 관측

번역 프로세스를 연구하기 위해 시표추적과 키 스트로크 로깅 기술을 이용하여 EKS를 측정하는 기술은 아직 초기단계에 있다. 그리고 CRITT에서 수행한 몇몇 번역 프로세스 관련 연구에서 취합한 데이터를 통해 유추한 결과를 보면, 데이터 품질을 향상시키고 신뢰도를 높이기 위해서는 연구 방법과 사용된 도구에 대해 보다 면밀한 테스트가 필요함을 알 수 있다. 예를 들어, 연설의 특정 부분과 EKS 측정값 사이의 관계를 상세하게 분석한다는 목표를 갖고 있는 연구라면, 불안정한 GWM 매핑으로는 실제 분석을 위한 데이터 값을 선택하기가 어렵다. 마찬가지로 서로 대응되는 출발텍스트와 도착텍스트 단위를 비교해서 이를 자동으로 감지하고 찾아내는 것도 매우 어려운 과제이다. 본 연구에서 설명하고 있는 출발텍스트와 도착텍스트 어휘 사이 매칭은 모두 수작업으로 이루어진 것이며 기본적으로 어휘 단위를 근간으로 한 것이다. 출발텍스트와 도착텍스트의 구문 및 의미론적 주석달기를 기반으로 한 EKS 측정을 위해서도 시표추적과 키 로깅 데이터를 더 자세히 보여주는 등 향후 보다 많은 연구와 개발이 필요하다. 미래에는 출발텍스트와 도착텍스트 단위를 파악하고 매칭하는 데 기계번역과 텍스트 배열 도구를 활용할 수도 있을 것이다.

본 연구에서 소개한 분석 결과는 처음 시선고정 및 마지막 시선고정에서 측정한 EKS 측정값을 기준으로 출발텍스트 어휘에 시선고정이 된 시작점과 이에 해당하는 도착텍스트 입력까지의 시차를 논의하였다. 처음 시선고정의 데이터 측정 지점을 정의하고, 아울러 보다 신뢰할 수 있고 비교 가능한 데이터를 얻기 위해서 실험 전에 모든 피실험자들이 텍스트를 미리 읽는 단계가 실험설계에 포함되었다. 이러한 과정을 포함함으로써 피실험자 간 데이터 값 비교가 더욱 용이해질 것으로 판단된다.

위에서 언급했듯이 피실험자간 타이핑 실력 차이가 집단 간 그리고 집단 내의 EKS 측정값에 영향을 주었을 수 있으므로, 실험설계에 타이핑 과제를 포함시킴으로써 전반적인 소요시간 차이, 특히 전문번역사와 초보번역사 간의 차이를 고려했어야 한다.

5. 통역에서의 시간차 측정

5.1 통역에서의 시간차 측정을 위한 일반적인 방법

이 장에서 설명하는 동시통역 분석에서는, 위의 번역 관련 분석에서와 동일한 질문을 다루고 있다. 개별 통역사 간, 통역사별, 특정 시점에서 측정하거나 서로 상이한 과제 사이에 시간차가 어떻게 변하는가를 분석하였다. 이를 위해, 달리 설명된 경우를 제외하고는 다음의 방법을 채택하였다.

기존 선행연구에서 이미 활용된 측정방법을 재현할 때 사용했던 18분 길이의 영어 연설을 그대로 사용하여, 16명의 통역사들이 실험실 상황에서 통역하였다. 연설은 인권과 관련한 기업행위에 대한 것으로, 영어 원어민이 읽은 것을 통역사들이 자신들의 모국어로 동시통역하였다. 출발텍스트와 통역은 투트랙 디지털 녹음기로 녹음하였으며 디지털 오디오 편집 소프트웨어 Adobe Audition 1.0을 이용하여 분석했다.

투트랙 녹음에서는 출발텍스트에 표지로 측정위치를 표시하였다. 두 번째 표지는 출발텍스트 부분에 대응하는 통역이 시작되는 부분에 표시하였다. 문장 앞머리가 측정위치가 될 경우 문장을 하나의 단위로 처리하였으며, 해당 문장의 통역이 시작되는 부분에 두 번째 표지를 삽입하였고 해당 문장의 일부만 통역된 경우라도 표지로 표시하였다. 출발텍스트 문장 중, 통역에서 전혀 언급 되지 않고 통째로 누락된 경우에만 측정값이 누락된 것으로 인정하였다. 이렇게 표시한 두 개 표지 사이의 거리를 측정하여 0.1초 단위로 시간차를 계산하였다.

5.2 분석 6, 7: 통역사별 EVS 변화(피실험자별 분석) 및 통역사 간 EVS 패턴(피실험자간 분석)

시간차와 다른 변수 간의 관계에 대해서는 이미 많은 선행연구가 진행되었고, 많은 연구자들이 실제 통역을 기반으로 관찰한 바와 추측되는 결과를 보고한 바 있다. 질(Gile, 1997)은 통역 전략으로서의 시간차 관리를 강조하였고, 이태형(2002, 2003) 시간차가 정확도 및 연사 관련 변수에 연관되어 있음을 보고하였다. 이태형은 특정 한계치(약 4초)를 넘는 시간차가 발생할 경우 통역 정확도가 감소한다는 결과를 밝혀냈다. 통역사들은 정확성을 추구할 것이라는 비교적 안전한 전제 하에, 통역에서 오역을 발생시킬 수 있는 정도의 시간차는 통역사의 전략적 의사결정이라고 볼 수 없다. 이태형은 또한 시간차와 각종 연사 변수, 이를테면 발표 속도나 연사의 발화 휴지 횟수 등이 상관관계가 있음을 밝혀냈다. 이를 통해 시간차가 어느 정도는 외부 요인에 의해 결정된다고 할 수 있다(바릭, 1973; 이태형, 2002). 이것이 사실이라면, 동일한 연설에 대해 여러 개의 통역본이 있을 경우 이들 각각의 통역에서는 유사한 시간차를 발견할 수 있어야 한다. 다음 분석을 통해 이 질문에 대한 답을 탐색하였다.

5.2.1 방법

피실험자들은 경력 1년에서 21년까지의 전문통역사 16명으로, 체코어(10명)와 네덜란드어(6명)를 모국어로 사용하였다. 앞서 설명한 텍스트에서 30개의 문장 앞머리를 측정지점으로 하여 시간차를 측정하였다.

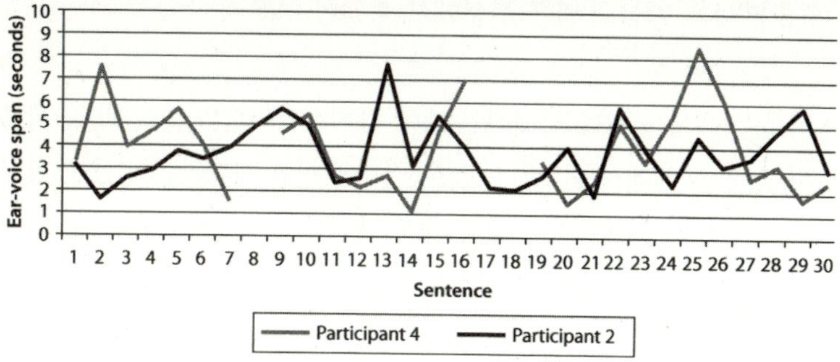

〈그림 5〉 두 명의 피실험자들의 개별 EVS

5.2.2 결과 및 논의

이 분석에서는 통역사들 간에 공통된 패턴을 찾을 수 없었다. 심지어는 통역사 개인의 시간차에서도 변동폭이 컸고 통역사들끼리 비교해 보았을 때에도 변동폭이 컸다. <그림 5>에서 동일한 텍스트를 통역한 두 개의 다른 통역을 비교했다. 모두 30개의 측정 포인트를 문장 앞머리에 두었다. 그림을 통해서 분명히 알 수 있듯이 통역사들은 서로 매우 상이한 시간차 패턴을 보였다. 결국 연사의 발화속도와 같은 외부 변수는 시간차의 결정변수가 되지 못한다는 것을 의미한다. 통역사들 개별적으로 봤을 때에도 시간차가 일정하게 유지되지 않는다. 이는 통역사 개개인이 일정하게 '선호하는' 시차를 두고 연사를 따라가는 것이 아니며 다른 변수에 의해서도 영향을 받는다는 것을 의미한다. 서로 다른 통역사들 간에 유사한 패턴이 없다는 것은 시간차의 원인이 연설의 난이도, 언어적 어려움, 발화 속도, 주제 친숙도 및 연사 억양 등에 대한 통역사의 주관적인 인식 등 내외적 결정변수가 복합적으로 작용하는 것이라는 것을 의미한다.

5.3 분석 8: 연설의 다른 부분에서 측정한 EVS

이 분석에서는 보다 구체적인 맥락 하에서의 시간차 특성을 탐색하였다. 앞의 분석에서 통역된 텍스트 전체에 대한 시간차의 평균을 비교하였다면, 이번 분석에서는 보다 좁은 관점에서 사전에 정한 특정 지점에서의 시간차를 관찰하여, 텍스트 내 각 지점에서의 시간차를 비교하였다. 이를 위해 문장 앞머리, 동사, 그리고 숫자 이렇게 세 항목을 정하여 비교하였으며 세 가지 항목은 연구자가 자의적으로 선정하였다. 문장의 앞머리는 녹음에서 찾기도 쉽고 통역에서 누락될 가능성도 매우 적다. 동사는 숫적으로 많고 통사적 중요성으로 인해 보통 통역이 이루어진다. 숫자는 문맥적 상황에서 유추하기가 쉽지 않고 일반적으로 통역하기 어려운 것으로 간주되기 때문에 측정지점 항목으로 선정하였다.

5.3.1 방법

앞서 설명한 자료를 통역한 것 중 체코어가 모국어인 통역사 1인의 자료를 선정하였다. 구문적으로 복잡한 문장, 부정을 나타내는 동사가 포함된 문장 그리고 숫자가 2-3개 포함된 문장, 이렇게 세 가지 다른 유형의 문장 30개를 분석하였다. 각 유형별 문장은 그 길이와 구성이 비슷하도록 매칭 되었다.

5.3.2 결과 및 논의

<표 4>에서 각 측정지점에서 얻은 EVS의 평균값과 중간값을 제시하

〈표 4〉 연설의 각기 다른 지점에서 측정한 EVS에 대한 기술통계

Point of measurement	Items	Valid items	Missing values	Mean (seconds)	Median (seconds)
Sentence	30	30	0	3.6	3.2
Verb	32	24	8	3.8	4.1
Figures	17	10	7	2.6	2.5

였다. ANOVA 분석을 통해 각기 다른 측정지점에서의 시간차에는 유의미한 차이가 있다는 것과, 숫자 항목에서 측정한 시간차가 동사 항목이나 문장 앞머리에서 측정한 시간차 보다 유의미하게 짧다는 것을 알 수 있었다. 반면 동사 항목과 문장 앞머리에서 각각 측정한 시간차에는 유의미한 차이가 없었다.

결과적으로, 어느 지점에서 측정하는가에 따라 시간차 측정값이 달라지는 것을 볼 수 있다. 이는 앞서 선행연구에서 제시된 다양한 방법으로 측정한 결과를 비교한 분석 결과와는 상충된다. 이러한 결과가 도출된 원인으로는 전체 텍스트의 평균 시간차를 측정할 때, 바릭과 트라이스만의 측정 방식에서처럼, 편차가 큰 측정치들이 포함되어 있기 때문일 수도 있다. 바릭과 트라이스만은 각각 5초를 기점으로 시간차를 측정하였고 어떤 문장 성분인지는 고려하지 않았다. <그림 1>에서 제시한 예문을 보면 전치사를 기점으로 시간차를 측정하였다. 그러나 본 연구의 분석에서는 언어적 특성에 따라 다른 유형의 처리방식을 필요로 할 수도 있다는 판단하에 측정지점을 구분하였다. 본 분석은 시간차가 동시통역과 연관된 여러 하부 프로세스를 구별하는 데 민감하게 적용할 수 있는 지표가 될 수 있다는 생각을 뒷받침한다. 두 가지 접근 방식은 모두 유용하다. 텍스트 전반을 아우르는 평균 시간차는 사전에 준비된 연설과 즉흥연설과 같이 서로 상이한 통역 상황을 보다 포괄적인 차원에서 비교할 때 유용할 수 있다(포드하슈카, 2008). 본 연구에서 채택한 보다 세분화된 측정방식은 실험연구에서 보다 유용할 수 있으며, 특정 구문이나 어려운 용어 등이 등장했을 때의 처리와 같이 보다 국지적인 관점에서 특정 하부 프로세스를 연구할 때 유용할 수 있다. 이러한 제안들은 현재로서는 잠정적이며, 시간차가 통역 프로세스 연구에서 유용한 도구로서 자리매김 할 수 있을지 보다 면밀한 연구가 필요할 것이다.

5.4 분석 9: 통역과 섀도잉에서의 EVS 비교

섀도잉은 모국어나 외국어로 음성 텍스트가 제시되고 이를 동시에 그대로 따라가면서 발화하는 것이다. 이 과제는 듣기와 말하기 사이에 주의력을 분산시켜야 하는 동시통역이 적성에 맞는지를 평가하는 방법으로 활용되고 있다(모서-머서(Moser-Mercer), 1985; 램버트(Lambert), 1991). 섀도잉과 동시통역은 비록 그 성격은 상이하지만 둘 다 동시에 처리하는 능력을 요하기 때문에 이 둘 사이에 어떤 상관관계가 있는지를 살펴보는 것도 흥미로울 것이다.

5.4.1 방법

무작위로 추출된 학생통역사들의 복합과제 수행 데이터를 활용하였다. 12명의 학생들이 영어로 된 실제 회의 연설자료 하나를 섀도잉하고, 또다른 인위적으로 만들어진 영어 연설문 하나를 학생들의 모국어인 체코어로 통역하는 과제를 수행하였다. 이 데이터는 순차통역을 1년 배운 번역 및 통역 전공학생들을 대상으로 실시한 평가 자료의 일부이다. 이 학생들은 처음 부스에 들어가 동시통역을 하는 것이고 섀도잉도 처음 해보는 것으로 별도의 연습도 없었다. 두 개의 연설문은 평가 자료로 이미 선정된 것으로, 이를 본 실험용으로 재조작하여 서로 유사하게 만들려는 시도는 하지 않았다. 섀도잉용 텍스트는 컴퓨터 범죄에 관한 연설로 영어 원어민이 현장에서 즉흥적으로 4분에 걸쳐 연설하였다. 동시통역용 텍스트는 일요일 오후를 공원에서 보내는 두 친구에 대한 이야기로 4분 45초 길이였다. 피실험자들 중 네 명은 (피실험자 번호 9-12번) 이 실험에 참가한 뒤 7년 후 다른 실험에도 참여하게 되었다. 전문 통역사로 1-7년의 경력을 지닌 상태에서 참여한 다른 실험의 데이터도 가져와 본 연구의 분석에서 함께 검토하였다. 7년 뒤의 실험에 사용된 텍스트는 인권과 관련한 기업행위를 다룬 것이었다. 세 텍

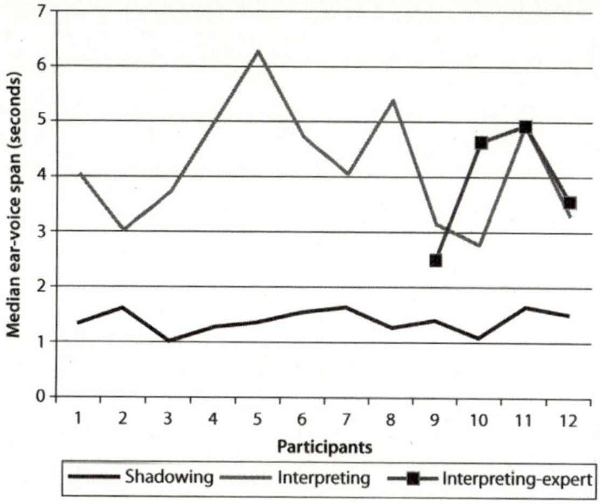

〈그림 6〉 섀도잉과 통역에서 측정한 개별 피실험자의 EVS 중앙값

스트 모두 문장 앞머리에서 시간차를 측정하였다. 섀도잉 연설에는 24곳, 동시통역 연설에는 20곳, 마지막으로 학생들이 7년 후 전문통역사로 활동하면서 녹음한 동시통역 연설에는 30곳에서 시간차 측정이 이루어졌다.

5.4.2 결과 및 논의

<그림 6>에서는 각 피실험자들의 과제별 시간차 중앙값이 제시되어있다. 전체적으로 중앙값을 보면 섀도잉의 시간차는 1.39초, 통역은 4.03초로 나타났다. 이는 기존의 연구에서 통역보다 섀도잉에서의 시간차가 더 짧다는 결과(트라이스만, 1965; 앤더슨, 1994)와 일치하며 통역에서의 긴 시간차는 보다 복잡한 프로세싱이 진행되고 있음을 의미한다는 전제를 뒷받침 한다. 그러나 각 피실험자들의 경우를 놓고 보면 섀도잉과 통역에서의 시간차 사이에는 상관관계가 없는 것으로 나타난다. 즉 어떤 학생이 섀도잉에서 시간차가 짧다고 해서 통역에서의 시간

차도 짧지는 않는다는 것이다. 물론 피실험자들이 통역을 처음 해보는 것이었다는 점은 감안해야 할 것이다. 피실험자 9-12번의 경우 학생이었을 때의 통역과 7년 뒤 전문통역사로 활동할 때의 통역을 비교한 것을 보면, 네 명 중 세 명이 학생이었을 때나 시간이 흘러 전문통역사일 때나 비슷한 시간차 패턴을 보였다. 시간이 흐름에 따라 (즉 경력이 쌓임에 따라) 시간차가 어떻게 달라지는지에 관해 어떤 추론을 이끌어 내기에는 본 데이터가 너무 제한적이기는 하지만, 통역사별로 '나만의' 시간차가 존재하는지 흥미로운 연구질문을 제기할 수는 있을 것이다. 이는 개별적 인지 구성 및 프로세싱에서의 선호와 관련하여 통역사들이 연사와 어느 정도의 거리를 두는 것을 선호하는지를 보여 줄 수 있다.

5.5 방법론적 관찰

시간차 연구가 반복재현이 가능하도록 하기 위해, 본 장에서는 기존 연구의 방법론에서 우리가 발견한 문제점들과 이를 극복하기 위한 노력에 대해 논의한다.

실험설비: 기술발전으로 인해 시간차 측정방법은 크게 변모했다. 초창기 연구에서는 시간을 측정하기 위해 초시계를 사용했으며 소리를 기계로 그래프로 전환해주는 장치(폴리그래프)를 이용했다. 오늘날, 음성 편집 소프트웨어를 사용하면 보다 정밀한 측정과 분석이 가능하다. 본 연구에서는 통역 데이터 분석을 위해 투트랙 녹음과 같은 스테레오 편집이 가능한 Adobe Audition 1.0을 사용하였다. 각 트랙은 분리된 채널에 입력되고 동시에 처리하거나 한 번에 한 채널만 분석할 수도 있다. 녹음 데이터의 사운드 웨이브를 확대해서 훨씬 더 상세하게 분석할 수도 있다. <그림 7>에서는 동일 부분 녹음을 확대 정도를 달리 하여 작업할 수 있도록 한 스크린샷을 볼 수 있다. 거의 무한대로 확대하여 들어갈 수는 있으나 이는 실용적으로 꼭 필요한 것은 아닌 것으로 보

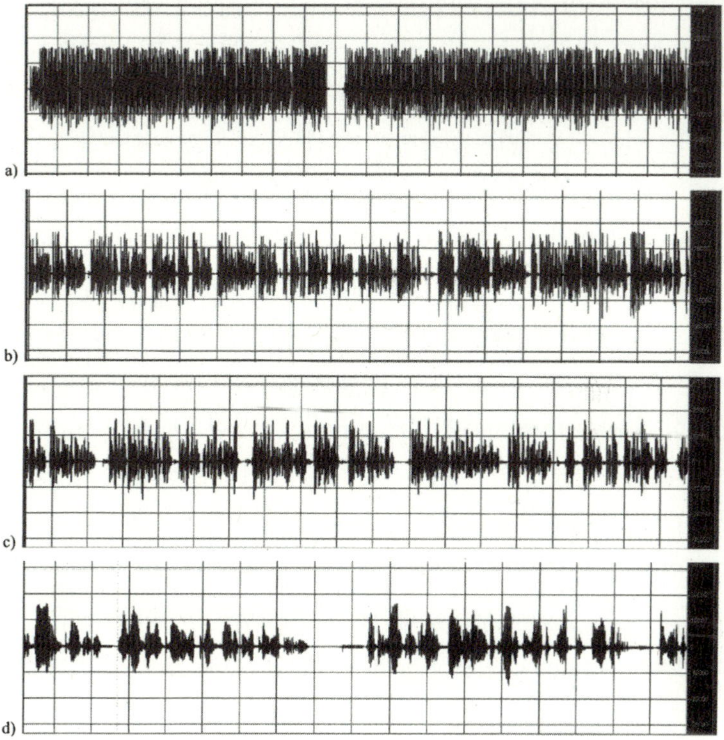

〈그림 7〉 Adobe Audition을 이용하여 각각 다른 확대 수준으로 처리한 스크린샷: (a) 별도 확대 하지 않음, 눈금은 30초 단위 (b)-(d) 확대 처리함. 눈금은 (b) 5초, (c) 2초, (d) 0.5초 단위로 표시

인다. <그림 7>의 [a]는 녹음된 분량 전체 (10분 40초)를 하나의 스크린 상에서 볼 수 있도록 한 것이다. 눈금 하나는 30초를 나타내며 커서 움직임은 625ms씩 움직이게 되어 있는데 이는 상당히 정밀도가 떨어진다. [b]에서는 더 확대해서 전체녹음 분량 중 1분 27초에 해당하는 부분을 보여주고 있다. 눈금 하나는 5초 단위이며 커서는 85ms씩 움직인다. [c]에서는 40초 분량의 녹음을 보여주고 있다. 눈금은 2초 단위이고 커서는 36ms씩 움직인다. 마지막으로 [d]에서는 9초 분량의 녹음을 보여준다. 눈금은 0.5초 단위, 커서는 8ms씩 움직인다.

시간차의 측정 위치는 여전히 수동으로 파악되어야 하며, 인간의 귀는 1/1000초 단위로 측정된 소리는 구별할 수 없다. 0.2초 길이에 대략 음절 하나가 녹음되는데 이보다 더 세밀한 단위로 내려가게 되면 인간의 귀로 인식하는 소리는 정확도가 떨어진다. 또한 20분 길이의 파일을 한번에 10초씩만 보여주는 파일로 전환하여 관리하는 것은 혼선을 유발하기 쉽다. 이러한 속도로 제시되면 (10초 길이를 담은 화면이 분당 6개가 보여지며 총 길이가 20분 이므로) 120개 스크린으로 나뉘는데 이 분량을 앞뒤로 이동하며 분석하기는 어렵다. 본 연구에서는 40초 분량의 녹음에 눈금은 2초 단위로 표시되는 [c]를 채택하였다 (<그림 7>에서 제시된 [c]). 이 정도의 확대에서는 커서가 40ms (0.04초) 단위로 움직인다. 기본적인 시간차 측정 단위가 0.1초라는 것을 감안하면 이 정도의 정밀도가 시간차 측정에 적합한 것으로 판단되었다. 연구에서 특정 문장이나 단어와 연관해서 보다 국지적인 분석을 하고자 할 때에는 녹음된 연설 전체를 대상으로 하여 분석할 때와는 다른 방법이 필요할 것이다.

Adobe Audition을 이용하면 매우 다양한 포맷으로 녹음된 자료를 저장할 수 있다. .wav 파일 형태로 저장하면 특정 조작과 비음성적 정보도 파일에 포함할 수 있다. 시간차 측정을 위해 녹음 자체에는 아무런 변화를 주지 않으면서 측정 지점에 표지를 삽입하고 이를 저장할 수 있다. 이렇게 삽입된 표지는 단일 지점에 삽입 표시될 수도 있고 혹은 범위를 지정하여 표지범위로 표시될 수도 있다.

표지범위의 시작점을 한 채널에서의 측정지점(출발텍스트 채널)에 두고 표지범위의 종료점은 다른 채널에서의 측정지점(도착텍스트 채널)에 두면, 소프트웨어가 자동으로 표지범위의 시간길이를 측정하기 때문에 연구자가 시간차를 수작업으로 계산할 필요가 없어진다.

기존의 다른 연구에서도 Sony SoundForge(김혜림, 2005)라든가 Creative SoundWave (이태형, 2002)와 같은 소프트웨어가 사용된 바 있다. 모두 측정의 정밀도에 있어서는 유사한 수준을 보이지만, 출발텍스트와 도착텍스트가 각각 별도의 파일로 저장되기 때문에 이 둘을 조심스럽게 동기화 하는 작업이 필요하다는 차이점이 있다. 동기화 작업은 특히 전통적인 오디오 테입에 녹음된 경우 더욱 중요한 문제가 된다. 포드하슈카는 녹음 및 재생 시 이들 테이프 녹음의 작동 속도가 조금씩 차이가 나기 때문에, 하나의 출발텍스트를 여러 번 녹음했다든가 하는 경우에서처럼, 동일한 파일이라도 그 길이가 길게는 몇 초까지 차이가 발생할 수 있다는 점을 지적하였다(개인문의를 통해 알게됨). 따라서 시간차 측정은 각각 별도로 작업한 출발 - 도착텍스트 세트를 대상으로 하는 것이, 하나의 마스터 출발텍스트 파일을 놓고 여기에 여러 개의 도착텍스트 파일을 맞추는 방식 보다 정확할 것으로 판단된다.

측정단위: 1/1000초 (ms) 단위로 정밀한 측정이 가능한 소프트웨어를 활용할 수 있게 되면 더욱 정밀하게 측정하고자 하는 욕구가 생긴다. 그러나 현시점에서는 그러한 욕구를 억누르는 것이 나을 것이다. 여기에는 두 가지 이유가 있다. 먼저, 이미 언급했듯이, 소프트웨어가 아무리 민감하다 하더라도 결국 분석은 인간이 해야 한다. 따라서 분석의 정밀도는 인간이 어느 정도까지 인지가 가능한가에 따라 정해지게 되는데, 인간은 1ms 단위로 주어지는 시각 또는 청각 정보를 인지하는 것이 불가능하다. 두 번째로, 음파를 통해 명확하게 그 경계가 구분되는 연설의 소리뭉치를 볼 수 있으나, 이들은 주로 휴지와 함께 등장한다. 구어는 연속적인 발화신호로 이루어지고 단어는 자연스럽게 서로 섞이면서 발화된다. 따라서 음파를 보며 개별 어휘 영역을 구분하는 것은 쉽지 않다. 1ms 단위로 정밀하게 측정한다고 해도 오히려 정확도가 떨어질 수도 있다. 이태형(2002)은 정밀한 소프트웨어를 사용하더라도 시간차 측정은 100ms (0.1초) 단위로 이루어졌음을 보고한 바 있다. 이는 다른 연구에서도 채택된 단위이며 본 연구의 분석에서도 이를 따랐다.

통계분석: 대부분의 선행연구는 통역사별 혹은 연설별로 시간차 평균값을 제시하였다. 평균값은 전체 통계치를 요약해서 하나의 '평균이 되는' 값을 보여주는 것이다. 그러나 이 수치는 극단값에 매우 민감할 수밖에 없다. 예를 들어 대부분의 측정치가 2.5초 내외인데 몇 개의 측정치가 이를 크게 상회한다면, 결과적으로 평균값은 왜곡될 수 있다. 이는 이미 올레온과 난폰(1965/2002, p. 47)이 지적한 바 있으며, 이들은 평균값 대신 중앙값을 측정하여 비교하였다. 포드하슈카(2008)는 12명의 통역사가 각각 통역한 두 개의 연설에서 측정한 시간차의 평균값을 제시하였다. 포드하슈카(2007)에서 확보한 원천데이터를 재분석 한 결과 <그림 8>과 <표 5>에서 볼 수 있듯이 차이를 발견할 수 있었다. 즉, 평균값보다 중앙값이 일관되게 낮은 수치를 보인 것이다. 대응표본 t검증을 통해 분석해 보면 평균값과 중앙값 간의 차이는 통계적으로 유의한 차이인 것으로 나타난다($t(23) = 9.94$, $p < 0.001$). 이는 다시 말해 시간차 측정값은 정규분포 곡선으로 나타나지 않기 때문에 평균값을 비교하는 것이 타당하지 않으며, 오히려 극단치나 아웃라이어 값으로 인해 평균값이 실제 시간차 측정치 분포결과를 왜곡해서 보여줄 수 있는 여

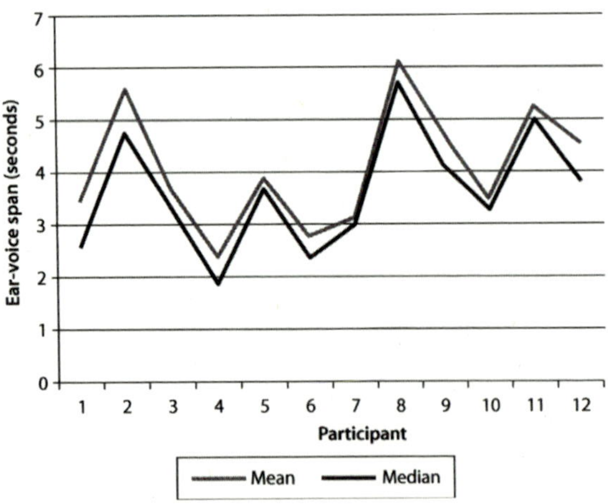

〈그림 8〉 포드하슈카(2007)의 원연설 2번을 토대로 측정한 EVS의 평균값과 중앙값

〈표 5〉 개별 통역사별 EVS의 평균값과 중앙값의 차이

Participant	Mean (seconds)	Median (seconds)	Mean-median (seconds)
1	3.4	2.6	0.8
2	5.6	4.8	0.8
3	3.7	3.3	0.4
4	2.4	1.9	0.5
5	3.9	3.7	0.2
6	2.8	2.4	0.4
7	3.1	3.0	0.1
8	6.1	5.8	0.3
9	4.7	4.1	0.6
10	3.4	3.3	0.1
11	5.3	5.0	0.3
12	4.5	3.8	0.7
	Mean	Median	Median
Total	4.1	3.5	0.4

지가 있음을 의미한다. 따라서 연구자들은 연구결과를 보고할 때 평균값 외에도 표준편차와 중앙값 및 범위도 보고하는 것을 권장하는 바이다.

6. 결론

본 연구에서 수행한 분석은 번역과 통역에서의 시간차 측정에 대한 다양한 방법론적 이슈를 논하고 탐색하기 위해 제시되었다. 번역과 통역은 특성이 다른 과제이므로 여러 차이점을 안고 있다. 두 모드는 각각 다른 기술 및 장비와 연관되어 있고 따라서 방법론상의 어려움에 있어서도 차이를 보였다. 통역연구는 여전히 수작업에 의한 측정에 크게 의존하고 있다. 번역연구는 정교한 시표추적 및 키 로깅 기술을 도입하였으나 분석 단계에서는 여전히 연구자의 주관적 해석에 크게 의존하고 있다. 시표추적 및 키 스트로크 로깅 기술을 사용한 EKS를 번역과정 연구에서 사용하는 것은 아직 실험단계에 있으며, 도구 및 방법론에 있어서 신뢰도와 데이터 품질을 향상시키기 위해 실험과 조정

이 더 필요한 상태이다. 특히 특정 어휘에 시선고정을 매핑 하는 것이 아직 불완전하여 발화의 특정 부분과 해당 부분에서 측정한 EKS 값 사이의 관계를 분석하고자 하는 시도가 성공적이지 못했다. 전체적으로 이들 측정값을 현단계에서 연구에 활용할 때에는 아직 많은 주의가 필요하며 산출물을 분석하는 데 있어서 기존의 통역 산출물 데이터 및 프로세스 분석 데이터와 병행하여 보완하는 성격으로 활용하는 것이 나을 것이다.

그러나 번역과 통역의 시간차 측정 연구에는 많은 유사점도 발견된다. 번역과 통역 모두 누락된 데이터값으로 인해 어려움을 겪고 있다. 이로 인해 특정 현상에 대해서는 분석에 필요한 조작을 가한 실험을 설계하는 것이 어려운 상황이다. 반면, 본 연구에서의 통역과 번역 분석을 보면 시간차가 통역사와 번역사의 머릿속을 들여다 볼 수 있도록 하는데 큰 가능성을 안고 있는 변수임을 분명히 알 수 있다. 시간차 측정는 단일 과제 또는 번역사/통역사 개인에 따라 변동폭이 매우 크다는 것을 확인하였다. 번역 실험에서는 전문번역사들의 EKS 값이 번역 과제를 진행하는 내내 안정적인 분포를 보인 반면, 학생들은 처음 시선고정에서나 마지막 시선고정에서나 모두 EKS 측정값이 번역 과제를 수행하는 동안 더 큰 변동폭을 보였다. 학생들의 측정값이 변동폭이 큰 것과 관련하여, 학생들은 번역 산출물을 생산하는 과정에서 더 많은 '장애물'을 만나고 이를 극복하기 위해 더 많은 인지노력을 필요로 하며 이것이 더 긴 시간차로 이어지는 것으로 보인다. 통역에서 전문통역사의 개별 퍼포먼스에서는 통역과제를 수행하는 동안 시간차가 큰 폭으로 변동하고 있음을 확인하였다. 이는 과제 수행에 필요한 노력이 늘 일정한 것이 아님을 보여준다.

번역과 통역 모두에서 시간차는 큰 개인별 차이를 보였다. 전문번역사와 학생번역사는 특정 출발텍스트 어휘에 대한 처음 시선고정에서뿐만 아니라 마지막 시선고정에서도 EKS 값이 상이했다. 학생들의 높은 EKS 값을 통해 이들이 의미를 구축하고 이해 모드에서 발화 모드로 전환하기 위해 더 많은 시간과 노력을 사용하고 있음을 알 수 있었다. 동일한 텍스트를 여러 명의 통역사가 통역한 것을 비교했을 때 특정 지점에서 각 통역사가 보이는 시간차가 동일하지 않음을 확인하였다. 이는 시간차가 연사 변수와 같은 객관적 요인에 의해 동일하게 발생하는 것이 아니며, 보다 주관적인 여러 요소들이 시간차 결정에 영향을 미친다는 것을 강하게 시사하고 있다. 발화의 서로 다른 지점에서 측정한 시간차 값 역시 서로 다른 측정치를 보여주었다. 아울러 통역 번역 과제와 더 쉬운 다른 과제를 수행하고 각각에서 측정한 시간차를 비교해 보았을 때, 텍스트를 그대로 입력하거나 섀도잉을 하는 등의 쉬운 과제 수행 시 시간차가 더 짧게 측정되는 것을 알 수 있었다. 이러한 결과는 모두 매우 흥미로운 결과이며, 주의 깊게만 활용한다면 시간차가 프로세싱 속도를 반영한 주요 시간 변수로서 통역과 번역의 인지 프로세스 탐색에 더 많은 기회를 제공하는 데 기여할 수 있음을 보여주고 있다.

미주

1. Adobe Systems Incorporated. 2003. Adobe Audition [Version 1.0]. http://www.adobe.com/.

2. Tobii 1750. http://www.tobii.se.를 참조할 것

3. 프로젝트에 대한 상세한 설명은 http://cogs.nbu.bg/eye-to-it 를 참조할 것. 올렉 스파코브(Oleg Spakov)가 개발한 시선-매핑 도구에 대한 상세한 설명은 http://www.cs.uta.fi/~oleg/gwm.html을 참조할 것

4. 스크립트 작성에 도움을 준 코펜하겐 비즈니스 스쿨의 로라 인터 볼링(Laura Winther Balling)에게 감사를 표함.

5. Center for Research and Innovation in Translation and Translation Technology at CBS.

6. 제시된 예문에서는 두 개의 피실험자 집단에서 두드러지게 나타난 패턴을 보여주고 있다. 전문번역사들 집단에서는 마지막 시선고정에서 측정한 EKS, 즉 대응하는 도착텍스트를 발화하기 바로 직전의 EKS가 5ms에서부터 12.5초에 이르기까지 (표준편차 866ms에서 3초) 측정되었다. 학생 집단의 경우 마지막 시선고정에서 측정한 EKS는 438ms에서 51.5초 (표준편차 1.5초에서 12.5초)를 기록했다. 시선이 처음 머문 곳에서 측정한 EKS는 학생 집단에서는 696ms에서 306초(표준편차 54-72초), 전문번역사 집단에서는 5ms에서 201초 (표준편차 23-41초)를 기록했다.

7. 해당어휘는 다음과 같다;
understandably, reluctant, compromise, threaten, economiz, development, incentives, emissions, vulnerable

참고 문헌

1. Anderson, L. 1994. "Simultaneous interpretation: Contextual and translation aspects." In *Bridging the Gap: Empirical Research in Simultaneous Interpretation,* S. Lambert and B. Moser- Mercer (eds), 101-120. Amsterdam/Philadelphia: John Benjamins.

2. Barik, H. C. 1973. "Simultaneous interpretation: Temporal and quantitative data." *Language and Speech* 16 (3): 237-270.

3. Butterworth, B. 1980. "Evidence from pauses in speech." In *Language Production. Volume 1.* Speech and Talk, B. Butterworth (ed.), 155-176. London: Academic Press.

4. Carl, M. and Jakobsen, A. L. 2009. "Objectives for a query language for user-activity data." In *Natural Language Processing and Cognitive Science (NLPCS 2009) Conference,* 6-8 May, 2009, Milan, Italy.

5. Clifton, C., Staub, A. and Rayner, K. 2007. "Eye movements in reading words and sentences." In *Eye Movements: A Window on Mind and Brain,* R. P. G. van Gompel, M. H. Fischer, W. S. Murray and R. L. Hill (eds), 341-371. Amsterdam: Elsevier.

6. Dragsted, B. 2005. "Segmentation in translation — differences across levels of expertise and difficulty." Target 17 (1): 49-70.

7. ______. 2010. "Coordination of reading and writing processes in translation: an eye on uncharted territory." In *Translation and Cognition,* G. Shreve and E. Angelone (eds), 41-62. Amsterdam/Philadelphia: John Benjamins.

8. Dragsted, B. and Hansen, I. G. 2008. "Comprehension and production in translation: a pilot study on segmentation and the coordination of reading and writing processes." In *Looking at Eyes. Eye-Tracking Studies of Reading and Translation Processing [Copenhagen Studies in Language 36*], S. Gopferich, A. L. Jakobsen and I. M. Mees (eds), 9-29. Copenhagen: Samfiindslitteratur.

9. Ericsson, K. A. 2000/2001. "Expertise in interpreting: an expert-performance perspective." *Interpreting* 5 (2): 187-220.

10. Gerver, D. 1969/2002. "The effects of source language presentation rate on the performance of simultaneous conference interpreters." In *The Interpreting Studies Reader,* F. Pöchhacker and M. Shlesinger (eds), 52-66. London/New York: Routledge.

11. Gile, D. 1997. "Conference interpreting as a cognitive management problem." In *Cognitive Processes in Translation and Interpretation,* J. H. Danks, G. M. Shreve, S. B. Fountain and M. K. McBeath (eds), 196-214. London/Thousand Oaks/New Delhi: Sage.

12. Goldman-Eisler, F. 1972. "Segmentation of input in simultaneous translation." *Journal of Psycholinguistic Research* 1 (2): 127-140.

13. Jakobsen, A. L. 1998. "Logging time delay in translation." In *LSP Texts and the Process of Translation [Copenhagen Working Papers I],* G. Hansen (ed.), 71-101. Copenhagen: Copenhagen Working Papers in LSP.

14. Jakobsen, A. L. and Schou, L. 1999. "Translog documentation." In *Probing the Process in Translation: Methods and Results [Copenhagen Studies in Language 24],* G. Hansen (ed.), 151- 186. Copenhagen: Samfundslitteratur.

15. Jensen, C. 2008. "Assessing eye-tracking accuracy in translation studies." In *Looking at Eyes. Eye-Tracking Studies of Reading and Translation Processing [Copenhagen Studies in Language 36],* S. Göpferich, A. L. Jakobsen and I. M. Mees (eds), 157-174. Copenhagen: Samfundslitteratur.

16. Kim, H. 2005. "Linguistic characteristics and interpretation strategy based on EVS analysis of Korean-Chinese, Korean-Japanese interpretation." *Meta* 50 (4): http://id.erudit.org/ iderudit/019846ar (Accessed February 19, 2011).

17. Lambert, S. 1991. "Aptitude testing for simultaneous interpretation at the University of Ottawa." *Meta* 36 (4): 586-594.

18. Lamberger-Felber, H. 2001. "Text-oriented research into interpreting. Examples from a casestudy." Hermes, *Journal of Linguistics* 26: 39-63.

19. Lederer, M. 2002. "Simultaneous interpretation : Units of meaning and other features." In *The Interpreting Studies Reader,* F. Pöchhacker and M. Shlesinger (eds), 131-140. London/New York: Routledge.

20. Lee, T.-H. 2002. "Ear voice span in English into Korean simultaneous interpretation." *Meta* 47 (4): 596-606.

21. ______. 2003. "Tail-to-tail span : a new variable in conference interpreting research." Forum : *International Journal of Interpretation and Translation* 1 (1) : 41-62.

22. Mackintosh, J. 1985. "The Kintsch and Van Dijk model of discourse comprehension and production applied to the interpretation process." *Meta* 30 (1): 37-43.

23. Moser-Mercer, B. 1985. "Screening potential interpreters." *Meta* 30 (1): 97-100.

24. Oleron, P. and Nanpon, H. 1965/2002. "Research into simultaneous translation." In *The Interpreting Studies Reader,* F. Pöchhacker and M. Shlesinger (eds), 42-50. London/New York: Routledge.

25. Paneth, E. 1957/2002. "An investigation into conference interpreting." In *The Interpreting Studies Reader,* F. Pöchhacker and M. Shlesinger (eds), 30-40. London/New York: Routledge.

26. Pöchhacker, F. 2004. *Introducing Interpreting Studies.* London/New York: Routledge.

27. Podhajská, K. 2007. *"Časový posuv v simultánim tlumočeniz angličtiny do Çeštiny a jeho závislost na typu textu" [Time lag in simultaneous interpreting from English into Czech and its dependence on text type].* (Masters thesis, Charles Univeristy, Prague.)

28. Podhajská, K. 2008. "Time lag in simultaneous interpretation from English into Czech and its dependence on text type." *Folia Translatologica* 10 : 87-110.

29. Schilperoord, J. 1996. *It's about Time: Temporal Aspects of Cognitive Processes in Text Production.* Amsterdam: Rodopi.

30. Sharmin, S. Špakov, O. Räihä, K.-J. and Jakobsen, A. L. 2008. "Where on the screen do translation students look while translating, and for how long?" In *Looking at Eyes. Eye-tracking Studies of Reading and Translation Processing [Copenhagen Studies in Language 36]*, S. Göpferich, A. L. Jakobsen and I. M. Mees (eds), 31-51. Copenhagen: Samfundslitteratur.

31. Shlesinger, M. 1998. "Interpreting as a cognitive process: What do we know about how it is done?." In *II Estudios sobre traduccidn e interpretacion [Second Studies about Translation and Interpreting],* L. Félix Fernandez and E. Ortega Arjonilla (eds), 749-766. Malaga: University of Malaga.

32. Treisman, A. M. 1965. "The effects of redundancy and familiarity on translating and repeating back a foreign and a native language." *British Journal of Psychology* 56 (4): 369-379.

John Benjamins Series

08 Methods and strategies of process research

John Benjamins Series

08 Methods and strategies of process research

제 2 부

통·번역 연구에서의 프로세스 연구

새 안경

고등학교에서의 번역 능력*

미리암 슐레징거 Miriam Shlesinger*, # **루스 알목**Ruth Almog*

*이스라엘, 바-일란 대학교/ # RSA, University of the Free State

1989년부터 이스라엘의 일부 고등학교 학생들은 영어(L2)에서 모국어인 히브리어(L1)로 번역하는 2년 번역과정을 선택할 수 있었다. 본 과정은 특히 두 언어 능력을 기르면서 메타언어인식을 향상하는데 중점을 두었다. 수업은 영어 교사들이 진행했는데, 교사들은 먼저 번역 기술, 번역 교수법, 그리고 번역 프로세스를 통한 메타언어의 이해 증진에 초점을 둔 교육과정을 2학기(112 시간) 동안 이수해야 했다. 교사들을 대상으로 한 교육과정과 해당 교사들이 고등학교 학생들을 대상으로 진행한 프로그램 둘 다 외국어(영어) 수업이 아니며, 전문번역사 양성 프로그램 또한 아니라는 점을 분명히 하였다. 해당 프로그램은 학생들이 언어간 유사성과 차이를 더 잘 이해할 수 있도록 하고, 언어와 문화 사이의 관계를 탐구하기 위한 독립 교과목(모듈)으로 편성되었다. 본 논문은 초보자 14명의 메타언어 능력 개발에 대한 프로그램의 직·간접적 영향에 관한 연구를 다룬다. 연구는 프로그램이 진행된 한 해 동안의 실험 결과, 설문, 인터뷰 등 정성 및 정량 데이터를 토대로 하며, 고등학교에서 심화 선택 과목으로 번역과정을 도입했을 때의 장점, 그리고 해당 프로그램이 일반적인 언어 관련 능력에 기여할 수 있다는 점을 보여준다.

KEYWORDS

고등학교 학생, 문어 번역, 메타언어인식, 히브리어, 입학 시험

1. 개요

본 논문은 두 저자의 공동 작업으로 이루어졌다. 1989년 이스라엘 교육부의 영어교육 국장 라파엘 게펀(Rafael Gefen)이 제1저자 미리암 슐레징거를 초청해 이스라엘 고등학교 11·12학년에 도입할 새로운 번역과정(Translation Skills Program, TSP)을 개설하도록 요청하였다. 교육부는 또한 예비 교사들에게 매년 제공되는 112시간의 교육 과정에 보조금을 지급하고, 교과서(로젠블루스와 발라(Rosenbluth and Ballas), 1998)도 출판하였다. 슐레징거는 19년간 교사 교육을 담당했으며, 교사들은 해당 과정 이수 후 각자의 학교에서 TSP를 가르쳤다. 제2저자 루스 알목은 교사 교육 과정 이수자로 13년간 소속 학교에서 TSP를 가르쳤다. 알목은 또한 통번역학부 졸업생으로 슐레징거의 지도 하에 TSP의 효과를 평가하는 석사 논문을 발표하였다. 초기 연구(알목, 2009)는 L1으로 번역하는 수업에 참여한 고등학교 학생들의 진척사항을 다루고, 학생들의 독해 능력, 문어 번역 실력과 메타언어인식(MA)의 수준을 분석하였다. 알목의 연구에 기반한 본 논문은 후자의 내용만 다룬다. 본 논문은 번역 및 해당되는 두 언어와 문화적 차이에서 비롯되는 메타 언어적 이슈에 대한 학생들의 인식을 연구하고자 하였다. 이를 위해 저자는 번역 프로세스의 각 단계를 살펴보며 14명 학생 참여자와의 구어/문어 담화를 통해 MA가 발달하고 나타나는 시점에 주목하였다.

2. 독립 교과목으로서의 번역 능력 (TSP)

고등학교에서 번역과정을 도입하는 경우는 흔치 않다. 실제로 아래에 언급된 프로그램[1] 을 제외하고는 독립 과목으로 편성된 경우를 보지 못하였다. 처음부터 TSP는 L1(히브리어)[2] 과 L2(영어) 기말고사 점수가 높았던(85% 이상) 학생들을 대상으로 신설되었다. 과목 개요서에는 11학년 주당 3시간, 12학년 주당 3시간, 연간 총 6학점으로 명시되어있지만, 대다수의 학교는 주당 2시간을 택하였다(일부 학교에서는 프로그램을 1년으로 압축하였다). TSP는 현재 이스라엘 전역 80개 고등학교에서 선택 과목으로 제공된다. 매년 약 700명의 학생이 전국 단위 입학시험에 응시하지만, 그렇지 않더라도 프로그램에 등록할 수 있다.

교육부의 영어교육 국장은 프로그램의 목적을 다음과 같이 설명하였다.

> [···] 본 프로그램은 번역 기법과 함께 다음의 분야를 포함한다.
> - 언어와 문화 대조 분석
> - 언어가 문화를 반영하는 방식에 대한 인식 제고
> - 문화 내, 문화 간 사고방식에 언어가 영향을 미치는 방식에 대한 인식
> - 참고자료에 대한 비판적 평가
>
> 수업은 워크숍의 형식으로 진행한다. 학생들은 2인 1조 혹은 모둠을 형성하며 서로의 번역물을 검토하고 번역 중이거나 다양한 고차원적 사고력을 적용할 때 나타나는 문제에 대해 비판적으로 접근한다.
>
> (쥬디 스타이너(Judy Steiner) 박사, 내부 커뮤니케이션, 2008년 7월 29일)

학교상황, 학교 행정시스템에서 정한 수업가능 인원, 실제 수강 가능 학생 수, 추가 선택과목에 관심이 있는 학생 수에 따라 한 반의 규모는 5~25명으로 정해진다. 학생들의 영어 실력은 상당히 비슷하다. 수업은

L1과 L2 모두 사용하며 형식에 얽매이지 않고 편안한 분위기에서 협동적이고 비경쟁적으로 진행된다. 현실적이고 효과적인 의사소통 상황을 학습할 수 있도록 하기 위해 편집되거나 각색된 텍스트보다는 원문 그대로의 텍스트 사용을 선호한다(하우스(House), 1981; 스넬-혼비(Snell-Hornby), 1985; 클라우디(Klaudy), 1996; 스티바드(Stibbard), 1998 참조).

TSP는 메타언어적 논의와 짧은 텍스트 번역을 함께 다룬다. 이 과정에서 학생들은 교사와 교과서가 제시하는 다양한 용어와 개념을 접한다(로젠블루스와 발라, 1998).[3] 이 중 일부는 언어대조분석과 관련 있는 용어이며, 다른 일부는 번역학 자체와 더 밀접한 관련이 있다. 그 중 몇 가지는 다음과 같다; 의미의 의미(the meaning of meaning), 번역 규범, 대상 독자, 문화소, 의미장, 핵심/관련 특징, 전략, 어휘 공백, 화용적 공백, 허위 동족어, 번역 가능성, 참고자료, 어휘화, 문법 그리딩(e.g. 성, 시제, 상(相) 등의 차이), 어역, 방언, 장르, 모호성, 동의성, 다의성[4], 연어, 함축, 동음 이의, 차용, 신조어, 결속성, 합치성, 반향(反響). 학생들은 점차 상기 열거된 개념과 번역 시 나타나는 문제와의 연관성을 알게 되며, 두 언어와 문화간 차이에서 발생하는 반복 패턴이 번역 가능성에 어떻게 영향을 미치는지도 알게 된다. 따라서 번역은 그 자체로의 목적이 아닌 언어와 문화의 복잡성에 대한 통찰력을 기르는 수단으로 여겨진다.

비비(Beeby, 2004)는 TSP와 유사하지만 고등학생이 아닌 대학생을 대상으로 하고, 무엇보다도 전문적인 번역사 양성을 궁극적인 목표로 삼는 수업요강을 소개하였다. 비비는 "대조적 수사에 대한 서술적 지식이 번역공부를 시작한지 1-2년이면 습득할 수 있지만, 절차적 지식은 번역사가 수년간 일해야 익힐 수 있다"고 말한다(2004, p. 43). TSP는 번역사 훈련, 혹은 완전한 절차적 지식의 전달을 목표로 하지 않기 때문에, 상기 언급된 제약은 크게 관련이 없다. TSP의 경우 서술적 지식이 목적이고 절차적 지식은 부가적으로 얻어지는 이득이다. L2 (또는 L1)

능력 향상도 반가운 부산물이지만, 역시 프로그램의 주요 목적은 아니다. 즉, TSP는 외국어/제2외국어 교육 수단도, 번역사 훈련 과정도 아닌, 지적 능력 향상을 위한 독립적인 형태이다. 디미트로바(2005, p. 61)와 마찬가지로, 저자 역시 "번역 작업은 계획, 텍스트 생성, 감수 등의 측면에서, 단일 언어로 하는 작문과 주요 인지 프로세스를 공유한다"고 생각하기 때문에 고등학교에서의 번역 수업은 학생들의 L1 과제의 수준 향상에도 기여한다고 생각한다. 하지만 본 프로그램이 L1 작문 능력 향상에 미치는 영향에 대한 실증 연구는 진행하지 않았다.

앞서 언급된 바와 같이, 오늘날 대부분의 번역 수업은 대학생들의 외국어 능력을 향상시키는 수단이나 취업 준비라는 목적의 일환으로 설계된다(클라인-브레일리(Klein-Braley), 1996; 시웰과 히긴스(Sewell and Higgins), 1996 참조). 전자의 경우, 외국어 수업에서 번역 학습의 중요성이 다시 부상하고 있으며, 독립된 단어나 문장을 공부하는 대신 문맥을 파악하는 연습에 치중할 가능성이 높아지고 있다.(이에 대한 개요는 코즈민스키, 와이즈만과 호로위츠(Kozminsky, Weizman and Horowitz), 1998와 숄다거(Schjoldager), 2004 참조). 후자의 경우, 번역사 교육에 관한 대부분의 문헌은 번역사 지망생을 대상으로 한 대안적 교육 방안에 대한 찬반론과 "번역 전략의 훈련 가능성"에 관한 고충(곤잘레스 데이비스, 스콧-테넨트와 로드리게스 토라(González Davies, Scott-Tennent and Rodriguez Torra), 2001, p. 737), 그리고 학생들이 전문가의 번역 수준을 갖출 수 있도록 하는 다양한 수업방식의 영향에 대해 다룬다(e.g. 슐레징거, 1992; 키랄리(Kiraly) 2000; 곤잘레스 데이비스, 스콧-테넨트와 로드리게스 토라, 2001; 디미트로바 2002; 윌스(Wilss), 2004; 곤잘레스 데이비스, 2005).

직업 교육 성향이 있기는 하지만, 번역 수업이 학문으로서의 고유한 장점 외에도 학생들의 언어 및 문화에 대한 전반적인 사고능력 증진에 기여한다는 의견도 있다. 예를 들어 시웰(1996)은 진로와 무관한 번역 수업의 부수적인 이점과 이런 번역 수업을 통한 MA 제고 역할을 언급한다. "[…] 번역 실습을 통해 언어를 탐구하고 도착어의 등가물을 평가하기 때문에 학생들의 두 언어 능력이 어느정도 향상된다. […] 번역 실습을 통해 언어의 민첩성을 높이고 다양한 아이디어 표현 방식을 인식하게 된다"(1996, pp. 142-145). 콘에이커(Conacher, 1996)는 대학생을 위한 언어 학습 방법으로써 번역 워크숍을 언급하며, 학생들이 언어와 문화에 대한 이해를 높이는 수단으로 번역을 인지하고, 동기 부여가 되기 때문에 도전적이고 즐겁게 언어를 학습할 수 있도록 장려한다고 말한다. 또한 "학생들은 평생 번역사가 되지 않을 수도 있지만, 언젠가 고용할 수도 있는 전문번역사들의 헌신, 의지, 그리고 전문성에 대해 잘 알게 될 것이다"라고 덧붙인다(1996, p. 180). 프레이저(Fraser, 1996)는 "[…] 프로세스 분석은 전문 번역을 성공적으로 수행하기 위한 방법을 제시할 뿐만 아니라 번역을 배우는 학생들에게도 적용될 수 있다"고 강조한다(1996, p. 124). 베르나르디니(Bernardini, 2004)도 "학습자들에게 꼭 필요한 인지적, 창조적 그리고 합리적 사고를 제공한다"며(2004, p. 27) 번역의 중요성에 대해 언급한다.

유감스럽게도 기존 문헌에서는 학생들의 나이와 교육 수준을 고려하지 않았다. 이는 곧 고등학교에서의 번역 수업은 대상에 알맞은 교수법과 교육 전략을 새로 수립해야함을 시사한다. 대학생의 니즈가 나이와 경험이 더 많고 성숙도가 높은 대학원생의 니즈와는 다르듯(곤잘레스 데이비스, 2005, p. 71), 고등학교 학생들의 니즈와 기대 수준도 대학생들과는 근본적으로 다르다.[5] 그렇기 때문에 수업 요강과 교수법에서도 나이, 성숙도, 그리고 인생 경험을 감안해야 할 것이다.

3. 연구

본 논문에서 다루는 종적 연구는 코민스키, 와이즈만과 호로위츠

(1998)의 연구 결과의 연장선상에서 이루어졌다. 학생들의 MA에 TSP가 미치는 영향을 조사한 연구자들은 주어진 출발텍스트를 읽고 이를 만약 번역하게 된다면 그 프로세스에서 가장 어렵거나 문제가 될만한 다섯 개의 단어나 구(句)를 찾아 분석하는 '설명 과제'에서 실험군 결과가 대조군에 비해 뚜렷하게 개선된 점을 발견하였다(프로그램의 취지에 따라 TSP 입학 시험도 '번역 문제점과 해결책을 설명하는 과제'에 100점 만점 중 30점을 할애하고 있다). 연구자들은 연구 결과가 고등학생들의 메타언어 능력의 본질과 번역 학습을 통한 해당 능력 향상의 가능성, 그리고 문제 해결 전략에 대한 통찰력을 제공한다고 보았다.

본 논문에서 다룰 연구는 2007~2008년 제2저자가 진행하였으며, 고등학교에서의 번역 능력(L2에서 L1으로의 번역)과 번역 수업에서 사용되는 협업 학습이 학생들의 MA를 향상시킨다는 가설에 기반한다.[6] 즉, 학생들이 "언어 사용의 언어적 속성에 대한 인식을 하게 되면 발화를 단순히 이해하거나 생성하는 것에서 한걸음 물러서서, 언어적 형태와 발화한 단어 의미의 심층 구조를 볼 수 있게 된다"는 것이다(말라코프와 하쿠타, 1991, p. 147). 이러한 MA는 또한 언어를 '사물', '프로세스', '체계'로 분석하고, '언어에 대해 고찰'하며, 한 언어 체계 밖에서 객관적으로 사고하고 언어 규칙, 구조 및 기능을 객관화하는 능력을 말한다. (모라(Mora), 2001)

본 논문에서 다루는 TSP는 2007년 10월부터 2008년 6월까지 시행되었다(해당 학생들이 프로그램을 수강한 첫 해이자 유일한 해였다).[7] 대개 학생들은 3~4명의 스터디 모둠을 만들어 함께 과제를 확인하고 번역하거나 번역 프로세스에서 나타난 문제에 대해 논의하였으며, 교사는 각 모둠과 자유롭게 대화하며 수업을 진행하였다. 학생들은 번역의 어려운 점이나 두 언어의 차이점을 파악하기 위해 매 수업의 진도와 배운 용어에 대한 일지를 기록해야 했다(이론가가 한걸음 물러난 입장에서 상황을 설명하고 이해를 돕는 데에 용어가 어떤 역할을 하는가에 대한 논의는 크로닌

(Cronin), 2005 참조). 또한 학생들은 개인적으로 특히 좋다고 여긴 번역 해결책에 대해 생각해보는 시간을 가졌다. 프로세스는 협력적이었고, 학생들은 의미 전이의 유형과 원인, 그리고 대안에 관해 토론을 벌이곤 했다.[8] 연구는 4단계로 진행되었다.

3.1 1단계 – 사전 TSP 번역 및 설문지 (2007년 10월)

기준선을 설정하기 위해 학생들은 180단어 분량의 텍스트(<부록 I>)를 번역하고, 번역 프로세스에 관한 설문에 응답하였다 (<부록 II>).

3.2 2단계 – 사후 TSP 번역 및 설문지 (2008년 5월)

프로그램을 마칠 때 쯤, 학생들은 1단계에서 번역한 텍스트를 다시 번역하고, 번역 프로세스에 관해 1단계에서와 동일한 설문에 응답하였다.

3.3 3단계 – 자기 평가 설문지 (2008년 6월)

자기 평가 설문지를 통해 학생들이 본인의 메타언어 인지(MA) 능력 개발을 어떻게 인식하고 있는지 살펴보는 정량적 측정을 시행하였다.

3.4 4단계 – 인터뷰 (2008년 6월)

피드백을 받고 설문내용 확인을 위해 개별 인터뷰를 진행하였다. 본 연구는 몇 가지 방법론상의 제약을 받았다.

1. 출석률이 항상 일정하지는 않았으며, 동기 부여 수준, 의지와 성실성의 정

도도 모두 달랐다.

2. 본 연구에는 대조군이 포함되지 않았다.
3. 본 연구는 단일 학교에서 단일 교사와 14명으로 구성된 단일 수업에서 진행되었다.
4. 교사가 본 연구를 수행하였다.

4. 결과

아래 데이터 대부분은 구두 또는 정성 자료이며, 따라서 다양한 해석이 가능하다. 또한 중립성을 유지하도록 노력했음에도 불구하고, 학생들의 구두 및 서면 피드백을 선별하는 과정에서 발췌한 내용에 연구자의 편견이 개입되었을 수 있다.

4.1 1단계-사전 TSP 번역 및 설문지

수업 첫 주에 번역 프로세스에 관해 설명해 달라는 요청에 대해 학생 중 어느 누구도 질문에 답하지 못했다. 번역 프로세스라는 것이 존재한다는 사실조차 몰랐기 때문에 당연한 일이다. 학생들의 설명은 다음과 같았다.[9]

- 학생 1, 7: "한 줄씩 먼저 읽고 번역했다."
- 학생 2: "이 단어와 구를 어떻게 번역해야 할지 몰랐다."
- 학생 3: "어떤 단어를 사용해야 할지 몰랐다."
    - "이상해 보여서 문장을 바꿨다."
    - "많이 고민했다."
- 학생 4: "단어 대 단어가 아닌 문장대로 번역했다."

- 학생 5: [무응답]
- 학생 6: “영어 문장이 불분명했다.”
- 학생 8: “모르는 단어 수에 놀랐다.”
- 학생 9: [무응답]
- 학생 10: “부담을 느꼈다”
- 학생 11: “대부분의 시간을 생각하고 단어를 찾는데 보냈다.”
- 학생 12: “대부분의 시간을 어떻게 시작할지 생각하면서 종이만 쳐다보고 있었다.”
- 학생 13: “‘속어’를 어떻게 번역해야 할지 몰랐다.”
- 학생 14는 ‘번역 프로세스’의 의미를 모르겠다고 답하였다.

학생들은 필요 시 사용할 참고자료(단일어/이중어 사전, 숙어/관용구 이중언어 유의어 사전)를 제공 받았다. 학생 당 참고자료 사용 횟수 범위는 3~15회였다(평균 10.25회).

4.2 2단계-사후 TSP 번역 및 설문지

예상대로 프로그램이 끝날 무렵 학생들의 피드백은 크게 증가했고, 번역 프로세스에 대한 개인의 관점을 반영해 다양한 기술어를 사용하였다. 학생들은 출발텍스트에 대한 이해와 도착텍스트의 구성에 대해 보다 자세하고 상세하게 기술하였다. 대부분은 텍스트를 먼저 읽었다고 응답(일부 학생의 경우 두 번)한 후 여러 가지 구체적인 어려움과 이에 대처하는 전략에 관해 언급하였다. 물론 학생들의 응답 내용은 교사가 설문지를 읽을 것이라는 점에 영향을 받았을 수 있지만, 그럼에도 불구하고 1단계와는 달리 어휘, 어역, 도착텍스트와의 연관성에 대해 응답하였다는 점에서 그 차이는 분명하다. 아래는 가장 생생하고 자세한 8개의 피드백 발췌문으로, 각 응답은 수업시간에 토론했던 주제와 관련이 있다 (어역, 속어, 연어, 참고자료, 공백, 문법, 의미의 미묘한 차이 등).

- 먼저 텍스트를 처음부터 끝까지 읽었다. 단어 하나를 이해하지 못할 때는 텍스트 맥락에 따라 이해하려고 노력했다. 그래도 이해가 안될 때는 히브리어-영어 사전을 사용해 '모르는 것을 모르지' 않도록 했다. 단락마다 어역이 달라졌기 때문에 주의를 기울였다.
- 번역 후, 'cigarettes'의 속어를 삭제하기로 했다. 히브리어에서는 어역의 사용이 다르기 때문이다. 제목은 출발텍스트처럼 관용구를 쓰고 싶었기 때문에 마지막에 번역했다. 우선 본문을 다 번역해야 알맞은 히브리어 관용구나 연어를 찾을 수 있다는 점을 알았기 때문이다. 'inserted'라는 단어는 그리딩 때문에 어려웠고, 'consumed'는 수동태인데다 그리딩 때문에 해당하는 히브리어 단어를 찾을 수 없었다.
- 먼저 배운 대로 주요 아이디어와 어역, 어조를 파악하기 위해 텍스트 전체를 읽었다. 빠른 속도로 번역했지만 문제되는 단어나 구는 표시해 두고 해당 단락은 사전을 사용해 번역했다. 가장 고민했던 두 가지 문제는 출발텍스트의 수동태와 'cigarettes'의 속어 사용이었다. 히브리어에는 마약에 대한 속어는 많지만 담배에 관한 속어는 없기 때문인데, 이 자체로도 흥미로운 사회학적 사실이라고 할 수 있겠다. 사회학적 공백이라고 부를 수 있을 것 같은데, 이런 공백에 대해 들어본 적은 없다. 어쩌면 문화적 공백일지도 모르겠다. 어쨌든 나는 속어를 사용하지 않기로 했다. 'finely cut'은 의미를 정확히 파악하지 못했다. 그리고 나서 텍스트 내에서 계속 바뀌는 어역을 제대로 맞추는 작업을 했으며, 그 다음은 히브리어 문법을 검사했고, 마지막으로 15분 동안 번역한 텍스트를 그냥 두고 '뜸을 들였다'. 그리고 마지막 수정을 거친 후 제목을 번역했다. 이번에는 훨씬 더 오래 걸린 것 같다.
- 먼저 전체 텍스트를 읽고 번역을 시작했다. 번역이 어려울 것 같은 단어는 표시한 다음 사전에서 찾아봤다. 어떤 단어가 가장 적합한지 생각하면서 한동안 칠판을 응시했다. 'cigarettes'의 속어에서 막혔는데, 검색도 되지 않았고

내가 아는 한 히브리어에 해당하는 속어가 없기 때문이다. 'disease'라는 단어도 헷갈렸는데, 텍스트 맥락에 의하면 사실 'problems'라는 단어여야 했기 때문이다. 제목 번역도 어려웠다. 알맞은 연어를 찾기 위해 제목은 마지막에 번역했다. 심지어 주어 동사 호응도 어려웠다. 여성형 동사를 써야 할 때 남성형을 썼거나 그 반대로 썼다는 것을 뒤늦게 알아차렸기 때문이다.

- 텍스트를 처음부터 끝까지 읽은 후 우선 제목은 건너뛰고 번역을 시작했다. 모르거나 100% 확신이 없는 단어는 사전을 찾아보았다. 사실 'cigarettes'의 히브리어 속어 찾기가 어려워서 혹시 아는 사람이 있는지 교실 밖에서까지 찾아봤다. 심지어는 친구에게 문자까지 보냈다. 제목을 번역할 때는 '숙어/관용구 유의어 사전'을 사용해 적절한 연어를 검색했다. 'finely,' 'commonly used,' 'cigarette holder' 단어도 어려웠다. 'devices'라는 단어는 영어 그리딩이 더 크며, 히브리어에 정확히 맞는 용어가 있는 것 같지 않다. 문장을 짧게 줄였고, 대부분을 수동태에서 능동태로 바꿨다.
- 텍스트를 두 번 읽고 어려운 단어나 표현을 찾아봤다. 번역을 시작하면서 각 문장을 두세 번씩 읽었다. 단어만이 아니라 각 문장의 '의미'를 파악하려 노력했다. (아주 많았던) 함정에 빠지지 않으려 노력했다. 긴 문장을 자르고, 수동태는 능동태로 바꿨다. 'generally'나 'usually'같은 시간 표현이 어려웠는데, 히브리어로 번역했을 때 말이 안됐기 때문이다. 생략된 부분에서는 동사와 연관된 주어가 확실치 않아 헷갈렸다. 'commonly'라는 단어는 형태학적 공백으로, 'commonly known'의 대응어를 찾기가 힘들었다. 'colloquially'는 형태학적, 어휘적 공백으로, 'colloquially used'의 대응어를 찾기 힘들었다.
- 사전을 찾으면서 번역했다. 번역투로 느껴질까봐 걱정했다. 'finely cut'이 작은 조각으로 잘린 것인지 아니면 잘 잘렸다는 뜻인지 확실치 않았다. 히브리어에는 'smolder'에 대한 대응어가 없기 때문에, 이는 어휘적 공백이다. 히브리어에서는 수동형을 거의 쓰지 않기 때문에 대부분의 수동태 문장을 능동태로 바꿨다. 히브리어 구문 개선을 위해 긴 문장은 둘로 나눴다.

- 두 번째 번역할 때 텍스트가 더 어렵게 느껴졌다. 영어의 미묘한 의미를 더 잘 알았기 때문이다. 영어에서는 수동태 문장이 많아 바꿔야 했지만 번역한 문장 중 일부가 어색했던 것을 보면 내 히브리어 문법 실력이 그렇게 좋지는 않은 것 같다. 사전을 많이 사용했다. 몇 번이나 썼는지는 기억나지 않는다.

학생들은 1단계에서와 동일한 참고자료를 사용하였다(단일어/이중어 사전, 숙어/관용구 이중언어 유의어 사전). 참고자료 사용 횟수는 0~15회였다(평균 13회).

4.3 3단계-자기 평가 설문

TSP 과정의 마지막 단계에서 학생들을 대상으로 실시한 설문은 번역 능력의 변화와 그동안 배운 내용에 대한 태도와 관련해 학생들의 관점을 파악하고자 하였다. 라이커트 척도에 따라 (1 = 전혀 아니다, 5 = 매우 그렇다) 학생들은 번역 프로세스를 기술한 아래의 항목에 답하였다(<표 1> 참조).

〈표 1〉 프로그램 종료 후 진행한 설문 중 TSP와 관련한 학생들의 응답

Scale	Number of responses for each question (n = 14)								
	1	2	3	4	5	6	7	8	9
1	0	0	0	1	0	0	1	0	3
2	1	1	0	0	0	0	2	1	4
3	3	1	2	3	1	4	3	3	6
4	5	7	7	1	9	7	5	6	1
5	5	5	5	9	4	3	3	4	0
Mean score	4	4.1	4.2	4.2	4.2	3.9	3.5	3.9	2.4

1. 번역할 때 자주 하는 실수에 대해 더 잘 알고 인지하게 되었다.
2. 번역할 때 실수가 줄었다.

3. 번역할 때 필요한 어휘를 어디서 찾아보아야 하는지 알게되었다.

4. 영어와 히브리어의 차이점을 더 잘 알게 됐다.

5. 언론매체에 왜 번역 오류가 있는지 이해한다.

6. 참고자료를 더 많이 사용한다.

7. 미래에 번역 능력을 이용할 것이다.

8. 프로그램을 통해 생각했던 것보다 더 많이 배웠다.

9. 번역을 직업으로 삼고 싶다.

학생들의 스스로 얼마나 발전했는가에 대한 자기 평가 점수는 전반적으로 높았으며(평균 4.0), 특히 MA와 직접적으로 관련된 1~5번 문항이 높은 점수를 받았다.

4.4 4단계 – 인터뷰

TSP 교사인 제2저자가 학생 14명 모두와 인터뷰를 하였다. 학생들에게는 인터뷰 내용이 연구에 이용된다는 사실만 고지하고, 연구 주제는 알리지 않았다. 학생들이 긍정적인 답변을 할 경향이 있을지도 몰라서 유도적인 질문들은 피했지만 학생들의 선생님이기도 했던 인터뷰 진행자의 신분은 배제할 수 없는 요인이다. 응답 내용은 콘에이커(1996)의 연구와 유사하였다. 콘에이커의 번역 워크숍은 대학생을 위한 언어 학습 방법으로, 학생들이 언어와 문화에 대한 이해를 높이는 수단으로 번역을 인지하고, 동기 부여를 통해 도전적이고 즐겁게 언어를 학습할 수 있도록 하는데 목적을 둔다. 해당 워크숍에서 학생들의 점수가 눈에 띄게 향상되었고, 거의 모두 긍정적인 피드백을 주었다.

> [...] 그렇기 때문에 동기 부여를 통해 도전적이고 즐겁게 언어를 학습한다고 볼 수 있다. [...] 이 학생들은 평생 번역사가 되지 않을 수도 있지만, 언젠가 고

용할 수도 있는 전문번역사들의 헌신, 의지, 그리고 전문성을 잘 알게 될 것이다(1996, p. 180).

아래의 답변에서 나타나듯 본 연구에 참여한 학생들은 전반적으로 TSP에 대한 긍정적인 평가를 내렸다. 물론 학생들이 프로그램 시작 시 기대했던 수준과 받았던 인상을 기억해 내는 데는 한계가 있으며(e.g. 1번과 5번 문항), 추후 경험에 영향을 받았을 가능성이 크다.

질문 1: TSP를 통해 무엇을 배울 것이라 기대했습니까?

학생 중 10명은 문법적, 어휘적 차원에서 영어와 히브리어의 차이와 그 차이를 좁히는 방법에 대해 배울 것이라 기대하였다고 답하였다. 2명은 번역 프로세스, 그리고 번역 오류를 줄이면서 번역 속도를 높이는 법을 배울 것이라 기대하였다고 밝혔다. 또한 번역이 이렇게 '추상적'인 작업인지 몰랐으며, 번역을 잘 하려면 타고난 능력도 있어야 하지만 스킬도 습득해야 한다는 점을 미처 알지 못하였다고 덧붙였다. 다른 2명은 프로그램 참여 전에는 별 생각이 없었지만, 지식의 지평을 넓혀줄 것이라 느꼈기 때문에 이로웠다고 말하였다. 한 학생은 프로그램이 '재미'있으며, 숙제 양도 많지 않고 '이 수업을 들음으로써 우수한 학생이라는 인상을 줄 수 있다'는 얘기를 들은 적이 있다고 하였다. 이 학생은 또한 자신은 대학진학을 위한 추가학점이 '필요'하지 않았기 때문에 프로그램이 자신의 기대와 달랐다면 중도에 그만둘 수도 있었다고 하였다.

질문 2: 프로그램이 어떤 면에서 당신의 기대에 부응, 혹은 부응하지 못했습니까?

11명만이 이 질문에 답하였다. 그 중 일부는 다음과 같다.

- "생각했던 것보다 훨씬 많이 배웠다."
- "히브리어와 영어의 차이점과 두 언어의 역사에 대해 더 다루었으면 좋겠다."
- "번역에서 항상 극복할 수는 없는 언어간 문화적 공백이나 '적절한 단어(mot juste)'를 찾기 위해 번역사가 하는 어려운 선택 등 전에는 생각해보지 않았던 것들에 대해 배워 놀라웠다."
- "프로그램이 너무 짧아서 유감이다. 8학년부터 시작했으면 좋았을 것 같다."
- "기대보다 많이 배웠다. 처음에는 번역의 '정답'을 배울 것이라고 생각했는데, 다시 생각해보니 '정답'이 없다는 점을 배운 것 같다. 그래서 번역이 어렵기도, 또 쉽기도 한 것이다."

질문 3: TSP 과목 중 실생활에 적용할 만한 부분이 있습니까?

한 학생은 특정 상황을 설명하기 위해 'sad'라는 단어를 계속 사용했던 친구와의 대화를 언급하였다. 학생은 친구에게 'sad'라는 단어가 상황에 맞지 않는다고 말하면서 유의어 사전에서 'upset'이라는 단어를 찾아 보여주었다고 했다. "내가 찾던 단어가 바로 그거였던 거죠. 번역 과정을 듣기 전에는 단어 간의 미묘한 차이도 몰랐고, 유의어 사전도 찾아보지 않았을 거에요. 유의어 사전이 무엇인지도 몰랐으니까요! 바보 같아 보일 수도 있지만, 어떤 언어에서든 자신을 표현하기 위해 적절한 단어를 찾을 수 있다는 것은 기분 좋은 일이에요"라고 말하였다. 또 다른 학생은 재미로 독서하기까지는 시간이 걸릴 것 같다고 하였다. 번역된 책을 읽을 때면 역번역을 하게 되고, 어색한 부분은 왜 그런 것인지 분석하게 되었기 때문이라고 했다. 또 자신을 표현하는 방법과 이해도가 높아졌기 때문에 번역된 문헌을 비평할 때 더 자신감이 생겼다고 하였다. 세 명의 학생은 번역을 직업으로 삼지 않는 이상 프로그램에서 배운 능력이 실생활과는 관련이 없지겠만, 세 명 모두 인생에서 배운 모든 것이 유용하길 바라며, 번역 능력도 언젠가는 유용하게 느껴질 것이라고 말하였다. 아홉 명은 지금까지 배운 번역 능력이 말하고, 문학을 읽고 쓰는 방법과 관련이 있다고 말하였다. 그 중 한 명은 화용론을 배운 덕에 히브리어와 영어로 작문할 때 더 의식적으로 작업하게 되었다고 하였다. 또한 사람들이 말하는 방식에 더 귀 기울이게 되고, 강의어(强意語)와 헤지 표현을 분석하게 되었다고도 하였다. 한 학생은 자막에 별로 신경 쓰지 않았었는데, 이제는 왜 자막에 오류가 그렇게 많은지 이해된다고 말하였다.

질문 4: 프로그램이 본인의 영어(L2) 독해 실력에 영향을 미쳤습니까? 만약 그렇다면 어떤 측면에서 그렇습니까?

질문에 포함되지는 않았지만 일부 학생들은 L2 독해 실력뿐만 아니라 L1으로 자신을 표현하는 능력에 미치는 영향에 대해서도 언급하였다. 12명은 영어 텍스트 이해 능력이 향상되었다고 말하였다. 그 중 다섯 명은 즉각적인 이해도가 향상되지는 않았을지도 모르지만, 텍스트를 제대로 이해하기 위해 어떻게 접근해야 하는지 알게 되었다고 하였다. 두 명은 프로그램이 자신의 히브리어와 영어 능력에 아무런 영향도 미치지 않았다고 하였다. 다른 학생들은 프로그램이 양 언어에 어떤 영향을 미쳤는지 구체적으로 설명하며 번역서를 대하는 자세, 텍스트 번역의 어려움에 대한 인식, 단어 하나에 대해 고민하는 시간 등을 언급하였다. 학생들은 '동의어가 완전히 같은 뜻을 가진 것은 아니다'라는 것을 깨달았고, 구어체 히브리어는 상대적으로 다른 언어, 특히 영어에서 단어를 많이 차용한 '새로운' 언어이며, 그렇기 때문에 허위 동족어에 대해 알게 되었다고 하였다. 다른 학생은 글을 쓸 때, 그리고 특히 말할 때 비유를 많이 쓰게 되었다고 하였다. 프로그램 전에는 당연히 여겼던 '히브리어의 아름다운 성서적 표현'에 대해 더 신경 쓰게 되었고, 그 기원에 대해서도 찾아보았기 때문이다. 이런 목적을 위한 참고자료가 있을 것이라 한번도 생각해보지 못했다고 하였다. 세 명은 영어의 어휘가 풍부하다는 것과 두 언어 사이에 많은 공백이 존재한다는 점을 배웠다고 강조하였다. 한 학생은 두 언어의 차이에 더 주의하게 되었고, 바르게 말하기 위해 더 노력한다고 하였다. 이 학생은 아이러니하게도 친구들이 자신에게 말하는 방식이 '달라졌다'고 말해주어서 이를 깨닫게 되었다고 하였다. 또 예전보다 속어를 덜 사용한다고도 하였다. 몇몇 학생들은 번역투에 더 민감해졌다고 하였다.

질문 5: 텍스트 번역 프로세스가 어떻게 달라졌습니까?

대부분의 학생은 프로그램을 시작할 때 번역 프로세스에 대해 어떻게 느꼈었는지 기억나지 않는다고 대답하며, 아마도 당시에는 딱히 어떤 프로세스라고 생각하지 않았기 때문이라고 추정하였다. 두 학생은 고려해야 할 부분이 많아져서 번역 시간이 더 오래 걸린다고 하였다. 학생들은 참고자료를 더 많이 사용하고, 번역작업을 덜 힘들어하게 되었다.

질문 6: TSP에서 실제로 배운 점은 무엇입니까? 얻어가고자 하는 내용은 무엇입니까?

많은 학생이 프로그램의 장점에 대해 비슷한 이야기 했지만, 각각 자신에게 특히 가치 있었던 부분을 언급하기도 했다. 다음은 학생들의 (번역된) 답변이다.

학생 1: 매체의 어색한 번역이 눈에 들어온다. 맞다-틀리다 식의 오류, 혹은 실수가 아니라고 해도, 올바른 문장으로 보이지는 않는다.

학생 2: 영어의 특정 단어, 특히 관용구나 비유의 유래를 찾으려 노력한다. 번역할 때 정확한 의미를 알기 위해서다. 그렇게 하면 히브리어에서 대응어를 찾기 쉬워진다. 또한 영어에서 시제, 특히 완료 시제의 차이와 히브리어와 영어 사이의 문법적 뉘앙스 차이를 더 잘 알게 되었다.

학생 3: 글을 읽을 때 번역이 더 잘 보인다. 전에는 책을 누가 번역했는지에 관심도 없었고 번역사의 노력을 인정해줘야겠다는 생각을 해본 적이 없다. 이제는 책 표지에 저자의 이름과 함께 번역사의 이름도 올라가야 한다고 생각한다. 또한 이전에 들어보지 못한 다양한 용어도 배웠다. 새로운 세계를 열어줬다고 할 수 있겠다.

학생 4: 내가 말하는 방식에 더 주의를 기울이게 되었는데, 어떨 때는 번거롭기도 하다. 예전에는 히브리어에서 단어 성별에 주의한 적이 없다. 하지만 이제는 친구들에게 '잠깐, 이 단어는 남성형이야 여성형이야?'라고 묻는다. 점점 친구들을 잃어가고 있다 [웃음].

학생 5: 히브리어와 영어를 사용할 때 현학적이 되었다. 사실 프로그램을 듣기 전에도 최선을 다해 올바른 문장으로 작문했지만 (적어도 나는 그렇게 생각하였다), 지금은 더욱더 신중하다.

학생 6: 허위 동족어 같은 부분을 보게 된다. 프로그램이 최근 끝났기 때문에 무엇을 '얻어갈지'는 아직 모르겠다. 내년에 이 질문을 받는다면 더 솔직한 답변을 할 수 있을 것 같다.

학생 7: 히브리어를 잘 안다고 생각했었다. 내 모국어니까. 하지만 배울 점이 많았으며 앞으로도 그럴 것이라는 점을 깨달았다. 영어에서 배울 점이 많다는 이야기는 시작도 하지 않겠다!

학생 8: 형용사, 시제, 그리딩, 어휘, 관용구, 구문론, 구두법과 관련된 모든 요소에 주의를 기울인다. 정말 많은 것을 배워서 다 기억나지도 않는다.

학생 9: 'although,'나 'but,' 혹은 'in spite of the fact'등의 결속 장치, 즉 접속사들이 어떻게 문장 전체의 의미를 바꿀 수 있는지 배웠다 … 지금까지 들어보지 못한 새로운 표현과 다양한 번역 용어를 배웠다. 또한 히브리어에는 없는 영어 과거 시제의 미묘한 어감에 대해 배웠다. 이런 내용을 저학년에서 배웠어야 했겠지만, 어떤 이유인지 번역 수업에서 더 명확해졌다.

학생 10: 관용구 등 번역에서 생길 수 있는 문제점들에 대해 배웠다.

학생 11: 각종 오류와 그 이유를 알게 되었다. 자막이나 광고를 보면서 오류나 번역투를 알아 볼 수 있을 것이라 생각하지 못했었다.

학생 12[10]: 정말 죄송하지만, 솔직히 무엇을 배웠는지 말하기가 어렵다. 수업도 많이 빠졌고, 다른 과목 때문에 너무 바빴다. 내가 더 노력했다면 수업에서 더 많은 것을 얻을 수 있었겠지만, 내가 그렇다 … 만약 번역을 시도하게 되더라도 확신이 없을 것 같다.

학생 13: 프로그램을 수강하는 동안 번역뿐만 아니라 번역 주제, 그리고 두 언어에 관해 배울 수 있는 기회를 가졌다. 정말 많은 것을 배웠다!

학생 14: 공백, 그리딩 등과 같은 다양한 표현과 문법 구조를 배웠다.

5. 고찰

연구에 따르면 MA가 더 높은 아이들은 언어 능력도 일반적으로 더 높다(말라코프와 하쿠타, 1991, p. 148). 본 연구에서 사용된 세 가지 도출 방법은 학생들의 MA 향상과 메타언어 및 메타번역 용어와 개념을 사용해 번역 경험을 설명할 수 있는 능력의 향상을 보여준다. 번역 맥락에서 (이중언어) MA의 역할은 자신감 제고와 관련이 있기 때문에 (전문)번역사 교육 과정의 맥락에서 주로 논의되지만 (쿠스마울(Kussmaul) 1995, p. 31), 본 논문에서 언급한것 처럼 직업교육 밖의 틀에서도 중요한 역할을 할 수 있다. 사실 번역을 직업 교육의 일부로 보는 사람들도 이러한 부수적인 혜택에 대해 모르는 것은 아니다. "번역으로 이어지는 사고 프로세스를 학생이 뚜렷하게 인식할 수 있도록 지원하는 과정의 중요성은 절대 과대평가될 수 없다" (신(Sin), 2002, p. 43). 시웰(1996)은 대학 수업과 연관 지어 다음과 같이 말하였다.

> [···] 번역 수업이 텍스트 인식 수업 같아 보이기 시작한다. 하지만 그러지 못할 이유도 없지 않은가? 텍스트 인식은 전문번역사의 능력도 보여주지만 동시에 언어 학습자가 도착텍스트 표현에 대해 적절한 선택을 할 수 있도록 도와준다. (1996, p. 145)

스넬-혼비(Snell-Hornby, 1985)의 번역 수업에 참여한 한 학생도 비슷한 말을 하였다.

> 한 언어에서 다른 언어로 의미를 옮길 수 있도록 다양한 옵션을 신중하게 분석하는 번역 수업은 두 언어의 언어적 구조를 이해하는데 귀한 역할을 담당한다. 나는 이런 수업이 아주 유용하다고 생각한다. (1985, p. 26)

번역 숙련도는 언어의 속성과 기능에 있어서의 공통점과 차이점, 언어학적 지식의 분석, 프로세스 통제 등을 포함하는 이중언어 숙련도와 메타언어적 숙련도의 상호작용이라고 할 수 있다. 즉, 특정 문제에 성공적으로 접근해 해결할 수 있는 능력에 의존한다는 점에서 인식이자 스킬이라고 할 수 있다(비알스톡(Bialystok), 1991; 말라코프와 하쿠타, 1991).

본 연구에 참여한 학생들의 경우, MA 수준이 분명히 개선된 것으로 나타났다. 두 언어의 독해, 작문 표현 등의 언어적 능력도 긍정적인 영향을 받았다고 생각하지만, 본 논문에서는 이 부분을 다루지 않았다. 그러나 TSP가 학생들의 MA 향상에 중요한 역할을 하였다는 점을 입증하기 위해 노력하였다. 자기 평가 설문 응답 내용(3단계, 특히 4번 문항 참고)과 학생들의 서술식 답변(4단계 참조)이 보여주듯, 수업에 대한 학생들의 주관적인 평가는 언어에 관한 인식 향상과 특히 개인의 향상도를 보여준다.

6. 결론

앞서 언급했듯, 본 연구는 고등학교의 번역 수업이 두 언어 간 대조에서 각 언어의 특이성에 대한 학생들의 인식을 제고, 즉 메타언어인식을 향상시킬 수 있는지 파악하는 것을 목적으로 한다. 물론 번역 프로세스를 다루는 다수의 연구와 마찬가지로, 본 연구 역시 상대적으로 짧은 시간에 걸쳐 적은 수의 피실험자를 연구하였다. 코민스키, 와이즈만과 호로위츠(1998)의 연구 결과와 동일하게, 본 연구는 번역을 고등학교 고학년 정규 EFL 수업의 (별도) 보완 교과목으로 채택할 경우의 장점을 보여준다. 20여 년이 지난 현재, TSP는 그 규모가 매우 작긴 하지만[11], 이스라엘 고등학교 교과과정의 일부분이 된 것으로 보인다. 학생들의 자가 평가와 교사들의 피드백에 따르면 대부분이 TSP를 매우 유익한 프로그램으로 평가하며, 정량, 정성 데이터 모두 TSP의 긍정적 효과를 증명한다. 가령, 언어가 단어 대 단어 등가를 넘어 문화적, 사회학적, 그리고 역사적 측면을 포함한다는 사실을 학생들이 깨닫는 점이 대표적이다.

메타언어인식은 전문번역사의 '전제 조건'일뿐만 아니라, 독립적인 교과과정이건 외국어 수업의 일부이건 간에 번역 학습의 '부산물'이다. 번역 프로세스를 설명하고 개인의 학습과 번역 전략을 되돌아보기 위한 메타언어의 경우(체스터만, 1998 참조), TSP 수업의 기본 진행 방식인 협력적이고 열린 토의를 통해 함야되며, 고등학생들의 지적 발달에 대단히 유익한 것으로 여겨진다.

1989년 시작 이래 겪어온 행정적, 사무적, 재정적인 난관에도 불구하고 TSP는 계속 되었다. 이론상으로는 TSP를 다른 국가에서, 다른 언어조합으로도 쉽게 시행할 수 있으며, 이 과정을 통해 다른 지역의 고등학생들에게 정규과목 이외의 즐겁고 유용한 과목을 제공할 수 있다. TSP 과정이 끝날 무렵 한 학생이 말했듯, "마치 새 안경을 맞춘 것 같다. 모든 것이 다르게 보인다."

미주

1. 우리가 알지 못하는 부분일 수 있다. 다시 말해, 고등학교에서 번역을 가르치는 다른 프로그램이 존재할 수도 있지만, 적어도 번역학 문헌에서 찾지는 못하였다. 외국어 교육과정의 일부로서의 번역이 종종 논의되지만, 독립 과정이나 별개의 교과목은 아니다. 게다가 문헌에 언급되는 학생들은 거의 항상 대학생이거나 대학원생이다. 즉, 대학에서의 번역 수업은 문헌에 자주 등장하지만, 고등학교에서의 독립적인 번역 수업에 대한 언급은 찾지 못하였다.

2. 원칙적으로 프로그램은 L1=아랍어, L2=히브리어, L3=영어를 사용하는 아랍어 구사자에게도 제공되었다. 하지만 일반적으로 아랍어를 사용하는 학교는 본 프로그램을 거의 도입하지 않았다. 본 연구는 히브리어가 L1인 학생들에게 초점을 맞추었다.

3. 일반적 예를 들자면 '첫눈에 반하다'라는 제목의 첫 장은 다음과 같은 짧은 요약 문구로 끝난다. '본 단원에서 여러분은 첫 문장을 번역했습니다. 번역을 시도했을 때 비로소 여러분은 번역이 단어 대 단어가 아닌 의미 대 의미를 전달하는 작업임을 깨달았습니다. 간단하고 쉬운 문장의 번역도 많은 고려 사항이 따르는 프로세스입니다. 여러분은 또한 문법, 어휘, 관용구, 은유, 배경 지식 부재 등의 다양한 어려움에 대해서도 알게 되었습니다. 다음 단원에서는 문장의 단위를 넘어 단락을 번역하게 됩니다. 행운을 빕니다!'

4. 다의성은 수업 토론 중 반복적인 어려움을 제기하는 여러 '조합'중 하나다.

5. 이중언어구사자의 MA 연구에서 비유를 찾을 수 있다. "성인 이중언어 구사자는 언어 능력과 메타언어인식이 보다 발달했기 때문에 더 광범위한 전략을 가지고 있다 […]"(마라코프와 하쿠타(Malakoff and Hakuta), 1991, p. 149).

6. TSP를 처음 제안했을 당시 게펜(Gefen, 1982)은 번역이란 "학생들이 고등학교를 졸업하고 적용할 수 있는 실무적 능력 […] 예를 들어 편지를 번역해야 할 때 유용한 능력" (p.15)이라 하였다. 그리고 번역 실습을 통해 학생들이 "언어, 정확히 말하자면 모국어와 외국어의 직접적 대립을 통한 통찰력을 기를 수도 있다"고 주장하였다 (p.19). 메타언어인식은 목적이 아닌 부수적 이득으로 언급되었다.

7. 여기서 언급한 학교는 주당 2시간, 1년짜리 '속성 코스'를 선택한 학교 중 하나이

다. 교육부가 이러한 속성 코스를 권장하지는 않지만, 최종 결정은 각 학교 행정부서에 달려있다.

8. 예비 TSP 교사에게 제공되는 수업은 키랄리(2000)가 지지하는 사회 구성론과 협력 학습을 주로 적용한다.

9. 학생들의 의견은 본 연구 논문의 저자가 직접 영어로 번역하였다.

10. 이 학생의 출석률과 참여도는 낮고 일정치 않았다.

11. 유감스럽게도, TSP는 선택 과목이기 때문에 학생 수가 제한되어 있다. 교장들은 보통 TSP를 '불필요한 것'으로 생각하고 추가 시간 할당을 주저한다. 반면 영어 교사들은 이 수업을 가르치기 위해 경쟁한다. 결국, TSP는 우수한 학생들에게 제공되며, 교사의 기본 수업에 다양성을 더한다.

참고문헌

1. Almog, R. 2009. "Teaching the translation skills program in an Israeli high school and its effect on reading comprehension skills in L2 and metalinguistic awareness." (Masters thesis. Department of Translation and Interpreting Studies, Bar Ilan University, Ramat Gan, Israel.)

2. Beeby, A. 2004. "Language learning for translators: Designing a syllabus." In *Translation in Un-dergraduate Degree Programs,* K. Malmkjaer (ed.), 39-65. Amsterdam/Philadelphia: John Benjamins.

3. Bernardini, S. 2004. "The theory behind the practice: Translator training or translator education?" In *Translation in Undergraduate Degree Programs, K. Malmkjaer (ed.),* 17-29. Amsterdam/Philadelphia: John Benjamins.

4. Bialystok, E. 1991. "Metalinguistic dimensions of bilingual language proficiency." In *Language Processing and Language Awareness by Bilingual Children,* E. Bialystok (ed.), 113-138. Cambridge, UK: Cambridge University Press.

5. Cazden, C. 1974. "Play and metalinguistic awareness: One dimension of language experience." *Urban Review* 7 (1): 78-79.

6. Chesterman, A. 1998. "Communication strategies, learning strategies and translation strategies." In *Translation and Language Teaching: Language Teaching and Translation,* K. Malmkjaer (ed.), 135-144. Manchester, UK: St. Jerome Publishing.

7. Conacher, J. E. 1996. "Native speaker to native speaker: Crossing the translation gap." In *Teaching Translation in Universities: Present and Future Perspectives,* P. Sewell and I. Higgins (eds), 161-182. London: CILT.

8. Cronin, M. 2005. "Deschooling translation." In *Training for the New Millennium: Pedagogies for Translation and Interpreting,* M. Tennent (ed.), 249-265. Amsterdam/Philadelphia: John Benjamins.

9. Englund Dimitrova, B. 2002. "Training and educating the trainers - a key issue in translators' training." In *Teaching Translation and Interpreting 4,* E. Hung (ed.), 73-82. Amsterdam/ Philadelphia: John Benjamins.

10. ______. 2005. *Expertise and Explicitation in the Translation Process.* Amsterdam/Philadelphia: John Benjamins.

11. Fraser, J. 1996. "'I understand the French, but I don't know how to put it into English': Developing undergraduates' awareness of and confidence in the translation process." In *Teaching Translation in Universities: Present and Future Perspectives,* P. Sewell and I. Higgins (eds), 121-134. London: CILT.

12. Gefen, R. 1982. "Introducing the skill of translation as one of the skills taught in secondary school (grades 10-12) and tested in the *Bagrut* examination." *English Teacher's Journal* (Israel) 27: 11-14.

13. Gonzalez Davies, M. 2005. "Minding the process, improving the product: Alternatives to traditional translator training." In *Training for the New Millennium: Pedagogies for Translation and Interpreting,* M. Tennent (ed.), 67-82. Amsterdam/Philadelphia: John Benjamins.

14. Gonzalez Davies, M., Scott-Tennent, C. and Rodriguez Torra, F. 2001. "Training in the application of translation strategies for undergraduate scientific translation students." *Meta* 46 (4): 737-744.

15. House, J. 1981. *A Model for Translation Quality Assessment.* Tübingen: Narr.

16. Kiraly, D. 2000. *A Social Constructivist Approach to Translator Education: Empowerment from Theory to Practice.* Manchester: St. Jerome Publishing.

17. Klein-Braley, C. 1996. "Teaching translation: A brief for the future." In *Teaching Translation in Universities: Present and Future Perspectives,* P.

Sewell and I. Higgins (eds), 15-30. London: CILT.

18. Klaudy, K. 1996. "Quality assessment in school vs. professional translation." In *Teaching Translation and Interpreting 3*, C. Dollerup and V. Appel (eds), 197-204. Amsterdam/Philadel- phia: John Benjamins.

19. Kozminsky, E., Weizman, E. and Horowitz, H. 1998. "Teaching translation in Israeli high schools." *Meta* 43 (1): 119-129.

20. Kussmaul, P. 1995. *Training the Translator.* Amsterdam/Philadelphia: John Benjamins.

21. Malakoff, M. and Hakuta, K. 1991. "Translation skill and metalinguistic awareness in bilinguals." In *Language Processing and Language Awareness by Bilingual Children,* E. Bialystok (ed.), 141-166. Oxford: Oxford University Press.

22. Mora, J. K. 2001. *Metalinguistic Awareness as Defined Through Research,* http://coe.sdsu.edu/ people/jmora/MoraModules/MetaLingResearch.htm. (Accessed March 2010.)

23. Rosenbluth, P. and Balias, N. 1998. *Two-way Traffic - Teachers' Guide and Pupils' Book.* Jerusalem: Ministry of Education.

24. Schjoldager, A. 2004. "Are L2 learners more prone to err when they translate?" In *Translation in Undergraduate Degree Programs,* K. Malmkjaer (ed.), 127-149. Amsterdam/Philadelphia: John Benjamins.

25. Sewell, P. 1996. "Translation in the Curriculum." In Teaching Translation in Universities: Present and Future Perspectives, P. Sewell and I. Higgins (eds), 135-159. London: CILT.

26. Sewell, P. and Higgins, I. 1996. "Introduction." In *Teaching Translation in Universities: Present and Future Perspectives,* P. Sewell and I. Higgins (eds), 9-14. London: CILT.

27. Shlesinger, M. 1992. "Lexicalization in translation: An empirical study of students' progress." In *Teaching Translation and Interpreting: Training, Talent and Experience,* C. Dollerup and A. Loddegaard (eds), 123-127. Amsterdam/Philadelphia: John Benjamins.

28. Sin, K.-K. 2002. "Myths and misconceptions in translation teaching." In *Teaching Translation and Interpreting 4,* E. Hung (ed.), 31-43. Amsterdam/Philadelphia: John Benjamins.

29. Snell-Hornby, M. 1985. "Translation as a means of integrating language teaching and linguistics." In *Translation in Foreign Language Teaching and Testing,* C. Titford and A. E. Hieke (eds), 21-28.Tübingen: Narr.

30. Steiner, J. 2008. "Proposal for including the subject of translation as part of the Pedagogical Horizons for Learning program". Internal communication by the Inspector for English, Ministry of Education, Jerusalem.

31. Stibbard, R. 1998. "The principled use of oral translation in foreign language teaching." In *Translation and Language Teaching: Language Teaching and Translation,* K. Malmkjaer (ed.), 69-76. Manchester: St. Jerome Publishing.

32. Van Vaerenbergh, L. 2007. "Polysemy and synonymy: Their management in translation studies dictionaries and in translator training. A case study." *Target* 19 (2): 235-254.

33. Wilss, W. 2004. "Translation studies: A didactic approach." In *Translation in Undergraduate Degree Programs,* K. Malmkjaer (ed.), 9-15. Amsterdam/Philadelphia: John Benjamins.

부록

부록 1.

번역하기 전에 설문지를 읽어보시기 바랍니다.

텍스트를 읽어보는 시간부터 시작하여 번역을 시작한 시간을 기록하십시오.:______

번역하기 어려운 단어나 구문에 동그라미 표시를 해주십시오.

제목도 잊지 말고 번역해 주십시오.

Up in Smoke

A cigarette is a product consumed via smoking and manufactured out of cured and finely cut tobacco leaves, which are combined with other additives, then rolled or stuffed into a paper-wrapped cylinder (generally less than 120 mm in length and 10 mm in diameter). The cigarette is ignited at one end and allowed to smoulder for the purpose of inhalation of its smoke from the other (usually filtered) end, which is usually inserted in the mouth. They are sometimes smoked with a cigarette holder. The term cigarette, as commonly used, refers to a tobacco cigarette but can apply to similar devices containing other herbs, such as cannabis. They are colloquially known as 'cigs', 'smokes', 'ciggies', 'cancer sticks', 'death sticks', 'coffin nails' and 'fags'.

Cigarettes are proven to be highly addictive, as well as a cause of multiple types of cancer, heart disease, respiratory disease, circulatory disease and birth defects.

A cigarette is distinguished from a cigar by its smaller size, use of processed leaf, and white paper wrapping. Cigars are typically composed entirely of whole leaf tobacco.

번역을 완전히 마치고 제출할 준비가 된 시간을 기록하십시오.:________________

부록 2. 번역 프로세스에 관한 설문지

학생 여러분,

다음에 기입해 주시는 정보는 번역학 연구 논문의 데이터로 활용됩니다.

여러분께서 신중하게 답해주신 내용은 고등학교에서 번역 스킬을 가르치고 배우는 프로세스에 대한 심도있는 이해를 도울 것입니다. 최대한 솔직하고 자세하게 답해 주실 것을 부탁드립니다. 설문내용은 여러분의 성적과는 전혀 관계가 없음을 알려드립니다. 여러분의 번역한 산출물과 이 설문의 내용은 철저하게 비밀로 유지될 것입니다. 여러분의 협조에 감사드립니다.

답변자 정보;

1. 나이:
2. 학년:
3. 성별:
4. 영어 숙련도 (해당 사항에 표시해 주십시오.): 모국어 / 모국어 수준 / 뛰어남 / 매우 잘함
5. 히브리어 숙련도 (해당 사항에 표시해 주십시오.): 모국어 / 모국어 수준 / 뛰어남 / 매우 잘함
6. 여가활동으로 영어로 된 글을 읽는다: 예 ____ 아니오 ____

텍스트 번역에 관한 설문:

1. 텍스트를 번역하는 프로세스에 대해 설명해 주십시오. 텍스트를 번역하는 동안의 활동에 대해 최대한 상세하게 기술해 주십시오. (어떤 생각을 했는지, 글쓰기, 단어 찾아보기, 물마시기, 쳐다보기 등)
2. 번역하기가 어려웠던 단어(들)이 어떤 것이었는지 적어 주십시오. ('어려웠다'는 것은 번역을 하다가 막히거나, 어떻게 해야 할지 혼란스러웠거나 몇 분 정도 고민한 경우를 의미합니다. 모르는 단어를 사전에서 찾아보는 것은 해당되지 않습니다.
3. 다시 검토하여 수정한 문장은 어떤 것입니까? 처음 번역한 문장과 수정 후 문장을 병기해 주십시오. 어떤 이유로 수정을 했습니까?
4. 사전은 몇 번을 찾아보았습니까?
5. 어떤 사전을 사용했습니까?
6. 동의어 사전은 몇 번을 사용했습니까?
7. 해당 텍스트를 번역하는 데 소요된 시간은 얼마인가요?____ 시간 ____ 분

일차적 개념적 은유가 복잡한 개념적 은유보다 이해하기 쉬운가?

은유 이해의 인지 프로세스에 대한 연구*

A. F. 라이드닝과 C. 라쇼 A. F. Rydning and C. Lachaud
노르웨이, 오슬로 대학

본 연구는 번역의 첫 단계인 이해 단계에서 일차적 그리고 복잡한 개념적 은유에 대한 인지 프로세싱 과정을 행동적 연구를 통해 탐구하였다. 레이코프와 존슨(Lakoff and Johnson, 1980)은 일차적 개념적 은유는 보다 단순한 개념구조를 기반으로 하고 복잡한 개념적 은유는 보다 복잡한 개념구조를 기반으로 하고 있어 서로 상이한 개념구조에 기반하고 있다고 주장하였다. 지금까지 알려진 바로는 일차적 개념적 은유 이해가 복잡한 개념적 은유 이해에 비해 더 적은 인지적 노력을 요한다는 증거가 없다. 일차적 개념적 은유가 복잡한 개념적 은유보다 이해하기가 용이한지를 알아보기 위해 이해 단계에서의 프로세싱 속도와 개념적 명확도를 조사하기 위한 심리언어학적 실험을 설계, 실시하였다. 여러 흥미로운 결과를 도출하였는데, 특히 일차저 개념적 은유가 복잡한 개념적 은유보다 개념적 명확도가 더 높다는 증거를 제시한다. 따라서 번역사는 이해해야 하는 은유의 유형에 따라 다른 도전과제를 이행하게 된다. 이해의 메카니즘을 이해하는 첫 단계로서, 본 연구는 이해가 번역의 후속 단계에 어떤 영향을 미치는지, 특히 이해 단계에서 개념적 명확도가 차이가 날 수 있으며 이것이 번역의 품질을 결정하는데 영향을 준다는 점에 대해 연구하였다.

KEYWORDS
일차적 개념적 은유, 복잡한 개념적 은유, 개념적 명확도, 이해

1. 들어가는 말

번역 활동 및 이에 관련된 창의성의 핵심은 의미를 구성하는 행위이며, 의미 구성에서 가장 핵심이 되는 것은 은유화이다. 인지 언어학과 맥을 같이 하여 은유화는 언어 뿐만 아니라 사고와 관련된 현상으로 인식된다.

현대 은유이론(레이코프와 존슨, 1980; 레이코프와 터너(Lakoff and Turner), 1989; 레이코프, 1993)에 의하면 우리의 개념 시스템은 대체적으로 은유를 기반으로 하며 개념적 은유가 의미구성의 핵심적인 요소 중 하나이다. 추상적인 은유 표현을 이해하려면 먼저 기저의 개념적 은유를 개념화 해야 한다. 대부분의 경우 이는 자동적으로 힘들이지 않고 거의 무의식적으로 이루어진다(레이코프와 존슨 1999). 놀랍게도 일상적인 의사소통과 번역활동에 있어서 은유적 의미를 처리하는 것은 문자적 의미를 처리하는 것만큼이나 자연스럽고 직설적이다. 다음 예문들은 위 주장을 뒷받침한다.

[1] 비유적 표현: This light is too harsh. [이 조명이 너무 쎈데]
[2] 문자적 표현: This light is very intense. [이 조명이 너무 강하군.]
[3] 비유적 표현: His telephone is dead. [그의 전화기가 죽었다.]
[4] 문자적 표현: His telephone is not functioning. [그의 전화기가 작동을 하

지 않는다.]

그러나 주관적으로는 그렇게 느껴진다 하더라도 실제 기저의 인지 프로세스에서는 차이가 있을 수 있다. 실제 이해 과정에서는 이러한 차이로 인해 이해 속도 그리고 개념적 명확도가 영향을 받을 수 있고, 개념적 명확도가 달라짐에 따라 궁극적으로 번역의 수준도 달라질 수 있다.

그레이디(Grady, 1997) 및 레이코프와 존슨(1999)은 개념적 은유가 일차적 개념적 은유와 복잡한 개념적 은유로 크게 나뉠 수 있다고 주장했다. 향후 이어지는 장에서 이 둘을 정의하기로 한다. 우리가 제기하고자 하는 질문은, 그렇다면 과연 이 두 가지 은유가 다른 방식으로 처리되는지의 여부와 위의 ③번 예문과 같은 복잡한 개념적 은유를 이해하는 것이 ①번 예문과 같은 일차적 개념적 은유를 이해하는 것보다 더 많은 인지적 노력을 요하는가 하는 것이다. 달리 말해, 명확도에 영향을 줄 확률이 높은 개념화의 난이도가 개념적 복잡성과 연관이 있는가 하는 것이다. 지금까지 알려진 바로는, 이러한 질문에 답하기 위해 일차적 그리고 복잡한 개념적 은유의 인지 프로세싱 과정을 비교한 연구는 없다. 따라서 본 연구논문에서는 (1) 개념적 은유라는 요인을 도입하여 이해의 메카니즘을 설명하고자 하며 (2) 번역 프로세스 연구라는 일반적인 틀 안에서 이러한 메카니즘을 이해하고자 한다.

1.1 일차적 vs. 복잡한 개념적 은유

개념적 은유는 하나의 개념 영역을 다른 개념 영역에 비추어 생각하는 것이다. 'Birgitta is a warm person (브리기타는 참 따듯한 사람이다)'와 같은 언어 표현은, 마치 사랑하는 사람과 포옹하면서 따뜻한 체온을 느끼듯이, 반복적인 물리적 경험을 통해 온도라는 물리적 도메인과

애정이라는 결과 도메인을 매핑하는 것으로 이해할 수 있다. 위의 언어 표현은 [AFFECTION IS WARMTH(사랑은 따뜻함)]이라고 나타낼 수 있다.

존슨(1997)은 주관적인 경험이 감각운동적 경험과 정기적으로 융합하게 되면, 그 연계가 자동적으로 구축되어 해당되는 심적 표상으로 연결된다고 설명하였다. 이렇게 자동화된 개념 연계를 통해 우리가 사고하는 방식이 만들어진다.

1.1.1 일차적 개념적 은유

A. 감각적 보편성 측면

'융합이론(theory of conflation)'은 그레이디(1997)에 의해 더 발전되었다. 그레이디는 주관성과 신체적 경험이 정기적으로 융합되면서 일차적 개념적 은유의 형성으로 연결된다고 보았다. 일상의 경험이 융합을 통해 자연스럽게, 자동적으로 또 무의식적으로 일차적 개념적 은유로 탄생하며, 이 과정에서 도메인 간 교차가 형성된다. 일차적 개념적 은유는 우리의 인식과 경험을 통해 기초적인 개념을 연계하기 때문에 매우 근원적인 성격을 지니고, 개인이 세상에 대해 갖고 있는 감각운동적 경험에 기반하고 있기 때문에 모든 사람들이 공유할 수 있는 가능성이 크다. 결과적으로 일차적 개념적 은유는 우리가 세상을 인식하고 있는 방식을 반영하게 되며 여러 언어에서 유사한 형태로 나타나기도 한다. 사랑은 따뜻함이라는 일차적 은유를 지닌 'Birgitta is a warm person (브리기타는 참 따듯한 사람이다)'라는 표현은 노르웨이어(Birgitta er en varm person), 불어(Birgitta est une personne chaleureuse) 등의 언어에서도 유사한 은유로 표현될 수 있다. 이러한 일차적 개념적 은유의 보편성 덕분에 세 개의 다른 언어에서도 유사하게 표현되는 것이다.

B. 물리적 환경의 영향

일차적 은유는 개개인의 물리적 생활환경에 따라 달라질 수도 있다. 물리적 환경의 차이가 개념 차원에 작용하고 결과적으로 언어와 문화에 따라 정해지는 은유 표현에도 반영되는 것이다. 노르웨이는 산악지대가 많은 나라이다. 따라서 '산'이라는 개념이 포함된 은유 표현이 많다. 'The project is solid as a rock (그 프로젝트는 바위처럼 단단해 / 그 프로젝트는 문제없어') 라는 표현에 대해 노르웨이어로는 'Prosjektet står fjellstøtt(The project stands mountain-steady / 그 프로젝트는 산처럼 꿈쩍 않고 서있다)'라는 표현이 있다.

이러한 구체성은 특정 국가의 거주환경으로 인해 그 나라 사람들이 즐기는 활동으로부터 생겨나기도 한다. 노르웨이의 경우 인기있는 스포츠 종목인 스키점핑에서 비롯된 은유 표현이 많다. 노르웨이 몽스타드에 발전소에 유럽 이산화탄소 테스트 센터를 짓기로 노르웨이 석유에너지부에서 결정하자 노르웨이의 한 석유회사 임원은 다음과 같은 발언을 하였다.

> [5] [...] Mongstad vil koste mye or kreve mye. Men gleden er at vi vil lande I bunnen av bakken [...] (노르웨이 석유협회, 2010년 1월 20일)
> 주석번역: 'Mongstad will cost a lot and require a lot. But the joy is that we will land at the bottom of the hill [...] 몽스타드는 비용도 많이 들고 많은 것을 요구할 것이다. 그러나 기쁜 것은 우리가 언덕 아래에 도착할 것이라는 것이다.'

[5]에서 찾을 수 있는 개념적 은유는 다음과 같다.

> [6] [SUCCESS IS A LONG AND SECURE SKI JUMP (성공은 길고 안정적인 스키점프와 같다)]

스키점핑이 인기가 없는 곳에서는 아마 다른 근원 도메인으로부터 성공이라는 아이디어를 나타낼 수 있는 표현을 가져올 것이고 결과적으로 다른 은유 표현이 등장할 것이다. 영국식 영어에서라면 비슷한 은유에서 'hit a six' 같은 크리켓 관련 표현이 등장할 수 있으며, 이 때의 개념적 은유는 다음과 같은 것이 된다.

[7] [SUCCESS IS GETTING THE MAXIMUM POINTS IN CRICKET (성공은 크리켓에서 최다 득점을 하는 것이다)]

C. 문화적 구체성

동일한 아이디어라 하더라도 다양한 문화속에서 서로 다른 개념적 은유로 등장하여 언어별로 다양하게 나타날 수 있다. 쾨페세스(Kövecses)는 닝 유(Ning Yu)를 인용하여 중국인이 행복에 대해 영어와 거의 동일한 근원 도메인을 갖고 있으면서, 추가적으로 [OPENING (열리다)]이라는 근원 도메인을 갖게 된 배경은 중국인들의 "내성적 성향" (2005, p. 70)때문이라고 설명하였다. 이 개념적인 일차 은유가 'xinhua nufang (flowers in the heart burst to bloom 마음속 꽃이 터지면서 만개하다)' 라는 표현의 기저에 있고, 또 'kai xin (open (up the) heart 마음을 열다)' (리우(Liu), 2010) 등의 표현에 등장하는 것이다.

서구 사회는 상대적으로 외향성이 강하기 때문에 행복하다는 느낌은 주로 땅에서 솟아 오르는 것과 연관되어 표현된다. 'I am in heaven (천국에 온 것 같아)' 라든가 'I am on the top of the world (세상 꼭대기에 올라선 기분이야)' 등의 표현에서 기본적으로 전제하는 일차적 개념적 은유는 [HAPPINESS IS UP (행복은 올라가는 것)]이다.

우리는 일반적인 결과 도메인이 환경 및 문화적 구체성의 영향을 받아 서로 다른 근원 도메인으로 매핑되어 다양한 언어 구현으로 나타날 수 있음을 관찰하였다.

1.1.2 복잡한 개념적 은유

복잡한 개념적 은유는 몇 개의 일차적 개념적 은유가 개념 혼합(포코니에와 터너(Fauconnier and Turner), 2002) 등의 통합 프로세스를 거치면서 만들어 진다. 일차적 개념적 은유의 개념 도메인을 재구성하여 새로운 혼합을 만들어 내고 여기에 문화적 모형, 민속 이론 등의 공통된 지식을 포함하는 것이다. 문화적 구체성을 지닌 요소들을 통합해서 만들 수 있기 때문에 동일한 복잡한 개념적 은유라 할지라도 언어에 따라 다양한 형태를 보일 수 있다. 다음의 예를 살펴보자.

[8] Birgitta stuck to her course. 브리기타는 자신의 코스를 유지했다.

위 예문에서의 은유 표현은 [A PURPOSEFUL LIFE IS A JOURNEY (목적을 지닌 삶은 여행이다)]라는 복잡한 은유를 담은 것이다. 이는 [PURPOSE IS A DESTINATION (목표는 목적지이다)]라는 은유와 [ACTION IN MOTION (움직이는 행동)], [A MEANS OF ACHIEVEMENT IS AN ITINERARY (달성의 수단은 일정을 잡는 것)] 등의 은유가 복합적으로 섞여서 나타난 것으로 삶에는 어떤 목적이 있고 이를 달성하기 위해 행동한다는 문화적 믿음에 기반하고 있다. 목적이라는 개념은 목적지에, 액션이라는 개념은 움직임에, 그리고 달성의 수단이라는 개념은 일정표에 매핑되면서 우리는 브리기타가 자신이 처음 세운 목표에 도달했다는 것을 알 수 있다.

노르웨이어로는 위의 예문에 완전하게 대응하여 쓸 수 있는 언어적 표현이 없다. 같은 아이디어를 표현할 수 있는 여러 방법 중 다음과 같은 표현이 가능할 수 있다.

[9] Birgitta fulgte løypa hun hadde staket ut.

주석번역: Birgitta followed the track she had marked out (브리기타는

자신이 표시했던 길을 따라갔다).

복잡한 은유는 위 [8]번 예문과 동일하게 사용되었다 ([A PURPOSEFUL LIFE IS A JOURNEY]). 또한 이 속에 담긴 일차적 개념적 은유 또한 동일하다([PURPOSE IS A DESTINATION, ACTION IN MOTION]). 그러나 세 번째 일차적 개념적 은유([A MEANS OF ACHIEVEMENT IS A MARKED TRACK])는 동일한 결과 도메인을 갖고 있으나 ([A MEANS OF ACHIEVEMENT]), 근원 도메인은 다르다([A MARKED TRACK]). 코스를 스스로 표시한 트랙으로 표현하였는데 이는 노르웨이의 크로스 컨트리 스키를 즐기는 사람들에게는 매우 익숙한 표현이다.

불어로는 다음과 같은 대응 번역이 가능할 것이다.

[10] Brigitta a gardé le cap.

주석번역: Brigitta kept the cape (브리기타는 가려고 했던 곳으로 갔다).

여기에서도 세 번째 일차적 개념적 은유가 다르게 표현되었다. [A MEANS OF ACHIEVEMENT IS A TARGETED CAPE]라는 다른 근원 도메인을 활용한 것으로 이는 항해에서 가져 온 표현이다 ([A TARGETED CAPE 목적지로 삼은 곳]).

[8], [9], 그리고 [10]에서 표현하고자 한 의미는 동일하지만, 언어적 구현은 세 언어에서 모두 다르게 나타난다. 이러한 언어간 변이는 결과 도메인은 동일하나 근원 도메인의 구체성은 각기 다른 데에서 비롯된다.

[11] A MEANS OF ACHIEVEMENT IS AN ITINERARY (영어)

[12] A MEANS OF ACHIEVEMENT IS A MARKED TRACK (노르웨이어)

[13] A MEANS OF ACHIEVEMENT IS A TARGETED CAPE (불어)

복잡한 개념적 은유는 더 큰 언어 간 그리고 문화 간 변이를 보일 수 있기 때문에 이를 번역하는 것은 번역사들에게 일차적 개념적 은유를 번역하는 것에 비해 더 어렵다.

2. 연구의 전제 및 가설

전통적인 언어학(그라이스(Grice), 1975; 썰(Searle), 1979)에서는 문자적 표현이 은유적 표현에 비해 이해하기가 더 쉽다고 설명하였다. 그러나 깁스(Gibbs, 1990, 1994)는 심리언어학 연구를 통해 은유적 발화와 문자적 발화를 각각 처리하는 데 속도 차이가 없음을 밝혀내면서 전통적인 언어학 가설을 무효화시켰다. 또한 글룩스버그(Glucksberg, 2003)는 독자들이 새로운 은유 표현을 새로운 문자적 표현만큼이나 빠르게 이해한다는 것을 밝혀냈다.

일차적 및 복잡한 개념적 은유를 이해하는 데 어떤 유사점 혹은 차이점이 있는가에 대한 연구는 지금까지 이루어진 바 없다. 우리가 아는 한, 우리가 추구하는 것과는 상이한 목적이기는 하지만, 지금까지 오직 한 편의 연구논문만이 번역을 매개로 하여 이 두 가지의 개념적 은유의 심리학적 현실에 대한 실험을 진행했다(마티카이넨(Martikainen), 2007). 일차적 그리고 복잡한 개념적 은유는 서로 다른 개념 구조에 기반하고 있기 때문에 각각의 멘탈 프로세싱 역시 다를 것이다. 일차적 개념적 은유는 우리가 일상 생활 속에서 몸소 겪는 일에 직접적으로 근거를 두고 있는 것으로 추정된다. 따라서 이런 표현은 신체활동 관련 뇌 부분과 고차원적인 인지기능 관련 뇌 부분 사이에서 뉴론이 직접 연결되면서 이해가 이루어질 가능성이 높다(나라야난(Narayanan), 1997). 이러한 뇌신경 구조로 인해 내포된 의미는 더욱 빠르고 직접적이고 또 쉽게 이해될 수 있다. 복잡한 개념적 은유는 스스로의 경험적 근거가 없고 일차적 은유 요소에 근거를 두고 있기 때문에 이를 이해하고 처리하기 위해 더 많은 노력과 간접적인 프로세싱이 필요한 것으로 알려져 있다. 다시 말해, 은유의 개념적 구조가 간단할수록 이해가 더 용이하고 또한 결과적으로 개념적 명확도도 더 높을 것으로 추정된다. 그러나 은유가 얼마나 용이하게 이해되는가의 여부가 은유의 개념 구조에 달려있다는 전제는 우리가 일차적 및 복잡한 개념적 은유를 문자적 표현만큼이나 쉽고 자연스럽게 이해한다는 주관적 경험과 배치된다. 이 주제를 아직 본격적으로 다룬 연구가 없었고, 이것이 번역 초기단계(개념화 및 이해)에서 번역사들에게 잠재적으로 어려움을 줄 수 있는 부분을 보여준다는 점에서 본 연구에서는 일차적 및 복잡한 개념적 은유가 문자적 의미만큼 프로세싱하는 데 용이한지를 실험해 보고자 하였다.

3. 연구 방법

3.1 독립 변수

본 연구에서는 다음의 네 가지 독립변수를 두었다.

① 결과 은유도 (두 단계 : 문자적, 은유적)
② 결과 복잡도 (두 단계 : 일차적 은유와 복잡한 은유)
③ 탐색대응 (두 단계 : 예, 아니오)
④ 피실험자의 과제 (두 단계 : 긍정적 탐색대응 인지, 부정적 탐색대응 인지)

첫 두 변수는 요인분석 설계를 통해 교차 검토하여 언어 자료별로 다음의 네 가지 실험 조건을 조성하여 연구하였다.

⑤ 일차적 은유를 만들어내는 데 사용된 어휘를 통해 얻어지는 문자적 의미
⑥ 복잡한 은유를 만들어내는 데 사용된 어휘를 통해 얻어지는 문자적 의미
⑦ 일차적 은유를 만들어내는 데 사용된 어휘를 통해 얻어지는 은유적 의미
⑧ 복잡한 은유를 만들어내는 데 사용된 어휘를 통해 얻어지는 은유적 의미

실험조건 ⑤과 ⑥의 구분은 순수하게 방법론적인 것으며, 이어지는 실험조건 ⑦, ⑧에 대해 각각 대조군의 역할을 한다. 실제로 인지언어학에 따르면 문자적 표현은 일차적이든 복잡한 것이든 은유가 되어서는 안 된다. 독립변수 ③과 ④는 과제를 위해 조작된 기술적 요인이다. 독립변수 ③을 통해 우리는 탐색 대상 어휘가 문장의 의미와 유사하거나 혹은 유사하지 않은 상황을 만들어 낼 수 있다. 독립변수 ④는 피실험자가 해야할 과제를 정한다. 앞서 검토한 탐색 결과가 긍정인지 부정인지를 답하거나(go) 아니면 아무 것도 하지 않는 것(no go) 중에서 선택하는 것이다. 실험조건 ③과 ④를 조합하여 네 가지 과제조건을 도출하였다.

⑨ 긍정적 탐색 결과/긍정적 과제
⑩ 긍정적 탐색 결과/부정적 과제
⑪ 부정적 탐색 결과/긍정적 과제
⑫ 부정적 탐색 결과/부정적 과제

3.2 종속 변수

피실험자의 대답에서 두 개의 종속변수를 도출하였다.

⑬ 반응시간(1/1000초 단위로 측정)
⑭ 오답 가능성 (확률로 표현하며 대답을 관찰함)

3.3 조작적 가설

본 연구에서는, 들어가기에서 설명한대로, 결과 은유도(가설 1) 및 결과 복잡도(가설 2)가 달라지더라도 반응시간 및 오답 가능성에 변화가 없을 것이라고 가설을 세웠다.

3.4 실험 자료

실험에 사용된 자료는 노르웨이어로 작성되었으며 최대 8개 단어로 구성된 80개의 짧은 문장을 담고 있다. 이들 문장은 구문적으로 단순하며 쉽고 직설적으로 이해할 수 있는 문장들이다. 모든 문장은 맥락을 알려주는 내용으로 시작하여 결과어휘로 끝나며, 맥락에 따라 은유 혹은 문자적 의미를 갖는다. 비유 의미 문장의 경우, 문장 마지막 단어에 의해 은유가 전달된다. 예를 들면 'Hun tenker (She thinks 그녀는 생각한다)'와 'Hun løper (She runs 그녀는 달린다)'의 경우이다. 문장은 피실험자가 마지막 단어에 대해 의미론적 도메인과 통사 카테고리를 미리 선택할 수 있게끔은 하지만, 마지막 단어를 예측할 수 있을 정도의 정보는 갖고 있지 않다. 문장이 문자적 의미를 지닐지, 은유적 의미를 지닐 것인지를 알기 위해서는 마지막 단어를 보고 주어진 맥락 안에서 프로세스 해야 한다.

'raskt (quickly 빨리)'와 같이 3-10음절로 이루어진 총 40개의 결과어휘가 선택되어 독립변수 ②(결과 복잡도)의 두 수준 사이에서 길이와 빈도에 따라 짝을 지웠다. 각 결과어휘는 따뜻하다, 달콤하다, 무겁다, 깨끗하다, 시다 등 신체 경험을 기반으로 하고 있다. 각 결과어휘는 두 개의 짝지워신 문장에 첨가됨으로써 한 문장에서는 문자적 의미를 완성하고 다른 문장에서는 은유적 의미를 완성하도록 구성되었다. 예를 들어 'Hun løper raskt('she runs fast 그녀는 빨리 달린다'는 문자적 의미)'과

'Huns tenker raskt ('She thinks fast 그녀는 빠르게 생각한다'라는 은유적 의미)'로 구성되는 것이다. 은유적 의미를 지닌 조건 하에서 결과어휘의 절반인 20개는 일차적 개념적 은유를 만들어 냈다. 예를 들면 'Huns tenker raskt'는 [INTELLIGENCE IS SPEED (지적능력은 속도)]라는 일차적 개념적 은유에 대응한다. 나머지 20개의 결과어휘에서는 복잡한 개념적 은유가 형성되었다. 'Idretten har mange grener(Sports has many branches 스포츠에는 여러 가지가 있다)'라는 예문에서는 복잡한 개념적 은유인 [SPORTS IS A TREE (스포츠는 나무다)] + [DISCIPLINES ARE BRANCHES(분류항목은 나뭇가지다)]에 대응하고 있다. 자료를 설계함에 있어서 우리는 문맥을 나타내는 문장과 결과어휘가 결합되었을 때 만들어지는 문자적 의미나 은유적 의미 모두 최대한 쉽고 직접적으로 이해될 수 있도록 하기 위해 의미적 중의성을 최대한 피하고자 노력하였다. 아울러 숙어표현이나 새로운 은유표현은 배제하였다. 특히 새로운 은유표현을 배제한다는 점은 중요하다. 새로운 은유표현은, 물론 보편적이고 내제된 은유로서의 특성이 있기 때문에 이해가 불가능하지는 않겠지만, 상대적으로 더 어려울 수 있기 때문에 전체적인 일차적 및 복잡한 개념적 은유와의 동질성 확보 차원에서 자료에서 배제했다. 보편적인 은유와 새로운 은유를 구분하기 위한 표준화된 방법이 없기 때문에 각 문장의 은유가 어느 정도의 보편성을 갖고 있는지 알아보기 위해 원어민을 대상으로 은유에 대한 친숙도 테스트를 사전에 대규모로 실시할 필요가 있을 것이다. 이러한 테스트를 설계하고 실행에 옮기는 것은 그 자체로 하나의 연구 프로그램이 될 것이나, 본 연구 범위에서 다루기 어려운 면이 있었다. 또한 본 연구에서 수행한 실험이 뇌신경 인지를 측정하는 실험과 동시에 진행이 되어 (라쇼와 라이드닝(Lachaud and Rydning), 2010) 뇌의 활동도 측정하는 상황이었기 때문에 이미 상당히 복잡한 실험이었다.

실험에 사용될 자료는 이해의 용이성과 자연스러움을 미리 확인하기 위해 노르웨이어를 모국어로 사용하는 세 명에게 사전 점검을 받았다. 이들은 본 연구의 실험에 대해 알지 못했다.

최종적으로 5-13음절로 이루어진 80개의 탐색어휘(측정값을 얻기 위해 인지 프로세싱을 탐색할 결과어휘)를 선정하고 전체 실험 조건별로 그 길이와 등장 빈도를 조절하고 문장별로 짝을 지워 준비하였다. 전체 80개 중 40개는 결과어휘(raskt)가 은유적인 문맥에서 제시될 경우 (예를 들면 탐색어휘 INTELLIGENS를 intelligence로 탐색)이고 나머지 40개는 문자적 문맥에서 제시될 경우 (예를 들면 탐색어휘 HURTIGHET를 speed로 탐색)였다. 두 경우 모두 세 번째 독립변수 (탐색대응)의 두 단계를 나타낼 수 있도록 은유적 그리고 문자적 문맥에서 탐색이 이루어졌다. 따라서 탐색어휘의 의미는 은유적 의미, 문자적 의미 모두에서 모호함 없이 수용될 수 있어야 했고, 아울러 실험에서 연계되는 결과어휘의 문자적 의미 및 은유적 의미와도 서로 분명하게 구분될 수 있어야 했다. 탐색어휘가 이러한 목적에 맞추어 효과적인지의 여부는 사전에 노르웨이어를 모국어로 사용하는 사람들을 대상으로 실험하였다.

3.5 실험 계획

실험은 총 40회의 시도로 구성되며 각 실험조건마다 10회씩으로 나누어 네 개의 목록을 준비하였다. 각 목록은 긍정적 탐색대응 5회, 부정적 탐색대응 5회로 이루어졌다. 목록 1에서 실험한 탐색어휘를 목록 4에서 동일하게 활용하였으며 목록 2와 3 역시 동일한 탐색어휘를 사용하였다. 40개의 결과어휘는 동일한 피실험자에 의해 은유적 의미로 한 번, 문자적 의미로 한 번, 각각 두 번씩 처리되었다. 결과적으로 각 피실험자는 총 80개의 문장으로 실험을 실시하게 된다. 목록 1과 2를 동일한 피실험자가 테스트 하였고, 또 다른 피실험자는 목록 3과 4를 사용하였다. 따라서 각 피실험자는 80개의 탐색어휘를 실험하였다. 마지막으로, 피실험자 중 절반은 긍정적 탐색대응을, 나머지 절반의 참가자들은 부정적 탐색대응을 찾도록 지시되었다.

3.6 시뮬레이션 절차

실험의 모든 요소들, 즉 ① 문맥 문장 ② 결과어휘 ③ 탐색어휘는 보통의 화소 밀도(96 DPI), 해상도 800x600의 고품질 21인치 캐소드 레이 튜브 스크린(DELL의 P1130 Trinitron)에 제시되었다. 100Hz에서 화면을 새로고침 하였으며 화면 새로고침과 자극 전달을 연동시켜 자극 절차의 시간 정밀도를 높였다. 목록 내에서 무작위로 선택하여 E-prime 스크립트를 통해 총 40회까지 실험을 실시하였다. 각 참가자들은 두 개의 목록을 대상으로 실험을 했다. 미완인 문장이 화면에 4초간 제시되고 이어서 0.5초 동안 화면 중앙에 X표시가 뜬다. 그리고 나서 결과어휘가 단독으로 화면 중앙에 2초간 제시된다. 이후 1초간 빈 화면이 나오다가 마지막으로 탐색어휘가 3초간 제시된다. 각 자극 간 간격은 1초이다. 20회 실시 후 피실험자가 원하는 만큼 쉴 수 있도록 실험화면의 스크립트가 중단될 수 있다. 스티뮬레이션 시퀀스는 <그림 1>에서 요약하여 제시하였다.

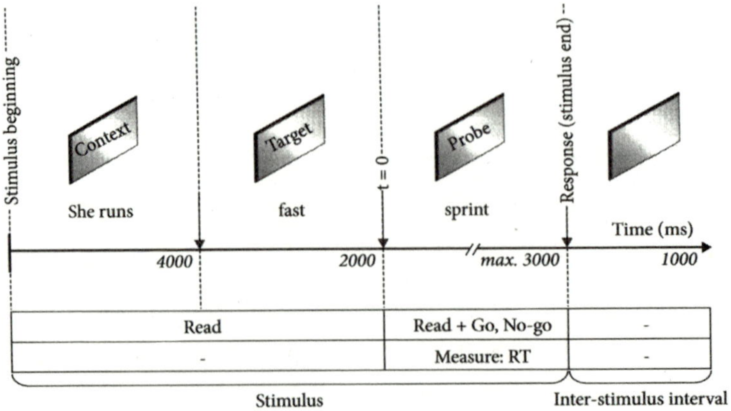

〈그림 1〉 스티뮬레이션 시퀀스 요약

3.7 대답

참가자들은 <그림 1>에서 제시한 논리적 상황에 따라 반응입력 단추를 누르거나 누르지 않거나 함으로써 필요한 반응을 입력하였다. 이어지는 예시는 실험 조건 ⑦ '은유/일차적'에서 가져왔다.

3.8 기록

반응소요시간 (Reaction time, RT)과 해당 반응은 E-prime 2(Psychological Software Tools, Inc)와 함께 사용하는 시리얼 버튼 상자를 이용하여 기록하였다.

〈표 1〉 피실험자들이 선택할 수 있는 대답표

Task	Meaning	Answer	Error	Context	Target	Probe
Positive	Same	Go	No			INTELLIGENS
		No-go	Yes			
	Different	Go	Yes	Hun tenker	*raskt*	SPRINT
		No-go	No			
Negative	Same	Go	Yes	She thinks	*fast*	INTELLIGENS
		No-go	No			
	Different	Go	No			SPRINT
		No-go	Yes			

3.9 피실험자

본 실험의 참가자수는 50명 (평균연령 26세, 최연소 20세, 최연장 43세, 표준편차 5)으로 모두 노르웨이어를 모국어로 사용하고 영어를 상당 수준으로 구사하는 사람들이었다. 이들의 영어 수준(평균 점수 929점, 최저점수 680, 최고점수 1000점, 표준편차 78)은 전자 Dialang test를 이용하여 평가하였다. 영어 활용 수준이 높은 피실험자를 선별함으로써 전문번역사와 비견할 수 있는 언어전환 능력을 가진 집단을 선별하고자 하였다. 이는 본 실험의 결과를 번역사 집단으로 확대 적용하기 위함이었다.

3.10 실험 세션 및 과제

실험은 개별적으로 실시되었으며 노르웨이 오슬로, Rikshospitalet 유니버시티 병원에 소재한 국립뇌전증센터의 실험실에서 실시하였다. 피실험자들은 실험실에 자리잡고 난 뒤 의미확인 과제에 대한 설명을 들었다. 이들이 수행할 실험은 다음 순서로 진행되었다. (1) 미완의 문장을 읽는다. (2) 미완의 문장을 완성시킬 결과어휘를 읽는다. (3) 완성된 문장의 의미를 이해한다. (4) 이어 등장하는 결과어휘를 읽는다. (5) 마지막으로 등장한 어휘가 앞서 완성한 문장의 의미와 연결이 되는지를 판단한 뒤 (소속된 집단에 따라) 예/아니오 버튼을 누르거나 아무런 조치를 취하지 않는다. 피실험자는 이 과제를 최대한 빨리, 그러나 오류 없이 수행해 줄 것을 요청받는다. 본 실험에 앞서 먼저 피실험자는 자신이 들은 설명을 기억한 대로 요약하여 설명해 줄것을 요청받는다. 필요시 실험진행자가 절차에 대한 질문에 답해줄 수 있다. 이어서 연습용 실험을 실시하는데 피실험자는 평균속도(1200ms)와 정확도(정답률 80 퍼센트)에 도달할 때까지 연습 실험을 반복하게 된다. 이어지는 본 실험은 피실험자의 집중도를 유지하기 위해 최대한 짧게 진행되며 최대 15분을 넘기지 않도록 하였다.

3.11 데이터 프로세싱과 분석

긍정 및 부정 과제에 대한 반응시간 및 대답확률(연관 자극 과제에서 구체적인 답변을 도출할 확률)은 각각 분리하여 처리하였다. 정답에 대한 반응시간은 각 아이템별, 각 조건별, 그리고 각 피실험자별로 나누어 중

위값(중위수 표준편차 +/-3)으로 필터링 하였다. 긍정적 조건 과제에서 총 920개의 측정이 이루어졌으며, 이 중 오답 입력으로 무효화 된 건수가 145건(15.76%)발생했고 필터링을 통해 112개의 아웃라이어(12.17%)를 제외하였다. 결과적으로 총 663개 측정값(전체 기록된 값의 72.07%)을 대상으로 분석을 실시하였다. 부정적 조건 과제에서는 총 1080개의 측정이 이루어졌으며, 이 중 오답 입력으로 무효화 된 건수가 272건(25.18%) 발생했고 필터링을 통해 114개의 아웃라이어(13.33%)를 제외하였다. 결과적으로 총 664개 측정값(전체 기록된 값의 61.48%)[1] 을 대상으로 분석을 실시하였다. 답변 확률에서 누락된 건수가 없었기 때문에 원천 데이터를 분석하기 위한 별도의 필터링은 필요하지 않았다. 오답이나 아웃라이어는 0으로 처리하고 정답은 1로 하여 답변 확률을 얻을 수 있었다.

통계분석은 일반적인 리니어 모델을 활용하였고 소프트웨어는 MLwiN 2.1 (Center for Multilevel Modelling, 영국 브리스톨 대학)을 활용하였다. 통계모형에는 두 개의 무작위 요인(아이템을 레벨 1로, 피실험자는 레벨 2로 함)으로 교차 레벨 구조를 두었고, 고정 요인으로는 두 개(결과 은유도, 결과 복잡도, 그리고 이 두 요인 간 상호작용)를 실험 변수로 두었다. 유의정도는 특정 변수를 포함 혹은 제외한 상태에서 예상되는 분산을 비교할 수 있는 대규모 샘플 카이제곱 테스트를 통해 평가하였다. 이원자료는 위에서 설명한 것과 동일한 구조로 이항분포 모델을 이용하여 분석하였다. 이를 통해 실험 변수에 따라 정답을 제시할 확률을 계산하고자 하였다.

4. 결과

반응시간에 관한 분석에서는 반응시간이 긍정적 과제에서나 부정적

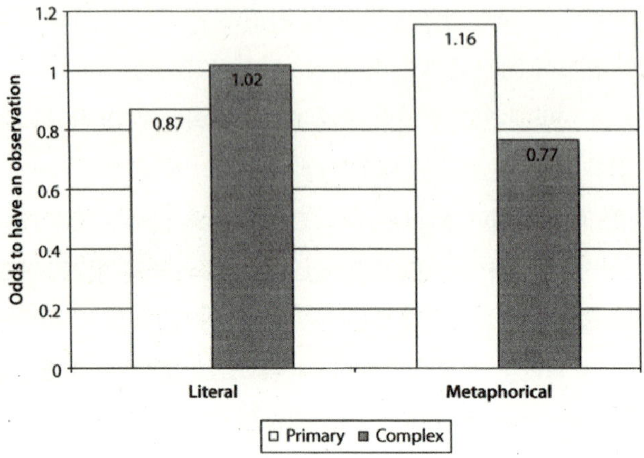

〈그림 2〉 의미 유사성에 대해 GO 과제 조건일 경우 조건별로 관측이 일어날 확률

과제 모두에서 측정된 바, 결과 은유도와 결과 복잡성, 이들 두 요인 간의 상호작용으로 인한 주효과가 관찰되지 않았다(모든 p값은 .15와 .87 사이로 측정됨).[2] 실험 조건별 비교에서도 유의한 차이가 발견되지 않았다(모든 p값은 .12와 .96 사이로 측정됨)

긍정적 과제에서 대응하는 의미에 대해 대답 제시 확률은 결과 은유도($p < .91$)나 결과 복잡성($p < .42$)[3] 모두에 대해서 유의미한 차이를 보이지 않았다. 그러나 결과 은유도와 결과 복잡성($p = .066$) 사이의 상호작용[4]에서는 어느 정도 경향이 관찰되기도 하였다. 이러한 상호작용은 주로 일차적 개념적 은유(1.16)에서 대답 제시 확률이 더 높고 복잡한 개념적 은유에서는 상대적으로 낮은 것으로 인한 것으로 보인다(0.77, $p = .062$ 일 때 대조에서 경향이 보임. <그림 2> 참조).

부정적 과제(제시된 문장과 제시된 탐색어휘의 의미가 다를 때 대답을 하는 실험)에서 대답 제시 확률은 결과 은유도에 따라서는 유의미한 차이를 보였으며(x^2 (1, N = 1080) = 13.4; $p < .0003$)[5], 결과 복잡성에 대해서는 유의한 차이를 보이지 않았다($p < .11$). 따라서 다른 의미를 수용할 확률

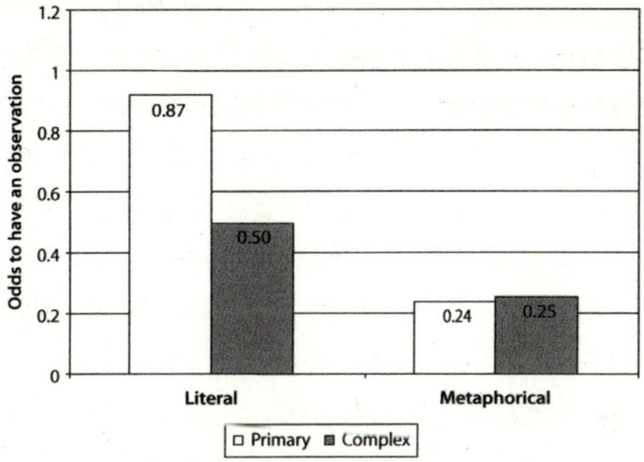

〈그림 3〉 의미 차이성에 대해 GO 과제 조건일 경우 조건별로 관측이 일어날 확률

이 은유적 의미를 문자적 의미와 비교했을 때 0.46 감소하였다(<그림 3> 참조).

아울러, 결과 은유도와 결과 복잡성 사이에서 상호작용의 경향이 관찰되었다($p < .086$). 대비되는 내용을 더 분석해 보면 실험조건 ⑤인 문자적/일차적 조건이 나머지 세 개 조건과 비교해서 가장 큰 유의미한 차이를 보이고 있음을 알 수 있다(모든 p값이 .0002에서 .02 사이). 그리고 나머지 세 조건은 서로에 대해 유의미한 차이를 보이지 않았다(모든 p값이 .14에서 .93 사이).

5. 논의

본 연구에서는 결과 은유도와 결과 복잡성에 대해 반응시간의 차이가 유의미한 차이를 보이지 않을 것이라는 가설을 세웠다(가설 1과 2). 문장의 의미는 일단 파악이 된 후, 탐색어휘를 이해하는 동안 피실험자의 단기기억에 저장이 되어 있다가 다시 수행기억으로 이동하고 여기에서 탐색어휘의 의미와 비교를 거치게 된다.[6] 본 연구에서 행한 실험의 결과에 따르면 결과 은유도와 결과 복잡성에서 차이가 있음에도 불구하고, 문장의 의미와 탐색어휘의 의미를 비교하는데 걸린 시간은 의미가 유사하거나 차이가 나거나와 상관없이 거의 동일했다. 이는 은유적 의미 상황에서나 문자적 의미 상황에서나, 또 복잡한 은유에서나 일차적 은유에서나 모두 개념적 명확도가 높다는 것을 나타내는 것으로 보인다.

그러나 피실험자들이 실험에서 대답을 하는 확률에서 나타난 행동패턴은 사뭇 다른 그림을 보여주고 있다. 개념적 명확도가 결과 은유도 및 결과 복잡성에 따라 차이를 보이고 있음을 드러낸 것이다. 이는 앞서 제시한 본 연구의 가설 및 반응시간에 대한 분석 결과와 배치된다. 반응시간을 프로세싱하고 분석하는 과정에서 혹시 발생했을 수 있는 분산 필터링의 역효과와 같은 기술적 이슈들을 모두 검토한 결과, 기술적 문제로 인한 결과는 아닌 것으로 확인하였다. 따라서 반응시간과 대답확률 간 차이 발생 원인은 다른 곳에서 찾아야 했다. GO/NO GO 과제는 단순하면서도 활성도가 높고, 민감하면서도 이러한 유형의 연구에 적합하고 많은 심리언어학 연구에서 활용되고 있기는 하나, 본 연구에서 필요로 하는 시간적으로 세밀한 차원의 멘탈 프로세싱 연구에서는 정확하게 원하는 바를 포착하지 못하는 과제였을 수 있다. 일부 p값은 유의미한 차이를 보이는 수준에 매우 근접했다는 것을 볼 때, 일부 종속변수에 의한 변동이 분명 존재하였으나 유의미한 차이를 보일 정도는 아니었다는 것을 의미한다.

따라서 결과 은유도와 결과 복잡성에 따른 대답확률을 분석한 자료는 시간 분석을 보완하며, 시간 분석만 행했을 때에는 미처 발견하지 못했을 흥미로운 인지적 사실들을 알려주고 있다. 만약 실험 과제가 탐색어휘의 의미와 문장의 의미가 유사할 때에만 단추를 누르는 직접 형식이었다면, 일차적 은유가 복잡한 은유보다 정답률이 높았을 것이고 이는 피실험자가 자신의 판단에 대해 더 강한 확신을 갖고 있다는 것을 보여주었을 것이다. 문자적 조건에서도 차이가 관찰되지 않았는데, 이는 피실험자들이 은유적 조건과 문자적 조건에서 동일하게 확신을 갖고 행동했음을 의미한다. 그러나 과제가 역으로 제시되었을 때에는 결론을 수용할 것인가 거부할 것인가를 한 번 더 확인하는 멘탈 프로세스를 거쳐야 하기 때문에 의사결정을 내리는 것이 더 어려워진다. 이러한 상황에서는 결과 은유도에 따른 영향만이 대두되었고, 문자적 의미에서보다 은유적 의미에서 답을 얻을 확률이 더 줄어들었다. 결과적으로 은유적 의미에서보다 문자적 의미에서 답변할 때의 확신이 더 크다는 것을 알 수 있다. 그리고 두 종속변수간 상호작용으로 인해, 다른 조건에서보다 문자적 일차적 조건에서 결정을 내리기가 더 용이했다. 개념적 명확도 역시, 문자적 복잡한 경우를 포함하여 다른 조건에서보다, 문자적 일차적 조건이 더 높을 것이다. 두 문자적 조건의 차이가 처음에는 예상을 벗어나는 것으로 여겨지지만(보통 이론적으로 문자적 조건하에서는 '일차적'인 것과 '복잡한' 것 사이의 구별이 의미가 없다), 의미론적 차이가 존재할 수 있다는 점은 매우 흥미롭다 하겠다. 그러나 물론 일차적 은유를 구성하는 어휘들이 복잡한 은유를 구성하는 어휘들보다 더 간단한 개념으로 이루어진 것일 수도 있다. 그러나 이는 실험자료 구축과정의 어휘 선별에서 비롯된 바이어스라기보다는, 본 연구에서 검토한 두 가지 은유의 기본적인 성격이 상이한 것에서 비롯되었다고 볼 수 있다. 복잡한 개념적 은유는 아무래도 일차적인 은유보다는 더 복잡한 개념을 기반으로 구성되어 있을 수 있기 때문이다.

결과적으로, 피실험자들은 (1) 복잡한 은유보다 일차적 은유에서, (2) 은유적 의미보다는 문자적 의미에서, 그리고 (3) 문자적 복잡한 의미보다는 문자적 일차적 의미에서 개념적 명확도가 더 높은 것으로 인식하고 있었다. 이러한 결과는 직관적으로 생각할 수 있는 결과와 대치되며 본 연구의 도입부에서 설정한 가설에도 대치된다. 그러나 본 연구의 데이터가 확보한 통계적 신뢰도가 매우 높기 때문에 (분석 건수와 피실험자 수 규모가 크고 분석 절차를 따랐기 때문) 연구 결과가 잘못되었을 가능성은 매우 낮다. 따라서 처음 가설을 설정할 때 기반으로 삼았던 주관적인 생각이 실제 본 연구에서 탐색하고 측정한 무의식적인 인지 과정을 제대로 반영하지 못한 것일 수 있다. 문자적 의미, 일차적 개념적 은유에서의 은유의미, 복잡한 개념적 은유에서의 은유의미, 그리고 이들의 문자적 대응에 이르기까지 언어학자들이 다양하게 정의한 조합이 존재하므로, 이들 각각의 논리적 조합을 이해하고 산출하는 데에도 당연히 다양한 조합이 있을 것이다. 인지언어학에서는 의미론적 조직도에서 여러 층위의 복잡성이 존재한다고 설명한다. 가장 아래에는 문자적 의미가 있고 가장 꼭대기에는 복잡한 개념적 은유가 있으며 일차적 개념적 은유는 그 중간 쯤에 있다는 것이다. 우리가 관찰한 데이터에서도 바로 이와 같은 행동 패턴을 볼 수 있었다. 특히 은유의 이해에 대해, 본 실험과 병행해서 실시한 뇌활동 신경언어학 실험결과(라쇼와 라이드닝, 2010)를 봐도 본 연구의 결과를 뒷받침하고 있다는 것을 알 수 있다. 일차적 개념적 은유와 복잡한 개념적 은유를 처리할 때 뇌활동에 상당한 차이가 난다는 것을 볼 수 있었다.

결과 은유도와 결과 복잡성에 따라 이해 단계에서 어떻게 의미가 인식되는지 차이를 생각해 보면, 이 결과가 번역에 어떤 영향을 미칠 것인지 상당히 어려운 과제이다. 만약 번역사가 이해과정에서 언어표현을 통해 발현되는 아이디어를 제대로 개념화하지 못했을 경우, 대략적인 개념화 결과가 결국 도착텍스트에서 다시 표면화 될 것이다. 그리고 이때의 산출물은 자연스럽지 못한 번역물이 될 여지가 많다. 번역사는 출발텍스트의 원 구조에서 드러난 두드러진 특징을 그대로 재현할 가능성이 높고, 주로 의미론적 대응을 통해 번역하게 될 것이다. 이러한 접근은 번역 전략 중에서도 트랜스코팅 전략이라고 하며(셀레스코비치(Seleskovitch), 1975), 대개의 경우 두 가지 층위에서 번역 산출물에 부정적 영향을 미친다. ① 원래의 출발텍스트에서 표현된 의미로부터 멀어져서 명백한 부족함이나 번역 오류를 초래한다. ② 도착어로서 즉각적인 반응을 이끌어 내거나 즉각적인 이해가 가능하지 않은 표현, 흔히 번역투(translationese)라 불리우는 어투가 나온다(투리(Toury), 1980). 번역투는 딱히 오역이라고는 할 수 없으나 어색하거나 자연스럽지 못한 말투를 의미한다. 두 언어 사이에는 필연적으로 의미론적, 구조적 차이가 있을 수 밖에 없는데, 이러한 차이로는 서로 다른 언어 간에 왜 늘 동일한 대응을 이룰 수 없는지를 부분적으로밖에 설명할 수 없다. 더 중요한 것은 의미론적이나 구조적으로 대응이 이루어진다 하더라도 원래 의도된 메시지의 정수가 부족하게 전달되는 경우가 많기 때문에 그것이 번역의 산출물로서 채택할 수 있는 최선의 해결책은 아닌 경우가 있다는 것이다. 서로 다른 언어를 사용하고 다른 문화에서 살고 있는 개개인은 자신들의 경험을 개념화 하는 방식이 다를 수 밖에 없고, 출발텍스트에서 어떤 개념이나 사람 혹은 사물을 지시하는 개념적 은유의 특징들이 도착텍스트에서의 그것과 일치하지 않는 경우가 많다. 이러한 선호는 개인이 개념을 파악하여 구축할 수 있는 역량의 산출물이며, 궁극적으로 이것이 번역에 직접적인 영향을 미치게 된다. 출발텍스트에서 언어로 촉발되어 전달되는 개념을 온전히 이해하는 단계는 번역사가 도착어를 어떻게 재구성할 것인지를 결정하는 번역의 후속 단계를 이어가는 데에 필수적인 전제조건이 된다.

개념적 명확도는 자기성찰이나 간단한 관찰, 또는 번역사의 산출물을 자세하게 분석하거나 혹은 번역 과정 중 측정 가능한 행위라는 관점에서 보았을 때, 객관화되어 연구가 이루어지지 못한 부분이 크다. 따라서 본 연구를 통해 향후 실험 연구를 위해 중요한 사항들을 다시 한 번 생각해 보게 되고, 번역학 연구 중에서도 소외된 단계인 이해, 그리고 이러한 이해 과정이 이어지는 번역의 후속 단계에 미치는 영향에 대해 다시 한 번 생각해 보게 되었다. 번역사가 어떻게 이해 단계의 어려움을 관리하는지, 그리고 이어지는 단계에서 이를 어떻게 극복하는지를 연구하는 것은 매우 어려운 과제이다. 아울러 번역에서는 이해한 내용을 다시 재발화하여 표현한다. 따라서 새로운 은유를 이해하는 것이 의미 창조와 연관이 있고, 기존의 은유를 이해하는 것은 의미를 재도출하는 것이라는 전제를 실험을 통해 증명해 봄으로써, 동일한 실험으로 단일언어만을 사용하는 경우에는 드러나지 않은 인식론상의 두 요인을 하나의 실험을 통해 활성화하고 비교해 볼 수 있을 것이다.

미주

1. 긍정적 과제에 비해 부정적 과제의 난이도가 더 높았기 때문에 부정적 과제의 답변 수가 더 적다.

2. p 값 .15는 영가설을 부인하였을 때 실수를 할 확률이 15%라는 것을 의미한다. 과학연구에서 기준은 0-5%까지는 수용하고, 5-10%까지는 공정하다고 판단하며, 10% 이상이 되면 이에 기반하여 결론은 내리는 것을 회피한다. 그러나 이러한 보수적인 기준은 복권을 샀을 때 10번 중 9번 당첨되는 경우라면 기꺼이 복권을 사겠다고 생각하는 사람들에 의해 반박되고 있는 상황이다.

3. 이러한 대조는 문자적 조건의 평균([일차적+ 복잡한 경우]/2)과 은유적 조건의 평균([일차적+ 복잡한 경우]/2) 사이에 위치하며, 일차적 조건의 평균([문자적+은유적]/2)과 복잡한 조건의 평균([문자적+은유적]/2) 사이에 위치한다.

4. 상호작용: the variation measured in the dependent variable due to one of the independent variables also depending on the other independent variables.

5. 카이제곱 테스트는 실험 통계이다. 본 연구 논문에서 카이제곱값(13.4)은 유의미한 대비에서만 제시되었다. 1은 독립변수의 자유도이고 N은 샘플 크기를 보여준다.

6. 장기기억, 단기기억, 그리고 수행기억 간 차이에 대한 설명은 코완(Cowan, 2008)을 참고할 것.

참고문헌

1. Cowan, N. 2008. "What are the differences between long-term, short-term, and working mem- ory?" In *The Essence of Memory,* W. Sossin, J.-C. Lacaille, V. F. Castelluci and S. Belleville (eds), 323-338. Amsterdam: Elsevier.

2. Englund Dimitrova, B. 2005. *Expertise and Explicitation in the Translation Process.* Amsterdam/ Philadelphia: John Benjamins.

3. Fauconnier, G. and Turner, M. 2002. *The Way We Think. Conceptual Blending and the Mind's Hidden Complexities.* New York: Basic Books.

4. Gibbs, R. W. 1990. "The process of understanding literary metaphor." *Journal of Literary Semantics* 19: 65-94.

5. ______. 1994. *The Poetics of Mind: Figurative Thought, Language, and Understanding.* Cambridge: Cambridge University Press.

6. Glucksberg, S. 2003. "The psycholinguistics of metaphors." *Trends in Cognitive Science 7* (2): 92-96.

7. Grady, J. 1997. "Foundations of meaning: Primary metaphors and primary scenes." (Doctoral dissertation, University of California, Berkley.)

8. Grice, H. O. 1975. "Logic and conversation." In Syntax and Semantics, P. Cole and J. Morgan (eds), 3: 41-58. New York; Academic Press.

9. Johnson, C. 1997. "Metaphor vs. conflation in the acquisition of polysemy: The case of SEE." In *Cultural, Typological ami Psychological Issues in Cognitive Linguistics,* M. K. Hiraga, C. Sinha and S. Wilcox (eds), 155-169. *Current Issues in Linguistic Theory.* Amsterdam/ Philadelphia: John Benjamins.

10. Kovecses, Z. 2005. *Metaphor and Culture.* New York: Cambridge University Press.

11. Lachaud, C. and Rydning, A. 2010. "Primary vs. complex metaphors - EEG coherence analysis reveals brain activity differences during metaphor comprehension." Paper delivered at the *Fourth Interntional Conference on Cognitive Science,* June 21-26,2010. Tomsk, Russia.

12. Lakoff, G. 1993. "The contemporary theory of metaphor." In *Metaphor and Thought* (second ed.), A. Ortony (ed.), 202-251. Cambridge: Cambridge University Press.

13. Lakoff, G. and Johnson, M. 1980. *Metaphors We Live* By. Chicago: University of Chicago Press.

14. ______. 1999. *Philosophy in the Flesh: The Embodied Mind and Its Challenge to Western Thought.* New York: Basic Books.

15. Lakoff, G. and Turner, M. 1989. *More Than Cool Reason: A Field Guide to Poetic Metaphor.* Chicago: University of Chicago.

16. Liu, B. 2010. Personal communication.

17. Martikainen, K. 2007. "What can translation reveal of metaphors? Translation experiment on the psychological reality of the conceptual metaphor theory." In *Text, Processes, and Corpora: Research Inspired by Sonja Tirkkonen-Condit,* R. Jaaskelainen, T. Puurtinen and H. P. Stotesbury (eds), *Publications of the Savonlinna School of Translation Studies 5,* 145-159. Joensuu: Joensuu University Press.

18. Narayanan, S. 1997. "Embodiment in language understanding: Sensory-motor representations for metaphoric reasoning about event descriptions." (Doctoral dissertation, Department of Computer Science, University of California, Berkley.)

19. Searle, J. 1979. *Expression and Meaning: Studies in the Theory of Speech Acts.* Cambridge: Cambridge University Press.

20. Seleskovitch, D. 1975. *Language, langues et mémoire. Étude de la prise de notes en interprétation consécutive.* Paris: Lettres Modernes Minard.

21. Toury, G. 1980. *In Search of a Theory of Translation.* Tel Aviv: The Porter Institute for Poetics and Semiotics.

혁신적 자막 표기

수용 연구*

알렉산더 쿤질라이와 모린 에렌스버거-도우 Alexander Künzli & Maureen Ehrensberger-Dow

스위스, 취리히 응용과학대학교

본 논문은 자막이 제공되는 영화에 대한 수용능력과 관객의 반응을 조사하는 실험적 연구 결과를 제시한다. 27명의 피실험자는 영화에서 발췌한 네 개의 장면을 상업용 표준 자막이나 혁신적 자막과 함께 시청하였다. 혁신적인 자막은 오리지널 사운드트랙의 언어 및 문화소에 대한 보충설명을 포함하였다. 시표추적 데이터를 동시에 수집했으며, 그 이후 설문도 진행하였다. 시표추적으로 시선고정 시간과 관심 영역별 응시시간비율을 측정하였으며, 설문지를 통해 영화 내용에 대한 정확한 응답 여부, 관객 인지와 만족도에 대해 평가하였다. 연구 결과에 따르면 두 시청 조건 간의 유의한 차이는 없으며, 자막 표기된 시청각 제작물을 보는 시청자가 일반적인 자막 표준이 규정하는 글자수보다 많은 양의 정보를 처리할 수 있음을 시사한다.

* 자료 준비에 도움을 준 피터 쥬드(Peter Jud), 실험 설계와 통계에 대해 조언해준 비트 식(Beate Sick), 본 연구에 참여해준 IUED 학생들, 그리고 귀중한 의견과 제안을 제시해준 두 명의 익명 검토자에게 감사 드린다. 모든 오류는 저자의 몫이다.

KEYWORDS

자막, 수용능력, 관객 반응, 시표추적

1. 들어가기

방언적, 사회적 요인과 특정 민족 언어, 속어 등은 구술 담화를 특징짓는 언어 형태의 몇 가지 예로, 장편 및 다큐멘터리 영화에서 지역 특색이나 등장인물의 배경을 전달하거나 등장인물 간 사회적, 계급적 힘을 보여주는 등 다양한 기능을 갖는다. 영화에서 사용되는 언어가 즉흥적 구술을 실제로 어느 정도 반영하는지에 대한 질문과는 별개로, 영화 속 대화의 특정 요소는 글자수와 시간 제한으로 인해 자막 표기가 어렵거나 불가능하다는 것이 일반적인 인식이다. 따라서 자막 표기에 관한 대부분의 연구는 (e.g. 허트, 콜로자르와 리사(Hurt, Koloszar, and Lisa), 1997; 레이나르트(Reinart), 2004; 게오르가코폴루(Georgakopoulou), 2009) 영화 속 사투리나 사회계층 방언의 언어 형태 평준화 현상을 발견하였다. 심지어는 이런 평준화가 자막 번역사용 안내서에서 명시적으로 요구되기도 한다. 일례로 이바르손과 캐롤(Ivarsson and Carroll, 1998, p. 75)은 관객의 영화 몰입을 방해하지 않도록 자막을 최대한 눈에 거슬리지 않게 표기해야 한다고 주장하며, 이는 대부분의 자막 번역사가 따르는 표준인 듯하다. 언어외적 문화 관련 요소를 다루는 과정에서 역시 일반적으로 번역을 생략하는 등 눈에 거슬리지 않으려는 경향이 관찰되는데 (언어내외적 문화 관련 번역 문제에 관한 정의는 네데르가르-라슨(Nedergaard-Larsen), 1993, 그리고 최근 연구로는 페데르손(Pederson),

2007 참조), 아마 오리지널 사운드트랙이 주는 부정적 피드백효과를 일체 방지하기 위한 노력으로 간주된다.

그러나 자막영화 시청에 필요한 인지적 노력에 대해서는 알려진 바가 많지 않다. 두 줄, 80자에 해당하는 자막을 약 6초 동안 상영한다는 표준(이바르손과 캐롤, 1998, p. 67 참조)이 통용되지만, 실증연구를 통한 타당성 평가는 이루어지지 않았다. 가령 드위드왈레와 길렌(D'Ydewalle and Gielen, 1992, p. 416)은, 단순히 관객의 자막 읽는 속도가 표준 자막에 이미 익숙해져 있기 때문에 해당 표기법을 선호할 가능성도 있다고 주장한다. 또한 눈에 거슬리지 않는 표준 자막 표기법은 보다 혁신적이고 실험적인 형태인 팬자막(fansubs, 이미추이가 인디넷에 올린 번역 사막)과 경쟁해야 하는 실정이다. 팬자막은 여러 측면에서 통상적인 자막 표준을 위반한다. 우선 자막 길이에서 두 줄 이상을 사용하거나, 화면 상단에 메모를 표시하거나, 문화적 지시물을 설명하기 위해 자막 사이에 주석을 삽입하고, 억양을 강조하기 위해 단어 전체를 대문자 표기하는 등의 예가 있다. 이런 대안적 표기 방식은 영화 속 대화에 대한 포괄적인 이해를 도모하는데 그 목적이 있다(디아즈 신타스와 무노 산체스(Díaz Cintas and Muñoz Sánchez), 2006, p. 45).

번역학과 영상번역 분야에서도 자막 관련 수용 연구의 필요성이 제기되고 있다. 최근 강비에(Gambier, 2008, p. 30)는 자막 표기 연구 중 수용 연구는 청각 장애인과 난청인을 위한 동일 언어 내의 자막 표기에만 국한되어 있다고 비판한 바 있다. 예외적인 연구로는 영문 자막 처리된 일본 TV 애니메이션을 표준 자막 혹은 추가 팝업 주석(pop-up gloss)과 함께 시청할 때 요구되는 인지적 노력을 조사해 언어간 자막 표기에 관한 연구 결과를 발표한 캐프리(Caffrey, 2008)가 유일하다. 팝업 주석은 처리 노력을 증가시키는 것으로 나타났는데, 이러한 결과는 상당히 많은 자막을 건너뛰거나 자막 영역을 향한 응시시간이 현저히 줄어드는 등, 시표추적 데이터의 각종 측정 항목에서 나타났다. 피실험자를 대상으로 실시한 전자 설문조사의 주관적 평가 역시 객관적 측정 결과를 뒷받침하였는데, 응답자들은 같은 자막이라 해도 팝업 주석 처리된 경우 속도가 빨라진 것처럼 느껴졌다고 답하였다. 하지만 이러한 인지적 노력의 상승 원인이 화면상의 추가 정보인지, 혹은 정보의 표기 방식인지는 확실치 않다.

따라서 본 실증 연구는 표준 자막 표기법과 유사하면서도 새로운 종류의 혁신적인 자막 표기 방식에 대한 수용정도와 관객의 반응을 조사하는데 목적이 있다. 본 연구는 상업용 표준 자막 처리된 영화 발췌 장면과 화면 상단에 '상단 설명자막(surtitles)' 형태로 보충설명을 혼합 표기한 영화 발췌 장면에 대한 관객 반응을 비교하였다. 영화 발췌 장면의 자막 시청에 필요한 인지적 노력 지표와 시표추적 기술을 이용한 데이터는 동시에 취합하였으며, 설문지를 통한 자료는 그 이후 수집하였다. 설문은 자막 속도에 대한 피실험자들의 주관적 인식, 혁신적 자막에 대한 만족도 및 시청 영화의 발췌 장면 여러 시각적, 구술적 정보에 대한 기억 보존 등의 정보를 얻을 수 있도록 설계되었다. 본 연구는 자막이 제공되는 영화에서 자막 생산 및 수용과정을 연구하는 대규모 연구 프로젝트의 일환으로 진행되었다.

영화에 등장하는 시각적, 구술적 정보의 기억 보존 정도를 표준 자막과 혁신적 자막 간에 비교 측정하고, 혁신적인 방식에 대한 수용을 평가함으로써 본 연구는 자막처리 방식이 관객의 만족도와 주의력 분산에 미치는 영향이라는 중점적 문제를 다루고자 한다. 즉, 영화의 전반적인 이해와 관련된 복잡한 정신적, 인지적 프로세스에 혁신적 자막이 미치는 영향에 초점을 두는 것이 아니라(자막 수용에 관한 다양한 연구 접근방식은 강비에, 2003, p. 185 참조), 오히려 태도적, 지각적 측면, 즉, 표준 혹은 혁신적 자막에 대한 시청자의 선호도와 자막 해독 전략을 집중 연구한다.

2. 연구 방법

2.1 피실험자

취리히 응용과학대학교(ZHAW) 번역 과정을 이수하는 대학생 27명(여성 23명, 남성 4명, 평균 연령 27.7세)이 본 실험에 자원하였다. 피실험자들에게 이메일로 연락해 자막 처리된 영화에 대한 수용을 조사하기 위한 연구라는 사실을 미리 전달하였다. 피실험자 모두 독일어가 모국어였다. 이들은 두 집단으로 무작위 배정되었으나(A 혹은 B, 2.3장 참조), 각 집단의 남성 수는 일치하도록 하였다.

영화 시청에 앞서 해당 영화의 언어(불어) 실력에 대해 참여자에게 질문하였다. 불어 듣기능력에 대한 자가평가 점수는 5점 척도에서('매우 좋음'=1, '나쁨'=5) 평균 2.5로 나타났으며 두 개 집단 간의 유의한 차이는 없었다. 해당 영화를 이미 관람했다고 응답한 사람은 두 명에 불과했다(집단별 한 명). 나아가, 피실험자들이 자막 영화는 익숙하지만(스위스 대도시에서는 보통 자막영화와 더빙영화 중에서 선택 가능하다), 팬자막 등 혁신적 자막에 많이 노출되지는 않았다고 가정할 수 있었다.

2.2 자료

시중에서 독어 자막으로 접할 수 있는 프랑스 영화 '클래스(Entre les murs, 2008, 로랑 캉테 감독)'에서 59~138초 길이의 장면 네 곳을 발췌하였다. 파리 근교에서 불어와 문학을 가르치는 중학교 교사의 반자서전적 영화다. 영화에 등장하는 학생들은 13-15세로, 인종과 문화가 각각 다르다. 해당 영화를 선정하고 네 장면 중 두 장면을 발췌한 이유는 사회계층 방언, 특정 민족어, 속어, 혹은 프랑스의 젊은 세대가 전형적으로 사용하는 언어로 단어의 음절을 도치하는 베르랑(verlan) 등 여러 언

(a) 하단 자막 조건 (b) 상단 설명자막 조건

〈그림 1〉 발췌 1 시퀀스 3의 두가지 표기 조건

어 형태가 등장하기 때문이다. 또 다른 두 개의 장면을 선택한 이유는 언어외적 문화 관련 번역 문제(즉, 프랑스 지리, 역사, 언론 언급)를 제시하기 때문이다. 시중에서 이미 구할 수 있는 독어 자막을 분석한 결과, 언어내적 문화 관련 요소는 보통 평준화 혹은 생략 처리 되었고, 언어외적 문화 관련 내용은 목표 관객에게 도움이 될만한 설명 없이 직역으로 처리되었음을 확인하였다.

발췌 장면 별로 두 개 버전을 준비했는데, 하나는 표준 자막 버전 (불어 사운드트랙과 시중에서 구할 수 있는 독어 자막), 또 하나는 상업용으로 제작된 자막 영화를 보충하기 위해 화면 상단에 독어 보충설명 (즉, 상단 설명자막)[1]을 추가한 자막 조건이었다. 상단 설명자막에는 기존 독어 자막에서 외연적 의미만 전달된 언어적 항목의 함축 의미 해설, 문화 특정적 요소에 대한 메타언어적 정보 및 언어유희에 대한 설명이 포함되었다. 발췌 장면 네 개 모두 위에서 설명한 두 버전, 즉 상단 설명자막이 표기된 조건 (특수 처리 혹은 '상단')과 상단 설명자막이 없는 조건 (기본 혹은 '하단')으로 구분되었다. 두 조건에 대한 화면 캡처는 <그림 1>에서 확인할 수 있다. 발췌 1에서 가져온 우측 화면캡처의 상단 설명자막은 한 학생의 의도치 않은 말장난을 보여주는데, 교사는 이를 무례하게 받아들인다. 발췌 2의 상단 설명자막은 프랑스 역사와 프랑스 철학자 볼테르의 소설 '캉디드'와 '자디그'에 관한 추가 설명을 제공하

〈표 1〉 각 발췌 장면의 텍스트 밀도 (하단 자막, 상단 설명자막, 문자 수 기준)

	Excerpt 1	Excerpt 2	Excerpt 3	Excerpt 4	
Number of:					Total
Subtitles	22	16	13	12	63
Surtitles	6	5	5	5	21
Total (sur+sub)	28	21	18	17	84
Average number of characters in:					Overall
Subtitles	33.9	29.3	33.2	37.4	33.3
Surtitles	95.7	98.0	125.4	94.6	103.0
Number of characters per minute in:					Average
Subtitles	846.1	833.0	711.7	858.0	812.2
Surtitles	846.5	801.5	1245.0	1068.3	990.3

있다. 발췌 3의 상단 설명자막은 불어 동사형태인 접속법 반과거의 함축 의미를 설명하였다. 마지막으로 발췌 4는 오리지널 사운드트랙에서 언급되는 프랑스 TV 시리즈물에 관한 보충 설명 등을 제시하였다. 10년 이상의 경력을 보유한 번역사와 자막 제작가가 공동으로 설명자막을 추가할 오리지널 사운드트랙 장면을 선정하고 상단 설명자막 문구를 작업하였다.

각 발췌 장면의 텍스트 밀도는 다음 세 가지 항목으로 측정하였다 (<표 1> 참조). 첫째, 상단 설명자막과 하단 자막 개수로, 각 발췌 장면은 5~6개 설명자막과 12~22개 하단 자막으로 이루어졌다. 둘째, 하단 자막이나 상단 설명자막당 문자수로, 설명자막의 평균 길이는 (Ø=103.0 문자) 일반적으로 권장되는 자막 길이인 최대 80자 보다 길었으며, 본 연구에서 다룬 영화 발췌 장면의 상업용 자막에 비해 3배 이상 길었다 (Ø=33.3 문자). 셋째, 각각의 영상에 대해 피실험자가 자막을 읽는 분당 문자수로, 화면 상단에 표기한 상단 설명자막의 경우 분당 평균 1802.5자를 기록했는데, 이는 '유럽캡션협회'(게오르가코폴루, 2009, p. 34)가 적용하는 읽기 속도인 분당 750자보다 두 배 이상 빠르다.

2.3 연구 절차

취리히 응용과학대학교 사용성 평가 실험실에서 데이터를 수집하였다. 피실험자 모두 유사한 조건에서 개별적으로 실험에 임하였다. 피실험자가 실험실에 도착하면 피실험자 동의서를 읽고 서명할 것을 요청하였다. 이어서 시표추적 모니터 앞에 앉아 필요한 조정 후 화면 상으로 몇 가지 사전 질문 (예: 나이, 성별, 불어 능력)에 답한 뒤 영화 발췌 장면 네 개를 시청하였다. <표 2>에 나타난 바와 같이 지정된 집단에 따라 '하단'과 '상단'에 표기된 자막을 번갈아 시청하였다.

〈표 2〉 표기 방법 (이탤릭체=하단, 볼드체=상단)

	Excerpt 1	Excerpt 2	Excerpt 3	Excerpt 4
Group A (n = 14)	*sub*	**sur**	*sub*	**sur**
Group B (n = 13)	**sur**	*sub*	**sur**	*sub*

Note: *sub* = normal condition (subtitles only); **sur** = treatment condition (surtitles in addition to subtitles).

각 발췌 장면을 시청하는 중에 토비 TX60 시표추적기가 수집한 각종 데이터는 토비 스튜디오 소프트웨어[2] 를 통해 산출하였다. 특수 다이오드가 모서리에 개별 장착된 평면 모니터로 구성된 시표추적기는 안구 운동을 추적해 사용자가 특정 시간에 화면의 어느 부분에 시선 고정하는지 기록한다. 수집된 시선추적 데이터는 30ms당[3] 시선고정 횟수 및 지속시간, 관심 영역 (즉, 자막, 설명자막, 기타 화면 이미지) 응시시간, 최초 시선고정까지의 지체 시간, 관심 영역 간 이동, 건너뛴 자막과 설명자막, 단어 고정 확률, 동공크기 등을 포함한다. 본 논문에서는 수집된 여러 데이터 중, 본 논의의 목적에 따라 처음 세 가지 항목에 한하여 상세하게 다룰 것이다 (약 12초 길이의 발췌 1 시퀀스 3에 대한 두 피실험자의 관심 영역, 시선고정 기록, 응시 경로를 확인하려면 <그림 2> 참조).

각 발췌 장면을 시청한 후 피실험자의 읽기 및 시청 전략 (즉, 정확도

(a) 하단 자막 조건 (피실험자 a22)　　(b) 상단 설명자막 조건 (피실험자 b21)

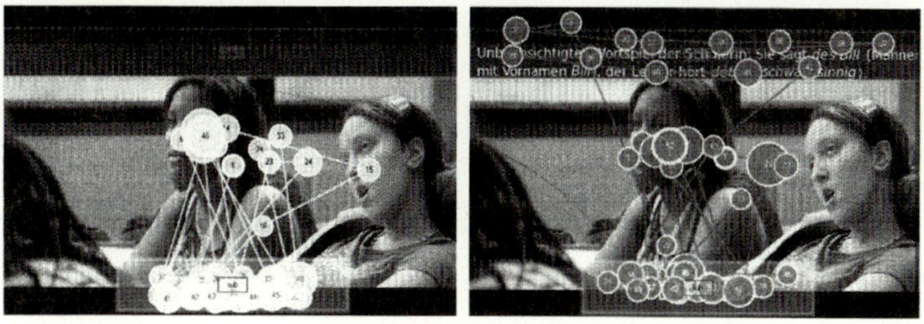

〈그림 2〉 발췌 1 시퀀스 3의 두 가지 자막 표기 조건에 대한 시선 고정 및 응시 경로

항목), 하단 자막 및 상단 설명자막에 대한 인식과 반응 (즉, 속도와 유용성 판단) 질문에 대한 답을 화면을 통해 수집하였다. 특히, 세 가지 정보 유형에 대한 수용능력을 평가하는 질문을 발췌 장면당 다섯 개씩 제시하였는데(히키티히(Hickethier), 2007 참조), 이미지 (즉, 도상적 주의) 관련 질문 두 개, 대화 (즉, 언어적 주의) 관련 질문 두 개, 발췌 장면의 전반적인 상황 (내러티브 주의) 관련 질문 한 개로 이루어졌다. 각 질문은 오지선다형으로, 보기는 정답 한 개, 오답 세 개, '모르겠다' 한 개로 구성되었다. 모든 피실험자에게 동일한 순서로 질문을 제시하였다. 이 외에도 하단 자막과 상단 설명자막 속도, (추가된 경우) 설명자막의 메타언어적 정보의 유용성에 대한 피실험자의 인식을 묻는 질문 두 개가 추가로 주어졌다. 마지막 발췌 장면을 시청한 후 피실험자들에게 상단 설명자막에 대한 전반적 의견을 개진해 줄 것을 요청하였다.

3. 연구 결과

하단 자막과 상단 설명자막에 대한 수용능력과 피실험자 반응 결과를 먼저 제시한 후 시표추적 데이터로 수집한 온라인 측정 항목과 비교하겠다.

3.1 수용능력

영화 내용을 묻는 질문에 대한 정답율은 68.3%였다. '모르겠다'를 선택한 비중에 다소 차이가 있었으나(A 집단=11.1%, B 집단=8.1%), 두 집단의 유사한 결과는 자막 조건의 상영 순서가 무관했음을 보여준다. 가장 두드러진 점은 자막 조건(하단=67.8%, 상단=68.8%), 혹은 발췌 장면(<표 3> 참조)에 따른 전반적인 정확도 차이가 없었다는 사실이다. 따라서 추가된 상단 설명자막이 피실험자의 주의 프로세스나 수용능력을 방해하지 않았다고 추정할 수 있다.

그러나 질문 유형 분석 결과, 발췌한 부분의 전반적인 상황에 대한 응답이 가장 정확하게, 이미지에 관한 응답이 가장 부정확하게 나타나며 차이를 드러냈다(<표 4> 참조). 영상 속 대화 내용에 대한 질문은 하단 자막 조건에서, 이미지와 전반적인 상황에 대한 질문은 상단 설명자막 추가 조건에서 보다 정답율이 높았지만, 이같은 결과는 피셔(Fischer)의 카운트 데이터용 정확 검정 하에서는 유의한 차이를 나타내지 않았다.

〈표 3〉 집단별, 발췌 장면 및 자막 표기조건별 정답율 (이탤릭체=하단, 볼드체=상단)

	Excerpt 1	Excerpt 2	Excerpt 3	Excerpt 4	Overall
Group A	*64.3*	**70.0**	*70.0*	**70.0**	68.6
Group B	**70.8**	*64.6*	**64.6**	*72.3*	68.1
Overall	67.5	67.3	67.3	71.2	68.3

〈표 4〉 질문 유형별, 자막 표기 조건별 정답율 (이탤릭체=하단, 볼드체=상단)

Question type:	*sub*	**sur**	Overall
Image	*50.6*	**55.6**	53.1
Dialogue	*74.3*	**70.3**	72.3
Situation	*89.1*	**92.4**	90.8

〈표 5〉 자막 표기 조건별 자막 읽기에 주어진 주관적 시간 평가 (이탤릭체=하단, 볼드체=상단) 및 상단 설명자막의 유용성

	Excerpt 1	Excerpt 2	Excerpt 3	Excerpt 4	Overall
Time available*:					
sub	*4.2*	*4.4*	*4.6*	*4.9*	*4.5*
sur	**3.5**	**3.4**	**2.8**	**3.9**	**3.4**
Overall	3.9	3.9	3.7	4.4	4.0
Helpfulness** of:					
surtitles	**3.3**	**3.7**	**2.9**	**3.5**	**3.4**

* 1 = 시간 불충분, 5 = 시간 매우 충분
** 1 = 매우 유용, 5 = 매우 방해

3.2 하단 자막 및 상단 설명자막에 대한 시청자 인식과 만족도

화면상의 글자를 읽을 수 있는 시간에 대해 피실험자들은, 비록 상단 설명자막이 함께 제시된 조건이 하단 자막만 표기된 조건에 비해 현저히 낮긴 했으나($p < 0.001$, 피셔의 카운트 데이터용 정확 검정; <표 5> 참조), 두 조건 모두에 상당히 긍정적인 평가를 내렸다(하단 = 4.5, 상단 = 3.4, 5점 척도 기준 1 = 시간 부족, 5 = 시간 매우 충분). 발췌 3의 경우 유의한 차이가 나타났으나 이 외 모든 발췌 장면은 동일한 패턴을 보였다.

상단 설명자막이 추가된 발췌 장면에서 제공한 메타언어적 정보의 유용성에 관한 정성적 평가는 발췌 총 네 개의 평균이 3.4로 다소 중립적이었고(1 = 매우 유용, 5 = 매우 방해), 발췌간 평가 차이는 거의 없었다(<표 5> 참조). 피실험자들이 불어에 상당히 능통해(2.1장 참조) 설명자막에 덜 의존적이었다는 것이 그 이유가 될 수 있겠다.

실험 마지막 단계에서 상단 설명자막의 전반적인 유용성을 묻는 질문에 대한 피실험자의 평균 점수는 3.3으로(1 = 매우 유용, 5 = 매우 방해) 설명자막에서 제공한 메타언어적 정보 관련 점수와 매우 유사했으며, 두 개 집단 사이에는 암시적이기는 하나 유의하지 않은 차이가 나타났다(종합 점수: A 집단 = 3.6, B 집단 = 3.0). 흥미롭게도, 발췌별 상단 설명자

막의 유용성에 대한 평가와 자막을 읽을 수 있도록 주어진 시간에 대한 평가간의 상관관계는 없는 것으로 조사되었다(순위 상관 계수 = 0.046).

3.3 시표추적 결과

시각적 주의를 측정한 첫 번째와 두 번째 온라인 항목(평균 시선고정 시간 및 시선고정 횟수)을 통해 두 개 자막 표기 조건 간의 경미한 차이를 발견하였다. 발췌별 각 피실험자의 평균 시선고정 시간은 30ms당 시선고정 합계를 시선고정 횟수로 나누어 계산하였다. 시표추적 기록 결과, 특정 발췌에 대한 일부 피실험자의 시선고정 시간은 매우 짧아 해당 데이터 포인트는 제외하였다. 또한 화면에 시선을 고정하는 시간이 전체 시간의 최소 50%가 되어야 한다는 기준에 따라 피실험자 두 명(집단별 1명)의 전체 데이터와 다른 피실험자의 데이터 중 일부 발췌에 대한 데이터는 제외해야 했다(하단 자막 조건 중 두 개 추가 발췌, 상단 설명자막 조건 중 네 개). 이 기준 하에서 두 개 조건 간의 실제 시선고정 횟수는 유의한 차이가 없었으나(하단 = 227; 상단 = 251; <표 6> 참조), 시선고정 시간은 유의한 차이를 나타냈다(하단 = 0.36s; 상단 = 0.32s, $p < 0.01$). 각 발췌에 대한 시선고정 횟수는 장면 길이와 직접적인 연관성이 있어 그 차이가 예측 가능하였다. 대응비교를 위해 이분산 독립표본 t검증을 실시하였다.

〈표 6〉 자막 표기 조건과 발췌 장면 (이탤릭체=하단, 볼드체=상단)에 따른 평균 시선고정 시간 (초) 및 시선고정 횟수

	Excerpt	Excerpt 1	Excerpt 2	Excerpt 3	Excerpt 4	Overall
sub	*meanFlength*	*0.34*	*0.35*	*0.37*	*0.38*	*0.36*
	allFcount	*274*	*345*	*134*	*165*	*227*
sur	**meanFlength**	**0.32**	**0.31**	**0.32**	**0.33**	**0.32**
	allFcount	**283**	**373**	**156**	**197**	**251**
Overall	meanFlength	0.33	0.33	0.35	0.36	0.34
	allFcount	279	358	145	180	238
Length		108 s	138 s	59 s	73 s	

〈표 7〉 자막 표기 조건과 발췌 장면 (이탤릭체=하단, 볼드체=상단)에 따른 관심 영역 응시시간 비율

	Subtitle area	Surtitle area	Rest of image
sub	*31.5%*	*0.1%*	*68.5%*
sur	**29.4%**	**10.8%**	**59.8%**
Overall	30.4%	5.4%	64.2%

시표추적 데이터의 세 번째 시각적 주의 측정 항목은 다양한 관심 영역에 대한 응시시간이었다. 관심 영역은 ① 자막이 표기된 화면 하단, ② 상단 설명자막 조건으로, 상단 설명자막이 표기된 화면 상단, ③ 기타 화면 이미지(예시는 <그림 2> 참조) 등 세 가지로 분류하였다. 마찬가지로, 화면에 시선을 고정하는 시간이 전체 시간의 최소 50%가 되어야 한다는 기준을 적용해, 피실험자 한 명에 대한 두 개의 발췌가 제외되었다(조건별 발췌 한 개씩). 세 가지 관심 영역의 응시시간을 조사한 결과 한 명을 제외한 모든 피실험자의 시선 방향이 모든 발췌 장면의 자막을 향하였다(예외에 해당한 1명은 4개 발췌 중 3개를 응시하였다). 또 다른 한 명을 제외한 모든 피실험자가 일정 시간 설명자막을 봤다는 사실은 상단 설명자막을 의식했음을 뜻한다. 분석에 따르면 상단 설명자막이 제공될 경우 이미지를 응시하는 시간이 현저히 떨어졌다($p < 0.01$, 이분산 독립표본 t검증, <표 7> 참조).

자막을 읽는 시간은 두 가지 자막 표기 조건 간에 유사하였으나, 메타언어적 보충설명이 제공될 경우 피실험자들은 비언어 시각 이미지 응시에 현저히 적은 시간을 보냈다. 하지만 이러한 결과는 <표 4>에서 제시하는, 상단 설명자막 조건을 시청할 때 시각적 요소를 더 잘 기억했다는 결과와 비교 검토되어야 할 것이다.

4. 논의

본 연구는 두 줄, 최대 80자를 넘지 않아야 한다는 자막 업계와 문헌의 일반적 자막 표준의 타당성을 시험함으로써 자막 처리된 영화에 대한 수용과 관객 반응을 조사하는데 그 목적을 두었다. 두 줄을 다 사용할 경우, 자막을 화면에 6초 간 노출해야 하며, 길이에 따라 자막 노출시간이 정해진다(이바르손과 캐롤, 1998 참조). 또한, 자막 업계에서는 평균 읽기 속도가 분당 750자를 넘어서는 안 된다고 한다(게오르가코폴루, 2009).

본 연구는 혼합 연구기법을 이용해, 두 개의 다른 조건에서 대학생들에게 여러 개의 영화 발췌 장면을 시청하도록 요청하고, 해당 학생들의 읽기 및 시청 전략을 조사하였다. 도상적 주의(이미지), 언어적 주의(대화), 내러티브 주의(전반적 상황)등 세 가지 정보 유형에 대한 정확도는 설문을 통해 연구하였다. 한편, 시표추적을 이용해 화면의 각기 다른 영역을 응시하는 시간의 비율과 평균 시선고정 시간을 측정하였다. 자막은 표준 자막 (즉, 상업용으로 제작된 한 두 줄의 표준 하단 자막)과 메타언어적 보충설명이 첨가된 자막 (즉, 하단 자막과 상단 설명자막을 모두 포함한 혁신적 자막)으로 구분되었다. 후자는 이미 인터넷에서 아마추어 자막 형태로 작업되고 있다. 상단 설명자막은 오리지널 불어 사운드트랙에 등장하는 문화 특정적 지시물의 용법과 함축적 의미, 비표준적인 언어 변종, 그리고 상업용으로 제작된 독어 자막 버전에서 간단히 처리 되었거나 혹은 번역되지 않은 요소에 대한 보충설명을 제공하였다.

연구 결과는 앞서 언급한 기존의 자막 표준의 타당성에 이의를 제기한다. 자막 없는 영화의 시청은 시각적, 청각적인 두 가지 입력 채널과 두 가지 정보 유형 간의 지속적인 주의 분배를 요한다. 자막 표기는 이미 복잡한 상황에 세 번째 정보 요소를 추가하여, 본 연구에서는 네 번째 정보 요소를 삽입한 셈이다. 메타언어적 설명을 포함한 설명자막은 피실험자의 수용능력에 부정적인 영향을 미치지 않았다. 이 같은 결과는 일반적으로 추측하는 것보다 영화 관객이 줄거리 몰입에 방해 받지 않고도 더 많은 양의 텍스트 정보를 처리할 수 있음을 함의한다.

본 연구 결과의 주요 시사점은 다음과 같다. 첫째, 시청자, 특히 젊은 시청자층은, 일반적으로 추정했던 것보다 더 많은 양의 정보를 하단 자막, 또는 상단 설명자막의 형태로 처리 가능하다. 둘째, 텍스트 형태로 보다 많은 정보를 포함할 수 있다면 원작 영화를 더 심도 깊게 이해할 수 있을 것이다. 마지막으로, 상단 설명자막은 특정 관객의 필요에 따라 맞춤형 정보를 제공하는데 중요한 역할을 할 수 있다. 가령, 청각장애인과 난청인, 어학 교사나 학생은 추가 정보가 포함된 설명자막으로 영화를 보기 위해 추가적인 비용을 지불할 용의가 있을 수 있다.

하지만 자막별 노출 시간과 최대 문자수를 제한하는 기존 표준 자막 요건은 본 연구의 피실험자들에게 이미 내재화된 것으로 보였다. 즉, 표준 자막과 혁신적 자막을 읽도록 주어진 시간을 평가해 달라는 질문에 참여자들은 두 가지 모드에 대하여 현저히 상이한 평가를 내렸다. 피실험자들은 하단 자막만 제공된 조건에 비해 상단 설명자막 조건에서 텍스트를 처리할 수 있었던 시간을 현저히 낮게 체감하였으며, 이는 추가적인 인지 부하를 시사한다. 하지만 영화 발췌부분의 다양한 언어적, 시각적 요소의 기억 보존은 두 조건에서 동일하였다. 이러한 결과는 시청자가 표준 자막의 길이와 시간에 이미 익숙해져 있기 대문에 해당 조건을 선호할 수도 있음을 함의한다.

또한 본 연구는 시선고정 횟수, 발췌 장면별 평균 시선고정 시간, 관심 영역별(즉 하단 자막, 상단 설명자막, 기타 이미지) 응시시간의 비율 등 세 가지 안구 운동을 추적하였다. 추적 결과, 하단 자막만 제공된 발췌와 하단 자막, 상단 설명자막 모두 제공된 발췌간 평균 시선고정 시간은 크게 달랐다. 상단 설명자막의 발췌는 시선고정 시간이 보다 짧았으나, 두 조건 간 평균 시선고정 횟수는 유의한 차이가 없었으며, 이는 곧 상단 설명자막이 포함된 경우 참여자들이 개별 지점이 아닌 다양한 관심 영역으로 더 오랜 시간 시선을 이동했음을 보여준다. 이는 화면에 텍스트가 추가됨으로써 인해 인지 부하가 높아졌다는 뜻으로, 텍스트 정보를 처리하도록 주어진 시간이 보다 부정적으로 평가되었다는 사실에서도 드러난다.

관심 영역별 시표추적 데이터 분석을 통해 상단 설명자막, 이미지, 하단 자막 영역의 응시시간 비율 간 유의한 차이를 발견하였다. 놀랍게도, 특히 캐프리(2008)의 연구 결과를 고려했을 때, 본 연구에서는 상단 설명자막 응시시간이 하단 자막 응시시간에 영향을 미치지 않았는데, 상단 설명자막 조건에서는 기타 이미지 응시시간이 상대적으로 줄었기 때문이다. 설문 응답과 비교하였을 때도 이는 예상치 못한 결과다. 질문 종류(이미지, 대화, 전반적 상황)에 따라 정확도에서 차이는 나타났지만, 두 가지 조건 간 유의한 차이는 없었기 때문이다. 상단 설명자막 조건의 경우, 대화 요소를 묻는 기억 보존 질문에서는 정확도가 다소 떨어졌지만, 전반적 상황과 이미지 요소에 대한 기억 보존의 정확도는 조금 더 높았다. 마지막 결과는 일반적인 직관에 위배된다. 상단 설명자막 조건에서 이미지를 보는 시간이 더 적었음에도 불구하고, 하단 자막 조건에서보다 시각적 정보를 더 잘 기억해낸 셈이기 때문이다. 비록 통계적으로 유의하지 않아 우연에 의한 결과로 추정할 수 있으나, 상단 설명자막이 제공될 경우 상단과 하단에 주의를 분산하고, 텍스트 방향을 따라가는 수평 이동이 아니라 수직으로 시선을 이동하면서 추가 시각적 정보를 처리하기 때문에 두 조건 간의 차이가 나타났을 수 있다. 하지만 이 가설은 추가적인 실증 연구를 필요로 한다.

저자는 본 연구 결과에 대한 한계점을 인지하고 있다. 첫째, 본 연구 피실험자들은 대학생들로, 상대적으로 젊고 교육 수준이 높은 집단을 대표한다. 따라서 다른 인구통계학적 집단에 비해 읽기 속도가 높다고 가정할 수 있다. 한편, 적어도 스위스에서는 영화 관객이 더빙영화와 자막영화 사이에 선택할 수 있기 때문에, 자막영화를 선택하는 관객의 읽기 실력이 전반적으로 뛰어날 수 있고, 메타언어적 정보가 추가로 제공된다 해도 영화 몰입을 방해하지 않을 수 있다. 나아가, 피실험자들은 사실상 시청각 매체에 매우 익숙한 환경에서 자란 집단으로 볼 수 있기 때문에 기존의 자막 표준이 참여자들의 필요, 기대, 능력을 모든 면에서는 충족하지 못할 수도 있다. 둘째, 본 연구용으로 준비된 영화 발췌 장면은 다소 짧았다. 짧은 장면에서의 읽기 속도는 문제가 안될 수 있으나, 영화 전체에 상단 설명자막을 추가해 관람할 경우 상당한 피로감을 유발하고 수용능력을 저하시킬 수 있다. 하지만 이러한 한계점은 상단 설명자막이 다량의 언어적, 문화 특정적 지시물이 포함된 오리지널 사운드트랙 장면만 제시되었다는 점과 함께 고려되어야 할 것이다. 당연히 영화의 모든 장면이 상단 설명자막을 필요로 하지는 않기 때문이다. 마지막으로, 상단 설명자막이 노출될 때 화면의 움직임이 적었다는 점을 인정해야 한다. 시청각 제작물의 다층 기호는 영화 번역에 대한 실증 연구에서 고려되는 변수다. 시각적 비언어 요소가 결정적인 역할을 하는 영화의 경우, 텍스트의 추가는 관객이 줄거리에 몰입하지 못하도록 방해하는 요인이 될 수 있다. 한편, 본 연구 자료와 같은 예술영화('작가 영화')에 상단 설명자막이 특히 적절하다고 주장할 수도 있을 것이다. 작가 영화는 시청각 텍스트를 대신하는 기타 기호 체계보다 언어적 메시지를 선호하는 경향이 있다(자발비스코아(Zabalbeascoa), 2008).

현대 사회, 가정, 학교, 그리고 회사에서 시청각 매체는 중요한 역할을 담당한다. 시청각 번역에 대한 연구의 급속한 성장은 따라서 지극히 당연한 현상이다. 그러나 강비에(2008)가 최근에 언급하였듯, 지금까지 수용이라는 문제를 다룬 연구는 소수에 불과하다. 본 연구는 자막영화를 관람하는 복잡한 상황에서 사람들이 어떻게 주의를 분배하고 이동시키는지 알아봄으로써 이러한 연구 방향에 기여하고자 하였다. 나아가, 기존의 자막 표준을 위반하는 자막의 수신과 수용을 실험함으로써 시청자의 실제 필요와 능력뿐 아니라 자막 처리된 시청각 제작물의 가독성과 식별도를 탐구하는 새로운 연구 분야 개척에 기여하고자 하였다. 본 연구는 문화 특정적 요소와 비표준 언어 사용을 중점적으로 다루었는데, 자막 표기 특성상 시공간적 제약 하에서 구어와 문어라는 각각의 규칙에 따른 두 가지 모드 간의 이동을 다루기 때문에 이러한 작업은 근본적으로 어렵다. 향후 연구 역시 메타언어적 정보를 포함하는 상단 설명자막을 어떻게 제작하고 제공해야 영화에 대한 이해를 도울 수 있을지에 관한 문제 등 추가적인 어려움에 직면하게 될 것이다. 자막 분할, 화면 상 위치, 그리고 준(準)언어적 정보 표시를 위한 색상 사용 등에 대한 연구가 필요할 것으로 예상된다.

미주

1. 본 논문의 '상단 설명자막'은 일반적인 의미와 다르다 (즉, 오페라와 극장용 자막).

2. Tobii Studio 버전 1.7.2; http://www.tobii.com/scientific_research.aspx 참조

3. 캐프리(2008) 결과와 비교 가능하도록 최소 시선고정시간을 선정하였다.

참고 문헌

1. Caffrey, C. 2008. "Using pupillometric, fixation-based and subjective measures to measure the processing effort experienced when viewing subtitled TV anime with pop-up gloss. In *Looking at Eyes. Eye-tracking Studies of Reading and Translation Processing,* S. Göpferich, A. L. Jakobsen and I. M. Mees (eds), 125-144. Copenhagen: Samfundslitteratur.

2. Diaz Cintas, J. and Muñoz Sánchez, P. 2006. "Fansubs: Audiovisual translation in an amateur environment." *The Journal of Specialised Translation* 6: 37-52.

3. D'Ydewalle, G. and Gielen, I. 1992. "Attention allocation with overlapping sound, image, and text." In *Eye Movements and Visual Cognition: Scene Perception and Reading,* K. Rayner (ed.), 415-427. New York: Springer.

4. Gambier, Y. 2003. "Introduction. Screen transadaptation: Perception and reception." *The Translator 9 (2)*: 171-189.

5. ______. 2008. "Recent developments and challenges in audiovisual translation research." In *Between Text and Image. Updating Research in Screen Translation,* D. Chiaro, C. Heiss and C. Bucaria (eds), 11-33. Amsterdam/Philadelphia: John Benjamins.

6. Georgakopoulou, P. 2009. "Subtitling for the DVD industry". In *Audiovisual Translation. Language Transfer on Screen,* J. Díaz Cintas and G. Anderman (eds), 21-35. New York. Pal- grave.

7. Hickethier, K. 2007. *Film- und Fernsehanalyse.* Stuttgart: Metzler Verlag.

8. Hurt, C., Koloszar, C. and Lisa, C. 1997. "Transfer zwischen Kunst und Technik - Zur Problematik der multimedialen Ubersetzung.,> In *Text - Kultur - Kommunikation: Translation als Forschungsaufgabc; Festschrift aus Anlass des 50jährigen Bestehens des Instituts für Űbersetzer- und Dolmetscherausbildung an der Universität Graz,* N. Grbic and M. Wolf (eds), 167-181. Tübingen: Stauffenburg.

9. Ivarsson, J. and Carroll, M. 1998. *Subtitling*. Simrishamn: Transedit.

10. Nedergaard-Larsen, B. 1993. “Culture-bound problems in subtitling.” *Perspectives: Studies in Translatology* 1 (2): 207-241.

11. Pedersen, J. 2007. “Scandinavian subtitles: A comparative study of subtitling norms in Sweden and Denmark with a focus on extralinguistic cultural references.” (Doctoral dissertation, Stockholm University, Sweden.)

12. Reinart, S. 2004. “Zu Theorie und Praxis von Untertitelung und Synchronisation.” In *Literarisches und mediates Űbersetzen. Aufsátze zu Theorie und Praxis einer gelehrten Kunst,* R. Kohlmayer and W. Pockl (eds), 73-112. Frankfurt am Main: Peter Lang.

13. Zabalbeascoa, P. 2008. “The nature of the audiovisual text and its parameters.” In *The Didactics of Audiovisual Translation,* J. Díaz Cintas (ed.), 21-37. Amsterdam/Philadelphia: John Benjamins.

방송 통역에서의 오류, 생략, 및 부적절성

사례연구 예비결과

다니엘 질 Daniel Gile
프랑스, ESIT, 소르본느 누벨 파리3대학

본 논문은 인지적 포화상태와 언어조합 특유의 어려움을 파악하기 위해 최근 방송된 미국 오바마 대통령 취임사의 불어, 독어, 일어 동시통역 녹취음성기록과 녹취필기록의 오류, 생략, 그리고 부적절성을 연구 및 분석하였다. 출발텍스트의 마이크로 단위 오역 혹은 생략은 대개 단순하고 비전문적인 내용에서 발생하였으며, 독어나 불어 통역에 비해 일어 통역 오류가 많았다. 또한 연구결과, 언어적 정확성과 정보의 완전성 중 통역사의 선호도에 따라 다양한 통역 스타일이 존재함을 발견하였다. 본 결과는 통역사가 인지적 포화상태에 근접해 작업한다는 줄타기 가설(tightrope hypothesis)과 일치하며, 이 때 언어, 그리고 언어조합별 특징이 통역 과정의 매개변수로 작용함을 보여준다. 나아가, 단순 방법론과 자연관찰 연구가 통역학에 유익하게 기여할 수 있음을 본 연구는 시사한다.

KEYWORDS

오류, 생략, 부적절성, 줄타기 가설, 언어조합 특수성, 자연관찰 연구, 방법론

1. 들어가기: 실험적이고 정교하게 vs. 자연적이고 단순하게

실험적 연구는 연구 대상인 국지적 환경을 통제하여 특정 현상과 변수를 살펴보는 선진적 연구 유형으로 여겨진다. 지난 20년 간 번역 연구에서 가장 널리 통용된 실험 패러다임은 사고발화법(TAP: Think Aloud Protocol)과 컴퓨터 로깅이며, 시선 분석기의 선호도도 점차 늘고 있는 추세다(괴프리히(Göpferich), 2008 참조). 디미트로바(Dimitrova, 2005)는 TAP와 컴퓨터 로그를 중심으로 다각화 기법을 이용해 번역에서의 외연화 관련 연구를 수행하였다. 저서 제 3장에서 디미트로바는 투리(Toury)와 마찬가지로(1995, pp. 234-238) TAP의 유효성을 논하면서, 학계 내 해당 패러다임의 사용에 대한 회의(懷疑)를 부각시킨다. 통역에서는 TAP 적용이 불가능하다. 대신 혈압, 심박수, 피부 전도도, 동공 크기, EEG 패턴, 뇌 활동, 혈중 코르티솔 수치 등의 측정을 포함한 온라인 혹은 유사 온라인 실험방식이 사용되어왔다(토몰라와 횐나(Tommola and Hyöna), 1990; 클로노위츠(Klonowicz), 1994; 쿠르츠(Kurz) 1995; 유럽의회(European Parliament), 2006; 아렌스, 칼데론, 크릭과 리스(Ahrens, Kalderon, Krick and Reith), 2010). 그러나 상위 기법들은 현상이 관찰되는 환경 자체가 인위적이고 관찰대상 행위를 방해하기 때문에 생태학적 타당성의 문제가 발생한다. 따라서 이같은 실험상황 하에서 관찰한 내용과 비교 검토 할 수 있는 자연관찰 데이터가 더욱 중요성을 갖는다.

최근 통·번역 실증 연구의 또 다른 추세는 각종 선진 연구기법(e.g. 복합적 실험설계)과 기술(특히 뇌영상 및 기타 생리학적 측정법)의 적용이 증가하고 있다는 점이다. 이런 기법은 전문적인 노하우를 필요로 하며, 일부는 고가 장비를 요하는 경우도 있다. 그러나 번역학 연구는 재원이 풍부한 연구소가 아닌 통·번역교육과정이나 언어학부 과정에서 대부분 진행되며, 연구자 상당수가 연구 방법에 대한 교육을 거의 혹은 아예 받지 못한 통·번역 교강사이거나 이들과 함께 작업하는 대학원생인 것이 현실이다. 저자의 판단으로는(1980년대에 이미 확인, 질, 1990 참조) 이런 상황 하에서는 자연관찰 데이터를 이용한 단순 연구 기법이 실증 연구를 위한 효과적 입문 방식이 될 수 있을 뿐만 아니라, 선진 연구를 시도하기에 앞서 필요한 스킬을 함양할 수 있는 기회도 제공한다고 생각된다. 또한 이처럼 단순한 기법이 향후 다른 연구 설계 방법으로도 검증 및 조정 가능한 유의미한 결과를 풍부하게 도출해냄으로써 번역학 연구에 현저히 기여할 수 있다는 점도 중요하다.

통역 연구에서는, 최근까지만 해도 실제 사용된 연설문이나 통역 산출물을 일반인이 확보할 수 있는 경우가 거의 없었으며, 그나마 공개된 자료도 하나의 언어로만 통역된 자료인 경우가 대부분이었다. 하지만 이제 중요한 연설, 기자회견, 브리핑의 경우 대부분 동시통역으로 방송되며, 방송국마다 통역사를 두고 있다. 또한 EU 언어로 통역된 유럽의회 연설문을 확인할 수 있는 대규모 데이터베이스를 포함(http://www.europarl.europa.eu/ activities/plenary/cre.do?language=EN 참조), 인터넷에서 발표문 원문 뿐만 아니라 해당 텍스트에 대한 여러 버전의 통역도 검색 가능하다. 즉 비교가 가능해진 것이다. 선도적 비교연구 중에는 독어 도착텍스트 세 개를 다룬 스톨츠(Strolz)의 박사학위논문(스톨츠, 1992)이 있고, 푀히하커(Pöchhacker, 1997)와 뉴버거(Neuberger, 2010)

도 참조하기 바란다. 본 논문은 현재 진행 중인 연구의 초기 결과를 담고 있다. 본 논문의 목적은 현상 속 흐름을 읽어내고, 일반적인 연구절차를 따르지 않으면서도 수행 가능한 단순기법 및 기술로 가설을 검증하며, 접근이 용이한 자연관찰 데이터 분석의 잠재력을 탐구하는 데 있다.

2. 자료 및 상황

본 연구의 연설자료는 미국 버락 오바마 대통령의 2009년 1월 20일 취임식 연설을 원본으로 하고 프랑스, 독일, 스위스, 오스트리아, 일본 텔레비전 방송국(프랑스: France 2, LCI, TF1, Public Sénat; 독어: Arte, SF1, ZDF; 일본: NHK, CNBC, TBS, Fuji, CNN Japan)에서 불어, 독어, 일어로 생방송 통역되어 중계된 산출물을 선정하였다.

출발텍스트 전문은 각종 온라인 사이트에서 찾아볼 수 있으며(e.g. http://www.nytimes.com/2009/01/20/us/politics/20text-obama.html), 녹화 영상도 마찬가지로 검색 가능하다(e.g. http://www.youtube.com/watch?v=VjnygQ02aW4). 연설 낭독 속도는 분당 평균 130 단어지만, 발화 도중 수 차례 발생한 몇 초 길이의 휴지를 감안하면 발화 단위 내에서 실제 발화 속도는 그보다 빠를 수 있다(전체 2413 단어, 18분 30초). 국제회의통역사협회(AIIC)에서 막연하게나마 권고하는 이상적인 발표 속도는 40줄 연설문 한 장당 약 3분(http://aiic.net/ViewPage.cfm/article14.htm)이며, 보다 일반적으로 문헌에서는 분당 120 단어를 '보통' 발화 속도로 규정하고 있다. 가령 슐레징거(Shlesinger, 2000)는 분당 140 단어는 더 빠른 속도로 120 단어는 보통보다 느린 속도로, 기준 삼은 바 있다. 해당 기준에 따르면 오바마 대통령의 취임 연설은 평균 속도보다 빠른 편에 속한다고 할 수 있다.

일본을 필두로, 일부 국가에서는 방송 통역을 전문 분야로 구분해 연구 분석하고 있다(e.g. BS 호소추야쿠구루푸(Hösötsüyakugurüpu), 1998). 유럽에서는 일반 국제회의통역사가 방송 통역도 맡는다. 회의 통역에는 해당되지 않는 특정 기준이 방송 통역에 적용될 때도 있지만, 오바마 대통령 연설의 경우 높은 스트레스 수준을 제외하면(쿠르츠, 2002, 2003 참조) 통역사의 업무와 우선순위가 기타 주요 인사의 현장/현장 외 통역 상황과 유사했다고 가정하겠다. 연설의 일부 대목은 정보의 밀도나 스타일, 은유, 성서 · 역사 은유 및 인용으로 인해 통역의 어려움이 있었으나, 전반적으로는 언어적, 백과사전적 지식을 특별히 요하지 않았다.

베테랑 통역사 다섯 명은 불어로, 다섯 명은 독어로, 여섯 명은 일어로 통역한 산출물이 16개 샘플로 선정되었다. 본 논문이 분석대상으로 삼은 통역사의 특징은 다음과 같다.

- 경력이 풍부한 통역사 세 명이 원고를 보면서 A 언어인 불어로 통역 (최고 대학원 과정을 졸업하거나 과학자, 학자와 국가 원수의 영어 연설을 15년 이상 통역한 경력자. 원고 없이 통역한 젊은 통역사 한 명의 통역 산출물에 대해서는 간략하게 언급할 예정임.)
- 통역사 두 명이 원고를 보면서 독어로 통역 (세 번째 통역사는 원고 없이 통역했고, 분석에 포함된 두 명의 통역 전사본 원고는 본 연구논문이 투고되기 일주일 전에야 제출된 관계로 분석에서 제외). 통역사 목소리, 억양, 전반적인 통역 산출물(머뭇거림, 시작 실수, 발음 문제 등)이 녹음된 두 개의 음성기록(프란츠 푀히하커가 제공)과 상황(국가적으로 중요한 연설은 전문 회의통역사가 일반적으로 통역을 담당)을 감안했을 때, 저자는 해당 통역사 두 명 역시 A 언어 방향으로 통역하는 풍부한 경험의 전문 통역사라고 전제 (이와 같은 변수는 추후 확인을 요함.)
- 통역사 다섯 명이 원고를 보고 일본어로 통역 (하루 준비시간을 거쳐 연설을 통역한 여섯 번째 팀의 경우 통역 조건이 상이). 저자에게 일본어 통역 전

사본을 제공해준 베테랑 방송 통역사이자 동경외국어대학 교수인 치카코 츠루타(Chikako Tsuruta)에 따르면 다섯 명의 통역사 모두 전문 회의통역사로, 일본어가 A 언어(모국어), 영어가 B 언어(능동 외국어)이며 모두 15년 이상의 경력을 갖추었다.

다음은 데이터 처리 방법을 선정하기 위해 고려한 상황적 제약이다.

1. 저자의 A 언어는 불어이다. 따라서 불어 통역에서 언어적 수용성의 심각한 이탈(문법 오류, 확연한 발음 실수, 명백한 오역)은 감지할 수 있으나 일어, 독어 통역의 경우에는 그렇지 못하다.
2. 일어의 경우 통역 전사본만 제공되어 음성기록과 비교 확인하지 못하였다.
3. 통역이 진행된 환경이 모두 동일하지는 않았다. 불어 통역사 세 명과 독어 통역사 두 명은 실제 (생방송) 연설 발표 20~40분 전에 원문 텍스트를 제공받아 2인 1조로 작업하였다. 츠루타 교수에 따르면 일본의 경우 통상적인 방송 통역 관행에 따라 같은 조의 두 명이 연설문을 나눠 준비하고, 다른 팀 역시 동일한 준비시간을 가졌을 것으로 추측하였다 (통역사 간에 개인 연락). 이런 방법대로라면 일어 통역사의 준비 시간은 타언어 통역사에 비해 최소 두 배라는 뜻이다 (시간은 동일하지만 연설문 전반부를 담당하는 통역사는 타언어 통역사 대비 텍스트 길이가 절반이며, 후반부를 담당하는 통역사에게는 더 많은 시간이 주어진다).

3. 오역, 생략 및 부적절성, 노력 모형(Effort Model) 그리고 줄타기 가설(Tightrope Hypothesis)

본 연구는 다음의 개념적 틀을 적용한다.

3.1 노력 모형 및 줄타기 가설

동시통역을 위한 '노력 모형'은(최근 논의는 질, 2009 참조) 동시통역과 관련된 인지적 작업을 세 가지 핵심 '노력'으로 정의하는 개념적 틀이다. 듣기 및 분석 노력은 L, 산출 노력(자기점검 등)은 P, 그리고 단기기억 노력은 M으로 표기된다. 처리능력 관리를 위해 조정 노력 C도 필요하다. 동시통역 수식은 다음과 같다('더하기' 부호는 산술 연산이 아니며 광의적으로 해석해야 한다).

(1) SI = L + M + P + C

이 모형은 각 노력마다 처리능력을 필요로 한다고 가정하며, 상호 '협력' 가능성에도 불구하고 2-3개의 핵심 노력을 동시에 사용하는 것은 단일 노력만 활용할 때에 비해 추가적인 인지적 부담을 발생시킨다. 무엇보다 동시통역 중 요구되는 총처리능력이 총가용능력에 근접한다고 추정된다는 점이 가장 중요하다('줄타기 가설' 질, 1999b, 2009 참조).

본 연구가 다루는 통역 유형으로 원문 텍스트가 제공된 동시통역의 경우(수식 2), 듣기 노력 L과 읽기 노력 R이 협력한다고 가정되지만(따라서, 처리능력 요구수준은 낮아짐), 연사가 원문 텍스트를 벗어나는 경우가 빈번하고 통역사가 집중력을 발휘해 발화 속도와 텍스트 간의 속도를 맞추고 불일치를 확인해야 한다는 점에서 듣기와 읽기 노력이 서로 충돌하기도 한다. 더욱이 원문이 제공된 동시통역에서는 출발어의 단어와 구조가 시각적으로 보이기 때문에 언어 간섭의 위험이 높아지며, 이러한 간섭을 피해 도착어 전환을 위해서는 추가적인 처리능력이 요구된다.

(2) 텍스트를 보면서 SI = L + R + M + P + C

원활한 통역을 위해서는 총처리능력 필요량 대비 통역사 뇌의 총가용처리능력이 매번 동일하거나 높아야 하며, 나아가 각 노력에 할애되는 처리능력은 통역사가 수행 중인 작업이 필요로 하는 처리능력을 충족시킬 수 있어야 한다.

해당 조건 중 하나 혹은 그 이상이 충족되지 않으면 한 가지 이상의 노력 달성 수준이 저하되어 오역, 생략 혹은 부적절성(Error, Omission, Infidelities, 이하 EOI)으로 이어질 수 있다. 따라서 EOI는 결국 해당 인어에 대한 불충분한 지식 혹은 언어외적 지식의 부족뿐만 아니라 처리능력 요구과다 및 처리능력 관리 오류에 따른 포화상태의 결과인 것이다.

노력 모형의 '노력'에 적용되는 특정 인지적 작업은 관습적인 것이지만, 줄타기 가설은 실증 연구가 뒷받침되어야 하는 '이론'이다. 다음과 같은 현상에서 그 이유를 찾을 수 있다.

1. 많은 오역 및 생략은 출발텍스트의 이해 부족과는 무관하다.
2. 부적절성이 유난히 자주 발생한다.
3. 같은 출발텍스트에 대한 여러 통역사의 산출물을 비교한 결과, EOI가 넓게 분포된 것으로 나타난다(즉, 통역사마다 EOI가 나타난 출발텍스트 단위가 각각 달랐다). 이 결과는 통역사 10명을 분석한 실험 연구 (질, 1999b), 그리고 마티시악(Matysiak, 2001)의 후기 연구에서 재차 입증되었다.
4. 동일한 출발텍스트에 대한 동일한 통역사의 1차, 그리고 2차 산출물을 면밀히 분석한 결과 1차 통역 당시 나타나지 않았던 EOI가 2차 통역에서 나타났다는 사실을 고려하면, 해당 부분을 제대로 이해하고 재구성하기 위한 언어·언어외적 지식이 부족했기 때문이라는 설명은 유효하지 않다. 질(1999b) 또한 동일한 증거를 발견한 바 있다.

3.2 EOI의 인과관계

인지적 포화상태는 직접적(e.g. 듣기의 과부하로 다음 발화 내용을 이해하지 못하는 경우), 또는 이월효과(질, 2009 참조) 등으로 인해 간접적으로 모든 노력에 영향을 미칠 수 있으며, EOI 각각에 대한 특정 원인을 지목하기는 어렵다. 하지만 다음은 고려해볼 수 있겠다.

1. 국제회의통역 교육기관에서는 통상적으로 통역 산출물의 문법적 정확성을 중요한 규칙의 하나로 가르친다. 전문가들은 비문이나 미완성 문장을 발화하기 보다는 차라리 생략을 선호하는 편이다. 만족스러운 산출물을 위한 작업의 완성을 위해 요구되는 인지적 부하가 과도하다고 느낄 경우 통역사는 정보 일부를 생략하고 문법적으로 옳은 발화만 선택할 수 있다는 것이다. (늘 그런 것은 아니지만) 대부분의 경우, 생략은 전략적인 선택의 결과이나 문법 오류는 통제력 상실에서 비롯된다. 생략은 있어도 문법 오류는 없는 통역과 비교했을 때 문법 오류가 많은 통역은 통제력 상실에서 비롯되었을 확률이 높다.
2. 긴 생략(긴 구절, 완전한 문장 이상)은 전략적 선택일 가능성이 높다. 출발텍스트 원고가 제공된 동시통역의 경우 통역사가 연사보다 뒤처지는 상황에서 시차가 더 커지면서 중요한 정보를 놓치는 것보다 생략하는 편이 피해가 적다고 판단하여 생략하는 예가 대표적이다.
3. 자음과 모음 발음이 흐려지는 현상은 빠른 발화 속도에 따른 '자연스러운' 2차 효과로 여겨지지만, 적당한 발화 속도에서의 명백한 발음 오류는 통제력 상실의 결과로 해석될 수 있다.
4. 배경 혹은 언어적 지식 부족, 신호 왜곡(연사의 악센트가 강하고 익숙하지 않거나 소음이 있는 경우), 듣기 노력에 영향을 미치는 인지적 포화상태, 아니면 산출 노력에서의 처리능력 부족 등의 결과로 의미 오류가 발생할 수 있다. 비전문적으로 사용되는 일상어(희귀어나 전문 용어의 반대 개념)의 경

우 A 언어 방향으로 통역하는 숙련된 통역사의 잘못된 동족어 사용도 이와 같은 인지적 실패의 결과일 가능성이 높다.

통역사의 통역 산출물 녹음이나 전사본을 대조해 미묘한 차이점을 기록하기란 쉽지 않다. 본 연구에서는 베테랑 회의통역사와 통역 교육자들이 통역 현장과 교실에서 관련 현상을 어떻게 해석하는지 확인해 볼 수 있는 지표로 이러한 차이점을 활용하였다. 통역사와 학생의 통역 실력을 상세히 논의하는 심사위원회에서의 수년간의 심사위원 경험을 통해 저자는 이러한 통역이 결과적으로 수렴한다는 사실을 확인하였다.

4. 연구 질문

본 연구는 다음 질문에 대한 잠정적 해답을 찾고자 한다.

1. 적어도 유사한 상황에서 유사 연설을 통역할 때, 통역사의 언어 혹은 언어 외적 지식 부족으로 인해 발생한 것이 아니라, 통역 산출물에서 규칙적으로 나타나는 특징이라고 할 수 있을 EOI가 본 연구의 코퍼스에서 충분히 나타나는가?
2. 통역사 개인별 EOI 패턴이 동일한가 상이한가? 목표 언어별로는 어떠한가? 특정 언어조합의 통역이 더 어렵다는 주장을 뒷받침하는 증거가 있는가?

더 나아가, 본 연구는 패턴과 동향을 파악하기 위해 통역 산출물을 마이크로 단위(절차는 본고에서 추후 언급)로 분석하는 방식의 강점을 평가하고자 한다.

5. 자료 및 기법

5.1 연설문 및 비교

- 인터넷을 통해 획득한 불어 통역 텍스트를 (저자가) 전사하였으며, 녹음과 전사본 모두 분석에 사용하였다. 본 연구의 목적, 그리고 저자의 언어적 한계로 인해 타인의 도움을 받아 타언어의 전사본을 작성해야 한다는 점을 고려해, 저자는 별도의 운율 표시 없이 억양에 따른 구두점(마침표, 쉼표)만 첨가하여 전사본을 작성하였으며, 저자가 보기에 망설임에 따른 휴지로 판단되는 부분에는 3개의 점을 찍어 표시하였다.
- 독어 녹음의 경우 심각한 오류와 생략이 있는지 알아보기 위해 먼저 '온라인상에서' 오바마 연설문과 비교하였다. 출발텍스트와 뉴버거(2010)의 독어 전사본간의 비교는 푀히하커가 텍스트를 제공한 덕분에 추후 이루어졌다. 두 비교에서 저자가 발견한 오류와 생략은 동일하였다(아래 참조).
- 일어 연설의 경우 녹음본을 확보하지 못해 전사본만 분석하였다.

5.2 민감도

전략적으로 중요한 결정 중 하나가 민감도 설정이었다. 고(高)민감도 감지 툴은 약한 신호도 잘 감지해 내지만 잡음마저도 신호로 착각, 다시 말해 무관한 현상을 유효한 것으로 잘못 판단할 위험성이 높다는 단점이 따른다. 선행연구에 제시된 증거에 따르면, 언어적 수용성과 충실성에 관한 민감도와 규범의 경우 개인 편차가 크다(질, 1985, 1995, 1999a). 본 연구의 연구질문의 속성을 고려했을 때, 신뢰도를 우선으로 하여 저(低)민감도를 선택하는 것이 합리적이라고 판단하였다. 따라서 저자는 중요한 정보에 대한 명백한 의미 오역, 언어적 오류(심각한 부적절성 등)와 생략만 기록하였다. 이 단계에서 저자는 통역사가 사소하다고 판단해 누락한 원문 내용, 가령 '미국'을 '우리'라고 말하거나 '오늘'을 생략하고 현재형으로 통역하는 등의 부적절성과 생략은 기록에 포함시키지 않았다.

민감도 기준을 이토록 낮게 설정하게 되면 관련 정보의 일부가 분석 과정에서 누락될 수도 있다. 이런 정보는 연구의 후기 단계에서 추가 확인할 수 있다. 그 대신, 감지된 EOI가 '확실한 EOI'일 확률은 높아진다. 이를 확인하기 위해 몇 가지 실험을 진행하였다. 불어 통역사의 통역 전사본 중 한 장을 발췌해 연구조사방법론 수업에서 아홉 명의 학생에게 나눠준 후 언어적 오류와 부적절성을 찾아낼 것을 요청하였다. 불어가 모국어인 학생 네 명은 일부 차이점은 있었으나, 저자가 기록한 EOI를 모두 감지하여 보고하였다. 또한 수 주에 걸쳐 동료 통역사들에게 불어와 독어 원문 및 통역 텍스트의 각기 다른 부분을 보여주면서 의미 오류나 생략을 찾아달라고 하거나, 특정 부분과 그에 해당하는 통역에 대해 질문하였다. 동료 통역사 역시 저자가 파악한 EOI를 모두 지목하였다. 일어의 경우, 일어-불어-영어 통역(대학원) 과정 학생들에게 출발텍스트를 기반으로 작성한 표(마이크로 단위 원리에 관한 <표 2> 참조)와 일어 도착 텍스트 전사본을 제공하고 일어 통역의 오류와 생략을 찾아달라고 요청한 후 저자의 것과 비교하였다. 회수된 총 세 개의 보고서에서 학생들이 찾아낸 생략과 오류 역시 저자가 찾은 것과 일치하였다(부적절성은 해당 분석에서 제외하였다).

이 같은 절차는 너무 간소해 보일 수 있다. 만약 통역 품질에 관한 세부 분석이 목적이었다면 불충분했을 것이다. 하지만 상기에서 언급했듯, 본 연구의 목적을 고려해 저민감도가 선정되었고, 저자가 파악한 EOI를 제 3자를 통해 확인받음으로써 개인적 주관에 치우치지 않도록 하였다. 비교적 많은 사람들(대부분 부스에서 함께 통역하던 동료)에게 소규모 샘플에 대한 의견을 그 때 그 때 구한 결과 저자는 엄격히 통제된 환경 내 계획된 절차 하에서보다도 더 많은 확증적 자료를 확보할 수 있었다.

6. 결과

6.1 불어 샘플

<표 1>은 오류와 부적절성 네 개 항목의 상대적 발생 빈도수를 나타낸다. 언어적 오류란 문법 오류와 심각한 부적절성을 말하며, 의미 오류란 도착텍스트에서 통역사가 단어나 단어군으로 표현된 의미를 잘못 이해했음이 명백히 드러나는 경우를 말한다(아래 예시 참조). <표 1>에서, 생략은 단어, 절, 혹은 문장 전체에 영향을 주는 경우에도 한번으로 기록하였다(영향 받은 정보량의 매트릭스 분석은 본고에서 추후 제시한다).

불어 통역사 네 명의 녹음에서 나타난 EOI 분포는 <표 1>과 같다.

〈표 1〉 불어-A 샘플 EOI 분포

Type of EOI / interpreter	F1	F2	F3	F4	F4'
Language error	7	14	5	22	32
Meaning error	6	11	5	26	37
Omission	12	34	48	34	49
Phonological distortion	2	5	3	7	10
Total	27	64	61	89	128

Note: F4의 경우 녹음분량이 13분에 불과했다. F4*'에서는 13분에서 얻은 수치를 전체 연설 길이에 맞춰 환산하여 제시하였다. 물론 정확한 수치는 아니며, 4명의 통역사들의 산출물이 얼마나 차이를 보이는지를 알려주기 위한 것이다.

다음은 불어 산출물에서 확인된 몇 가지 EOI 예시이다.

언어적 오류 (및 심각한 부적절성)

1. 'Homes have been lost, jobs shed'(집을 잃었습니다. 직업도 잃었습니다.)의 통역: Des foyers ont été perdus des emplois disparu (emplois와 disparu사이에 동사가 누락). 영어 구조를 그대로 반영한 불어의 잘못된 문법구조는 산출문의 처리능력 부족을 시사한다.
2. 'Our schools fail too many'(우리의 학교는 너무 많은 학생들을 놓치고 있습니다)의 통역: Trop des enfants échouent à l'école (des enfants는 d'enfants으로 복수처리 되어야 함).
3. 'This is the price and the promise'(이것이 그 댓가이고 약속입니다)의 통역: Tel est le prix et la promesse. est는 단복수 불일치 오류이며, Tels sont le prix et la promesse...로 동사를 복수 sont으로 처리해야 올바르다. 동일한 문법적 불일치가 출발텍스트에서 발견되며, 따라서 〈예시 1〉과 마찬가지로 산출물의 모니터링 및 정정 처리능력 부족을 시사한다.
4. 'The father of our nation ordered these words to be read to the people'(건국의 아버지들은 이 말들이 국민들에게 읽혀질 것을 명령했습니다)의 통역: A annoncé que les mots suivants soient lus au peuple. A annoncé는 '발표하다'는 뜻이며, soient lus 가정법과 '일치'하지 않는다. 해당 문장은 a annoncé를 a ordonné (명령했다)로 수정해야 문법적으로 옳다. 통역사가 a ordonné를 생각하면서 a annoncé라고 말했을지도 모른다. 마찬가지로, 〈예시 1〉, 〈예시 3〉과 같이 산출물의 모니터링 및 정정 처리능력 부족을 보여준다.

생략 (괄호 안 표현 생략)

1. (far reaching) network (광범위한) 네트워크
2. (enduring) spirit (인내하는) 정신

3. plowed (hard) earth (굳은) 땅을 일구어
4. in the time (of standing pat) (의견을 고수하는) 시대에
5. (vital) trust between a people and the government
   국민과 정부 사이의 (핵심적인) 신뢰
6. (new) threats (새로운) 위협
7. greater cooperation (and understanding) between nations
   국가 간 더 큰 협력 (및 이해)
8. (hard-earned) peace in Afghanistan (힘들게 확보한) 아프가니스탄의 평화

의미 오류

1. Pour eux 통역에서는 ('그들'을 지칭하지만 출발텍스트에서 연사는 '우리'라고 함.) 영어에 대한 이해 부족으로 해당 오류가 발생했을 가능성은 필히 배제할 수 있겠다.
2. Nous produirons des merveilles technologiques ('우리는 놀라운 기술 진보를 통해 [···보건의 질을 높이고 비용은 낮출 것이다]'라는 표현 대신 '놀라운 기술적 진보를 생산하며'라고 통역함. 이 경우 경력이 풍부한 해당 통역사가 'wield' 단어를 이해하는데 문제가 있었을 확률이 불가능한 것은 아니지만, 매우 낮다.
3. PNB ('GDP' 대신 'GNP').

현저한 음운론적 오류

1. Responsibilité (responsabilité 대신). 잘못된 모음은 영어의 'responsibility'와 일치하며, 처리능력 포화상태와 출발어 간섭 방지 실패로 해석 가능하다.
2. Le foyage (le voyage 대신). 해당 음운론적 오류를 확실히 설명하기란 힘들다.

위 결과에 따라 다음과 같이 정리할 수 있다.

대략적으로, 19분 이하의 연설에서 F1은 분당 한 개 이상의 EOI, F2와 F3는 분당 세 개 이상의 EOI를 보였다. 다시 말해, 심각한 오류, 생략과 부적절성은 빠른 속도로 발화되는 연설에서 예외적으로 나타나는 현상이 아니라 통역사가 텍스트를 미리 학습할 수 있는 시간이 주어졌음에도 발생하였다(F4의 EOI 수는 더 많았으나 다른 통역사에 비해 경력이 훨씬 짧았을 뿐 아니라 원문 없이 통역했기 때문에 본 언급에서는 제외하였다).

F1, F2, F3는 최고의 통번역대학원을 졸업하거나 과학자, 지식인, 국가 원수의 영어 연설을 다년간 통역한 통역사로 영어 이해력이 뛰어나다고 가정하는데 무리가 없다. 물론 'When the levees break'('제방이 무너졌을 때', 2005년 허리케인 카트리나의 피해를 다룬 스파이크 리 감독의 2006년작 다큐멘터리)와 같이 오바마 연설에 등장한 관용구나 어휘에 익숙하지 않았거나, 'the time has come to set aside childish things'(어린 아이의 일을 버렸노라) 대목에서 사도 바울의 고린도 전서를 떠올리지 못했거나, 'the city and the country'(도시와 카운티에서)에서 'country'의 뜻을 고민했을 수도 있다. 하지만 통역에서 보인 대부분의 오류와 생략은 단순한 단어, 또는 문법 구조에서 발생하였다(<표 2>, 6.3장 참조).

통역사별 EOI 편차가 컸다. 저민감도로 진행된 본 연구에서 EOI 횟수는 F1이 27회로 가장 적었으며 F4는 F1의 4배에 달했고, F2와 F3는 그 중간에 위치하였다. EOI '유형' 또한 통역사마다 달랐다. F2는 언어적, 그리고 의미 오류가 많았고(총 EO 수의 약 40% 대비 생략이 53%), F3은 F2 대비 그 수가 현저히 적었다(총 EO 수의 약 16% 대비 생략이 79%). F3는 언어적, 또는 의미 오류의 위험을 감수하는 대신 생략을 택한다는 점에서 보다 전략적이라고 볼 수 있다. 반면 F2는 모든 내용을 통역하려다 보니 오류도 많았다. 부적절성의 횟수가 F2는 많고 F3는 적다는 점도 이런 주장을 뒷받침한다. 하지만 현 시점에서는 해당 차이에 대한 확실한 증거를 제시할 수 없기 때문에 이 언급은 그 타당성이 입

〈표 2〉 불어 통역사 네 명의 오바마 연설 통역에 대한 마이크로 단위 오류과 생략 (1로 표기)을 나타내는 총괄표에서 발췌

Source speech segment / interpreter	F1	F2	F3	F4
Rather, it has been the risk-takers,				
the doers, the makers of things,				
some celebrated				
but more often				
men and women				
obscure in their labor,				
who have carried us			1	
up the long		1	1	
rugged	1		1	
path			1	
towards prosperity			1	
and freedom.			1	1
For us	1			
they packed up				
their few			1	
worldly possessions			1	
and travelled across oceans				
in search of a new life.				
For us				
they toiled in sweatshops			1	
and settled the West,		1		1
endured the lash of the whip				
and plowed				
the hard	1			1
earth.				

증되지 않는다. F4의 경우 언어적 오류, 의미 오류와 생략이 보다 균등하게 분포되어 있으며, 언어적 오류가 가장 많다는 점은 통제력 상실의 증상일 확률이 높다.

저자는 여러 통역을 원문 연설과 비교하면서 단일단어, 특히 형용사의 오역과 생략이 빈번함을 확인하고, 보다 세밀한 분석을 위해 원문 연설을 절과 하위절로 나눈 마이크로 단위를 살폈다. <표 2>는 총괄표에서 발췌한 데이터를 보여준다. 각 통역사의 산출물을 분석하며 각 마이크로 단위에서 발생한 오역 혹은 생략 (부적절성과 언어적 오류는 고려 대상에서 제외)을 '1'로 표시하였다. 표시된 1을 모두 더해서 영향을 받

은 마이크로 단위의 총 수치를 계산할 수 있다. <표 2>를 보면, 영향을 받은 마이크로 단위가 F1 세 개, F2 두 개, F3 아홉 개, F4 세 개라는 것을 알 수 있으며, 이렇게 하면 각 생략 또는 오역의 상대적인 정보적 비중을 계산할 수 있다(F3의 경우 생략 횟수는 세 차례에 불과했으나 그 중 하나는 마이크로 단위 여섯 개, 다른 하나는 마이크로 단위 두 개에 영향을 미쳤다). 나아가, 표를 통해 각 마이크로 단위에서 몇 명의 통역사가 실수했는지 확인 가능하며, 현상에 대해 보다 심도 있는 관찰이 가능하다 (6.3 참조).

'For us, they fought and died, in places like Concord and Gettysburg, Normandy and Khe Sahn,'까지 포함하는 연설문 첫 5분은 212개 마이크로 단위로 나뉘며, 불어 통역사 네 명의 결과(<표 3>)는 <표 1>과는 다른 패턴을 보인다.

흥미롭게도, 총 EOI 개수를 통역 품질의 지표로 사용할 경우, <표 1>에서는 순위가 F1>F3>F2>F4로 나타나는 반면, EO의 영향을 받는 출발텍스트의 마이크로 단위 전체 개수를 기준으로 삼으면 순위가 F1>F2>F4(가장 최근에 졸업해 원문 텍스트 없이 작업한 통역사)>F3(이번에는 2등이 아니라 4등으로, 이 통역사의 경우 생략이 길기 때문에 각 생략마다 여러 마이크로 단위가 영향을 받는다) 순으로 나타난다.

또한(<표 1>) F3의 경우 언어적 오류 횟수가 가장 적으며 녹음의 음운학적 왜곡도 적은 반면, F2는 그 횟수가 더 많고, F4는 훨씬 더 많다. 청자의 입장에서는 F3 통역이 F1 다음으로 가장 듣기 좋았을 수 있으며, 이는 연구 후반부에서 다시 확인하기로 한다.

〈표 3〉 오바마 취임연설 첫 5분에서 발생한 총 EO 개수와 영향 받은 마이크로 단위 개수 비교 - 불어 통역사의 사례

Interpreter	F1	F2	F3	F4
EOs in the whole speech for F1, F2, F3, in the first 13 minutes for F4	18	45	53	60
Number of affected micro-units in the first 5 minutes	5	10	26	18

6.2 언어간 비교

통역에 있어 언어 특수성이란 논란이 많은 주제다. 일각에서는 통역사가 역량만 제대로 갖췄다면, 통사구조 차이 등의 언어/언어조합 특수적인 요소는 통역 어려움에 영향을 아예, 또는 거의 주지 않을 것이라 주장한다. 세튼(Setton, 1999)은 영어, 독어, 중국어 3개어 코퍼스를 분석했을 때 각기 다른 언어조합에서 통사구조 차이로 인한 눈에 띄는 영향은 찾을 수 없다고 밝혔다. 또 다른 견해로는, 통역에서 요구되는 고도의 처리능력 때문에 언어조합 간 차이가 오히려 크게 나타난다는 주장도 있다(보다 상세한 논의는 질, 2009 참조).

구문적, 어휘적, 문화적인 측면에서 불어가 영어와 가장 가깝다고 할 수 있으며, 그 다음 독어, 일어 순이다(윌스(Wilss), 1978; 쿠르츠, 1978; 이토-베제로(Ito-Bergerot), 2006; 콘도(Kondo), 2008 참조). 여기서 EOI에 대한 두 가지 측면을 고려할 수 있는데, 바로 각 도착어 샘플에서 EO의 영향을 받은 마이크로 단위의 개수와 '긴 생략'(원문 연설의 여러 마이크로 단위가 잇따라 영향 받는 경우)의 횟수다.

<표 4>는 출발 연설문 첫 5분간 각 통역 산출물에서 영향 받은 마이크로 단위의 수를 보여준다. F1에서 F3까지는 불어 통역사/불어 통역 산출물, G1과 G2는 독어 통역사/독어 통역 산출물, J1에서 J5까지는 일어 통역사/일어 통역 산출물을 의미한다.

연설 처음 5분간 영향 받은 마이크로 단위의 평균 개수는 불어에서 가장 낮으며(개인 간 변산성은 높다) 독어 통역에서는 평균 두 배로 증가

〈표 4〉 오바마 연설 첫 5분간 EO의 영향을 받은 마이크로 단위 개수 - 불어, 독어, 일어 산출물

Interpreter	F1	F2	F3	G1	G2	J1	J2	J3	J4	J5
Number of micro-units affected by EOs	5	10	26	25	26	13	73	50	57	18
Mean value by language		13.7		25.5				42.2		

〈표 5〉 통역사 및 언어별 긴 생략 횟수

Interpreter	F1	F2	F3	G1	G2	J1	J2	J3	J4	J5
Number of chunks ≥ 3 micro-units	0	1	4	0	3	0	8	3	8	0
Mean by language		1.7			1.5			3.8		
Number of chunks ≥ 4 micro-units	0	0	3	0	2	0	4	3	4	0
Mean by language		1.0			1.0			2.2		
Number of chunks ≥ 5 micro-units	0	0	2	0	0	0	4	2	3	0
Mean by language		0.7			0			1.8		

한다. 일어 샘플의 경우에도 변산성이 마찬가지로 높아 J1과 J5 값은 불어 샘플 범위 내에 속하지만, J2, J3, J4는 불어 샘플 범위를 상당히 웃돈다. 앞서 언급한 바와 같이 일어 통역사들은 최소 15년 경력의 전문가로, 불어와 독어 통역사에 비해 각자 맡은 연설문 부분 을 준비할 시간이 상대적으로 많았나고 할 수 있다. 따라서 해당 데이터는 언어조합 특수성에서 비롯되는 차이가 실제로 통역 어려움에 영향을 미친다는 주장을 뒷받침한다.

긴 생략 횟수에 따른 EO 분석(3, 4, 5개의 연속적인 마이크로 단위 '덩어리')은 불어와 독어 대 일본어의 '위계 구조'를 명백히 나타내지만, 불어와 독어 간에는 그렇지 않다(<표 5>). 본 연구의 샘플 규모가 매우 작으며 통제불능 변수가 존재하고, 특히 각 도착어 샘플의 높은 개인 간 변산성을 고려했을 때 분석 결과는 잠정적인 것으로 간주되어야 하지만, 영→일 동시통역의 인지 부하가 영→독 혹은 영→불 대비 더 크다는 점을 시사하고 있다고 볼 수 있다.

6.3 빈번한 EO

마지막으로, EOI로 인해 영향 받는 연설부분의 상대적인 '통역 어려움'을 살펴보자. 출발텍스트를 보며 모국어를 도착어로 하여 통역한 10명의 숙련된 통역사는 연설문 첫 5분간 132개 마이크로 단위를 생략 혹은 오역하였다. <표 6>에서 볼 수 있듯, 1/3 이상이 통역사 한 명, 2/3

〈표 6〉 통역사별 연설 첫 5분간 생략 혹은 오역한 마이크로 단위 수

Number of EOs found in … interpreter(s) out of 10	1 int.	2 ints.	3 ints.	4 ints.	5 ints.	6 ints.	7 ints.	8 ints.	>8 ints.
Number of EOs	50	37	21	12	7	4	1	1	0
Percentage of EOs	38%	28%	16%	9%	5%	3%	.8%	.8%	0%

가량(66%)은 통역사 두 명 이하, 91%는 통역사 네 명 이하의 통역 산출물에서 발생하였다. 이는 EO가 연설에 넓게 분포되어 있음을 보여주며, 질 (1999b)의 연구 결과와 일치한다.

EO에 의해 가장 많이 영향 받은 마이크로 단위는 다음과 같다.

1. "fail too many" ("our schools fail too many" 중에서), 통역사 10명 중 8명
2. "long" ("who have carried us up the long, rugged path" 중에서), 통역사 7명
3. "far-reaching" ("a far-reaching network" 중에서), 통역사 6명
4. "the ways we use" ("the ways we use energy" 중에서), 통역사 6명
5. "rugged" ("who have carried us up the long, rugged path" 중에서), 통역사 6명
6. "hard" ("plowed the hard earth" 중에서), 통역사 6명

위에서 나타난 바와 같이 영향을 받은 마이크로 단위들은 언어적으로 어렵거나 특정 주제 지식을 요하는 것은 아니었다. 그러나 의미를 정확히 이해하기 위해서는 분석이 필요할 수 있으며, 도착어 대응표현을 찾는 작업도 노력을 요할 수 있다.

3.1에서 언급한 바와 같이, 본 연구 결과는 언어·언어외적 능력부족보다는 처리능력의 과부하 또는 인지적 포화상태가 EO의 원인이라는 주장과 일치한다.

7. 방법론 고찰 및 결론

본 연구절차에는 일부 불확실성이 존재한다. 이상적으로는 각 통역사에 대한 상세 정보와 물리적 환경, 현장 동료의 도움 여부, 헤드셋 종류, 오바마 대통령의 연설이 중계되는 모니터 종류, 음질 등 통역사가 통역을 준비하고 산출한 세부 조건을 알고 비교할 수 있어야 한다. 또한 모든 전사본이 불어, 독어, 일어 원어민으로 구성된 팀에 의해 일관된 규칙에 따라 작성되고 검증되어야 한다.

또한 앞서 언급했듯, EOI 감지에 저민감도가 선택됨에 따라 전체 발생한 EO 항목 중 일부만 확인 가능하며, 통역사 개인 행동 및 언어별 차이가 간과되었을 수도 있다.

그럼에도 불구하고, 연구 질문에 대한 해답을 추구한다는 차원에서는 불확실성이 야기하는 잡음보다는 연구 데이터가 제시하는 다음의 잠정적 결론에 주목할 필요가 있다고 생각한다.

1. 언어·언어외적 지식 부족이 원인일 확률이 매우 낮은 EOI가 많았다는 점은 EOI의 발생이 인지적 포화상태와 관련이 있다는 가설과 일치한다.
2. 정보의 완전성과 산출물의 높은 언어적 수준 중 통역사가 어느 쪽에 우선순위를 두는가에 따라 나타나는 다양한 통역 '스타일'은 특정 통역사의 특징일 수 있다.
3. EO와 긴 생략 개수의 불일치는 영→불, 영→독 통역보다 영→일 통역이 보다 어려웠다는 사실을 시사한다 (불어와 독어 통역의 차이는 추가적으로 연구할 필요가 있다). 이는 인지적 압박이 큰 통역이라는 작업을 수행함에 있어 언어적 특성과 언어조합 특수성이 유의하다는 견해에 설득력을 더해준다.

본 연구를 기반으로 연구 정책을 수립할 수 있겠다.

1. 본 연구에서 수행한 방법대로 불어, 독어, 일어 통역사의 통역 산출물을 관찰하는 실험을 준비하기란 현실적으로 어려울 것이다. 단지 이 이유만으로도 본 연구에서 선택한 자연관찰 기법, 즉 타언어에 쉽게 적용 가능하고 다른 방식으로는 수집하기 힘든 흥미로운 정보를 제공하는 이 단순한 기법은 주목 받아 마땅하다.
2. 본고가 제시하는 연구 유형은 인터넷 접속이 가능한 컴퓨터 이외에는 그 어떤 기술적, 재정적 자원도 없는 개인 연구자도 쉽게 응용 가능하다. 인터넷에서 방대한 자료를 다수의 언어로 접근할 수 있고, TV 통역의 개별 녹음도 검색 가능하기 때문에 연구 질문에 대한 해답을 구하기 위해 소규모 실험을 진행하는 것보다 오히려 실제 사례를 중심으로 분석하는 연구를 네 차례 반복 수행하며 효과적인 결과를 도출할 수 있다.
3. 마지막으로, 이런 유형의 연구를 졸업논문으로 작성할 경우 통역 산출물을 면밀히 조사하며 학습 목적을 달성하는 한편, 고도의 추상적인 이론에 도달할 필요가 없기 때문에 연구를 기피하는 통역 과정 학생들에게도 매력적일 수 있다. ESIT에서는 연구 수행이 필수가 아님에도 불구하고 저자가 지도하는 학생들도 기꺼이 전사본을 검토하며 연구 진행을 도왔다.

참고문헌

1. Ahrens, B., Kalderon, E., Krick, C. M. and Reith, W. 2010. "fMRI for exploring simultaneous interpreting." In *Why Translation Studies Matters,* D. Gile, G. Hansen and N. K. Pokorn (eds), 237-248. Amsterdam/Philadelphia: John Benjamins.

2. AIIC. *Guideline for Speakers.* http://www.aiic.net/ViewPage.cfm/artide 14.htm. (Accessed June 12, 2010).

3. BS Hosotsuyakugurupu (BS 放送通訳 グループ). 1998. *Hōsōtsūyaku no sekai* (放送通訳の世界) (*The World of Broadcast Interpreting*). Tokyo: Ark.

4. Englund Dimitrova, B. 2005. *Expertise and Explicitation in the Translation Process.* Amsterdam/ Philadelphia: John Benjamins.

5. European Parliament. 2006. *Report on the 3rd Remote Interpretation Test, Brussels, 22.11- 1.12.2005.* Executive Summary.

6. Gile, D. 1985. "La sensibilite aux écarts de langue et la sélection d' informateurs dans l'analyse d'erreurs : une expérience." *The Incorporated Linguist* 24 (1) : 29-32.

7. ______. 1990. "Research proposals for interpreters." In *Aspects of Applied and Experimental Research on Conference Interpretationy* L. Gran and C. Taylor (eds), 226-236. Udine: Cam- panotto Editore.

8. ______. 1995. "Fidelity assessment in consecutive interpretation: an experiment." *Target* 7 (1): 151-164.

9. ______. 1999a. "Variation in the perception of fidelity in simultaneous interpreting." *Hermes* 22:153-172.

10. ______. 1999b. "Testing the effort model's tightrope hypothesis in simultaneous interpreting - a contribution." *Hermes* 23: 51-79.

11. ______. 2009. *Basic Concepts and Models for Interpreter and Translator*

Training. Revised Edition. Amsterdam/Philadelphia: John Benjamins.

12. Göpferich, S. 2008. *Translationsprozessforschung. Stand - Methoden - Perspektiven.* Tübingen: Gunter Narr Verlag.

13. Ito-Bergerot, H. 2006. "Le processus cognitif de la compréhension en interprétation consécutive : acquisition des compétences chez les étudiants de la section japonaise." (Doctoral dissertation, ESIT, Université de la Sorbonne Nouvelle, France.)

14. Klonowicz, T. 1994. "Putting ones heart into simultaneous interpretation." In *Bridging the Gap. Empirical Research in Simultaneous Interpretation,* S. Lambert and B. Moser-Mercer (eds), 213-224. Amsterdam/Philadelphia: John Benjamins.

15. Kondo, M. 2008. "Multiple layers of meaning - towards a deepening of the "sense" theory of interpreting." In *Towards Quality Interpretation in the 21st Century. Proceedings of the 6th National Conference and International Forum on Interpreting,* E. Wang and D. Z. Wang (eds), 35-40. Beijing: Foreign Language Teaching and Research Press.

16. Kurz, I. 1983. '"Der von uns..., : Schwierigkeiten des Simultandolmetschens Deutsch-Englisch." In *Festschrift zum 40 Jahrigen Bestehen des Instituts für Übersetzer- und Dolmetscherausbildung der Üniversität Wien,* 91-98. Tülin: Ott Verlag.

17. ______. 1995. "Watching the brain at work - an exploratory study of EEG changes during simultaneous interpreting (SI)." *The Interpreters Newsletter* 6: 3-16.

18. ______. 2002. "Stressfulness of live TV interpreting vs. conference interpreting." In Translation: New Ideas for a New Century. *Proceedings of the XXVI FIT Congress, Vancouver, BC, Canada, August 7-10, 2002. 202-206.*

19. ______. 2003. "Live TV interpreting. A high-wire act?" In *Avarices en la investigacion sobre inter-pretacioriy A.* Collados Ais and J. A. Sabio Pinilla (eds), 159-171. Granada: Comares.

20. Matysiak, A. 2001. "Controlled processing in simultaneous interpretation: A study based on Daniel Gile's Effort Models." (Masters thesis, University of Poznan, Poland.)

21. Neuberger, B. 2010. "Mediendolmetschen und Rhetorik - eine korpusbasierte Analyse." (Masters thesis, University of Vienna, Austria.)

22. Pöchhacker, F. 1997. "Clinton speaks German: A case study of livc broadcast simultaneous interpreting." In *Translation as Intercultural Communication - Selected Papers from the EST Congress - Prague 1995,* M. Snell-Hornby, Z. Jettmarova and K. Kaindl (eds), 207-216. Amsterdam/Philadelphia: John Benjamins.

23. Setton, R. 1999. *Simultaneous Interpretation: A Cognitive-Pragmatic Analysis.* Amsterdam/Philadelphia: John Benjamins.

24. Shlesinger, M. 2000. "Strategic allocation of working memory and other attentional resources in simultaneous interpreting." (Doctoral dissertation, Bar Ilan University, Israel.)

25. Strolz, B. 1992. "Theorie und Praxis des Simultandolmetschens. Argumente für einen kontex- tuellen top-down Ansatz der Verarbeitung und Produktion von Sprache." (Doctoral dissertation, Vienna University, Austria.)

26. Tommola, J. and Hyönä, J. 1990. "Mental load in listening, speech shadowing and simultaneous interpreting: A pupillometric study." In *Foreign Language Comprehension and Production,* J. Tommola (ed.), 179-188. AFinLA Yearbook, Turku Publication of the Finnish Association for Applied Linguistics 48.

27. Toury, G. 1995. *Descriptive Translation Studies and Beyond.* Amsterdam/ Philadelphia: John Benjamins.

28. Wilss, W. 1978. "Syntactic anticipation in German-English simultaneous interpreting." In *Language Interpretation and Communicationy D.* Gerver and H. Wallace Sinaiko (eds), 343- 352. New York/London: Plenum Press.

언어유희 번역 시 발생하는 인지 프로세스

대립적 유머를 번역하는 학생 연구

울프 노버그 Ulf Norberg

스웨덴, 스톡홀름 대학교

본 논문의 목적은 복잡한 언어유희 번역 프로세스 중에 발생하는 인지 프로세스를 규명하고 설명하는 것이다. 유머 텍스트는 실증적 번역 프로세스 연구에서 지금까지 큰 관심을 받지 못하였다. 본 탐색적 연구는 언어유희의 실증 연구에 적합한 연구 방법론을 개발하고자 한다. 번역전공 학생 세 집단이 짧은 대립적 언어유희를 번역하는 방식으로 실험을 진행하였으며, 학생들의 토론 내용을 녹화 후 분석하였다. 실험 결과에 따르면 학생들은, 이론적 지식을 실전에서 항상 응용하지는 못하지만 원하는 유머의 효과를 이끌어내기 위한 언어적 구조가 얼마나 중요한지에 대해 깊이 인식하고 있었다. 또한 협업을 통해 심리적 교착상태를 극복하고 창의적인 해결책을 도출할 수 있다는 사실이 확인되었다.

KEYWORDS

실증적 번역 프로세스 연구, 언어유희 번역, 인지 프로세스, 대립적 유머, 구조적 유사성

1. 들어가기

번역의 인지 프로세스 실증 연구는 매우 많고, 각각의 연구는 특정 현상에 초점을 맞춘다. 번역 프로세스를 모형화 하기 위한 시도나 단계별 과정(e.g. 야스켈라이넨(Jääskeläinen), 1999) 또는 휴지(休止)를 설명하는 연구도 있고(e.g. (이모넨(Immonen), 2006), 번역 도구 등을 이용한 번역사의 문제해결 전략에 초점을 맞추거나(e.g. 크링스(Krings), 1986), 번역의 전문성을 다루는 연구도 있다(e.g. 디미트로바(Dimitrova), 2005). 다수의 연구는 사고발화법(TAP), 담화 프로토콜, 키보드 로깅, 시표추적 등을 포함한 연구 기법의 유용성을 중점적으로 평가하였다(이를 종합적으로 보려면 크링스, 2005: 괴프리히(Göpferich), 2008 참조). 하지만 오늘날까지 큰 관심을 받지 못한 부분은 출발텍스트 장르가 번역 프로세스에 미치는 영향이다. 평균 이상의 창의성을 요하는 장르 중 하나가 바로 유머 텍스트다. 다양한 번역사들이 산출한 유머 텍스트 번역물은 큰 차이를 보일 가능성이 높기 때문에 내재되어 있는 번역 프로세스 연구 시 특별히 흥미로운 연구 대상이 된다. 유머 텍스트 번역 프로세스 분석은 장르 특성이 번역에 미치는 영향을 보여줄 뿐만 아니라, '창의성'이라는 미묘한 개념이 번역에서 갖는 의미에 대한 의견을 제공한다.

본 논문은 짧은 유머 텍스트, 대립적 언어유희('언어 게임'으로도 칭함, 3장 참조)의 번역을 다룬 실험 연구 결과를 요약한다. '트럼핑(trumping)'

혹은 '농담조 대화'로도 불리는 대립적 언어유희는 두 명의 대화 상대가 재치 있는 입담을 주고 받으며 서로 상대를 이기려 하는 대화를 지칭한다. 본 연구에서는 학생을 세 집단으로 나눠 영어에서 모국어인 스웨덴어로 번역하는 실험을 진행했다. 번역 프로세스에서 드러나는 학생들의 추론과 문제해결 전략을 면밀히 분석하면 번역 시 발생하는 인지 프로세스의 특징을 확인할 수 있을 것으로 가정하였다. 번역 프로세스의 인지적 특징을 발견하고 설명하기 위해, 다음 두 질문에 대한 해답을 찾고자 하였다. ① 번역 해결책을 도출하는 요소가 무엇인가? ② 학생들이 어떻게 결정을 내리는가? 번역 프로세스와 최종 번역물 등의 산출물을 연구하기 위해, 인지언어학과 창의성 연구의 개념을 통합한 접근법을 사용하였다.

2장에서는 본 실증 연구의 이론적 배경을 논의한다. 3장에서는 본 연구에서 사용된 방법론적 접근에 대한 설명을 하고, 4장에서는 실험 결과를 요약 제시한다. 5장 결론에서는 실험 결과를 비평적으로 평가하고, 추후 연구를 위한 제언을 한다.

2. 이론적 배경

창의성을 요하는 번역을 분석하기 위해 인지언어학과 창의성 연구로부터 모형을 차용하여 이를 조정하고 통합시키는 작업은 새로운 접근이 아니다. 가장 영향력 있는 연구 중 하나를 진행한 쿠스마울(Kussmaul, 2000)[2] 은 직역이 불가능한 텍스트의 경우 반드시 번역사의 창의성이 필요하다고 주장한 바 있다. 창의성에 대한 이해를 돕기 위해, 쿠스마울은 창의성이 자연스러운 현상이라 주장하며, 누구나 창의성 이면의 사고 패턴을 어느 수준까지는 학습할 수 있다는 결론을 내린다.

번역학에 활용될 수 있는 다수의 인지언어학 개념과 모형 중에서 쿠스마울은 다양한 창의성 기법에 필수적인 '집중'의 개념(2000, p. 192)이 특히 큰 연관성을 지닌다고 간주하였다. 또 다른 관련 개념은 필모어(Fillmore)의 '장면(scenes)'과 '프레임(frames)' 이론(필모어, 1977)으로, 쿠스마울 (2000, p. 150ff.)이 창의성 기법의 유형을 분류하기 위해 사용한다. 여기에는 리프레이밍(reframing), 프레임 안에서의 장면 요소 교환, 장면 안에서의 장면 요소 교환, 장면 전환, 장면 확대 등이 포함된다. 언어유희 번역에서의 창의성을 설명하기 위해, 쿠스마울은 쉥크(Schank)의 주제구성 포인트(Thematic Organizational Points, TOPs)를 차용한다. TOP는 전혀 상관없는 시나리오나 장면에 속한 사건과 경험을 연결시킨다. 출발텍스트의 언어유희에 등장하는 장면(혹은 상위 개념인 시나리오)과 그에 상응하는 도착텍스트 언어유희 간의 연관성이 미약한 편이고, 실질적이기보다는 형식적인 속성을 띤다는 점(2000, p. 173)에서 TOP는 번역 프로세스 연구에서 유용한 개념을 제공한다고 쿠스마울은 주장한다.

쿠스마울은 창의성 연구 중 '수평적 사고'의 개념(드 보노(de Bono), 1970)을 채택한다. 수평적 사고는 인과관계-논리적 사고를 뛰어넘는 연상적 사고의 유형으로, 직역이 가능하지 않거나 번역사가 다른 프레임이나 장면 요소들을 찾아야 할 때 사용된다. 쿠스마울은 또한 창의성 프로세스를 묘사하기 위해 사용해온, 전통적인 4단계 모형을 채택하였는데 준비, 잠복(incubation), 깨달음(illumination), 평가로 이루어지는 번역의 4단계가 종종 겹친다고 주장한다 (쿠스마울, 2000, p. 78ff). 잠복 단계는 심리적 교착상태에 막혀있는 상태로, TAP에서는 보통 휴지의 형태로 나타난다. 번역사는 인지적 압박을 완화하는 활동, 가령 냉장고에서 음식을 꺼내 먹거나 가벼운 산책 등을 통해 이러한 심리적 장애물을 극복하기 위해 노력할 수 있다. 평가 단계는 번역 프로세스에서 특히 중요한 역할을 담당한다. 일반적으로 학생들의 경우 깨달음 단계에서 좋은 해결책을 찾아내고도 최종 산출물에는 이를 반영하지 못하는 경우가 있는데, 쿠스마울에 따르면 그 이유는 불충분한 평가 때문이다 (2000, p. 76).

본 논문에서는 번역에 전념한 정도가 번역의 품질에 미치는 영향도 간단히 살펴본다. TAP 연구에 따르면 번역 프로세스에 몰입한 정도가 최종 산출물의 품질에 상당한 영향을 미친다 (e.g. 야스켈라이넨, 1999).

3. 연구방법

본 연구에 적합한 텍스트를 선정하기 위해 다음의 세 가지 필수조건을 고려하였다. (1) 학생들이 번역할 (영어 → 스웨덴어) 언어유희 텍스트는 학생들이 번역 자체에만 집중할 수 있도록 텍스트를 이해하는 데 전혀 어려움이 없어야 한다. (2) 직역이 불가능해야 한다. (3) 창의성을 요하는 번역 프로세스를 연구할 수 있도록 번역 시 리프레이밍 혹은 장면 전환을 필요로 하는 텍스트여야 한다.

선정된 예문은 아래와 같다.

Mr. and Mrs. Winston Churchill after an election defeat in 1945:
Mrs. Churchill (consoling tone): Perhaps it is a blessing in disguise, dear.
Mr. Churchill (angry tone): Well, it must be a bloody good disguise then.
1945년 선거 패배 후 윈스턴 처칠 경의 부부간 대화:
처칠경의 부인 (위로하는 말투로): 어쩌면 가면을 쓴 축복일지도 몰라요.
처칠경 (화난 말투로): 그래요? 그렇다면 그 가면 참 눈물나게 좋은 가면인가 보오.

상위 예문은 비일, 페이에르트, 브론느(Veale, Feyaerts, Brône, 2006, p. 313)에서 인용한 대화로, 대립적 트럼핑의 예시이다. 이 대화를 시작하는 화자(Speaker, S: Mrs. Churchill)의 언어적 형태는 유머로 맞받아치는 청자(Hearer, H: Mr. Churchill)에 의해 뒤집어진다. 청자는 'disguise'(가면)라는 단어를 재사용함으로써 최초 발화의 어휘적-개념적 의미에 대한 소위 '초(超)이해(hyper-understanding)' (비일, 페이에르트, 브론느, 2006, p. 315; 브론느, 2008)를 나타내며 화자를 이긴다. 트럼핑의 유머 전략이 성공하기 위해서는, 대화를 시작하는 화자의 발화 형태나 내용을 반드시 재사용해야 한다. 비일, 페이에르트, 브론느에 따르면 청자가 문장의 시작에 넣은 긍정적 표현 'Well'(그래요? 그렇다면)은 다음의 이유에서 매우 중요하다.

> 화자(S) 선제 공격의 기반이 된 내용을 청자(H)가 수용한다는 사실을 전제로 한다. 이런 수용은 화자 스스로가 선택한 언어적 무기(논리적 전제)를 재사용해 청자가 화자를 이길 수 있다는 암묵적 해석을 내포한다.
>
> (2006, p. 313)

따라서 이런 유머 스타일이 인지적, 그리고 사회적 요소를 포함한다는 결론을 내릴 수 있겠다. "유머는 […] 다소 예리한 영리함과, 한 주체가 다른 주체를 이기는 사회적 역학이 결합될 때 나온다" (ibid.).

유머 전략으로서 트럼핑의 대표적인 특징은 유사성(parallelism)의 사용이다 (비일, 페이에르트, 브론느, ibid.). 비일, 페이에르트, 브론느는 대립적 '언어 게임' (언어유희)을 동음이의어적, 구조적, 환유적, 은유적, 그리고 참조적 유사성 등 5대 유형으로 분류하며, 나아가 하위 유형으로도 구분한다 (2006, p. 318). 상기에서 제시한 대화에 등장한 발화문 간의 관계는 '어휘적 유사성(은유적 유사성의 하위 유형)'으로 간주될 수 있다. 청자가 트럼핑하는 대답에서 사용한 'disguise'는 대화를 시작한 화자가 사용한 숙어인 'a blessing in disguise'처럼 은유적으로 사용된 것이 아니라 문자 그대로 사용('a bloody good disguise'[3])되었기 때문이다. 이는 'disguise'의 특정한 경우를 나타낸다(2006, p. 322).

상기 대화의 유머 효과에 관해 비일, 페이에르트, 브론느(2006, p. 313)는 "화자가 사용한 특정 은유를 청자가 뒤집은 능력 덕분에 청자의 대답이 재치 있는 것이다"라고 주장한다. 또한 위의 예문에서 'blessing'과 'bloody' 두 단어는 의미적 불일치를 나타내는 한편 형태적 유사성(두운)을 보이는데, 이런 모순은 유머 효과를 증대한다.

앞서 언급된 바와 같이, 중요한 텍스트 선정 기준 중 하나가 바로 텍스트 이해에 문제가 없어야 한다는 점이었다. 피실험자들은 'blessing'과 'disguise' 두 단어를 실험 이전에 이미 알고 있었고, 해당 숙어의 의미를 추론하는데 큰 어려움이 없었을 것으로 가정할 수 있다. 하지만 일반적으로 흔히 사용되는 숙어는 아니기 때문에 학생들이 즉각적으로 스웨덴어 대응표현을 찾지는 못했을 것이다. 가장 큰 영어-스웨덴어 통합사전 중 하나인 'Norstedts stora engelsk-svenska ordbok'에 단 한 건의 대응표현이 검색되는데, 스웨덴어로 'tur I oturen'인 이 표현의 문자 그대로의 의미는 'luck in bad luck(불운 중 행운)'이다. 'blessing in disguise'라는 숙어가 주는 시각적인 이미지, 즉 '부정적인 어떤 것에 숨어있는 긍정적인 어떤 것'이라는 이미지는 위의 사전이 제시한 스웨덴어 표현에서는 나타나지 않는다. 게다가 'bless'와 'disguise' 두 단어는 모두 스웨덴어 대응표현인 'välsigna'와 'förklädnad'보다 은유적 의미가 풍성하다. 화자와 청자의 발화문 둘 다에서 사용 가능한, 영어의 'disguise'와 의미론적 범위가 동일한 단어가 스웨덴어에는 없기 때문에 번역사에게 상당한 어려움을 초래할 것이라 예상해 볼 수 있다. 번역문에서 이 유머의 효과를 유지하기 위해서는 높은 수준의 번역 창의성을 발휘해야 한다.[4]

웁살라 대학과 스톡홀름 대학의 번역전공 학생 세 집단을 관찰하며 데이터를 수집하였다. 실험에 참가한 모든 학생들의 모국어는 스웨덴어이며, 평상시대로 영어를 스웨덴어로 번역하였다. 학생들은 최소 한 학기 이상 함께 공부했고, 따라서 서로 잘 안다고 할 수 있다. 번역에는 각자 지참한 사전만 활용할 수 있었다. 학생들이 번역을 하며 진행한 토론 녹음 및 추후 작성된 토론의 전사본, 학생들이 번역하며 제시한 다양한 대안, 그리고 최종 번역 산출물이 데이터에 포함되어 분석을 거쳤다. 피실험자는 3인 1조로 번역 작업을 수행하였다. 우선 워밍업 과제로 번역하기 쉬운 유머 대화를 제시하였다. 이후 제한시간(약 30분) 내에 본 번역 과제를 완성할 것을 요청하였다. 참여자 모두 원문 언어유희의 유머 효과가 번역물에서도 동일하게 나타나야 한다는 사실을 이해하고 있다고 간주했기 때문에 특별히 번역 브리프를 제공하지는 않았다. 실제로 번역 프로세스 내내 피실험자들이 원문의 유머 유지를 최우선 순위로 두었다는 사실을 이후 녹음 검토를 통해 확인하였다.

4. 결과

본 장은 세 집단이 번역과제에 접근한 방식과 번역 프로세스에서 제시한 대안을 기술한다. 저자는 창의성 단계의 측면에서 번역 프로세스의 각 단계를 분석하고, 그 과정에서 나타나는 일부 특징과 최종 산출물의 품질에 대해 간단히 언급하고자 한다.

집단 1은 세 명의 여학생들로 구성되었다. 긴 휴지 끝에 새로운 대안 해결책을 제안하는 경우가 많았으며, 집단 내 다른 학생들이 '음'과 같은 부단어 담화 조사를 사용해 호응을 보일 때 의견을 제시하는 경향을 보였다.

다음은 토론 중에 제시된 해결책의 요약 목록으로,[5] 시간 순서대로 나열하였다. 아래 인용된 마지막 해결책(별표 표시)은 최종 산출물로 제출된 것이다. 또한 번역 프로세스에서 중추적인 역할을 한 것으로 판단되는 피실험자 중 한 명의 의견도 포함하였다.[6)]

en ulv I fårakläder (a wolf in sheep's clothes, 양의 탈을 쓴 늑대)
tur I oturen (luck in bad luck, 불행 중 다행)
en välsignelse på omvägar – vilken omväg sen då! (a blessing on a detour – what a detour then!, 우회해서 오는 축복 – 많이도 우회해서 오네!)
kanske för ditt bästa – bäst för vem? (perhaps for your best – best for whom?, 이게 당신을 위한 최선일지도 – 누구에게 좋다는 거지?)
en välsignelse I det fördolda – då måste det vara väl dolt (a blessing that is hidden – then it has to be well hidden, 숨어있는 축복 – 정말 꼭꼭 숨었군.)
det kanske ända är för det bästa – bäst för vem? (it is perhaps for the best after all – best for whom?, 결국 이게 최선일지도 몰라요 – 누구를 위한 최선이라는 것인가?)

이 시점에서, 피실험자 중 한 명이 매우 중요한 의견을 개진하였다.

"Fast andemeningen är ju ändå liksom att det var för det bästa trots allt, men det blir inget roligt" (Although the basic sense is still somehow that it was for the best anyway, but it is still not funny, 기본적인 의미는 어쨌든 이게 그래도 최선이라는 것 같은데, 웃기지는 않아.)
Det kanske finns en tanke bakom det här – det kan jag inte tänka mig (there is perhaps a thought behind this – I cannot think of it, 숨은 의미가 있을지도 몰라요 – 나는 생각해 낼 수 없소.)
* det är kanske en välsignelse på omvägar – den omvägen måste verkligen vara lång (it is maybe a blessing on a detour – this must be a

really long detour, 우회해서 오는 축복일지도 몰라요 – 진짜 멀리 돌아서 오나보군.)

집단 1의 구성원들은 최종 대안에 완전히 만족하지 못하는 것처럼 보였지만, 제한시간 내에 제시할 수 있는 대안을 모두 내놓았다고 느끼는 듯 하였다.

집단 2는 두 명의 남학생과 한 명의 여학생으로 구성되었다. 이들은 과제에 큰 열의를 보였고 많이 웃었지만, 만족스러운 해결책을 찾아내지 못하자 크게 실망하는 모습을 보였다. 여러 다양한 대응표현을 논의했는데, 그 중 몇 가지 현실적인 대안을 아래에 적었다. 마지막 문장은 최종 산출물이다(*).

förklädd välsignelse (disguised blessing, 가면 쓴 축복)
det här kanske är det bästa som nånsin har hänt – ja, jävligt bra (this is perhaps the best that has ever happened – yes, damned good, 어쩌면 지금까지 일어난 일 중 가장 좋은 일 일수도 – 그렇소. 끝내주게 좋군.)
det kanske är lika bra, älskling – det tycker jag verkligen inte (it is perhaps just as well, darling – I really do not think so, 차라리 더 잘 된 걸지도 몰라요, 여보 – 난 그렇게 생각하지 않소.)
* det finns flera fiskar I havet, älskling – fast det är val jag vill ha (there are plenty more fish in the sea, darling – but it is a whale/the election I want to have, 바다속에는 물고기가 많아요, 여보 – 하지만 내가 잡고 싶은 건 고래(선거)란 말이오.)

집단 2의 구성원들은 이 단계에 이르러 다소 피곤해하는 듯 했고, 자신들의 최종 산출물이 아주 재미있다고 생각하진 않았지만 그대로 제출하기로 결정하였다.

집단 3 역시 세 명의 여학생들로 구성되었다. 이들은 서로의 제안을 비판적으로 평가했고, 가끔 웃기는 했지만 대부분 간결하게 의견을 제시하였다. 다음은 제시된 대안들로 (별표 표시된 문장이 최종 산출물), 번역 프로세스 중 두 명의 구성원이 제시한 주요 의견도 함께 적었다.

kanske är det en förklädd välsignelse, älskling – I så fall måste den vara jäkligt bra förklädd (perhaps it is a disguised blessing, dear – then it must be wickedly good disguised, 가면을 쓴 축복일지도 몰라요, 여보 – 그렇다면 가면 한 번 끝내주게 잘 썼군.)
inget ont som inte har något got med sig – det ska vara jävligt got I så fall (thinking evil that does not have anything good with it – it must be something damned good in that case, 좋은 것이 하나도 없는 나쁜 걸 생각해 봐요. – 그렇다면 엄청 좋은 것이겠군.)
varje moln har en silverkant – jävla liten silverkant (every cloud has a silver lining – damned small lining, 모든 먹구름 뒤에는 햇살이 있다잖아요. – 그 햇살 한 번 쥐꼬리 만하군.)
efer regn kommer solsken (after rain comes sunshine, 비 온 뒤 해가 난다.)
det finns en mening med allt som sker – den måste vara jävligt ogrammatisk I så fall (there is a meaning with everything that happens – then it has to be damned ungrammatical, 일어나는 모든 일에는 의미가 /문장이 있다잖아요. – 그렇다면 그 문장은 비문이오. 〔스웨덴어에서 'mening'은 'meaning,' 'sense, 의미' 또는 'sentence, 문장'를 의미한다.〕)

이 시점에서, 피실험자 중 한 명이 다음과 같이 말하였다.

"Gillard et första där" (I like the first part. 처음 부분은 좋아.)

Kanske är det något som är rätt med detta, älskling – ja, rätt åt skogen (perhaps there is something right with this, darling – yes, right to the forest 〔i.e. "straight to hell"〕, 어쩌면 잘 된 걸지도 몰라요, 여보 – 잘 되기는 숲으로나 가라지[i.e. "지옥에나 떨어져"])

그러자 다른 피실험자가 이렇게 말하였다.

"Grundmeningen här är väl at thon ser att det kan finnas nåt som är bra med detta, men han ser inte det" (The basic sense here is I suppose that she sees that there can be something good with this, but he does not see it, 그러니까 여기서 기본적인 의미는 아내는 그래도 뭔가 좋은 것이 있을 거라고 보는 것이고, 남편은 그렇게 안본다는 거지.)
kanske döljer sig något om hörnet (perhaps there is something hidden around the corner, 모퉁이를 돌면 뭔가가 숨어 있는건가)
* det kanske finns en djupare mening med det här, älskling – då är den jävligt bra nedgrävd (there may be a deeper meaning with this, darling – then they have buried it bloody deep, 여기에 뭔가 더 깊은 뜻이 있는 것인지도 몰라요, 여보 – 그 뜻 한 번 깊숙히도 파묻혀 있구려.)
- då är det för djupt för mig, inte så att jag bottnar, då har nån grävt ned den djävligt djupt, då måste den vara jävligt djupt nedgrävd I så fall (- then it is too deep for me, not that I can reach the bottom, then somebody has dug it damned deep, then it has to be buried damned deep in that case, 그렇다면 나한테는 너무 깊이 파묻혀있고, 바닥에 닿지가 않아. 누군가가 욕나오게 깊게도 파묻었군. 그렇다면 욕나오게 깊이 파묻은 모양이군.)

집단 3의 구성원들은 결국 펀치 라인(punch line:결정타)의 대안 표현을 버렸고, 최종 산출물에 다소 만족하는 것처럼 느껴졌다.

번역 프로세스에서 각 집단이 보인 태도를 보면, 크게 어렵지 않았던 워밍업 과제를 받고, 'a blessing in disguise'라는 숙어를 이해하는 데 어려움이 없었던 시작 단계에는 자신감이 높았지만, 점차 우려와 염려를 표출하는 등 번역 프로세스 초반과 후반 사이에 큰 변화가 있었다. 이러한 우려와 염려는 집단 1과 집단 3에서는 휴지로, 집단 2에서는 번역물에 대한 부정적인 감탄사로 나타났다.

학생들 간의 대화와 토론을 창의성 프로세스로서 분석함으로써 아래의 내용을 확인할 수 있었다. 앞서 언급했듯, 창의성 프로세스에서 잠복 단계는 일반적으로 번역사들이 심리적 교착상태를 극복하기 위해 노력하는 연상적 사고의 단계다. 세 명이 협업해 번역하자 사고의 교착상태가 빠르게 극복되었고, 침묵이 오래 지속되지 않았다. 대신, 브레인스토밍은 계속 되었다. 번역 프로세스의 전반부까지 집단 1과 집단 3에서 사용한 의역은 (상기 전사본 참조) 수평적 사고로 이어졌고, 2장에서 언급한 바와 같이 언어유희 번역을 잘하기 위해 필수적인, 적절하고 새로운 장면의 시각화를 가능케 하였다. 두 경우 모두 채택한 전략이 성공적이었고, 두 집단은 의역안을 제시하자마자 좋은 대안을 찾았다. 이는 곧 학생들이 깨달음 단계와 그 이후의 평가 단계까지 진전할 수 있었다는 의미이기도 하다.

또한, 번역 프로세스가 항상 준비, 잠복, 깨달음, 최종 평가 단계까지 이어지는 직선형 진행구조는 아니라는 점이 분석을 통해 확인되었다 (3장 참조). 학생들은 사고발화법을 적용하여 계속 큰소리로 의견을 주고 받았다. 이 과정에서 부정적인 평가가 반복 제시되면서 새로운 대안을 내놓게 되었고, 이는 곧 잠복, 깨달음, 평가 단계가 빈번하게 겹쳤음을 뜻한다. 다소 무례하게 들릴 수 있는 '음'과 같은 최소 피드백은 피실험자의 과제에 대한 열의를 거의 꺾지 않은 것으로 보인다.

TAP 연구를 통해 번역 프로세스에 참여하는 정도가 최종 번역물 품질에 지대한 영향을 미친다는 사실이 밝혀졌다고 앞서 언급한 바 있다. 하지만 본 실험의 경우는 달랐다. 집단 2는 매우 적극적으로 참여했지만, 이들의 적극적 참여가 제안한 대안의 품질에 미친 효과는 미미하였다. 최고의 대안은 집단 3이 제시하였다. 집단 3에 속한 세 명의 학생들은 모두 적극적이었고, 다른 두 집단 대비 각 구성원의 참여도가 유사하였다. 학생들은 또한 높은 열의를 보였으며, 적당한 안으로 만족하지 않고 더 나은 대안을 찾기 위해 끊임없이 노력하였다.

학생들이 제시한 최종 번역물의 수용성을 보면, 집단 1의 대안은 겨우 수용 가능하고, 집단 2의 제안은 수용 불가능한 수준이다. 집단 1의 대안은 어휘적 유사성을 나름 적용했지만 유머를 조금밖에 못 살렸고, 첫 번째 문장에서 사용된 숙어는 스웨덴어에 없는 표현인 관계로 번역물이 다소 인위적으로 들린다. 집단 2가 제시한 최종 산출물은 언어유희를 구성한다. 하지만 제안된 대안은 원문 문맥을 무시했기 때문에 유머의 효과가 유지되었다고 보기는 어렵다. 집단 3의 경우, 최종 산출물에 유머 효과가 매우 잘 유지되었다고 본다 – 'det kanske finns en djupare mening med det här, älskling – då måste den vara jävligt djupt nedgrävd I så fall('there may be a deeper meaning with this, darling – then it has to be buried damned deep in that case' '여기에 뭔가 더 깊은 뜻이 있는 것인지도 몰라요, 여보 – 그렇다면 욕나오게 깊이 파묻은 모양이군.'). 펀치라인은 구상명사가 추상명사를 전형적으로 트럼핑하는데 (출발텍스트에서와 마찬가지로), 여기서는 공간차원으로 보완된다('djupare mening - jävligt djupt nedgrävd' ['deeper meaning – buried damned deep' '깊은 의미 – 욕나오게 깊이 파묻은']). 출발텍스트에서 나타나는 '부정적인 어떤 것에 숨어있는 긍정적인 어떤 것'의 핵심 은유화는 "그런 긍정적인 관점은 너무 잘 숨겨져 있어서 사실상 존재하지 않는 것과 마찬가지다"라는 뜻을 내포하는 대답(문장 구성도 뛰어나다)에 의해 맞받아쳐지고(비일, 페이에르트, 브론느, 2006, p. 313), 'djupare/djupt'('deeper/deep')을 사용함으로써 출발텍스트의 핵심 은유화를 번역물에서도 유지하였다.

집단 3은 모든 구성원들이 최종 대안을 제시하는데 기여하였다. 피실험자 3-A가 'det finns en mening med allt som sker'('there is a meaning with everything that happens' '일어나는 모든 일에는 의미가 있다잖아요?')를 처음으로 제안하는 과정에서 'mening'('meaning')이란 단어를 발화했고, 이에 대해 피실험자 3-B가 긍정적으로 평가하였다 (상기 참조). 이후 피실험자 3-C가 이 단어를 다시 사용했고('det kanske finns en djupare mening med det här, älskling' ['there may be a deeper meaning with this, darling' '여기에 뭔가 더 깊은 뜻이 있는 것인지도 몰라요, 여보.']), 다른 두 명이 이를 수용하였다. 집단 3은 이처럼 활발히 협업했기 때문에 모두 만족할 만한 해결책을 찾을 수 있었다고 주장할 수 있다.

특히 번역 프로세스의 초기 단계에서, 각 집단은 원문의 형태와 유사한 표현을 해결책으로 제시하는 경향을 보였지만, 이런 대안은 결국 거부되었다. 가령 집단 1이 제안한 첫 번째 해결책인 'en ulv I fårakläder' ('a wolf in sheep's clothes' '양의 탈을 쓴 늑대')는 출발텍스트와 마찬가지로 전치사 'in'/'i' ('blessing in disguise' – 'ulv I fårakläder' ['wolf in sheep's clothes'])을 사용해 관용구를 비교한 흥미로운 예다. 이 해결책은 스웨덴어의 'förklädnad' (가면)와 'fårakläder' (양의 탈) 두 단어 간의 형태적 유사성에 기인한다. 하지만 출발텍스트 관용구가 '부정적인 어떤 것에 숨어있는 긍정적인 어떤 것'을 의미하는 반면, 도착텍스트 관용구는 출발텍스트와는 반대로 긍정적인 어떤 것에 숨어있는 부정적인 어떤 것을 나타낸다. 이 해결책을 거부하는 데 이런 사실이 얼마나 영향을 미쳤는지는 확실히 알기 어렵지만, 'ulv'와 'fårakläder' (늑대, 양의 탈)가 재등장하는 펀치 라인에 대한 대안이 없었기 때문에 이 해결책을 채택하지 않았을 것으로 추정된다.

흥미로운 관찰 결과는 세 집단 모두 펀치 라인의 첫 번째 단어인 'Well'은 번역하지 않아도 된다고 생각했다는 사실이다. 물론 'Well'이 큰 내용을 담지 않는다고 주장할 수도 있겠지만, 이 단어를 번역하지 않으면 청자가 화자의 표현에 동의하며 발화를 시작한다는 점을 무시하기 때문에 트럼핑 전략의 사회적 효과를 약화시킨다(3장 참조).

5. 결론

본 논문의 목적은 학생으로 이뤄진 세 집단이 복잡한 번역 과제에 대처하는 방식을 기술하고, 대립적 언어유희의 번역과 관련된 인지 프로세스를 분석하기 위함이었다. 학생들에게 주어진 텍스트는 창의성을 발휘해야만 해결할 수 있는 어려운 도전과제를 포함하였다. 대화 자체의 단어와 관용구를 이해하기는 쉬웠지만, 원문과 동일한 시각적 이미지를 나타내는 스웨덴어 대응표현을 찾기는 어려웠다. 'A blessing in disguise'는 청자의 대답에서 'a bloody good disguise'로 전환됐는데, 이는 곧 대화를 시작한 화자의 말의 의미, 즉 '부정적인 어떤 것에 긍정적인 어떤 것이 숨어있다'를 '그 어떤 것이 너무 잘 숨겨져 있어서 사실상 존재하지 않는 것과 마찬가지다'라는 뜻으로 청자가 해석하였다는 사실을 의미한다. 'a blessing in disguise'의 대응 표현으로 스웨덴어 사전에서 제시한 'tur I oturen' (문자 그대로: '불행 중 다행')은 펀치 라인에서 유머를 전달하도록 응용할 수가 없었고, 따라서 사용 불가능하였다.

학생들이 논의한 여러 해결책 가운데에는 구조적 유사성을 사용하려고 시도한 것이 많았다(3장 참조). 하지만 대부분 전체 문장 구조가 아닌 한 단어만 반복되었다. 가령 집단 1은 'omväg' (우회)와 'tanke/tänka mig' (생각 / ~을 생각하다)만 재사용되는 안을 제시하였다 - 'en välsignelse på omvägar – vilken omväg sen då!' [우회해서 오는 축복 – 많이도 우회해서 오네!], 'det kanskefinns en tanke bakom det här – det kan jag inte tänka mig' [숨은 의미가 있을지도 몰라요 – 나는 생각할 수 없소.]. 그러나 번역 산출물에서 유머 효과는 미비했고, 구성원들도 이 점을 인정하였다. 집단 3은 은유적 유사성(어휘적 유사성의 하위 집단)을 적용하였다: 'det kanske finns en djupare mening med det här, älskling – då måste den vara jävligt djupt nedgrävd I så fall' ('여기에 뭔가 더 깊은 의미가 있는 것인지도 몰라요, 여보 – 그렇다면 욕나오게 깊이 파묻은 모양이군). 그 결과, 유머 효과가 훨씬 컸다. 출발텍스트 대화의 '부정적인 어떤 것에 숨어있는 긍정적인 어떤 것'의 시각적 이미지 또한 번역물에 잘 살았고, 이로 인해 유머 효과가 더욱 극대화되었다.

집단 1과 집단 3이 번역 프로세스에서 사용한 바꿔 쓰기는 새롭고 참신한 관점으로 이어졌고, 그 결과 더 나은 해결책이 제시되었다. 사실 집단 3은 바꿔 쓰기를 시작하기 전에 이미 'mening' ('meaning')이라는 단어를 언급했지만, 'grundmeningen' (기본적인 의미는)이라는 단어의 유용성을 탐구하기 시작하면서부터 대화를 시작한 청자와 화자의 발화문 번역물에 모두 응용 가능한 적절한 이미지 혹은 장면을 만들 수 있었다. 그리고 곧이어 'hiding(숨은)'의 의미를 'nedgravd(파묻힌)'로 바꿔 쓰자는 의견이 제시되었다.

본 연구의 피실험자들은 번역 프로세스를 수강중인 대학생들이었다. 향후 연구에서는 전문번역사나 번역 경험이 없는 이중언어 구사자 등의 집단을 대상으로 어떤 전략으로 해당 번역 과제에 접근하는지 비교해볼 수 있을 것이다. 단, 복잡한 번역 과제와 관련된 인지 프로세스의 유효한 비교를 위해서는, 모든 피실험자의 전문성 수준을 신중하게 평가해야겠다(디미트로바, 2005, pp. 10-19).

미주

1. 유머 텍스트의 번역 가능성 등을 연구하였다 (e.g. 반다엘르(Vandaele), 2001; 자발베아스코아(Zabalbeascoa), 2005).

2. 번역에서의 창의성을 최초로 논의한 학자는 윌스(Wilss, 1988)로 추정된다.

3. OED에 따르면 'blessing in disguise' 관용구는 1746년 최초로 등장했으며, 'an apparent misfortune that works to the eventual good of the recipient(언뜻 보기에는 불운인 듯하나 수혜자에게 궁극적으로 좋은 결과를 가져오는 것)으로 정의되었다.

4. 학생들이 별도로 언급하지는 않았지만, 출발텍스트의 옛말스런 어조가 어려움을 유발했을 가능성도 있다.

5. 다른 안(案)도 제시되었지만, 지면 제약으로 다 열거하지 못하였다.

6. 고려된 해결책과 기타 대화내용의 전사본을 작성할 때, 가독성을 높이기 위해 표준 표기법을 적용하였다. 대화 내 두 개의 발화문을 구별하기 위해 대시를 사용했고, 첫 번째 발화문만 논의된 경우에는 대시를 사용하지 않았다.

참고문헌

1. de Bono, E. 1970. *Lateral Thinking. A Textbook of Creativity.* London: Ward Lock Educational. Brone, G. 2008. "Hyper- and misunderstanding in interactional humor." *Journal of Pragmatics* 40: 2027-2061.

2. Englund Dimitrova, B. 2005. *Expertise and Explicitation in the Translation Process* [Benjamins Translation Library 64]. Amsterdam/Philadelphia: John Benjamins.

3. Fillmore, C. J. 1977. ^Scenes - and - frames semantics." *In Linguistic Structures Processing,* A. Zam- polli (ed.), 55-88, Amsterdam: North Holland.

4. Gopferich, S. 2008. *Translationsprozessforschung: Stand - Methoden - Perspektiven.* Tubingen: Gunter Narr.

5. Immonen, S. 2006. aTranslalion as a writing process. Pauses in translation versus monolingual text production." *Target* 18 (2): 313-335.

6. Jääskeläinen, R. 1999. *Tapping the Process. An Explorative Study of the Cognitive and Affective Factors Involved in Translating* [University of Joensuu Publications in the Humanities 22]. Joensuu: Joensuun Yliopisto.

7. Krings, H.-P. 1986. *Was in den Köpfen von Űbersetzern vorgeht* [Tübinger Beiträge zur Linguis- tik 291]. Tübingen: Gunter Narr.

8. ______. 2005. "Wege ins Labyrinth - Fragestellungen und Methoden der Übersetzungsprozess - forschimg im Überblick." *Meta* 50 (2): 342-358.

9. Kussmaul, P. 2000. *Kreatives Übersetzen* [Studien zur Translation 10]. Tübingen: StaufFenburg.

10. Vandaele, J. 2001. "'Si sérieux s'abstenir: Le discours sur l'humour traduit." *Target* 13 (1): 29- 44.

11. Veale, T., Feyaerts, K. and Brône, G. 2006. "The cognitive mechanisms of adversarial humor." *Humor* 19 (3): 305-338.

11. Wilss, W. 1988. *Kognition und Übersetzen. Zu Theorie und Praxis der menschlichen und der maschinellen Übersetzung.* Tübingen: Niemeyer.

12. Zabalbeascoa, P. 2005. "Humor and translation - an interdiscipline." *Humor* 18 (2): 185-207.

"만성질환이랑 당뇨, 그런 거 다 물어봐 줄래요?"

세실리아 안젤렐리 Cecilia Angelelli
미국, 샌디에고 주립 대학

만성질환이나 가족력이 있는 질환에 관한 대화, 그리고 구체적인 의료기록에 관한 질문은 의료현장에서 자주 접하게 된다. 미국에서는, 다른 나라에서도 그렇겠지만, 이러한 대화가 문화 및 언어가 다양한 환자와 의료진 사이에서 발생하고, 많은 경우 통역사가 개입하게 된다. 본 연구에서는 의료진과 환자 사이에서 전개되는 만성질환 및 병력에 관한 전형적인 대화를 전사한 자료를 제시하고 이를 기반으로 하여 비판담론분석을 실시하였다. 대화자 간의 권한 차이를 살펴보고 이들간 권력을 중재 혹은 강화하는 데 통역사가 어떤 역할을 수행하는지를 살펴보았다. '만성적'이라는 의미가 대화자 간 어떻게 형성되는가를 살피고, 대화에 참여하는 의료진, 환자, 통역사의 세 집단이 서로 다른 나라를 오가고 의학 전통이 다른 나라에서 살아온 상황에서 만성질환이라는 개념을 어떻게 해체하고 재구성 하는지를 관찰하였다. 본 연구에 소개된 데이터는 공공병원에서 더 큰 규모로 진행된 민족지적 연구(안젤렐리(Angelelli), 2001, 2004a)의 일부이다. 스페인어를 사용하는 환자와 영어를 사용하는 의료진이 스피커폰을 통해 주고 받는 대화 및 직접 대면한 상황에서 주고받는 대화에서 통역이 커뮤니케이션에 관여한 상황(interpreted communicative events, ICEs)을 분석하였다.

KEYWORDS

환자와 의사간의 의사소통, 통역이 커뮤니케이션에 관여한 상황(interpreted communicative event), 역할, 권한, 연대

1. 들어가는 말

의료 인터뷰에서 만성질환에 대한 커뮤니케이션이 심도있고 철저하게 진행되는 것은 매우 중요하다. 이 단계를 거쳐 수집되는 정보를 기반으로 대부분의 진단이 이루어지고 필요한 치료법이 정해진다(가스통-요한슨, 알버트, 파간과 짐머만(Gaston-Johansson, Albert, Fagan and Zimmerman), 1990). 의료진과 환자 간 관계에서 의료력이 갖는 중요성을 생각할 때, 의료진은 필요한 정보를 추출하는 의무를 수행할 것이라고 추정할 수 있다. 이를 위해 의료진은 의료 인터뷰를 주도하며 상황에 의해 주어진 권한을 행사하게 된다. 이는 주로 적합성 원칙(히스(Heath), 1992)을 준수하고 인터뷰 도중 불필요한 대화 내용이 개입하지 않도록 함으로써 가능해진다.

환자의 병력에 관한 대화는 의료진과 환자가 동일한 언어를 사용하는 환경에서도 양측에게 쉽지 않은 대화이다(슈에 (Shuy), 1976). 많은 경우 환자들은 필요한 정보와 상대적으로 덜 필요한 정보를 구분하지 못하거나, 아니면 지금 뭘 해야 하는지를 모르는 경우가 많다. 때로는 특정 병력이나 증상에 대해 길고 진지하게 이야기를 전달하지만 이때 환자의 표정이나 몸짓이 전달하고자 하는 증상과 비교해서 일관성이 떨어져서 의료진 입장에서는 과연 환자의 이야기가 증상에 대한 실제 기술인지 혼동을 일으키기도 한다(스턴바흐(Sternbach), 1981; 립튼과 마바흐

(Lipton and Marbach), 1984).

이런 어려움은 의료진과 환자가 서로 다른 언어를 사용할 때에는 훨씬 더 증폭된다. 고통이나 질환과 연관된 커뮤니케이션에서 언어와 문화는 서로 떼어낼 수 없다. 그리고 사람들이 자신의 건강에 대해 어떻게 이야기하고 우려사항을 전달하는가 하는 문제는 여러 요인 중에서도 문화적 배경에 의해 영향을 받는다(스턴바흐, 1981; 립튼과 마바흐, 1984). 또한 통증이나 질환에 대해 이야기할 때에도 문화의 영향을 받는다(드트릴과 코발치크(DeTrill and Kovalcik), 1997). 개인의 믿음과 행위를 만들어 가는 데 문화는 중요한 변수로 작용하며 이에 따라 개인이 겪는 통증과 이를 표현하는 방식에도 영향을 미친다. 질병을 개념화하고 치료하며 논의하는 것도 문화의 영향을 받으며, 비언어적 커뮤니케이션도 문화마다 다르게 나타난다(다비히자르, 쉬어러와 가이거(Davidhizar, Shearer and Giger), 1997). 이 외에도 가족의 가치관 및 공동체의 문화 등이 아이들이 겪는 통증이나 질환과 관련된 보고에 영향을 줄 수 있다. 아이들은 통증이나 질환에 대한 대화 속에 자신이 속한 사회의 문화적 관점 및 사회의 청사진을 그대로 투영하는 경우가 있다. 문화적 차이 외에도 언어 장벽이 있어서 의료진들이 환자의 말을 알아들을 수가 없다면 이러한 장벽을 극복하기 위해 의료통역사가 개입하게 된다.

본 연구에서는 비판적 담화분석(Critical Discourse Analysis, CDA)를 통해 통역이 개입된 커뮤니케이션 상황을 고찰하였다. 만성질환을 논의하는 의료 인터뷰 상황을 소개하면서, CDA를 활용하여 대화자 간 권한의 차이를 살펴보고 통역사가 권한 차이를 해소 또는 확대하여 권한 이전을 유발하거나 현상을 고착화하는지, 또 어떠한 전략을 이용하는지를 고찰하였다. 특히 일생동안 서로 다른 나라와 의학적 전통을 넘나들었던 환자와 의료진, 그리고 통역사로 이루어진 대화자들이, 어떻게 대화 속에서 '만성적'이라는 개념을 해체 및 재구성을 해 나가는지를 고찰하였다. 관련 문헌연구를 통해 연구의 틀을 제시한 뒤 CDA를 통한 데이터 분석을 진행하고 이를 기반으로 일차적 결론을 도출하였다.

2. 문헌 연구

단일 언어로 진행되는 의료 인터뷰와 마찬가지로, 통역이 개입한 커뮤니케이션 이벤트(Interpreted Communicctive Events, ICE) 역시 브린과 롱(Bryne and Long, 1976, 히스, 1992, p. 237에서 재인용)이 2000여 건의 의료 상담 자료를 바탕으로 추출한 언어적 행위의 여섯 단계로 나누어 분석할 수 있는데 ① 환자 확인, ② 진료를 받으러 온 목적 파악하기, ③ 문진 및 검진 혹은 둘 다 실시하기, ④ 환자의 상황 검토, ⑤ 치료법 기술 혹은 추가적인 검진 필요 기술, ⑥ 종료로 진행된다. 단일언어로 진행되는 상황에서는 대개 권한의 관계가 안정적이고 확연하게 드러난다(히스, 1992). 그러나 세 명의 참여자가 관여하는 ICE의 경우 통역사의 존재가 권한의 관계 및 의료 인터뷰의 여섯 단계에 영향을 미친다. 그 영향은 소통되는 정보의 양과 유형에서뿐만이 아니라 권한/연대의 패턴이 어떻게 변형 혹은 강화되는가에도 관여한다. 커뮤니케이션에 관한 기존 문헌을 통해 우리는 대화자들이 권한 혹은 연대를 표현할 때 상호관계에서 이전(shift)이 발생한다는 것을 알고 있다(타넨(Tannen), 1984). 특히 통역사가 개입한 상황에서 통역사의 발화는 의도에 따라 다르게 나타나는 것을 목격할 수 있다. 바덴조(Wadensjö, 1998)는 통역사의 언어적 행위를 분류하였고, 이를 이어받아 안젤렐리(2004a)는 통역사의 역할에 대해 논의하였다. 이를 기반으로 의료 인터뷰에서 발생하는 권한, 연대 및 권한의 이전에 대한 논의를 시작할 수 있다.

통역사가 개입된 상담에 관한 기존 문헌을 살펴보면 통역사의 역할(안젤렐리, 2001, 2004a, 2004b)이 다음의 행위를 통해 구체화 되는 것을 볼 수 있다: 누락 혹은 첨언을 통한 편집(데이빗슨(Davidson), 1998; 바덴조, 1998; 안젤렐리, 2004a), 통역사가 주대화자로 등장(로이(Roy), 2000; 안젤렐리, 2004a), 통역사가 이해를 용이하게 하는 역할 수행(데이빗슨, 1998; 안젤렐리, 2004a), 통역사가 대화의 레지스터를 조정(안젤렐리, 2004a), 통역사가 대화 속에서 대리인으로서의 역할을 분명하게 드러내는 상황(안젤렐리, 2004a). 대화 속 권한의 차이가 더욱 두드러지게 하거나 권한 이전이 일어나게 하는 데 통역사가 중요한 역할을 담당할 수 있다. 대화속 통역사가 대리인으로서의 역할을 드러내 권한 이전이 일어나게 할 수도 있는데, 다음의 경우 중 하나 이상의 행동을 취할 때 그러하다.

1. 통역사가 스스로를 ICE의 정식 참여자로서 소개한다. 직접적으로 대화 참여자가 되고(바덴조, 1998; 로이, 2000; 안젤렐리, 2001, 2001, 2004a), 의미를 함께 구축해 나가는 역할을 한다(데이빗슨, 1998).
2. 통역사가 대화의 규칙을 정하고 (예. 말차례 바꾸기) 정보의 흐름을 관리한다(로이, 2000; 안젤렐리, 2001, 2001, 2004a).
3. 화자의 발화를 변형 재구성하거나 특정 개념이나 용어를 풀어서 설명한다(데이빗슨, 1998; 안젤렐리, 2004a).
4. 대화의 레지스터를 메시지에 따라 자연스럽게 조정한다(안젤렐리, 2004a).
5. 정보를 선택한다(데이빗슨, 1998; 안젤렐리, 2004a).
6. 대화 어느 한쪽 참여자의 편을 든다(바덴조, 1998; 안젤렐리, 2004a).
7. ICE 중 어느 한 쪽 참여자를 대신하기도 한다(로이, 2000; 안젤렐리, 2004a).

통역사 역할에 대한 기존 문헌 및 의료 인터뷰 중 정보가 어떻게 이동하는가에 대한 분석은 CDA가 아닌 다른 방법을 통해 연구를 진행하였다. 본 연구에서는 CDA를 활용하여 대화 전사본을 분석하였다.

3. 연구[1)]

3.1. 연구 절차

본 연구에서 분석한 데이터는 더 큰 규모로 미국에서 진행한 민족지적 연구 데이터의 일부이다(안젤렐리, 2004a). 22개월에 걸쳐 캘리포니아 호프 병원[2)]에서 일하고 있는 10명의 스페인어/영어 의료 통역사들을 관찰하고 이들이 관여한 총 392건의 ICE를 녹음, 전사하였다. 연구자는 대화참여자 혹은 비참여자로 관측하였고, 관찰한 내용은 필기하였으며 개별 통역사를 비롯하여 통역 서비스를 관리하는 관리자들과도 반구조화된 프로토콜에 입각하여 인터뷰를 진행하였다. 아울러 통역사에 대한 대인 역할 관계망 검사(interpersonal role inventory) (안젤렐리, 2004b)를 수행하였으며 기타 자료를 취합하였다.

캘리포니아 호프 병원에서 ICE는 대면 인터뷰 또는 스피커폰을 통해 진행되었다. 대면 인터뷰는 각 병동으로 이동하여 진행하고, 스피커폰으로 진행되는 ICE는 통역사들이 정해진 근무 장소에서 전화를 통해 통역을 수행했다. 본 연구자는 대면 인터뷰의 경우, 인터뷰가 진행되는 동안 현장에 동석하여 관찰하고 필요한 내용을 필기하며 오디오 녹음을 진행했다. 스피커폰으로 진행되는 ICE에서는 통역사의 근무장소에 같이 있으면서 전화기와 녹음기를 연결하여 통화내용을 녹음하였다. 실험 참여는 자발적 신청으로 이루어졌으며, 실험 참여자를 보호하기 위한 사전 조치를 모두 취하였고, 모든 ICE 참여자들에게 동의를 구하였다. 녹음과 현장에서의 관찰 여부에 대한 동의는 통역이 시작되기 직전에 요청하고 허락을 받아 진행하였다. 스피커폰으로 진행되는 인터뷰의 경우, 참여자들(의료진과 환자)은 구두로 동의를 표명하였고, 이때 비로소 대화에 연구자가 참여하게 됨을 통보 받았다. 어떤 경우에는 간단히 실험에 대해 동의를 구하는 것에 그치기도 하였지만, 어떤 경우에는 연구의 성격에 대한 설명을 요하기도 하였다.

3.2 현장

캘리포니아 호프 병원은 미국 서부에 위치한 공공 병원으로, 앞서 언급한 대규모 연구가 진행될 당시 기존의 대면 인터뷰 상황에서의 통역 서비스 외에도 최초로 전화를 통한 현장에서의 전화통화 통역 서비스를 제공하고 있었다. 현재까지도 환자가 비용을 지불할 능력이 있는가와 무관하게 의료 서비스를 제공하는 정책으로 지역 내에서 우수의료기관으로서의 명성을 누리고 있다. 캘리포니아 호프를 이용하는 사용자들은 중산층에서 노동자층까지이며, 평균적인 환자들은 빈곤선 이하 수준의 삶을 영위하고 있다. 캘리포니아 호프가 의료 서비스를 제공하고 있는 지역을 살펴보면 다양한 인종 구성을 볼 수 있으며 환자들의 대부분은 흑인, 아시아인 혹은 히스패닉인 경우가 많다. 이중 통역 서비스만을 놓고 본다면, 히스패닉이 26.6%로 캘리포니아 호프의 통역 서비스 도움을 가장 많이 받고 있다.

3.3. 피실험자

이 연구의 모태가 되는 대규모 연구에 참여한 통역사를 살펴보면 10명의 풀타임 스페인어 통역사, 파트타임으로 일하면서 업무량이 많을 때 지원하는 두 명, 그리고 응급실에서 야간에만 근무하는 한 명이 참여했다. 본 연구에서 분석 대상이 되는 통역사는 빈센트[3)]이며 10명의 풀타임 근무자 중 한 명으로, 월요일에서 금요일, 아침 9시부터 오후 5

시까지 근무한다. 빈센트는 페루 태생으로 루마니아에서 자라고 의학을 공부했으며 일반 내과의로 졸업한 뒤 미국으로 이주했다. 연구 진행 당시 빈센트는 60세였고 캘리포니아 호프에서 풀타임 통역사로 근무한 지 15년이 되었다. 캘리포니아 호프의 풀타임 통역사가 되기 위해서는 2년의 현장 경험(의료 통역사, 번역사, 이중언어 구사가 가능한 의료 보조원 등)이 있고 이중언어구사가 가능하며 통역 서비스 테스트를 통화해야 했다. 통역 서비스 테스트는 의학용어, 통역 스킬 및 양방향 기억력 테스트(영어에서 스페인어로, 스페인어에서 영어로) 등으로 구성되었다. 짧은 구문에서 시작해서 복잡한 단락으로 분량이 늘어나면서 진행되는 시험은 내부 평가 도구로 개발된 것으로, 연구를 진행할 당시 기준으로는 해당 테스트의 적합성을 평가할 신뢰도 테스트 결과는 제공되지 않았다. 캘리포니아 호프에서 근무하는 모든 영어-스페인어 통역사들과 마찬가지로 빈센트는 스페인어를 사용하는 환자들(주로 이민노동자들)과 영어를 사용하는 의료진 사이의 커뮤니케이션을 지원했다.

3.4 데이터 취합 및 코딩

민족지적 연구 방법의 원칙을 지키기 위해 본 연구에서는 실제 녹음에 들어가기에 앞서 현장을 답사하고 통역사들과 함께 다니면서 신뢰를 쌓는 작업을 수행했다. 실제 연구 데이터로 사용할 녹음을 시작하기 전에 이미 9개월에 걸쳐 빈센트를 비롯하여 다른 통역사들과 함께 어울려 지내온 상태였다. 일주일에 2-3회 정도는 아침 8시 반에 통역 서비스팀이 일하는 곳에 도착해서 빈센트와 동행하는 형식으로 지냈다. 사무실 통역용 스피커 전화기에 연구자의 헤드셋을 연결해서 빈센트와 직접 얼굴을 마주하고 인터뷰를 진행했으며, 팀 내에 신참 통역사가 합류해서 교육을 하는 것처럼 교류했다.

캘리포니아 호프 병원에서 진행된 각종 ICE는 그 길이, 시간대 등에

〈표 1〉 전체 ICE-진행 방식에 따른 분류 및 빈센트가 수행한 비중

Total of ICEs	392	%	% of total for Vicente (6%)
Face-to-face	11	2.80	9
Speakerphone	381	97.19	6.3

〈표 2〉 전체 ICE –진행 목적에 따른 분류 및 빈센트가 수행한 비중

Total of ICEs/purpose	392	%	% of total for Vicente (6%)
Make an appointment	120	30.61	5.8
Place a phone call	10	2.55	0
Give results/news	4	1.02	0
Educational session	9	2.29	22
Visit/check	230	5.86	5.6
Other (complain about bills, etc.)	19	4.84	15.8

있어서 매우 다양한 양상을 보였다. <표 1>과 <표 2>에서 전체 연구에서 수집한 총 392개의 ICE에 대해 기술하였고, 이와 병행해서 전체 10명의 통역사들이 처리한 분량과 특히 빈센트가 처리한 분량을 별도로 정리하였다(안젤렐리, 2001, 2004a).

캘리포니아 호프에서 진행된 392건의 ICE는 크게 대면 형식의 인터뷰로 진행되거나 스피커폰을 통해 원격 진행되었다. 대면 인터뷰의 경우, 삼자(환자, 의료진, 통역사)가 직접 얼굴을 마주하고 인터뷰를 진행한다. 스피커폰을 통한 형식에서는 환자와 의료진은 같은 공간에서 얼굴을 마주하고 있고, 옆에 스피커폰이 있으며, 이를 통해 멀리 있는 통역사가 통역을 한다.

ICE에서 빈센트가 통역을 맡은 건은 그 길이가 2분에서 90분에 이르기까지 다양했으며, 두 가지 유형을 모두 처리하였다. 다루어진 내용을 살펴보면 입원절차, 퇴원절차, 산모교실, 질환진단, 사망확정, 일반적인 의약품 관련 논의, 특수진료, 언어치료, 정신과 진료 세션에 이르기까지 다양했다. 빈센트 및 아홉 명의 통역사가 관여한 ICE는 모두 인덱스 되었고, 단위별 분석을 실시했다. 총 392개의 ICE가 인덱스 되었으

며 그 중 빈세트가 관여한 건은 25건으로 6.4%를 차지했다.

빈센트를 비롯한 나머지 아홉 명의 데이터에 대한 분석은, 일관성을 유지하기 위해, 별도의 표시를 하지 않은 인덱스 사본(전사본)을 가지고 두 번에 나누어 처리되었다. 양상, 목적, 통역사의 역할 등에 따라 상호작용을 유형화하고 이에 따라 연필로 각 단위(각 ICE의 전사본)에 주석을 달아 추후 항목이 변하거나 확정되면 수정이 가능하도록 하였다. 이러한 주석(코드)을 기반으로 카테고리와 패턴을 정의하였다(르콩트와 쉔술(Le Compte and Schensul), 1999). ICE의 특성 패턴은 대면과 스피커폰 경유 두 가지 카테고리로 나뉘었다. 이 카테고리는 객관적인 구분이어서 참여자, 즉 여기에서는 빈센트로부터 별도의 확인을 받을 필요가 없었다. 또 하나의 사본을 통해 상호작용의 의도/목적에 대해 분석하였다. ICE의 의도 패턴에서는 여섯 개의 카테고리가 도출되었다. 이들 카테고리는 <표 2>에서 제시한 바, 예약하기, 전화걸기, 검사결과 통보/소식 전하기, 교육세션, 방문/확인, 기타(진료비 관련 문의 등)였다. 특성에 따라 일차적으로 ICE를 분석한 뒤, 상호작용의 목적에 따른 일차 분류를 수행하고 나서 빈센트와 인터뷰를 진행했다. 통역을 해줄 것을 요청받은 ICE 각각에 대해 직접 그 상호작용의 목적에 대해 물었고 그의 대답을 기록하였다. 그리고 나서 앞서 분석한 통역 상호작용의 목적에 따른 분류기준을 빈센트에게 제시하고 그의 피드백을 받았다. 이렇게 함으로써 연구자로서 처음 설정한 문화일반적 관점이 문화내부적 관점과 일치하는지를 확인하였다(르콩트와 쉔술, 1999, p. 221). 이를 통해 목적에 따른 상호작용을 분류한 항목을 확정할 수 있었다.

ICE가 진행되는 중 통역사가 개입을 하거나 혹은 충분한 개입을 하지 않음으로써 환자와 의사 간 권한의 차이를 유지 혹은 변형하는 데 어떤 영향을 주었는지를 분석하기 위해 ICE의 전사본 사본을 사용하여 통역사의 개입 여부 또는 관련 행위를 페이지 여백에 먼저 코딩하였다. 이들 코드는 화자 간 대화에서 통역사가 어떤 역할을 수행하는지 그 특성을 보여주었으며(안젤렐리, 2004b), 앞서 확정한 목적에 따른 상호작용 분류 항목을 확증하는 것이기도 하다.

이어지는 장에서는 빈센트가 통역한 ICE의 일부를 분석한 결과를 제시한다. 이를 통해 통역사가 예상되는 행위를 중재 혹은 강화함으로써 어떻게 권한의 차이에 영향을 주는지를 연구하였다. 캘리포니아 호프에서 취합한 만성질환에 관한 대화 전체(빈센트가 통역한 세그멘트 포함)에서 한 사례를 선별하여 제시하고 의사와 환자 간 상담에서 통역사가 개입하여 권한이 어떻게 관리되는지를 보여주고자 하였다.

4. 비판적담화분석을 통한 데이터 분석

4.1 비판적담화분석이란?

반 루벤(Van Leuven)의 용어에 따르면, 비판적담화분석(CDA)은 권한과 이를 통제하는 매개로서의 담화 및 현실에 대한 사회적 구성의 도구로서의 담화와 관련이 있다(2002, p. 166). CDA는 그 자체가 분석의 방법이라기 보다는 하나의 접근방식이다(툴란(Toolan), 2002). CDA는 상호작용 도중 화자의 언어 산출이나 해당 상호작용 내에서 화자의 지위 등, 짝지워진 용어간 양방향적 인과관계를 내포한다. 예를 들어, 의료상황 커뮤니케이션인 의사와 환자 간 인터뷰에서는 발화되는 언어로 인해 두 화자 간 권한의 차이가 발생할 수 있다고 본다.

동시에 의사와 환자 간 권한의 차이, 그리고 각각의 역할, 권한, 입장 등에 대해 기존재하는 전제들은 각 화자들이 산출하는 언어에 따라 형성될 수도 있다(프린스(Prince), 1986). 이것은, 예를 들어, 권한을 행사하기 위해서는 의사가 의료용어로 점철된 의료어(medicalese)를 사용해야 하며 본인의 발화차례가 되었을 때 더 말을 길게 하고 때로는 환자에게

'예', '아니오' 로만 답하도록 (때로는 과하게) 몰아가는 것을 의미하기도 한다(안젤렐리, 2004a). 이에 대해 환자는 의사 말에 동의하고 더 짧은 문장으로 답하며, 말할 차례가 오기를 기다려야 하고 의사가 묻는 질문에 대해 '예', '아니오' 만으로 짧게 답하기 위해 애를 쓰게 된다. 아울러 의사와 환자, 이 두 화자의 언어 사용은 상호작용 내에서 각자의 입지가 높고 낮음에 의해 규정될 수도 있으며, 역으로 각자의 입지와 역할로 인해 언어 사용이 영향을 받기도 한다(페어클로(Fairclough), 2002).

페어클로와 반디크(Van Dijk)에 의하면 CDA의 추가적인 특성으로 인해 연구 대상 및 '면밀하게 검토해야 하는 현상이 때로는 가려지거나 숨겨지고 내포되어 버리거나 너무 평범하게 변해 버림으로써, 연구자의 주의에서 벗어나거나 비판을 비껴가는 수가 있다'고 하였다(툴란, 2002, p. xxii). 이렇게 놓고 보면 CDA는, 우리가 일상적으로 매일 사용하면서도 그 반민주주의적 성격을 미처 깨닫지 못하고 있는 담화에 대해, 더 주의를 기울이고 인지하도록 하는 경고를 내보내는 장치로서 기능한다고 볼 수 있다. CDA는 또한 해당 텍스트가 글로 된 것이든 소리로 된 것이든 언어 중심의 텍스트 분석에서 대화자 간 상호역할을 더 주의 깊게 관찰할 수 있게 하며, 사회이론과 사회분석의 한 형태로서 담화분석을 사용하여 담화의 사회적 측면에 대한 분석을 수행하도록 한다. 툴란(2002)이 설명하였듯이, CDA가 분석적 접근방식으로 등장하여 발전한 것은 우리 시대의 흐름을 직접적으로 반영한 결과이다. 오늘날 우리가 살아가고 있는 '글로벌' 빌리지의 한 가지 특징으로 꼽을 수 있는 것은 그것이 '텍스트적' 빌리지라는 것이다. 텍스트가 커뮤니케이션을 통해 산출 및 재산출되고, 그 결과 우리는 텍스트와 담화의 홍수에 빠져있다. 이와 동시에, 민주주의의 등장으로 우리는 이러한 텍스트와 담화에 도전할 권한을 부여받고 있다. 텍스트와 담화를 무턱대고 믿지 않고, 무조건적으로 수용하기에 앞서 한 번쯤 의문을 가져보는 것이다. 툴란은 이를 CDA의 영역에 들어올 수 있는 모든 연구의 기저에

'텍스트주의'와 '민주주의화'가 교차하는 것으로 보았다(2002, p. xii).

의료 상황과 관련해서 CDA를 주창하는 학자들은 (이를테면 우닥(Wodak), 2002) 의료진과 환자 간 커뮤니케이션에 관한 연구는 크게 두 부류로 나누어진다고 보았다. ① 기관에 초점을 둔 연구로 의료-사회논리적 접근이라고 불리는 부류와 ② 커뮤니케이션의 미시적인 구조적 측면에 초점을 둔 연구로 언어적 접근이라고 불리우는 부류(예를 들면 담화분석, 대화분석 등)가 있다. 우닥은 이들 두 접근이 하나의 연구에서 다루어진 적이 거의 없다는 점을 지적하면서, 미국에서의 연구 관심이 특정 개별 대화현상(이를테면 묻고 답하기, 서술)에만 치우쳐있다는 점을 비판하였다. 본 연구를 통해 우리는 언어가 특정 기관 내에서 어떻게 사용되는지 살펴봄으로써 이러한 간극을 메우는 데 기여하고자 한다. 기존의 간극은 기관이 개별 대화참여자들에게 부여하는 제약으로 인해 발생하기도 하고, 언어를 통해 표현되고 기관 및 사회로부터 부여되는 기존의 질서에 대화참여자들이 도전하거나 혹은 이를 영구화 시키려는 시도에서 발생하기도 한다. 본 연구는 기관이 부여하는 권한과 연대에 대해 개인이 어떻게 대항 혹은 동조하는지를 그들 간 담화 속에서 살펴보고, 활용된 담화가 의료 인터뷰가 진행되는 동안 어떻게 권한의 차이를 만들어 내거나 이를 공고히 하거나 혹은 이전시키는지를 살펴보았다. 들어가기에서 언급하였듯이 본 연구에서는 CDA를 통해 데이터를 분석하였다.

4.2 전사본

여기에서 소개하는 세그멘트들[4]은 스페인어를 사용하는 멕시코 이주민 노동자 계층으로 중년의 여성 환자인 세뇨라 메사(P)와 캘리포니아 호프 병원에서 근무 중인 중년의 백인 여성 간호사(N), 그리고 스피커폰을 통해 멀리서 통역을 해주는 병원소속 통역사 빈센트(I) 간의 인터뷰 중 일부이다. 환자와 간호사는 직접 얼굴을 마주하고 병원 내 진료실에 있으며 통역사는 멀리서 스피커폰을 통해 통화하는 상황으로 인터뷰 길이는 15분이다. 민족지적 연구방법에 따라 해당 부분은 보편성의 원칙에 따라 선정하였다. 대면 상호작용보다 스피커폰을 통한 상호작용이 더 빈번하게 발생했다. 캘리포니아 호프 병원에서는 만성질환에 대한 질문이 환자의 의료병력을 알아내는 과정 중 과거 병력 기록에 관한 대화에 빠지지 않고 등장하였다. 나머지 아홉 명의 통역사와 마찬가지로 빈세트 역시 '만성질환' 이라는 용어를 여러 번 통역한 바 있었다. 연구자는 환자의 의료병력을 알아내는 과정에 동석하였다. 간호사는 환자에게 만성질환이 있는지를 알아내고자 하는 중이다. 간호사는 질문 전체를 발화한 뒤에 빈센트가 통역하게 하지 않고, 빈센트로 하여금 질문을 알아서 진행하도록 유도한다(발화순서 1). 간호사의 이같은 '초대'에 응해 빈센트는 간호사의 요청을 이행하면서 일련의 전략을 차용하는데, 이를 통해 순차적으로 대화 중 권한의 이전이 발생한다. 대화를 보도록 하자.

녹음테잎 17[5] 통화번호 3: 200-224 (안젤렐리, 2004a, pp. 94-96). 이 대화에는 총 37번의 발화순서가 기록되었다. 더 쉽게 찾아볼 수 있도록 하기 위해 세 개의 세그멘트로 나누어 기술하였다.

세그멘트 1

1	N		Can you ask her about chronic illness, diabetes... all that?(만성질환, 당뇨 뭐 그런 것에 대해 다 좀 물어봐 줄래요?)
2 ▶	I		Ahá. Señora Mesa, ¿alguna vez le dijo el doctor, anuque sea veinte años atrás, aqui o allá, que tenía usted diabetes? (OK. Mrs. Mesa, has a doctor ever told you, even twenty years ago, here or there that you had diabetes? 알겠습니다. 메싸부인, 의사가요, 뭐 20년 전에도 좋고 여기에서건 다른 데서건 부인한테 당뇨가 있다고 말한 적이 있나요?)
3	P		No. (아니오.)

4 ▶	I		¿Que tenía la presión alta?(That you had high blood pressure? 혈압이 높다고 이야기 한 적은요?)
5	P		No. (아니오.)
6 ▶	I		¿Que tenía alguna enfermedad al corazón?(That you had heart disease? 심장병이 있다고 이야기 한 적은요?)
7	P		Noooo. (아니요오오.)
8 ▶	I		¿Que era enferma del hígado?, ¿De los riñones? ¿Del estómago? (That you suffered from liver problems? Kidney problems? Stomach progblems? 간이나 신장, 위장 문제로 아팠던 적은요?)
9	P		No. (아니오.)

발화순서 1에서 인터뷰의 주도권이 간호사에서 통역사로 이전한 것을 볼 수 있다. 간호사가 환자와 직접 대화하지 않고 통역사에게 무엇을 물어볼 것인지를 지시하고 있다. 의료 인터뷰에서 이처럼 통제권을 넘길 경우 수반될 수 있는 여러 위험이 있음에도 불구하고, 간호사는 주저하지 않고 빈센트에게 환자에게 만성질환 관련 질문을 해줄 것을 요청하고 있는 것이다. 빈센트 역시, 통역사라는 직업에서 요구하는 직업윤리 혹은 규범에 따라 해도 되는 것과 해서는 안되는 것 사이에서 고민하지 않고, 간호사의 지시에 따라 질문을 한다. 한편으로는 이러한 상황이 여전히 간호사가 가장 높은 위치에 있고 이를 인정하는 체제를 유지하는 것이라도 볼 수도 있다. 그러나 빈센트는 자신의 행위가 어떤 결과를 가져올 수 있는지 충분히 인지하지 못한 채 자신에게, 그리고 환자에게 주어진 질문을 변형하고 대리인으로써의 자신의 역할 (및 권한)을 행사하였다. 빈센트는 간호사가 요청한 질문을 문자 그대로 ('만성질환이 있으신가요?') 물어볼 수도 있었다. 혹은 전문용어인 '만성적'을 '오래 전부터 앓아온' 이나 '계속되는' 등의 표현으로 조금 바꾸어서 질문할 수도 있었을 것이다. 그러면 환자도 더 익숙한 질문으로 받아들였을 수 있다. 그러나 빈센트는 그렇게 하는 대신, 간호사의 요청을 받아들여 단순히 환자의 질병 뿐만 아니라 과거 환자가 어디에 살았는지 그리고 시간의 흐름까지 감안한 질문을 던짐으로써 거의 탐사에 나선다(발

화순서 2). 여기에 덧붙여 만성질환을 풀어서 당뇨에서부터 시작하여(발화순서 2) 고혈압(발화순서 4), 심장병(발화순서 6) 그리고 간, 신장 및 위질환까지 예를 들며 질문을 이어간다.

만성질환이라는 것이 위에서 열거한 여섯 가지 질병 외에도 더 많은 병을 포함할 수 있으며, 이들 여섯 가지 질병을 제시함으로써 다른 질병에 대한 환자의 관심이 희석되는 상황이 전개되면 문제가 될 수 있다고 볼 수 있을 것이다. 혹은 만성질환이라는 용어가 환자에게 모호한 채로 남아있도록 두는 것 보다는 여섯 가지의 질병으로 나누어 보다 구체적으로 환자에게 제시하는 것이 오히려 낫다는 의견, 그리고 만성질환에 대해 아무런 예시를 제공하지 않는 것보다 이렇게 여섯 가지의 질환을 제시하는 것이 낫다고 보는 의견도 있을 수 있다. 한 가지 분명한 것은 전체 데이터에서 의료진이 직접 환자에게 만성질환에 대해 질문을 한 경우(약 32%), 질문 자체가 '예', '아니오'로 답할 수 있는 단답형 질문으로 주어졌다는 것과, 환자 혹은 통역사에게 직접 질문이 주어졌다는 것을 볼 수 있다. 질문을 더 작은 요소로 나누어 물어본 경우는 없었다. 질문의 예를 보자면, "Do you have chronic illness? (만성질환이 있으신가요?)" 또는 "Has she had any chronic illnesses? (환자분이 만성질환을 앓으신 적이 있나요?)", "Ask her about chronic illnesses. (환자분께 만성질환에 대해 물어봐 주세요.)", "Any chronic illnesses run in the family? (집안에 만성질환이 있나요?)" 등을 들 수 있다.

세그멘트 1에서 빈센트는 총 9번, 전체 대화에서는 19번의 발화순서를 통해 만성질환에 대해 질문하고 있다. 만성질환에 관한 질문을 할 때 마다 빈센트는 환자가 답하기까지 기다려주면서 환자의 이해여부를 확인한다. 일반적인 예/아니오 대답은 통역사와 환자가 예시, 확장 및 확인 등을 통해 서로 구축해 나가면서 질문으로 계속 이어질 수 있다(바덴조, 1998). 이어지는 세그멘트 2를 통해 보여지듯이 빈센트가 '만성질환'이라는 용어를 통역할 때에는 질환 뿐만이 아니라 수술, 입원 및 약물 복용여부까지 포함하여 질문하고 있음을 알 수 있다.

세그멘트 2.

10 ▶	I		¿Alguna ves la operaron, la internaron? ¿Allá. o aquí? (Have you even been operated on or hospitalized? Here or there? 수술을 받거나 병원에 입원하신 적이 있나요? 여기에서든 거기(멕시코)에서든요?)
11	P		Noooo. (아니요오.)
12 ▶	I		¿Nunca ha estado usted enferma? (You have never been sick? 아팠던 적은 없나요?)
13	P		Esteee si estuve enferma pero ... es deeee depresión nerviosa, no de otra cosa (Well... I was sick, but it was de ... nervous depression ...I did not suffer from anything else. 뭐... 아파던 적은 있지요, 하지만 그건 우울증이었고 다른 걸로 아팠던 적은 없어요.)
14 ▶	I		Okay ... ¿y la internaron por la depresíon nerviosa? (Okay, and were you hospitialized for nervous depression? 그렇군요. 그럼 우울증으로 입원도 하셨어요?)
15	P		Sí. (Yes. 네.)
16 ▶	I		¿Allá o aquí? (Over there or here? 거기서요 아님 여기서요?)
17	P		Esteee ... emmm ... en Azusa ... (Hmmm ... in Azusa. 음...아수사에서요.)
18	I		¿En dónde? (Where? 어디서요?)
19	P		Azusa ... cerca de Los Angeles. (In Azusa, near Los Angeles. 로스엔젤레스 ¿근처 아수사요.)
20ó ▶	P		Ya... she is saying that she denies diabetes, denies cardiovascular disease, denies blood pressure, denies eh... problems with her stomach and her liver... she said that she was ... denies surgery... she was admitted once eh... close to Los Angeles ...ehmm... for depression. (예...환자분은 당뇨병 앓은 적 없고, 심혈관 질병도 앓은 적 없다 하구요, 고혈압도 없고 수술도 한 적 없고... 로스엔젤레스 근처에서 입원은 한 적 있데요, 우울증으로.)
21	N		Okay...but she doe not take any medicine now? 알겠어요. 그리고 지금 복용중인 약은 없구요?
22 ▶	I		Señora, ¿está usted onmando alguna medicina estos días? (Ma'am, are you taking any medicine these days? 부인, 요즘 복용하는 약은 있나요?)
24 ▶	I		¿Alguna medicina que compró sin receta?(Any over-the-counter medicine? 처방전 약 말고 약국에서 그냥 사드시는 약은요?)

25	P		No. (아니오.)
26 ▶	I		¿Que trajo de allá, que la dio la comadre Juana? (That you brought from there, that ComadreJuana gave you? 거기서 사온 약이나 코마드레 후아나가 준 약은요?)
27	P		No, nada. (No, nothing. 아뇨, 아무 것도 없어요.)
28 ▶	P		Negative...negative. (아니오... 아니오.)

빈센트는 계속해서 '만성질환'을 병원에 입원하기(발화순서 10)로 확대하여 물어보고 여기에 대해 환자는 아니라고 답한다(발화순서 11). 필요한 질병을 다 물어봤다고 판단한 통역사는 세뇨라 메사가 '한 번도 아팠던 적이 없는지'를 마지막으로 확인한다(발화순서 12). 이에 비로소 환자는 처음으로 자신의 병력을 밝힌다(발화순서 13). 빈센트는 그 질문에서 계속 이어 질문하면서 해당 질병인 우울증으로 입원을 했었는지를 묻고(발화순서 14) 어디에서 입원을 했는지도 묻는다(발화순서 16). 여기서 다시 한 번 환자가 지리적으로 이동을 했다는 것을 밝힌다(발화순서 16-19). 총 20회의 발화순서를 거친 뒤 통역사는 세뇨라 메사와 주고받은 내용을 정리해서 간호사에게 보고한다. 환자와 어떻게 정보를 확인했는지, 장소를 확인한 것 등을 전달하였다. 어떤 질문을 했는지는 전부 전달하지는 않는다(예를 들어 신장에 관한 질문). 우리는, 대화통역 및 의미의 공동구축에 관한 기존연구(바덴조, 1998, 안젤렐리, 2004a) 등을 통해, 통역에서 말하기는 그것이 활동이기 때문에 텍스트로 처리할 수 없다는 것을 알고 있다. 아울러, 이 사례에서 우리가 주목하는 것은 빈센트와 간호사 그리고 환자인 세뇨라 메사가 권한을 어떻게 보고 있는가 하는 점이다. 빈센트와 세뇨라 메사는 '만성질환'에 대한 개념을 같이 구축해 왔다. 빈센트가 신장에 관한 질문을 했으나 이를 간호사에게는 보고하지 않았다는 것과 이를 보고에서 누락한 것이 잘못인지의 여부는 지금 논의의 중심이 아니다. 또한 간호사가 질문의 흐름에 대한 전권을 넘겨주었다는 점에도 주목해야 한다. 간호사는 빈센트의 요

약보고를 접수하고 이를 액면 그대로 받아들인 뒤, 이어서 약물복용에 관한 질문으로 넘어간다(발화순서 21). 간호사로부터 통역사로 권한 이전이 이루어지는 것은 두 번 관찰된다. 빈센트가 약복용에 대한 질문을 하면서 처방전 없이 구입할 수 있는 약에 대한 질문까지 하는 부분(발화순서 24)과 민간요법 및 지리적인 이주 문제까지 언급하는 부분(발화순서 26)에서, 그리고 다시 이를 요약하여 간호사에게 보고하는 부분(발화순서 28)에서 관찰할 수 있다. 간호사는 여기에서도 액면 그대로 빈센트의 보고를 접수한다. 이와 같은 대화가 오가고 난 뒤 신체 검진을 수행한 간호사는 인터뷰 마지막 세그멘트를 통해 상황을 정리한다. 검사를 진행하기 위해 필요한 물건을 가지러 가야 하기 때문에 간호사는 방에서 나가고 거기에서 인터뷰가 종료된다.

세그멘트 3

29	N		Okay, all right...sounds just like she has the blues...her lungs are clear, she is breathing fine and her color looks good. I'm gonna check her oxygen saturation and then probably send her home with advice and give her the number to call... (좋아요, 잠시 안좋으셨던 것 같네요. 폐도 깨끗하고 호흡도 정상이고 안색도 좋으세요. 산소포화도 한 번 체크해보고 집으로 가시면 될 것 같네요. 주의사항 전해 드리고 필요할 때 거실 수 있는 전화번호 드릴께요.)
30 ▶	I		Okay... Señora dice nuestra enfer[(Okay... our nurse says 알겠어요. 간호사 말이...)]
31	N		[I'll be right back 금방 올께요 (간호사는 방을 나간다)]
32 ▶	I		[mera que le ha escuchado los pulmones y suenan bien...(that she has heard your lungs and they are fine... 부인 폐 소리를 들어봤는데 문제 없다구요...)]
33	P		Síííí. (Yeees. 예에~~~~~)
34 ▶	I		Dice que su color estábien ... que... le va a medir el oxígeno de la sangre (she says that your skin color looks fine... that ... and that she will measure the oxygen in your blood. 그리고 피부색도 좋아 보이구요 혈액 중 산소 농도를 측정할 거래요.)
35	P		Okay. (좋아요)

36 ▶	I		Eso no duele... le va a poner una lucecita en uno de sus dedos solamente por un minuto y después la manda a su casa con unas recomendaciones. (They don't hurt... and she will put a little light in one of your fingers during one minute and then she will send you home with advice. 아프지 않아요. 부인 손가락에 조그마한 불빛을 비춰 볼거에요, 일 분 정도. 그리고 나면 몇 가지 주의사항 드리고 집으로 보내드릴 거래요.)
37	P		Okay. (좋아요.)

발화순서 29에서 간호사는 상황을 정리하고 세뇨라 메사에 대해 어떤 조치를 취할 것인지를 빈센트에게 말하면서 인터뷰의 주도권을 되찾는다. 이때 간호사가 빈센트의 통역을 통해 세뇨라 메싸에게 직접 이야기를 하는 것이 아니라 바로 빈센트에게 이야기를 하고 있다는 점에 주목할 필요가 있다. 빈센트가 이어지는 내용을 세뇨라 메싸에게 통역하기 시작하자 (발화순서 30) 간호사는 산소포화도 측정을 위해 필요한 장비를 갖고 오기 위해 방에서 나간다(발화순서 31). 방에는 환자만 남고 빈센트는 나머지 정보를 계속해서 환자에게 통역해 준다. 빈센트는 이러한 상황을 수락하고 간호사가 한 말을 통역해 주는 것뿐만 아니라 산소포화도 검사가 어떻게 진행되는지도 설명하며 아프지 않다고 환자를 안심시키기도 한다. 인터뷰는 이렇게 종료된다.

5. 토론 및 결론

제시된 데이터를 통해 통역사인 빈센트가 의료 인터뷰에서 보통은 의료진이 행사할 권한을 어떻게 강화, 이전 및 활용 (때로는 남용까지) 하는지를 살펴보았다. 빈센트는 여러 전략을 사용하면서 커뮤니케이션의 목적을 달성하기 위해 노력하고 있다. 환자에 대한 자신의 인식을 기반으로 빈센트는 레지스터 스케일을 넘나들며 메시지를 전달하기도 하고 필요한 답을 얻기 위해 탐문하기도 하며, 발화를 확장 혹은 요약하고 문화적 요소에 대한 언급을 전달하기도 한다. 빈센트는 이 모든 것을 구체적인 지시사항에 따라 수행하는 것이 아니라, 간호사가 '그런 거 다 물어봐 주세요' 라고 한 요청에 의해 수행하였다. 빈센트는 대화를 지휘해 나가면서 권한을 적용하고 있다. 빈센트와의 후속 인터뷰에서 본 연구자는 전사본에서 파악한 확장(바덴조, 1998), 레지스터 이전(안젤렐리, 2004a) 등과 관련해서 왜 그런 전략을 사용했는지를 물었다. 이에 대해 빈센트는 많은 경우 환자들이 의료진의 질문을 알아듣지 못하거나 아니면 불완전한 답을 하기 때문이라고 답하였다. 자신의 맡은 일은 의료진의 질문을 환자가 알아들을 수 있도록 하고, 또 필요에 따라 질문에 대한 답을 얻을 때까지 계속 파들어가는 것을 포함하는 일이라고 믿고 있었다. 전사본을 통해 우리는 통역사가 환자와 의사 사이에서 피봇 역할을 수행하면서 때로는 둘 사이의 권한의 관계를 공고히 하거나 혹은 변형하는 것을 볼 수 있었다. 통역사의 직업윤리에서 보편적으로 제시하고 있는 기준과는 달리, 여러 기술 연구(바덴조, 1998, 메츠거(Metzger), 1999, 볼든(Bolden), 2000, 로이, 2000, 안젤렐리, 2004a, 2004b, 메이어, 뷰릭, 클리쉬와 포락(Meyer, Bührig, Kliche and Pawlack), 2010)를 통해 통역사는 실제 상호작용의 성격에 영향을 미치고 있음을 확인할 수 있다. 현장에 함께 있으며 (바덴조, 1998, 로이, 2000), 대리인으로서의 역할을 수행하고, 그에 수반한 권한을 사용할 수 있음을 인지하고 있다는 것을 알 수 있다(안젤렐리, 2004a, 2004b). 본 연구에서는 이러한 권한을 행사함으로써 빈센트가 의료 인터뷰 상황의 파워 다이내믹을 변형시키고 있음을 확인하였다. 때로는 의료진과 동일선상에서, 또 때로는 의료진보다 더 큰 권한을 행사하기도 하고(발화순서 36), 때로는 기존의 권한의 관계를 변형하여 필요한 정보를 더 찾아가면서 그 과정에서 환자의 이야기가 더 전달될 수 있도록 하고 있다(발화순서 10-27).

6. 후속 연구를 위한 시사점

본 연구는 일반적인 통역연구에 대해 실용적, 이론적 시사점을 제시하고 있을 뿐만 아니라 의료통역사 교육 및 의료진에 대해서도 시사하는 바가 있다. 또한 환자중심주의이론과 영어 사용이 제한적인 사용자를 위해 공공서비스를 제공하고자 하는 정책입안과 관련해서도 시사하는 바가 있다. 의료 행정요원, 관리자 및 의료진들은 의료 인터뷰에서 권한의 통제권을 포기할 경우, 권한 이전이 일어날 수 있다는 점을 인지해야 한다. 아울러, 동료 의료진과는 달리, 전문적인 의료언어를 이해하지 못하고 서로 상이한 문화와 전통을 갖고 있는 환자들과 커뮤니케이션 할 때에는 그 차이를 고려해야 할 것이다. 본 연구는 또한, 현재 인지 및 언어적 문제에 주로 초점을 두고 있는 통역이론에 대해서도 시사하는 바가 크다. 대리인으로서의 통역사의 역할을 무시할 수 없으며, 이를 연구질문으로 인식하여 설명할 수 있도록 해야할 것이다. 마지막으로, 앞에서도 언급했듯이, 이 연구는 의료통역사 교육 및 의료진에 대해서 실용적, 이론적 시사점을 제시하고 있다. 의료진들은 통역사를 통해 환자와 어떻게 소통할 수 있는지를 배울 필요가 있다. 또한 의료 인터뷰 상황에서 통제권을 포기하고, 상대적으로 의료진과 비교해서 동등한 수준의 의료전문성을 갖고 있지 않은 통역사에게 통제권을 넘겼을 경우에 발생할 수 있는 위험에 대해 인지할 필요가 있다. 통역사들 역시 자신의 전문성을 넘어서는 영역으로까지 넘나드는 상황에 대해 그것이 가져올 수 있는 결과에 대해서 생각해볼 필요가 있다.

본 연구는 아직까지 본격적으로 연구되지 못한 '이중 역할을 수행하는 통역사'(CHIA, 2002)의 행위에 대한 근거를 제공한다. 빈센트의 경우, 미국으로 오기 전 고향에서 의사로 일한 바 있다. 전사본을 통해서도 알 수 있듯이, 빈센트는 통역사로서만 오롯이 행동하지 못하였고 의사로서의 역할을 벗어나지 못하였다. 두 역할을 다 수행하고 있었던 것이다. 대리인으로서의 통역사 역할이 어떻게 권한을 이전하거나 혹은 하지 않는지에 대한 추가적인 연구가 필요하다. 그리고 권한 이전이 인터뷰가 진행되는 동안 계속해서 한 방향으로만 이루어지는지, 즉 대화참여자들 중 어느 일방에게만 유리하게 작용하는지, 아니면 대화가 진행되면서 계속 변화하는지도 연구해 볼 필요가 있을 것이다.

미주

1. 본 연구에 대한 보다 상세한 내용, 특히 연구 현장, 참여자, 스피커폰을 통한 통역 등의 내용을 더 자세하게 알아보기 위해서는 안젤렐리(2004a)를 참고하기 바람.

2. 본 연구에 등장하는 기관, 지명 및 개인의 이름은 개인정보 보호를 위해 모두 가명 처리하였다.

3. 개인 정보를 보호하기 위해 본 연구에서 등장하는 모든 이름은 가명임을 밝혀둔다.

4. 제시된 전사본의 정밀함은 본 연구에서 수행하는 분석에 적합한 수준이다.

5. 통역사의 이름 및 취합한 테이프 번호 (보다 자세한 설명은 원 연구를 참고할 것)

6. 스페인어에서 어머니와 아이의 대모 사이의 관계를 나타내는 말

참고
문헌

1. Angelelli, C. 2001. "Deconstructing the invisible interpreter: A critical study of the interpersonal role of the interpreter in a cross-cultural/linguistic communicative event." (Doctoral dissertation, Stanford University, Stanford, USA.)

2. ______. 2003. "The visible collaborator: Interpreter intervention in doctor/patient encounters." In *From Topic Boundaries to Omission: New Research on Interpretation*, M. Metzger, S. Collins, V. Dively and R. Shaw (eds), 3-25. Washington, DC: Gallaudet University Press.

3. ______. 2004a. *Medical Interpreting and Cross-cultural Communications.* Cambridge, UK: Cambridge University Press.

4. ______. 2004b. *Revisiting the Interpreter's Role: A Study of Conference,* Court and Medical Interpreters in Canada, Mexico, and the United States. Amsterdam/Philadelphia: John Benjamins.

5. Bolden, G. 2000. "Toward understanding practices of medical interpreting: Interpreters' involvement in history taking." *Discourse Studies* 2 (4): 387-419.

6. CHIA Standards and Certification Committee. 2002. *California Standards for Healthcare Interpreters: Ethical Principles, Protocols, and Guidance on Roles & Intervention.* Los Angeles, CA: The California Endowment.

7. Davidhizar, R., Shearer, R. and Giger, J. N. 1997. "Pain and the culturally diverse patient." *Today's Surgical Nurse* 6: 36-43.

8. Davidson, B. 1998. "Interpreting medical discourse: A study of cross-linguistic communication in the hospital clinic." (Doctoral dissertation, Stanford University, Stanford, USA.)

9. DeTrill, M. and Kovalcik, R. 1997. "The child with cancer. Influence of culture on truth-telling and patient care." *Annals of the New York Academy*

of Sciences 809: 197-210.

10. Fairclough, N. 1992. *Discourse and Social Change.* Cambridge: Polity Press.

11. ______. 2002. "Register, power and socio-semantic change." In *Critical Discourse Analysis. Critical Concepts in Linguistics. Volume I,* M. Toolan (ed.), 304-321. New York: Routledge.

12. Gaston-Johansson, F., Albert, M., Fagan, E. and Zimmerman, L. 1990. "Similarities in pain descriptions of four different ethnic-culture groups." *Journal of Pain and Symptom Man-agement* 5 (2): 94-100.

13. Heath, C. 1992. "The delivery and reception of diagnosis in the general-practice consultation." In *Talk at Work. Interaction in Institutional Settings,* P. Drew and J. Heritage (eds), 235-267. Cambridge: Cambridge University Press.

14. LeCompte, M. and Schensul, J. 1999. *Analyzing & Interpreting Ethnographic Data.* Vol. 5. Walnut Creek/London/New Delhi: Altamira.

15. Lipton, J. A. and Marbach, J. J. 1984. "Ethnicity and the pain experience." *Social Science and Medicine* 19 (12): 1279-1298.

16. Metzger, M. 1999. *Sign Language Interpreting: Deconstructing the Myth of Neutrality.* Washington, DC: Gallaudet University Press.

17. Meyer, B., Buhrig, K., Kliche, O. and Pawlack, B. 2010. "Nurses as interpreters? Aspects of interpreter training for bilingual medical employees. In *Multilingualistm at Work: From Policies to Practices in Public, Medical and Business Settings,* B. Meyer and B. Apfelbaum (eds), 163-184. Amsterdam/Philadelphia: John Benjamins.

18. Prince, C. 1986. "Hablando con el doctor: Communication problems between doctors and their Spanish-speaking patients." (Doctoral

dissertation, Stanford University, Stanford, USA.)

19. Roy, C. 2000. *Interpreting as a Discourse Process.* New York/Oxford: Oxford University Press.

20. Shuy, R. 1976. "The medical interview: problems in communication." *Primary Care* 3: 365-386.

21. Sternbach, R. A. 1981. "Chronic pain as a disease entity." *Triangle* 20: 27-32.

22. Tannen, D. 1984. *Conversational Style: Analyzing Talk among Friends.* Norwood, N.J.: Ablex.

23. Toolan, M. (ed.). 2002. *Critical Discourse Analysis. Critical Concepts in Linguistics.* Volume I, xxi-xxvi. New York: Routledge.

24. Van Leuven, T. 2002. "Genre and field in critical discourse analysis. A synopsis." In *Critical Discourse Analysis. Critical Concepts in Linguistics. Volume II,* M. Toolan (ed.), 166-199. New York: Routledge.

25. Wadensjö, C. 1998. *Interpreting as Interaction.* London/New York: Longman.

26. Wodak, R. 2002. "Critical discourse analysis and the study of doctor-patient interaction." In *Critical Discourse Analysis. Critical Concepts in Linguistics. Volume II,* M. Toolan (ed.), 340-364. New York : Routledge.

John Benjamins Series

08 Methods and strategies of process research

제 3 부

통·번역 전문성에 대한 연구

언어적 복잡성이 동시통역에서 전문가의 정보 처리에 미치는 영향

아델리나 힐드 Adelina Hild
미국, CRIT, SUNY 빙햄튼

동시통역(SI) 처리 모형에서는 출발텍스트의 언어적 복잡성이 통역 품질에 부정적인 영향을 미친다고 보았다. 복잡한 언어 구조로 인해 제한된 용량의 수행기억(working memory, WM) 저장 및 처리에 부담이 되기 때문이다. 본 논문은 전문통역사와 초보통역사 간 비교연구로, 통역 수행에 관한 심리언어학 연구를 통해 입증된 네 가지 복잡성 매트릭스 - 발달 수준, 내재량, 내재 유형, 절(節) 유형 - 의 효과를 분석하며 해당 가설을 연구한다. 연구 결과, 복잡성 매트릭스가 초보통역사의 통역에는 꾸준한 영향을 미치는 반면, 전문통역사의 경우에는 텍스트 중복 수준에 따라 그 영향이 조정된다는 사실을 발견하였다. 본 연구에 사용된 측정 항목을 색인 추출한 결과에서도 나타나듯, 본 논문은 구문론적 복잡성이 전문가의 통역 정확도를 유의미하게 예측하지 않는다는 점을 제시한다. 이러한 결과는 에릭슨(Ericsson)과 킨취(Kintch)의 숙련된 수행기억 이론과 맥을 같이하며, 동시통역에서의 전문성과 관련하여 표면적인 구문 구조의 역할을 줄어드는 반면, 전략적, 거시적 처리 요소는 중요하다는 점을 시사한다.

KEYWORDS

구문론적 복잡성 매트릭스, 전문 SI, 텍스트 중복, 인지자원, 숙련 기억

1. 들어가기

전통적으로, 인지자원의 효과적인 관리는 숙련된 동시통역의 근간으로 여겨졌다. 초기 동시통역 인지에 대한 실험 연구는 인지 부하의 원인인 환경적 요소와 투입 요소, 즉, 투입율(거버(Gerver), 1971; 바릭(Barik), 1975)이나 백색소음(거버 1974) 등의 감지에 초점을 맞추었다. 출발어와 도착어 간의 구조적 차이 역시 어려움의 주된 원인으로 인식되어 왔으며, 현재까지 발표된 실증 연구는 동시통역 코퍼스에서 추출한 특정 구문 구조 간 대조 분석에 중점을 두었다(일어-영어 조합은 우치야마(Uchiyama), 1991, 북경어-영어는 세튼(Setton), 1998, 독어-영어는 시버(Seeber), 2005 참조). 본 연구는 통역 수행 상황에서 숙련도 관련 변형, 그 중에서도 구문론적 복잡성의 변형 함수를 살펴봄으로써 언어적 복잡성 증가가 동시통역 처리에 미치는 영향을 알아본다.

본 연구는 다음과 같이 구성된다. 2장에서는 수행기억 모형 및 인지자원 관리와 관련된 언어적 복잡성의 개념 문제를 제기한다. 또한 동시통역 연구에서 신뢰할 만한 평가 매트릭스를 선정하기 위해 복잡성 매트릭스에 관한 여러 제안과 해당 제안을 실험적으로 검증하는 연구를 검토한다. 3장은 동시통역에서 나타나는 구문론적 복잡성의 개인차 연구를 소개하고, 마지막 4장에서는 연구 결과와 시사점을 논의한다.

2. 언어적 복잡성의 개념, 조작화 및 실험적 측정

1980년대부터 수집된 새로운 관측적, 발달적, 실험적 증거에 힘입어, 언어적 복잡성에 대한 연구는 최근 몇 년 사이 활발히 재개되었다. 복잡성을 언어적으로 접근하는 작업은 모든 언어의 형태학적, 구문론적 다양성을 분석하거나(샘손, 길과 트러드길(Sampson, Gil and Trudgill), 2009), 인지체계의 긴급상황과 관련한 문법적 기초를 규명하고자 하는 다수의 유형론적, 교차언어적 연구를 포함한다(호킨스(Hawkins), 2004). 복잡성에 대한 심리언어학적 접근에서는 복잡성 측정과 복잡성이 인간 정보처리에 미치는 영향 및 일반인과 임상사례에 있어서 기존의 복잡성 메트릭스가 갖는 심리측정의 효과와 진단적 활용에 초점을 맞춘다(리옹, 켐퍼, 라바쥐, 페라로, 발로타와 스토란트(Lyons, Kemper, LaBarge, Ferraro, Balota and Storandt), 1994; 로악, 미첼과 홀링쉐드(Roark, Mitchell and Hollingshead), 2007). 복잡성 연구를 심화하는 세 번째 접근은 자연언어 처리 분야에서 등장한 방법으로, 구어와 문어 샘플의 구문론적 복잡성 측정법의 자동 추출 가능성을 다룬다 (cf. 루(Lu), 2008; 로악, 미첼과 홀링쉐드, 2007; 윌드(Wilde), 2009).

본 주제에 대한 관심이 지속되고, 또 증가하고 있음에도 불구하고, 복잡성은 여전히 이론적으로 명확히 정의되지 않은 개념이며, 무엇보다 정형화되지 않았다(후올라(Juola), 2008; 미에스타모(Miestamo), 2008). 부분적으로는 직관적 투명성의 결과이기도 하고, 최근 이 주제를 설명하기 위해 도입된 다양한 이론적 틀 때문이기도 하다. 따라서 어휘적 혹은 구문론적 복잡성에 대해 합의된 단일 측정법이 없다는 사실은 놀랍지 않다.

상이한 구문 구조의 상대적 처리 복잡성에 대해 다양한 대체 문법이론과 인간 정보처리모형을 이용한 예측이 이루어졌다(프레이저(Frazier), 1989). 어떤 복잡성 측정법은 투입된 언어문자열(형태소, 단어, 절)의 구성단위 계산을 통해 연구자가 전체 배열 처리에 요구되는 상대적인 계산량을 파악할 수 있다고 추정한다. 반대로, 발달 데이터를 기반으로 한 매트릭스(리(Lee), 1974; 로젠버그와 아베두토(Rosenberg and Abbeduto), 1987)는 이질적인 구문 구조 처리의 어려움이 습득 순서를 결정한다는 가정을 근간으로 삼는다. 이론문법에서 도출된 예측을 자세히 살펴보기 위해 설계된 세 번째 매트릭스는 'X-bar 구문론'(*X-bar syntax*, 프레이져(Frazier), 1985) 등 투입 문장의 이론기반 구문 구조와 관련된 처리량을 수량화하거나, 혹은 '의존구문 국부성 이론'(*dependency locality theory*, 깁슨(Gibson), 1998) 내에서 특정 알고리즘을 사용해 의존구문 거리의 구체적인 수치 데이터를 추출하고자 한다.

구문 구조 처리 메커니즘의 속성과, 해당 메커니즘이 언어처리구조의 하위체계와 상호작용하는 방식은 논의의 여지가 있다. 언어적 복잡성에 대한 접근법 중 하나에 따르면, 구문론적 정보는 전문적이고 정보가 요약된 단위로 형성되어 다른 정보보다 먼저 처리되는 것으로 추정되는데, 이 단위의 산출물은 "일반적 인지 처리체계에서 나타나는 과제를 규정하고, 그 해결책에 한계를 둔다"(프레이져, 1989, p. 200). (단위분할방식에 관한 최근 연구를 보려면 바렛과 쿠르잔(Barrett and Kurzan), 2006, 카루터(Carruthers), 2006 참조). 또다른 접근법에서는, 제약기반 접근법은 다수의 어휘적, 의미론적, 실용적 요인이 분석 과정을 이끄는 것으로 추정한다(e.g. 저스트와 카펜터(Just and Carpenter), 1992; 맥도날드, 펄머터와 사이덴버그(Macdonald, Pearlmutter and Seidenberg), 1994; 깁슨, 1998).

서로 다른 주장을 펴는 연구자들도 산출의 복잡성이 수행기억의 제약에서 기인한다는 사실에는 동의한다(e.g. 데인만과 카펜터(Daneman and Carpenter), 1980; 마커스(Marcus), 1980; 저스트와 카펜터, 1992; 깁슨, 1998; 케플란과 워터스(Caplan and Waters), 1999; 스토우, 위타르, 위어, 브로에와 판느(Stowe, Withaar, Wijers, Broere and Paans), 2002; 워터스, 케플란과 얌폴스키(Waters, Caplan and Yampolsky), 2003). 구조적 통합 비용(최근 처리된 단어가 지금까지 계산된 구조에 통합된 비용)과 부분적으로 처리된 구조 저장 간의 주된 차이를 감안하면, 정확히 어떻게 자원이 문장 이해를 제한하는지는 미결 과제다(깁슨, 1998).

일각에서는 언어를 매개로 하는 모든 과제는 하나의 공통된 계산 자원 풀(pool)을 활용하며 (저스트와 카펜터, 1992), 언어 처리능력과 관련해 개인차가 나타나는 일차적인 이유는 언어적 수행기억 용량의 차이 때문이라고 주장한다. 또 다른 대체 모형에서는 (최소) 두 개의 자원 풀 간 구두 수행기억의 특화를 제시한다(케플란과 워터스, 1999). 하나의 자원 시스템은 일련의 특화된 모듈을 통해 자동화된 일차적 언어 처리가 이루어지는 해석적 프로세스를 전적으로 지원한다. 또 다른 자원 시스템의 수행기억은 문장의 명제내용에 대한 의식적, 통제적 처리 (보통 사후해석과정으로 불린다)에 사용되는데, 의사결정, 행동 계획, 장기기억 저장 등의 과제 수행에 사용된다. 구문론적 복잡성과 외부 처리 부하간의 통계적 상호작용의 부재를 보여주는 연구의 실질적 증거가 본 모형을 뒷받침한다(워터스, 케플란과 얌폴스키, 2003) .

하지만 두 접근법 모두 언어 이해에 있어서 경험과 스킬의 역할에 관해서는 분명한 입장을 취하지 않는 것으로 보인다. 전문성에 관한 연구는 자원기반 처리 작업에 대한 이의를 제기해왔다. 에릭슨과 킨취(1995)는 개인차를 설명할 때 수행기억 용량을 강조해서는 안된다고 주장했는데, 오랜 실전으로 지식과 업무에 맞는 기량을 함양했을 경우 인지된 수행기억 제약을 극복할 수도 있다는 이유 때문이었다. 뛰어난 지식과 전략을 보유하며 이해력이 뛰어난 사람은 텍스트를 더 정교하게 잘 통합해 구조화할 수 있다는 사실을 증명한 텍스트 이해도 연구 결과가 이런 가정에 대한 실증적 증거를 제시하기도 한다. 또한 다양한 인지 분야 전문가들은 습득된 기량, 방대한 지식 그리고 특정 업무에 맞는 처리 전략 등을 활용하여 수행기억이 많이 요구되는 상황에 대처할 수 있다. 성공적인 업무 수행에 필수적인 업무와 내용에 주의를 전략적으로 할당하고, 미래의 처리 수요를 예측해 투입물을 정리하고 부호화하며, 결과적으로 온라인에서 우수한 선언적 및 절차적 지식에 신뢰할 수 있는 방식으로 신속히 접근하는 전문가의 능력 또한 이런 주장을 입증한다(에릭슨과 킨취, 1995; 에릭슨과 리만(Ericsson and Lehmann), 1996; 전문통역사에 대한 유사 연구결과는 이바노바(Ivanova),1999 참조). 이러한 틀 안에서, 언어적 복잡성 처리에 대한 개인차는 경험을 함수로 하는 습득 기량의 차이로 해석할 수 있다.

통역 연구는 전통적으로 수행기억에 대한 역량 제약 접근법(capacity-constraint approach)을 선호해왔다. 저스트와 카펜터의 모형은 전문가와 초보자 간 차이의 패러다임을 활용해 동시통역에서의 수행기억에 대해 현재까지 가장 광범위한 연구에 대한 정보를 제공한다(리우(Liu), 2001). 질(Gile)의 통역 노력 모형(Efforts Model, 질, 1995)은 저스트와 카펜터의 수행기억 모형과 유사한 단일 통합 제한용량 자원 풀을 제시한다. 통역 노력 모형에서는 '노력'이라 불리는 네 개의 뚜렷한 활동 - 이해, 산출, 기억, 조율(자원 할당 담당) – 을 처리비용으로 구분한다. 자원의 비효율적 할당은 '일련의 실패'로 이어질 수 있는데, 이를테면 산출에 문제가 발생하여 이어지는 메시지의 이해에 필요한 자원이 고갈되는 경우가 그렇다.

복잡성에 관한 심리언어학 연구 또한 인지자원의 제한적 속성에 중점을 두는 접근법에 기반한다. 다양한 구문 구조 처리의 어려움을 예측하고, 제1언어 및 제2외국어 습득과 인지장애 진단에 필요한 언어적 발달 평가의 유용성을 시험하기 위한 여러 복잡성 매트릭스가 심리언어학의 복잡성 연구를 통해 설계되었다. 청과 켐퍼(Cheung and Kemper, 1992)는 가장 많이 사용되는 매트릭스 11개를 선택해 문장 산출, 문장 이해와 기억력 예측 과정에서의 연령에 따른 인지 능력 감퇴 평가의 변별적 타당성을 검토하였다. 연구 결과, 이 중 상관관계가 높은 여덟 개의 매트릭스, 즉, 발화별 평균 절(節)(MCU), 발달적 문장 가중치(DSS),

발달 수준(D-level), 방향 복잡성(D-complexity), 잉베(Yngve)의 깊이 매트릭스(depth metrics)의 변형 두 가지 (특히 좌분지 구조의 내재 효과와 '깊이' 반영) (잉베, 1960), 그리고 프레이저(Frazier)의 노드 개수의 변형 두 가지 (주어진 구조의 구(句) 표지에 기반하나, 주어진 파스 트리에 단어를 통합하기 위해 필요한 비단말 노드 개수 반영)가 언어적 복잡성의 개인차에 대해 신뢰할만한 설명을 제공하였다. 청과 켐퍼는 '내재량'과 '내재 유형'을 "언어적 복잡성의 적절한 지표"로 지목하였다(1992, p. 74). 이 결론에 기반하여, 본 연구에서는 해당되는 두 개의 복잡성 매트릭스를 사용하였다.

본 실험적 연구는 구문론적 복잡성이 동시통역 수행을 결정하는지 여부와 그 방법에 대해 확인하고, 처리 어려움에 대처할 때 경험이 언어적 복잡성에 대한 함수로서 지닌 영향을 평가하고자 설계되었다. 복잡성이 동시통역에 주는 영향을 탐구함으로써, 인지자원 관리에 대한 질문, 그리고 언어에 기반한 독립적인 작업으로 간주할 수 있는 동시통역에서의 언어 처리의 구체적인 속성에 관한 유용한 접근법으로 활용할 수 있을 것이다.

3. 실험

3.1. 설계

본 연구는 이차원적(cf. 캠벨과 스탠리(Campbell and Stanley, 1963) 유사 실험 연구로, 전문성과 텍스트를 살펴본다. 전문성 차원에서는 전문통역사와 초보통역사를 비교한다. 텍스트 차원에서는(연사, 내용, 발표 및 언어적 특징 등) 모든 면에서 거의 유사하지만, 정보 밀도는 각기 다르게 설정된 두 텍스트를 비교한다(아래 참조).

3.1.1 대상

실험 진행에 앞서 전문통역사와 초보통역사 집단을 각각 표본화했으며, 집단 내 구성원은 동일성을 띠지만 집단 간에는 구분되도록 했다. 전문통역사 집단은 인증, 전문통역사협회 가입여부, 동료평가 등의 다양한 요인을 고려해 선정하였다. 초보통역사 집단은 2년 통역 석사과정 재학생으로, 3개월간 동시통역 훈련을 받았으며 학사 3년간 영어를 전공한 사람들을 선정하였다. 실험 집단의 정보는 <표 1>에 정리하였다.

피실험자 전원 불가리아어가 모국어이고 영어가 제2외국어인 유창한 후기 이중언어자로 유럽 언어숙련도척도(European Proficiency Scale)에서 C2를 받았으며, 학문 혹은 업무 목적으로 매일 영어를 사용하였다. 전문가와 초보통역사 모두 실험참가비를 지급받았다.

〈표 1〉 실험집단의 특징

Profile features	Group	
	Experts	Novices
No. subjects (female)	8 (4)	8 (4)
Mean age	39	23
Average interpreting experience	9 years	3 months
Average years of active use of English	27	10

3.1.2 절차

음성학 연구실에 실험용 방음 부스를 설치하고, 피실험자는 연구자가 배석한 가운데 개별적으로 작업하였다. 기술자가 외부 오디오와 녹음 장비를, 피실험자는 입력 음량과 외부 마이크를 조작하였다.

실험 참가 동의서를 받은 후 피실험자에게 연설의 주제와 장소에 대한 통역 브리프를 제공하였으며, 이 브리프는 실험 시작 시점에도 확인 가능하였다. 본 실험에 앞서 본 실험 텍스트와 동일한 컨퍼런스에서 동일한 연사가 발표한 3분 분량 개회사를 워밍업 텍스트로 사용하였다

(워밍업 텍스트에 대한 추가 분석은 하지 않았다). 이 과정을 통해 피실험자들은 연사의 화법, 컨퍼런스와 해당 연설의 주제 등 담화 처리를 용이하게 하는 컨퍼런스의 매크로텍스트(macrotext)에 적응할 기회를 갖게 되었다(이바노바, 1993).

실험 텍스트는 피실험자의 B 언어로 녹음하여 들려주었으며, 워밍업 텍스트를 먼저 듣고 이어서 텍스트 1과 텍스트 2를 들려주었다. 다음 두 가지 이유로 텍스트 제시 순서를 바꾸지 않았다. 첫째, 피실험자 수가 적었다. 둘째, 정보 밀도로 인한 영향을 탐색하는 것이 본 실험 목적 중 하나였는데, 텍스트 2가 텍스트 1보다 중복이 많게 설계된 상황에서 자료의 제시 순서를 바꿀 경우 설계의 균형이 무너질 가능성이 있었기 때문이다. 통역이 끝난 후에는 사후 인터뷰를 진행하였다. 피실험자는 통역 수행에 대한 개인 평가를 유도하고 실험의 타당성과 관련된 개방형 질문에 구두로 응답하였다.

3.1.3 자료

다음 특징을 지닌 실제 컨퍼런스의 연설녹음 두 개가 실험용으로 선정되었다.

- 텍스트 유형: 두 텍스트 모두 개회사인 관계로 컨퍼런스 매크로텍스트에 관한 세부 지식은 불필요하였다. 따라서 상대적으로 독립적이고 자기완결적인 담화로 실험에 사용할 수 있었다. 연구자의 판단 및 피실험자의 사후 인터뷰 응답을 바탕으로, 해당 텍스트는 전형적인 정치 컨퍼런스의 텍스트 유형으로 간주할 수 있다.
- 원고화(原稿化) 정도: 비록 두 텍스트 모두 사전에 계획되고 리허설을 거쳤지만, 완전히 원고화 되지는 않았고 어느 정도는 현장에서 즉흥적인 구두 발언이 이루어졌다.
- 연사: 동일한 연사(영국 영어 원어민)가 컨퍼런스 두 곳에서 순차적으로 발표

하였다.

- 주제: 동유럽 국가들의 EU 통합 관련 국지적인 주제를 다루었다.
- 전문 용어: 두 텍스트 모두 전문 용어는 없었다. 두 텍스트에 등장하는 기관명, 지명 및 인명 목록은 실험에 앞서 피실험자에게 제공되었다.

선정된 텍스트에서 수동 또는 자동으로 도출한 일련의 어휘적, 구문론적, 그리고 담화적 매개변수는 두 텍스트가 언어적으로 비교 가능하다는 사실을 입증하였는데, 이는 두 텍스트가 동일한 연사의 연설이었다는 점을 감안하면 놀라운 결론이 아니다. <표 2>는 두 텍스트의 주요 언어적, 담화적 특징을 보여준다.

〈표 2〉 실험 텍스트의 언어적 특징 (약어: DL = 발달 수준; SDRS = 분할담화표상구조; IP = 상호작용면; * 코-매트릭스를 통해 자동 도출한 값, 해당 매트릭스에 대한 자세한 설명은 그레이서, 멕나마라, 루워스와 카이(Graesser, McNamara, Louwerse and Cai, 2004) 참조)

	Text1	Text2
Lexical parameters:		
Total words*	572	648
Average syllables per word*	1.56	1.62
Mean lexical density (content words per segment)	18.6	24.6
Word types	192	193
Type: token ratio for content words*	0.71	0.62
Syntactic parameters:		
Mean DL	4.1	4.8
Number of segments*	21	17
Clauses*	62	68
Main	23	19
Subordinate	30	38
Mean clause density (clauses per segment)	3	4
Discourse parameters:		
No of SDRS	27	21
SDRS density (words per SDRS)	21.4	32.3
IP items	25	32
Words in IP structures (relative to total)	0.13	0.11

마지막으로, 두 텍스트 모두 텍스트의 언어적 복잡성을 구문론적 속성의 함수로써 지수화하는 플래시 - 킨케이드 가독성 지수에서 12점을 받았다 (코-매트릭스로 계산, 그레이서, 멕나마라, 루위스와 카이(2004) 참조). 이런 언어적 유사성에도 불구하고 텍스트 1과 2는 한 가지 주요 측면에서 차이를 보였는데, 바로 중복성이었다.

3.1.4 중복성: 연구의 텍스트 차원

양 텍스트가 중복성 차원에서 차이가 있다는 주장을 입증하기란 쉽지 않다. 담화 연구(드 보그란데와 드레슬러(de Beaugrande and Dressler), 1981 참조)나 통역 연구(체르노브(Chernov), 2004)에서 자주 사용되는 개념임에도 불구하고, 텍스트의 정보성을 추정하기 위한 일반화된 과정이나 측정 방법이 아직 없기 때문이다.

본 연구에서 중복성의 개념은 결속성(상호지시성, 논항 중복으로 해석), 새로운 정보 단위(담화 구조와 새로운 지시물), 그리고 중복적 기생 담화 분절의 다차원적 분석을 통해 조작화되었다. 비교의 신뢰성을 높이기 위해 세 명의 언어학자에게 실험 텍스트를 제출해 블라인드 분석을 요청하여 새로운 명사의 개념을 찾고(킨취와 반 디크(Kintsch and van Dijk), 1978 참조), 메시지에는 영향을 미치지 않으면서 삭제해도 되는 정보에 괄호 표시하도록 했다. 괄호 표시된 단어 토큰 개수는 전체 어휘 토큰 개수 대비 백분율로 계산되었다(결과는 <표 3> 참조).

〈표 3〉 텍스트 1과 텍스트 2의 중복성에 대한 심사위원 추정치

Judge	New noun concepts		Redundant information items (word tokens as a percentage of all tokens)	
	Text1	Text2	Text1	Text2
Judge1	66	46	20%	32%
Judge2	40	19	29%	42%
Judge3	54	29	22%	34%

언어학자들의 분석에 의하면, 텍스트 2의 중복성이 공통적으로 높게 나왔다. 이는 텍스트 1에서 담화구조가 보다 빈번히 발생하고 있다는 점과도 맥을 같이한다(<표 2> 참조). 즉, 텍스트 1의 매크로 구조가 더 복잡하고 밀집되어 있고, 결과적으로 상위 담화 처리가 더 어려워질 수 있음을 시사한다. 코-매트릭스로 자동 계산된 추가 매트릭스도 세 명의 언어학자들의 분석 결과를 뒷받침한다. 지시적 결속성의 두 측정 항목(킨취와 반 디크, 1978) – 논항과 어간 중복 – 에서 월등히 많은 논항, 어간, 내용어의 중복이 텍스트 2에서 나타났다. 또한 문단간 잠재적 의미 분석 (텍스트 1 = 0.373, 텍스트 2 = 0.628)을 통해 텍스트 2의 문단 내용간 의미론적 유사성이 더 큰 것으로 밝혀졌다. 이런 측정 결과는 텍스트 2의 정보 중복성이 더 높다는, 즉 "연속되는 단위 간의 상호의존성이 높다는" 사실을 제시한다(밀러(Miller), 1963, p. 103).

본 연구의 텍스트 분선을 통해 처리량 조작과 관련된 처리 전략의 변화를 연구하고, "난이도가 보다 높은 자료, 혹은 빠른 속도의 발표에서나 선명히 나타날 수 있는" 전문성의 특징을 파악할 수 있는 기회를 갖게 된다(딜린저(Dillinger), 1994, p. 184).

3.1.5 언어적 복잡성 분석

네 개의 복잡성 매트릭스가 독립변수로 사용되었다. 본 연구에서는 2장에서 언급한 청과 캠퍼(1992)의 심리측정에 기반해 두 개의 복잡성 측정법을 선정하였다. 데이터는 언어학자가 수동으로 추출했지만, 발달 수준을 분석하기 위한 구조적 주석달기(분석에서 필수적인 부분)는 구문전문가에 의해 검증되었다. 구문론적 속성이 다른 대조 문장 속 두 개의 반대 구문을 통해 언어적 복잡성을 확보하였다. 복잡성을 유발하는 구문론적 요인은 이전 동시통역 연구에서 확인되었다. 헤당 매트릭스에 대한 간단한 설명은 아래와 같다.

내재량. 캠퍼와 동료 연구자들이 제시한 발화별 의미절(Mean Clauses

for utterance, MCU)을 기반으로 하는 측정 항목이다(켐퍼, 키넷트, 라흐, 오브라이언과 스프로트(Kemper, Kynette, Rach, O'Brien and Sprott), 1989). 이 매트릭스는 복수의 구문이 내재되어 있으면 언어 처리가 어렵기 때문에 언어 이해와 산출물에도 부정적인 영향을 미친다는 가정을 전제로 한다. 내재량은 문장당 모든 절(주절과 종속절 모두 포함)의 개수를 계산해 측정하며, 문장은 저밀도(분절당 최대 3개 절, 억양, 구문, 의미상으로 완벽한 단위), 중밀도(분절당 4-6개 절), 고밀도(7개 이상 절) 세 범주 중 하나에 속한다.

발달 수준(DL). 구문론적 복잡성을 측정하는 발달 수준 척도는 로젠버그와 아베두토(1987)가 구문 구조의 습득 순서를 이용해 최초로 제안하였다. 코빙톤, 헤, 브라운, 나씨, 브라운(Covington, He, Brown, Naçi, Brown, 2006)은 보다 넓은 범위의 문장을 포함하고, 최근의 발달적 증거를 반영하는 약간의 수정을 거쳐 이 척도를 확장하였다. <표 4>는 본 연구에서 사용한 가장 최근 수정된 척도와 내재 위치(주어 혹은 목적어의 위치)와 관련된 대응 구문 구조의 목록을 보여준다.

〈표 4〉 구문 구조에서의 가변적 발달 수준(DL) 변수 설명

척도	구문 구조의 설명
0	단순한 생략문장, 조동사/반조동사 문장, 질문 등 단순하고 하나의 절로 이루어진 문장
1	주절과 동일한 주어를 사용하고, 부정사 요소 혹은 -ing 부사가 내재된 복잡한 문장
2	복수 주어, 결합 동사, 형용사 혹은 부사 구조, 등위 접속사가 사용된 결합절, wh- 부사가 삽입된 복잡한 문장
3	주어의 외치변형, 서술명사구 보어, 목적어 위치에서의 명사화, 목적격 명사구를 변형하는 복잡한 문장
4	동명사격 보어 혹은 비교 구조를 가진 복잡한 문장
5	주어 명사화, 주격 명사구 보어, 명사구를 변형하는 비교절이 삽입된 복잡한 문장
6	종속절이 삽입된 복잡한 문장
7	단일 문장에 내재와 종속이 다층위적인 문장

절 유형. 이 변수는 비교적 단순한 주절과 종속절의 차이를 이용하며, 절의 구문론적 우세를 명시한다. 주절은 구문론적 우위에 있어 처리가 더 쉽기 때문에 보다 수월한 통역으로 이어지는 것으로 추정된다(프레이저, 1985; 딜런저, 1994).

종속관계 유형. 4번째 구문론적 변수는 두 개의 종속절, 즉 보어절과 관계사절의 차이를 제시한다. 비록 두 절의 상대적 처리 어려움에 관한 예측이 일부 이루어지기는 했지만, 다른 매트릭스에서는 보어절과 관계사절 간의 차이를 보여주지 못하였다. 따라서 프레이저와 클리프튼(Frazier and Clifton, 1996)은 보어절과 관계사절이 문장 내에서 접목되는 방식이 상이하기 때문에 파서(parser)로 문장 구조를 분석할 때 처리하는 데 드는 노력도 다르다고 주장한다. 생성문법에서 보어절 분해는 V의 자매어로 CP 노드만 추가하면 된다. 반면, 관계사절의 수식은 "이미 연결된 두 개의 구 표지 노드 사이에 새로운 N 노드를 가정"해야 한다(1996, p. 71). 관계사절은 잠재적 모호성이 더 많으며, 따라서 계산 자원을 증가해 해결할 필요가 있다(프레이저와 클리프튼, 1996).

3.2 데이터 조작

즉흥 연설 데이터 수집용 버브모빌 레퍼토리(Verbmobil repertory, 버거(Burger), 1997)를 이용해 두 개의 실험용 텍스트에 대한 32개의 녹음을 취합하고 전사작업을 하였다. 출발텍스트의 명제 분석은 명제가 발생한 분절의 속성에 따라 각 명제가 코딩되는 데이터베이스에 통합되었다. 각 피실험자의 통역 수행 데이터는 데이터베이스에 신규 필드로 추가되었다. 본 연구의 종속변수인 수행도 정확성(Performance Accuracy, PA)을 분석하기 위해 네 개의 반응 범주(Response Category, RC), 즉, 완벽한 대응, 환언, 생략, 오류를 사용하였다. 추후 분석에서, 완벽한 대응과 환언은 '응답 성공'이라는 상위 범주로, 생략과 오류는

'응답 실패'라는 상위 범주로 통합하였다. PA 코딩의 신뢰도는 무작위로 선정된 25%의 프로토콜을 다섯 명의 채점자가, 힐드(2007)가 기술한 알고리즘을 사용해 평가하였다. 그 결과 연구자와 채점자의 코딩 일치도가 90%에 달해 채점자간 높은 합치도를 나타냈다. 이후 일련의 독립 z-테스트를 사용해 RC의 빈도수 데이터를 백분율 형태로 분석하였다.

3.3 결과

우선 전문성과 텍스트(비(非)대조 조건)에 대해 구문론적 복잡성이 동시통역 퍼포먼스에 미치는 영향을 독립적으로 평가하였다. 내재량과 내재유형을 색인 추출하는 두 복잡성 매트릭스의 결과는 언어적 복잡성과 동시통역 수행 간 강한 상관관계를 시사하는데, 이는 단일언어 연구 결과와 유사하다(청과 켐퍼, 1992). 예상대로, 복잡성이 증가할수록 처리 요구가 높아지면서 동시통역 수행도가 점차 저하되었다. DL의 경우, PA 변형 58%가 DL에 기인함으로써, PA와 DL간 강한 상관관계가 구축되었다(단측 검정/양측 검정을 위한 피어슨(Pearson) 상관계수, $r = 0.75$, $p = 0.025$). 내재량 측정에서는 고밀도 vs. 저밀도 분절과 ($z = 2.67$, $p < 0.01$), 고밀도 vs. 중밀도 ($z = 3.23$, $p < 0.01$) 분절간 차이가 유의한 것으로 나타났다. 비(非)대조 조건하에서의 종속관계와 절 유형은 통계적으로 유의미한 결과가 나타나지 않았다.

하지만, 모든 매트릭스에 걸쳐 전문성과 텍스트는 강한 영향을 미친 다는 사실이 드러났다. 이 결과에 대해서는 다음 장에서 논의 하기로 한다.

변수: 발달 수준(DL)

값: 〔DL = 0:7〕

비(非)대조 조건에서 나타난 결과는 두 텍스트에 대한 초보통역사의 통역 수행 분석에서도 동일하였는데, PA 변형 60%가 DL에 기인하는 것으로 드러나면서, PA와 DL간의 음의 상관관계가 동일하게 나타났다(<그림 1>).

텍스트 2에 대한 전문통역사의 통역 수행에서도 유사한 상관성이 구축되었다($r = 0.9$, $p < 0.01$). <그림 1>이 나타내듯, 데이터 포인트의 하강선이 거의 완벽한데, 이는 DL0인 분절에서는 거의 흠잡을 데 없는 통

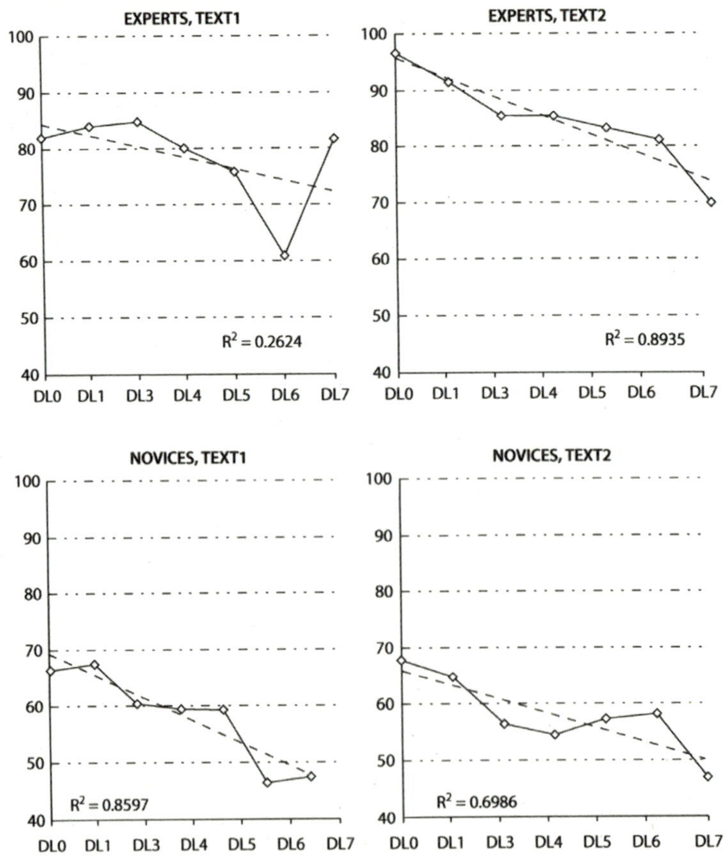

〈그림 1〉 DL과 텍스트가 전문/초보통역사의 통역 수행도에 미치는 영향 추이 분석

역을 수행하다 DL7에서는 PA가 23% 하락했음을 보여준다. 하지만 텍스트 1과 같이 정보량이 증가하는 조건에서는 예측한 상관관계를 얻지 못했는데, 내재 유형으로 색인 추출된 언어적 복잡성이 통역 정확도 변수에서 차지하는 비중이 26%에 불과했기 때문이다.

변수: 내재량

값: 〔고/중/저〕

초보통역사에 대한 z-테스트 결과는 저밀도 vs. 고밀도 분절, 중밀도 vs. 고밀도 분절 명제에 대한 응답 성공 횟수에서 큰 차이를 보인다(고-저 밀도 비교: z = 2.67, 고-중 밀도 비교: z = 3.61 / 두 지수 모두 $p < .01$). 이는 초보통역사들이 최대 여섯 개의 절을 포함하는 고밀도 분절을 처리할 때 구문론적으로 단순한 분절을 처리하는 것과는 다른 방식을 적용한다는 것을 나타낸다. 이러한 결과는 두 텍스트 모두에서 동일하게 나타났다. 하위-RC를 별도 분석한 자료에 의하면 정보량이 증가된 조건에서 생략의 횟수가 현저히 증가하였다.

통계 분석을 보면, 고-저밀도 분절을 비교했을 때(z = 2.01 $p < 0.05$) 유의미한 차이를 나타낸 전문통역사 데이터는 하나에 불과하였다. 텍스트 2에서는 유사한 결과가 나타났지만, 텍스트 1에서는 유의미한 수준에 도달한 경우가 하나도 없었다.

전반적으로, 내재량 변수는 초보자의 통역 수행에 보다 큰 영향을 계속적으로 미치는 것으로 드러났는데, 분절 당 내재된 절의 개수를 함수로 사용하면 초보통역사의 PA는 크게 저하된다(<그림 2> 참조).

변수: 절 유형

값: 〔주절/종속절〕

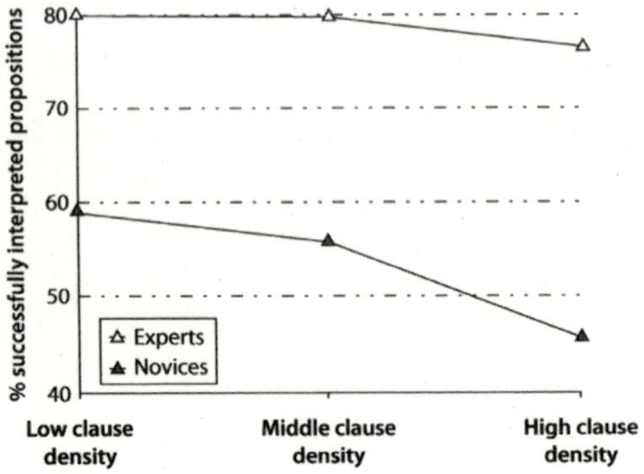

〈그림 2〉 내재량, 경험, 텍스트가 종합적으로 통역에 미치는 영향

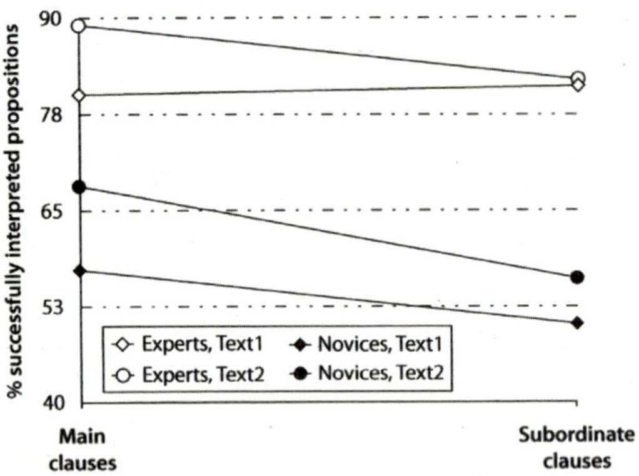

〈그림 3〉 절의 유형, 경험, 텍스트가 종합적으로 통역에 미치는 영향

절 유형 변수에 관한 연구는 구문론적으로 내재된 절의 처리가 더 어렵고, 따라서 통역의 정확도가 낮아질 것이라는 예측을 기반으로 하였다. 변수의 영향을 경험, 텍스트와 연관지어 평가하자, 다음 패턴이 나타났다(<그림 3>).

<그림 3>이 보여주듯, 절 유형 변수는 전문통역사의 통역 수행에는 미미한 영향을 주었지만(분석에서 통계적으로 유의미한 차이가 나타나지는

않았다), 초보통역사의 통역 수행에는 계속적으로 영향을 미쳤다. 초보통역사의 종합 결과에 대해 시행한 z-테스트는 주절의 명제보다 종속절의 명제가 정확하게 통역될 가능성이 현저히 낮고($z = 2.79, p < 0.01$), 보다 빈번하게 누락된다는 사실을 나타냈다($z = 2.11, p < 0.05$). 텍스트 2 주절의 경우 성공 비율이 높고 ($z = 2.32, p < 0.05$), 정확히 일치하는 응답이 증가했다는 ($z = 2.48, p < 0.05$) 점에서도 이 사실을 확인할 수 있다. 텍스트 1 결과는 유의 수준에 도달하지는 못했지만, 주요 추이와는 일맥상통하였다. 가령, 초보통역사의 성공적인 응답은 주절의 명제에서 양적으로 더 많았다. 전반적으로, 텍스트 1의 통역 정확도는 하락했는데, 이는 곧 정보량이 증가한 상황에 초보통역사의 통역 수행이 한계에 부딪혔음을 보여준다.

변수: 종속관계의 유형
값: 〔관계사절/보어절〕

종속관계가 통역에 미치는 영향은 두 가지 유형의 종속절(관계사절, 보어절)과 통역 수행 간의 상호작용을 조사함으로써 추가 분석하였다 (<그림 4>). 두 가지 텍스트에 대한 전문통역사의 결과를 분석한 z-테스트에 따르면 두 유형의 종속관계 구조 내 정보에 대한 응답 성공 횟수가 통계적으로 유의미한 차이를 보이지 않았으며, 이 결과는 두 텍스트 모두에 해당되었다. 따라서, 이런 구문론적 차이는 전문통역사의 처리에 영향이 없는 것으로 보인다. 즉, 구문론적 상태와는 무관하게 보어절과 관계사절(R-clause)이 동등하게 잘 처리되는 것이다.

반면, 초보통역사의 통역 수행은 구문론적 차이에 민감하게 반응하였다. 통합된 상태에서 이 차이를 z-테스트로 관찰하자, 초보통역사가 제시한 보어절의 명제는 관계사절 명제 대비 응답 성공 횟수에서 큰 차이를 보였다 ($z = 2.6, p < 0.01$). R-절 분석 결과는 이런 수행 차이가 관계

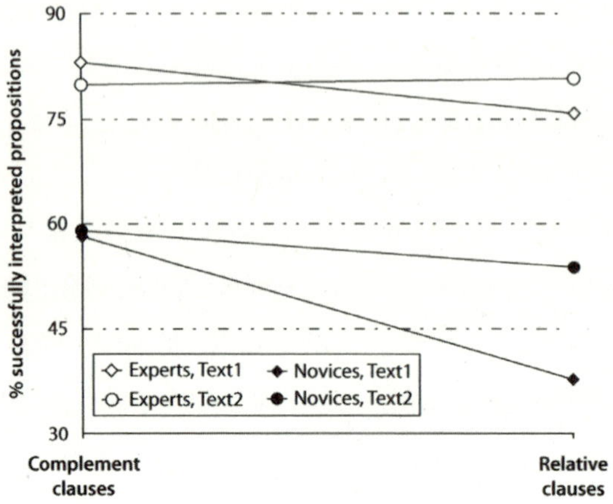

〈그림 4〉 종속관계의 유형, 경험, 텍스트가 종합적으로 통역에 미치는 영향영향

사절 명제에서의 생략 비율이 보다 높기 때문이라는 사실을 제시한다 ($z = 2.2, p < 0.05$). 텍스트 1에 대한 초보통역사의 결과도 동일하였다. 무(無)부하 상태에서 관계사절을 덜 정확하게 통역하는 경향이 나타났지만 테스트에서 통계적으로 유의미한 결과를 얻지는 못하였다.

이후, RC 처리와 관련된 문제를 진단하고자 초보통역사의 통역 전사본에 대한 사후 언어적 분석을 수행하였다. RC와 두어 사이의 접속 위치에서 발생하는 가장 빈번한 오류 유형은 wh- 보문사 일치 요건을 명시하는 서술관계 규칙의 위반으로 나타났다(헤게만(Haegeman), 1994). 두어와 wh- 보문사가 성별, 사람, 숫자의 일치에 관한 명시적 형태 표지를 지니는 도착어(불가리아어)와 비교했을 때, 출발어인 영어는 일치가 뚜렷하게 표시되지는 않는다. 온라인으로 암묵적 문법 정보를 추론하는 작업은 필요 정보가 문장의 후반부에 제공되기 때문에 시간이 다소 오래 걸릴 수 있다. 처리 결과는 의미론적, 구문론적 단서와 확대된 시차(décalage)를 활용함으로써, 통합과 저장에 필요한 처리비용의 배가 시키는 통역사의 능력에 따라 좌우된다. 아래의 목적격 R-절의 예를 살펴보자(내재된 절의 목적어 위치에서 관계대명사 추출).

SL [$_{NP}$ two *communications*$_1$ [$_{CP}$ ***which***$_1$ [$_{IP}$ the Commission [VP made$_{t1}$ to the council]]]] … *(–singular) (–singular)*
TL [$_{NP}$ dve *komunikazii*, [$_{CP}$ ***koeto*** [$_{IP}$ [$_{VP}$ napravi$_{t1}$] Komicijata]]] …
[two *communications (–singular)*, ***which*** *(+singular, +neuter)* did the Commission]

위의 예시에서 도착어 관계대명사의 문법적 특징은 지배적인 두어를 찾고, 선행 NP와 관련된 공통 지시적 연결고리를 구축하는 작업을 불가능하게 만든다. 깁슨(1998)과 마찬가지로, 본 연구에서도 불완전한 구문론적 의존관계를 처리하기 위한 기억 비용이 증가한다는 관점에서 상기 예시의 복잡성 영향을 설명할 수 있다. 위의 예시에서는 주어 'Commission'을 관계대명사와 사역동사 사이에 내재하고, 지배적 두어인 'communications'과 관계사절을 통합시키는 형태로 의존관계가 나타난다. 도착어 R-절의 단순화된 구문 구조와 R-절 동사의 의미구조 지정 오류는 초보통역사가 통역에 앞서 R-절을 정확히 통합하는 언어적 단서를 모두 처리하지 못했음을 시사한다. 물론 수행기억 수요 측면에서 목적격 R-절이 어려운 구문 구조 중 하나라고 주장할 수 있겠지만, 상기 언급한 유형의 접속 오류가 주격 R-절에서도 관찰되었다는 사실을 주지해야 한다. 국부적으로 통합되기 때문에 일반적으로 더 단순한 구조로 간주되는 주격 R-절은 정상인 혹은 처리에 문제가 있는 사람 모두에게 처리 과정에서의 어려움을 제시하지 않는다(깁슨, 1998). 따라서 서툰 통역의 특징이라 할 수 있는, 작업처리능력의 한계로 인한 용량 제한으로 R-절의 통역 수행이 저하된 것은 아니라는 사실을 추측할 수 있고, 이와 같은 증거는 다양한 인지 분야에서 수집되어 왔다(에릭슨과 킨취, 1995).

4. 논의

본 연구의 주요 동기는 인지 부하가 동시통역 처리에 미치는 영향을 탐색해봄으로써 숙련된 통역의 본질에 근접하려는 것이었다. 처리 중 어려움의 결정요인을 탐구하기 위해 본 연구는 언어적 복잡성과 복잡성 매트릭스의 심리측정평가를 살펴보았다. 동시통역에서 측정한 항목은 기존의 심리언어학 연구를 토대로, 이해력과 기억의 변형에서 보여주는 유용성에 기반해 선정하였다. 이에 따라 네 개의 구문론적 인자, 즉, 내재량, 내재 유형, 절과 종속관계절의 유형을 파악하였다. 언어적 복잡성과 동시통역 수행 간의 유의한 상관관계는 전문성과 정보량에 따라 달라지긴 했지만, 내재량과 내재 유형은 출발어 문장의 처리 정확도를 결정하는 것으로 나타났다.

실험에 따르면, 본 연구에서 조사한 모든 구문론적 인자는 초보통역사의 통역 수행에 계속적인 영향을 주며, 무경험자의 통역에서 차지하는 구문론적 정보의 중요성을 시사하였다. 복잡성과 수행 간의 상호관계 패턴 측면에서 초보통역사의 정보 처리는 단일언어 처리와 동일하게 나타났다(청과 캠퍼, 1992). 초보통역사에게 정보 밀도가 높은 텍스트를 제공해 처리 어려움을 높이자 정확도가 현저히 저하되었지만, 상호작용의 본질까지 변하지는 않았다. 이 결과는 구문론적 분석에 사용되는 전문 수행기억 체계에 대한 증거로 구문론적 처리에 병행기억 부하가 미치는 영향을 관찰한 연구(케플란과 워터스, 1999) 결과와 동일하며, 초보통역사는 형태의존적 전략을 사용한다는 관찰 (그란(Gran), 1989)에 대한 실험적 증거를 제시한다.

하지만 언어적 복잡성의 영향이 정보량과 측정유형에 따라 다양하게 나타난 전문통역사의 동시통역 처리에서는 다른 결과가 도출되었다. 두 실직적인 매트릭스(내재량, 내재유형)는 정보가 감소하는 상황에서 전문통역사의 통역 정확도 변형에 대한 적절한 설명을 제공한다. 그러나 정보 밀도가 높은 텍스트를 제공하자 처리 부하가 증가하며 복잡성과 통역 수행 간의 관계가 무너졌는데, 이는 종속관계와 절이 수행도 정확성에 미치는 영향의 부재와 더불어 전문통역사의 처리는 언어적 복잡성에 덜 취약하고, 출발텍스트의 구문론적 특징 외에 다른 인자가 숙련된 동시통역 수행을 결정함을 뜻한다. 따라서 저자의 연구결과는 숙련된 전문통역사의 산출물 코퍼스 분석에서 도출한 구문론적 요소의 영향 약화에 관한 세튼(Setton)의 결론과 일치한다. 즉, "구문 구조 자체는 … 동시통역의 장애물이 되지 않는다" (세튼, 1999, p. 270).

본 연구결과는 케플란과 워터스(1999)가 주장한 전문통역사의 사후통역처리 의존도 증가로도 설명 가능한데, 사후 통역처리는 정보 손실 최소화와 도착텍스트 응집성 제고 등 동시통역 고유의 목표를 달성하기 위해 언어 처리의 결과를 적용하는 과정이다. 또 다른 설명에 따르면 숙련된 통역 수행은 보다 정교하고 복잡한 전문성 고유의 인지 전략을 통해 조절된다. 추측을 토대로 하자면, 추후 검색 요구에 대비해 출발텍스트 정보를 선별적으로 코딩하고 매크로 구조 형성에 필요한 매크로 전략을 효율적으로 사용하는 전문통역사의 능력에 따라 통역 수행이 좌우되는데(킨취, 1998), 이 결론은 통역 처리에 텍스트가 미치는 전반적인 영향에 근거를 두고있다. 중복성과 텍스트의 영향은 동시통역 수행의 최적화에 필요한 이해 능력을 사용할 수 있는 전문통역사의 유연성도 보여준다.

본 연구결과는 전문통역사와 초보통역사가 복잡한 구문 구조를 이해할 때 체계적인 차이가 있음을 보여준다. 이 차이는 타고난 수행기억 용량이 아닌, 기존에 습득한 지식과 기술의 가용성에 의해 달라진다. 실증적으로 검증된 복잡성 매트릭스의 사용을 통해, 단일언어 처리(일반 텍스트 이해)에 관한 연구에서 도출된 다수의 예측을 동시통역 상황하에서도 실험해 볼 수 있었다. 전문통역사 데이터는 기존 연구의 결과를 뒷받침하지 않았지만, 초보통역사의 결과는 이를 입증하였다. 전문

통역사의 경우에는 동시통역 텍스트 처리가 일반 텍스트 이해와는 질적으로 차이가 있는 반면, 초보통역사의 동시통역 처리는 일반적인 텍스트 이해에서 나타나는 전략과 기량에 계속 의존하고 있음을 증명하였다.

마지막으로, 초보통역사의 통역 수행도를 예측하기 위해 구축한 복잡성 매트릭스의 신뢰도는 훈련에 대한 잠재적인 시사점을 제시한다. 복잡성 매트릭스는 적합한 훈련 자료의 선정과 채점에 사용 가능하며, 예비통역사의 진전 사항을 추적하기 위한 객관적 접근법이 될 수 있다. 구문론적 복잡성을 자동 측정하기 위해 사용되는 전산 도구(Coh-Metrix, Computerized Profiling, www.computerized-profiling.org)의 최근 발전속도를 감안하면 이 모든 가능성을 눈여겨볼 필요가 있다.

참고문헌

1. Altmann, G. T. M. 1998. "Ambiguity in sentence processing." *Trends in Cognitive Sciences* 2 (4): 146-152.

2. Barik, H. 1975. "Simultaneous interpretation: Qualitative and linguistic data." *Language and Speech* 18 (3): 272-297.

3. Barrett, H. C. and Kurzban, R. 2006. "Modularity in cognition: framing the debate." *Psychological Review* 113 (3): 628-647.

4. Burger, S. 1997. *Transliteration of Spontaneous Speech Sata: Manual of Transliteration Conventions.* University of Tubingen: Verbmobil Phase II.

5. Campbell, D. T. and Stanley, J. C. 1963. *Experimental and Quasi-Experimental Designs for Research.* Chicago: Rand McNally & Co.

6. Caplan, D. and Waters, G. 1999. "Verbal working memory and sentence comprehension." *Behavioral and Brain Sciences* 22 (1): 77-94, discussion 95-126.

7. Carruthers, P. 2006. *The Architecture of the Mind.* Oxford: Oxford University Press.

8. Chernov, G. V. 2004. *Inference and Anticipation in Simultaneous Interpreting.* R. Setton and A. Hild (eds). Amsterdam/Philadelphia: John Benjamins.

9. Cheung, H. and Kemper, S. 1992. "Competing complexity metrics and adults' production of complex sentences." *Applied Psycholinguistics* 13: 53-76.

10. Covington, M. A" He, C., Brown, C" Naçi, L. and Brown, J. 2006. "How complex is that sentence? A proposed revision of the Rosenberg and Abbeduto D-Level Scale. *ReVision.* Washington, D.C. http://www.ai.uga.edu/caspr/2006-01-Covington.pdf. (Accessed May 10, 2010.)

11. Daneman, M. and Carpenter, P. 1980. "Individual differences in working memory and reading." *Journal of Verbal Learning and Behavior* 19: 450-466.

12. de Beaugrande, R. and Dressler, W. 1981. *Introduction to Text-Linguistics.* London: Longman.

13. Dillinger, M. 1994. "Comprehension during interpreting: What do interpreters know that bilinguals don't?" In *Bridging the Gap: Empirical Studies in Simultaneous Interpretation,* S. Lambert and B. Moser-Mercer (eds), 155-189. Amsterdam/Philadelphia: John Benjamins.

14. Ericsson, K. A. and Kintsch, W. 1995. "Long-term working memory." *Psychological Review* 102 (2): 211-45.

15. Ericsson, K. A. and Lehmann, A. 1996. "Expert and exceptional performance: Evidence of maximal adaptations to task constraints." *Annual Review of Psychology* 47: 273-305.

16. Frazier, L. 1985. Syntactic complexity." In *Natural Language Processing: Psychological, Compu-tational and Theoretical Perspectives,* D. Dowty, L. Karttunen and Z. Arnold (eds), 129-189. Cambridge: Cambridge University Press.

17. ______. 1989. "The study of linguistic complexity." In *Linguistic complexity and text comprehension: Readability issues reconsidered,* A. Davison and G. Green (eds), 193-221. Hillsdale, N.J.: Erlbaum.

18. Frazier, L. and Clifton, C. 1996. *Construal.* Cambridge, Mass.: MIT Press.

19. Gernsbacherr, M. A. and Shlesinger, M. 1997. "The proposed role of suppression in simultaneous interpretation." *Interpreting* 2 (1/2): 119ff.

20. Gerver, D. 1971. "Aspects of simultaneous interpretation and human information processing." (Doctoral dissertation, Oxford University, UK.)

21. ______. 1974. “Simultaneous listening and speaking and retention of prose.” *Quarterly Journal of Experimental Psychology* 26: 337-341.

22. Gibson, E. 1998. “Linguistic complexity: Locality of syntactic dependencies.” *Cognition* 68 (1): 1-76.

23. Gile, D. 1995. *Basic concepts and models for interpreter and translator training.* Amsterdam/ Philadelphia: John Benjamins.

24. Graesser, A. C” McNamara, D. S., Louwerse, M. M. and Cai, Z. 2004. “Coh-metrix: analysis of text on cohesion and language.” *Behavior Research Methods, Instruments & Computers: A Journal of the Psychonomic Society,* Inc 36 (2): 193-202.

25. Gran, L. 1989. “Interdisciplinary research on cerebral asymmetries: significance and prospects for the teaching of interpretation.” In *The theoretical and practical aspects of teaching conference interpretation,* L. Gran and J. M. Dodds (eds), 93-100. Udine: Campanotto.

26. Haegeman, L. M. V. 1994. *Introduction to Government and Binding Theory.* 2nd edition. Oxford: Blackwell.

27. Hawkins,. 2004. Efficiency and Complexity *in Grammars.* Oxford: Oxford University Press.

28 Hild, A. 2007. “Establishing rigour in a between-method investigation of SI expertise.” In *Doubts and Directions in Translation Studies,* Y. Gambrier, M. Shlesinger and R. Stolze (eds), 99-112. Amsterdam/Philadelphia: John Benjamins.

29. Ivanova, A. 1993. Intertextuality in simultaneous interpreting: A case-study of two scenarios of the conference discourse.” (Masters thesis, University of Sofia, Bulgaria.)

30. ______. 1999. Discourse processing during simultaneous interpreting: An

expertise approach." (Doctoral dissertation, University of Cambridge, UK.)

31. Juola, P. 2008. "Assessing linguistic complexity." In *Language Complexity: Typology, Contact, Change,* M. Miestamo, K. Sinnemaeki and F. Karlsson (eds), 89-109. Amsterdam/Philadelphia: John Benjamins.

32. Just, M. A. and Carpenter, P. A. 1992. "A capacity theory of comprehension: individual differences in working memory." *Psychological Review* 99 (1): 122-149.

33. Kemper, S., Kynette, D., Rach, S., O'Brien, K. and Sprott, R. 1989. "Life-span changes to adults' language: Effects of memory and genre." *Applied Psycholinguistics* 10: 49-66.

34. Kintsch, W. 1998. *Comprehension: A Paradigm for Cognition.* Cambridge, UK: Cambridge University Press.

35. Kintsch, W. and van Dijk, T. A. 1978. "Towards a model of text comprehension and production." *Psychological ReWew* 85: 363-394.

36. Lee, L. 1974. *Developmental Sentence Analysis.* Evanston, 111.: Northwestern University Press.

37. Liu, M. 2001. "Expertise in simultaneous interpreting: A working memory analysis. (Doctoral dissertation, University of Texas at Austin, Texas.)

38. Lu, X. 2008. "Automatic measurement of syntactic complexity using the revised developmental level scale." *Applied Psycho Linguistics,* 153-158.

39. Lyons, K., Kemper, S., LaBarge, E., Ferraro, F., Balota, D. and Storandt, M. 1994. "Oral language and Alzheimer's disease: A reduction in syntactic complexity." *Aging and Cognition* 1 (4): 271-281.

40. MacDonald, M. C., Pearlmutter, N. J. and Seidenberg, M. 1994. "Lexical nature of syntactic ambiguity resolution." *Psychological Review* 101 (4):

676-703.

41. Marcus, M. 1980. *A Theory of Syntactic Recognition for Natural Language.* Cambridge, Mass.: MIT Press.

42. Miestamo, M. 2008. "Grammatical complexity in a cross-linguistic perspective." In *Language Complexity: Typology, Contact, Change,* M. Miestamo, K. Sinnemaeki and F. Karlsson (eds), 23-43. Amsterdam/Philadelphia: John Benjamins.

43. Miller, G. A. 1963. *Language and Communication.* New York: McGraw-Hill.

44. Roark, B., Mitchell, M. and Hollingshead, K. 2007. "Syntactic complexity measures for detecting Mild Cognitive Impairment." *Computational Linguistics* 6: 1-8.

45. Rosenberg, S. and Abbeduto, L. 1987. "Indicators of linguistic competence in the peer group conversational behavior of mildly retarded adults." *Applied Psycholinguistics* 8: 19-32.

46. Sampson, G., Gil, D. and Trudgill, P. 2009. *Language complexity as an evolving variable.* Oxford: Oxford University Press.

47. Seeber, K. G. 2005. "Temporale Aspekte der Antizipation beim Simultandolmetschen komplexer SOV-Strukturen aus dem Deutschen." In *Empirical Research into Translation and Interpreting: Products and Processess* [Bulletin Suisse de linguistique appliqué 81], A. Künzli (ed.), 123-149.

48. Setton, R. 1998. "Meaning assembly in simultaneous interpretation." *Interpreting* 3: 163-199.

49. ______. 1999. *Simultaneous Interpreting: A Cognitive-Pragmatic Analysis.* Amsterdam/Philadelphia: John Benjamins.

50. Stowe, L. A., Withaar, R. G., Wijers, A. A., Broere, C. A. J. and Paans, A. M. J. 2002. "Encoding and storage in working memory during sentence comprehension. In *The Lexical Basis of Sentence Processing: Formal, Computational and Experimental Issues,* P. Merlo and S. Stefenson (eds), 181-205. Amsterdam/Philadelphia: John Benjamins.

51. Uchiyama, H. 1991. "Problems caused by word order when interpreting/translating from English into Japanese: The effect of the use of inanimate subjects in English." *Meta* 36: 406-413.

52. Waters, G., Caplan, D. and Yampolsky, S. 2003. "On-line syntactic processing under concurrent memory load." *Psychonomic Bulletin & Review* 10 (1): 88-95.

53. Wilde, L. E. 2009. "A comparison of seven automated measures of syntactic complexity." (Masters thesis, Brigham Young University.)

54. Yngve, V. H. 1960. '"A model and a hypothesis of language structure." *Proceedings of the American Philosophical Society* 104: 444-466.

동시통역의 프로세스와 산출물 - 경험 및 전문성에 대한 시사점

엘리사벳 티셀리우스*, 가드 B. 얀셋** Elisabet Tiselius, Gard B. Jenset

노르웨이, 베르겐 대학교* / 스웨덴, 스톡홀름 대학교*
노르웨이, 베르겐 대학 칼리지**

전문성에 대한 논의(에릭슨 (Ericsson), 2008)는 1990년대 중반부터 통번역사의 역량을 탐구하는 데 사용되어 왔으며 지금은 통번역 프로세스 연구에서 확고하게 자리 잡은 세부 연구 분야라고 할 수 있다(야스켈라이넨(Jääskeläinen), 2010). 이바노바(Ivanova, 1999)와 리우(Liu, 2001) 등을 비롯하여 여러 학자들이 통역에서의 전문성을 탐구하였다. 본 논문에서 보고하는 연구 결과는 앞선 연구의 후속작이면서, 한 걸음 더 나아가 동시통역의 프로세스와 산출물을 모두 보고자 한 연구이다. 본 논문에서 소개하는 두 편의 연구에서는 통역사들의 경험이 많고 적음에 따라 통역 산출물에 차이가 있는지를 밝혀내고자 하였다. 통역 경험이 없거나 적거나 많은 아홉 명의 통역사들이 동일한 연설을 통역한 뒤 바로 뒤이어 본인들의 통역 산출물에 대한 회상적 논의를 진행하였다. 첫 번째 연구는 이바노바(1999)의 방법론을 차용하여 통역의 프로세스를 연구했다. 두 번째 연구는 통역의 산출물을 탐색하였다. 각 여섯 명으로 이루어진 비통역사 집단과 통역사 집단의 통역 산출물을 캐롤(Carroll, 1996)의 명료도(intelligibility) 및 정보성(informativeness) 척도를 사용하여 등급을 매겼다. 통역사의 경험의 정도가 통역 전략사용 및 어떤 점을 통역상의 난제로 보고하고 있는지에 영향을 미쳤음을 확인하였다. 통역사의 경험은 또한 경험이 많은 통역사와 그렇지 않은 초보통역사의 통역 산출물에 대한 평가에서도, 평가자가 통역사일 때와 통역사가 아닐 때 모두에 있어서 영향을 미치고 있음을 확인하였다.

KEYWORDS

전문성, 동시통역, 회상적 기법, 프로세스, 모니터링, 전략, 평가

1. 들어가는 말

전문성은 시간이 흐르면서 각자의 분야에서 활동하는 전문가들의 경험이 누적되면서 발현된다. 에릭슨(2000)은 전문성을 다음과 같이 설명하였다.

> 전문가의 퍼포먼스에 대한 이론적 틀에서는 성인 전문가의 뛰어나고 재생가능한 퍼포먼스가 자동으로 이루어지거나 마법처럼 얻어지는 것은 아니라는 주장을 편다. 퍼포먼스 향상은 우리의 뇌와 신경계가 퍼포먼스를 통제하고 신체의 생리학적 시스템이 적응하는 것과 연관된 인지 메카니즘의 변화와 연결되어 있다는 것이다. 전문가적 수준의 퍼포먼스를 확보하는 데 있어서 가장 큰 도전 과제는 퍼포먼스가 점진적으로 향상될 수 있도록 하는 안정적인 변화를 이끌어 내는 것이다.
>
> (2000, pp. 201-202)

경험은 해당 분야에서 종사한 햇수가 몇 년이 되었다라든가 몇 시간 동안의 반복된 훈련을 했다든가 하는 식의 시간적 개념으로 비교적 쉽게 설명할 수 있다. 그러나 전문성을 기술하거나 파악하는 것은 보다 미묘한 작업이다. 전문성에 대한 이론과 관련하여 에릭슨과 스미스(Ericsson & Smith, 1991)는 전문가의 퍼포먼스를 연구할 때 고려해야 할 여섯 가지 기준으로 오랜 경험 보유, 일관되게 탁월한 퍼포먼스, 필요시 전문가 정보 엑세스, 의식적인 연습, 분명한 목표, 그리고 피드백을 제시하였다. 테니스나 체스처럼 순위를 매기는 분야에서는 위 여섯 가지 기준을 토대로 해당 분야의 전문가들을 거의 확실하게 판별해 낼 수 있으며, 이들의 퍼포먼스를 탐구하여 전문가 퍼포먼스의 요소들을 파악할 수 있다. 그러나 전문성을 측정하기 위한 순위 매김이 이루어지지 않는 분야의 경우에는 해당 분야의 전문가를 판별해 내는 것이 더 어렵다. 한 가지 방법은 경험이 많은 사람과 초보의 퍼포먼스를 비교하여 경험이 많은 사람의 퍼포먼스와 배경을 맵핑해 보는 것이다. 둘 사이에서 차이가 발견된다면 해당 분야에서 탁월한 모습은 어떤 것인지를 보여주는 단초를 제공해 줄 수 있을 것이다. 이 차이점에 기반해서 해당 분야의 전문성, 그리고 전문가적인 퍼포먼스란 어떤 것인지를 기술하는 것이 가능할 수 있다. 에릭슨(1991, p. 8)도 언급했듯이 "전문성 접근은 표준화된 조건 하에서 핵심적인 퍼포먼스를 묘사/기술하고 분석하여 어떤 요소들이 그 퍼포먼스를 더 탁월하게 만드는가를 파악해 내는 것이다." 전문성 접근을 통해 통역사들의 퍼포먼스를 조사하기 위해서는 통역의 프로세스와 산출물을 모두 고려할 필요가 있다. 왜냐하면 통역의 프로세스는 통역사의 경험에 따라 변할 수 있으나 정작 산출물에는 그 변화가 드러나지 않을 수 있고, 경험이 많은 통역사의 통역 산출물은 경험이 상대적으로 적은 통역사와 비교했을 때 차이가 있을 확률이 높기 때문이다. 프로세스와 산출물 모두를 살펴보았을 때 비로소 탁월한 퍼포먼스의 요소를 파악할 수 있게 될 것이며, 궁극적으로 해당 분야 – 이 경우에는 동시통역 – 에서의 전문성이란 어떤 것인지 설명할 수 있을 것이다.

1.1 연구 목표 및 범위

본 논문에서 소개하는 두 연구의 전체적인 목표는 경험이 많은 통역사와 경험이 적은 통역사들 간의 퍼포먼스를 비교하여 그 차이를 고찰하고자 함이다. 이같은 시도는(아래 2.1 절에서도 설명) 이전에도 있었으나 아직 설명되지 못한 부분이 많기 때문에 점진적인 연구결과 누적을 통해서 탁월한 퍼포먼스의 요소가 무엇인지 파악할 수 있을 것이다.

두 연구에서 공통적으로 다룬 연구질문은 다음과 같다.

각기 다른 경험수준을 갖고 있는 세 집단의 통역사들 간 퍼포먼스에서 차이점을 확인할 수 있는가?

기존의 연구에서는 통역사의 경험에 따라 퍼포먼스 수준의 차이가 있을 가능성이 높다고 설명하였다. 문제는 이러한 차이가 실험을 통한 연구에서도 확인될 수 있는가 하는 것이다. 이를 위해 두 개의 연구질문을 제시하였다.

첫 번째 연구: 경험수준이 다른 세 집단의 통역사들의 통역 프로세스에서 보고하는 문제점, 모니터링이 이루어지는 경우 및 전략의 사용(<부록 1> 참조) 등을 통해 살펴봤을 때, 집단 간 통역 프로세스에서 차이점이 발견되는가? 이바노바(1999) 및 빅-투오비넨(Vik-Tuovinen, 2006) 등 기존 연구에서는 경험이 많은 통역사와 그렇지 못한 통역사들의 통역 프로세스에 차이가 있음을 보고하고 있다. 해당 분야에서 일하고 지식을 쌓은 것이 결과적으로 차이를 가져올 수 있을 것이다. 그러나 이러한 차이점들이 실험을 통해서도 입증되어 통역 프로세스에 대한 이해를 심화시킬 수 있을 것인가? 이러한 차이점들이 구체적으로 어떤 내용들을 담고 있는지 파악할 수 있을 것인가?

두 번째 연구: 서로 다른 경험수준을 갖고 있는 통역사 집단 간 통역 산출물을 평가했을 때 차이가 드러나는가? 위에서 언급한 것과 같은 기존의 연구결과를 놓고 봤을 때, 분석 대상 집단 간 측정가능한 차이

가 있을 것이라는 가설을 세울 수 있다. 역시 이 경우에도 이처럼 추정되는 차이가 실제 실험환경에서도 증명될 수 있는지의 질문이 남는다.

2. 문헌연구

2.1 통역학 연구에서의 전문성 연구

국제회의 통역 연구에서 경험이 많은 통역사과 그렇지 않은 초보통역사들을 비교하는 것은 중요한 연구 과제였다(거버(Gerver), 1971; 앤더슨(Anderson), 1979; 딜린저(Dillinger), 1989). 1990년대 후반 모서-머서(Moser-Mercer, 2000)는 인지심리학의 전문성 개념을 차용하여 통역연구에 접목하였고, 그 이후로 이 주제로 이바노바(1999), 리우(2001) 등 몇 편의 박사학위 논문이 발표되었다. 전문성을 탐구한 기존 연구에서는 통역사의 퍼포먼스를 분석하기 위해 통역 프로세스를 연구하거나(이바노바, 1999), 정량적으로 통역 산출물을 분석하거나(리우, 2001), 통역 프로세스와 통역 산출물을 정성적, 정량적 방법을 모두 동원하여 연구하였다(빅-투오비넨, 2006).

에릭슨(1991)은 전문성에 관한 연구의 세 단계를 제시하였다. 제 1단계에서는 표준화된 실험실 상황에서 대표적인 과제를 수행하면서 탁월한 퍼포먼스의 정수가 어떤 것인지를 먼저 파악해야 한다. 제 2단계에서는 해당 퍼포먼스를 상세히 분석하고 마지막 제 3단계에서는 탁월한 퍼포먼스를 보이는 전문통역사들에게서 발견되는 특성과 인지구조가 어떻게 습득되는가를 밝힌다(1991, p. 12). 이러한 단계는 매우 간단명료해 보이지만 통역연구에 있어서 커다란 도전과제이다. 통역은 여러 가지 복합적인 행위가 동시에 진행된다(모서(Moser, 1978)의 모형 참조). 앞서 제2단계에서 설명했듯이, 탁월한 퍼포먼스를 파악한 뒤 이를 분리하여 분석하려면 어느 정도라도 표준화된 조건 하에서 통역사의 퍼포먼스를 테스트 해야만 할 것이다. 에릭슨은 "실제 상황에서 탁월한 퍼포먼스를 신중하게 분석함으로써 우리는 통제된 상황 하에서 재생할 수 있는 반복적인 활동들을 파악하고자 하였다"라고 설명한다(1991, p. 14). 본 논문에서 보고하는 두 편의 연구는 에릭슨이 제 1단계와 제 2단계를 분석하고자 한 연구의 일부분이다. 합리적으로 표준화된 조건 하에서 모든 통역사들의 퍼포먼스를 연구하여 상반되는 퍼포먼스에 대해서는 이를 분석하고 어느 쪽이 더 탁월한 것인지를 탐색하였다.

이바노바(1999, p. 182)의 연구에 대해서는 다음 장에서 매우 상세하게 다루고자 한다. 이바노바는 경험이 많은 통역사들이 처리 프로세스에서 어려움을 겪는 경우가 더 적으며 어려움을 처리할 때에도 더 다양한 방법을 구사하고 있음을 관찰하였다. 문제 해결 및 전략 수립에 있어서 전문통역사들은 문맥을 고려한 다양한 해결책을 활용하고 있었다. 이바노바는 통역의 전문성은 전문가들의 인지적 유연함에 근거하여 상황에 맞게 적응하는 역량이라고 결론지었다. 리우(2001, p. 93)는 정규 통번역 교육을 받고 2년 이상 통역 경험이 있는 13명의 전문통역사들의 통역물과 각각 12명, 11명으로 이루어진 두 개의 학생 집단에서 취합한 통역물을 비교한 결과, 경험이 많은 통역사들은 영역별로 발달된 스킬을 확보하고 있음을 밝혀 내었다. 이들은 선별적 인코딩, 산출물에 대한 모니터링, 더 효과적인 수행기억 분배 등의 자질을 보였으며 이를 기반으로 경험이 부족한 학생 집단보다 월등히 뛰어난 퍼포먼스를 보였다. 빅-투오비넨(2006)은 1-5년 경험의 전문통역사 7명의 퍼포먼스를 각각 6명과 8명이 속한 학생 집단 두 개의 퍼포먼스와 비교하였다. 초보자들은 출발텍스트와 언어적 표현에 초점을 두는 반면, 전문통역사들은 통역의 사회적 측면과 상황맥락에 더 중점을 두고 있음을 파악하였다(빅-투오비넨 2006, p. 313).

리우(2008)는 통역의 전문성에 관한 연구를 전체적으로 검토하고 나서 전문통역사들은 초보통역사와 비교했을 때 "이해, 번역, 및 발화 단계별로 연습을 통한 전략을 개발했다"고 보고하였다. 그러나 이들 전문통역사들의 전문성은 이러한 전략을 개발하는 것에 그치지 않고 실제 동시통역을 수행하는 중에 이러한 전략을 어떻게 관리하는가와 연관이 있다.

2.2 프로세스 연구

에릭슨은 "전문가들과 초보들이 각각 통역 후 사고발화법으로 자기가 범한 오류에 대해 이야기한 것을 비교하는 것이 피실험자의 전문성 수준에 따라 처리 프로세스의 차이를 파악하는 가장 잘 알려진 연구 방법이다"라고 주장하였다(1991, p. 20). 통역 프로세스를 탐색하는데 있어서 현재 활용할 수 있는 방법이 많지는 않다. 피실험자가 통역을 수행하는 동안에는 순수한 사고발화법을 적용할 수 없다. 통역사가 통역을 하면서 그것을 처리하고 있는 자신의 방식에 대해 소리내어 말하는 것은 불가능하기 때문이다. 실제 진행 중인 통역 프로세스를 들여다 볼 수 있는 방법은 사실 매우 제한적일 수밖에 없고, 그나마 통역사 스스로가 그 프로세스를 소리내어 설명해주기를 원한다면 사실상 방법은 없다. 통역사가 통역을 마친 직후 자신의 통역 프로세스에 대해 언급하는 회상적 기법이 그나마 프로세스 자체가 아식 기억에 남아있는 상태에서 다시 기억해 내서 발화하는 것이므로 가능할 것이다. 이와 같은 회상적 기법 인터뷰는 보통 어떤 신호에 의해 촉발된다. 통역에서는, 에릭슨과 사이먼(Ericsson and Simon, 1996)이 제시한 것과 같이, 출발텍스트를 다시 들려준다든가 아니면 통역사의 통역 산출물, 그리고 경우에 따라서는 통역 산출물과 원연설을 함께 통역사에게 제공함으로써 가능하다.

이바노바(1999)와 빅-투오비넨(2006) 모두 통역의 전문성을 연구할 때 회상적 기법을 이용하였다. 본 장에서 소개하는 첫 연구에서는 이바노바가 1999년 박사학위논문에서 사용한 방법을 거의 그대로 따랐다. 이바노바는 초보와 전문통역사가 섞인 16명의 피실험자를 대상으로 영어 연설을 불가리아어로 통역하는 실험을 실시했다. 통역을 마친 직후, 피실험자들은 회상적 기법 인터뷰를 실시했고 이때 출발텍스트가 신호로 제시되었다. 출발텍스트만 제시했을 때와 출발텍스트와 통역을 녹음한 것을 같이 제시했을 때를 비교해서 회상적 기법 인터뷰를 실시한 파일럿 실험을 먼저 수행한 뒤, 이바노바는 출발텍스트만을 제시하기로 결정하였다. 통역을 녹음한 것과 출발텍스트를 함께 제시했을 때에는 통역사들이 통역 프로세스를 스스로 기억해내기 보다는 통역 산출물과 출발텍스트를 함께 보고 들으면서 자신의 통역 프로세스를 유추해 내는 경향을 보였기 때문이다. 이바노바의 방식 및 통역 번역에서의 회상적 기법에 대해서는 엥글룬드 디미트로바와 티셀리우스(Englund Dimitrova and Tiselius, 2009)의 연구를 참고하면 좋을 것이다.

2.3 산출물 평가하기

모서-머서(1996), 슐레징거(Shlesinger, 1997), 질(Gile, 2003)과 같은 연구자들은 통역 산출물의 품질과 이를 어떻게 평가할 것인가 하는 문제를 논의해 왔다. 여기에 소개된 슐레징거의 연구에서는 통역학계의 주요 학자들이 모두 참여한 통역의 품질 논의를 요약하고 있다. 통역의 품질은 절대적 기준에 의해 평가될 성질의 것이 아니라는 데 동의가 이루어져 있는 듯하다. 의사소통이라는 관점에서뿐만이 아니라 출발텍스트에서 제시되는 정보에 대한 충실성, 그리고 통역 산출물이 그 자체로서 가치를 지니는가에 이르기까지 다양한 각도에서 살펴야 하는 문제이다.

품질은 통역연구에서 많이 다루어진 주제이다. 이 분야에서 많은 논문이 나왔으며 산출물을 평가하는 여러 다양한 방법이 개발되었다. 뷜러(Bühler, 1986)는 최초로 통역사들을 대상으로 한 대규모 설문조사를 실시하여 통역사들 스스로가 품질에 대해 어떤 생각을 하고 있는지를 연구하였다. 쿠르츠(Kurz, 2002, p. 323)는 유사한 조사를 다양한 사용자 집단을 대상으로 실시하였다. 이들 설문조사의 결과는, 통역이 목적에 맞는 서비스를 제공한다면 그것으로 좋은 통역이 된다는 점에서 어느 정도 유사하다고 볼 수 있다. 좋은 통역이라는 것은 어떤 하나의 절대적인 기준에 부합하는 것이 아니라 상황이나 의사소통이 이루어지는 맥락에 따라 달라질 수 있다. 뷜러나 쿠르츠의 연구에서 다루었던 주제들은 오늘날 통역품질에 관한 박사학위논문이나 통역사의 역할에 관한 연구로 이어지고 있다(쯔봐이센버기, 푀히하커 및 쿠르츠(Zwischenberger, Pöchhacker and Kurz), 2008). 이들 연구에서는 통역사와 비통역사를 포함한 청중의 반응을 토대로 통역의 품질에 대해 평가하였다. 보다 최근에 통역 품질에 대해 정기적이고, 규모도 더 큰 연구가 유럽연합의 통역 서비스를 담당하는 부서(SCIC)의 정기 고객만족도 설문의 일환으로 진행되었다(2007, 2010). 고객 입장에서 품질을 조사한 연구로는 응(Ng, 1992), 뷰오리코스키(Vuorikoski, 1998) 등이 있다. 통역 산출물의 평가에 대해 본 논문에서 소개하는 연구들은 통역사의 관점과 사용자의 관점 모두를 반영하고 있다.

통역 품질에 관한 논의를 전문성과 연계한 에릭슨(1991, p. 15)은 "평가자들이 신뢰할 만하게 통역 산출물의 수준이 탁월한지를 평가할 수는 있으나, 정확하게 어떤 측면에서 산출물이 탁월한 품질을 보였는지를 측정하는 방법을 찾고 분석하는 것은 쉽지 않다"라고 하였다. 따라서 품질 자체에 대한 평가와 특정 품질의 통역 산출물이 나오기 위해 그 기저에 있는 인지 프로세스를 함께 연구하는 것이 중요하다.

본 논문에서 소개할 두 번째 연구에서는 캐롤(1966)의 스케일을 사용하여 통역 산출물을 평가하였다(아래 참조). 캐롤의 스케일은 원래 기계번역의 품질 평가를 위해 고안된 것이다. 이번 연구에서는 통역 산출물의 평가에 적용하도록 수정되었다. 두 개의 스케일이 적용되었는데, 하나는 통역 산출물이 그 자체적으로 얼마나 완전한가를 보여주는 명료도 척도이고, 또 하나는 원문과 비교해서 얼마나 정보량이 충실한가는 보여주는 정보성 척도이다.

캐롤의 스케일에 대한 세부 사항과 통역에 적용하기 위한 수정, 그리고 이러한 평가 방식의 적합성에 관한 논의는 티셀리우스(Tiselius, 2009)를 참고하기 바란다.

2.4 선행연구

본 논문에서 소개하는 두 연구논문 중 하나는 통역 프로세스에 초점을 두고 있고, 다른 하나는 통역 산출물에 초점을 맞추고 있다. 두 연구논문에서 분석할 데이터는 경험수준이 다른 아홉 명의 피실험자가 9분짜리 연설 하나를 통역한 것으로 동일하다. 통역을 마치고 이들은 바로 뒤이어 출발텍스트 원고를 참고하여 회상적 기법 과제를 수행하였다. 각각의 통역 산출물과 회상적 기법의 발화 내용은 녹음 및 전사하였다. 첫 번째 연구에서는 경험수준이 다른 통역사들의 통역 산출물을 비교하였다. 두 번째 연구에서는 통역 산출물을 통역사 및 비통역사로 구성된 12명의 평가자가 평가하였으며 평가결과를 비교하였다.

3. 첫 번째 연구: 통역 프로세스

첫 번째 연구에서 우리는 경험 수준이 다른 통역사 집단 간 통역에서 프로세스에 차이가 있는지를 조사하였다. 통역사들의 회상적 기법 자료를 연구의 출발점으로 삼아 언급된 내용을 이바노바(1999)의 연구 방법(<부록 1> 참조)에 따라 처리 문제, 모니터링 및 전략으로 분류하였다. 이렇게 분류한 내용들은 세 집단의 통역사별로 나누어 비교함으로써 각 패턴이 통역사들의 경험량에 따라 다르게 나타나는지를 탐색하였다.

3.1 자료 및 방법

3.1.1 입력 자료 (출발텍스트)

유럽의회의 커미셔너 브린이 2002년 5월에 행한 9분 (9분 35초) 정도 길이의 연설을 출발텍스트로 정하였다. 본 연구의 목적에 맞추어 약간의 조정을 하였고 다른 연사의 목소리로 재녹음하였다. 인지 부하를 늘리기 위해 인명 및 숫자를 추가하고 모든 피실험자들이 통역할 수 있도록 속도는 조정하여 느리게 하였다. 원연설은 분당 141 단어의 속도였고 원연사가 강한 아일랜드 억양을 구사하였으나, 재녹음된 연설은 분당 119 단어의 속도[1] 에 표준발음으로 녹음하였다.

이바노바(1999)가 지적한 바 있듯이, 배경지식은 기존의 경험을 바탕으로 예측을 하고 결론을 도출하는 데 도움을 주기 때문에 전문가의 퍼포먼스에 있어서 매우 중요하다. 이런 이유에서 이바노바는 실제 회의에서 사용된 연설문을 사용했고 본 연구에서도 실제 상황에서 발표된 연설문을 선택하게 되었다. 출발텍스트 연설문은 <부록 2>에서 제시하였다.

녹음은 방음 스튜디오에서 CD에 주파수 20,000Hz로 진행하였다. 통역사가 제대로 통역할 수 있는 주파수대가 20,000Hz이고 보통 전화를 통해 전달되는 소리의 주파수는 4000Hz 정도이다.

3.1.2 피실험자

이 연구에 참여한 피실험자들은 모두 아홉 명이고 크게 세 집단으로 각자의 경험 연한에 따라 나뉘었다. 경험이 적은 집단과 많은 집단은 모두 통역 교육을 받았고 통역일을 한 경험도 있었다. 경험이 없는 집단은 통역을 한 번도 해보지 못한 집단으로 스톡홀름 대학의 통역번역학 연구소(TÖI)에서 두 번째 학기 시작을 앞둔 번역전공 학생들로 구성되었다. TÖI 학생들은 학부에서 적어도 1년 이상 언어를 공부하고 온 학생들로 통역입문 수업시간에 15분 정도 시간을 내어 통역 부스 안을 구경했고 아주 쉬운 영어 텍스트를 스웨덴어로 통역하는 경험도 했다. 경험이 적은 통역사 집단은 TÖI의 유럽 국제회의통역 석사과정 졸업생들로 실험 당시 2년의 경력을 갖고 있었다. 경험이 가장 많은 집단은 유럽의회 소속 통역사들로 최소 25년의 경력을 갖고 있었다(<표 1> 참조할 것).

〈표 1〉 실험에 참가한 통역사들의 나이 및 경험

Group	Age span	Years at university	Interpreting school	Years of experience
No experience	20–29	4	No	0
Short experience	30–49	4	Yes	2
Long experience	50–60	4	Yes	25+

경험이 많은 집단의 통역사들은 근무 경험이 길고, 국제기구에서 근무하고 있거나 근무했던 경험이 있으며, 기존 회원의 제청이 있어야 가입할 수 있는 국제회의통역사협회(AIIC) 소속 회원이라는 점에 근거하여 모두 수준 높은 전문성을 확보하고 있다고 판단하였다. 그러나 이러한 사항들은 모두 전문성에 대한 지표일 뿐, 실제 탁월한 퍼포먼스나 의도적인 연습과 관련된 요소들을 뒷받침하는 것은 아니다.

모든 피실험자들의 모국어는 스웨덴어이고 영어는 AIIC의 언어 구분 기준[2)]에 의해 C 언어로 구분되었다. 경험이 전혀 없는 피실험자 집단은 영어를 제1통역언어로 구사했다. 따라서 모든 집단은 영어를 상당히 높은 수준으로 구사할 수 있었다. 그러나 피실험자 중 자신이 영어 원어민이거나 원어민에 가깝다고 생각하고 있는 사람은 없었다.

3.1.3 회상적 기법 절차

이바노바의 방법에 따라 피실험자들은 통역과제를 마친 직후 출발텍스트의 전사본을 받았다. 문장 하나하나를 살펴보면서 해당 부분을 통역할 때 무슨 생각을 했는지를 다시 상기해보도록 했다.

통역과 회상적 기법이 진행되는 동안 연구자는 피실험자의 뒤편에 살짝 비껴 앉아있었다. 진행 도중 기술적인 문제가 발생할 경우 이를 해결하되 통역 중인 피실험자에게 방해가 되지 않도록 했다. 회상적 기법이 진행되는 중에도 연구자는 최대한 개입을 억제했다. 여기에서 소개된 회상적 기법의 방법은 디미트로바와 티셸리우스(2009)에 소개되어 있다.

3.1.4 전사 및 분석

출발텍스트와 통역은 모두 더블 채널 녹음기로 동시에 녹음했고 wav-파일로 디지털화 하였다. 회상적 기법 인터뷰도 마찬가지로 동일한 녹음기로 녹음하였고 wav 파일로 디지털 전환하였다. 출발텍스트와 통역 그리고 회상적 기법의 내용은 모두 전사하였고 차일즈 소프트웨어(멕위니(MacWhinney), 1991)를 활용하여 코딩하였다.

통역은 회상적 기법을 시작점으로 하여 분석하였으며, 처리 어려움, 모니터링, 전략의 사용 등 모든 보고된 상황들을 이바노바의 분류법에 따라 분류하였다. 전략 사용의 경우, 이바노바의 분류법에서는 반드시 처리 어려움이나 모니터링과 함께 짝지어 발생했을 경우에만 하나의 상황으로 간주하여 분류에 포함시켰으나, 본 연구에서는 보고된 모든 전략을 다 포함시켰다.

데이터는 기본적으로 대응분석(Correspondence Analysis, CA))을 활용하여 분석하였다. 대응분석은 탐사적 다변량분석 통계기법으로써 데이터 구조를 시각적으로 보여줄 수 있다(그린에이커(Greenacre), 2007, p. 1). 이 기법을 활용함으로써 원데이터에서 측정한 발생빈도를 토대로 백분율을 계산하는 데에 큰 방법론적 잇점을 확보할 수 있다. 100과 101 사이의 발생빈도 차이를 생각해 보자. 관측된 단위 하나의 차이는 1 퍼센티지 포인트 증가한 것에 불과하기 때문에 그 차이가 작다. 그러나 발생빈도가 낮은 경우, 관측치 한 개가 증가하는 것은 큰 차이로 이어질 수 있다. 예를 들어 전체 관측에서 발생빈도가 5인 경우, 한 건의 증가하는 것은 총 20% 증가를 의미하며, 이렇게 될 경우 관측치가 작은 경우에는 비교가 거의 불가능해진다. 대응분석을 이용하면 전체 관측치의 크기를 감안하여 비교할 수 있게 된다. 이에 관한 기술적 세부사항은 그린에이커(2007)를 참고하기 바란다.

대응분석을 위해서는 표에 데이터 값을 입력해야 한다. 표에서 행에는 관측치를 입력하고 열에서는 이러한 관측치의 특징을 설명한다. 각 셀에는 특징을 보이는 관측치의 발생빈도를 입력한다(<표 1> 참조). 대응분석은 가설을 검증하는 분석이 아니므로 *p* 값을 도출하지 않는다. 그 대신 데이터가 어떻게 구성되어 있는지를 최대한 정확하게 기술하는 것이 목표이며 이는 주로 행렬도(biplots)를 통해 제시된다.

행렬도는 행과 열의 변수간 관계를 보는 것으로, 관측치와 해당특성을 보여주는 것이다. 예를 들어, 행렬도의 x축에서 서로 가까이 위치한 두 개의 변수는 서로 떨어져 있는 변수들 보다 더 가깝게 연관되어 있다. 마찬가지로 y축에 위치한 변수들도 그 거리에 따라 연관관계를 유추할 수 있다.

대응분석의 가장 큰 장점은 복수의 명목 열과 행의 변수를 동시에 시각화하여 보여준다는 점이다. 따라서 어느 한 변수에 대한 분석은 다른 변수와의 동시다발적인 상호작용을 통해 더 많은 것을 알 수 있게 한다. 본 연구의 모든 통계분석은 소프트웨어 패키지 R(R Development Core Team 2009)로 수행하였으며 대응 분석은 R의 *ca* 패키지를 활용하였다(그린에이커와 네나딕(Greenacre and Nenadic), 2007).

3.2 결과

세 개의 다른 통역사 집단에서 관찰한 처리 문제, 모니터링 사례 및 전략 사용에 대해 기술하였다.

〈표 2〉 처리 문제. 각 항목의 정의는 〈부록 1〉에서 제시함

Processing problems (PP/)		Long experience interpreters	Short experience interpreters	No experience interpreters
Comprehension (C/)	Perception (P)	8	6	11
	Lexical access in SL (L)	1	0	20
	Syntactic processing (Syn)	1	0	2
	Text integration (TC/integ/)	5	7	16
	Text comprehension (TC/bgkn)	5	3	16
Translation (Tr/)	TL retrieval (TLr)	6	8	24
	Equivalent (eqv)	5	4	4
Simultaneity of tasks (Sim/)	(SL, TL)	7	2	7
	TL delays (Tr.del)	0	0	8
Total		38	30	108

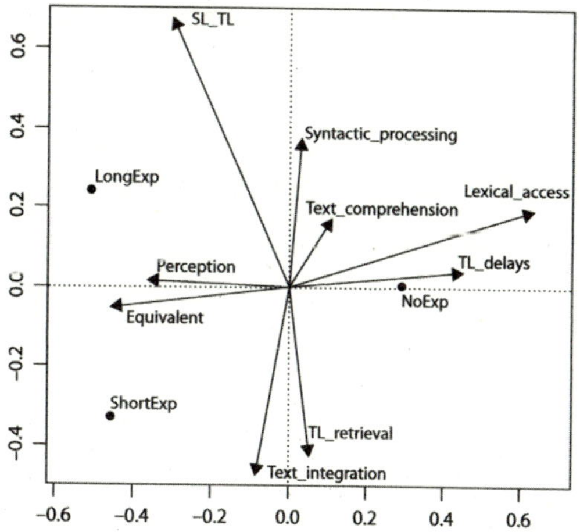

〈그림 1〉 통역사 경험과 처리 문제 간 연계를 보여주는 대응분석 행렬도. 첫 번째 축이 총변량의 82.8%를 설명하며 두 번째 축이 17.2%를 설명하고 있다.

3.2.1 처리 문제

<그림 1>과 <표 2>에서 볼 수 있듯이 처리 문제가 가장 크게 차이가 난 것은 경험 많은 집단과 경험이 없는 집단 간에서였다. 경험이 많은 집단과 경험이 적은 집단 간의 차이는 상대적으로 크게 두드러지지 않았다. 그러나 처리 문제 어떤 유형의 어려움이 관측되었는지에 있어서는 차이가 있었다.

<그림 1>에서는 <표 2>에서 정리한 데이터를 대응분석 행렬도로 제시하였다. <표 2>의 변수 대부분은 x축에서 제시하였으며 경험이 많은 집단과 적은 집단을 묶어서 보았을 때 경험이 없는 집단과의 사이에 분명한 차이가 있음을 알 수 있다. 세 집단 모두 x축과의 상관관계를 놓고 봤을 때(<표 A.4>, <부록 3> 참고) x축과 강한 연관을 보이는 것으로 판단된다. 이는 경험이 있는 것과 전혀 없는 것 사이에 근본적인 차이가 있다는 것을 의미한다.

처리 문제와 관련하여 변량이 가장 큰 항목은 *어휘 파악*(Lexical_access), *도착어 지연*(TL_delays), *등가어*(Equivalent) 및 *출발어 입력 속도*(SL_TL)와 관련된 문제들이었다. 첫 두 항목은 경험이 없는 집단에서는 양의 상관관계를 보였고, 경험이 적거나 많은 집단과는 음의 상관관계를 보였다. *등가어* 대응은 경험이 적거나 많은 집단에서는 양의 상관관계를, 경험이 없는 집단에서는 음의 상관관계를 보였다. *출발어-도착어* 관련 항목의 경우, 경험이 많은 집단에서는 양의 상관관계를 볼 수 있었지만, 경험이 적거나 없는 집단에서는 상관관계를 찾아볼 수 없었다. 이상의 네 개 항목 외에 처리상의 문제와 관련된 다른 항목에서는 별다른 설명을 도출하지 못했다.

그러나 경험이 적은 통역사 집단과 많은 집단 사이에서는 추가적인 차이점이 발견되었다. 각 축과 변량의 관계를 놓고 보았을 때 경험이 많은 통역사와 적은 통역사 집단에서 차이가 나타나는 가장 큰 요인은 *출발어 입력 속도*(SL_TL)였다. 경험이 많은 통역사들은 이 항목에 대해

y 축과 양의 상관관계를 보였으며, 경험이 적은 통역사들은 음의 상관관계를 보였다. 이보다는 약하지만 통사 처리 항목에서도 경험이 많은 통역사와 적은 통역사 집단이 차이를 보였다. 그러나 *출발어 입력 속도* (SL_TL) 항목과 비교해 보면 상관관계는 약하다고 볼 수 있다. *대응어*와 관련된 처리상의 어려움도 경험이 많은 통역사 집단보다는 적은 집단에서 더 많이 발생하였다. 자세한 통계치는 부록의 <표 A.4>와 <표 A.5>를 참고하기 바란다.

<표 3>에서는 본 연구의 결과치와 이바노바의 결과를 비교하였다. 스피어만 순위합 검정을 통해 각 항목간 발생빈도를 비교하였으며, 이바노바의 연구와 본 연구 사이에 유의미한 순위 차이가 없음을 발견하였다($p > 0.05$). 따라서 두 연구의 결과가, 텍스트 이해나 번역과 같은 일부 항목에서는 약간 차이를 보이기도 하지만, 서로의 결과를 지지함으로써 두 연구가 유사한 결론을 이끌어 내고 있다고 볼 수 있다.

〈표 3〉 처리상의 문제. 경험이 많은 집단 이바노바 vs. 본 연구

Processing problem	Ivanova's experts (av. 9 years of interpreting experience)	Long experience interpreters'
P	8	6
L	1	2
Syn	1	2
TC	10	20
Tr	11	16
Sim	7	2
Total	38	48

<표 4>에서는 이바노바의 초보통역사들의 결과와 본 연구에서 경험이 적거나 없는 통역사 집단의 결과를 비교해서 제시하였다. 앞서 언급했듯이 각 항목은 스피어만의 순위 테스트를 이용해 비교하였으며, 두 연구 사이에 유의미한 차이가 없음을 확인하였다.

〈표 4〉 처리상의 문제. 이바노바의 연구에서 초보통역사 vs. 본 연구에서 경험이 적은 통역사 및 경험이 없는 통역사 집단

Processing problem	Ivanova's novices (three months interpreting training)	Short experience interpreters	No experience interpreters
P	24	6	11
L	13	0	20
Syn	6	0	2
TC	39	10	32
Tr	21	12	28
Sim	26	2	15
Total	129	30	108

3.2.2 모니터링 사례

<표 5>에서 또 한 가지 분명하게 알 수 있는 것은 경험이 많은 통역사들은 모니터링의 유형에 있어서도 다른 집단들과 차별화되고 있다는 점이다. 경험이 많은 통역사들은 상대적으로 주의력을 다른 곳에도 쓸 수 있을 만큼 여유가 있어서(질의 노력모형 (1985) 참조), 발화를 하기에 앞서 하고자 하는 말의 정확성을 점검할 수 있는 반면, 경험이 적은 통역사들은 그럴 여유가 없는 것이다.

<그림 2>는 <표 5>를 대응분석 행렬도로 전환하여 제시하고 있다. 경험이 많은 통역사가 한 쪽에, 그리고 경험이 적거나 없는 통역사들이 반대쪽에 위치하고 있음을 볼 수 있다. 경험이 많은 통역사들은 큰 변량을 보이며 x축과 강한 상관관계를 보인다. 반면, 경험이 적거나 없는 통역사들은 x축보다는 y축과 더 강한 상관관계를 보이고 있어 y축에

〈표 5〉 모니터링 사례

Monitoring code (M/)	Long experience interpreters	Short experience interpreters	No experience interpreters
Translation (tr)	16	1	12
Inner speech monitoring (insp)	0	1	1
Time (tm)	1	3	2
Internal commentary (int. com.)	14	9	7
Mood	12	16	39
Id	2	0	5
Total	45	30	24

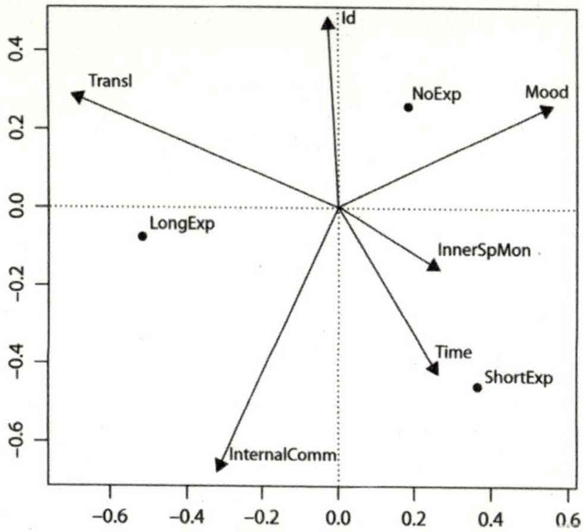

〈그림 2〉 통역사의 경험과 모니터링 사례의 관계에 대한 대응분석 행렬도 분석. 처음 축이 총변량의 62.4%를 설명하고 두 번째 축이 37.6%를 설명함.

서 더 상호차별화 되고 있음을 볼 수 있다. 경험이 적은 집단과 없는 집단 사이의 차이에 대해서도 y축이 변동폭의 37.6%를 차지하고 있기 때문에 이를 간과해서는 안 될 것이다. 그러나 가장 두드러진 차이는 경험이 많은 집단과 경험이 적거나 없는 집단들 사이에서 발생하고 있다.

(변량을 근거로 보았을 때) 설명력이 가장 큰 모니터링 관측치는 *번역*(Transl), *시간*, *내적 연설 모니터링*(InnerSpMon) 그리고 *분석불가인 문제*(Id) 등이었다. *내적 코멘트*는 그 발생빈도에 비례하는 기여도를 보였으나 유사한 빈도로 발생한 *무드*는 상대적으로 설명력이 약했다. x축에 대해 가장 큰 기여도를 보인 것은 *번역*이었다. 경험이 많은 통역사 집단에 있어서는 양의 상관관계를 보였고 경험이 적거나 없는 집단에 대해서는 음의 상관관계를 나타냈다. 감정에 대한 자발적 평가인 *무드*와 관련해서도 어느 정도, 특히 경험이 없는 집단과 관련하여, 기여가 있었다. y축에서는 *내적 코멘트*, *분석불가인 문제*(Id) 그리고 *시간* 등의 항목에서 경험이 적은 집단과 없는 집단이 차이를 보였다. *시간* 및 *내적 코멘트* 항목의 경우 경험이 적은 집단은 양의 상관관계를 보였고 경

〈표 6〉 모니터링 사례. 이바노바의 전문가 집단 vs. 본 연구의 경험이 많은 통역사 집단

Monitoring code	Ivanova's experts	Long experience interpreters
Tr	18	16
Time	5	0
Insp	8	1
Int. com.	6	14
Mood	9	12
Id	0	2
Total	46	45

〈표 7〉 모니터링 사례. 이바노바의 초보 집단 vs. 본 연구의 경험이 적은 집단과 경험이 없는 집단

Monitoring code	Ivanova's novices	Short experience interpreters	No experience interpreters
Tr	2	1	12
Time	2	1	1
Insp	4	3	2
Int. com.	1	9	7
Mood	7	16	39
Id	0	0	5
Total	16	30	24

험이 없는 집단은 음의 상관관계를 보였다. *분석불가인 문제*는 반대로, 경험이 없는 집단이 양의 상관관계를, 경험이 적은 집단이 음의 상관관계를 보였다.

경험이 많은 통역사 집단에서는 *번역*이 가장 빈번하게 관측되는 모니터링 항목이었으며, 다른 두 집단과 비교해서 가장 큰 차이를 보이는 항목이기도 했다. 경험이 적은 통역사 집단에서 가장 빈번하게 관측된 항목은 *시간*이었고 경험이 없는 집단의 경우 *분석불가인 문제(Id)*, 즉 분류가 가능하지 않은 모니터링 사례가 가장 많이 관측되었다.

<표 A.6> <표 A.7>에서 상세한 통계치를 볼 수 있다.

번역의 모니터링 사례 발생 빈도는 경험이 많은 집단과 경험이 없는 집단이 동일하게 나타났으나 그 유형에 있어서는 차이가 있었다. 경험

이 많은 집단은 더 나은 방향으로 발화하기 위한 모니터링을 실시하고 있었고, 경험이 없는 집단은 전체적인 발화의 일관성을 유지하기 위한 모니터링을 하고 있었다.

앞서 처리상의 문제를 비교했던 것에 비하면, 모니터링 사례의 결과는 이바노바의 연구 결과와 유사하지는 않다. 두 개의 가장 두드러진 모니터링 사례인 *번역*과 *무드*에는 이바노바의 연구 결과와 유사한 결과가 나타나기도 했다. 그러나 이바노바의 전문가 집단에서는 시간과 *내적 연설 모니터링*도 함께 보고가 된 반면, 본 연구의 경험이 많은 통역사 집단의 경우에는 *시간* 및 *내적 연설 모니터링*은 그 발생수가 매우 적거나 없었다. 대신 본 연구의 경험이 많은 통역사 집난에서는, 이바노바 연구의 경험 많은 통역사에서는 적게 관측된, *내적 코멘트*가 더 많이 관측되었다. 그러나 이와 같은 차이에도 불구하고, 모니터링 사례에 있어서도 처리상의 문제에서와 마찬가지로 스피어만의 순위 테스트를 실시한 결과 이바노바의 연구와 본 연구의 결과 사이에서는 통계적으로 유의미한 차이점을 발견할 수 없었다. 즉, 두 연구는 관측된 차이가 적기 때문에 상호 비교가능하다는 결론을 도출하였다.

<표 7>에서는 이바노바의 초보통역사들과 본 연구의 경험이 적거나 없는 통역사 집단과 비교한 결과를 제시하였다. *무드*는 <표 6>과 <표 7> 모두에서 두드러진다. 동시통역은 경험이 많은 통역사에게나 초보통역사에게나, 물론 전자의 경우가 후자보다는 조금 덜 하기는 하지만, 매우 감정적인 경험인 것으로 보인다. 마찬가지로, 스피어만 순위 테스트를 통해 두 연구를 비교하였고, 유의미한 차이가 발견되지 않았으므로 두 연구 사이에는 큰 차이가 없다는 결론을 도출할 수 있다.

3.2.3 전략

<표 8>은 세 집단의 통역사들이 활용한 전략의 발생빈도를 보여주고 있다. 개별 전략과 통역사들의 경험의 길이 상의 상관관계를 도출하

〈표 8〉 보고된 전략 사례

Strategy code	Long experience interpreters	Short experience interpreters	No experience interpreters
Selection (S)	1	1	1
Summarization (SUM)	3	4	0
Restructuring (Rest)	2	3	1
Creative Interpretation (CR)	1	5	9
Overgeneralization (Overgen)	9	5	2
Deletion (D)	18	28	38
Explication (Expl.)	0	0	0
Compromise (ACC)	7	16	12
Total	41	62	63

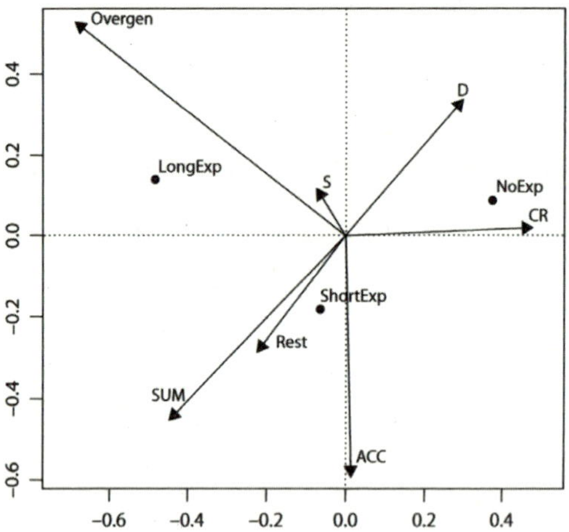

〈그림 3〉 통역사 경험과 전략 사이의 상관관계를 보여주는 대응분석 행렬도. 첫 번째 축이 총변량의 85.1%를 설명하며 두 번째 축이 14.9%를 설명함

기 위해 대응분석을 활용하였다. 그 결과는 <그림 3>에서 제시하였다. x축이 변수의 85.1%를 설명하며 y축은 나머지 14.9%를 설명한다. x축에서는 우측의 경험이 없는 집단에서부터 중간의 경험이 적은 집단, 그리고 좌측의 경험이 많은 집단으로까지 연결을 볼 수 있다.

경험이 많거나 적은 집단의 경우, 각각 경험이 없는 집단과 비교했을 때 보다, 서로 더 가까이 위치하고 있다는 점에 유의해야 할 것이다. 하지만 통계분석을 해보면 x축은 경험이 많은 집단과 경험이 없는 집단이 차지하고 있는 반면, 경험이 적은 집단이 y축을 차지하고 있는 것을 볼 수 있다. 즉 경험이 많은 집단과 없는 집단이 가장 큰 차이를 보이고 있고 따라서 설명력도 가장 크다고 볼 수 있다. 경험이 적은 집단은 원점에 가까이 위치하고 있으며, 이는 이 집단의 설명력이 상대적으로 다른 두 집단에 비해 약하다는 것을 의미한다.

누락(D)은 가장 빈번하게 등장하는 전략이며 어느 특정 집단에서만 두드러지게 나타나지 않는다. 따라서 집단 별로 차별화된 요소를 찾기 위해서는 다른 전략을 살펴야 한다.

경험이 많은 통역사들은 *과다 일반화*(Overgen) 전략과 강한 상관관계를 보였다. 경험이 없는 통역사들은 *창의적 통역*(CR), 즉 추측하기 전략과 가장 강한 상관관계를 보였다. 경험이 적은 통역사 집단의 경우, *재구성*(Rest) 및 *요약하기*(SUM) 전략이 가장 두드러지게 나타났다. 특히 경험이 적은 통역사 집단에는 *요약하기 전략*이 더욱 두드러졌다. *타협(ACC)* 전략도 경험이 적은 통역사 집단과 상관관계를 보이기는 하였으나 그 변량이 너무 적어 설명력을 갖지 못한다. 마찬가지로 *선택(S)* 전략도 <그림 3>에서 보이는 양상을 정의하는 데에 아무런 영향을 미치지 못한다.

<표 A.8>, <표 A.9>에서 상세힌 통계치를 볼 수 있다.

이바노바의 연구에서는 전략을 처리 문제에 포함시켜 분석한 반면, 본 연구에서는 전략을 따로 떼어내어 분석하였기 때문에 앞서의 경우와는 달리 전략에 대해서는 이바노바의 연구와 본 연구의 결과를 비교하지 않았다. 예를 들어 이바노바의 연구에서 전략을 처리 문제에 포함하여 관측한 경우, 경험이 적은 통역사 집단에서는 최소 13번의 사례가, 경험이 많은 통역사 집단에서는 최소 16번의 사례가 관찰되었으나, 본 연구와 비교를 하기에는 부족한 상황이다.

4. 두 번째 연구: 통역 산출물의 평가

두 번째 연구에서는 통역 산출물에 대해 등급을 매겨 평가한 것을 분석하였다. 평가는 전문통역사 여섯 명과 학생 여섯 명으로 구성된 두 개의 집단으로 나뉜 평가자들이 캐롤(1966)의 평가 등급을 이용하여 시행하였다.

다양한 경험 수준을 갖고 있는 통역사 집단 간 평가 산출물을 비교함으로써, 통역사의 경험이 통역 산출물에 영향을 미치는지를 연구하였다.

4.1 자료 및 방법

산출물을 평가하기 위한 연구에서 사용된 데이터는 앞서 프로세스 처리에 관한 연구에서 사용된 데이터와 동일하다. 9분 분량의 연설문을 아홉 명의 통역사가 통역하였고 그 산출물을 전사하였다(3.1.2 및 3.1.2 참고할 것). 본 실험에 앞서서, 각 통역사의 산출물에 대해 해당 전사본과 오디오 파일을 각각 평가한 뒤 이를 비교해 본 결과, 유의한 차이가 발견되지 않았다. 따라서 본 연구에서는 통역사의 목소리를 통해 통역사를 식별하는 일을 방지하기 위해 전사본을 기준으로 하여 각 평가자들이 산출물을 평가하였다.

4.1.1 평가 파일

산출물을 평가하기 위해 전사한 녹음파일을 총 162개의 작은 단위로 나누었다. 이 각각의 단위는 무작위로 섞어 총 54개 단위가 들어있는 6개의 평가용 파일로 재구성되었다. 이는 각 단위에 대해 상이한 평가자들이 중복 평가를 했음을 의미한다. 각 평가 파일은 원래 통역 산출물에서 나누어 무작위로 섞어 재구성한 단위들로 만들어 졌으며, 단위 사이 내용이 이어지지 않도록 하였다. 이러한 방식을 통해 각 평가자들이 최대한 동일한 조건 하에서 평가를 진행할 수 있도록 하였다. 이는 한 명의 평가자가 통역의 처음부터 끝까지 한 통역사의 산출물을 듣고 평가를 할 경우, 평가 등급이 왜곡될 우려가 있다고 판단하였기 때문이다. 즉, 들으면서 통역사의 스타일에 익숙해진 평가자가 평가 등급을 조정하거나 더 높게 매길 수 있다고 보았던 것이다.

4.1.2 평가자

총 12명의 평가자 중 6명은 전문통역사이고 6명은 학생들로 구성하였고, 평가자가 통역 경험이 있든 없든 그로 인한 차이가 발생하지 않도록 모든 조건들을 최대한 공평하게 조정하여 광범위한 평가가 가능하도록 하였다. 질(1999)은, 통역사가 평가를 할 경우, 비통역사들보다 통역 산출물에 대해 후한 평가를 내린다는 것을 지적한 바 있다. 평가자들은 평가 작업을 수행하기 직전에 평가에 관한 교육을 받았다. 통역사이기도 한 평가자들은 8-9년의 통역 경험과 함께 통역을 가르치고 평가하는 일에도 경험이 있었다. 통역사가 아닌 평가자들은 여러 대학에 재학 중인 대학교 3학년 이상 학생들이었다.

4.1.3 평가 세션

각 평가자에게는 총 54개의 단위가 들어간 평가 자료가 주어졌고 이를 캐롤의 명료도 및 정보성 스케일에 따라 평가하는 과제가 제시되었다. 명료도 항목 평가는 통역 산출물만 보고 실시하였다. 이어서 원문과 통역 산출물을 비교하면서 정보성에 대한 평가를 수행하였다.

4.1.4 평가 스케일 및 분석

명료도 평가는 1-6점 스케일에서 6점을 가장 높은 점수로 해서 평가하였다. 통역 단위의 명료도 평가를 할 때에는 그 자체를 하나의 독립된 산출물로 인식하여 유창성, 명료도 등을 평가하였다. 이에 반해 정보성 평가는 원문과 비교하여 통역 산출물이 얼마나 차이가 나는지를 정보량의 충실성과 정확성을 통해 파악하였다. 정보성 평가 역시 1-6점 스케일로 이루어지나, 여기에서는 1점이 가장 높은 점수이고, 0점은 원문에서보다 더 많은 정보를 통역 산출물이 전달하는 외연화가 발생한 경우(디미트로바(2005)를 참고할 것)에 부여된다.

이러한 스케일상의 점수는 통역사의 발화를 일반적인 이해라는 관점에서 측정하기 위한 장치이며, 전체를 파악할 수 있는 장점을 지녔다고 볼 수 있다. 자세한 스케일에 대한 설명은 <부록 3>에서 제시하였다. 본 연구의 방법론에 대한 상세한 기술은 티셀리우스(2009)를 참고하기 바란다. 본 연구에서는 프리드만의 순위 총합 텍스트를 적용하여 통역사 집단 간 차이가 있는지를 알아보았다.

4.2 결과

이번 섹션에서는 통역 전사본에서 관찰한 정보성과 명료도에 대한 결과를 논의하였다.

4.2.1 정보성과 명료도

<표 9>에서는 통역 산출물에 대한 정보성과 명료도를 평가한 점수를 볼 수 있다. 위 4.1.4장에서 이미 언급하였듯이 명료도에서 높은 점

〈표 9〉 정보성과 명료도 평가 결과 평균값

Interpretings	Intelligibility		Informativeness	
	Non-interpreter grader	Interpreter grader	Non-interpreter grader	Interpreter grader
No experience	3.79	3.16	4.42	5.13
Short experience	5.25	4.88	3.15	3.42
Long experience	5.42	5.11	2.31	2.60

수를 얻었다는 것은 통역 산출물이 그만큼 이해하기 쉽다는 것을 의미한다. 한편 정보성 점수가 낮다는 것은 출발텍스트와 도착텍스트 사이에 차이가 매우 적다는 것을 의미한다.

서로 다른 통역사 집단 간에 차이가 있을 수 있으므로 이를 확인하기 위해 정보성과 명료도에 대한 프리드만의 순위 총합 테스트를 두 번 실시하였다. 영가설은 통역사의 경험 차이에 따른 집단 간 차이가 없을 것이라고 설정하였다. 명료도에 대한 테스트(Friedman x^2 (df = 2) = 38.5, $p < 0.01$)와 정보성에 대한 테스트(Friedman x^2 (df = 2) = 53.7, $p < 0.01$)를 각각 실시하였다. 0.01 수준에서 유의미한 차이가 있었으며, 이는 데이터 내 집단 간 차이가 존재한다는 것을 의미한다. 정확하게 어느 집단 사이에서 차이가 발생하는지를 찾기 위해 Nemenyi-Damico-Wolfe-Dunn post-hoc 테스트를 쌍별비교로 실시하였다.[3] 명료도의 경우, 경험이 없는 집단과 경험이 많은 집단 간, 그리고 경험이 없는 집단과 경험이 적은 집단 간에서 유의미한 차이가 발견되었다. 경험이 많은 집단과 적은 집단 간에는 유의미한 차이가 발견되지 않았다. 정보성과 관련해서는 세 집단이 서로에 대해 모두 유의미한 차이를 보였다. <그림 4>와 <그림 5>에서는 각 집단간 차이를 박스플롯으로 제시하였으며 post-hoc 테스트의 결과도 함께 볼 수 있다. 그림을 통해 각 집단들이 서로에 대해 차이를 보이고 있음을 확인할 수 있다. 결과치가 0에 가깝게 그려지면 차이가 없음을 의미한다.

테스트 결과를 보면 *명료도*의 경우, 경험의 유무가 영향을 미치는 것으로 보이지만, 일단 어느 정도의 경험이 습득된 이후에는 추가적인 영향은 없는 것으로 해석할 수 있다. *정보성*의 경우에는 경험이 축적될수록 지속적인 영향을 미치는 것으로 보이며, 적은 경험이라도 전혀 경험이 없는 것보다는 낫고 경험이 더 많으면 정보성은 더욱 증가하는 것으로 보인다.

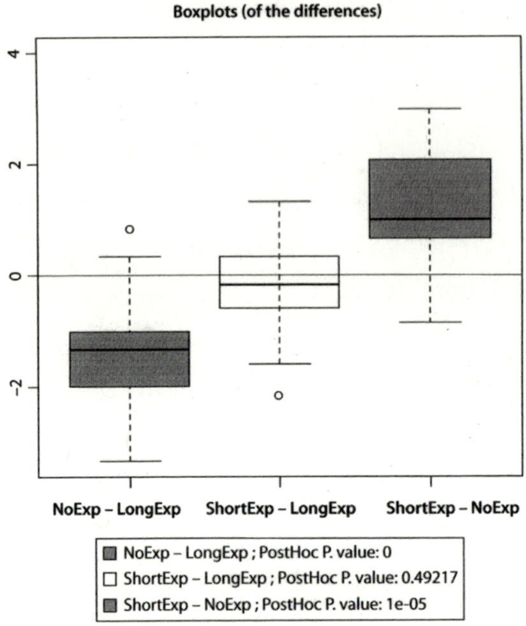

〈그림 4〉 명료도: 집단간 차이를 보여주는 박스플롯. 회색으로 표시된 부분은 유의미한 차이를 보여주고 있음을 나타냄. 경험이 적은 집단과 많은 집단 사이에서는 유의미한 차이가 보이지 않음.

4.2.2 평가자들의 영향

위에서 설명한 결과의 신뢰도를 측정하기 위해 평가자들의 선발 방법이 평가 결과에 영향을 미치는 정도를 파악할 필요가 있었다. <표 9>에서 제시하였듯이 비통역사 평가자(즉, 학생들)의 경우 평가에 대한 경험이 있는 통역사 평가자들에 비해 좀더 극단적인 점수를 주는 경우가 있음을 알 수 있다. 프리드만 순위 총합 테스트의 결과가 매우 확실하게 나왔고 데이터에 대해서 거의 가정을 하지 않은 상태에서 테스트가 실시되었기 때문에 그 결과치는 집단 간 차이를 밝히는 데에는 좋은 지표가 된다. 그러나 프리드만 순위 종합테스트는 평가자들에 대해서는 별도의 고려를 하지 않는다는 단점이 있다.

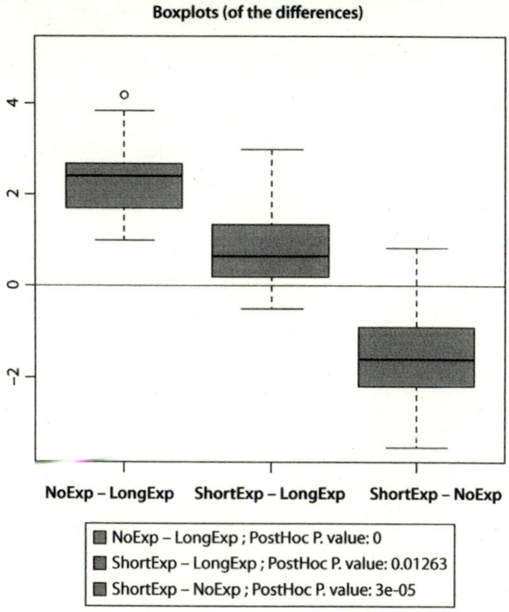

〈그림 5〉 정보성: 집단간 차이를 보여주는 박스플롯. 회색으로 표시된 부분은 유의미한 차이를 보여주고 있음을 나타냄. 모든 집단 간 유의미한 차이가 보이나 가장 큰 차이는 경험이 있는 집단과 없는 집단 사이에서 관찰됨.

평가자로 인한 영향을 측정하기 위해 더 복잡한 테스트로 알려진 복합 효과 모형을 사용하였다. 본 연구에서는 이러한 모형을 사용함으로써 복수의 요소들 간 복잡한 상호작용이 가능하도록 하면서 동시에 데이터 내 집단 간 상관관계의 정보를 반영할 수 있음을 언급하는 것으로 갈음하기로 한다. 이들 모형에 대해 상술하는 것은 본 논문의 범위를 벗어나므로 자세한 설명은 핀헤로와 베이츠(Pinheiro and Bates, 2000) 또는 바옌(Baayen, 2008)의 연구를 참고하기 바란다. 본 연구에서 사용한 모형은 lme4 패키지에서 R에 적용하였다(베이츠와 메클러(Bates and Maechler), 2009).

위의 방법을 사용하여 해결하고사 하는 문제는 다음과 같다. 먼저,

평가자들이 두 개의 상이한 집단으로부터 선별되었기 때문에 서로 상이한 기준으로 산출물을 평가했을 수 있다. 그런데 평가 결과가 단일한 집단의 평가자로부터 얻은 것이라고 잘못 전제하고 산출물을 분석하면 왜곡이 발생할 수 있는 것이다. 두 데이터 세트 (정보성과 명료도) 모두에 대해 다음과 같은 방법을 동일하게 적용하여 이 문제를 해결하고자 하였다. ①통역사의 경험(없음, 적음, 많음)이 평가자 집단(학생, 통역사)의 평가 결과에 미친 영향을 측정하는 모형을 추정하였다. ② 통역사 경험과 평가자 집단 간 상호작용을 측정하는 보다 복잡한 모형을 동일한 데이터에 적용하였다. 표준적인 진단절차를 통해 적용된 모든 모형들이 데이터에 잘 추정되는 것으로 판단할 수 있었다.

전체적으로, 결과는 앞 장에서 기술한 결과와 일치하였다. 명료도의 경우, 경험이 없는 집단과 경험이 많은 집단 간에는 통계적으로 유의미한 차이를 발견하였으나($p < 0.01$), 경험이 많은 집단과 적은 집단 간에서는 유의미한 차이가 나타나지 않았다($p = 0.23$). 정보성의 경우, 경험이 없는 집단과 경험이 많은 집단 간에서 뿐만이 아니라 경험이 많은 집단과 적은 집단 간에서도 통계적으로 유의미한 차이를 발견하였다 (모든 경우, $p < 0.01$)[4]. 이러한 결과는 통역사의 경험이 미치는 영향에 대해 앞 장에서 기술한 결론을 뒷받침한다.

데이터 세트에 추정된 처음의 단순한 모형에서 정보성와 명료도 데이터 모두 평가자 집단 간 유의미한 차이를 보였다 (두 경우 모두 $p < 0.05$). 이는 <표 9>를 통해서도 어느 정도 예상했던 결과이다. 그러나 정말 중요한 것은 이같은 결과가 전체적인 평가 결과에도 체계적으로 영향을 미치는가의 여부였다. 두 번째로 검토한 보다 복잡한 모형을 통해 평가자 집단과 통역사 경험 사이의 상호작용을 측정하였는데, 평가자 집단에 따라 결과가 차이가 나지는 않는 것으로 나타났다 (모든 $p > 0.05$). 상호작용을 감안하게 되면 평가자 집단에 따른 영향은 통계적으로 유의하지 않은 것으로 나타났다. 이러한 결과는 <표 9>에서 받은 인상과 부합한다. 즉 학생 평가자들이 집단 전체로서 통역사 평가자들에 비해 더 극단적인 평가결과를 내놓고 있기는 하나, 이는 경험치가 다른 세 집단의 통역사들의 산출물에 대한 상대적인 평가에 있어서는 영향을 미치지 않는 것으로 판명되었다. 결론적으로 학생 평가자들과 통역사 평가자들의 평가 결과치 차이는 관측되었으나, 전체적인 평가에서는 동일한 흐름을 보였고 이는 결론적으로 4.2.1장의 논의 접근방식이 타당함을 의미한다.

5. 논의

본 논문에서 소개한 두 개의 연구에서는 통역 프로세스 및 산출물에 있어서 통역사들의 경험에 차이가 나는 경우, 즉 경험이 없거나 적거나 많음에 따라 통계적으로 유의미한 차이가 있는지를 밝히고자 하였다. 제 5장에서는 본 연구의 결과 및 그 한계에 대해 논의하고 끝으로 연구 질문에 대한 결론을 제시한다.

5.1 결과 논의

본 연구는 상대적으로 피실험자 수가 적기 때문에 실험 결과를 토대로 폭넓은 일반화를 하기는 어렵다. 그러나 더 많은 참가자가 참여하는 실험이 행해지기 전까지, 본 연구에서 도출한 결론을 토대로 어느 정도 잠정적 일반화를 시도해 볼 수는 있을 것이다. 우선, 두 연구의 데이터를 통해 도출한 패턴은 상대적으로 매우 명확하며, 기존 연구 결과 및 이론적 전제와 일관성을 보였다. 둘째, 통제된 실험 상황 하에서 데이터를 수집하였다는 점에서 모든 피실험자들이 동일한 조건 하에서 실험에 임했다고 볼 수 있나. 이는 다른 요소들을 배제함으로써 오로지 피실험자의 경험의 양(없음, 적음, 많음)에 따라 발생하는 차이를 전면에 드러나게 할 것이다. 아울러 실험 조건 하에서 데이터를 취합하였으므로 향후 유사한 조건 하에서 실행될 후속 연구와 비교 가능성을 높였다.

통역 프로세스에서 봉착한 어려움과 관련하여 본 연구에서는 경험이 없는 통역사 집단의 경우 *어휘 접근* 및 *도착어 지연* 항목에서 가장 큰 어려움에 봉착하고 있음을 확인하였다. 경험이 적거나 많은 통역사들은 경험이 없는 통역사들에 비해 이 두 항목에서 뚜렷한 차이를 보였다. 경험이 적은 통역사는 *대응어* 항목을 가장 큰 어려움으로 인식하였다. 경험이 많은 통역사들은 *지연* 혹은 *어휘 접근* 항목에서는 어려움을 나타내지 않았으나 *출발어 입력/도착어 발화* 속도 (SL_TL)항목에서는 어느 정도 어려움을 겪었다.

모니터링에서는 다른 패턴이 등장했다. 경험이 많은 통역사들이 다른 두 집단과 차이를 보인 것이다. 즉, 경험의 양이 더 적극적인 역할을 했다. 경험이 많은 집단의 경우 *번역*에 대한 (번역의 정확성을 추구하는) 선호가 있었다. 경험이 적거나 없는 통역사들은 유사성을 보이기도 하였으나, 경험이 적은 집단은 *시간*에 대해, 그리고 경험이 없는 집단은 *분석불가인 문제*에 대해 연관성을 보인다는 점에서는 서로 차별화 되었다.

번역 전략에 있어서 경험이 많은 집단과 없는 집단이 두드러진 반면, 경험이 적은 집단은 상대적으로 전체 평균에 가까운 모습을 보였다. 모든 집단에서 공통적으로 가장 많이 관찰된 전략은 *누락*이었는데, 이는 통역사들이 시간제약 하에서 일하고 있으며, 메시지를 압축하는 프로세스에서 어느 정도의 누락이 발생한다는 점을 고려하면 놀랄만한 결과는 아니다. 결과적으로 *누락* 전략은 집단 간 차별화 요소가 되지 못하였다. 반면, 경험이 많은 통역사들이 가장 두드러지게 구사한 전략은 보다 일반적인 표현으로 대체하여 발화하는 *과다 일반화*이었다 (예를 들면 '고양이'를 '포유류'라고 번역하는 것). 경험이 없는 통역사 집단에서 가장 많이 사용된 전략은 *창의적 통역*이었고 (평균치에 가장 가까운) 경험이 적은 집단에서는 *요약*을 가장 선호하였다.

본 연구에서 살펴본 처리 프로세스에서의 문제와 관련된 결과들은 이바노바(1999)의 연구 결과를 뒷받침 하는 것으로 나타났다. 모니터링과 관련해서는, 처리 프로세스에서의 문제만큼 명확한 양상을 보이지는 않았으나 *번역*과 *무드* 항목에서 이바노바의 연구 결과를 뒷받침하는 것을 알 수 있다. 그러나 많은 경우 모니터링 항목들은 통역사 개인의 성격이나 통역 규범과 연관되어 있는 경우가 많으며, 이러한 것들은 국적이나 언어 및 통역학교 등에 따라 달라지는 양상을 보인다는 점을 기억해야 할 것이다.

본 연구에 참여한 통역사들의 경험 수준과 빅-투오비넨(2006)의 연구에 참여한 통역사들의 경험 수준은 완전히 유사하지는 않다. 그러나 본 연구의 결과는 초보자들이 출발텍스트와 언어적 표현에 치중한다는 빅-투오비넨(2006)의 연구 결과를 지지하는 것으로 나타났다. 본 연구에서 통역 경험이 많은 피실험자들은 모니터링 항목 중에서는 *번역*에서 가장 우위를 보였다. 이는 빅-투오비넨의 연구에서 경험이 많은 통역사들이 경험이 적은 통역사들에 비해 상황 요소에 더 많은 관심을 보인 것과 같은 맥락이라고 볼 수 있을 것이다.

리우(2001)는 경험이 많은 통역사들이 통역 산출물을 더 잘 모니터링한다는 것을 밝혀낸 바 있다. 본 연구의 피실험자와 리우의 피실험자를 경험으로 상호 비교하기 어려운 측면도 있지만, 통역 프로세스에 관한 본 연구의 결과는 리우의 연구 결과를 뒷받침한다. 즉, 경험이 많은 통역사들이 모니터링 전략을 더 활용하고, 특히 *번역*과 *내적 코멘트*를 더 많이 활용한다.

산출물 분석을 위해 *정보성*과 *명료도* 항목을 프리드만의 순위 총합 테스트와 Nemenyi-Damico-Wolfe-Dunn post-hoc 테스트를 활용하여 분석하였다. 최소 수준의 경험을 확보한 후에는 경험이 많은 통역사의 통역 산출물 *명료도*가 더 좋다는 것을 알 수 있다. 그러나 그 이상으로 경험이 쌓인다고 해서 *명료도*가 더 좋아지지는 않는 것으로 나타났다. 반면, *정보성*은 경험이 축적될수록 더 나아지는 것으로 나타났다. 따라서 경험이 없는 집단보다는 경험이 적은 집단이, 또 경험이 적은 집단보다는 경험이 많은 집단이 *정보성* 점수가 더 높았다. 혼합효과 모형을 통해 평가자들의 경험은 산출물에 대한 전체적 평가에 영향을 주지 않은 것으로 확인하였다.

경험이 많은 집단과 적은 집단 간의 *명료도* 차이가 두드러지지 않은 것은 어느 정도 통역 교육을 받고 경험이 있는 통역사라면 청중이 쉽게 이해할 수 있는 발화를 하는 방법을 학습하여 알고 있기 때문이다. 따라서 경험이 적은 통역사와 많은 통역사의 산출물을 비교하여 차이를 밝혀내기 위해서는 *명료도*를 넘어 *정보성*을 살펴야 할 것이다.

5.2 결론

본 연구를 통해 우리는 통역에서 경험은 어떤 과제 혹은 문제를 해결하고자 하는가에 따라 그 영향력이 다르다는 것을 보이고자 하였다. 통역 프로세스에서 직면한 문제를 해결하기 위해서는 통역 경험과 일반적인 배경지식이 모두 중요하다. 어떤 경우이든 최소한의 경험을 갖추고 있는 것은 바람직하지만, 실제 통역 경험이 많고 적음에 따라 차이가 나는 부분은 일부 분야에 국한되어 있음을 확인하였다.

통역 프로세스에서나 산출물에서나 경험이 있고 없고의 차이는 분명히 존재하는 것으로 보인다. 본 연구에서 경험이 없는 학생 집단과 많든 적든 경험이 있는 통역사로 구성된 두 집단은, 통역사들이 모두 유럽의회에서 통역으로 일한 경험이 있는 전문가들이었고, 실험용으로 선별된 텍스트가 유럽의회에서 사용된 연설문이었다는 점에서 큰 차이가 있다는 것을 기억해야 할 것이다. 학생 집단과 비교해서 동시통역 기술도 이미 습득했을 뿐만아니라, 유럽 연합의 기관 등에 대한 지식도 갖춘 상태여서 훨씬 유리했을 수 있다. 즉, 경험이 있는 통역사 집단은 해당 분야에 대한 지식과 어느 정도의 전문성을 이미 확보했다고 봐야 할 것이다.

경험의 정도가 많음과 적음은, 어느 정도 전략이나 문제의 인식 등에서 차이를 보이기는 하였으나, 본 연구의 분석 자료에서 강하게 대비되는 구분은 아닌 것으로 증명되었다. 다만 모니터링과 *정보성*에 있어서는 경험이 많음이 더 큰 영향을 미치고 통역 산출물에도 긍정적인 영향을 주는 것으로 나타났다. 그러나 경험이 많은 통역사들을 전문가로 볼 수 있는지의 여부에 대해서는 여전히 확정적으로 답할 수 없음을 밝혀둔다. 본 연구는 분명 제한적인 연구이고 전문성을 연구하기 위한 모든 기준 항목들이 본 연구에서 다루어지지 않았기 때문이다(섹션 1을 참고할 것). 전문성은 유사 지표를 통해 연구되어야 한다. 본 연구에서 다룬 지표들을 더 확장할 수는 있겠으나, 본 연구에 피실험자로 참가한 경험이 많은 통역사들은 최소한 어느 정도의 전문성을 갖추었다고 볼 수 있다. 두 연구의 결과를 종합해서 판단했을 때, 전략의 사용에 있어서는 경험이 많은 통역사들이 *과다 일반화* 전략의 사용을 더 많이 보고하는 반면, 경험이 적거나 없는 통역사들은 *누락*과 *창의적 통역* 전략을 더 많이 사용하는 것으로 나타났다. 경험이 많은 통역사 집단의 통역 산출물이 더 높은 점수를 받은 것을 볼 때 *과다 일반화* 전략이 사용된 통역 산출물이 *누락*과 *창의적 통역* 전략을 사용한 산출물에 비해 원문에 더 가까운 것으로 인식되고 있다는 것을 알 수 있다.

결론적으로, 특정 처리상의 문제, 모니터링 및 전략의 사용 등은 통역에서의 전문성에 대해 더 시사하는 바가 있으며, 에릭슨(1991)이 제시한 우월한 퍼포먼스를 찾기 위해서 어떤 요소들을 더 자세히 연구 분석해야 도움이 될 것인지를 안내하고 있다. 모니터링과 *정보성*이 전문가 퍼포먼스의 우월성을 구성하는 요소일 수 있다. 앞으로 이러한 차이점들을 더욱 심도있게 연구하여 통역에서의 전문성에 대한 연구를 심화해 나가야 할 것이다.

미주

1. 통역사들이 실제로 얼마나 빠른 속도의 연설을 통역할 수 있는지에는 한계가 있는 것으로 파악되었다. 셀레스코비치(Seleskovitch, 1965)는 통역사가 편안하게 통역할 수 있는 속도로 분당 100-120 단어의 속도를 제시하였고 상한선으로는 분당 150-200 단어를 제시했다. 거버(1969, 1971) 또한 셀레스코비치의 결과를 뒷받침하였다.

2. AIIC(International Association of Conference Interpreters)의 언어분류 기준에 의하면 A 언어는 모국어로 습득하고 통역하는 언어이며 B 언어는 통역사의 모국어는 아니지만 완벽한 수준으로 구사할 수 있으며 듣고 다른 언어로부터 B 언어로 통역을 할 수 있다. C 언어는 이해를 완벽하게 하는 언어로서 듣고 모국어로 통역할 수 있는 언어이다.
   http://www.aiic.net/ViewPage.cfm?page_id=199#langclassif (2009년 10월 14일 검색)

3. 이 테스트의 R code의 출처는 갈릴리(T. Galili)의 다음 사이트이다.
   http://www.r-statistics.com/2010/02/post-hoc-analysyis-for-friedman-test-r-code/

4. p 값은 바옌(2009)의 pval.fnc 기능을 이용한 MCMC 샘플링을 통해 계산하였다.

참고문헌

1. Anderson, L. 1979. "Simultaneous interpretation: Contextual and translation aspects." (Masters thesis. Department of Psychology, Concordia University, Montreal, Canada.)

2. Baayen, R. H. 2008. *Analyzing Linguistic Data. A Practical Introduction to Statistics Using.* Cambridge: Cambridge University Press.

3. Baayen, R. H. 2009. *languageR: Data Sets and Functions with "Analyzing Linguistic Data: A Practical Introduction to Smistics."* R Package Version 0.955. http://CRAN.R-project.org/ package=languageR. (Accessed April 19,2010.)

4. Bates, D. and Maechler, M. 2009. *lme4: Linear Mixed-Effects Models using S4 classes. R Package Version 0.999375-32.* http://CRAN.R-project.org/ package=lme4. (Accessed April 19, 2010.)

5. Bühler, H. 1986. "Linguistic (semantic) and extra-linguistic (pragmatic) criteria for the evalua- tion of conference interpretation and interpreters." *Multilingua* 5 (4) : 231-235.

6. Dillinger, M. 1989. "Component processes of simultaneous interpreting." (Doctoral dissertation, McGill University, Montreal, Canada.)

7. Englund Dimitrova, B. 2005. *Expertise and Explicitation in the Translation Process.* Amsterdam/ Philadelphia: John Benjamins.

8. Englund Dimitrova, B. and Tiselius, E. 2009. "Exploring retrospection as a research method for studying the translation process and the interpreting process." In *Methodology, Technology and Innovation in Translation Process Research* [Copenhagen Studies in Language 38], F. Alves, S. Göpferich and I. Mees (eds), 109-134. Copenhagen : Samfundslitteratur.

9. Ericsson, K. A. (ed.). 1996. *The Road to Excellence: The Acquisition of Expert Performance in Arts and Science, Sports and Games.* Mahawa, N.J.:

Lawrence Erlbaum.

10. ______. 2000. Expertise in interpreting: An expert-performance perspective." *Interpreting* 5 (2): 189-222.

11. ______. 2008. "An introduction to the *Cambridge Handbook of Expertise and Expert Performance."* In *The Cambridge Handbook of Expertise and Expert Performance,* K. A. Ericsson, N. Charness, P. J. Feltovich and R. R. Hoffman (eds), 3-20. New York: Cambridge University Press.

12. Ericsson, K. A. and Smith, J. 1991. "Prospects and limits of the empirical study of expertise: an introduction." In *Toward a General Theory of Expertise: Prospects and Limits,* K. A. Ericsson and J. Smith (eds), 1-38. Cambridge. Cambridge University Press.

13. Gile, D. 1985. "Le modèle d'efforts et l'équilibre en interpretation simultanée." *Meta* 32 (2): 164-169.',

14. ______. 1999. "Variability in the perception of fidelity in simultaneous interpretation." *Hermes - Journal of Linguistics* 22: 51-79.

15. ______. 2003. "Quality assessment in conference interpreting: Methodological issues". In *La evaluación de la Calidad en interpretación: Investingación,* A. Collados Aìs, M. Fernández, A. Sánchez and D. Gile (eds), 109-123. Granada: Editorial Comares.

16. Gerver, D. 1971. "Aspects of simultaneous interpretation and human information processing." (Doctoral dissertation, Oxford University, UK.)

17. Greenacre, M. 2007. *Correspondence Analysis in Practice.* 2nd edition. Boca Raton: Chapman and Hall/CRC.

18. Greenacre, M. and Nenadic, O. 2007. *ca: Simple, Multiple and Joint Correspondence Analysis.* R package version 0.21.

19. Ivanova, A. 1999. "Discourse processing during simultaneous interpreting: An expertise approach." (Doctoral dissertation, University of Cambridge, UK.)

20. ______. 2000. "The use of retrospection in research on simultaneous interpretation." In *Tapping and Mapping the Processes of Translation and Interpretation,* S. Tirkkonen-Condit and R. Jääskeläinen (eds), 27-52. Amsterdam/Philadelphia: John Benjamins.

21. Jääskeläinen, R. 2010. "Are all professionals experts? Definitions of expertise and reinterpretation of research evidence in process studies." In *Translation and Cognition,* G. M. Shreve and E. Angelone (eds), 213-227. Amsterdam/Philadelphia: John Benjamins.

22. Kurz, I. 2002 and 1993. "Conference interpretation: Expectations of different user groups. *The Interpreters' Newsletter* 5: 13-21. Reprinted in: *The Interpreting Studies Reader,* F. Pöchhacker and M. Shelsinger (eds), 312-324. London/New York: Routledge.

23. Liu, M. 2001. "Expertise in simultaneous interpreting: A working memory analysis." (Doctoral dissertation, University of Texas at Austin, Texas.)

24. ______. 2008. "How do experts interpret? Implications from research in Interpreting Studies and cognitive science:, In *Efforts and Models in Interpreting and Translation Research. A Tribute to Daniel Gile,* G. Hansen, A. Chesterman and H. Gerzymisch-Arbogast (eds), 159-177. Amsterdam/Philadelphia: John Benjamins.

25. MacWhinney, B. 1991. *The CHILDES Project: Tools for Analyzing Talk.* Hillsdale, NJ.: Lawrence Erlbaum.

26. Moser, B. 1978. "Simultaneous interpretation: A hypothetical model and its practical application." In *Language Interpretation and Communication,* D. Gerver and H. W. Sinaiko (eds), 353-368. New York: Plenum Press.

27. Moser-Mercer, B. 1996. "Quality in interpreting: Some methodological issues. *Interpreters' Newsletter* 7:43-55.

28. ______. 2000. "The rocky road to expertise in interpreting: Eliciting knowledge from learners. In *Translationswissenshaft,* M. Kadric, K. Kaindl and F. Pöchhacker (eds), 339-352. Tübingen: Stauffenburg Verlag.

29. Moser-Mercer, B., Fraunfelder, U. H., Casado, B. and Kunzli, A. 2000. "Searching to define expertise in interpreting." In *Language Processing and Simultaneous Interpreting. Interdisciplinary Perspective,* B. Englund-Dimitrova and K. Hyltenstam (eds), 1-21. Amsterdam/ Philadelphia: John Benjamins.

30. Ng, B. C. 1992. "End users' subjective reaction to the performance of student interpreters." *The Interpreters' Newsletter Special Issue* 1: 35-41.

31. Pinheiro, J. C. and Bates, D. 2000. *Mixed-Effects Models in S and S-plus.* New York: Springer.

32. R Development Core Team. 2009. R: *A Language and Environment for Statistical Computing.* R Foundation for Statistical Computing, Vienna, Austria. http://www.R-project.org. (Accessed April 19,2010.)

33. SCIC. 2007. *Customer Satisfaction Survey.*

34. SCIC. 2010. *Customer Satisfaction Survey.*

35. Shlesinger, M. 1997. "Quality in simultaneous interpreting." In *Conference Interpreting: Current Trends in Research, Y.* Gambier, D. Gile and C. Taylor (eds), 123-131. Amsterdam/Philadelphia: John Benjamins.

36. Seleskovitch, D. 1965. *Colloque sur l'enseignement de l'interprétation.* Geneva: AIIC (Association Internationale des Interprètes de Conference).

37. Tiselius, E. 2009. "Revisiting Carroll's Scales." In *Testing and Assessment*

in Translation and Interpreting Studies [ATA Monograph Series], C. Angelelli and H. Jacobson (eds), 95-121. Amsterdam/Philadelphia: John Benjamins.

38. Vik-Tuovinen, G.-V. 2006. *Tolkning på olika nivåer av professionalitet.* Vasa: Acta Wasaensia.

39. Vuorikoski, A. R. 1998. "User responses to simultaneous interpreting." In *Unity in Diversity? Current Trends in Translation Studies,* L. Bowker, M. Cronin, D. Kenny and J. Pearson (eds), 184-97. Manchester: St. Jerome.

40. Zwischenberger, C., Pöchhacker, F. and Kurz, I. 2008. "Quality and role: The professionals' view." *Communicate! A Webzine of The International Association of Conference Interpreters.* http://www.aiic.net/ViewPage.cfm/page3044.htm. (Posted September 5, 2008; updated September 8, 2008; accessed May 3, 2010.)

부록

부록 1.

〈표 A.1〉 프로세싱의 문제. 이바노바(1999)

처리상의 문제 (PP/)		
이해(C/)	인지(P)	청취 문제
	출발어 어휘 접근 (L)	출발어 덩어리를 익숙하다고 판단하였으나 의미 파악 실패
	통사적 프로세싱 (Syn)	통사 패턴 인식 실패
	텍스트 통합 (TC/integ)	출발어 덩어리에 대해 일관된 텍스트 구성에 어려움 겪음
	텍스트 이해 (TC/bgcn)	배경지식 부족으로 인한 이해 어려움
번역(Tr/)	도착어 도출 (TLr)	출발어 덩어리를 도착어로 풀어내는 데 어려움
	대응어(eqr)	선택이 가능할 때 적합한 대응어를 선택하는 데 어려움
동시성(Stim/)	출발어 입력과 도착어 발화 속도 (SL, TL)	통역의 발화속도에 비해 너무 빠른 출발어 입력 속도
	도착어 지연 (Tr, del)	번역이 늦어지면서 도착어 산출물 발화가 지연됨

〈표 A.2〉 모니터링 관찰. 이바노바(1999)

모니터링(M/)	
번역(tr)	출발텍스트 대비 번역에서의 개념 차원의 정확성 확보
내적 연설 모니터링 (insp)	도착어 발화에 앞서 도착어의 규범을 생각하며 도착어 메시지 확인
시간(tm)	도착어 발화 대비 시간 인지
내적 코멘트(int.comm.)	도착텍스트 및 연사에 대한 정의(情意)적 코멘트
무드	스스로의 통역 산출물에 대한 감성적 평가
분석불가한 문제(Id)	분석불가한 문제들

〈표 A.3〉 전략. 이바노바 (1999)

전략 코드(Sc/)	
선택(S)	정보성이나 실증적 측면에서 더 낫다고 판단되는 출발어 덩어리를 선택
요약(Sum)	출발어 세그멘트의 핵심을 정리
재구성(Rest)	출발어 세크멘트의 통사 구성을 변형하여 도착어 표현을 개선시키거나 예상되는 문제를 해결함 (절이나 절 안의 일부 구문의 위치를 변경하여 재구성)
창의적 통역(CR)	누락된 정보에 대해 기존의 배경지식을 활용하여 보완함
과다 일반화(Overgen)	출발텍스트의 일부(이를테면 어휘)를 보다 추상적인 것으로 대체하여 발화함으로써 도착어 표현의 여지를 더 넓혀둠
누락(D)	시간 제약으로 인해 의미나 실질적 역할을 언급하지 못하고 출발어 일부를 누락시킴
외연화(Expl.)	출발텍스트에서 내연화되어 있는 정보를 외연화하여 발화함
타협(Acc)	처리 노력을 최소화하기 위해 도착어 발화의 수용 수준을 낮추어 더 쉬운 표현으로 처리

부록 2. 실험에서 사용한 원연설

Commissioner Byrne on the Tobacco Products Directive, held in the European Parliament May 14, 2001. The text has been slightly edited.

Mr. President, honorable Members,
It is with great pleasure that I reply to this debate on the Committee report concerning the Tobacco Products Directive. As you are all well aware, this directive is the culmination of several years of hard work by the Commission, and has been developed on the basis of the best scientific advice.

We have developed and proposed this directive, which we consider a qualitative step forward in protecting public health. This work has been done within the legal framework for completion of the internal market. The directive before you today will represent a significant improvement on our current legislative position and fill many of the gaps, which have made the current rules ineffective.

I need hardly remind Parliament of the level of public damage to the health of our population from tobacco. This damage exceeds many other threats to public health that are far more widely debated. The World Health Organization, for instance, estimates tobacco-related deaths in the Community to exceed half a million a year, and this number does not even include the number of smokers who suffer from serious and debilitating illnesses, such as emphysema, heart failure, TB, lung and liver cancer. Because of this major impact on human health, tobacco control emerges as the most import tool in reducing death and disease in our midst.

I must here compliment Parliament and in particular the rapporteur, Mr. Maaten. As you all know, the amendments he has tabled have substantially improved and completed the directive. The Commission was happy to accept many of these amendments. Mrs. Maes went as far in her contribution to Parliament as to make a statement that this was a textbook example of cooperation between the three great legislative institutions of the European Union. I would echo that and go even further and say that this issue is worthy of close examination by any serious student of the European Union or its legislative procedure. Both the advertising directive that I will be presenting to you soon, and this particular tobacco directive on which you will vote today, are worthy of such an examination. The directive provides a clear example of how all the institutions can work well together, both in formulating policy, and in bringing that policy forward in the form of valuable legislation. And all this has been done within the confines of the European legislation from the Treaty of Rome and onwards. Also, it will surely calm anybody who fears that the European institutions are becoming too powerful.

This directive recasts several existing directives from the late 1980s. We have used this proposal to update and complete existing instruments on the basis of scientific developments. First of all I should like to mention the setting of a reduced tar ceiling in cigarettes and the creation for the first time of a ceiling for nicotine and carbon monoxide. These ceilings will directly attack the agents in cigarettes responsible for cancer, addiction, and cardiovascular disease. I wish to point out that we are not, however, aiming at producing a safe cigarette, since, as everybody knows, such a product cannot exist.

Importantly, the directive now applies to all imported products and to all products manufactured in the Community. We will no longer export any products that we consider inappropriate for our citizens. This will also eliminate the risk of unsafe exports coming back onto the Community market through smuggling.

The tobacco industry has tried to use the spectre of job losses to threaten this measure, and these cynical efforts have made me particularly upset. The same threats were also expressed when the original tobacco directives were adopted in the late 1980s. These threats were not true then and they are not true now. There is no room for double standards for our own citizens or others, when we are talking about addictive and deadly products.

Another innovation in the text of this directive is to require that the tobacco producers declare what additives they put in tobacco products – potentially the single most important measure contained in this legislation. Currently we do not know what these additives are in the Member States or, more importantly, why they are added to the product. Manufacturers and importers in future will be obliged to declare these constituents.

As a result of an amendment from this Parliament on the 24th of July, 1999, the introduction of colour photos on product warnings is to be introduced for the first time. This will greatly increase their impact. In recent years, research has shown the importance of avoiding misleading product descriptors on tobacco products, because such descriptors may mislead the consumer into believing that one product is safer than another. This directive introduces a requirement not to use such misleading terms on tobacco products. As such it aims to protect smokers and non-smokers alike from misleading and dangerous descriptors such as light, low tar, double filtered, ultras, etc.

In a previous declaration to the Parliament, I undertook to consult tobacco experts. Richard Peto, who is statistician and epidemiologist at Magdalena College of the University of Loughborough reported that BAT, British American Tobacco, recently gave more than £3 million to sponsor Nottingham University. Now, every cigarette sold makes a profit for the company of about 3p. To get its donation money back, which we have to assume BAT wants to do, it has to sell 100 million extra cigarettes. Every million cigarettes causes about one death. So to break even, they've got to sell enough cigarettes to cause about 100 deaths. The money, incidentally, was given to fund a professorship in corporate responsibility.

I can also inform you today that in the coming weeks, I hope to meet my promise to present a new proposal on tobacco advertising and sponsorship. This will replace the directive annulled by the Court of Justice on the 18th of October last year.

I also regard the Community's legislative activity as a complement to the legislation work under way in the World Health Organization Framework Convention on Tobacco Control. I welcome the presence of an observer from the European Parliament in the Community delegation, which early this month met in Geneva during the second round of negotiations for this convention.

Finally, I should like to pay tribute in particular to Mr. John Ryan and the significant contribution he has made to this issue over the years.

I am convinced that it will be seen in coming years that this directive is a keystone of our efforts to reduce the damage to health caused by smoking.

Mr. President, honorable Members, thank you for your attention. (1093)

부록 3.

〈표 A.4〉 〈그림 1〉 행렬도에 대한 대응분석 결과(열) 결과. 요소별 상대적 발생빈도 (‰), 변량, x 및 y축과의 상관관계, x 및 y축에의 기여

ProcProblem	RelFreq	Inertia	X-cor	X-contrib	Y-cor	Y-contrib
Prc	142	101	999	122	1	0
L__	119	324	981	384	19	36
Sy_	17	23	33	1	967	127
Txt_n	159	41	133	7	867	208
Txt_c	136	13	661	10	339	25
TL_r	216	31	73	3	927	165
Eqv	74	162	997	195	3	3
SL	91	147	492	87	508	434
TL_d	45	159	998	192	2	2

〈표 A.5〉 〈그림 1〉 행렬도에 대한 대응분석 결과(열). 요소별 상대적 발생빈도 (‰), 변량, x 및 y축과의 상관관계, x 및 y축에의 기여

Experience	RelFreq	Inertia	X-cor	X-contrib	Y-cor	Y-contrib
LnE	216	381	816	375	184	409
ShE	170	300	662	239	338	590
NEx	614	320	1000	386	0	1

〈표 A.6〉 〈그림 2〉 행렬도에 대한 대응분석 결과(열). 요소별 상대적 발생빈도 (‰), 변량, x 및 y축과의 상관관계, x 및 y축에의 기여

Monitoring	RelFreq	Inertia	X-cor	X-contrib	Y-cor	Y-contrib
Trn	206	324	906	471	94	81
ISM	14	49	828	65	172	22
Tim	43	103	390	64	610	167
InC	213	228	267	98	733	445
Mod	475	213	884	302	116	65
Id	50	83	5	1	995	220

〈표 A.7〉 〈그림 2〉 행렬도에 대한 대응분석 결과(열). 요소별 상대적 발생빈도 (‰), 변량, x 및 y축과의 상관관계, x 및 y축에의 기여

Experience	RelFreq	Inertia	X-cor	X-contrib	Y-cor	Y-contrib
LnE	319	418	977	656	23	25
ShE	213	351	392	220	608	567
NEx	468	231	335	124	665	408

〈표 A.8〉 〈그림 3〉 행렬도에 대한 대응분석 결과(열). 요소별 상대적 발생빈도 (‰), 변량, x 및 y축과의 상관관계, x 및 y축에의 기여

Strategy	RelFreq	Inertia	X-cor	X-contrib	Y-cor	Y-contrib
S	18	5	707	5	293	11
SUM	42	198	847	197	153	203
Rst	36	53	775	48	225	79
CR	90	181	1000	213	0	0
Ovr	96	427	906	454	94	267
D	506	87	819	84	181	105
ACC	211	50	4	0	996	333

〈표 A.9〉 〈그림 3〉 행렬도에 대한 대응분석 결과(열). 요소별 상대적 발생빈도 (‰), 변량, x 및 y축과의 상관관계, x 및 y축에의 기여

Experience	RelFreq	Inertia	X-cor	X-contrib	Y-cor	Y-contrib
LnE	247	471	923	511	77	242
ShE	373	103	108	13	892	613
NEx	380	427	950	476	50	144

부록 4.

〈표 A.10〉 본 연구를 위해 수정된 명료도 척도

6	통역 산출물이 완벽하게 명료하며 이해하기 좋음. 약간의 스타일상의 어색함은 있을지언정 일반적인 스웨덴어로 구어발화 한 것 같음
5	일반적으로 명료하며 이해하기 좋음. 약간의 문법 및 스타일상의 오류, 어색한 어휘 선택 등이 있으나 이해를 방해하는 정도는 아님
4	전반적인 개념은 이해할 수 있으나 어색한 어휘 선택, 어색한 스타일, 일반적이지 않은 어휘 사용, 문법 오류 등으로 인해 정확한 이해를 도출하기는 어려움. 무슨 말인지 이해하기 위해서는 청중이 별도로 노력을 기울어야함
3	이해할 수 있는 발화로 위장을 하였으나 실질적으로는 이해할 수 없는 부분이 더 많음. 그러나 기본적인 아이디어는 파악할 수 있음. 어휘 선택, 통사 구성, 표현 등이 일반적이지 않으며 내용을 이해하는 데 핵심적인 어휘 등이 누락되었음
2	거의 무슨 말인지 알 수 없음. 전혀 말이 안되는 것은 아니어서 청중이 많은 노력을 기울인다면 대략 무슨 말인지 조금은 알 수도 있음
1	전혀 무슨 말인지 알 수 없으며 아무런 의미를 담고 있지 않음

〈표 A.11〉 본 연구를 위해 수정된 정보성 척도

6	원문을 읽어보면 앞서 통역을 듣고 이해했던 내용과 완전히 다름을 알게됨 (6점은 통역을 듣고 이해했던 내용이 원문을 읽었을 때 완전히 달라지는 경우)
5	원문을 읽음으로써 통역에서 이해한 내용이 더 명확해짐. 원문과 통역이 통사, 어휘 및 구문 등에 있어서 차이가 있어서 통역을 들은 청중의 이해가 원문의 그것과 달라질 수 있음
4	원문을 읽음으로써 통역에서의 통사 및 어휘에 대해 더 이해할 수 있게 됨. 또한 통역만 듣고 미진했던 내용에 대한 이해를 더욱 명료하게 함
3	주로 어휘 차원에서 한 두 곳의 오류를 바로잡아 주는 것 이외에 통역과 원문이 내용에 있어서 큰 차이를 보이지 않음
2	원문을 읽었다고 해서 어휘나 문법 차원에서 새로운 의미가 더해지지는 않으나 청중이 통역을 통해 전달받은 내용을 올바르게 이해했음을 다시 확인할 수 있게 됨
1	원문을 읽었다고 해서 새롭게 추가되는 내용도 없으며 통역만 들었을 때에 비해 이해도가 중가하지도 않음
0	통역이 오히려 원문보다 더 많은 정보를 전달함

통역분야에서의 전문적 사고 및 행동 함양

군-비올 빅-투오비넨 Gun-Viol Vik Tuovinen

핀란드, 바사 대학교

본 논문의 목적은 통역분야에서의 전문적 사고와 행동의 함양 및 확산 방법에 관한 논의에 기여하는 것이다. 논의 전개의 위한 이론적 시작점으로, 통역 수행 중 통역사가 사용할 수 있고, 또 실제로 사용하는 전략에 영향을 미치는 핵심 요소를 소개한다. 실용적 및 암묵적 지식의 개념을 논의하고 이어서, 실증 연구 세 건을 소개한다. 첫 번째 연구는 통역전공 학생과 통역사들이 통역과제 수행 시 어떻게 전략을 채택하는지 다룬다. 다른 두 연구는 통역분야 내에서의 실용적, 그리고 암묵적 지식에 초점을 두고 있다.

이상적으로, 통역 수행은 상황에 따라 달라지며, 통역사 개개인의 지식과 정신 능력을 활용하고, 일반적인 규범을 따른다. 본 논문에서 소개하는 실증 연구는 통역전공 학생과 통역사들의 통역과 관련된 사고 및 행동의 발달을 보여준다. 해당 연구를 통해 통역전공 학생들이 전문적 사고 및 행동과 관련된 본질적 요소를 인지하고, 이를 적용해왔다는 사실을 알 수 있다. 하지만 학생과 현역 통역사 간, 그리고 전체 통역분야 내에서 전문적 사고와 행동을 함양하고 전수할 필요는 여전히 존재한다.

KEYWORDS

통역사 훈련, 전략, 규범, 실용적 지식, 암묵적 지식

1. 들어가기

오늘날, 기본적인 통역 실력은 훈련을 통해 일반적으로 습득 가능하다. 국제회의 통역시장에 진입하는 대다수의 통역사들은 사전 훈련을 받았고, 훈련을 받는 커뮤니티 통역사의 수도 증가세에 있다. 훈련 초기에 통역전공 학생들은 통역의 기초 지식을 습득한다. 비교적 예측가능하고 안정적인 상황에서 일상적인 통역과제를 수행하기 위해 요구되는 지식이 여기 포함된다. 점차 보다 어려운 통역과제가 훈련에 포함되고, 이상적인 경우라면 학생들은 기초 지식에서 상급 지식으로 수준을 높여간다. 상급 지식은 특정상황에 해당하는 규칙에 기반하며, 실제 상황이나 학생의 보유 지식을 테스트하는 실제 사례를 통해 습득되어야 한다(롤프(Rolf), 1991, pp. 104-106 참조). 통역사의 사고와 행동은 통역과제와 관련된 상황과 환경에 대한 지식, 개인 지식, 정신적 잠재력, 규범에 대한 이해, 그리고 통역과제를 수행하며 습득한 지식에 일차적으로 근거한다.

본 논문은 통역에 필요한 지식과 기술에 초점을 두고, 다양한 수준의 통역 실력으로 통역하는 행위(빅-투오비넨, 2006) 및 실용적, 암묵적 지식의 개념에 관한 저자의 연구를 토대로 삼는다. 저자는 2008, 2009년 스웨덴에서 진행한 통역사의 암묵적 지식에 대한 프로젝트를 통해 실용적, 암묵적 지식에 대한 연구를 진행해야겠다고 결심하게 되었다

(홈그랜(Holmgren), 2009 참조).

2장에서는 통역사의 수행과 문제해결의 기반이 되는 요인들을 살펴본다. 3장에서는 실용적, 암묵적 지식의 개념을 논의한다. 4-6장에서는 세 편의 실증연구를 소개한다. 모든 연구는 핀란드에서 진행되었다. 첫 번째 연구는 통역 프로세스에 대한 정보를 도출하기 위한 목적으로 회상적 기법을 이용해 학생들과 현역 통역사들의 차이점과 유사점을 살펴본다. 이 연구의 초점은 초급/고급 과정 학생들과 현역 통역사들이 특정 통역과제에 대해 회상적 언급을 할 때, 전체 통역 프로세스 중 어느 부분에 중점을 두는가에 있다. 두 번째 연구에서는 전문적 사고와 행동의 발달이 통역전공 학생과 전문통역사를 대상으로 실시한 설문조사 결과를 기반으로 심화 논의된다. 세 번째 연구는 현역 통역사들과 진행한 인터뷰 연구로, 앞서 실시한 설문조사 결과를 보다 깊이 이해하기 위해 진행되었다.

2. 통역사의 사고 및 행동의 일환으로서의 통역 전략

통역사는 주어진 과제를 성공적으로 수행하기 위해 관련 전략을 적용해야 하고, 올바른 전략의 사용은 통역사의 사고와 행동에 필수적인 요소다. 전략을 적용하는 과정에서 통역사는 개인적으로 갖고 있는 지식, 현재 수행하고 있는 통역 과제와 관련된 지식, 그리고 좋은 통역이란 어떤 것인지 일반적으로 이해하고 있는 바 등을 활용한다. 통역사가 활용할 수 있고, 실제로 활용하는 통역 전략은 몇 가지 요소에 의해 결정되는데, *상황적 요소*, *통역사의 지식 및 정신적 잠재력*, 그리고 *규범* 등 크게 세 개의 범주로 분류된다. 해당 범주는 독립적이지 않고, 상호의존적일 수 있다.

통역 전략은 통역 업무를 수행하고 문제를 해결하거나 방지하기 위해 통역사가 활성화시키는 절차로 볼 수 있으며(로쉐르(Lörscher), 1991, p. 76; 칼리나(Kalina), 1998, pp. 113-125; 빅-투오비넨, 2006, p. 39 참조), 통역 전, 중, 후에 적용 가능하다. 통역 전략은 회의를 준비하는 등 통역 업무 전반에 적용될 수도 있고, 연사가 사용한 표현에 대해 올바른 대응 표현을 선택하는 등 언어문제 해결을 위한 준비에 적용될 수도 있다. 특정 문제나 잠재적 문제해결을 위한 전략은 의식적으로 적용될 수 있지만, 자동적이거나 무의식적으로 적용될 수도 있다(야스켈라이넨과 티르코넨-콩디(Jääskeläinen and Tirkkonen-Condit), 1991, pp. 90-91, 94; 빅-투오비넨, 2006, pp. 144-146 참조). 전략의 의식적인 적용은 설명 가능하고, 말로 표현될 수 있다. 번역학에서는 사고발화법을 이용해 번역 프로세스에 대한 정보를 얻으며(크링스(Krings), 1986; 야스켈라이넨과 티르코넨-콩디, 1991; 로쉐르, 1991; 디미트로바(Dimitrova), 2005 참조), 통역학에서는 정보를 유도하기 위한 방식으로 회상적 기법을 적용해왔다(이바노바(Ivanova), 1999; 미드(Mead), 2002; 바를로마이칙(Bartłomiejczyk), 2004; 빅-투오비넨, 2006 참조).

통역사의 전략에 영향을 미치는 요소들 - 상황적 요소, 통역사의 개인 지식, 정신적 잠재력, 규범 – 의 주요 범주는 다시 하위 범주로 나누어질 수 있다. <그림 1>에서 주요 범주와 하위 범주를 개괄적으로 제시하였다. 저자가 이같은 개요를 작성한 이유는 통역사가 통역 업무를 수행할 때 적용하는 전략에 영향을 미치는 요소를 구조적으로 보여주고(빅-투오비넨, 2006, pp. 33-124), 통역 훈련에 반드시 포함되어야 하는 필수 항목에 관한 큰 틀을 잡기 위함이다. 이 개요는 통번역학 내 이론과 연구를 기반으로 한다.

<그림 1>에서 언급된 상황적 요소는 통역이 이루어지는 행사의 참가자, 커뮤니케이션의 목적, 출발텍스트의 특징과 발표 방식, 그리고 행사 정보로 구성된다(거버(Gerver), 1969/2002; 앤더슨(Anderson), 1978, pp. 219-228; 나미(Namy), 1978, p. 29; 포야토(Poyatos), 1987; 슐레징거(Shlesinger)

1989, pp. 14-69; 푀히하커(Pöchhacker), 1994, pp. 65-75; 알렉시바(Alexieva), 1997/2002, pp. 220-230 참조). 통역사는 상황적 요소에 대한 이해 및 이런 상황적 요소에 따라 적응할 수 있는 개인의 능력에 따라 전략을 사용하게 된다.

통역사 개인의 지식과 정신적 능력은 통역 업무 수행의 기반을 마련하는 요소로 간주될 수 있다. 통역사의 핵심적인 지식으로는 일반 지식, 주제분야 및 현재 수행하고 있는 통역과제에 해당하는 용어에 대한 지식을 꼽을 수 있다(빅-투오비넨, 2003; 순나리(Sunnari), 2004, pp. 57-58). 그리고 충분한 언어실력은 통역의 필수 조건이다. 동시통역 또는 순차통역 기술 등 통역에 관한 지식 또한 모든 통역 업무를 성공적으로 수행하기 위해 매우 중요하다.

통역 전략에 영향을 미치는 규범은 윤리적 규범, 출발텍스트와 통역의 관계와 관련된 텍스트 간 규범, 출발어를 이해하지 못하는 개인

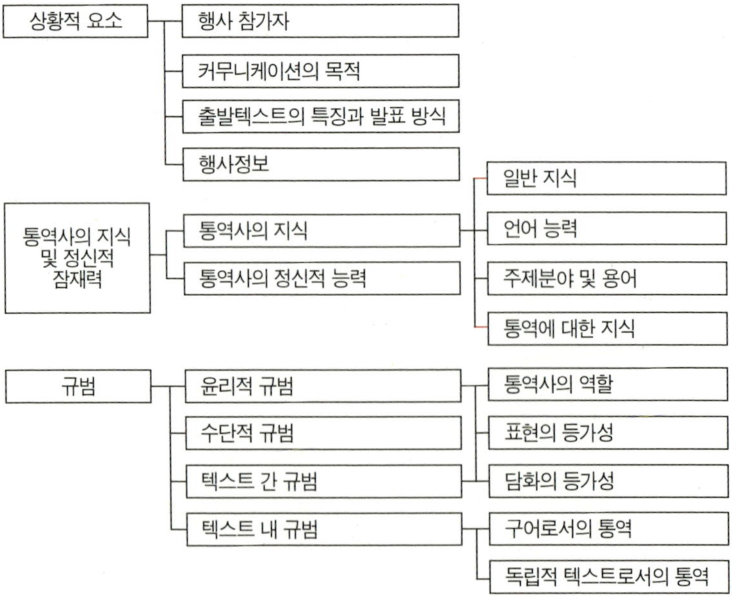

〈그림 1〉 통역 전략에 영향을 미치는 요소

이 수신하는 통역과 관련된 텍스트 내 규범, 그리고 고객을 위한 서비스로서의 수단적 규범으로 분류할 수 있다(바덴조(Wadensjö), 1992; 투리(Toury), 1995, pp. 55-56; 체스터만(Chesterman), 1997; 슐레징거, 1997; 가르존(Garzone), 2002; 푀히하커와 슐레징거, 2002, pp. 295-298; 빅-투오비넨, 2006, pp. 82-119).

<그림 1>에 나타난 모든 범주를 더 성공적으로 체득할수록, 통역사는 성공적인 통역 수행의 필수 조건을 더 많이 갖추게 된다. 통역사가 상황적 요소에 미치는 영향은 제한적이며, 대부분의 경우 상황에 적응할 수 밖에 없는 입장이다. 그러나 통역사의 개인 지식과 정신적 잠재력의 경우, 통역사가 더 많이 학습하고 정신적 능력을 함양해 향상시킬 수 있다. 통역사의 지식과 규범에 대한 이해 역시 향상 가능하다. 훈련도 필수적인 역할을 하지만, 현역 통역사는 일을 하면서 계속적으로 학습하게 된다.

3. 통역사의 사고 및 행동의 일환으로서의 실용적 지식과 암묵적 지식

여러 분야의 전문가는 일반적으로 훈련과 문서 자료를 통해 습득된 지식을 갖지만, 이와 더불어 전문직종과 관련된 실용적 지식도 갖고 있다. 실용적 지식은 실전, 개인 경험, 그리고 같은 분야에 속한 다른 전문가들과의 상호작용을 통해 함양되며, 능숙도, 기량, 가치의 측면에서 개인이 내재화한 지식을 포함한다(롤프, 1991, pp. 27-28). 이런 종류의 지식은 암묵적 지식으로도 불린다(폴야니(Polanyi), 1966).

실용적 지식과 암묵적 지식은 종종 중복되거나 동일한 개념으로 이해된다 (투오몰라와 에릴라(Tuomola and Airila), 2007 참조). 이 분야의 전문가인 스웨덴의 스베네우스(Svenaeus) 교수는 '실용적 지식'과 '암묵적 지식'이 유의어로 사용될 수 있지만, 지식은 말로 표현되고 숙고될 수 있다는 점에서 사실상 암묵적이 아니라며 본인은 실용적 지식이라는 용어를 선호한다고 이야기한 바 있다 (홈그랜, 2009, pp. 11-12).

구스타브손(Gustavsson)에 따르면, 실용적 지식은 기량, '노하우'와 관련된 지식으로 기술되고, 특정 문맥 또는 상황과 관련이 있다. 또한, 실용적 지식은 개인의 행위에 대한 숙고와도 상관이 있다고 덧붙인다 (구스타브손, 2000, pp. 108-109, 128.). 요한센과 롤프(Johannesson and Rolf, 1989, p. 31)에 의하면, 암묵적 지식은 개인의 지식범위 내에서 직접 경험하며 습득한 것으로, 향후 활용될 환경과 동일한 환경에서 습득된다.

따라서, 실용적 지식과 암묵적 지식은 개인의 경험과 숙고를 통해 습득된다. 폴야니와 프로쉬(Polyani and Prosch, 1975, p. 32)에 따르면, 이 지식은 성인이 아이에게 지식을 전수하는 방법, 혹은 의대생이 환자를 가까이서 돌보거나 실험실에서 전문지식과 과학기술을 습득하는 방식과 동일하게, 다른 사람에게 전수될 수 있다.

따라서 통역과 관련된 실용적, 암묵적 지식은 실전, 혹은 실전의 필요에 맞춰 실시하는 훈련 과정 중에 전수 가능해야 한다. 또한 문맥과 상황은 개인 경험을 활용하고 숙고할 수 있는 기회를 제공해야 한다. 핀란드의 대학 통역학과 교강사들을 대상으로 실시한 설문조사에 따르면, 실전과 동일한 통역 실습, 실제 통역 상황의 관찰과 통역 연습은 미래 통역사를 위한 교육과정에 일반적으로 포함된다(빅-투오비넨, 2008). 따라서 통역전공 학생들은 실용적 지식과 암묵적 지식을 전수받을 수 있는 상황에 노출된다.

실용적 지식은 숙고하고 말로 표현될 수 있으므로, 타인과 논의하고 타인에게 전수하는 것 모두 가능하다. 교육을 통해 전수될 수도 있고 사람들이 각자의 경험에 대해 공감하고 논의하는 과정에서 전수될 수도 있으며, 글로도 표현 가능하고, 따라서 일반 대중들도 접근할 수 있다.

롤프(1991, p. 27)는 암묵적 지식이 기능, 출처, 내용에 따라 분류될 수

〈표 1〉 실용적 지식과 암묵적 지식의 기능, 출처, 내용

기능	출처	내용
기술, 확인, 개괄	경험, 분석, 합의에 기반	윤리강령, 업무수행기준, 규정, 지침, 통역사 대상의 안내서
업무 수행	경험, 분석, 공통의 혹은 개인 경험에 기반	강의, 연구, 이야기, '실제 상황' 사례 등

있다고 밝혔다. <표 1>은 말로 표현된 실용적 지식과 암묵적 지식을 통역분야 내에서 어떻게 사용해왔고, 사용할 수 있는지 보여준다. 통역과 관련된 실용적, 암묵적 지식을 보다 잘 기술하기 위해 본 연구에서는 롤프의 범주를 약간 간소화하고 수정하였다. 표의 기능 열은 지식이 사용된 목적, 출처 열은 지식이 등장한 방법, 내용 열은 주장, 가치, 이야기 등에서 알려지고 만들어진 사항을 나타낸다(롤프, 1991, p. 27 참조).

말로 표현된 지식은 그 지식에 포함된 항목을 기술하고 확인하거나 개괄하는 기능을 갖는다. 윤리강령, 업무수행기준, 그리고 통역사를 대상으로 하는 여러 지침과 규정은 말로 표현된 실용적 지식을 가장 구체적으로 확인할 수 있는 유형(有形)적 결과일 것이다. 숙련된 통역사들이 올바른 업무수행 방식을 어떻게 기술, 확인, 개괄할 것인가를 논의하여 합의를 도출하고, 이에 따라 강령, 기준 등도 문서화하였다.

말로 표현된 지식의 또 다른 기능은 업무 수행 방식을 설명하는 것이다. 이렇게 표현된 지식의 출처는 말이나 글일 수도 있고, 공유된 경험이나 개인의 경험, 혹은 분석에 기반한 것일 수도 있다. 이런 지식의 유형적 결과에는 교육, 연구 출판물, 혹은 통역사가 들려주는 실제 사례나 이야기 등이 있다. 전문통역사를 위한 한 세미나 발표내용의 요약본(홈그랜, 2009, pp. 19-20)에서 실용적 및 암묵적 지식의 전수 방법으로 이야기와 사례의 중요성이 특별히 강조된 바 있다.

4. 통역 프로세스에서의 전략 선택에 관한 연구

전략 선택에 관한 본 연구의 목적은 통역 숙련도가 각기 다른 피실험자가 통역 프로세스 중 어느 단계에 가장 비중을 두는가를 알아보기 위함이다. 본 연구는 회상적 기법을 사용해(에릭슨과 사이먼(Ericsson and Simon), 1984; 크링스(Krings), 1986) 피실험자가 통역하면서 겪은 어려움, 혹은 통역 프로세스의 여러 단계에서 취한 행동에 대해 얼마나 자주 언급하는지 살펴본다.

세 집단이 본 연구에 참여하였다. 각 집단은 통역 수업을 처음 수강하는 신입생, 석사학위 등을 포함해 통역학을 전공하는 상급생, 그리고 1-15년 경력의 전문통역사로 구성되었다. 통역 경력이 1년 남짓 되는 경우에는 해당 통역사가 주기적으로 통역 업무를 수행하며 동료와 고객에게 전문통역사로 인정받는지 여부에 따라 실험 피실험자로 선정하였다(필케(Pilke), 2004, p. 102 참조).

각 피실험자 집단은 6-8명으로 구성되었고, 피실험자 전원은 핀란드어에서 스웨덴어로 동시통역을 하였다. 출발텍스트는 한 회의에서 장관이 발표한 7분짜리 원연설을 연구의 목적에 맞게 다른 연사가 재연설한 것을 영상으로 녹화해 사용하였다. 피실험자들의 구두 및 서면 의견도 연구 자료로 수집하였다(빅-투오비넨, 2006, p. 163 참조). 다만 본 논문에서는 구두로 이루어진 회상적 의견과 관련된 결과만 논의한다.

피실험자들은 각자의 통역 녹음을 듣고 의견을 개진했으며, 해당 의견은 음성녹취 후 전사, 분석되었다. 피실험자들이 개진한 의견은 통역 프로세스의 각 단계와 관련된다. <그림 2>는 피실험자의 의견 분포를 나타낸다. 그래프의 좌측은 준비와 입력물(사전 지식, 준비, 인지, 이해)을, 중앙은 전달(타당성, 언어적 고려사항, 의미 고려사항, 통역 기술), 우측은 통역 산출물(언어적 표현의 사용, 충실도, 산출물)에 대한 의견을 보여준다. 통역 과정은 질(Gile)의 번역의 순차적 모형에 따라 단계별로 분류하였다(질, 1996, p. 102).

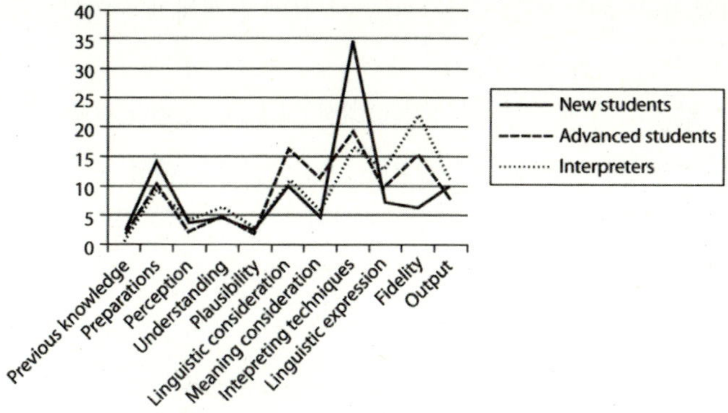

〈그림 2〉 세 참여자 집단의 회상적 구두 의견 분포

통역 프로세스의 특정 단계와 관련된 의견량은 피실험자가 일정한 수준의 통역 숙련도에 도달했을 때 어떤 측면에 주의하고, 또 어떤 전략적인 방법을 적용하는지 나타낼 수 있다. 통역 프로세스의 각 단계에 분포된 각 피실험자 집단의 평균 의견 비율은 <그림 2>에서 확인 가능하다. 전체 취합된 의견 수는 616개로, 백분율로 환산하면 신입생 집단 18%, 상급생 집단 36%, 전문통역사 집단 46%의 분포를 보였다.

신입생들은 통역 과제 준비와 통역 기술에 대해 가장 우려를 표명했으며, 개인이 실제 통역을 어떻게 했는지 그리고 통역 기술과 관련해 어떤 문제에 직면했는지에 대해 중점적으로 언급했다. 상급생들은 전환 단계에서의 언어적 고려사항과 각자의 통역이 원문과 얼마나 유사한지의 측면에서 충실도에 초점을 맞췄지만, 어느 정도는 통역 기술에 대해서도 신경을 썼다. 전문통역사 역시 기술을 중요하게 생각하기는 했으나, 충실도에 가장 큰 비중을 두고 있었다. 상급생 집단은 다른 두 집단 대비 언어적 고려사항에 대한 의견이 많았는데, 아마도 신입생의 경우 기술적 수행에 과도한 역량을 소진한 나머지 언어적 측면을 고려할 여력이 남아있지 않았기 때문이라고 추정된다. 반면 전문통역사 집단은 언어와 통역 분야에 능숙하기 때문에 전환 단계에서의 언어적 표현에 집중할 필요가 없었다.

<그림 1>(2장)에 나타난 요인에 대한 의견과 비교한 결과, 신입생은 각자의 지식과 정신 능력에 집중하였다. 상급생도 해당 부분에 주력했고, 추가적으로 전환 단계에서는 언어적 대안, 산출물 단계에서는 충실도, 즉 텍스트 간 규범에 비중을 두었다. 상급생은 통역 준비방법을 알고 있는 듯 했고, 동시통역 기술을 어느 정도 터득했으며, 통역을 잘하기 위해 어떻게 행동해야 하는지에 대해 고려하였다.

충실도와 관련한 전문통역사와 상급생 집단이 개진한 의견을 보면, 두 집단 모두 신뢰할 수 있는 통역 제공에 대해 고려하고 있다는 것을 알 수 있다. 전문통역사가 강조한 내용을 자세히 살펴보면, 통역 수행 중 연구자 외에는 다른 청중이 없었음에도 불구하고 잠재적 고객을 고려하며 고객과 고객의 니즈에 대해 숙고하는 모습이 부각되었다. 따라서 이들은 통역 서비스 제공자로서의 역할을 내재화하고, 상황적 요소뿐 아니라 수단적 요소, 그리고 텍스트 내 규범에도 중점을 두는 것으로 나타났다.

상급생이 통역 과제에 대해 언급한 방식은 전문통역사와 상당히 유사하였다. 신입생은 의견의 내용과 양 모두에서 상급생과 차이를 보였다. 신입생들은 보통 문제 해결을 위한 전략은 제시하지 않고 문제 자체에 대해서만 언급하였다. 상급생은 보다 신중한 단어를 사용하며 문제를 고찰했는데, 이런 태도는 전문통역사에 가까웠다. 이는 곧 훈련을 통해 학생들이 자신의 통역 수행을 분석할 수 있는 능력이 향상되며, 그에 따라 전문적 사고와 행동을 함양할 수 있다는 것을 의미한다.

5. 실용적 지식과 암묵적 지식에 대한 설문조사 연구

설문조사 연구의 목적은 통역분야 내에서 실용적 지식과 암묵적 지식의 내용, 출처, 전환에 대한 '큰 그림'을 이해하고자 함이었다. 설문조사는 다섯 개의 주관식 질문으로 구성되었다(<부록 1>). 질문에는 '실용적 지식'이라는 용어가 포함되어 있었지만, 응답자에게 이 용어가 실용적 스킬뿐 아니라 소위 암묵적 지식으로도 이해될 수 있다는 설명을 사전에 제공하였다(3장 참조). 또한 질문에 답할 때 실제 사례를 들도록 독려하였다. 통역전공 상급생 11명과 1-20년 경력의 전문통역사 10명이 설문조사에 참여하였다.

'통역에 대한 실용적 지식을 보유한 사람은 누구라고 보는가'라는 질문에 전문통역사 10명, 학생 10명이 전문통역사를 지목하였다. 양 집단의 일부 응답자는 회의 주최자, 통역 코디네이터, 통역 교강사, 통역전공 학생과 고객을 언급하였고 전문통역사 중 5명은 기술 장비 담당자를 꼽았다. 이 대답은 통역과 관련된 다양한 사람이 실용적, 암묵적 지식을 보유한다고 간주되는 주체에 포함된다는 점을 함의하며, 암묵적 지식에 관한 논의의 영역을 넓혔다.

또한 '업무 시 통역사들이 어떤 실용적 지식을 필요로 하는지 설명해 달라'고 응답자에게 질문하였다. 양 집단의 대부분인 8명의 통역사와 9명의 학생은 준비, 통역에 대한 지식, 통역이 요하는 기술 등 수행하는 통역 업무에 대한 지식을 언급하였다. 일부 응답자는 일반적인 지식과 언어 능력을 강조했고, 양 집단의 절반 정도는 사회성과 규범 및 관행에 대한 지식도 언급하였다. 학생들은 재량, 서비스 마인드, 상호작용, 비밀유지, 위기 관리 등을 신중하게 선택한 단어로 기술하였다. 전문통역사의 필수요건에 대해 학생들이 폭넓게 인식하고 있다는 것을 통해 교육과정에서 실용적 지식이 필수적인 부분을 차지하고 있음을 알 수 있다.

11명 학생 전원과 7명의 통역사는 각자의 실용적 지식의 원천으로 훈련과 교강사를 언급하였다. 통역사 중 8명은 동료와의 논의 및 동료 관찰의 중요성을, 다른 2명은 통역 전후 동료로부터 얻는 실용적 지식의 습득에 대해 언급하였다. 2명의 학생은 통역 연습, 다른 학생들과의 토론, 그리고 숙련된 통역사 관찰에 대해 각각 언급했고, 2명의 전문통역사는 문서자료를, 5명의 학생은 자습이 실용적 지식의 원천이라고 답하였다.

일부 응답자는 본인이 직접 실용적 지식을 전수해 준 경험이 있다고 대답했고 전문통역사는 동료, 주최자, 고객과 연사에게 조언을 준 경험에 대해 언급했다. 양 집단 모두 가족과 친구에게 통역에 대해 설명한 경험이 있다고 밝혔으며, 학생 중 4명이 훈련 중 피드백에 대해 언급하였다.

학생과 전문통역사 모두 실용적 지식의 전수를 보다 활성화하기 위해서는 통역사가 통역에 대한 정보를 전달해야 한다는데 동의하였다. 첫째, 전문통역사는 통역사 양성과정에 전문가로서 참여하고, 통역을 제공하는 행사 주최측과 고객에게 정보를 전달해야 한다고 설명하였다. 둘째, 양 집단 모두 학생들의 참관, 그리고 실제 통역 상황에서의 연습 기회에 대해 언급하였다. 셋째, 실용적 및 암묵적 지식을 다른 사람들과 공유해야 한다는 의견이 있었다. 온라인 네트워킹과 토론, 그리고 학습 자료 공유 등이 이를 이루기 위한 수단으로 제안되었다.

훈련이 실용적 지식의 중요한 원천이라는 점이 본 연구의 결론이다. 또한 설문조사를 통해 통역에 관련된 다양한 주체간 커뮤니케이션 및 실제 통역현장의 참관을 통해 지식을 획득할 수 있는 기회의 중요성도 확인하였다. 학생과 전문통역사 집단 모두 암묵적 지식과 실용적 지식에 대해 더 많은 자료가 있어야 하고, 통역분야 내에서 지식을 전수할 수 있는 조직화된 포럼과 기타 채널이 다양해지길 희망한다고 밝혔다.

6. 실용적 지식과 암묵적 지식에 대한 인터뷰 연구

설문조사 응답 길이는 꽤 짧았고, 응답자들에게 실제 사례를 들어달라고 요청했음에도 불구하고 그런 경우는 드물었다. 따라서 실용적, 암묵적 지식 현상에 관해 보다 광범위한 정보를 얻기 위해, 설문조사 연구 이후 네 명의 전문통역사와 인터뷰를 시행하였다. 각 통역사는 다양한 상황에서의 동시 및 순차통역 경험이 짧게는 수 년에서 길게는 수 십 년의 경력이 있었다.

인터뷰는 녹음 후 전사하였다. 모든 인터뷰는 스웨덴어로 진행되었고, 본 논문에서 소개하는 응답은 영어로 번역되었다. 응답자는 A, B, C, D로 칭한다. 각각 3, 10, 20년 그리고 35년 이상의 경력이 있고, A의 경력이 가장 짧으며 D가 가장 길다. 응답자는 남녀 모두 포함하였다.

응답자에게 먼저 넓은 의미에서 실용적 지식과 암묵적 지식에 대해 설명해 줄 것을 요청하였다. 각 인터뷰는 약 25분간 진행했고, 인터뷰 전에 전달한 질문을 기반으로 하였다(<부록 2>). 문항과 관련이 있다고 생각하는 내용은 자유롭게 이야기 해달라고 부탁하였다.

본 실험은 응답자가 기술하는 실용적, 암묵적 지식과, 해당 지식이 어떻게 상황 및 규범과 관련이 있는지에 관한 개인의 의견에 초점을 둔다. 인터뷰를 통해 두 개의 핵심 주제가 나타났다.

D는 암묵적 지식이란 인지하지는 못하지만 느끼는 것이라 말하며, '특정 상황이나 환경에서 무엇이 잘못됐는지 인지하기 위해서는 깊이 생각해봐야 하고, 그런 뒤 자신을 분석하기 시작한다'고 덧붙였다. D는 암묵적 지식이 문제와 관련된 지식이며, 일반적 지식과 문화적 지식도 통역사의 암묵적 지식에서 중요한 부분을 차지한다고 강조하였다.

C는 암묵적 지식은 경험을 토대로 한다고 역설하며, '과거 여러 차례 겪은 무엇인가를 시간이 지나면서 학습하는 지식, 그러니까 경험에 근간을 둔다'고 말하였다. C는 또한 암묵적 지식이 특정 업무나 고객에

대한 지식에 근거할 수도 있다고 강조하며, '같은 고객과 여러 차례 일하면 고객이 무엇을 원하는지 알게 된다'고 주장하였다.

B 역시 참가자와 상황을 언급하며, 실용적 지식은 '연사에 대해 알고 있던 정보, 혹은 연사나 상황에 대해 더 알게 되는 정보이며, 통역 상황에 있는 모든 사람, 청중, 고객, 연사, 장소 및 상황의 특성과 관련이 있다'고 말하였다.

경력이 가장 짧은 A는 직감, 직관, 감성 지능, 인간 본성에 대한 지식, 그리고 다양한 행사의 패턴 등이 암묵적 지식에 포함되어야 한다는 의견을 제시하였다. 행사의 패턴에 대해 A는 다음의 예를 들었다. 통역사는 회의의 진행 방향을 반드시 알아야 하는데, 즉 '회의가 시작되면 어떤 일이 일어나는지, 각 참가자의 입장이 어떤지, 회의 방향이 어떻게 진행될 것인지'에 관해 알아야 한다는 것이다. 또한 직감과 직관에 대해 '이런 지식은 학교에서 배울 수 있는 내용이 아니라, 타고 나거나 경험이 쌓이고 인생을 배우면서 점차 학습해야 한다'는 설명을 덧붙였다. A는 '이런 지식은 통역사가 […] 다양한 종류의 회의에 참석하면서 학습하고, […] 중요한 그 무엇인가를 이해하기 시작하는 것이다'라는 말로 마무리하였다.

응답자들은 설문조사 보다는 인터뷰를 통해 통역상황에서 등장하는 문제에 관한 상세한 기술을 제공하였다. 특히 상황적 요소(2장 <그림 1> 참조)가 실용적, 암묵적 지식과 관련이 있는 듯하다. 상대적으로 경력이 적은 두 명의 통역사는 경력이 많은 응답자에 비해 통역사의 지식과 관련된 측면을 더 강조했지만, 경력이 오래된 통역사 역시 이런 측면을 간과하지는 않았다.

응답자들이 가장 많이 비중을 둔 규범은 출발어를 이해하지 못하는 청중이 수신하는 통역과 관련된 규범, 그리고 고객에게 제공되는 서비스로서의 통역과 관련된 규범이었다. 참가자에 대해 신경 써야 하는 책임 – 연사의 의도, 청중의 요구 – 에 대해서는 응답자 전원이 어떤 형태로든 언급하였다. D는 반드시 연사의 의도대로 메시지가 전달될 수 있도록 통역사가 도와야 한다고 강조하며, 만약 연사가 특정 내용을 강조하였다면 통역에서도 동일하게 강조되어야 하고, 연사가 강조한 내용에 대해 중립적인 통역을 하는 것은 충분하지 않다고 역설하였다. D에 따르면 바로 이런 것이 차이를 만드는 것으로 '통역사가 연사의 메시지 전달 방식과 동일하게 내용을 전하면, 청중은 말로 설명할 수는 없지만 통역사가 매우 잘한다고 느낄 것이다'라고 하였다. D는 연사의 단어 선택에 맞춰 통역해야 하는 의무에 대해서도 강조했는데, 연사의 메시지와 대응하는 단어의 사용이 매우 중요하다고 말하였다. 이에 대해 D는 '좌익 성향의 연사라면 좌익 단어를 사용한다'고 덧붙였다.

응답자 모두는 통역사가 참가자의 문화적 배경, 언어의 지리적, 사회문화적 변형을 고려해 청중에 맞춰 통역해야 한다고 주장하였다. 또한 모든 응답자는 같은 고객과 일을 반복적으로 했을 때의 장점에 관해 언급했으며, 통역사의 암묵적 지식 중 상당 부분은 특정 고객에 관한 인터뷰에 기반하고 있다고 설명했다. 문맥, 고객, 준비에 관한 문제의 예로 C는 계약 체결 방식, 고객이 원하는 서비스, 통역 업무에 포함되는 상황의 특성 등을 언급하였다. C는 또한 이전 회의에서 논의되었던 내용을 알고 있을 때의 장점을 언급하며, 해당 고객과 일해보지 않은 동료 통역사에게 그런 지식을 전달할 것이라고 밝혔다.

이상 응답자들의 설명을 통해 실용적, 암묵적 지식은 문제와 관련되거나, 숙련된 통역사가 통역에 대해 일반적으로 아는 지식, 혹은 특정 업무나 고객에 대해 알게 되는 지식을 포함한다는 것을 알 수 있다. A와 B는 학생들이 통역 시장에서 활동해야 비로소 학교에서 배운 이론의 의미를 이해할 수 있을 것이라고 말하였다.

인터뷰 대상자가 적은 관계로, 숙련된 통역사와 경험이 적은 통역사 간의 차이점에 대한 명백한 결론은 내릴 수 없었다. 일반적으로, 응답자들이 기술한 내용은 커뮤니케이션의 의식적인 한 부분으로서의 통역사 역할을 강조하고 있다. 경력이 보다 많은 D와 C는 실용적, 암묵적 지식과 경험을 활용해 '상황을 읽을 수 있는' 통역사의 능력에 보다 초점을 두는 듯 하지만, 상대적으로 경력이 짧은 통역사 두 명 역시 상황적 요소와 관련된 여러 핵심적 측면에 대해 인지하고 있음을 알 수 있다. 경력이 적은 통역사는 필수적인 상황적 요소를 인지하고, 경력이 보다 많은 통역사는 상황에 맞게 행동하는 능력이 더 뛰어나다고 추측할 수 있겠지만, 이 가정을 뒷받침하기 위해서는 추가 연구가 필요하다.

7. 논의

훌륭한 통역을 수행하기 위해 요구되는 지식과 기량은 상당히 광범위하다. 통역전공 학생과 현역 통역사는 통역 프로세스와 관련된 상황, 지식, 그리고 규범에 대한 많은 요구를 이해하고 이 지식을 습득해 통역 수행에 적용해야 한다.

본고의 4장에서 다룬 통역 전략 선택에 관한 연구는 훈련을 통해 지식과 기술이 어떻게 발달하는지를 보여준다. 통역전공 신입생은 통역 기술이나 통역 수행 준비에 중점을 두는 반면, 해당 기술을 이미 학습한 상급생은 전문통역사와 보다 유사하게 행동할 수 있으며 적절한 언어적 표현과 충실도 등 통역의 품질에 중점을 둔다. 통역사로서의 사고와 행동은 점차 함양되며, 일부 습득된 지식은 개별 통역 수행에 활용되는 것으로 보인다.

실용적, 암묵적 지식에 대한 현상은 3장에서 논의되었다. 현상에 대한 인식을 제고하고, 다른 사람과의 논의를 진행하는 한편 지식을 전수하기 위해서는 이런 종류의 지식을 말로 표현해야 한다. 5장에서 다룬 실용적, 암묵적 지식에 관한 설문조사 연구는 통역사와 상급생 집단 모두 통역에 필요한 실용적 지식과 암묵적 지식의 다양성에 대해 인식하고 있다는 점을 보여준다. 설문조사는 통역이 제공되는 행사에 참여한 모든 주체 간의 커뮤니케이션, 그리고 지식을 유도하고 습득하기 위해 실제 통역 현장을 참관하는 기회의 중요성도 확인하였다. 6장의 인터뷰 연구는 통역사가 상황적 요소의 중요성과 더불어 연사의 의도와 청중의 요구에 관심을 기울이는 책임 있는 의사 전달자로서의 통역사 역할을 강조하고 있다는 사실을 보여준다.

숙련도 향상 프로세스는 분야를 막론하고 여러 단계로 구성된다. 우선 분석해야 하는 상황을 단번에 인식하고, 지식을 학습하여 프로세스에 통합하면, 프로세스가 환경에 점차 맞춰지고, 결국 학습자는 상황과 본인이 담당해야 하는 능동적이고 책임 있는 역할을 이해하게 된다(브레이터와 스카르다말리아(Bereiter and Scardamalia), 1993, pp. 77-120; 란타라이호(Rantalaiho), 1997, pp. 247-250). 본 논문에서 제시하는 연구 결과는 이러한 과정을 통해 통역전공 학생과 통역사의 전문적 사고와 행동이 함양됨을 보여준다.

전문적 사고와 행동에 대해서는 보다 많은 연구가 필요하다. 또한 우수한 통역 수행를 개괄 및 기술하고, 전문통역사가 초보통역사, 동료, 그리고 통역 상황에 있는 다른 주체와 개인의 지식 및 경험을 공유할 수 있도록 장려하는 것이 향후 통역 분야의 과제다.

부록

부록 1. 설문지

설문지 질문

1. 통역의 실용적 지식을 누가 보유하고 있다고 생각하십니까?

2. 통역일을 수행하기 위해 어떤 실용적 지식이 필요합니까?

3. 귀하는 언제 어디서 실용적 지식을 습득하였습니까?

4. 귀하는 다른 사람에게 실용적 지식을 전수한 경험이 있습니까?

5. 실용적 지식의 이전과 습득을 더욱 용이하게 하기 위해 어떻게 해야 합니까?

부록 2. 인터뷰

인터뷰 질문

1. 통역사의 실용적 지식, 혹은 암묵적 지식에 무엇이 포함되어야 한다고 생각하십니까?

2. 실용적, 암묵적 지식 중 고객, 연사, 동료, 주최측 등과 관련해서 핵심적인 지식이라고 간주되는 것이 있습니까?

3. 실용적, 암묵적 지식은 어떻게 학습할 수 있습니까?

4. 초보통역사 또는 경험이 적은 동료에게 실용적, 암묵적 지식을 가르치게 된다면 무엇을 강조하겠습니까?

5. 실용적, 암묵적 지식에 대한 조언을 받아본 적이 있습니까?

참고문헌

1. Alexieva, B. 1997/2002. "A typology of interpreter-mediated events." In *The Interpreting Studies Reader,* F. Pöchhacker and M. Shlesinger (eds), 219-233. London/New York: Routledge.

2. Anderson, R. B. W. 1978. "Interpreter roles and interpretation situations: Cross-cutting typologies." In *Language Interpretation and Communication,* D. Gerver and H. W. Sinaiko (eds), 217-230. New York/London: Plenum Press.

3. Bartłomiejczyk, M. 2004. "Strategies of simultaneous interpreting from English into Polish and from Polish into English." (Doctoral dissertation. Faculty of Philology, University of Silesia, Poland.)

4. Bereiter, C. and Scardamalia, M. 1993. *Surpassing Ourselves.* Chicago/La Salle, Ill.: Open Court.

5. Chesterman, A. 1997. *Memes of Translation: The Spread of Ideas in Translation Theory.* Amsterdam/Philadelphia: John Benjamins.

6. Englund Dimitrova, B. 2005. *Expertise and Explication in the Translation Process.* Amsterdam/ Philadelphia: John Benjamins.

7. Ericsson, K. A. and Simon, H. A. 1984. *Protocol Analysis: Verbal Reports as Data.* Cambridge, Mass.: MIT Press.

8. Garzone, G. 2002. "Quality and norms in interpretation." In *Interpreting in the 21st Century,* G. Garzone and M. Viezzi (eds), 107-119. Amsterdam/ Philadelphia: John Benjamins.

9. Gerver, D. 1969/2002. "The effects of source language presentation rate on the performance of simultaneous conference interpreters." In *The Interpreting Studies Readery* F. Pöchhacker and M. Shlesinger (eds), 52-66. London/New York: Routledge.

10. Gile, D. 1995. *Basic Concepts and Models for Interpreter and Translator Training.* Amsterdam/ Philadelphia: John Benjamins.

11. Gustavsson, B. 2000. *Kunskapsfilosofi. Tre kunskapsformer i historisk belysning.* Stockholm: Wahlstrom & Widstrand.

12. Holmgren, K. 2009. *Tolkens tysta kunskap.* Härnosänd: Härnosänds folkhogskola.

13. Ivanova, A. V. 1999. "Discourse processing during simultaneous interpreting: An expertise approach.", (Doctoral dissertation, University of Cambridge, UK.)

14. Johannesson, K. S. and Rolf, B. 1989. *Om tyst kunskap: Tva artiklar.* Uppsala: University of Uppsala.

15. Jääskeläinen, R. and Tirkkonen-Condit, S. 1991. "Automatised processes in professional vs. non- professional translation: A think-aloud protocol study." In *Empirical Research in Translation and Intercultural Studies,* S. Tirkkonen-Condit (ed.), 89-109. Tübingen: Gunter Narr Verlag.

16. Kalina, S. 1998. *Strategische Prozesse beim Dolmetschen. Theroretische Grundlagen, empirische Fallstudien, didaktische Konsequenzen.* Tübingen: Gunter Narr Verlag.

17. Krings, H. P. 1986. *Was in den Köpfern von Übersetzern vorgeht.* Tübingen: Gunter Narr Verlag.

18. Lorscher, W. 1991. "Thinking-aloud as a method for collecting data on translation processes:' In *Empirical Research in Translation and Intercultural Studies,* S. Tirkkonen-Condit (ed.), 67-77. Tübingen: Gunter Narr Verlag.

19. Mead, P. 2002. "Évolution des pauses dans l'apprentissage de l' interprétation consécutive." (Doctoral dissertation. Université Lumière Lyon 2, France.)

20. Namy, C. 1978. "Reflections on the training of simultaneous interpreters. A metalinguistic approach." In *Language Interpretation and Communication,*

D. Gerver and H. W. Sinaiko (eds), 25-34. New York/London: Plenum Press.

21. Pilke, N. 2004. *Ordning och kaos: Om undervisning och inlärning vid tre seminarier pd universitetsniva* [Vaasan yliopiston julkaisuja. Tutkimuksia 263]. Vaasa: University of Vaasa.

22. Polanyi, M. 1966. *The Tacit Dimension.* Garden City, N.Y.: Doubleday.

23. Polanyi, M. and Prosch, H. 1975. *Meaning.* Chicago: University of Chicago Press.

24. Poyatos, F. 1987. "Non-verbal communication in simultaneous and consecutive interpretation: A theoretical model and new perspectives." *TexTconTexT* 2: 73-108.

25. Pöchhacker, F. 1994. *Simultandolmetschen als komplexes Handeln.* Tübingen: Gunter Narr Verlag.

26. Pöchhacker, F. and Shlesinger, M. (eds). 2002. *The Interpreting Studies Reader.* London/New York : Routledge.

27. Rantalaiho, K. 1997. "Osaamisen luonteesta." In *Muuttuva asiantuntijuus,* J. Kirjonen, P. Remes and A. Eteläpelto (eds), 246-252. Jyvaskyla: Koulutuksen tutkimuslaitos/Jyvaskylan ylipisto.

28. Rolf, B. 1991. *Profession, tradition och tyst kunskap. En studie i Michael Polanyis teori om den professionella kunskapens tysta dimension.* Övre Dalkarlshyttan: Bokförlaget Nya Doxa.

29. Shlesinger, M. 1989. "Simultaneous interpretation as a factor in effecting shifts in the position of texts on the oral-literate continuum." (Master's thesis, Faculty of Humanities, Tel Aviv University, Israel.)

30. ______. 1997. "Quality in simultaneous interpreting." In *Conference*

Interpreting: Current Trends in Research) Y. Gambier, D. Gile and C. Taylor, 123-132. Amsterdam/Philadelphia: John Benjamins.

31. Sunnari, M. 2004. "Kääntäminen ja tulkkaus monikielisyyden mahdollistajana." In *Kieli, teksti ja kääntäminen. Language, Text and Translation,* J. Tommola (ed.), 47-61. Turku: Turun yliopisto/Englannin kielen kääntäminen ja tulkkaus.

32. Tuomola, T. and Airila, A. 2007. "Hiljainen tieto yksilon ja työyhteisön näkökulmasta." In *Monikko - tasa-arvo monimuotoisissa työyhteisöissä,* K. Kauppinen, and J. Evans (eds), 72-83. Helsinki: Monikko-hanke.

33. Toury, G. 1995. *Descriptive Translation Studies and Beyond.* Amsterdam/ Philadelphia: John Benjamins.

34. Vik-Tuovinen, G.-V. 2003. "Tulkki - erikoisalojen ja termien suurkuluttaja." *Terminfo* 3/2003: 7-9.

35. ______. 2006. Tolkning på olika nivåer av professionalitet [Acta Wasaensia 153]. Vaasa: University of Vaasa.

36. ______. 2008. "Oikeat toimeksiannot tulkkausopetuksessa." Paper presented at the KäTu Symposium, Turku 11-12.4.2008. Available at http:// www.sktl.net/MikaEL/vol2/Vik-Tuovinen. pdf. (Accessed August 13, 2010.)

37. Wadensjö, C. 1992. "Interpreting as interaction: On dialogue interpreting in immigration hearings and medical encounters". (Doctoral dissertation, Linkäping University, Sweden.)

PACTE 번역 역량 모형 검증 결과: 번역 문제와 번역 역량

PACTE 그룹

알리슨 비비, 모니카 페르난데즈, 올리비아 폭스, 암파로 후따르도 알비, 안나 쿠즈닉, 빌헬름 뉴엔직, 파트리샤 로드리게즈, 로메로, 스테파니 뷔머 (이상 알파벳 순 표기). 수석연구자: 암파로 후따르도 알비

위니베시타 오토노마 데 바르셀로나, 스페인

PACTE 그룹[1] 은 1977년부터 번역 역량에 관한 실험적 연구를 진행해왔다. 본 논문의 목적은 연구 변수 중 하나인 '번역 문제 인식 및 해결'과 관련한 결과를 설명하는 것이다. 먼저 PACTE 그룹의 연구 프로젝트에 관한 간략한 소개에 이어 '번역 문제 인식 및 해결' 항목에 대한 기술과 그 지표가 무엇인지, 어떻게 해당 데이터를 취합하였는지를 설명하고 마지막으로 연구 결과를 기술하였다. 피실험자에 의해 인식된 번역 문제점들은 개별 피실험자에 따라 달라지는 양상을 보였으며, 번역 작업의 언어 방향에 따라 번역 문제점이 정의되는 경우가 있었다는 점, 그리고 피실험자가 인식한 번역 대상 텍스트의 난이도와 특정 번역 문제에 대한 해결방안을 수용하는 정도 사이에는 상관관계가 없다는 점, 번역 문제로 어떤 것을 인식하는가는 번역 역량과는 무관하다는 점 등을 결론으로 도출하였다.

KEYWORDS

번역 역량, 번역 문제, Rich Points (RP), 실증적-실험적 연구, 번역의 수용성

1. 들어가는 말

PACTE 그룹은 1977년부터 번역에서 번역 역량은 어떤 것이며 이를 어떻게 습득하는지를 연구해왔다. 특히 두 가지 상호보완적인 번역 과정과 번역 산출물, 이 두 관점에서 연구를 진행하였다. ① 번역 과정: 번역자의 머릿속에서 번역이 진행되는 과정과 이를 위해 필요한 역량과 능력을 알아보기 위해 실험을 통해 연구 데이터를 취합하고 분석하는 것, ② 번역 산출물: 번역 프로세스의 산출물 (번역 텍스트)에서 취합한 데이터를 분석하는 것.

PACTE 프로젝트는 크게 두 단계로 나뉘어 진행된다. ① 거의 마무리 되어가고 있는 제 1단계에서는 번역과 관련된 지식 및 태도에 있어서 전문번역사 집단과 번역 경험없이 외국어를 가르치는 교사 집단을 대조하여 번역 역량에 관한 실증적 연구를 진행하였다. ② 제 2단계는 2010년에 시작된 통시적 연구로서 번역사가 되기 위해 공부를 시작한 학생들이 어떻게 번역 역량을 습득해 나가는지를 연구하고 있다.

연구 설계와 관련된 다양한 요소들을 확인하기 위해 실시한 탐사적 연구와 파일럿 스터디를 마친 후 (PACTE, 2002, 2005a, 2005b), 이를 바탕으로 35명의 전문통역사들과 24명의 외국어 교사들의 번역 역량을 측정하기 위한 실험을 실시하여 총 여섯 개의 언어조합의 직번역과 역번역 산출물 자료를 취합하였다. 여섯 개 언어조합은 영어-스페인어/카탈로냐어, 불어-스페인어/카탈로냐어, 그리고 독어-스페인어/카탈로냐어이다.

본 논문의 목적은 분석을 통해 파악한 '번역 문제 인식 및 해결' 변수에 대한 결과를 공유하기 위한 것이다.

2. PACTE 번역 역량 연구

2.1 이론 모형

PACTE 그룹은 번역 역량을 번역을 하기 위하여 필요한 기저의 지식 시스템으로 정의하였다. 번역 역량은 ⓐ 모든 이중언어 구사자가 갖고 있는 역량이 아니기 때문에 전문가의 지식 역량이며 ⓑ 전체적으로는 (조작적)절차상의 지식이고 ⓒ 상호 연결된 몇 개의 세부 역량으로 구성되며 ⓓ 특히 중요한 전략적 요소를 포함하고 있다.

PACTE 모형 (PACTE, 2003)에 의하면 번역 역량은 다섯 개의 세부 역량과 심리 및 생리적 요소[2)]로 구성되어 있다.

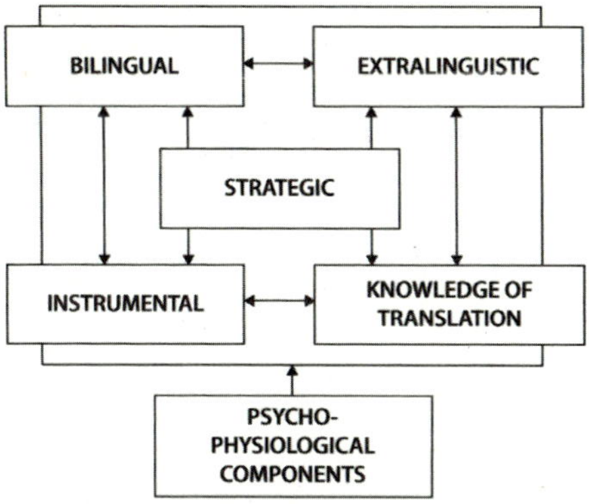

〈그림 1〉 PACTE holistic model (PACTE, 2003)

- *이중언어 세부 역량:* 두 언어로 의사소통할 수 있는 절차적 지식. 실증적, 사회언어적, 텍스트적, 문법 및 어휘적 지식 등으로 구성된다.
- *언어외적 세부 역량:* 서술적 지식. 일반적인 세계지식, 분야별 전문지식, 문화적 지식 및 백과사전적 지식 등으로 구성된다.
- *번역에 관한 지식:* 번역에 관한, 그리고 직업으로서의 번역사에 대한 서술적 지식. 번역이 어떻게 기능하는지 그리고 전문적인 번역 작업에 관한 지식 등으로 구성된다.
- *도구적 세부 역량:* 문서화된 자료와 정보의 활용 및 번역에 활용되는 커뮤니케이션 기술 (모든 종류의 사전, 백과사전, 문법, 스타일 관련 서적, 병행 텍스트, 전자 코포라, 검색 엔진 등)과 관련된 절차적 지식.
- *전략적 세부 역량:* 번역과정의 효능성을 보장하고 도중에 직면하게 되는 여러 문제를 해결하는 데 필요한 절차적 지식. *전략적 세부 역량*을 통해 번역과정 전체를 관리하게 된다. 프로세스를 계획하고 실제 번역 프로젝트를 전개하며 가장 적합한 방법을 선택할 뿐만 아니라, 프로세스 및 부분적 결과를 수시로 평가하여 최종 산출물이 나오기까지 조절하고, 각기 다른 세부 역량을 필요에 따라 활용하여 부족한 부분을 보완하는 역할을 하며, 동시에 번역 문제를 인지하고 이를 해결하기 위한 필요한 절차를 적용하는 역할을 수행한다.
- *심리-생리적 요소:* 인지 및 태도상의 요소이자 심리-행동적 메카니즘을 관장하는 요소로서 앞서 설명한 세부 역량과는 다른 차원에 위치한다. 기억, 인지, 주의 집중, 감정 등을 포함하는 인지적 요소와 지적 호기심, 인내, 집요함, 비판적 사고 능력 등을 포함하는 태도적 요소, 그리고 창의성, 논리적 추론 능력, 분석력 및 통합능력 등을 포함한다.

모든 이중언어 구사자들 역시 두 언어에 대한 지식과, 정도의 차이는 있겠지만 언어외적인 지식도 어느 정도 보유하고 있다는 점을 감안할 때, 번역에만 해당되는 역량으로 한정지어 볼 수 있는 세부 역량으로는

*전략적 역량*과 *도구적 역량* 및 *번역에 대한 지식*을 꼽을 수 있다. 따라서 우리의 연구는 이 세 가지 역량에 집중하고 있으며, 특히 번역의 전체 프로세스에 작용하여 다른 세부 역량들을 조율하고, 필요한 의사결정을 내리고 문제를 해결하는 역할을 하는 *전략적 세부 역량*을 가장 중요한 역량으로 간주하고 있다.

2.2 연구 설계

번역에서의 전문성의 정도(즉, 번역 역량)는 번역 프로세스와 번역 산출물에 반영이 된다는 점을 기본으로 하여 일반 가설을 수립하였다.[3)]

2.2.1 변수

본 연구에서는 하나의 독립 변수와 다섯 개의 종속 변수가 활용되었다. 독립 변수는 *번역에서의 전문성 정도*이며, 번역의 전문성은 전문성이 높다와 낮다의 두 가지 경우로 구분되었다. 전문성이 높다는 항목은 5년 이상 전문적으로 번역일을 하고 있는 번역사들에게 해당되는 항목이고, 전문성이 낮다는 항목은 전문적인 번역 경험이 없고 외국어를 가르치는 교사로서의 경력이 5년 이상인 외국어 교사들에게 해당되는 항목이다.

물론 전문성을 단순히 몇 년 경력을 갖고 있는지 만으로 정의를 내릴 수는 없을 것이다. 번역 문제에 대해 제시한 해결책이 어느 정도의 수용성을 갖는가, 번역에 대한 지식은 어느 정도인가, 의사결정 태도는 어떠한가 등의 요소들도 함께 고려되어야 할 것이다. 본 연구의 목표는 번역에서의 전문성(번역 역량)을 설명할 수 있고, 기준을 정립하며, 평가 테스트를 개발하는 데 필요한 요소들을 파악하는 것이다. 이러한 목적을 달성하기 위해 본 연구에서는 여러 기준으로 보았을 때 가장 '뛰어난' 번역사들의 행태를 관찰하고자 하였다. 예를 들어, *번역 프로세스*

의 효능성(PACTE, 2008)을 정하기 위해서 번역 산출물의 수용성에서 가장 높은 점수를 받은 번역사들의 태도와 가장 낮은 점수를 받은 번역사들의 태도를 비교하였다.[4)]

본 연구에서 사용한 종속 변수는 다음과 같다. ⓐ *번역에 대한 지식*, ⓑ *번역 프로세스의 효능성*, ⓒ *의사결정*, ⓓ *번역 프로젝트* 그리고 ⓔ *번역 문제 인식 및 해결*. 그리고 실험을 진행하면서 *도구적 자원의 활용*이라는 종속 변수가 추가 되었다. 번역사들이 도구적 자원을 활용하는 것과 관련하여 많은 데이터가 취합되었고, *도구적 세부 역량*과 관련된 변수 지표(의사결정, 번역 문제 인식 및 해결)만으로는 취합한 데이터를 상세하게 분석하지 못하였기 때문에 종속 변수 하나를 더 추가하게 되었다.

변수를 직접적으로 측정하지 못하는 경우, 변수를 설명하는 지표를 통해 필요한 수치적 데이터를 제공하였다. PACTE 실험에서는 탐사적 테스트 및 파일럿 테스트(<표 1> 참고)를 통해 획득한 데이터를 활용하여, 총 18개의 변수 지표가 파악되었다. 이들 중 가장 연관성이 높은 것은 번역 역량의 주요 요소이기도 하고 번역의 품질을 반영하고도 있는 *번역물에 대한 수용성*이었다. *수용성 지표*는 연구의 다른 변수 지표와 더불어 전체 분석을 관통하는 지표로서, 이들 지표들과 실제 피실험자의 번역 산출물의 품질 사이의 관계를 결정하는 데 활용되었다.

2.2.2 샘플과 실험 과제

외국어를 활용하여 일하는 전문 직업인 중, ① 번역 경험이 있는 것으로 확인된 전문번역사(번역의 전문성이 더 높을 것으로 전제함)와 ② 번역에 있어서는 전문적인 경험이 없는 외국어 교사(번역의 전문성은 낮을 것으로 전제함)로 두 개의 실험 집단을 선별하였다. 모든 피실험자들은 모국어가 스페인어 혹은 카탈로냐어여야 하며, 독어, 불어, 영어 중 하나를 전문적으로 활용할 수 있어야 하고, 전문적으로 일을 한 기간이 기준에 부합해야 했다.

전문번역사라고 해서 반드시 전문가[5]라고 볼 수는 없고, 또 실험에서의 경제성을 확보하기 위해(지글러(Giegler), 1994) 전문번역사로 일한 연수와 번역을 통한 수입이 주수입원인지의 여부도 함께 확인하여 분류 기준으로 삼았다. 또한 어느 한 분야의 번역만 집중적으로 해온 번역사는 제외하였다. 즉, 혼재변수의 등장을 막기 위해 모든 번역사들은 어느 특정 분야를 집중적으로 번역해온 경우가 아닌 사람으로 한정 지었다. 이를테면 문학, 법률, 오디오 비주얼 등의 전문 분야 번역을 해온 사람들이 집단에 포함될 경우에는 결과를 왜곡할 여지가 있다고 판단했기 때문이다.[6]

설문조사를 통해 이러한 기준에 부합하는 피실험자를 선발하였다.

총 35명의 전문번역사[7]와 24명의 외국어 교사들이 본 실험에 참여하게 되었다. 전문번역사들은 평균 7.51년의 번역 경력을 보유하고 총 수입의 86.43%가 번역일을 통해 발생한다고 답하였다. 이들은 다양한 유형의 텍스트를 모국어로 번역하는 일을 해왔다. 외국어 교사들은 스페인 교육부의 Modern Language School(Escuela Oficial de Idiomas)에서 최소 5년 이상 외국어를 가르친 경력이 있었다. 실제 번역 상황을 재현하기 위해 피실험자들은 각자의 번역 산출물에 대해 상응하는 번역료를 지급받았다.

피실험자들이 수행한 과제는 다음과 같다. ① 직번역하기, ② 번역하면서 직면한 문제에 대한 설문지 작성하기, ③ 역번역하기, ④ 번역하면서 직면한 문제에 대한 설문지 작성하기, ⑤ 번역 지식에 관한 설문지 작성하기, ⑥ 회상적 기법 인터뷰 참여하기.

각 과제마다 분석을 위한 데이터가 생성되었다. 또한 번역을 진행하는 동안 피실험자들의 행동을 소프트웨어 프로그램인 PROXY와 Camtasia[8]를 이용하여 실시간 녹화하여 추가적인 데이터를 확보하였고 아울러 직접 관찰도 병행하였다.

<표 1>에서 연구 설계와 관련하여 가장 중요한 사항들을 정리하였다.

본 연구에서 사용한 방법 및 네 개의 주요 변수인 *번역에 대한 지식*, *번역 프로세스의 효능성*, *의사결정*, 그리고 *수용성*에 대한 연구 결과는 PACTE(2007a, 2007b, 2008)로 출판되었다. *번역 프로젝트* 및 *번역에 대한 지식*과 관련된 결과를 다각적으로 분석한 내용은 PACTE(2011)로 출판되었다.

2.2.3 데이터 분석

각 변수 별로 취합한 데이터를 분석하여 그 결과를 다음의 논의와 연결하여 다각적으로 분석하였다. ① 연구 내 변수 지표에 대한 결과, ② 번역사와 외국어 교사의 행동, ③ 직번역과 역번역에서 번역사와 외국어 교사의 퍼포먼스, ④ 모든 변수 지표에 대한 결과 및 *수용성* 지표.

데이터 취합과 분석을 위해, 출발텍스트에서 가장 두드러지거나 특징적이거나 어려운 부분, 즉 '전형적인' 번역 문제가 발견되는 부분을 선정하여 중점적으로 분석하기로 하였다. 이러한 부분을 '리치 포인트(Rich Point, RP)'라 명명하였다. 이처럼 선별된 RP를 중심으로 데이터를 취합하는 것은 지글러의 '과학적 경제성'(지글러, 1994)의 개념을 따르고 또한 데이터의 다각화를 더욱 용이하게 하기 위해서였다(PACTE, 2007b, 2008, 2009). 선별된 RP는 최종 실험에 앞서 진행된 탐사 연구 및 파일럿 테스트를 거쳐 정해졌다(PACTE, 2002, 2005a, 2005b). 실험에서 사용된 텍스트와 각 텍스트 내 다섯 개의 RP는 2004년 시행한 파일럿 연구를 통해 사전 검증을 받았다(PACTE, 2005a, 2005b). 역번역을 위해 사용된 스페인어 텍스트와 직번역에 사용된 영어 텍스트는 <부록 1>에 첨부하였다.

연구 변수 분석에서 *수용성*을 전체 항목에 포함시킨 것에 주목할 필요가 있다. *수용성*은 번역 산출물의 품질을 평가하는 지표이다. 실험 연구(PACT 2002)와 파일럿 스터디(PACTE, 2005a, 2005b) 데이터에 대한

〈표 1〉 연구 설계의 세부 사항 (PACTE, 2005a, 2005b에서 차용)

번역에 대한 지식 (번역에 대한 지식 세부 역량과 연관)	
개념적 정의	번역의 여러 측면과 번역이라는 직업에 대해 피실험자가 알고 있는 지식
지표	동적 인덱스 및 일관성 계수
도구	번역에 관한 지식 설문지
번역 프로세스의 효능성 (전략적 세부 역량과 연관)	
개념적 정의	번역 과제를 완성하는 데 걸린 시간과 산출물의 수용성 사이의 최적의 관계
지표	전체 소요 시간; 번역 과정의 각 단계에서 소요된 시간(오리엔테이션, 개발, 수정; 야콥센 2002); 수용성.
도구	번역, 직접 관찰한 기록, PROXY 및 Camtasia 녹화자료
번역 프로젝트 (전략적 세부 역량과 연관)	
개념적 정의	구체적인 텍스트를 번역하기 위해 피실험자가 택하는 접근방식 및 작업 단위
지표	전반적인 번역 프로젝트 및 각 RP에서의 동적 인덱스; 전반적인 번역 프로젝트 및 각 RP에서의 일관성; 수용성
도구	번역 문제에 관한 설문지 및 회상적 기법 인터뷰
번역 문제 인식 및 해결책 (전략적 세부 역량 및 번역에 관한 지식 세부 역량과 연관)	
개념적 정의	번역과제를 수행하면서 피실험자들이 직면하는 어려움
지표	텍스트의 난이도에 대한 계수; RP를 피실험자들이 인지하는 것; 피실험자들이 인지한 RP의 특성; 각 RP 별로 제시된 해결책에 대한 피실험자들의 만족도 계수; 각 RP를 해결하기 위한 내부 지원의 유형; 수용성
도구	번역 문제에 관한 설문지 및 회상적 기법 인터뷰
도구적 자원의 사용 (도구적 역량과 연관)	
개념적 정의	전자 포맷의 자료를 참고할 때의 전략 (웹사이트, 사전 및 CD-ROM에 담긴 백과사전)
지표	자료의 다양성, 검색 횟수, 검색에 소요된 시간 (전체 소요시간 및 각 지점 별 소요시간)
도구	PROXY/Camtasia 녹화자료, 검색 카탈로그

정량 및 정성 분석을 통해 우리는 피실험자가 번역에 대해 갖고 있는 전문성을 측정하는 지표이자, 각 변수의 구체적인 지표들과 함께 사용되는 유일한 지표로서 *수용성*의 중요성을 이미 확인한 바 있다(<표 1>

참조). 본 연구 프로젝트에서 *수용성*은 번역된 산출물이 ⓐ 출발텍스트의 의미, ⓑ 번역 산출물의 기능(번역 브리프에서 설명한 바, 독자들의 기대치, 도착어 문화의 장르 관행 등에 비추어), ⓒ 적절한 언어의 사용의 기준에 부합하여 효과적인 커뮤니케이션을 가능하게 하는가로 정의내릴 수 있다.

다음의 기준은 번역 산출물이 수용 가능한가, 반쯤 수용 가능한가 아니면 수용 불가인가를 설명하고 있다(PACTE, 2008).

- *수용 가능한 번역* (Acceptable, A): 제시된 번역물이 출발텍스트의 의미, 번역 산출물의 기능 및 언어 사용 등 모든 측면에서 출발텍스트 본연이 내포하고 있는 바를 활성화 시킨다.
- *반쯤 수용 가능한 번역* (Semi-acceptable, SA): 제시된 번역물이 출발텍스트가 원래 내포하고 있는 바의 일부를 활성화 시키고, 번역 산출물의 기능 및 언어 사용 등 모든 측면에 있어서 도착어에서의 일관성을 유지하고 있다.
- *수용 불가한 번역* (Non-acceptable, NA): 제시된 번역물이 출발텍스트가 원래 내포하고 있는 바를 전혀 활성화 시키지 못하며, 번역 산출물의 기능 및 언어 사용 등 모든 측면에서 출발텍스트가 내포하고 있는 내용과 일관되지 않은 내용을 담고 있다.

위에서 설명하고 있는 *수용 가능(A)*, *반쯤 수용 가능*(SA), *수용 불가*(NA)의 기준에 따라 본 연구에서 검토한 RP의 번역 산출물을 평가하였으며, 이때 앞서서 설명한 RP의 특성을 감안하였다. 각 언어 조합 내에서 RP를 각각 동료평가를 통해 평가하였다. 설립된 기준의 신뢰도를 각 언어 조합별로 확보하기 위해서, 평가 시 의문점이나 논의점이 발생했을 경우에는 평가단 전원이 함께 논의하였다.

각 번역 제시물은 A, SA, NA로 분류하여 총 27개의 순열을 확보하였다(PACTE, 2007b, 2008). 이어 각 분류 항목별로 숫자값을 책정하여

〈표 2〉 집단간 수용성 점수 (PACTE, 2008, 2009)

Acceptability		Translators	Teachers
Direct translation	Mean	.73	.49
	Median	.80	.45
Inverse translation	Mean	.52	.48
	Median	.50	.40

A는 1점, SA는 0.5점, NA는 0점으로 처리하였다(<표 2>). 마지막으로 각 실험 집단별로 수행한 직번역과 역번역에서 각 RP의 숫자값을 정리하여 기술분석 하였다.

직번역과 역번역의 *수용성* 점수를 보면(PACTE, 2008, 2009) 번역사 집단이 외국어 교사 집단에 비해 수용 가능한 판정을 받은 것이 더 많다는 것을 알 수 있다. 아울러 역번역에서보다 직번역에서 두 집단 간 수용성 차이가 더 크게 발생하였음을 알 수 있다.

3. 번역 문제 인식 및 해결책

윌스(Wilss)에 의하면, 번역 문제가 무엇인지 정리된 개념이나 적합하고 신뢰할 만한 개념적 틀 자체가 번역학에서 존재하지 않는다(1996, p. 47). 로쉐르(Lörscher) 역시 번역 문제에 대한 논의 자체가 아직 추측에 머무르고 있으며 실증적 연구가 부족한 상태라고 지적한 바 있다(1991, p. 12).

3.1 번역 문제

1980년대까지 번역 문제는 언어학적 관점에서만 다루어졌다(비네와 다블네(Vinay and Dabelnet), 1958; 무넹(Mounin), 1963; 캣포드(Catford),

1965; 바스케즈 아요라(Vázquesz Ayora), 1977; 스카베와 인트라바이아(Scavée and Intravaia), 1979; 훼닉과 쿠스마울(Hönig and Kussmaul), 1982 등). 그 이후 여러 학자들이 보다 폭 넓은 시각으로 여러 유형의 번역 문제들을 파악하였다. 텍스트상, 실용 차원, 문화 및 언어의 문제(노드(Nord), 1991); 텍스트상, 실용 차원, 기호론적 문제(프레사(Presas), 1996); 그리고 텍스트 언어학적, 언어외적, 실용차원 및 도구적 문제(후타르도, 2001) 등의 유형이 파악된 바 있다.

인지적 관점에서 봤을 때, 번역 문제는 번역을 수행하는 동안의 인지적 프로세스와 연계가 되어 있으며, 번역 역량의 개념과도 연계하여 생각할 수 있다. 크링스(Krings, 1996)는 사고발화법 프로토콜에서 녹음한 번역사의 코멘트 분석에서 번역 문제를 하나의 카테고리로 삼아 연구한 바 있다. 이 연구에서 크링스는 번역 과정에서 암시적으로든 표면적으로든 번역사의 휴지, 전략의 사용, 누락, 수정 등의 형태로 번역 문제가 발현된다고 설명하였다. 특히 크링스는 두 가지 유형의 지표에 주목하였다. 일차적 지표로는 번역사에 의해 명시적 언급이 이루어진 것, 사전 참조, 번역에서 누락을 지목하였고, 이차적 지표로는 잠정적 번역, 수정, 출발텍스트에 적어둔 메모 등을 지목하였다. 크링스는 번역 문제가 '수신의 문제', '산출물 생산의 문제', 그리고 이 두 가지가 복합적으로 나타나는 '수신-산출물 생산의 문제'로 구분될 수 있다고 보았다.

벨(Bell, 1998) 또한 번역 문제가 텍스트를 전환하는 과정(수신 및 산출물 생산)에서 발생하는 것이라고 보고 자동화 되지 않은 프로세싱과 연관이 있다고 설명하였다. "번역 문제는 전환 프로세스 상의 문제로서, 출발텍스트를 수신하는 과정에서나 도착텍스트를 생산하는 과정에서 발생하며, 그 분석이나 통합이 자동화 되어있지 않다"라고 하였다(벨, 1998, p. 188). 로쉐르를 인용한 벨은 번역 문제를 해결하는 것이 전략의 역할이라고 정의하며 "이러한 정의에 기반하여, 번역 전략은 번역할 텍스트 혹은 그 일부에서 어떤 문제에 직면했을 때 이를 해결하기 위한 잠재적, 의식적 절차이다"라고 하였다(로쉐르, 1991, p. 76, 벨, 1998, p. 188에서 재인용).

키랄리(Kiraly, 1995, pp. 99-105)는 번역사의 머리 속에서 통제되는 것과 되지 않는 것 사이에 명확한 이분법은 존재하지 않는다고 하였다. 따라서 번역 과정의 인지적 프로세스를 설명한 키랄리의 모형에서는 번역사들이 상대적으로 통제되지 않는 본능적이고 덜 의식적인 프로세싱 센터와, 이에 비해 전략적이고 더 의식적으로 통제되는 프로세싱 센터를 두고 있다고 설명하였다. 벨과 마찬가지로 키랄리는 번역 문제가 자동화되지 않은 프로세스와 연관이 있다고 보았다. 번역 문제는 본능의 영역에서 발생하는 것으로서, 자동화된 프로세싱에 의해 잠재적인 번역 산출물이 생성되지 못할 때의 현상이라고 보았다. 그래서 이런 번역 문제들은 통제된 프로세싱 센터에서 다루게 되며, 필요한 전략을 선택하여 문제를 해결하기 위한 시도가 이루어지는 것이다(1995, p. 105).

번역학에서 논의되는 또 다른 사안은 번역사들이 번역 과정에서 직면하는 어려움을 모두 번역 문제로 볼 것인가 하는 것이다. 노드는 번역 문제와 단순한 어려움을 구분하고 있다. 따라서 번역 문제는 "번역사의 역량 수준이나 기술적 작업환경의 차이와 무관하게 모든 번역사가 특정 번역 과제를 이행하는 중 해결해야 하는 객관적인 문제"라고 정의하고 있다(노드, 1991, p. 151). 반면, 번역에서 직면하는 어려움이란 "주관적이며 번역사 개인의 작업 조건과 관련 있는 문제"라고 정의한다(노드, 1991, p. 151).

3.2 번역 역량에 관한 PACTE 연구에서의 번역 문제

다른 모든 전문 역량과 마찬가지로, 번역 역량의 가장 핵심은 문제해결 능력이다. 번역 문제를 해결하기 위해서는 번역 과정에 다양한 인지적 작업이 수반되고 번역사가 끊임없이 의사결정을 해야 한다.

PACTE의 번역 역량에 관한 전체적인 접근에서는 이러한 문제해결 능력이 전략적 세부 역량과 직결된다. 전략적 역량은 모든 세부 역량 중에서도 가장 중요하다. 번역 과정을 관리하고 의사결정 과정에 관여하기 때문이다. 번역 과정에 관한 연구에서 전략적 역량의 역할에 관한 데이터를 취합하기 위해 본 연구에서는 *프로세스의 효능*, *의사결정*, *번역 프로젝트* 그리고 *번역 문제 인식과 해결*(PACTE, 2008)을 변수로 채택하였다.

3.2.1 전형적인 번역 문제

어느 한 직종에서 역량을 발휘한다고 하는 것은 그 직종에서 요구되는 과제를 효율적으로 수행하는 것을 의미하며, 더 나아가 전문인으로서 활동하면서 가장 빈번하게 직면하는 유형의 문제를 해결할 수 있음을 의미한다. 이러한 점을 염두에 두고 우리는 실험에서 사용할 텍스트를 선별할 때 실제 전문번역사들이 가장 빈번하게 맞닥뜨릴 유형의 문제를 내포한 텍스트를 찾고자 노력하였다. 앞서 2.2.3 장에서 설명했듯이 이러한 유형별 문제점들이 발견된 지점을 찾아 RP라 명명하고 이 부분에서 데이터를 취합하고 분석하였다.

〈표 3〉 번역 문제 카테고리

언어 문제	어휘 (전문어휘 아님), 형태통사론적 문제. 이해 및 재표현 모두와 연관된 문제일 수 있음
텍스트상의 문제	일관성, 응집성, 텍스트 유형, 장르, 스타일의 문제. 이해 및 재표현의 문제도 연관될 수 있음. 각 언어에서 텍스트가 어떻게 기능하는지와 연관
언어 외적인 문제	문화, 백과사전 및 주제지식의 문제. 문화차이에서 비롯된 문제도 포함
의도의 문제	출발텍스트의 정보를 이해하기가 어려움(상호텍스트성, 언어행위, 전제하기, 함축). 이해의 문제
번역 브리프/도착텍스트 독자와 연관된 문제	재구성에 영향을 주어 기능주의적 관점에서 결국 RP에도 영향을 미치는 요소들

선별한 출발텍스트에서 RP를 파악하기 위해 직번역과 역번역이 모두 사용되었으며[9] 번역 문제 항목 중 다섯 개 항목이 분석되었다(<표 3>). 우리는 연구를 통해 번역 문제가 일차원적인 것이 아니라 여러 다른 항목의 요소들이 중첩되어 있다는 것을 알게 되었다.

역번역을 위한 텍스트(<부록 1> 참조)에서는 다음의 RP를 지정하였다.

RP1: *indiano... fortuna del Americano* - 언어외적, 텍스트상 문제

RP2: *gobierno alfonsino* - 언어외적 문제

RP3: *desenfreno y dilapidación* - 재표현과 관련된 언어상 문제

RP4: *la geografía comarcal de Cataluña* - 의도의 문제

RP5: *común ... torna* - 언어외적, 텍스트상 및 의도의 문제

직번역을 위해 번역 주제인 컴퓨터 바이러스와 관련된 영어, 불어, 독어 병렬 텍스트를 활용하였다(<부록 1> 참조). 영어 출발텍스트(English Source Text, EST)는 "E-mail virus attack in new form"(2003년 6월 30일자 *The Guardian*)[10], 독일어 출발텍스트(German Source Text, GST)는 "Wurm in der Leitung"(2003년 6월 14일자, *Frankfurter Allgemeine Zeitung*), 불어 출발텍스트(French Source Text, FST)는 "Bugbear. B, le virus informatique qui lit par-dessus l'épaule de ses victimes"(2003년 6월 13일자, *Le Monde*)로 선정하였다.

직번역에서 사용된 텍스트에서는 다음 유형의 문제들을 선별하였다.

RP1 제목: 의도의 문제; 텍스트상 문제

RP2 기술용어: keylogger (EST); Downward-Verzeichnis (GST); Édition de logiciels antivirus (FST). 재표현과 관련된 언어상 문제; 언어외적 문제

RP3 레퍼런스: propagation rate ... doubled ...surge (EST); Schädling ...

E-Mail Wümer ... Vorgängervariante (GST) ; Le ver ... résurgence ... ses congénères (FST). 텍스트상 문제

RP4 동격 요소 Element in apposition: "Trojan horse" program which could allow a hacker to take remote control of infected machines (EST); Dateient-Tauchbörse Kazaa (GST); Soumissions, des communication du virus (FST). 텍스트상 문제; 의도의 문제

RP5 이해 및 재구성이 어려운 요소: Cheltenham-based virus filtering firm (EST); Tastatureingaben von PC-Nutzern nach Kreditkartennummern und Ähnlichem überwacht (GST); Enregister les caractères tapés sur le clavier (FST). 의도의 문제; 재표현과 관련된 언어상 문제

번역의 기능적인 개념에서 봤을 때, 텍스트의 목적과 도착어 독자에 관한 고려가 모든 RP에 영향을 미쳤을 것이라고 전제하였다.

3.2.2 번역 문제와 인지 프로세스

인지적 관점에서 봤을 때, 그리고 벨(1998)과 키랄리(1995)에 근거해서 우리는 특정 출발텍스트 부분에 대해서 즉각적이고 즉흥적인 '자동화된'[11) 해결책이 제시되지 못하고, 이에 따라 필요한 전략이 적용되지 못할 때 번역 문제가 발생한다고 보았다. 이때 사용되는 전략은 구체적인 목적이나 산출물을 얻기 위해 취해지는 행동이라고 볼 수 있다(포조, 곤잘로와 포스티고(Pozo, Gonzalo and Postigo), 1993).

알브(1995, 1997)와 맥을 같이 하여, 본 연구에서는 번역사들이 번역 과정 중 내부적인 지원(자동화 된 혹은 자동화되지 않은 인지적 자원) 및 외부적인 지원(모든 종류의 정보 자원), 이 두 가지 유형의 자원을 활용한다고 보았다.

따라서 변수 의사 결정에 관한 연구(PACTE, 2005b, 2009)에서는 번역

문제를 해결하기 위해 여러 행위(전략)의 시퀀스를 활용하는 것을 관찰하였다.

- *내부적 지원:* 확정적 해결책을 얻기 위해 내부적 지원에만 의존하고 있으며 다른 어떤 자문이나 도움을 받지 않는다. 예) 확정적 해결책; 잠정적 해결책 → 확정적 해결책
- *내부적 지원에 주로 의존:* 확정적 해결책은 기본적으로는 내부적 지원에 근거를 두고 있으며, '두 개 언어로 된 자료를 참고하고 거기에서 제시된 안을 번역에 적용하는 행위'를 배제한 모든 조합의 자문이 여기에 포함된다. 예) 잠정적 해결책 → 다른 자료 참고 → 다른 자료 참고 → 두 개 언어로 된 자료 참고. 참고는 하되 여기에서 제시된 안을 번역에 적용하지는 않음. → 확정적 해결책
- *외부적 지원에 주로 의존:* 확정적 해결책은 오로지 두 개 언어로 된 자료를 참고하여 모색되며 여기에서 제시된 안을 번역에 적용함. 예) 두 개 언어로 된 자료를 참고하고 여기에서 제시된 안을 번역에 적용함 → 확정적 해결책

*내부적 지원*의 활용과 관련한 벨과 키랄리의 주장에 따라 본 연구에서는 번역사가 출발텍스트 세그멘트를 번역하면서 아무런 문제점을 발견하지 못할 때에는 자동화된 내부적 지원이 활용된다고 보았다. 그러다가 번역 문제에 직면하게 되면 자동화 되지 않은 내부적 지원, 이를테면 인지적 전략 등을 활용하여 문제를 해결하게 된다.

3.3 '번역 문제 인지 및 해결' 변수

이 변수는 번역 문제를 인식하고 해결책이 제시되는 과정이 어떻게 이루어지는지를 보여줄 수 있는 데이터를 취합하기 위한 것이다. *번역 문제 인지 및 해결 변수*는 피실험자가 번역 과제를 수행하면서 맞닥뜨

리게 되는 어려움이라고 정의할 수 있다. 이 변수를 정의하기 위해 다음 내용을 질문하였다.

- 번역 문제를 인식하고 이를 해결할 수 있는 능력이 정말 번역 역량의 특성인가? 번역사와 비번역사들이 같은 방식으로 대응하는가? 텍스트를 번역할 때 텍스트의 난이도를 동일하게 인지하는가? 동일한 문제를 인지하는가? 문제를 설명할 때 동일한 표현을 사용하는가? 번역 문제에 있어서 직번역과 역번역에 차이가 있는가?
- 번역 문제와 자동화되지 않은 인지 프로세스 사이에 어떤 연관이 있는가? 번역사와 비번역사들이 자동화된 내부적 지원과 자동화되지 않은 내부적 지원을 활용하는 데 있어서 같은 양상을 보이는가?
- 번역 문제(객관적)와 번역에서의 어려움(주관적)을 구별할 수 있는가?
- 피실험자들이 직면한 어려움과 해당 번역의 수용성 결과 사이에 어떤 연관관계가 있는가?
- 번역 문제에 대한 해결책을 평가할 수 있는 능력이 번역 능력의 특성이라고 할 수 있는가?

전체 텍스트에서, 또 전형적인 번역 문제를 보이는 지점으로 선별한 부분(RP)에서 위 질문에 대한 답을 얻기 위해 본 연구 변수마다 다음의 지표를 정하여 분석하였다.

1. 번역 대상 텍스트의 전반적 난이도에 대한 인식을 나타내는 계수
2. 전형적인 번역 문제를 피실험자가 인식하는가의 여부
3. 피실험자가 인식하는 전형적인 번역 문제의 특성
4. 인식된 전형적인 번역 문제에 대해 각 피실험자가 제시한 해결책에 대한 해당 피실험자의 만족도 계수
5. 전형적인 번역 문제를 해결하기 위해 사용된 내부적 지원의 유형

각 변수의 데이터는 번역 문제에 관한 설문, 회상적 기법 인터뷰를 통해 취합하였으며 두 방식 모두 번역할 출발텍스트의 RP에서 취합하였다(<부록 2> 참조). 설문지 문항은 구체적으로 다음 지표에 대해 질문하였다.

- 해당 텍스트를 번역하는 것이 어느 정도로 어렵다고 보는가? (지표 1)
- 해당 텍스트를 번역하면서 직면한 가장 큰 문제는 무엇인가? 다섯 가지 문제를 나열하고 각 문제에 대해 다음의 질문에 답하시오. (지표 2)
- 왜 그것이 문제였는가? (지표 3)
- 본인이 제시한 번역 해결책에 만족하는가? (지표 4)

각 RP의 특성과 그에 대한 인식에 관한 정보 중 피실험자가 설문에 답한 내용만으로는 취합되지 않은 부분은 추후 회상적 기법 인터뷰를 통해 보완하였다. 인터뷰를 통해 취합한 정보는 다시 설문지 답변을 통해 취합한 정보와 상호 보완하여 전체적인 분석이 가능하도록 하였다.

자동화 되었든 혹은 되지 않았든, 내부적 지원(3.2.2장 참고)의 유형에 대한 데이터는 *의사결정* 변수(PACTE, 2009)의 내부적 지원 활용에 대한 데이터와 설문지 및 인터뷰에서 나타난 피실험자의 문제 인식에 관한 데이터를 교차 참조하여 취합하였다. 만약 번역 문제가 있다면, 자동화 되지 않은 내부적 지원을 활용한 것으로 보았고(생각하기), 문제가 없다면 자동화된 내부적 지원을 활용한 것으로 보았다. 이어서 제시된 해결책에 대한 수용성 결과와 이들 데이터를 함께 분석하였다.

본 논문에서는 *번역 문제 인식과 해결* 변수의 첫 네 개 지표를 분석한 결과만 보고하였다. 다섯 번째 지표(내부적 지원의 유형)는 *시퀀스와 행위* 지표 및 *의사결정* 변수(PACTE, 2009)와 연계되어 있으며 추가적인 설명이 필요하기 때문에 본 논문에서 다룰 수 있는 범위를 벗어나므로 향후 후속 논문을 통해 보고하고자 한다.

4. 결과

4.1 번역 대상 텍스트의 전반적 난이도에 대한 인식을 나타내는 계수

번역 대상 텍스트의 전반적 난이도에 대한 피실험자의 인식은 1점에서 30점까지의 척도로 평가하고, 데이터 분석을 위해 이 점수를 100으로 전환하여 계수 0에서 1까지를 얻을 수 있도록 하였다. 또한 언어별로 점수를 구분하여 난이도를 인식하는 데 언어의 영향이 있었는지 여부를 파악할 수 있도록 하였다.

4.1.1 직번역에 대한 결과

직번역에서 번역사와 외국어 교사 집단이 보인 평균 계수 결과는 <표 4>에서 정리하였다. 전체적으로 번역사 집단이 텍스트를 번역하기가 더 쉽다고 인식하고 있는 것으로 나타난다.

텍스트의 전반적인 난이도에 대한 번역사 집단의 인식과 외국어 교사 집단의 인식을 비교해 보면, 독일어, 불어 번역사들(.30)과 독일어 불어 외국어 교사들(.34; .38) 사이에는 차이가 크지 않은 반면, 영어를 외국어로 가르치는 교사들(.56)은 영어 번역사들(.27)보다 해당 텍스트의 번역이 더 어렵다고 인식하고 있는 것으로 나타났다. 영어를 외국어로 가르치는 교사들의 난이도에 대한 인식이 이렇게 큰 차이를 보였기 때문에 번역사와 외국어 교사 사이의 번역 난이도에 대한 인식 차이(번역사: .28, 교사: .43)는 상관이 있는 것으로 볼 수 있다. 외국어 교사 집단이

〈표 4〉 텍스트의 전반적인 번역 난이도 인식에 대한 평균 계수 (직번역)

	Translators	Teachers
English	.27	.56
French	.30	.34
German	.30	.38
Overall	**.28**	**.43**

텍스트가 더 어렵다고 인식하였다.

텍스트의 전반적인 번역 난이도에 대한 인식에 있어서 번역사(영어, 불어, 독어) 집단은 전체적으로 동질성을 보인 반면, 교사들은 그렇지 못했다.

4.1.2 역번역에서의 결과

역번역에서 번역사와 외국어 교사 집단이 보인 평균 계수 결과는 <표 5>에서 정리하였다.

역번역에서는 두 집단 모두 텍스트가 번역하기 어렵다고 인식하였다. 그러나 번역사 집단이 인식한 난이도는 유사한 양상을 보인 반면(.66; .60; .64)교사 집단이 인식한 난이도는 차이를 보였다. 영어 및 독일어 교사들(.77)은 불어 교사들(.56)에 비해 해당 텍스트가 번역하기 더 어렵다고 인식하였다. 불어와 스페인어가 상당히 유사한 언어라는 점이 불어 교사들의 인식에 영향을 미쳤을 수 있다. 불어 교사들이 텍스트의 번역 난이도를 낮게 인식하였기 때문에 번역사 집단과 교사 집단 간의 텍스트에 대한 전반적인 번역 난이도에 대한 인식은 상관관계가 없었다(번역사: .63; 교사: .70).

〈표 5〉 텍스트의 전반적인 번역 난이도 인식에 대한 평균 계수 (역번역)

	Translators	Teachers
English	.66	.77
French	.60	.56
German	.64	.77
Overall	**.63**	**.70**

번역사 집단(영어, 불어, 독어)은 번역 텍스트의 전반적인 난이도에 대한 인식에서 직번역에서나 역번역에서나 모두 계수 결과가 동질성을 보였다. 이는 외국어 교사 집단의 결과와 대비를 이루며, 번역사들은 번역 산출물이 어떤 언어인가에 영향을 받지 않는다는 것을 의미한다.

직번역과 역번역의 결과를 비교해보면, 두 집단 모두 역번역(번역사: .63; 교사: .70)이 직번역(번역사: .28, 교사: .43)보다 어렵다고 인식하는 것으로 나타났다.

4.1.3 텍스트 난이도에 대한 인식과 수용성 계수

번역 문제에 대해 피실험자들이 제시한 각 해결책을 수용성 측면에서 평가하여 순위를 매겨보았을 때, 번역사 및 교사 집단 모두 직번역과 역번역의 텍스트 난이도에 대한 인식과 수용성 사이에서는 별다른 흐름이나 패턴이 드러나지 않았다.

피어슨 상관계수를 보면 텍스트 난이도에 대한 인식과 수용성 사이의 계수는 두 실험 집단 모두에서 통계적으로 유의하지 않은 것으로 나타났다(<표 6> 참조). 마찬가지로 직번역과 역번역에서도 특별한 흐름은 보이지 않았다. 따라서 텍스트의 난이도에 대한 인식은 해결책의 수용성 정도에는 영향을 미치지 않는 것으로 볼 수 있다.

〈표 6〉 텍스트 난이도에 대한 인식과 수용성 사이의 인지도 계수

	Pearson (r) coefficient of correlation	Degree of freedom	Significance
Translators (direct)	0.13	32	Not significant
Teachers (direct)	0.01	22	Not significant
Translators (inverse)	0.04	32	Not significant
Teachers (inverse)	0.19	22	Not significant

4.2 전형적인 번역 문제에 대한 피실험자들의 인식

설문지와 회상적 기법 인터뷰에서 두 집단(번역사와 교사 집단)이 파악한 RP의 비율을 계산해 보았다.

직번역에서는 (<표 7> 참조) 제목(RP1: 의도의 문제)을 번역 문제라고 인식하는 비율이 번역사(62.9%)가 교사(33.3%)보다 높았다. RP3과

〈표 7〉 전형적인 번역 문제 인식(직번역)

	RP1 Title	RP2 Technical term	RP3 Reference	RP4 Apposition	RP5 Comprehension and reformulation
Translators	62.9%	51.4%	54.3%	40.0%	22.9%
Teachers	33.3%	45.8%	62.5%	50.0%	33.3%

〈표 8〉 전형적인 번역 문제 인식(역번역)

	RP1 *indiano ... fortuna*	RP2 *gobierno alfonsino*	RP3 *desenfreno y dilapidación*	RP4 *geografía comarcal*	RP5 *Común ... trona*
Translators	71.4%	65.7%	57.1%	68.6%	68.6%
Teachers	66.7%	66.7%	70.8 %	62.5%	75.0 %

RP4(텍스트상 문제)를 번역 문제라고 인식한 비율은 교사 집단이 번역사 집단보다 높았다. 이 부분들은 번역사들이 가장 수용성 높게 번역해 냈을 RP이다(PACTE, 2011에서 각 0.8을 기록함). 번역사(22.9%)와 교사(33.3%) 집단 모두가 가장 문제가 안된다고 인식한 부분은 RP5(의도성 문제 및 재표현의 언어상의 문제) 항목이었다.

다섯 개의 RP에 대해 두 집단이 모두 문제로 인식하였기 때문에, 처음 실험설계에서 이들 부분을 선정한 것은 선별이 잘 된 것으로 해석할 수 있다.

역번역의 경우 (<표 8> 참조) 번역사(57.1%)보다 더 많은 교사(70.8%)가 RP3 *desenferno y dilapidación*(재표현의 언어상 문제)를 문제로 인식하였다. 그 외에 나머지 RP를 문제로 인식한 비율은 두 집단이 비슷했다.

RP를 번역 문제라고 인식한 비율 자체가 직번역의 경우보다는 역번역에서 더 높았다는 점에 주목할 필요가 있다. 전체 피실험자들이 역번역에서 더 높은 번역의 난이도를 인식하였고, 이것이 RP가 문제 지점으로 인식된 비율도 높다는 결과에 반영되었다.

이러한 결과를 토대로, 본 실험에서 선별한 RP가 대부분의 피실험자들에 의해 문제로 인식되었기 때문에 역번역에서 발견되는 번역 문제로서 효과적인 샘플링이었음을 확인할 수 있다.

마지막으로, 각 피실험자들은 전형적인 번역 문제로는 각기 상이한 지점을 선택하였다. 개인의 배경지식의 깊이나 스킬 등으로 인해 번역에서 어려움으로 인식되는 부분이 주관적으로 달라질 수 있기 때문에 각 피실험자가 어떤 RP를 번역 문제 지점으로 인식하는지가 달라질 수 있다.

4.3 전형적인 번역 문제로 인식된 부분들의 특성

피실험자들이 설문과 회상적 기법 인터뷰를 통해 문제라고 인식한 RP의 특성에 대해 분석하였다(관련 설문지 질문: 왜 이 부분인 문제였는가?). 피실험자들의 답변이 주관식으로 다양하게 제시되었고 명확하지 않은 부분도 있어 때로는 답변 내용을 해석해야 할 필요가 있었다. 번역 과정이 절차적 인지 과정이고 전문가의 지식 영역으로 자동화 되어 있는 부분이 많다보니, 사실상 피실험자들이 어려움에 대해 설명하는 것이 쉽지 않았다. 피실험자들의 답변 내용은 다음에서 설명한 기준에 따라 분류하였다.

- **언어적 어려움:** 어휘적 혹은 형태통사론적 문제로 인한 어려움을 언급할 경우. 이해와 관련된 언어적 어려움(C)과 재표현과 관련된 언어적 어려움(R)을 구분하여, 구체적 어려움이 피실험자의 부족한 배경지식, 출발텍스트, 도착텍스트 언어 실력 미비 등으로 인한 것인지를 파악하고, 같은 어려움이 두 집단에서 직번역과 역번역에서 동일하게 나타나는지를 파악하고자 하였다.[12] 어떤 경우에는 두 유형의 언어적 어려움(C와 R)이 동시에 발생하기도 했다. 기술적인 용어와 관련해서는 기술 용어의 재표현과 관련된 언어상의 어려움(T)라고 명기하였다. 이는 언어외적 지식과 관련된 특수 상황임을 감안한 것

이다.

예시: "이런 단어는 들어본 적이 없다(언어적 C)"; "이 단어를 도착어에서 어떻게 말할지 모르겠다(언어적 R)"; "정확한 용어를 찾기가 어렵다(언어적 R T)".

- **텍스트적 어려움:** 일관성, 응집성, 텍스트 유형 (장르 규칙) 및 스타일 등에 대해 언급할 때. 이 경우에는 두 언어 간 대비로 인한 문제라고 보았기 때문에 이해와 재표현 등으로 세부 구분을 하지 않았다.

  예시: "이미 American이라는 언급을 했다"; "장르의 특성을 확인하고자 했다".

- **언어 외적인 어려움:** 특정 분야 지식과 관련되었거나 문화간, 혹은 백과사전적 지식과 연관된 문제를 언급할 경우.

  예시: "독어에는 이러한 개념이 존재하지 않는다"; "territorial and administrative division에 대한 대응어가 존재하지 않는다".

  용어(특화된 개념)와 관련해서, 출발텍스트 상의 특정 개념을 이해하는 데 어려움이 있다는 언급이 있는 경우, 해당 언급은 언어 외적인 문제 항목으로 분류를 하였다.

  예시: "그 단어의 뜻을 모르겠다."

  도착텍스트 언어로 맞는 단어를 찾는 것이 어렵다는 언급이 있을 경우, 해당 용어는 언어적 R T 항목으로 구분하였다.

  예시: "정확한 용어를 찾는 데 어려움이 있었다."

- **의도의 어려움:** 피실험자들이 출발텍스트의 정보를 이해하는 데 어려움이 있을 경우. 의도와 관련된 어려움과 언어적인 문제로 인해 이해가 어려운 경우는 명확히 구분하였다. 피실험자들이 어려움이라고 언급한 내용이 RP의 정보량과 관련된 것일 경우에만 이를 의도의 어려움이라고 분류하였다. 어휘 혹은 통사적 어려움을 언급한 경우는 언어적 어려움으로 분류하였다.

예시: "해당 맥락 속에서 이것이 무엇을 의미하는지를 알 수 없었다(의도의 어려움)"; "그게 무슨 말인지를 몰랐다(언어적 C- 전문용어가 아닌 단어를 지목한 경우)"

- **텍스트의 기능과 도착어 독자에 관련된 어려움:** 피실험자들이 (번역 브리프와 관련하여) 번역된 텍스트의 기능 혹은 도착어 독자를 언급하며 어려움을 언급하는 경우.

예시: "독자의 지식 정도에 따라 달라진다."

4.3.1 직번역과 역번역 결과

파악된 RP를 설명하는 항목의 비율을 각 집단 별로(번역사와 교사 집단) 계산하였다. 그러나 정량적 분석을 통해 두 집단간 유의미한 차이를 발견하는 것은 어려웠다. 여기에는 두 가지 이유가 있다. ① 피실험자들의 답안 내용이 명료하지 않은 경우가 많아 실제 분류하기가 쉽지 않았다. ② 각 케이스 별로 답한 사람의 수가 너무 적었다.(특정 문제를 인식하고 이에 대해 구체적인 문제 항목으로 분류될 수 있는 답을 한 사람이 적었다.)

전체적으로, 번역사와 외국어 교사들이 각각 번역 문제라고 인식한 항목들에 대해 설명한 내용이 두드러진 차이를 보이지는 않았다. 그나마 차이가 있는 것으로 관찰된 내용은 다음과 같다.

- 교사 집단은 번역에서의 어려움을 언어와 연계해서 설명하는 경향이 두드러졌다. 직번역에서 RP1(제목)과 RP4(동격요소)를 표현에서의 언어적 어려움이라고 설명했고, RP5(*común ... trona*)를 이해에서의 언어적 어려움이라고 설명했다.
- 의도의 어려움을 설명하는 데 있어서 차이가 있었다(직번역에서: RP1 제목; 역번역에서: RP4 *geografía comarcal* 및 RP5 *común ... trona*). 대부분의 교사들은 RP에서의 어려움을 언어적 어려움이라 표현한 반면, 대부분의 번

역사들은 더 다양한 분류 항목에 걸쳐 어려움을 설명했다(텍스트의 기능, 텍스트의 차이, 의도의 어려움). 이는 번역 문제 기저에 깔려있는 다면성을 보여준다고 하겠다.

이러한 결과를 토대로 본고에서는 번역 문제의 특성을 설명할 수 있는 역량은 번역 역량의 한 특징이라고 확인할 수 없다.

4.4 피실험자의 만족도 계수

이 계수를 계산하기 위해 설문조사의 답(예/아니오/부분적)에 각각 숫자값을 부여하고(예= 1점, 아니오= 0점, 부분적= 0.5점) 각 피실험자에 대해 0-1계수를 계산하였다.

이를 토대로 다음의 계수를 계산하였다: ① 피실험자의 만족도 계수, ② 각 RP에 대한 피실험자의 만족도 계수, ③ 만족도 계수와 수용성.

4.4.1 피실험자의 만족도 계수

두 집단 모두의 피실험자들은 대체적으로 각자의 퍼포먼스에 만족하였으며 그 만족도가 상대적으로 더 높은 사람들도 있었다. 직번역에서의 피실험자의 만족도 평균 계수는 번역사(.84), 교사(.76)로 계산되었다. 역번역에서의 피실험자의 만족도 평균 계수는 번역사(.73), 교사(.76)로 계산되었다.

만족도 계수 1을 보인 피실험자 전체를 놓고 보았을 때, 직번역에서는 총 20명의 피실험자들이 계수 1(번역사 15명, 교사 5명)을 나타냈고 역번역에서는 총 12명(번역사 6명, 교사 6명)이 만족도 계수 1을 보였다. 역번역에서 계수 1을 보인 번역사들은 직번역에서도 모두 계수 1을 나타냈다. 교사 집단 중에서 이처럼 역번역과 직번역 모두에서 계수 1을 보인 피실험자는 1명(PF7) 뿐이었다. 따라서 번역사들이 번역 산출물의 수용성에 대한 인식에 있어서 보다 명확하고 동질적인 기준을 갖고 있는 것을 알 수 있다.

4.4.2 각 RP에 대한 피실험자의 만족도 계수

각 RP에 대한 피실험자의 만족도 계수는 피실험자간 유사한 수치를 보였다(<표 9> 참조). 따라서 만족도는 어떤 문제를 해결했는가에 영향을 받지 않는 것으로 볼 수 있다.

역번역에서는 아주 약간의 차이가 있는 것으로 보인다(RP4: *geografía comarcal*, 의도의 문제). 비록 유사한 수의 피실험자들이 양 집단 모두에서 해당 RP를 문제로 인식하였으나 (번역사: 68.6%; 교사: 62.5%), 이에 대한 번역 해결책에 대한 만족도는 교사 집단(.85)이 번역사 집단(.61)보다 높았다.

〈표 9〉 각 RP에 대한 피실험자의 만족도 계수

	Direct translation		Inverse translation	
	Translators	Teachers	Translators	Teachers
RP1	.78	.76	.78	.79
RP2	.76	.61	.82	.74
RP3	.89	.90	.74	.70
RP4	.83	.64	.61	.85
RP5	.89	.76	.69	.76

4.4.3 만족도 계수와 수용성

마지막으로 피실험자의 만족도 계수와 수용성 인덱스를 비교하여 피실험자의 만족도가 번역 문제에 대해 제시한 해결책에 대한 수용성에 영향을 주었는지를 분석하였다.

여기에서는 직번역과 역번역(<그림 2>, <그림 3> 참조) 모두에 있어서 피실험자들간 상당한 분산이 확인되었다. 일부 피실험자의 결과는 서로 중첩되어 그림 상에서 보이지 않는다.

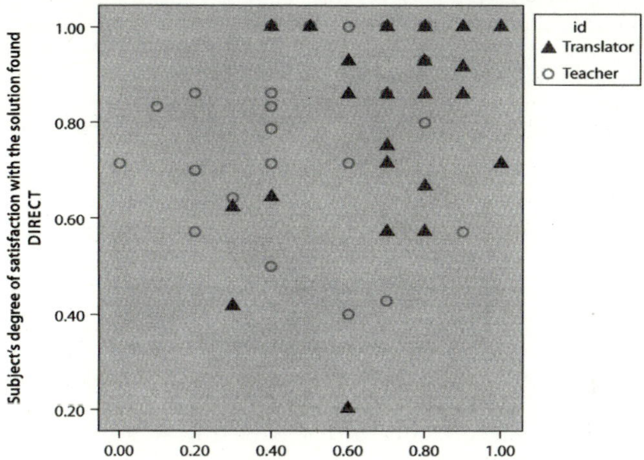

〈그림 2〉 만족도 계수와 수용성 (직번역)

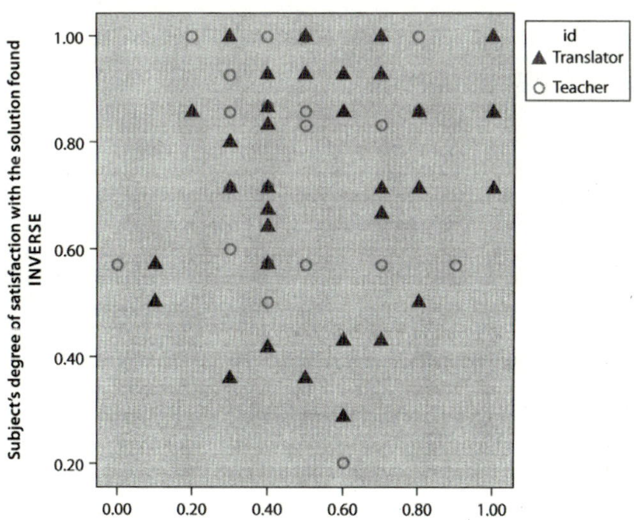

〈그림 3〉 만족도 계수와 수용성 (역번역)

두 집단 모두에서 피실험자의 만족도와 수용성 사이에 상관관계가 관찰되지 않았다.

〈표 10〉 번역사의 만족도와 수용성 비교

Acceptability	Direct translation	Inverse translation
Translators (coefficient of satisfaction 1)	.76	.52
All translators	.73	.52

이 결과를 확인하기 위해 수용성 점수 상위 25%와 하위 25%를 받은 피실험자들의 수용성 인덱스와 이들 각 집단의 만족도 계수를 비교하였다. 번역사들의 상위 수용성 인덱스는 .90-1.00(직번역), .80-1.00(역번역)으로 나타났고, 하위 수용성 인덱스는 .60-.30(직번역), .30-.10(역번역)이었다. 교사 집단의 경우, 상위 수용성 인덱스는 .70-.90(직번역과 역번역); 하위 수용성 인덱스는 .30-.00(직번역과 역번역)이었다. 수용성 인덱스가 높건 낮건, 번역사와 교사 집단 모두 직번역에서나 역번역에서나 유의한 차이를 보이지 않았다. 이는 피실험자의 만족도와 수용성 사이에는 상관관계가 없다는, 이미 관측된 결과를 다시 한 번 확인시켜 주었다.

더 나아가 만족도에서 계수 1(자신의 번역 해결책에 매우 만족)을 보인 번역사들의 해결책에 대한 수용성과, 직번역과 역번역에서 모든 번역사들의 해결책에 대한 수용성을 비교해보면 피실험자가 자신의 해결책에 대해 인지하고 있는 수용성과 실제 수용성 사이에는 상관관계가 없다는 것을 확인할 수 있었다(<표 10> 참조).

즉, 만족도가 높다고 해서 해결책에 대한 수용성을 보장하는 것은 아니다.

5. 결론

우선 본 연구 설계와 관련하여 몇 가지 주목할 만한 결과를 얻을 수 있었다.

1. 직번역과 역번역에서 텍스트의 난이도에 대한 인식을 나타내는 계수가 동질적인 결과를 보인 것을 토대로 다음의 결론을 도출하였다.
   a. 본 연구의 실험에 사용된 직번역용 텍스트의 동질성: 텍스트에 나타난 어려움이 유사한 것으로 판단된다. 직번역을 위해 선택된 각기 다른 언어로 된 세 개의 유사한 텍스트를 선택했는데, 번역사들이 그 난이도를 비슷하다고 평가하였으므로 텍스트의 선택이 적절했다고 볼 수 있다.
   b. 번역사 샘플의 동질성: 직번역과 역번역 모두에서 번역할 텍스트의 난이도를 인식하는 데 있어서 언어에 따른 차이가 없었다. 따라서 실험 집단을 구성할 피실험자를 선별하기 위해 활용된 설문지는 적절했다고 볼 수 있다.

2. 모든 피실험자들이 직번역과 역번역 모두에서 RP가 번역하기 어렵다고 보고하고, 여러 항목에 걸쳐 기술하였으므로 (번역 문제의 다면성), RP의 선별은 적절하였다.

번역 문제 및 이를 인지하고 해결하는 번역사와 교사들의 능력과 관련해서는, 먼저 텍스트의 난이도에 대한 인식에서 차이가 있음을 확인하였다. 직번역에서 번역사보다 교사들이 텍스트가 번역하기 더 어렵다고 인식하였다. 이는 외국어에서 모국어로 텍스트를 생산하는, 즉 번역하는 경험 자체가 부족한 것에서 원인을 찾을 수 있을 것이다. 역번역의 경우에도 마찬가지로 (불어 교사를 제외한) 외국어 교사들이 번역사보다 텍스트가 번역하기 더 어렵다고 인식하였다. 번역사와 교사 두 집단 모두 역번역에서의 텍스트가 더 번역하기 어렵다고 인식하였다. 이는 번역 문제의 난이도와 관련하여 언어 방향성이 영향을 미치고 있다는 것을 의미한다고 볼 수 있다.

그러나, 피실험자들이 전반적으로 텍스트의 난이도에 대해 인식하고 있는 정도와 번역 문제에 대한 해결책의 수용성 사이에서는 상관관계를 찾을 수 없었다. 또한 피실험자들이 자신이 제시한 해결책에 대해 보이는 만족도 등 번역 품질에 대한 개인적 인식과 실제 수용성 사이에서도 상관관계를 찾을 수 없었다. 따라서 피실험자가 텍스트의 난이도에 대해 갖는 인식과 자신이 제시한 해결책의 품질에 대한 인식은, 자신감이나 스스로를 어떻게 평가하고 있는지 등 개인적인 특징과 연관이 있으며 PACTE의 이론적 모형(PACTE, 2003)에서 제시한 심리, 생리학적 요소와 연관이 있다고 결론 내릴 수 있다.

번역사와 교사들이 인식한 문제는 개인별로 큰 차이를 보였다는 것은 전형적인 문제에 봉착했을 때 주관성이 개입할 수 있다는 것을 의미한다. 이는 노드(1991)가 주장한 번역에서의 어려움(주관적)과 번역 문제(객관적)를 구분하는 것과 관련된다.

마지막으로, 본 연구를 통해 얻은 결론을 토대로 보았을 때, 번역 문제의 특징이 번역 역량을 나타내는지는 확정할 수 없다. 오히려 번역에서 문제가 되는 것이 어떤 것인지를 설명할 수 있는 역량이 번역학 이론가의 특징이기도 한 *해설적 지식*의 영역에 해당한다. 인지 심리학에서 이론적 지식을 의미하는 해설적 지식(explicative knowledge, 왜인지 아는 것) (웰링턴(Wellington), 1989); 포조와 포스티고(Pozo & Postigo), 1993)과 선언적 지식(declarative knowledge, 무엇인지 아는 것) 및 조작적 지식(operative knowledge, 어떻게 할지를 아는 것) (앤더슨(Anderson), 1983); 그리고 조건적 지식(conditional knowledge, 언제 그리고 왜 지식을 써야 하는지를 아는 것) (파리스, 립슨과 윅슨(Paris, Lipson and Wixson), 1983; 파리스, 크로스와 립슨(Paris, Cross and Lipson), 1984; 슈로와 모쉬만(Schraw and Moshman), 1995)을 구분하는 것과 연관이 있다고 할 것이다. 따라서 번역 역량의 특징은 번역에 대해 구체적인 선언적 지식을 보유하고(PACTE, 2008), 이와 동시에 적절한 지식과 전략을 적용하여 번역 문제를 파악하고 해결하는 방법을 아는 것을 의미하는 조작적 지식 및 조건적 지식을 보유하는 것이라고 볼 수 있다.

그러나 본 연구의 결과는 향후 추가적인 변수, 특히 본 연구에서 다루었던 여러 측면(해결책의 수용성, 번역에 대한 지식, 의사결정, 도구적 자원의 활용 등)에서 가장 높은 점수를 획득한 번역사들의 결과를 중심으로 다시 다각적으로 분석되어야 할 것이다.

미주

1. 스페인어 약어인 PACTE는 영어로 풀이하면 Process in the Acquisition of Translation Competence and Evaluation(번역 역량 및 평가 습득 프로세스)를 의미한다.

2. PACTE (2003)에 의하면 심리 및 생리적 요소는 다른 모든 전문적 지식 체계에도 포함되기 때문에 번역에서의 세부 역량들과는 구분되어야 한다. 따라서 그 명칭도 '역량'이 아닌 '요소'라는 표현을 사용한다. 이러한 구분 및 명칭은 바흐만(Bachman, 1990)을 따른다.

3. 실증 및 운영 가설은 PACTE 번역 역량 모형(PACTE, 2003)을 따르고 있다.

4. 본 논문의 4.4장에서 구체적으로 '만족도' 계수와 '해결책'의 수용도 사이의 관계를 연구하기 위해 분포를 사분위수로 제시한 설명을 참고할 것

5. 스페인에서는 전문성을 공식적으로 인정하는 경우, 이를테면 번역사 인증(번역사 선서 실시)을 하는 경우는 법정 번역에 국한된다.

6. 이는 샘플의 동질성을 확보하기 위한 조치였다. 향후 이들 특정 분야별로 문학 번역, 법률 번역, 오디오 비주얼 번역 등 전문 번역의 번역 역량을 분석하기 위한 추가적인 연구가 있어야 할 것이다.

7. 번역사를 선별하기 위해 번역가 협회를 통해 연락을 취하였다.

8. PROXY는 윈도우즈와 호환되는 프로그램으로 네트워크로 연결된 컴퓨터와 그 사용자를 원격 조정하는 프로그램이다. Camtasia는 피실험자의 행동을 컴퓨터에 실시간으로 녹화하여 향후 연구 자료 데이터로 저장한다.

9. 사용한 텍스트의 예시로 <부록 1>에서 직번역을 위한 영어로 된 출발텍스트와 역번역을 위한 스페인어 출발텍스트를 제시하였다.

10. 이 텍스트를 제공해준 F. 알브(F. Alves)에게 감사를 표함.

11. 용어의 사용에 있어서 본 연구에서는 '자동화된(automised)'와 '자동화되지 않은(un-automised)'를 선호하고 '자동적인(automatic)'과 '자동적이지 않은(un-automatic)'을 사용하지 않는다. 텍스트를 번역할 때에는 항상 의도성이 개입하

게 되고, 따라서 키랄리(1995)가 관찰했듯이 번역에 있어서 완전히 무의식적으로 이루어지는 과정은 없다고 판단하기 때문이다. '자동화된' 과정, 즉 경험에 의한 산출물을 논의하는 것이 더 타당하다고 판단하였다.

12. 이는 샘플의 적합성을 판단하는 데 중요한 요소로 인식하였다. 만약 두 집단 모두에서 출발어에 대한 지식 부족이 두드러지게 나타났다면, 수용성은 다른 번역 역량에 의해 결정되는 것이 아니라 이들 실력 부족, 지식 부족으로 인한 결과가 되었을 것이다.

참고문헌

1. Alves, F. 1995. *Zwischen Schweigen und Sprechen: Wie bildet sich eine transkulturelle Brücke? Eine Analyse von Übersetzungsvorgängen zwischen portugiesischen und brasilianischen Übersetzern.* Hamburg: Kovac.

2. ______. 1997. "A formação de tradutores a partir de uma abordagem cognitiva: reflexões de um projeto de ensin." *TradTerm. Revista do Centro Interdepartamental de Tradução e Terminologia* 4 (2): 19-40.

3. Anderson, J. R. 1983. *The Architecture of Cognition.* Cambridge, Mass.: Harvard University Press.

4. Bachman, L. F. 1990. *Fundamental Considerations in Language Testing.* Oxford : Oxford University Press.

5. Bell, R. T. 1998. "Psycholinguistic/cognitive approaches." In *Routledge Encyclopedia of Translation Studies,* M. Baker (ed.), 185-190. London: Routledge.

6. Catford, J. C. 1965. *A Linguistic Theory of Translation: An Essay in Applied Linguistics.* London: Oxford University Press.

7. Giegler, H. 1994. "Test und Testtheorie". In *Wörterbuch der Psychologies,* R. Asanger and G. Wen-ninger (eds), 782-789. Weinheim: Psychologie Verlag Union.

8. Hönig, H. G. and Kussmaul, P. 1982. *Strategic der Übersetzung.* Tübingen: Gunter Narr.

9. Hurtado Albir, A. 2001. *Traducción y Traductologia. Introducción a la Traductología.* Madrid: Cátedra.

10. Jakobsen, A. L. 2002. "Orientation, segmentation, and revision in translation." In *Empirical Translation Studies: Process and Product* [*Copenhagen Studies in Language Series* 2], G. Hansen (ed.), 191-204.

Copenhagen: Samfundslitteratur.

11. Kiraly, D. 1995. *Pathways to Translation. Pedagogy and Process.* Kent: The Kent State University Press.

12. Krings, H. P. 1986. *Was in den Köpfen von Übersetzern vorgeht. Eine empirische Üntersuchung zur Struktur des Übersetzungsprozesses an fortgeschrittenen Französischlernern.* Tübingen: Gunter Narr.

13. Lörscher, W. 1991. *Translation Performance, Translation Process, and Translation Strategies. A Psycholinguistic Investigation.* Tübingen: Gunter Narr.

14. Mounin, G. 1963. *Les problèmes théoriques de la traduction.* Paris: Gallimard.

15. Nord, C. 1991. *Text Analysis in Translation.* Amsterdam : Rodopi.

16. PACTE. 2002. "Exploratory tests in a study of translation competence." *Conference Interpretation and Translation 4* (2): 41-69.

17. ______. 2003. "Building a Translation Competence Model." In *Triangulating Translation: Perspectives in Process Oriented Research,* F. Alves (ed.), 43-66. Amsterdam/Philadelphia: John Benjamins.

18. ______. 2005a. "Primeros resultados de un experimento sobre la Competencia Traductora." In *Actas del II Congreso Internacional de la AIETI. Información y documentacion,* 573-587. Madrid: Publicaciones de la Universidad Pontificia Comillas, CD-ROM.

19. ______. 2005b. "Investigating translation competence: Conceptual and methodological issues." *Meta* 50 (2): 609-619.

20. ______. 2007a. "Zum Wesen der Übersetzungskompetenz. Grundlagen für die experimenteile Validierung eines ük-Modells." In *Quo vadis Translatologie? Ein halbes Jahrhundert universitärer Ausbildung von*

Dolmetschern und übersetzern in Leipzig. Rükschau, Zwischenbilanz und Perspektiven aus der Außensicht, G. Wotjak (ed.), 327-432. Berlin: Frank & Timme.

21. ______. 2007b. "Une recherche empirique expérimentale sur la compétence en traduction." In *Actes du Colloque International: Quelle formation pour le traducteur?,* D. Gouadec (ed.), 95-116. Paris: La Maison du Dictionnaire.

22. ______. 2008. "First results of a translation competence experiment: Knowledge of translation and efficacy of the translation process:' In *Translator and Interpreter Training. Issues,* Methods and Debates, J. Kearns (ed.), 104-126. London: Continuum.

23. ______. 2009. "Results of the validation of the PACTE translation competence model: Acceptability and decision-making." *Across Language and Cultures* 10 (2): 207-230.

24. ______. 2011. "Results of the validation of the PACTE translation competence model: Translation project and dynamic translation index." In *IATIS Yearbook 2010,* S. O'Brien (ed.), 30-53. London: Continuum.

25. Paris, S. G., Lipson, M. Y. and Wixson, K. K. 1983. "Becoming a strategic reader." *Contemporary Educational Psychology* 8: 293-316.

26. Paris, S. G., Cross, D. R. and Lipson, M. Y. 1984. "Informed strategies for learning: A program to improve childrens reading awareness and comprehension." *Journal of Educational Psychology* 76 (6): 1239-1252.

27. Pozo, J. I., Gonzalo, I. and Postigo, Y. 1993. "Las estrategias de aprendizaje como contenido del currículo." In *Estrategias de aprendizaje,* C. Monereo Font (ed.), 47-64. Barcelona: Domènech.

28. Presas, M. 1996. "Problemes de traducció i compètencia traductora.

Bases per a una pedagogia de la traducción,. (Doctoral dissertation, Universitat Autònoma de Barcelona, Spain.)

29. Scavee, P. and Intravaia, P. 1979. *Traité de stylistique comparée du français et de l'italien.* Paris: Didier.

30. Schraw, G. and Moshman, D. 1995. "Metacognitive theories." *Educational Psychology Review* 7: 351-373.

31. Vazquez Ayora, G. 1977. *Introducción a la Traductología.* Washington: Georgetown University Press.

32. Vinay, J. P. and Darbelnet, J. 1958. *Stylistique comparée du français et de l'anglais. Méthode de traduction.* Paris: Didier. Translated into English by J. Sager & M. J. Hamel, 1995: *Comparative Stylistics of French and English. A Methodology for Translation.* Amsterdam/Phila- delphia: John Benjamins.

33. Wellington, J. J. 1989. *Skills and Processes in Science Education. A Critical Analysis.* London: Routledge.

34. Wilss, W. 1996. *Knowledge and Skills in Translator Behaviour.* Amsterdam/ Philadelphia: John Benjamins.

부록

부록 1. 텍스트

직번역용 텍스트

1Email virus strikes in new form

Computer users were warned last night to be on the lookout for an email virus that can steal confidential information and allow hackers to take control of infected machines. The virus, a new variant of the BugBear email worm that infected tens of thousands of computers around the world last October, began to spread rapidly from Australia to Europe and the USA at around 8am yesterday. According to MessageLabs, a **5Cheltenham-based virus filtering firm** which reported about 30,000 infected messages in 115 countries, the **3propagation rate** of BugBear.B almost **3doubled** every hour throughout the morning. There was also a huge **3surge** as US users came online. Like its predecessor, the variant spreads by sending itself as an attachment to every address in an infected machine's email address book. To disguise where it came from, it uses different subject headings. As well as searching for anti-virus software and disabling it, BugBear.B installs a **2keylogger** to record what the user types, which may allow hackers to record confidential information such as credit card details and passwords. It also installs a **4"Trojan horse" program which could allow a hacker to take remote control of infected machines**. [...]

The Guardian – Friday, June 6, 2003

역번역용 텍스트

La Plana Novella

La Plana Novella es una antigua heredad adquirida por el **1Indiano** Pere Domenech i Grau en 1885 que se encuentra en una pequeña planicie en el centro del Parc Natural del Garraf y pertenece al municipio de Olivella. La Finca fue declarada colonia agrícola 10 años más tarde por el **2gobierno alfonsino**, pero de aquella época perdura una leyenda de **3desenfreno y dilapidación** que hizo desaparecer la **1fortuna del americano**. El estilo arquitectónico del Palacete es ecléctico, es decir que mezcla diferentes estilos. **4La geografía comarcal de Cataluña** lo califica de "Castillo de Bambalinas" como si fuese un decorado de teatro. Sin ningún tipo de duda la construcción estilísticamente más original de Palau Novella es el lavadero gaudiniano, pero una de las piezas más características y llamativas del Palau es el **5común**, conocido como **5"la trona"**.

http://www.laplananovella

부록 2. 번역문제 설문지

1. 주어진 텍스트가 어느 정도로 번역하기 어려웠습니까?
   '매우 쉬웠다'에서 '아주 어려웠다'까지를 나타내는 아래 칸 중 정도를 표시해 주십시오.

   이 텍스트 번역은 매우 쉬웠다. □□□□□□□□□□□□□□□□□□□□□□□□□□□□□□ 이 텍스트 번역은 매우 어려웠다.

2. 텍스트 번역이 어렵다고 느낀 가장 주된 이유는 무엇입니까?

3. 텍스트 번역 시 우선순위는 어디에 두었습니까?

4. 텍스트 번역시 가장 큰 문제 다섯 가지는 무엇이었습니까? 다섯가지 각각에 대해 다음 질문의 답을 적어주십시오.

문제 1.	왜 문제가 되었습니까?
	해결을 위해 어떤 원칙을 적용하였습니까?
	문제 해결을 위해 어떻게 했는지를 최대한 명료하게 설명해 주십시오.
	해결책에 만족하십니까? □ 예 □ 아니오

“이를 계기로 이러한 현상이 어떻게 나타났는지, 또 그 이면의 프로세스는 무엇인지 생각해보게 되었습니다.”

브리기타 엥겔룬드 디미트로바 (Birgitta Englund Dimitrova)*와의 인터뷰

* 디미트로바 교수를 위한 본 헌정 논문집을 준비하는 과정에서 저자들은 본 논문집을 출판함으로써 디미트로바 교수에게 깜짝 선물을 주는 것뿐만 아니라 본 논문집에서 논의하는 일부 주제에 관해 디미트로바 교수의 견해를 직접 듣고자 하였다. 본 인터뷰가 후자를 이루었으면 하는 바람이다. 깜짝 선물을 하기 위해 스웨덴의 유명 과학저널 『Språk』의 언어학 및 언어 특집에 인터뷰를 실을 예정이라 했고, 디미트로바 교수는 흔쾌히 응하였다. 2010년 늦여름과 초가을에 스톡홀름과 루벤에서 디미트로바 교수와 티셀리우스 간의 인터뷰가 진행되었다. 인터뷰는 대개 일반적인 주제를 다루었으며, 티셀리우스가 주제를 바꿔 프로세스 연구와 연구 방법론에 관해 보다 구체적으로 얘기를 듣고자 하자 디미트로바 교수가 갑자기 “그런데 이 저널 독자들이 방법론에 관심이 있을까요?”라고 질문했다고 한다. 이 글을 통해 디미트로바 교수의 의견을 들을 수 있는 기회가 되었기를 바라며, 디미트로바 교수의 인생 이야기를 읽음으로써 학문으로써의 번역학 연구, 그리고 번역학 연구자 개인이 겪는 어려움을 이해했을 것이라 생각한다. 본 인터뷰 발췌는 스웨덴어 번역본이다.

번역학자가 된 계기

Elisabet Tiselius (이하 E): 디미트로바 교수님, 스웨덴에서는 교수님이 최초의 번역학 교수이시죠?

Birgitta Englund Dimitrova (이하 B): 네. 물론 공식 직책은 '통역과 번역을 중점적으로 다루는 교수'입니다. 그 이유는 제가 강사였던 초창기의 직책이 '통역과 번역을 중점적으로 다루는 강사'였기 때문입니다. 그래서 공식 명칭이 번역학 교수는 아닙니다. 그렇게 불렸더라면 더 좋았겠지만 어쩔 수 없죠.

E: 차이가 있나요?

B: 아니요, 차이는 없습니다. 단지 '번역학'이라는 용어의 사용과 관련이 있죠. 제 경우에는 전략적인 결정을 내려, 오랫동안 '통역과 번역 연구'라는 표현을 대신 사용했습니다. 좀 더 구체적인 용어를 사용해 어떻게든 översättningsvetenskap (번역학)이라는 용어의 사용을 피했습니다. 하지만 몇 년 전, 앞으로는 우리 분야를 번역학이라 부르기로 하고, 부연설명이 필요할 경우 '통역과 번역 연구'를 덧붙이기로 결정했습니다. 학문으로 만들고자 하는 분야가 있다면, 간결한 고유 명칭이 필요한데, översättningsvetenskap은 영어의 Translation Studies, 불어의 traductologie, 독어의

Übersetzungswissenschaft를 가장 잘 표현하는 용어라고 생각합니다.

E: 언제 교수가 되셨나요?

B: 2006년에 교수가 되었습니다.

E: 번역학의 열렬한 지지자와 선구자가 된 계기가 무엇일까요?

B: 긴 여정이었어요. 통역은 커녕 번역이나 번역학을 전공하지도 않았습니다. 저는 슬라브어를 공부했고 불가리아어와 마케도니아어 구문론에 대한 논문으로 박사 학위를 취득했는데, 대조 언어학과 비슷하다고 할 수 있죠. 당시에는, 이렇게 말하면 굉장히 오래 전 같지만 사실 70년대인데요, 아무튼 당시에는 번역의 여러 측면에 관한 연구는 언어학부에서 잘 인정되지 않았습니다. 물론 소수의 선구자들이 있었지만 저는 결코 그들 중 한 명이 아니었고, 그 땐 다른 일들로 바빴죠. 하지만 스웨덴에서는 희귀어인 불가리어에 대한 지식 덕분에 다양한 번역과 통역 일을 맡게 되었습니다. 제가 그런 일을 하려고 노력했기 때문이 아니라, 불가리어를 하는 사람이 필요했기 때문입니다. 덕분에 지극히 실무적인 차원이기는 했지만 통역 경험을 쌓았습니다. 당시 스톡홀름 대학의 슬라브어학부 소속으로 불가리아어를 가르치고 연구를 하고 있었습니다. 하지만 많은 교원직이 그렇듯, 아쉽게도 단기 계약직이었습니다. 그래서 계약이 만료되자 학계를 떠나고 제가 진행하던 연구를 중단해야 했습니다.

하지만 우연한 기회에 스톡홀름 지방의회의 공중보건서비스 위원회에 근무하게 되었는데, 80년대에 위원회는 이민자를 위한 의료 통역 지원을 검토하는 프로젝트를 추진하며 함께 일할 이민 자문위원을 구하고 있었습니다. 저는 지원을 했고, 스톡홀름 지방의회의 서부지역 공중보건서비스 위원회에서 일하게 되었습니다. 아마도 (부족한) 통·번역 경험 덕분에 뽑혔던 것 같습니다. 박사학위 소지가 불리하게 작용하지 않는다고 위원회를 설득했죠. 서류 지원서에도 그런 내용을 언급했던 기억이 납니다. 논문이 학계 밖에서도 긍정적인 영향을 줄 수 있다고 설명하고자 했습니다. 결국 저를 채용했으니 설득에 성공한거죠.

당시의 직책은 연구와는 무관했습니다. 의료 통역 절차를 직접 검토하는 일이었는데, 직원 및 사용자 교육을 통한 통역사 활용도 증진, 정보 제공 등 절차 개선방식을 제안했습니다. 통역 경험이 있기는 했지만 통역과 의료부문에 대해 새로 많이 배웠고 매우 흥미로웠습니다. 스톡홀름 지역의회 보건부 이민 자문위원 여럿이서 직원교육을 준비하기도 했는데, 굉장히 재미있었습니다. 80년대에는 통역학자가 없어 다른 분야 연구자들이 강의를 진행했습니다. 비언어적 의사소통과 문화적 대면에 대해 강의한 연구자들은 유인물과 참고문헌 목록도 준비해 왔습니다. 이를 계기로 고등학교 시절부터 품었던, 그리고 슬라브어로 몇 해간 이룰 수 있었던 연구에 대한 꿈이 아직도 꿈틀대고 있는 것을 깨달았죠. 지방의회 자문위원으로 맞은 첫 여름에, 물론 아직 아이가 없었을 때인데요, 휴가의 일부를 국립도서관에서 비언어적 의사소통과 상호작용에서의 문화적 대면에 대해 읽으며 보냈습니다. 문헌 검색을 처음 할 때 직원교육 당시 받았던 참고문헌 목록이 도움이 되었죠. 이때부터 이 주제를 통역에 적용해도 흥미로울 것 같다는 생각이 들기 시작했습니다. 완전히 빠져서 책을 읽으면서 메모도 했는데, 당시에는 더 큰 무엇으로 이어질 수는 있을지 알지 못했고, 그냥 그렇게 했을 뿐입니다. 내면에서 자연스레 일어났다고 봐야겠죠.

E: 이때 선구자가 탄생했다고 보면 될까요?

B: 네, 그렇게 볼 수도 있겠습니다. 그렇게 몇 년이 흐른 후 지방의회 프로젝트가 끝났습니다. 그러던 1986년 봄 어느 날, 첫 아이를 낳은 후 편지를 받았는데, 봉투에 스톡홀름 대학 슬라브어과가 발신자로 찍혀 있더군요. 하지만 봉투 안에는 메모도 없이 '통역과 번역에 중점을 둔 이중언어 박사후(post-doc) 연구원' 공석이 생겼다는 공문만 들어있었습니다. 이름이 정말 길죠? 마감은 3주 후였습니다. 아직까지도 누가 그 편지를 제게 보냈는지 모릅니다. 자격 요건이라고는 현대언어 박사학위 소지 정도였는데, 저는 이미 그 자격을 갖추고 있었고, 통역이나 번역 경험, 혹은 해당 분야의 연구 경험이 요건 중 하나였는지는 기억나지 않습니다. 하지만 당시를 생각해보면 그러한 자격요건은 비현실적이었을 겁니다. 그랬다면 지원할 수 있는 사람이 극소수였을 테니까요. 당시 제 아이 니콜라이는 몇 개월밖에 안되었었고, 저는 웁살라 대학에서 이미 불가리아어 대리강사를 하고 있었지만 시간을 내 지원했습니다. 연구계획서 없이 지원하는 것은 불충분한 것 같아 몇 해 전 국립도서관에서 작성했던 메모를 찾았습니다. 통역 상황에서의 상호작용과 비언어 의사소통을 토대로 하는 연구계획서를 작성해 지원서와 함께 제출했는데, 연구계획서 덕분인지, 아니면 전반적인 지원서가 좋았는지는 모르겠지만 어쨌든 합격했습니다. 그리고 1986년 12월 1일에 일을 시작했습니다.

E: 전임자는 없었나요? 통·번역을 중점적으로 다루는 사람들이 있었나요?

B: 물론 스톡홀름 대학에서 번역에 큰 관심을 보이는 학자들은 있었습니다. 가령 독어과의 경우 수 년간 번역, 특히 문학번역과 전문언어 번역에 많은 관심을 가졌습니다. 또 로망스어과, 슬라브어과

등 여러 학과의 일부 연구자는 번역을 다뤘고, 번역에 대한 관심을 보였습니다. 하지만 보다 현대적인 번역학이나 통역학 분야에 관심을 나타낸 경우는 없었던 것 같습니다.

E: 그렇군요. 그렇다면 공식 명칭이 있었다는 점도 중요한 요소였을 것이라 생각됩니다. 특정 언어나 다른 학문과 독립된 통역과 번역이었으니까요.

B: 네, 물론입니다. 물론 통번역연구소가 1986년에 세워졌다는 점과 연관성이 있을 수 있습니다. 연구소 자체는 연구계획이 없었고 제 직책도 박사후 연구원이었습니다. 당시 스톡홀름 대학이 통번역 연구에 투자함으로써 입지를 다지고자 했기 때문에 담당 직책을 만들었던 것 같습니다. 담당자는 연구소가 아닌 전공 학부에 소속되었습니다. 1986년 12월 1일 근무를 시작했을 때에는 이중언어 연구센터가 설립되기 전이어서 저는 슬라브어과에 소속되었습니다. 당시 저는 둘째를 임신 중이었는데, 임신기간 대부분을 병가를 내고 또 곧이어 출산휴가를 냈기 때문에 1988년 봄이 되어서야 업무를 시작했습니다.

그때는 이중언어 연구센터가 설립된 상태였는데, 제 직책이 이중언어를 중점적으로 다루는 박사후 연구원이다보니 케네스 하일텐스탐(Kenneth Hyltenstam) 센터장님이 어떤 일을 하고 싶은지, 즉, 슬라브어과에 남고 싶은지 아니면 센터로 오고 싶은지 물어보셨습니다. 저는 새로운 도전이 재미있을 것 같아서 센터로 가고 싶다고 말씀 드렸고, 그래서 옮기게 되었습니다.

E: 이때부터 상호작용에 대한 연구를 시작하셨나요?

B: 네, 무작정 뛰어든 것이나 마찬가지였죠. 스웨덴 의료센터의 경우에는 비디오 카메라로 통역 중재 진료 대면상황 두 건을 녹화한

뒤 분석했습니다.

E: 당시 함께 번역학을 연구하던 사람들은 없었나요?

B: 없었습니다.

E: 다른 나라나 노르딕 국가의 경우에는요?

B: 별로 없었습니다. 박사과정을 시작했던 세실리아 바덴조(Cecilia Wadensjö) 정도였죠. 제 기억으로는 1987년 봄, 세실리아가 린셰핑(Linköping) 대학에서 연구를 시작했을 때 만났는데, 상호작용 등 연구 관심사가 비슷하다는 점을 깨달았습니다. 하지만 세실리아 외에는 아는 사람이 없었습니다.

제가 후회, 아니 후회라는 단어는 다소 강한 것 같고, 제가 당시에 알지 못했던 것 중 하나는 다른 사람들에게 다가가는 것의 중요성이었습니다. 제가 해당 분야에서 최초 연구자 중 한 사람인만큼 다른 사람들에게 다가가야 했죠. 실제로, 제가 하는 일을 가지고 세계 곳곳의 사람들에게 다가가는 일이 가장 중요했습니다. 가령 통역사 중재 진료 대면상황에 대한 제 연구가 이중언어 연구센터 연재물인 '이중언어 리포트'에 스웨덴어로 실렸는데, 지금 생각해보면 다소 현명하지 못한 선택이었던 것 같습니다. 제가 그런 연구를 처음으로 했고, 이후 다른 사람들이 같은 주제를 연구했기 때문이죠. 동일한 이론을 토대로 삼지는 않았기 때문에 제 연구가 획기적인 발견을 했거나 아니면... 흠, 어떻게 표현하면 좋을까요... 뭐 그렇지는 않았겠지만, 이 경우만 보더라도 이러한 작업이 얼마나 힘든지, 그리고 연구자로써 어떤 매체에 논문을 게재하는 것이 가장 좋을지 고민하는 일이 얼마나 중요한지 잘 보여주는 예라고 생각합니다.

E: 프로세스 연구 분야에서 교수님의 영향력은 상당히 큽니다. 대표적인 이유 중 하나는 교수님의 저서인 「Expertise and Explicitation in the Translation Process」에 실린 프로세스에 대한 교수님의 주요 연구가 근간이 되었기 때문이라고 생각하는데요, 언제 세계 각국의 연구자들과 소통하기 시작하셨나요? 통번역연구소(TÖI, the Institute for Interpretation and Translation Studies)에서의 업무와 통역 연구 등에 대해 말씀해주셨는데, 다 스웨덴 내의 활동이기 때문에 어딘가 세계 시장을 향한 발판이 있었을 것이라고 생각됩니다.

B: 네, 참가했던 학회를 통해 일부 연구자들과 자연스럽게 교류하게 되었습니다. 제가 기억하는 첫 번째 학회는 80년대 후반과 90년대 초반 몇 차례 개최되었던 번역 이론에 관한 스칸디나비안 심포지엄(Scandinavian Symposium on Translation Theory)입니다. 1988년인가 1989년 오슬로에서 열렸을 때 처음 참가했는데, 참석자 가운데 '이름' 있는 분들이 계셔서 연락하게 되었죠. 한 분야에 관심을 가지게 되고, 글을 쓰고, 강의를 하고, 문헌을 찾아보면 자연스레 그렇게 됩니다. 그 분야에 대해 잘 알게 되면 처음에는 문헌을 본 뒤, 차츰 사람들을 만나고 알게 되는 거죠. 즉, 특정 장소에 갔더니 관심사가 동일한 사람들이 존재한다는 사실을 갑자기 알게 되었다고는 할 수 없습니다. 다만, 박사과정 초기에 그런 경험도 하긴 했습니다. 당시에는 불가리아어에 관심 있는 사람은 저 혼자라고 생각했습니다. 마케도니아에서 여름학기를 수강하기 전까지는 제가 매우 특이한 줄 알았죠. 하지만 1969년 여름, 불가리아어에 관심 있는 사람이 저 말고도 여럿 있다는 사실을 알게 되었습니다. 그 중 한 명은 노르웨이 사람이었는데 아직도 연락하고 지냅니다. 이 경우는 뜻밖의 사실을 알게 된 경험이었지만 번역학은 그렇지 않았습니다. 점진적인 과정이었죠.

E: 대화 통역에 대한 연구를 매우 구체적인 방식으로 시작하게 된 경험에 대해 말씀해주셨는데 교수님께서는 번역에도 많은 시간과 노력을 쏟으신 것으로 알고 있습니다.

B: 네, 그렇습니다. 다양한 방향의 번역에 관한 통계분석 유형, 단어 수 계산 등에 대한 생각으로 시작했습니다. 차츰 다른 논문을 읽거나 연구를 진행하게 되었고, 그 과정을 통해 다양한 언어간 공통점, 그리고 다양한 번역사 간 차이점이 존재한다는 사실을 알게 되면서 더 깊이 파고들게 되었습니다. 번역에서 나타나는 특성들이 어느 정도까지 일반적인지 혹은 보편적인지, 아니면 개인 차원에서 어느 정도까지 동일한지에 대해 여전히 관심이 많습니다. 번역사 간 개인차와 가령 이러한 차이점과 유사점이 어느 정도까지 번역 경험에 의해 결정되는지 등 말이죠. 또한 번역 연구를 시작한 사람이 프로세스를 얼마나 인지할 수 있는지에 대해서도 관심이 있었습니다.

저도 시작은 다른 사람들과 같았습니다. 출발텍스트를 연구하고 도착텍스트와 비교했죠. 그러면 중간 과정이 있었다는 사실을 알 수 있고, 결국 이러한 현상이 어떻게 나타났는지, 그리고 그 이면의 프로세스는 무엇인지 생각해보게 됩니다. 번역에서 바로 이러한 사고가 제 주된 관심사가 된 것이죠.

프로세스 연구와 방법론

E: 프로세스 연구는 교수님의 생각이었나요 아니면 다른 연구자나 문헌을 통해 관심을 가지게 되셨나요?

B: 제 생각이었습니다. 사실 출발텍스트와 도착텍스트만 놓고 번역사가 이런저런 생각을 했다고 주장하는 논문을 보면 매우 불편합

니다. 자료가 번역사의 실제 생각을 알려주는 절대적인 증거로 이용될 수 없다고 생각하기 때문이죠. 물론 일부 내용은 추론 가능하지만, 자료 그 자체는 번역사가 실제로 의미했던 바를 알려주지 않습니다. 프로세스에 관한 주요 연구에서 이런 부분을 검토하고자 했는데, 그렇다 해도 굉장히 어렵습니다. 힘들고 번역사의 사고와 생각을 완전히 파악할 수는 없겠지만, 그래도 근접하는데 도움이 됩니다.

E: 프로세스 연구가 왜 그렇게 중요한가요?

B: 통번역에 대해 더 깊이 이해할 수 있게 한다고 생각하기 때문입니다. 또한 교육 차원에서도 프로세스에 대해 최대한 많이 아는 것이 필수적이라고 생각합니다. 더 나은 교수법을 수립하고, 프로세스에 집중할 수 있으며, 학생들이 특정 텍스트를 번역하면 여기는 이렇게, 저기는 저렇게 번역했다라고 말하는 방식으로 수업을 진행하는 것이 아니라, 본인의 프로세스에 대해 통찰력을 기를 수 있도록 하는 것입니다. 프로세스는 사람마다 다르다는 점을 학생들이 깨닫도록 하는 거죠. 이러한 방식은 학생뿐만 아니라 전문 통역사와 번역사에게도 중요하다고 생각합니다.

E: 그렇다면 전문가를 어떻게 정의하십니까? 교수님의 연구에서 다뤄진 주요 개념인데요.

B: 누군가를 전문가라 칭하는 목적에 따라 전문가의 정의는 달라집니다. 특정 패러다임 내에서, 가령 전문성으로 접근할 때 전문가를 정의하는 한 가지 방법이 있겠고, '전문가'를 일반적인 개념으로 사용할 경우에는 목적이 매우 다를 수 있습니다. 제가 도입한 전문성 패러다임의 경우, 주요 논문에서 전문가를 정의하지 않았으며 피실험자들 중 그 누구도 전문가라는 결론을 내리지 않았습

니다. 대신 시니어 프로페셔널과 주니어 프로페셔널로 칭하고 – 시니어는 경력 15년 이상 – 각각의 수행에서 보여지는 전문가적 특징과 관련해 결론을 내렸습니다. 하지만 전문가를 정의할 때에는 품질을 내포해야 하는데, 번역학에서는 품질에 대한 통일된 정의가 없습니다. 그렇다면 전문성으로 접근할 때 핵심 개념인 일관성 있는 우수한 수행을 어떻게 확인할 수 있을까요? 우수한 수행에 대한 정의조차 내리지 못한다면, 어떻게 일관성이 있다고 말할 수 있겠습니까? 번역의 품질을 확인하는 방법 중 하나인 번역 감수에서도 마찬가지입니다. 감수에 관한 연구를 보면, 우수한 텍스트 대한 피실험자들의 의견이 엇갈립니다. 즉, 현장에서조차 품질에 대한 공통된 견해가 존재하지 않는 것입니다. 따라서 우수한 수행도에 대해 논란의 여지가 적은 단거리 육상선수나 윔블던 우승자들의 경우 전문성을 정의하기가 더 쉽습니다.

E: 프로세스에 대해 관심이 많으시고, 프로세스에 대한 정확한 이해 없이 결론을 내리는 것이 매우 불편하게 느껴진다고 하셨습니다. 프로세스에 대한 교수님의 시각과 견해는 어떤가요? 프로세스에 대해 전혀 모른다면 결론을 내리지 말아야 한다고 말을 하는 것은 쉽지만, 과연 프로세스에 대해 무엇을, 또 어떻게 알 수 있나요?

B: 아, 굉장히 어려운 질문이군요! 알 수 있는 내용이 꽤 많고, 다양한 연구 기법을 결합하면 단순히 출발텍스트와 도착텍스트만 사용할 때보다 결론을 도출할 수 있는 기반이 더 잘 구축됩니다. 저는 특히 프로세스의 일부로써 감수 작업에 관심이 많습니다. 키로깅, 사고발화법, 회상적 기법 등을 통해 감수 프로세스를 연구할 수 있으며, 이 과정을 통해 보편적이라고는 할 수 없지만 일반적인, 어쨌든 매우 공통적인 패턴을 확인할 수 있습니다. 이 패턴에 따르면, 번역사들은 출발텍스트와 매우 유사한 산출물에서 시

작해 도착어에서 보다 수용 가능한 산출물로 점차 이동합니다. 하지만 이는 뇌에서 계속 진행되는 프로세스로, 뇌 연구란 쉽지 않습니다.

E: 번역학에서 프로세스 연구가 중점적인 분야인가요?

B: 네, 제가 생각했던 것보다 더 그렇습니다. 토대가 잘 갖춰진 다수의 좋은 연구가 진행 중이고, 연구자 수도 많아 기쁩니다. 1990년대 초 제가 연구를 시작했을 때에는 산출물만 봐서는 결론을 도출할 수 없다고 생각했었는데, (번역용으로 개발한 소프트웨어는 아니지만) 요테보리 대학에서 개발한 스크립트로그 소프트웨어의 키로깅을 이용해 프로세스를 탐구하고, 사고발화법 역시 살펴보기 시작했습니다. 이러한 기법을 통해 프로세스를 실시간으로 확인하고, 다양한 번역 해결책이 어떻게 고안되는지 알 수 있을 것 같았습니다. 굉장히 신나기도 했지만 한편으로는 매우 외로웠는데, 다른 나라를 다 포함해도 이러한 프로세스를 연구하는 학자가 저뿐이거나, 매우 소수인 듯 했기 때문입니다. 시간이 차츰 지나서야 코펜하겐 비즈니스 스쿨, 핀란드, 독일 등에 동일한 분야를 연구하는 사람들이 있다는 사실을 깨달았습니다.

E: 초창기의 노력이 오늘날 결실을 맺었다고 보시나요?

B: 네. 과거에 제가 스크립트로그, 사고발화법, 인터뷰 등의 기법을 탐구했던 방식과 유사하게 최근 진행되는 연구도 다양한 기법을 혼합하는 것을 보면 정말 좋습니다.

E: 그러면 오늘날 프로세스 연구에 있어서의 핵심 주제는 무엇이라고 생각하십니까? 주요 동향이 있을까요?

B: 시간이 지나면서 번역 능력이 어떻게 함양되는지, 그리고 번역 능

력을 특징짓는 단어가 무엇이 있는지에 관한 종적연구에 많은 학자들이 관심을 표명합니다. 번역 능력의 함양은 저 또한 초창기 때 관심을 가졌던 분야이기도 합니다. 현재 코펜하겐 비즈니스 스쿨에서는 번역 프로세스의 가장 기본적인 측면을 연구 중에 있는데, 트랜스로그라는 키 로깅 소프트웨어뿐만 아니라 시표추적 장치를 사용해 일반적으로 읽을 때와 번역을 목적으로 읽을 때의 차이 등 흥미로운 결과를 하고 있습니다. 새로운 기법은 번역 프로세스 분석의 새로운 가능성을 제시하며, 번역 프로세스에 대한 기본 질문인 '프로세스가 실제로 어떻게 발생하는지'로 다시 돌아오게 합니다.

E: 새로운 기술로 예전 결과에 이의를 제기할 수 있다는 뜻인가요?
B: 그럴 수도 있고 새로운 기술 덕분에 이전 결과들을 더 깊이 살펴볼 수도 있습니다.

E: 프로세스 연구에 특히 좋거나 연관성이 있는 연구 기법이 있나요?
B: 대답하기 매우 힘든 질문이네요. 연구 질문, 연구자의 성격 등에 따라 다릅니다. 가령 사고발화법은 흔히 사용되지만 본질적인 모호함으로 많은 해석을 요하기 때문에 모두에게 적합하지는 않습니다. 일부 기법은 사용하기 쉽거나 즉각적인 결과를 내기 때문에 좋습니다. 각각의 기법은 장단점이 있기 때문에 제가 편애하는 기법은 없습니다. 코퍼스를 예로 들면, 하나의 특정 현상을 연구할 경우 코퍼스는 훌륭한 툴입니다. 하지만 상대적으로 덜 구체적인 은유에 관심이 있다면 코퍼스로 은유를 찾기란 매우 힘듭니다.

E: 심리학적 관점에서 번역학에서의 프로세스 연구는 표본수가 너무 적거나 변수 통제가 충분히 엄격하지 않다는 등의 비판을 간혹

받습니다. 반면, 사회학적 관점에서는 생태학적으로 타당하지 않고 실제상황을 고려하지 않는다는 비판이 있습니다. 우리는 이쪽도 저쪽도 아닌 중간 어디쯤에 위치해 있는데, 이런 상황에 대처할 수 있는 방법이 있나요? 중간에 위치해 있다는 것이 불리한가요? 이를 받아들여야 할까요?

B: 우리가 받아들여야 하는 현실일 수도 있습니다. 즉, 다른 학문에서 차용하는 기법을 보다 엄격히 적용하면 서로 더 멀어진다는 사실을 받아들여야 할지도 모릅니다. 프로세스 연구자들은 방 안에 갇혀 매우 큰 표본을 분석해야 할 텐데, 그런 실험을 진행하기 위해 피실험자를 충분히 모집할 수 있을지도 의문입니다. 사실 통번역학 프로세스 연구자로써 이러한 균형을 맞추려고 노력하는데, 가령 우리가 해석하고자 하는 현실을 실험 결과가 제시해줄 수 있도록 변수가 최대한 엄격히 통제되고 생태학적 타당성을 지니는 실험을 설계하고자 노력합니다. 하지만 번역학이라는 학문에 종사하려면 이런 내재적인 모순은 감내해야 할지도 모릅니다.

번역학이라는 연구 분야와 번역학 학계

E: 그럼 주제를 바꿔보겠습니다. 현재 스웨덴에는 번역학 교수가 한 분 더 계십니다. 앞서도 말씀 드렸지만, 스웨덴에서만큼은 교수님이 선구자라고 생각하는데요, 그런 의미에서 매우 광범위하게 이렇게 여쭙고자 합니다. 선구자가 되고자 의도적으로 노력하셨나요? översättningsvetenskap(번역학)이라는 용어를 의식적으로 사용하기 시작하셨다고 앞서 말씀하셨는데요. 스웨덴에서 번역학을 하나의 연구 분야로 구축하기 위해 의도적으로 노력하셨나요, 아니면 교육 프로그램, 세미나 등을 실시하는 과정에서 자연스레 형

성되었나요?

B: 처음부터 스웨덴에 번역학을 학문으로 구축하겠다는 비전이 있었다고는 할 수 없습니다. 처음부터 그런 비전이 있었다고 말하는 것은 매우 주제 넘는 발언일 것입니다. 비전이 차츰 발전했으며, 특히 TÖI에서 연구 및 개발 프로그램을 담당해달라는 요청을 받았던 1994년이나 1995년 초 즈음부터 발전했다고 할 수 있습니다. 그 당시에는 앞서 생각해야만 했습니다. 당시에 학문으로써의 번역학에 대해 논문을 썼는지 기억나지는 않지만, 해당 분야에 박사학위 프로그램을 신설해야겠다는 구체적인 목표는 수립했습니다. 15년전인 1995년 12월에 TÖI 위원회에서 채택했으니 적용시키기에 시간이 지났다고 할 수 있죠.

하지만 박사후 연구원직을 시작했을 당시에는 제 배경은 슬라브어 언어학이었습니다. 게다가 몇 년간 스톡홀름 대학에서 일을 하지 않았었기 때문에 새로운 학문을 신설하겠다고 갑자기 말할 수는 없는 상황이었죠. 하지만 솔직히 말하면, 당시 제 목표는 정규직 전환이었습니다. 박사후 연구원직이 임시직이었거든요. 단기직 계약이 종료된 후 그만둬야 했던 경험이 한 차례 있었기 때문에 그런 일을 반복하지 않겠다고 마음을 먹었죠. 그래서 박사후 연구원직 외에 새로운 직책이 생긴다면, 통역과 번역 둘 다 다룰 것이라는 전략적인 생각을 했고, 그래서 통역과 번역 두 분야에 대해 논문을 싣는 것이 최선이라고 생각했습니다. 그래서 안타깝게도 초창기의 제 목표는 이기적이었다고 할 수 있겠습니다.

E: 그래도 결국 그 계기로 연구를 제대로 할 수 있지 않았습니까?

B: 그렇죠.

E: 그렇다면 스웨덴 내 활기차고 생산적인 번역학 학계가 존재한다고

생각하십니까?

B: 네, 그렇습니다. 많은 성과를 이루었지만 안타깝게도 대부분의 연구 프로젝트는 여전히 박사과정 학생들의 몫입니다. 물론 그 자체로는 문제가 전혀 없습니다. 오해가 없었으면 좋겠는데, 박사과정 학생들의 연구가 덜 중요하기 때문에 안타깝다고 한 것이 아닙니다. 많은 학문에서 박사과정 학생들의 연구는 해당 학문의 연구에서 중요한 부분을 차지합니다. 하지만 우리 같은 경우에는 너무 세분화 되어있고 여러 학과에 소속되어 다양한 주제를 연구하는 학생들이 서로 소통을 거의 하지 않기 때문에 이미 존재하는 것을 다시 만드느라 시간을 낭비할 위험이 있습니다. 반면 학계가 확립되어 있는 경우, 박사과정 학생들이 기존 연구를 토대로 연구함으로써 더 멀리 나갈 수 있겠죠. 하지만 흥미진진한 연구들이 아주 많이 진행되고 있습니다. 한편으로는 연구가 활발하면 재정적인 문제가 발생하는데, 이러한 문제는 모든 분야에서 마찬가지지요. 하지만 번역학을 연구하는 사람들이 서로 간에 더 활발히 소통해야 한다는 점만은 분명합니다.

E: 스웨덴에서요 아니면 노르딕 국가에서요?

B: 스웨덴은 물론이고 노르딕 국가들도 마찬가지입니다. 하지만 스웨덴에 관해 물어봤기 때문에 스웨덴이라고 하겠습니다. 물론 우리는 노력합니다. TÖI에서도 연구 세미나가 열리는데, 주로 스톡홀름 연구자이긴 하지만 다른 학과의 연구자들도 참석해서 연구발표를 합니다. 하지만 아직은 장벽이 조금 있다고 느껴집니다.

E: 교수님의 관심 분야, 예를 들면 프로세스 연구나 대화 통역에 관해 국제적으로 활발한 학계가 존재한다고 생각하십니까?

B: 네. 두 분야 모두 활발한 연구가 이루어지고 있다고 생각합니다.

프로세스를 연구하는 학자가 아주 많은 것은 아니지만 서로에 대해 알고, 학계도 활발하며, 특히 일종의 지적 동료의식이 있다고 생각합니다. 대화 통역에는 두말할 나위 없이 크리티컬 링크 회의(Critical Link Conference)가 큰 역할을 담당했는데, 이 분야의 전문가, 기관과 연구자들이 공동으로 만든 회의입니다. 대화 통역은 대부분의 번역학 분야에 비해 상대적으로 신생 분야이지만 성장세에 있는 활발한 학계입니다.

E: 성장한 분야입니까?

B: 네, 크게 성장했죠.

E: 1994년에 TÖI 강사로 오셨고, 2006년에 교수가 되셨습니다.

B: 네. 명료화에 대한 주요 논문을 벤자민 출판사에서 내고 난 직후 교수로 임명되었습니다.

E: TÖI에서 어떤 일을 하셨습니까? 물론 번역을 가르치셨죠.

B: 네. 번역 이론을 가르치고 새 과목을 여럿 개발했습니다. 지금 TÖI에서 제공하는 모든 수업에 적게 또는 크게 관여했지만, 그 중에서도 번역 수업에 가장 많이 관여했습니다.

E: 교수님이 활발히 연구를 진행하던 당시 번역학이 학문으로 구축되었다고 앞서 이야기 했었는데요, 그렇다면 스웨덴의 학문에 시사하는 바가 무엇일까요? 이를테면 해당 학문에 박사과정 학생이 없다는 점이 시사하는 바요.

B: 각자 자문해야 하는 질문입니다. 예를 들어, 학문의 정의가 무엇인가? 특정 연구 분야를 학문이라 부를 수 있는 시점이 언제인가? 등의 질문으로 이어집니다. 그리고 박사과정의 개설은 학문 구축

에 기여하는 요소 중 하나입니다. 전통적인 학문에는 박사과정이 존재하는 한편, 새로운 학문에 박사과정을 신설하기란 어려울 수 있습니다. 박사과정 신설 여부는 대학 측의 결정이지 우리가 직접 결정할 수는 없고, 대학 입장에서는 해당 과정이 필요한지 전반적으로 파악해야 합니다.

어떤 점에서는 번역학이 하나의 학문으로 구축되었다고 말할 수 있습니다. 학문을 어떻게 정의하느냐의 질문으로 다시 돌아왔는데요. 학문이라 부를 수 있기 위해서는 무엇이 필요할까요? 어떻게 보면 박사과정은 필요 조건 중 하나일 수 있고, 아니면 대학 데이터베이스에 본인의 논문을 등록하는 등의 간단한 절차도 조건 중 하나일 수 있습니다. 많은 대학의 데이터베이스에 번역학은 하나의 주제분야로 구분되어 있지 않습니다. 따라서 논문을 등록할 때 언어학이나 이중언어 연구 등 다른 분야로 등록해야 합니다. 이렇게 되면 산출물이 보이지 않게 되는 것이죠. 하지만 점차 많은 학생들이 번역학으로 학사 논문을 쓰고 있을 뿐만 아니라 통역에도 관심을 가지는 등 고무적인 현상이 스웨덴에서 나타나고 있습니다. 이는 곧 해당 학생들이 번역학으로 학사와 석사학위를 취득하게 된다는 뜻입니다. 개인적으로 이런 현상, 특히 통역에 대해 논문을 쓰는 학생들이 있다는 점이 매우 고무적이라고 생각합니다. 이런 과정을 통해 번역학을 기초부터 쌓아 올리게 되는 것이죠.

E: 앞서 다른 국가에 대해서도 얘기했는데, 번역학의 경우에는 다른 나라에서도 상황이 비슷합니다. 번역학과가 존재하지 않기 때문에 많은 경우 번역학자들은 다른 학과에 소속을 두고 있습니다. 학부수업이 존재하지 않는다는 것이 근본적인 문제일까요?

B: 몇몇 학교에 학부수업이 있긴 합니다. 최근 몇 년 사이 학부수업이

크게 성장했고 유럽과 다른 지역에서는 수준도 올랐습니다. 하지만 그 다음 단계인 박사과정의 신설은 중요한 문제입니다. 학문의 입지와 가시성과 연관이 있기 때문이죠. 하지만 이러한 문제는 모든 신생 학문이 공통적으로 겪습니다. 차이점이 있다면 번역학의 경우, 대개의 신생 연구 분야가 받는 정부 기관의 지원을 충분히 받지 못한다는 것입니다. 스웨덴의 Caring Sciences를 예로 들 수 있겠습니다. 30년 전에는 연구학문이 아니었으나 각 분야의 전문가 훈련과정과 교육이 연구와 직결되어야 한다는 스웨덴 정부기관의 판단에 따라 학문으로 성장했습니다. 하지만 어떤 이유에서인지 번역학은 그렇지 못합니다.

E: 번역학에서 연구가 중요한 분야는 무엇인가요? 어떤 주제를 연구해야 할까요?

B: 저는 프로세스 연구에서 많은 답을 찾을 수 있다고 강하게 믿습니다. 여기서 말하는 프로세스 연구는 포괄적인 의미로, 통·번역 프로세스만을 살펴보는 것이 아니라 독자가 번역 텍스트를 읽는 프로세스까지 포함합니다. '번역 텍스트를 어떻게 읽는가?', '통역을 들을 때의 프로세스는 어떠한가?' 등이 대표적이죠. 이 외에도, '통·번역을 학습할 수 있는 가장 효과적인 방법은 무엇인가?', '가장 효과적인 교수법은 무엇인가?' '최선의 방법을 사용하고 있는가?' 등 교육 관련 질문도 있습니다. 그리고 아직까지 연구 잠재력이 풍부한 대화 통역 관련 질문도 있겠죠.

E: 번역학의 동향에 대해 여쭙고 싶습니다. 번역학의 전환과 패러다임에 관한 토론이 계속되고 있는데요, 통·번역학이 특정 시기, 즉, 하나의 중요한 패러다임에 의해 지배되다가 일정 시간이 흐른 뒤 더, 혹은 덜 극적인 패러다임 변화가 나타난다고 보십니까 아니면

여러 패러다임이 동시에 존재한다고 생각하십니까?

B: 제가 보기에는 몇 개의 패러다임이 공존하는 것 같습니다. 하지만 일부 패러다임은 상대적으로 더 강하죠. 가령, 지금 통·번역학에서는 사회학적인 측면이 매우 강하게 드러납니다. 따라서 물론 동향이라는 것이 존재하고, 사실 놀라운 일도 아니죠. 번역학은 언어학이나 응용언어학 등 주변 학문의 발전을 따라가는 경향이 있고, 그 이상을 보기도 하기 때문입니다. 그렇기 때문에 다른 학문의 새로운 이론에서 영감을 받아 본인의 학문에 응용할 수 있는 내용을 탐구하는 일은 당연하다고 생각합니다.

E: 다른 학문이 통·번역학의 원동력이 되기도 한다는 말씀이시군요.

B: 네. 그리고 또 다른 원동력은 학교나 학과의 선배 연구자들입니다. 선배의 연구 관심사는 학생들에게 큰 영향을 미치기 때문이죠. 흥미 있는 분야의 주제를 권하고, 본인의 연구 분야에 대해 발표하고, 아마 다른 분야의 발전 추이도 살펴볼 것입니다. 이런 측면에서도 동향이 있다고 말할 수 있겠네요.

E: 번역학에서 쿤의 '과학 혁명'이 있었다고 생각하시나요? 꼭 근래 들어서가 아니라, 특정 시점에서 번역학의 대대적인 변동이 있었나요? 번역학 전체에 영향을 미쳤다고 쉽게 손꼽을 수 있는 사건이요.

B: 기디온 투리(Gideon Toury)가 1970년대와 1980년대 초반에 처음 발표한 기술론적 번역학(Descriptive Translation Studies)을 가장 중요한 변동 중 하나로 꼽을 수 있겠습니다. 기술론적 번역학, 그리고 다양한 문화에서 번역의 위치와 번역 그 자체를 기술하고 분석하려는 경향이 1990년대의 주된 추이였습니다. 혁명이라 할 수 있을 정도로 대단했습니다. 하지만 혁명은 개인의 관심사에 따라 다

르기도 합니다. 일부는 포스트 식민주의나 기타 유사한 사건을 혁명이라 정의할 수도 있겠지만, 그건 제 전공 분야가 아니니까요. 모든 학문이 마찬가지겠지만 모든 것을 다 할 수는 없습니다. 특정 분야를 잘하려면 재능이 있고, 기여할 수 있다고 믿는 길을 선택해야 합니다.

E: 교수님은 굉장히 광범위한 분야를 연구하고 계십니다. 제가 알기로는 통·번역을 연구하는 다수의 학자가 특정 분야를 전문적으로 다루기보다 대부분 문학이나 기술 통·번역을 연구하고, 보통 자신이 잘 알려져 있고 잘 아는 분야에 머무릅니다. 하지만 가령 교수님은 대화통역에 대한 연구를 아직도 많이 하시는데요.

B: 네, 그렇게 됐네요. 감사하게도 저는 다양한 측면에서 통·번역을 연구할 수 있었고, 특히 1994년 TÖI에서 일을 시작한 이후에는 더더욱 그랬습니다. 강의도 많이 했지만 양성 프로그램 개발에도 참여했습니다. 그리고 그 과정에서 항상 연구와 접목시켰습니다. 제가 진행한 연구는 양성 프로그램, 그리고 제 강의와 일치했습니다. 이를 보통 연구 관련 교육이라는 근사한 단어로 부르는데, 개인적으로 모든 양성 프로그램과 교육이 연구와 연관되어야 한다고 굳게 믿습니다. TÖI에서 일하면서 연구와 양성 프로그램간의 연결고리를 찾고 제 연구에 교차 배양할 수 있었던 점을 감사하게 생각합니다.

E: 이제 질문이 거의 끝나가는데요. 교수님의 꿈의 프로젝트가 무엇인지 여쭤봐도 될까요? 가령 시간이나 금전적인 제약이 없었으면 좋겠다던지...

B: 지금으로써는 번역가의 개인적인 문체에 관심이 많습니다만 제 꿈의 프로젝트인지는 잘 모르겠네요. 흥미로운 것들이 너무나 많거

든요. 탐구하고 싶은 또 다른 분야로는 중·고등학생들이 번역하는 방식입니다. 학생들에게 진짜 번역일을 준 뒤 전문번역사와 동일한 조건에서 어떤 상황이 나타나는지 보는 것도 굉장히 재미있을 것 같아요. 예를 들면 학교 홈페이지에 실릴 텍스트를 맡길 수 있겠습니다. 가장 최근에 진행했던 주요 연구에서 전문적인 번역 경험이 없는 학생들의 사고방식이 번역 과제를 수행하면서 변하는 것을 발견했거든요. 전문번역사처럼 생각하기 시작한거죠. 물론 전문가만큼 체계적이거나 빠르지는 않았지만 동일한 요인들을 고려하기 시작했습니다. 텍스트 용법, 독자 등을 고려하며 텍스트를 그에 맞게 수정했는데, 이 결과가 정말 흥미로웠기 때문에 연구를 계속하고 싶습니다. 하지만 데이터의 양 때문에 연구가 쉽지만은 않습니다. 우리가 사용하는 기법은 보통 데이터를 과다하게 생성하기 때문인데, 방대한 데이터를 다루는 일이 저를 가장 힘들게 합니다. 그간 녹음기와 비디오 카메라, 수많은 테이프를 들고 꽤 많이 돌아다니며 통역사들과 번역사들을 만났는데요, 가령 박사과정 학생들과 일할 기회가 된다면 힘든 일을 나눌 수 있겠습니다.

E: 그럼 마지막으로 번역학에 바라는 점이 있으시다면 무엇일까요?
B: 바라는 점이요? 꼭 있어야 하나요? 어렵네요.

E: 비전이 있으실 것 같은데요.
B: 저는... 음, 바라는 점은 잘 모르겠지만, 현대 번역학이 분열되는 경향이 있는 것 같아 매우 우려됩니다. 과학적인 측면만을 말하는 것은 아닙니다만, 그 측면을 통해 발생하기도 하죠. 차이점을 강조하고, 각기 다른 패러다임이 대립합니다. 기관 차원에서도 마찬가지인데, 여러 조직이 동일한 목표로 보이는 무언가를 향해 일하는

듯 보입니다. 해당 문제에 정통한 사람이라면 그 차이가 보일지 몰라도, 외부에서 볼 땐 여러 조직이 있는 이유를 이해하기 힘듭니다. 그래서 걱정이 됩니다. 한편으로는 학문이 건강하다는 증거일 수도 있겠지만, 대부분의 나라에서는 번역학이 아직 학문으로 구축되지 못했고, 따라서 우리의 '존재의 이유'까지는 아니더라도 굳이 말하자면 우리의 연구 문화를 위해 싸워야 하는 상황에서 힘을 나눌 입장이 아니라 합쳐야 한다고 생각합니다. 그래서 미래가 조금 우려됩니다.

E: 교수님 대신 대답하자면, 번역학을 분열하려 하기보다 공통의 가치를 창출하는 결속력이 있었으면 하는 바람이 있으신 건가요?

B: 네. 물론 학제간 연구가 매우 대중화 되었고 번역학이 다학문, 학제간 분야로 인식되는 오늘날에는 제 의견에 동의하는 사람이 많지는 않을 것 같습니다. 그리고 그런 현상이 문제가 있다는 것도 아니고, 번역학 밖에서 이론과 기법을 찾는 사람들을 제가 비판할 수도 없습니다. 저 역시 그랬으니까요. 하지만 요즘은 지나치지 않나 생각합니다. 번역학에서 과거에 어떤 연구가 있었는지, 그것을 기반으로 오늘날 무엇을 할 수 있는지도 모르는데 번역학에 도입할 새로운 이론들을 찾기 때문입니다.

E: 기존에 구축된 탄탄한 기반을 토대로 성장할 수 있다는 점을 간과해서는 안 된다는 뜻인가요?

B: 네, 정확합니다.

E: 네, 제가 준비한 질문은 여기까지입니다. 시간 내주셔서 정말 감사합니다.

B: 너무 부정적인 말로 인터뷰를 끝낸 것 같네요.

E: 아니요, 전혀 아닙니다!

Ruth Almog received her Master's Degree in Translation and Interpreting Studies from the Bar Ilan University, Israel. She is a practicing translator and teacher of EFL. She has been teaching Pedagogic Translation Studies at Mevo'ot Eron High School since 1998. Her master's degree centered mainly on meta-linguistic awareness among high-school students who have taken the Pedagogic Translation Studies Course.

Cecilia Alvstad is Associate Professor of Spanish at the University of Oslo. In 2011 she is Visiting Researcher at The Institute for Interpretation and Translation Studies at Stockholm University. Alvstad's current research interests concern translational relations between Scandinavia and the Americas as manifested in literary translations, migrant letters and travel writing. Alvstad has also conducted research in the field of translation of children's literature. She is the vice president of the European Society for Translation Studies.

Claudia V. Angelelli is Professor of Spanish Linguistics at San Diego State University. She is the author of Medical Interpreting and Cross-cultural Communication (Cambridge University Press), and Revisiting the Role of the Interpreter (John Benjamins) and the co-editor of Testing and Assessment in Translation and Interpreting Studies (John Benjamins). She is President of ATISA, World Project Leader for ISO Standards on Community Interpreting and Director of The Consortium of Distinguished Language Centers.

Erik Angelone is currently Assistant Professor of Translation Studies at Kent State University. He received his PhD in Translation Studies from the University of Heidelberg and his M.A. in Intercultural Communication from the University of Maryland Baltimore County. His research interests include process-oriented translator training, intercultural communication, and corpus-based translation studies. Angelone recently co-edited Translation and Cognition (John Benjamins) with Gregory Shreve.

Andrew Chesterman has recently retired from his post as Professor of Multilingual Communication, department of Modern Languages, University of Helsinki. He has been based in Helsinki for about forty years, working in contrastive analysis and translation studies. Chesterman's main research interests are research methodology and translation theory (e.g. norms, universals, ethics, sociological turn, translator training).

Barbara Dragsted is associate professor at the Department of International Language Studies and Computational Linguistics, Copenhagen Business School. She teaches specialized communication and translation and is involved in various research projects under the Center for Research and Innovation in Translation and Translation Technology (CRITT). Her research interests include cognitive processes in translation, translation technology, LSP translation, terminology and knowledge sharing, as well as translation and interpretation hybrids.

Maureen Ehrensberger-Dow is a Canadian psycholinguist who has been involved in research into multilingualism and translation in Switzerland for the past 10 years. From a learner-based perspective driven by an interest in second language acquisition, she has become increasingly drawn into research into language practitioners' strategies and expert knowledge. She is currently principal investigator of the Capturing Translation Processes research project. She is affiliated to the Zurich University of Applied Sciences (ZHAW), Winterthur, Switzerland.

Daniel Gile, professor at ESIT (Université Paris 3 Sorbonne Nouvelle) is a former mathematician turned scientific and technical translator, then conference interpreter, then translator and interpreter trainer and researcher. He holds a PhD in Japanese and a PhD in linguistics and has published more than 200 papers and 3 books and co- edited 7 collective volumes on translation, interpreting and research. He is a former president of the European Society for Translation Studies, and his interests include the cognition of conference interpreting, translator and interpreter training, research training and translation and interpreting research as an object of study.

Inge Gorm Hansen is Associate Professor in the Department of International Language Studies and Computational Linguistics at the Copenhagen Business School. She teaches interpreting and intercultural communication and is practicing translator and interpreter. Her research interests include interpreting, translation process studies and translation technology, terminology and knowledge sharing, and translation and interpretation hybrids.

Rob Hartsuiker obtained a masters degree in experimental psychology from the University of Leiden and a PhD from the University of Nijmegen. After holding postdoctoral research positions in Nijmegen and Edinburgh, he moved to Ghent University where he is now professor of psychology. He investigates the cognitive mechanisms of language processing, in particular speech errors and self-repair, sentence production, the neurocognition of language, and bilingualism.

Adelina Hild received her master's degree in general and English linguistics and her PhD in applied linguistics at the University of Cambridge, UK. She followed an MA course in translation and interpreting from St. Kliment Ohridski, Bulgaria. After the completion of her doctorate she was awarded a postdoctoral fellowship at centre for Treatment of Multilingual Information (ETI, Switzerland), and followed by a position as a research associate with CRIT, State University of New York (USA). She is working as a freelance professional interpreter, interpreter trainer and intercultural communication consultant. Her research interests focus on discourse processing and expertise psychology, cognitive accounts of expertise in simultaneous interpreting and multilingualism.

Arnt Lykke Jakobsen is professor of translation and translation technology at Copenhagen Business School and director of the Centre for Research and Innovation in Translation and Translation Technology (CRITT). After developing the Translog software, his main research effort has been to develop a methodology for translation process research based on keylogging and eyetracking.

Gard Jenset received his PhD from the University of Bergen. He is associate professor of English linguistics at the Faculty of Education, Bergen University College, Norway, and his research interests span language learning and language processing, historical corpus linguistics and language change, and quantitative methods in language research.

Alexander Künzli has a Masters degree in translation and psychology from Geneva University and a PhD in French Linguistics from Stockholm University. He is a lecturer at the Institute of Translation and Interpreting at Zurich University of Applied Sciences. Current research interests include translation revision, audiovisual translation, and the translation of Swedish crime fiction.

Christian Lachaud is a Cognitive Psychologist trained in Psycholinguistics and Cognitive Linguistics (France, Switzerland, USA, Norway) at the Department of Literature, Area Studies (ILOS), and European Languages at the University of Oslo, Norway. His research interests focus on word recognition in spoken and signed languages, the structure of the bilingual mental lexicon, translation, and conceptual blending in figurative meaning processing. He bases his work on advanced techniques for investigating language behaviors and their correlated brain activity (Eye-tracking, EEG Power and Coherence analysis, Statistical modeling, Connexionist Simulation).

Isabel Lacruz is Assistant Professor of Spanish and Translation Studies in the Institute for Applied Linguistics of the Department of Modern and Classical Language Studies at Kent State University. She received her PhD in Experimental Psychology from Kent State University in 2005. Her research interests include the psycholinguis- tic aspects of translation, bilingual memory, and second language acquisition. Her most recent research involves the use of eye tracking methodologies to study the translation process.

Brian Mossop has been a translator, reviser and trainer at the Canadian federal governments Translation Bureau for the past 37 years and a course director at the York University School of Translation in Toronto for the past 32 years. He is the author of the textbook Revising and Editing for Translators (St Jerome) as well as some 40 articles on translation theory and translation pedagogy.

Ulf Norberg holds a PhD in German linguistics from Uppsala University, Sweden. He now lectures translation theory and practical translation at the Institute for Interpretation and Translation Studies, Stockholm University. His dissertation Über- seizen mit doppeltem Skopos. Eine empirische Prozess und Produktstudie (2003), in the field of empirical translation process research, has been followed by articles on para-texts of translation and the translation of dialect.

PACTE has been a competitive research group at the Universitat Autònoma de Barcelona, Spain, since 1997. PACTE groups main research interests are: Empirical and experimental-based research on translation competence and its acquisition in written translation; Translator training; Empirical and experimental research in Translation Studies; The use of new technologies in translation research. The Group was awarded the Universitat Autònoma de Barcelona Prize for Outstanding Research (PREI2010 UAB) for the article "Results of the Validation of the PACTE

Translation Competence Model: Acceptability and Decision Making" (Across languages and Cultures 10/2, 2009).

Antin Fougner Rydning is Professor of French and Translation studies in the Department of Literature, Area Studies (ILOS), and European Languages at the University of Oslo, Norway. She has been a visiting professor at Ecole Supérieure d'Interprètes et de Traductcurs in Paris and has served as Head of the French department and Head of Research at ILOS. She has been partner in the EU Commission research project EYE-to-IT (6FrP). She has been chairman of The State Authorized Translators' Guild in Norway, and has worked as a state authorized translator and conference interpreter in France and Norway for more than 30 years. Her major research interests include translation theory, cognitive processes in translation, and empirical methods in translation research.

Miriam Shlesinger is a practicing translator and interpreter. She has been teaching translation and interpreting (both theory and practice) at Bar Ilan University since 1978. Her doctoral research centered on cognitive processes — particularly, attention and working memory - in simultaneous interpreting. She is the co-editor (with Franz Pöchhacker) of the Interpreting Studies Reader (Routledge) and, since 2004, of the journal Interpreting (John Benjamins), as well as Associate Editor of the Benjamins Translation Library. She is affiliated to the Department of Translation and Interpreting Studies, Bar Ilan University, Israel and the Department of Language Management and Language Practice, University of the Free State, RSA.

Gregory M. Shreve is Emeritus Professor of Translation Studies at Kent State University in the Institute for Applied Linguistics (IAL) of the Department of Modern and Classical Language Studies. He received his doctorate in Anthropology from Ohio State University in 1975.

Shreve is the Founding Director of the IAL, home of one of Americas leading graduate professional translator training programs. His research interests include computer-assisted translation, cognitive processes in translation, and empirical methods in translation research.

Šárka Timarová works as a research assistant at Lessius University College (Belgium). She trained as a conference interpreter at Charles University (Czech Republic), and followed her studies with a postgraduate research training programme (DEA in Interpreting) and Continuing Education Certificate for Interpreter Trainers (EP bursary) at ETI (University of Geneva, Switzerland). She is currently working on her doctoral dissertation (Charles University, Czech Republic), focusing on the involvement of working memory in simultaneous interpreting and the applicability of these findings to interpreter training.

Elisabet Tiselius holds an M.A in Conference Interpreting. She is currently a PhD student at the Department of Foreign Languages, University of Bergen, Norway and the Centre for Research on Bilingualism, Stockholm University, Sweden. Her PhD thesis explores the development of expertise in conference interpreting. She is also active as conference interpreter accredited to the European institutions, and as community interpreter certified between Swedish and English.

Sonia Vandepitte is a lecturer at University College Ghent Translation Studies, where she teaches translation studies, English and translation into and from Dutch. She also coaches master student translation offices. She has published on intonation, causal expressions, knowledge retrieval, methodology in translation studies, translation competences, anticipation in interpreting and international translation teaching projects. She supervises research projects on translation corpora, a Dutch-English clarity tool and electronic feedback in language teaching.

Gun-Viol Vik-Tuovinen is a Senior lecturer, University of Vaasa, Finland. Since 1987 she has held a full-time teaching and research position in the area of interpreting and translation at the University of Vaasa. Her doctoral dissertation from 2006 was about interpreting on different levels of professionalism. She has published about thirty scientific papers, mainly about interpreting. She is a freelance conference interpreter between Scandinavian languages and Finnish.

Cecilia Wadensjö is Professor of Interpreting and Translation Studies at Stockholm University, Sweden. She has published extensively on interpreting as a linguistic and social phenomenon, most significantly the monograph Interpreting as Interaction (Addison Weasley Longman) and the co-edited volume The Critical Link 4: Professionalization of Interpreting in the Community (John Benjamins). She also holds a University diploma in Interpreting and is Certified Interpreter between Swedish and Russian.

존 벤자민스 통번역 총서 08

통번역 과정 연구 방법 및 전략

Methods and strategies of process research

초판 인쇄 2016년 2월 25일
초판 발행 2016년 2월 29일

편저자 세실리아 알브스타드·아델리나 힐드·엘리사벳 티셀리우스
기 획 정호정(존 벤자민스 통번역 총서 기획위원장)
옮긴이 임향옥·이소희
발행인 김인철
발행처 한국외국어대학교 지식출판원
02450 서울특별시 동대문구 이문로 107
전화 02)2173-2493~7
팩스 02)2173-3363
홈페이지 http://press.hufs.ac.kr
전자우편 press@hufs.ac.kr
출판등록 제6-6호(1969. 4. 30)
디자인 · 편집 (주)이환디앤비 02)2254-4301
인쇄 · 제본 네오프린텍(주) 02) 718-3111

ISBN 979-11-5901-063-7 94700 정가 32,000원
978-89-7464-914-2 (세트)

*잘못된 책은 교환하여 드립니다.

HU:NE은 한국외국어대학교 지식출판원의 어학도서, 사회과학도서, 지역학 도서 Sub Brand이다. 한국외대의 영문명인 HUFS, 현명한 국제전문가 양성(International +Intelligent)의 의미를 담고 있으며, 휴인(携引)의 뜻인 '이끌다, 끌고 나가다'라는 의미처럼 출판계를 이끄는 리더로서, 혁신의 이미지를 담고 있다.